ALBER PHILOSOPHIE

Zu diesem Buch:
Das sukzessive Verabschieden der Weltseelenlehre im Zeitraum von etwa einhundert Jahren in der britischen Philosophie zwischen dem Cambridge-Platonismus und dem Beginn der Industriellen Revolution um 1770 wird dargestellt, analysiert und kritisch bewertet. Bestandteile dieses „lebendigen" Verständnisses der Natur finden sich bei Newton und Shaftesbury sowie auch noch bei Berkeley und Hume. Nach dem Tode Humes setzt sich mit Adam Smith, Reid, Priestley und Bentham ein (neo-)mechanistischer Naturbegriff durch. In seiner Untersuchung leistet Sigmund Bonk, in Abgrenzung zum materialistischen Geschichtsdenken, die Wiederentdeckung der Philosophie als einer relevanten geschichtsbildenden Kraft wobei er darüber hinaus ein nichtmechanistisches Naturverständnis zu begründen sucht.

This historical-systematic study shows the successive departure of the anima mundi-theory within a period of about 100 years of British philosophy between Cambridge-Platonism and the beginning of the Industrial Revolution around 1770. At the same time, the book attempts, in contrast to a materialistic understanding of history, to rediscover philosophy as a factor of historical change. In this context Sigmund Bonk moreover tries to inaugurate a non-mechanistic view of nature.

Der Autor: Priv.-Doz. Dr. Sigmund A. Bonk, geb. 1959, Studium in München und Oxford, Verfasser und Herausgeber von mehreren Büchern und ca. 20 wissenschaftlichen Aufsätzen, lehrt Philosophie an der Universität Regensburg.

Sigmund Bonk

Abschied von der Anima mundi

Alber-*Reihe* Philosophie

Sigmund Bonk

Abschied von der Anima mundi

Die britische Philosophie im Vorfeld der Industriellen Revolution

Verlag Karl Alber Freiburg / München

Gedruckt mit Unterstützung des
Förderungs- und Beihilfefonds
Wissenschaft der VG Wort.

Die Deutsche Bibliothek – CIP-Einheitsaufnahme

Bonk, Sigmund:
Abschied von der Anima mundi : die britische Philosophie
im Vorfeld der industriellen Revolution / Sigmund Bonk. –
Freiburg (Breisgau) ; München : Alber, 1999
(Alber-Reihe Philosophie)
ISBN 3-495-47914-7

Texterfassung: Autor

Gedruckt auf alterungsbeständigem Papier (säurefrei)
Printed on acid-free paper

Einbandgestaltung: Eberle & Kaiser, Freiburg
Einband gesetzt in der Rotis SemiSerif von Otl Aicher
Satzherstellung: SatzWeise, Trier
Inhalt gesetzt in der Aldus und Gill Sans
Druck und Bindung: Difo-Druck, Bamberg 1999
ISBN 3-495-47914-7

Vorwort

In vorliegender Studie wird ein nicht ganz unbedeutender Abschnitt der britischen Geistesgeschichte dargestellt: die Zeit zwischen dem Cambridge-Platonismus gegen Ende des siebzehnten und der Industriellen Revolution gegen Ende des achtzehnten Jahrhunderts. Als ein besonderes Signum dieser historischen Epoche versuche ich einen Prozeß herauszuarbeiten, der »Abschied von der Anima mundi« genannt wird, und m. E. als sukzessive Distanzierung von der Vorstellung einer (alles *per analogiam*) »schöpferischen«, »belebten« oder eben »beseelten« Natur beschrieben werden könnte. Am Ende dieser Entwicklung findet sich ein ganz verdinglichtes und näherhin mechanistisches Naturverständnis, welches der entstehenden Industriegesellschaft und deren instrumentellem sowie einseitig an Gütern und Rohstoffen interessiertem Umgang mit der Natur durchaus gelegen und auch förderlich entgegen gekommen sein dürfte. Dieser Prozeß einer immer entschiedeneren und kompromißloseren »Entzauberung« oder »Säkularisierung« der Natur soll v. a. in den Werken der folgenden Philosophen ausfindig gemacht werden: Lord Shaftesbury, George Berkeley, David Hume, Thomas Reid, Adam Smith und Jeremy Bentham. Die Werke von Berkeley und Hume, d. h. die der zweifellos faszinierendsten britischen Denker in diesem etwa ein Jahrhundert währenden Zeitraum, verdienen es, ausführlicher als die der anderen behandelt zu werden, wobei dieser ganze Überblick abgerundet oder eingerahmt wird durch die Vorstellung der Schriften zweier Hauptvertreter der Weltseelenlehre in der Neuzeit, nämlich der des Hauptes der Cambridge-Platoniker Ralph Cudworth zu Beginn und der des Romantikers Samuel T. Coleridge am Ende dieser Entwicklung.

Obwohl das Hauptaugenmerk klar auf die Aufgabe einer möglichst objektiven – allerdings nicht immer »herkömmlichen« – Beschreibung eines gerade für die Gegenwart besonders folgenreichen ausgewählten Abschnitts der britischen (nicht allein: englischen) Geistesgeschichte gerichtet ist, verknüpfe ich mit dieser historischen Untersuchung auch ein gewisses systematisches Interesse sowie die

Hoffnung auf eine zumindest aspekthafte Erhellung des Gegenstands der Frage nach dem Wesen oder der Natur der Natur. (Ausführlicheres und erwünschtermaßen auch Profunderes hierzu muß späteren Arbeiten über »monadische Naturphilosophie« im inhaltlichen Anschluß an Leibniz, Kant, Schopenhauer und ihre Nachfolger vorbehalten bleiben.)

Im übrigen habe ich im folgenden durchgehende, völlige Wert- oder Wertungsfreiheit weder erreicht noch angezielt. Faktisch vollzieht sich all unser gegenwärtiges Tun und Lassen, auch das wissenschaftliche, ohnehin im Schatten der drohenden ökologischen Katastrophe, so daß ein Ausklammern dieses Krisenbewußtseins – zumal in einer Arbeit, die es unternimmt, eine der bislang unbeachtet gebliebenen mutmaßlichen Wurzeln bewußter Krise freizulegen – keinesfalls länger als ein sinnvolles methodisches Postulat der Wissenschaftlichkeit wird gelten können. Von dem Wissen um die Gefahr ist nämlich eine zumindest unterschwellige, negativ-kritische Bewertung der (Mit-)Verursacher der drohenden Katastrophe überhaupt nicht abzutrennen. Hinzu kommt die persönliche Überzeugung von der historischen Obsoletheit und inhaltlichen Unhaltbarkeit des rein mechanistischen Naturbegriffs, welche sich über philosophische hinaus ebenfalls auf naturwissenschaftliche und nicht zuletzt auf umweltethische Gründe bzw. Forderungen stützen zu dürfen glaubt. All dies führte zu einer, so gesehen kaum vermeidbaren, negativen Bewertung des untersuchten Prozesses der Verabschiedung der sich – im Rahmen ihrer Möglichkeiten – »selbst organisierenden« *natura naturans*, d.h. zu einer verfallsgeschichtlichen Deutung besagter Epoche. Dabei mag es geschehen sein, daß einige oder sogar mehrere der sicherlich positiv zu bewertenden Aspekte der englischen und wenig später gesamteuropäischen Industrialisierung zu wenig Beachtung und Schätzung erfahren haben. Einen solchen Einwand müßte ich mir wohl gefallen lassen, wenn ich nicht mit Thomas Hardy – den der Vorwurf der Schwarzmalerei ja sein Leben lang verfolgte – zu bedenken geben könnte: »Differing natures find their tongue in the presence of differing spectacles. Some natures become vocal at tragedy, some are made vocal by comedy, and it seems to me that to whichever of these aspects of life a writer's instinct for impression the more readily responds, to that he should allow it to respond. That before a contrasting side of things he remains undemonstrative need not be assumed to mean that he remains unperceiving.« (*General Preface* zur Wessex Edition seines Romanwerks von 1912)

Wie eben Hardy, so habe ich auch die anderen oben genannten anglophonen Autoren in ihrer Muttersprache zu Wort kommen lassen. Es ist ja unvermeidbar, daß Übersetzung und Paraphrase den ursprünglichen Sinngehalt eines Textes zumindest ein wenig »färben«, nicht selten aber auch verändern und manchmal sogar verfälschen. Dabei ist mir natürlich klar, daß dies »viele Englisch« die Lektüre nicht leichter gestalten wird. Auch die Fülle der Zitate könnte den Lesefluß störend beeinflussen, wobei es jedoch ein Gebot wissenschaftlicher Redlichkeit sein dürfte, daß das Verfechten ungewohnter geistesgeschichtlicher Thesen und Deutungen die Pflicht zu einer denkbar gründlichen und möglichst ausführlichen Wiedergabe der einschlägigen Textquellen nach sich zieht. Gewissermaßen als Entschädigung für diese »Zumutungen« versuchte ich dann im Gegenzug dazu eine besonders leserfreundliche Textgestaltung zu erzielen. So habe ich beispielsweise auf Abkürzungen, wie »HWPh« für »Historisches Wörterbuch der Philosophie«, fast vollständig verzichtet; auf die sogenannte Harvard Notation, wie z. B. »In Chomsky (1992) wird mitgeteilt …« gänzlich usw. – und zwar jeweils ganz einfach deswegen, weil solche augenscheinlich immer beliebter werdenden Verfahren (geradeso wie Endnoten anstelle von Fußnoten) den Leser mit der zusätzlichen und konzentrationsstörenden Arbeit des unentwegten Blätterns und Suchens belasten.

In der Hoffnung, mir den Leser auf diese Weise wieder etwas »geneigter« gemacht zu haben, wagte ich es schließlich, dieses ja auch ganz unwissenschaftlich klingende »ich« öfters einmal durch ein eingestandermaßen etwas aus der Mode gekommenes »wir« zu ersetzen: und zwar v. a. an solchen Stellen, an welchen es mir möglich schien, Leser – oder natürlich Leserin – würden, insbesondere bei Nachvollzug der vorausgegangenen Argumentation, den weiteren Gedanken selbst mitvollziehen können.

Ich danke den Herren Professoren und Kollegen der Philosophischen Fakultät I der Universität Regensburg dafür, daß sie vorliegende Arbeit (in der etwas kürzeren Fassung des Jahres 1996 und unter dem damaligen Titel ›Die Verdinglichung der Natur‹) als Habilitationsschrift angenommen haben. Desgleichen danke ich auch denen, die mir während der Zeit der Arbeit an dieser Schrift wie selbstverständlich und ganz selbstlos Unterstützung und verschiedentliche Hilfe leisteten. Ich kenne sie – die sie in diesem (jeweiligen) Augenblick merken werden, daß sie gemeint sind – gut genug, um zu wissen, wie wenig ihnen daran liegt, nun namentlich aufgelistet zu werden. Eine Ausnahme soll es aber doch geben – und sie betrifft, was nun freilich mir als selbstverständlich erscheint, meine Frau Jitka: ihr sei dieses Buch denn auch in besonderer Dankbarkeit und Verbundenheit gewidmet!

Waging am See, den 4. Oktober 1998 Sigmund Bonk

Inhalt

Vierter Teil: Naturphilosophie und Philosophische Theologie nach David Hume

Kurzanzeige:

Die etwa einhundert Jahre währende Geschichte der britischen Philosophie zwischen dem Cambridge Platonismus und dem Beginn der Industriellen Revolution um das Jahr 1770 wird als ein Zeitraum des sukzessiven Verabschiedens der Lehre von der Weltseele bzw. der »Anima mundi«, erkennbar. In ihrer jeweiligen Bedeutung schwindende Bestandteile dieses, der Achtung gegenüber der Natur förderlichen Weltverständnisses sowie kritische Bezugnahmen auf das konkurrierende mechanistische Modell sind noch bei Newton, Shaftesbury und vor allem bei den beiden sicherlich faszinierendsten britischen Denkern des achtzehnten Jahrhunderts, denen auch das Hauptaugenmerk vorliegender Studie gilt, George Berkeley und David Hume, nachweisbar. Nach dem Tode Humes setzt sich – mit A. Smith, Reid, Priestley und Bentham – ein neomechanistischer Naturbegriff durch, womit eine lange Tradition, die auf verschiedentliche und fruchtbare Weise platonisches, stoisches und biblisches Gedankengut zu verbinden wußte, ihr Ende findet, um zunächst einem instrumentellen Verständnis, dann aber auch dem industriellen Umgang mit der Natur, freien Raum zu geben.

Neben der philosophie- und kulturgeschichtlichen Aufarbeitung des Verfalls der Weltseelenlehre im Vorfeld der Industriellen Revolution, verfolgt diese Untersuchung auch noch zwei weitere Ziele. Da ist zum einen der vorsichtige Versuch, im geraden Gegensatz zur materialistischen Geschichtsauffassung, die Rolle der Philosophie als einen beachtenswerten Faktor im Spiel der geschichtsbildenden Kräfte wiederzuentdecken (gemäß dem – leicht abgewandelten – Wort Voltaires »*Auch* Gedanken regieren die Welt«) und da ist zum anderen die zuversichtliche Verteidigung einer nichtmechanistischen Naturauffassung, wie sie unter anderen von Platon und der Stoa, von den Renaissance-Philosophen, Leibniz dem späten Kant, Schopenhauer, Scheler, Jonas und neuerdings auch von bedeutenden Naturwissenschaftlern für die richtige, dem Mysterium unseres Universums allein adäquate, angesehen wird.

Einleitung: Hauptthesen und Zugangsweisen

1) Allgemeines

Ohne Kurzzeitgedächtnis gibt es kein Bewußtsein, ohne weiter zurück reichende Erinnerungen keine personale Identität, ohne historisches Wissen keine vertretbare Vision von einer besseren Zukunft. Aber auch die Frage nach der eigenen Geschichte gehört konstitutiv in die Grundstruktur menschlicher Selbstreflexion und Personwerdung. Sich auf die eigene Vergangenheit zu besinnen, heißt bei sich selbst zu sein. Der Historiker nun versucht das Gemeinsame unseres Geworden-Seins nachzuvollziehen um damit unsere gegenwärtige Situation besser verstehbar zu machen, d. h. er will erkennen, wie wir wurden, was wir heute (wenn vielleicht auch nicht im explizit ontologischen Sinn) sind. Nach der Vergangenheit zu fragen, ist damit etwas spezifisch Menschliches, etwas »den Sterblichen« (Homers Wort für die Menschen), Eigentümliches: Weder von Gott noch von den Tieren ließe sich das annehmen, aber alle Menschen fragen nach – zumindest der eigenen – Vergangenheit; wenigstens nach ihrer besonderen Herkunft, Familie, den Vorfahren und sicherlich auch nach der Geschichte des Hauses, des Dorfes oder der Stadt, darin sie aufgewachsen sind oder leben. Zweifellos ist die Frage nach dem Vergangenen so alt wie die Menschheit selbst. Noch nie haben Reisende oder Anthropologen von einem Volk berichtet, das sich nicht Rechenschaft über seine Anfänge und Ahnen gegeben hätte – gewöhnlich auf die Weise eines, das eigene Stammes- oder Volksbewußtsein konstituierenden und verbindenden Mythos. Und so ist der Satz »Menschen sind an ihrer Geschichte interessiert« mehr als nur ein Gemeinplatz – er ist geradezu analytisch wahr. Was aber zum spezifischen Wesen des Menschen gehört – Denken (über die Gegenwart hinaus immer auch an die Vergangenheit und sicherlich auch an die Zukunft), bewußtes Handeln, Lieben usw. – muß nicht noch eigens ausführlicher gerechtfertigt werden; so auch nicht das Bewußtmachen der eigenen Geschichte: »Wer nicht von dreitausend Jahren /

Sich weiß Rechenschaft zu geben / Bleib' im Dunkeln unerfahren, / Mag von Tag zu Tage leben« (Goethe).

In der Menschheitsgeschichte hat es viele bedeutsame Ereignisse, Wendepunkte oder Brüche gegeben, aber sicherlich war keiner davon für alle Nachgeborenen von so entscheidender und unmittelbarer Bedeutung wie die sogenannte Industrielle Revolution[1]. Die Lebenswelt des Menschen und in zunehmendem Maße auch unser Planet Terra als solcher bekamen seit dem letzten Drittel des achtzehnten Jahrhunderts zusehends und mit zunehmender Geschwindigkeit ein gan neues Aussehen. Wohl nur verhältnismäßig wenige Menschen werden heute noch generell behaupten wollen, daß diese Veränderung unserem Planeten einschränkungslos gut bekommen sei, und vermutlich kein Mensch dürfte der speziellen Aussage widersprechen wollen, daß man in Orten wie Manchester um 1750 glücklicher und menschenwürdiger leben konnte als um 1850.[2]

Gegenwärtig, am Beginn der (zurecht? ich selbst glaube es nicht) sogenannten postindustriellen Zeit, kommt der Rückbesinnung auf die Anfänge des Industriezeitalters eine besondere Bedeutung, ja Dringlichkeit zu. Und in der Tat eröffnet sich einer solchen historischen Besinnung ein durchwegs faszinierendes Bild, welches jedoch nicht selten auch deprimierende Stimmungen evoziert. Die mittlerweile als klassisch zu bezeichnenden Arbeiten von J. L. und Barbara Hammond, ›The Town Laborer‹ (1917) und dann (1948) ›The Village Laborer‹, haben die unerträglich anmutenden Lebensumstände der »ordinary people« während der »Industrial Revolution« hinreichend deutlich aufgewiesen[3]. Die »Lebensqualität« der Textil-,

---

[1] »Historians have long recognised many apparent breaks in the continuity of history. The Fall of Rome, the Norman Conquest, the Renaissance, the Reformation, the French Revolution: all conspicuously claim attention as symbolic turning points. Yet none has had such far-reaching effects on the pattern of human existence as the Industrial Revolution that began in Europe in the eightteenth and nineteenth centuries.« (E. Pawson, The Early Industrial Revolution. Britain in the Eighteenth Century, London 1979, S. 13).

[2] »The later eighteenth century, according to the more modern school of social historians, is regarded as the beginning of a dark age, in which there was a progressive degration of the standards of life, under the blight of a growing industrialism, while the earlier part of the century is considered a golden age, one of those perids when English working-class prosperity was at its height.« (M. D. George, London Life in the Eighteenth Century, London [2]1966, S. 15)

[3] In diesem Zusammenhang dürfte auch die Lektüre von Charles Dickens' Romanen wie ›Hard Times‹ und ›Oliver Twist‹ sehr informativ sein.

Kohle- oder Eisen- bzw. Stahlarbeiter unterschied sich nur geringfügig voneinander, aber am schlimmsten hatten es immer die Arbeiterkinder, welche ab ihrem siebenten Lebensjahr sechs Tage in der Woche und zwar zwischen zwölf und fünfzehn Stunden täglich mitarbeiten mußten.[4] Die Arbeiter waren praktisch rechtlos – selbst ohne das »Recht auf Krankheit«. Das imgrunde einzige finanziell erschwingliche Feierabend- und Sonntagsvergnügen war der Gin-Konsum. Die Fabrikbesitzer und Industriellen hatten oftmals nicht mehr Bildung als ihre Angestellten, aber auch die Gebildeten der Zeit zeigten sich dem offensichtlichen Elend gegenüber erstaunlich unempfindlich.[5] Eine ähnliche Blindheit herrschte auch hinsichtlich der eigentlich unübersehbaren Umweltverschmutzung und Naturzerstörung vor. Die Flüsse wurden verseucht, der Himmel verdunkelte sich und das Land nahm eine schwarze Farbe an – noch heute wird etwa die Gegend um Birmingham (Straffordshire) »Black Country« genannt. Da nimmt das pausenlos neue Aufflackern von Epidemien und Krankheiten nicht wunder. Der Gedanke an etwas Apokalyptisches oder Infernalisches wird sich von niemandem verdrängen lassen, der sich über die damaligen Zustände, besonders in der Mitte und im Norden Englands ab ca. 1770, kundig macht.

---

[4] »The story of these children is, as Professor Ashton mildly remarks, ›a depressing one‹. One of the worst counts against early Methodists is their condonation of child labor, because they were convinced of the dangers of idleness to the originally sinful. It is part of a general hostility to diversion which contributed so much to the bleakness and barrenness of the age of industrial revolution.« (Christopher Hill, Reformation to Industrial Revolution. A Social and Economic History of Britain, London [3]1969, S. 217). Wir werden gegen Ende dieser Studie noch einmal auf den Anteil des Methodismus an der Industriellen Revolution zu sprechen kommen.

[5] »The new industrial masters soon became as rich as bankers, merchants, or great landlords. But they had none of the traditional sense of responsibility, however inadequate, which characterized some landlords and heads of households. The relationship between master and servant was defined by the cash nexus. Labour was one of the factors of production, whose cost must be kept as low as possible. ›Raising the wages of day laboures is wrong‹, thought Dr Johnson; ›for it does not make them live better, but only makes them idler.‹ Such comfortable maxims were now applied to men who had no agricultural holdings to save them from starvation in unemployment, and to give them liberty to stop work when it became intolerable – say owing to illness. For the overwhelming majority of the population the words of William Hutton in 1780 – ›every man has his fortune in his own hands‹ – must have seemed the bitterest irony. What most men felt was not that new doors had been thrown open but that old rights had been taken away. Arnold Toynbee's verdict [...] still stands: ›The more we examine the actual course of affairs, the more we are amazed at the unnecessary suffering that had been inflicted upon the people.‹« (Hill, a. a. O., S. 218)

Die imgrunde menschenunwürdige Mechanisierung der Arbeit verlief synchron mit den Anfängen der technisch-praktischen Mechanisierung der Lebenswelt. Beidem lag die Deutung der Welt in technischen Kategorien voraus, d. h. die Konfundierung der Bereiche der *physis* und der *techne,* welche – anders als in Antike und Mittelalter – nicht länger als *naturalia* und *artificalia* auseinander gehalten wurden. Das Ausmaß der seitdem immer weiter vorangetriebenen Naturausbeutung und -zerstörung ist in der Menschheitsgeschichte ohne Beispiel. Dies ist seit der, zwei Jahrhunderte später erfolgten, epochemachenden ersten Studie des »Club of Rome« auch weitgehend allgemein bekannt.[6] Aber: wie kam es eigentlich zur Industriellen Revolution, und wie wurden wir, was wir seitdem in zunehmendem und noch gar nicht abzusehendem Maße sind, nämlich Opfer der eigenen Gewalttätigkeiten gegen die »materielle« Natur (die doch unsere *mater* sein sollte)? Die Frage scheint keine einfache Antwort zu erlauben, und die Versuche ihrer Klärung sind vielfältig und zahlreich.[7] Die für den historischen Blick augenfälligsten, da an der Oberfläche liegenden Voraussetzungen besagter Revolution waren wohl technischer Art, z. B. die Erfindung des »fliegenden Schiffchens« im Textilgewerbe, neue Verfahren in der Eisenproduktion und v. a. die Verbesserung der Dampfmaschine[8]. Ähnlich bedeutsam

---

[6] Vgl. D. Meadows u. a., Die Grenzen des Wachstums. Bericht des Club of Rome zur Lage der Menschheit, Stuttgart 1972. In diesem Zusammenhang nur ein (alarmieren sollendes) Beispiel – und zwar ein ebenso dramatisches wie bezeichnendes: »Die Paläontologen schätzen, daß die natürliche Aussterberate während der letzten Jahrmillionen der Erdgeschichte im Mittel etwa eine Art pro Jahrhundert betrug […] Um die letzte Jahrhundertmitte betrug sie nach Expertenschätzung bereits eine Art pro Jahr. Der Konstanzer Biologe Hubert Markl beziffert sie – im Einklang mit seinen Fachkollegen – *heute* bereits auf eine Art pro Tag.« (H. von Ditfurth, Die Wirklichkeit des Homo sapiens, München [2]1997, S. 291)

[7] Vgl. z. B. Robert C. Moffit, England on the Eve of the Industrial Revolution, London 1963; A. J. George, The Causes of the Industrial Revolution, London 1967; C. M. Cipolla (Hg.), Europäische Wirtschaftsgeschichte, Bd. 3 (»Die Industrielle Revolution«), Stuttgart 1976; Ch. McLeod, Inventing the Industrial Revolution, Cambridge 1988.

[8] »Im Jahre 1782 ließ sich James Watt den Zentrifugalregulator für seine Dampfmaschine patentieren. Er besteht aus zwei Metallkugeln, die an einer, mit der Kolbenbewegung der Maschine rotierenden, senkrechten Spindel hängen und je nach der Drehgeschwingigkeit entweder nach außen oder oben fliegen oder abwärts sinken. Diese Auf- und Abbewegung regiert ein zwischen Kessel und Zylinder gelegenes Drosselventil in der Weise, daß sie es schließt, wenn die Kolbengeschwindigkeit einen gewünschten Wert übersteigt, und weiter öffnet, wenn sie darunter sinkt. Die Schönheit dieser Selbstregulierung liegt darin, daß die Maschine sie als einen Teil der zu regulierenden Leistung selbst vollzieht, und zwar durch die Akte von Überschuß und Mangel, die Gegenstand

dürften die Entstehung eines neuen »radikal-kapitalistischen« Unternehmertyps im besonderen sowie eine bestimmte, vorher unbekannte, kapitalistische Ideologie im allgemeinen gewesen sein.[9] Andere Faktoren wie Agrarreformen, Mißernten etc. werden die Anfänge der Industrialisierung zusätzlich begünstigt haben – aber all das soll im folgenden allenfalls noch einmal am Rande erwähnt werden. Das Augenmerk vorliegender Studie wird beinahe ausschließlich auf geistesgeschichtliche Voraussetzungen der Industriellen Revolution gerichtet sein und hier besonders auf philosophiegeschichtliche. Was diese betrifft, ist der besagte historische »Bruch« bisher noch weitgehend unerklärt geblieben. Der Anfang der *Industrial Revolution* wurde unseres Wissens noch niemals mit einem möglicherweise erfolgten tiefgreifenden Wandel in den Naturauffassungen der maßgeblichen Philosophen und Intellektuellen Großbritanniens in Beziehung gebracht.

Es soll – und eben darin besteht unsere Hauptthese – nachgewiesen werden, daß ein solcher Wandel im Naturverständnis der britischen (nicht: *englischen,* da Berkeley, Hume, Reid u. a. keine Engländer gewesen sind) »Meisterdenker« in den etwa einhundert Jahren zwischen ca. 1670 und 1770 wirklich stattgefunden hat. Es soll damit nicht behauptet werden, es habe diese Entwicklung die Industrialisierung *maßgeblich* herbeigeführt; aber es wird sehr wohl die subsidiäreVermutung oder Hypothese zur Sprache kommen, dieser Wandel könnte sozusagen das intellektuelle Klima des ausgehenden Jahrhunderts mitbestimmt haben, darin es – und eben zu keinem anderen Ort oder Zeitpunkt und in eben keinem anderen solchen »Klima« der historischen Zeit – zur Industriellen Revolution kommen konnte. Wegen dieser letztlich Vermutung bleiben müssenden These wird es jedoch v. a. auf die Begründung des zuerst genannten Gedankens ankommen: Parallel zur Vorbereitung und Realisierung der mannigfaltigen Ursachen der Industriellen Revolution im Leben der Briten besagter Epoche, ist ein Verblassen des »organischen« Na-

---

der Korrektur sind.« (H. Jonas, Das Prinzip Leben. Ansätze zu einer Philosophischen Biologie, Frankfurt/Main 1997, S. 197). Später glaubte man allen Anschein von Teleologie in der Natur auf solche mechanischen Beispiele von Selbstregulation reduzieren zu können: Daß dieses Unterfangen letztlich zum Scheitern verurteilt ist, versucht Jonas im Anschluß an dieses Zitat nachzuweisen.

[9] Diese ist mit der Hochschätzung der *vita activa* und des (Gewerbe-)Fleißes als religiös-ethischer Lebensform verbunden. (Das engl. »industry« heißt bekanntlich gleichermaßen »Industrie« wie »Fleiß«.)

turbegriffs im Denken der britischen Philosophen feststellbar: Ein »Abschied von der Anima mundi«. Damit wird nicht zuletzt eine These Ernst Cassirers herausgefordert, welche er in seinem einflußreichen Buch ›Die Philosophie der Aufklärung‹ (1932) wie folgt formuliert:

»Von der Logik der ›klaren und deutlichen Begriffe‹ führt der Weg zur Logik des ›Ursprungs‹ und zur Logik der Individualität weiter. – von der bloßen Geometrie zur Dynamik und *zur dynamischen Naturphilosophie, vom ›Mechanismus‹ zum ›Organismus‹*, vom Prinzip der Identität zu dem der Unendlichkeit, der Kontinuität und der Harmonie. In diesem Grundgegensatz lagen die großen gedanklichen Aufgaben beschlossen, die das Denken des achtzehnten Jahrhunderts zu bewältigen hatte …«[10]

Das in heuristischer Absicht zu verstehende Schlagwort folgender Untersuchung soll dagegen lauten: »Vom ›Mechanismus‹ zum ›Organismus‹«.

Die Vorstellung vom Universum als einer Maschine hatten sich um 1670 schon einige britische Denker angeeignet (vor allem im Anschluß an Hobbes, Boyle und den Newton der ›Principia Mathematica Philosophiae Naturalis‹); diese Vorstellung büßte jedoch nach 1704, dem Erscheinungsjahr von Newtons ›Optics‹, wieder viel von ihrer ersten Stoßkraft ein.[11] So ist in den Jahren nach 1704 in Großbritannien eine nicht zuletzt von den ›Optics‹ einerseits und den Shaftesburyschen Schriften andererseits initiierte Neubelebung der antiken Weltseelen-, Pneuma- oder Ätherlehre feststellbar, welche allerdings nicht lange währt und um 1770 – besonders nach dem Übergang von der Ära Berkeleys und Humes zu der von Priestley, A. Smith, Bentham usf. – wieder ganz verschwunden ist (bevor die Romantiker, insbesondere Coleridge, die *anima mundi* erneut – allerdings ohne spürbare zivilisationsgeschichtliche Folgen – zu rehabilitieren versuchten). Dieser Wandel des philosophischen Naturbegriffs hin zu einem Neo-Mechanismus, könnte durchaus sogar unmittelbar zur Heraufkunft der Industriellen Revolution beigetragen haben (was keinesfalls auszuschließen ist), er vermied zumindest

---

[10] E. Cassirer, Die Philosophie der Aufklärung, neu hg. und eingel. von Gerald Hartung, Hamburg 1998, S. 46 f. (unsere Hervorhebung). Cassirers kursiv gedruckte These mag (mit großen Vorbehalten) etwa für die Geschichte der französischen Philosophie (bis hin zu Diderot) zutreffen, hinsichtlich Großbritanniens scheint uns vielmehr deren Negation richtig zu sein.

[11] Vgl. den folgenden Abschnitt *Besonderes.*

jeden Protest (oder auch nur jede kritische »Reserve«) der um 1770 lebenden Philosophen gegen die sich immer deutlicher abzeichnende Industrialisierung Englands. Denn anstelle einer warnenden Kritik ist damals von philosophischer Seite aus entweder gar nichts oder sogar offene Zustimmung zu vernehmen. Dabei hätten diese Philosophen in ihren leicht vorstellbaren aber dennoch gänzlich unterbliebenen Einwänden unschwer auf die Schwächen und Unzulänglichkeiten des mechanischen Naturmodells verweisen können, welche – auf je eigene Art – Cudworth, Newton, Leibniz, Shaftesbury, Berkeley und sogar noch Hume bereits deutlich erkannt hatten. Wir vermuten also das Vorliegen eines philosophie- und ideologiegeschichtlichen Faktors, der, hineinverwoben in die anderen, sich überschneidenden und verstärkenden Kausallinien, dem heraufziehenden Ereignis der Industriellen Revolution erleichternd entgegen gearbeitet haben dürfte.

Ohne Zweifel leistet das Modell von der Natur als einem bloßen Mechanismus dem unseligen »Maschinenwesen« (Goethe), der naturgefährdenden Technik, vielfachen Vorschub: Die künstliche Maschine paßt in die »natürliche« hinein (beide sind von derselben Art), letztere ist scheinbar auch nur noch für den Menschen da, ganz in seine Verfügungsgewalt gestellt, von ihm auch wieder bedarfsweise reparabel usw. Und auch dies dürfte unzweifelhaft sein – es wird auch von der vergleichenden Ethnologie bestätigt –, daß Menschen, welche die Natur als organisch oder beseelt begreifen, mit dieser vorsichtiger, sorgfältiger, respektvoller, ehrfürchtiger etc. als dies im Anschluß an die Industrielle Revolution geschah und geschieht, umgehen. Eine solche, vielleicht nicht unpassend »franziskanisch« zu nennende Umgangsweise (und die damit verbundene ethisch-religiöse Handlungshemmung) aber gälte es schleunigst wiederzugewinnen.[12] In philosophisch-systematischer Hinsicht bedeutet dies

[12] Vgl. hierzu z. B. M. Scheler: »Was uns bei auch nur oberflächlicher Beschäftigung mit Franziskus von Assisi [...] sofort auffällt, das ist, daß er auch Sonne und Mond, Wasser und Feuer, daß er auch Tiere und Pflanzen aller Art seine ›Brüder‹ und ›Schwestern‹ nennt – daß er eine *Expansion* der spezifisch christlichen Liebesemotion zu Gott als dem Vater und zum Bruder und Nächsten ›in‹ Gott auf die *gesamte* [...] *Natur* vollzieht, und gleichzeitig vollzieht oder zu vollziehen scheint eine *Erhebung* der Natur zum Lichte und Glanze des Übernatürlichen.« (›Wesen und Formen der Sympathie‹ (in: Gesammelte Werke, Bd. 7), Bern 1973, S. 97. In diesem Zusammenhang weist Scheler auch trefflich darauf hin, daß sich letztlich nur bei Franziskus eine völlig befriedigende Konzeption sowohl der Person- als auch der Naturliebe findet: Im hinduistisch-buddhistischen Kulturkreis werde zwar (wie bei Franziskus) das Verhältnis des Menschen zur

vor allem eine Rückbesinnung auf Einsichten und Standpunkte Cudworths und Coleridges, die bei Leibniz und in Kants ›Kritik der Urteilskraft‹ ihren geklärten und gefestigten Ausdruck fanden sowie ergänzend dazu auf die neue, von Bergson (im Anschluß an Schelling und Schopenhauer) Whitehead und Scheler eingeleitete, antimechanistische Naturphilosophie der Gegenwart wie sie – allerdings bar der wichtigen Einsichten des idealistischen Denkens – z. B. im Werk Hans Jonas' gediegenen Ausdruck findet.

Die Begründung einer solchen Rückbesinnung ist kein unwichtiges begleitendes Thema,[13] keinesfalls jedoch das Leitmotiv vorliegender Arbeit, deren vornehmlich historische Ausrichtung vielmehr belegen will: Die auf antike Vorgaben zurückgreifende Äther- oder Weltseelenlehre reicht, vermittelt über die »Cambridge Platoniker« (einschließlich Newton) bis in die Naturkonzeptionen von Berkeley, (mit deutlichen Abstrichen) Hume und (eventuell noch »ein wenig«) Reid hinein, allerdings in stufenweiser »Verblassung«. Erst Priestley, Jefferson, A. Smith, Bentham u. a. wissen nichts mehr davon oder wollen sogar bewußt nichts mehr davon wissen.

übrigen Natur als ein geschwisterliches verstanden, unzureichend sei jedoch das östliche Liebesverständnis (die Liebe beziehe sich hier eigentlich nicht auf den Geliebten, sondern, ein wenig selbstsüchtig, auf die Befreiung von dem eigenen Ich). Das Umgekehrte gelte für den jüdisch-christlichen Kulturkreis, darin zwar ein höherer Liebesbegriff entstanden sei (der sich auch bei Franziskus finden lasse), wogegen sich hier jedoch das menschliche Verhältnis zur Natur zu dem der Herrschaft verengt und verkehrt habe. – In Franziskus' freudevoller Zuwendung zur Natur liegt im übrigen auch der erste Keim zur italienischen Renaissance: man betrachte nur die Malereien Giottos in der Oberkirche von San Francesco in Assisi und vergleiche sie mit den byzantinischen Goldhintergründen von Giottos Zeitgenossen (dazu immer noch lesenswert. Henry Thode, Franz von Assisi und die Anfänge der Renaissance in Italien, Berlin [3]1926). Franziskus ist somit – neben Thomas von Aquin (einem weiteren Bettelmönch) und seiner Schöpfungstheologie, – auch der eigentliche Ausgangspunkt der von uns so genannten »Renaissance-Tradition« (einschließlich der philosophischen), die in Leibniz' monadischer Naturphilosophie, Berkeleys eng damit verwandtem Immaterialismus und Kants ganz auf dieser Linie anzusiedelnder ›Kritik der Urteilskraft‹ drei schwer überbietbare klassische Ausdrucksformen gefunden hat.

[13] Wie die systematische Philosophie der Philosophiegeschichte nicht völlig entbehren, so ist diese nicht ohne jene denkbar. Das Verhältnis der Philosophie zu ihrer Geschichte ist eben viel intensiverer Art, als das der übrigen Wissenschaften zu deren (Vor-)Geschichte. *Hierin* können wir Cassirer also völlig beipflichten: »Keine Behandlung der echten Philosophiegeschichte kann bloß historisch gemeint und bloß historisch orientiert sein. Denn der Rückgang auf die philosophische Vergangenheit will und muß stets zugleich ein Akt der eigenen philosophischen Selbstbesinnung und Selbstkritik sein.« (E. Cassirer, a. a. O., S. XV)

Diese These von einem säkularen Prozeß der Bewußtseinsformung muß von einer zumindest partiellen Revision der traditionellen Deutungen der philosophischen Werke von Berkeley und Hume ergänzend begleitet werden. Denn die These von einer »Beseeltheit« der Natur macht nur als Bestandteil einer prinzipiell realistisch konzipierten Naturphilosophie Sinn, d.h. sie erlaubt zumindest keine Kombination mit einer solchen Form von »subjektivem« Idealismus, darin die Natur etwas ist, das ausschließlich im menschlichen (endlichen) Bewußtsein sein Dasein fristet. Ein nicht-menschlicher, »objektiver« Geist in der Natur setzt unabdingbar eine dem menschlichen Bewußtsein transzendente »objektive« Natur voraus. Nun erfreut sich aber die Auffassung noch immer großer Beliebtheit und nicht geringer Verbreitung, es seien die beiden, zweifellos bedeutendsten, britischen Philosophen des achtzehnten Jahrhunderts (beide waren weder Engländer noch wollten sie als solche bezeichnet werden), Berkeley und Hume, »phänomenalistische« Idealisten gewesen, welche die Natur zu einem bloßen Reich von Sinnesideen erklärt und damit degradiert hätten. Unsere in der »Hauptthese« umrissene Deutung der Philosophiegeschichte im Vorfeld der *Industrial Revolution* muß sich somit ganz besonders diesen beiden »Großen« widmen, um in ihren Werken die Lehre von der Beseeltheit der Natur und, zugleich sowie als Voraussetzung dafür, einen grundsätzlichen ontologischen Realismus (oder zumindest – davon später mehr – einen »Ideal-Realismus«) auszumachen. Eine solche *Non-standard*-Interpretation der Philosophie Berkeleys und Humes kann sich nun glücklicherweise auf die Forschungen und Vorarbeiten der bedeutendsten Kenner dieser Philosophen im zwanzigsten Jahrhundert stützen, d.h. auf die Studien von A. A. Luce und T. E. Jessop hinsichtlich Berkeleys und auf diejenigen N. Kemp Smiths bezüglich Humes. Es wird sich bei diesem genaueren Hinsehen auch ergeben, daß der Übergang vom organismischen zum (neo-)mechanistischen Naturverständnis im Großbritannien des achtzehnten Jahrhunderts mit dem Übergang von Berkeley zu Hume weitgehend zusammenfällt. (Besonders »dramatisch« wird dieser Umschlag in Humes letztem Werk, den ›Dialogues Concerning Natural Religion‹, zum Ausdruck kommen, das deswegen auch eine Analyse *en detail* erfahren wird und muß.)

Eine weitere, von der geforderten Rückbesinnung auf grundlegende Einsichten Cudworths und Kants allerdings nicht unabhängige These ist gegenüber den beiden vorhergehenden historisch-interpretatorischen eher »systematischer« Art und lautet: Es waren *nicht* die besseren Argumente, welche die Weltseelenlehre Stück für Stück zugunsten des materialistischen (Neo-)Mechanismus' zurückgedrängt haben. Wir behaupten und wollen durchaus auch belegen, daß sich weder Locke gegenüber Cudworth noch Hume gegenüber Berkeley noch Priestley gegenüber Reid – nämlich hinsichtlich naturphilosophischer (und damit für die Weltseelenlehre relevanter) Fragestellungen – im Vergleich mit ihren philosophischen »Vorgängern« im Besitz der jeweils besseren Ideen und Begründungen befanden, wobei das Gegenteil von Coleridge gegenüber Smith und Bentham gilt. (Dieser Aspekt meiner Arbeit möge als ein kleiner Beitrag zur Blumenbergschen Frage nach der »Legitimität der Neuzeit« erachtet werden.) Da in unserer Zeit v. a. die Philosophie Humes geschätzt, und dieser Denker nicht selten sogar (besonders in anglophonen Nationen) als bedeutendster Philosoph der Neuzeit betrachtet wird, gilt es auch schon deswegen, sein Werk – bei aller grundsätzlichen Sympathie für seinen noch immer »organismischen« (Whitehead) Naturbegriff – ganz besonders kritisch »unter die Lupe« zu nehmen. Demgegenüber soll auch nachgewiesen werden, daß den philosophischen Positionen und Beiträgen von Cudworth und Reid, ganz besonders aber denen von Berkeley und Coleridge (nicht nur) gegenwärtig verdienter Respekt weitgehend vorenthalten wird. Die übliche einseitige Akzentuierung Humes (sie geht wohl auf Kant und die von ihm in Deutschland stark beeinflußte Philosophiegeschichtsschreibung zurück) erscheint uns besonders Berkeley gegenüber als von der Sache her nicht gerechtfertigt und grundsätzlich überdenkenswert.[14]

---

[14] Die folgende Antwort auf die Frage »Berkeley oder Hume?« steht, von den gewichtigen, da sehr kenntnisreichen Einschätzungen der Professoren Luce und Jessop einmal abgesehen, im 20. Jahrhundert ziemlich einsam da; trotz ihrer etwas frivolen Formulierung erscheint sie uns inhaltlich nicht ganz verkehrt: »Weininger macht in ›Geschlecht und Charakter‹ die sehr feine Bemerkung: ›Die Entscheidung zwischen Hume und Kant ist auch *charakterologisch* möglich, insoferne etwa, als ich zwischen zwei Menschen entscheiden kann, von denen dem einen die Werke des Makart und Gounod, dem anderen die Rembrandts und Beethovens das Höchste sind‹, und an einer anderen Stelle sagt er, daß Hume allgemein überschätzt werde; es gehöre zwar nicht viel dazu, der größte englische Philosoph zu sein, aber Hume habe nicht einmal auf diese Bezeichnung Anspruch. Was uns anlangt, so möchten wir diesen Ruhm Humes ›Vorläufer‹, dem Bischof Berkeley, zuerkennen, der, aus englischem Geschlecht stammend, aber in Irland geboren und erzogen, als einer der glänzendsten Vertreter des vom englischen so sehr verschiedenen irischen Geistes anzusehen ist: er hat eine Philosophie geschaffen, die wahrhaft

So bleibt zu hoffen, daß die folgende, prinzipiell realistische (oder genauer »ideal-realistische«) Interpretation der Berkeleyschen Philosophie (in welcher diese in heuristischer Absicht als eine Einheit aufgefaßt wird, darin jedes Werk jedes andere erhellt, d. h. erläutert und ergänzt), einen kleinen Beitrag zu dieser längst fälligen Rehabilitation leisten kann. Andererseits werden erwartungsgemäß auch dessen Ausführungen verschiedentlich Anlaß zur Kritik bieten. Diese Berkeleysche Philosophie gehört ihren Wurzeln nach in die Tradition, welche, ausgehend von Franziskus und der Florentinischen Renaissance, über Bruno, Böhme, Cudworth und Leibniz, bis zum späten Kant (der ›Kritik der Urteilskraft‹) und weiter zu Schelling, Schopenhauer, Bergson, Whitehead, Scheler und Jonas führt – sie ist nur oberflächlich auch mit der sogenannten positivistischen Tradition verbunden. Wir werden uns selbst zu einem moderaten, wenn auch kritischen und vorbehaltlichen Fürsprecher dieser (ihrerseits wiederum aus platonischen Quellen gespeisten) »Renaissance-Tradition« machen. Dabei wollen wir aber keinesfalls wie von einer – auf einer unerschütterlichen Festung ewiger Wahrheiten errichteten – sicheren Warte aus den Fluß der Philosophiegeschichte betrachten, sondern – wenigstens soweit möglich und der eigenen Einsicht zugänglich – bei inhaltlichen Stellungnahmen stets (was ja eigentlich selbstverständlich sein sollte) geradewegs einfach den besseren Argumenten folgen. Daß dabei anläßlich von Entscheidungen, was denn jeweils für das bessere Argument gehalten wird, immer *auch* etwas von dem zum Tragen kommen wird und vielleicht unvermeidlich sogar muß, was »weltanschaulicher Hintergrund« genannt wird, soll nicht nur nicht geleugnet werden – es ist dies sogar eine der Thesen, für die (mit Blick auf das »Indiz« der Geschichte der anglophonen Philosophie im Zeitalter der Aufklärung) ausdrücklich Stellung zu

---

frei, höchst originell und schöpferisch paradox ist. Nach seinem Ausgangspunkt könnte man ihn für einen typisch englischen Erfahrungsphilosophen halten, [er ist aber keiner; S. B.].« (E. Friedell, Kulturgeschichte der Neuzeit [Sonderausgabe in einem Band], München [2]1989, S. 631) Ähnlich ungewohnt urteilte meines Wissens fast nur noch K. Schilling: »Der einzige, der in der Hauptepoche neuzeitlicher Metaphysik in England den Versuch eines großen originellen Systems machte, das auf seine Weise die Naturphilosophie und den Aufschwung zum jenseitigen Gott umspannt und den großen kontinentalen Systemen vergleichbar ist, ist George Berkeley. Es ist sehr bezeichnend, daß er nur vom Vater her Engländer war, mütterlicherseits aber aus Irland stammte, der Heimat des Johannes Eriugena, des frühmittelalterlichen Neuplatonikers aus dem 9. Jahrhundert.« (Ders., Geschichte der Philosophie, Zweiter Band [»Die Neuzeit«], München 1944, S. 436)

ziehen sein wird. Eine solche deutliche Einnahme klarer »Positionen« wird auch noch für eine ganze Reihe anderer Thesen augenfällig werden.

Wenigstens eine solche These mag beispielhaft bereits an dieser Stelle vorgestellt sein: Sie behauptet einen Zusammenhang zwischen der Entseelung, Mechanisierung, Verdinglichung, Herabwürdigung oder »Ächtung« der Natur einerseits und der ersten Verkündigung der Menschenwürde und allgemeinen Menschenrechte durch Jefferson und die anderen »Gründerväter Amerikas« andererseits. Dieser Zusammenhang ist vielschichtiger und interessanter als der näher liegende (wohl auch nicht ganz verkehrte) Gedanke, es habe die mit der beginnenden Industrialisierung verbundene Entwürdigung (»Ächtung«) großer Schichten der Bevölkerung eine öffentliche Erklärung der Menschenwürde und -rechte als sinnvoll und notwendig erscheinen lassen. Philosophie- und kulturgeschichtlich betrachtet ergiebiger erscheint die Annahme eines verborgenen Zusammenhangs zwischen der Heraufkunft des Atheismus und der Angst vor der Natur (bzw. *ihrer* Ächtung). Anders ausgedrückt: es scheint eine Verbindung zu geben zwischen dem Niedergang des spezifisch christlichen und mittelalterlichen Gedankens, der Mensch beziehe seine besondere Würde aus der Gottebenbildlichkeit und der Heraufkunft der v.a. cartesischen Vorstellung, der Mensch sei substantiell über die »blinde Natur« erhaben. Letztere Vorstellung tritt in ihrer neuzeitlichen Funktion der Begründung einer besonderen Menschenwürde an die Stelle des biblischen Imago-Dei-Gedankens,was nicht weniger bedeutet, als daß der religionsskeptisch gesinnte Verkünder dieser Menschenwürde, wenigstens solange er sich kein massives Begründungsproblem einhandeln will, auf die Herabsetzung der Natur gegenüber dem Menschen gar nicht Verzicht leisten *kann*. -Nicht nur von hier aus besehen, sollte den vorliegenden Ausführungen über die britische Philosophie im Vorfeld der Industriellen Revolution eigentlich auch ein gewisses moralphilosophisches Interesse eingeräumt werden, denn der Frage, wie man den Artikel 1 des Deutschen Grundgesetzes begründen könnte, ohne (was man gewöhnlich nicht mehr will) die Religion zu bemühen (anbieten würde sich z.B. Gen 1,27) und ohne (was man hoffentlich auch nicht mehr will) die Würde der übrigen Natur oder Schöpfung herunterzuspielen, dürfte doch wohl einige ethische Brisanz eignen sowie einiges allgemeine Interesse verdienen.

Alles »Historische« soll die heuristische Annahme eines Zusammenhangs zwischen philosophischer Ideen- und allgemeiner Zivilisationsgeschichte sukzessive plausibler erscheinen lassen. Die Weise, auf welche ein solcher aufzuzeigen ist, kann keine andere sein, als die Feststellung einer grundsätzlichen Parallelität der Phänomene und Ereignisse im ideen- und realgeschichtlichen Raum: in unserem Fall eine Parallelität im Wandel des philosophischen Naturverständnisses und im Wandel des technischen und ökonomischen Umgangs mit der so verstandenen Natur. Obwohl solche Entsprechungen streng logisch genommen noch keinen Zusammenhang beweisen, dürften sie doch eine starke Präsumption zugunsten eines solchen nahelegen. Aber selbst bei deren Akzeptanz wäre immer noch nicht ausgemacht, wie der einmal zugestandene Zusammenhang *gedeutet* werden sollte; die Frage bliebe bestehen, ob wohl der zivilisationsgeschichtliche »Unterbau« den ideengeschichtlichen »Überbau« bestimme – oder ob es sich vielleicht gerade umgekehrt verhalte.Im Blick auf diese geschichtsphilosophische Gretchenfrage (»Was glaubst du: Regieren – mit Voltaire – die Gedanken die Welt oder regiert vielleicht – mit Marx – die sozio-ökonomische Welt die Gedanken bzw. den intellektuellen Überbau?«) können, wenn überhaupt, nur genaue Untersuchungen konkret-temporärer Verhältnisse zu einer wenigstens ansatzweise begründeten Antwort führen. In unserem Fall hat es wohl eher den Anschein als würde eine solche Voltaire recht geben, liegen doch die Anfänge des ideengeschichtlichen Wandels dem dazu parallelen zivilisationsgeschichtlichen um eine nicht unbeträchtliche Zeitspanne versetzt *voraus*. (Es handelt sich dabei im wesentlichen um eben den Zeitraum, welcher im folgenden behandelt wird.) Dennoch bleibt es gut vorstellbar, daß ein Geschichtsforscher mit einem anderen weltanschaulichen Blick auch zu einem anderen Ergebnis hätte kommen können – wenn vielleicht auch (möge dies nun nicht zu unbescheiden klingen!) mit einem anderen (leichteren) Gewicht seiner Begründungen.

Alles »Systematische« soll dazu beitragen, ein philosophisch rechtfertigbares Weltbild und ein damit zusammenhängendes, den diesbezüglich drängenden Anforderungen der Zeit angemessenes, philosophisch vertieftes und wirklichkeitskonformes Naturverständnis zu entwickeln. Ich bin mir dessen bewußt, daß zumindest einige Bestandteile vorliegender Arbeit »befremdlich« oder zumindest stellenweise »unzeitgemäß« wirken könnten (andere, aber im Vergleich damit wenige, vielleicht im Gegensatz dazu auf eine einer philosophischen Schrift unwürdige Weise »modisch«). Aber auch der Umgang unserer Zeit mit der ihr fremd gewordenen Natur ist dieser wenig gemäß – und so ist das Unzeitgemäße vielleicht gerade das der Natur – und unserem menschenwürdigen Überleben in dieser – gemäße (das »Modische« in diesem Fall aber das Zuversicht gebende und Mut machende).[15]

Dieser Natur scheint nun das mechanistische Kleid, welches ihr die Wissenschaftler und Philosophen im Anschluß an Kepler, Galilei und v.a. Descartes übergestülpt haben, wenig gut zu passen. In der Tat drückt, platzt und reißt es im Anschluß an die Evolutions-, Quanten-, Urknall-, Chaos- und Selbstorganisationstheorien nachfolgender Zeiten an imgrunde allen Nähten. Und wenn die neuere, an Kants letzte Kritik, Schelling usf. anschließende Naturphilosophie überhaupt irgend etwas verdeutlichen konnte, dann eben gerade auch dies, daß das gesuchte erfahrungs- und wirklichkeitskonforme Naturverständnis keinesfalls unter Zugrundelegung des mechanistischen Modells zu erlangen ist. Dieses wäre ja auch schon bei Zugrundelegung »bloß« ethischer Gesichtspunkte ganz unbefriedigend: Eine Maschine ist eigentlich nicht »schutzwürdig«, sie stellt auch keinen geeigneten Gegenstand der Verantwortung, geschweige denn der Achtung dar.

[15] Zu solch »Befremdlichem« gehört sicherlich die bereits erwähnte, ungewohnte Deutung und Bewertung der philosophischen »Gestalten« und der damit verbundenen Geschichte der britischen Philosophie in der Zeit der Aufklärung sowie eine damit verknüpfte gewisse Vorliebe für Metaphysik im allgemeinen und nichtpositivistische Naturphilosophie im besonderen (davon gleich mehr unter *Eigenes*). Falls da in unserem »nachmetaphysischem Zeitalter« überhaupt noch irgendeine *captatio benevolentiae* der Leserin und des Lesers irgendeinen Erfolg versprechen könnte, dann vielleicht am ehesten noch die des (von mir, wie gesagt, durchaus sehr geschätzten) George Berkeley, der an einen seiner Leser geschrieben hat: »And now […] I submit these hints […] to your own maturer thoughts. What you have seen of mine was published when I was […] young, and without doubt hath many defects. For though the notions should be true (as I verily think they are), yet it is difficult to express them clearly and consistently […]. I do not therefore pretend that my books can teach truth. All I hope for is, that they may be an occasion to inquisitive men of discovering truth, by consulting their own minds, and looking into their own thoughts.« (Zweiter Brief an Johnson, 25.11.1729).

2) Besonderes

Die in der Formulierung unserer Hauptthese getroffene Feststellung, es gäbe keine durchgehende, konstante Entwicklung von dem (bei oberflächlicher Betrachtung sich ergebenden) Mechanismus der ›Principia‹ bis zu dem mechanistischen Naturverständnis der britischen Philosophen zur Zeit der beginnenden Industriellen Revolution, erfordert gleich zu Beginn noch etwas mehr Raum zur Erläuterung und zur Vermeidung von nahe liegenden Mißverständnissen. Der Umstand, daß es in Newtons Werk große innere Spannungen und wohl auch schwer auflösbare Widersprüche gibt, ist (vielleicht mitbedingt durch die enorme und anhaltende, von England über Frankreich – Voltaire! – auf die ganze Welt übergreifende Newton-Begeisterung, ja -Verklärung[16]) nur zögernd zur Kenntnis genommen worden. So endet etwa noch ein Standardwerk der etwas älteren Wissenschaftsgeschichtsschreibung, E. J. Dijksterhuis' ›Die Mechanisierung des Weltbildes‹[17] mit der Behauptung einer »scharf festgelegten, nämlich auf das Jahr 1687 fixierten Grenze«[18], mit der diese »Mechanisierung« abgeschlossen gewesen sein soll; indessen waren weder die ›Principia‹ Newtons letztes (oder gewissermaßen persönlichstes) Wort noch endete die Auseinandersetzung um die Adäquatheit des mechanistischen Naturverständnisses bereits im ausgehenden siebzehnten Jahrhundert; auch ist wenigstens die *Dynamik*[19] noch während des ganzen folgenden Jahrhunderts eine heftig umkämpfte Disziplin. Die ›Principia‹ konnten allerdings den Eindruck vermitteln, Newton gehöre zu den »mechanical philosophers«, welche bekanntlich alle Naturerscheinungen auf Druck und Stoß materieller Teilchen (bzw. auf »matter in motion«) zurückführen wollten.

---

16 »Die *Philosophie* des achtzehnten Jahrhunderts knüpft überall an dieses Einzelbeispiel, an das methodische Paradigma der Newtonschen Physik an …« (E. Cassirer, a. a. O., S. 15)

17 Berlin 1956 (Erstv., in niederländischer Sprache, 1950).

18 A. a. O., S. I: 2; 1687 erschienen Newtons ›Philosophiae Naturalis Principia Mathematica‹.

19 »Die Mechanik, als Lehre von der Bewegung der Körper und Bahnen, zerfällt nach herkömmlicher Auffassung in zwei Hauptstücke: In Kinematik und Dynamik. Die Kinematik stellt die verschiedenen Formen von Bewegung nach Zeit und Raum dar, wie sie am Himmel und auf der Erde zu beobachten sind; die Dynamik dagegen soll den Zusammenhang dieser Bewegungsformen mit Ursachen erklären.« (M. Wolff, Geschichte der Impetustheorie. Untersuchungen zum Ursprung der klassischen Mechanik, Frankfurt/Main 1978, S. 16.)

Zwar hatte er gegen Descartes' Form des Mechanismus' (wonach das Universum ein *plenum* sei, voller Wirbel und Wechselwirkungen ihrer materiellen Bestandteile auf einander, bei jedoch stets gleichbleibender Bewegungsmenge) Stellung bezogen, nicht aber gegen diejenige Boyles (wonach letztlich unerkennbare Atome aufeinander, zwar auch durch Druck und Stoß, aber im Vakuum wirken). Zwar wies er am Schluß des Buches (im »Scholium generale«) eine Erklärung der Schwere oder Gravitation zurück, da diese in einer »experimentellen Philosophie« keinen Platz habe,[20] doch konnte der durchschnittliche Leser eine materielle Erklärung – also eine solche aus Eigenschaften der Materie – problemlos als im Sinne des Meisters vermuten.

Und doch mußte aufmerksamen Lesern die aus der Entfernung und über die leeren Räume hinweg wirkende Gravitationskraft – gegenüber den klareren Prinzipien der herkömmlichen »mechanical philosophers« (Druck und Stoß als die einzigen Ursachen der Veränderung eines Bewegungszustands) – sehr »spirituell« oder gar »animistisch« anmuten. Newtons »action-at-a-distance« *(actio in distans)* wurde dann auch der Gegenstand eines heftigen Streits zwischen Newtonianern und Newton-Gegnern wie Leibniz. Mit der Äther-Theorie der ›Optics‹ endlich (v.a. in der Fassung der zweiten Auflage) platzte gewissermaßen eine »Zeitbombe«: Es wurde endlich klar, daß Newton – bis *dato* der ausgerufene »king of the mechanical philosophers« – offensichtlich gar kein immanentistischer »Mechanist« war, nahm er doch die Existenz eines »aethereal medium« an, mit dessen geheimnisvoller Hilfe *von Gott selbst* alles im Universum bewegt und gestaltet wird, »and there by [God succeeds, S. B.] to form and reform the parts of the universe, than we are by our will to move the parts of our own bodies.«[21] Die Gravitation ist demnach

[20] Newton wollte längere Zeit zu wissenschaftsphilosophischen Kontroversthemen gar keine Stellung beziehen: »Newton liebte es, sich zu diesem Zwecke als reinen Mathematiker darzustellen, der sich nur mit den räumlichen und zeitlichen Verhältnissen der Erscheinungen und der Verknüpfung von Raum und Zeit in den natürlichen Bewegungen zu beschäftigen habe. Die weitere Untersuchung der physikalischen Ursachen dieser Verknüpfung, das Wesen der Materie und ihre Kräfte, überwies er zur weiteren Folge den Physikern, deren Entscheid zwischen den darüber aufgestellten Antithesen er nicht vorgreifen wolle und deren Urteil seine Theorien auch nicht weiter berühre.« (F. Rosenberger, Isaac Newton und seine physikalischen Principien, Leipzig 1895, S. 6)

[21] Vgl. Isaac Newton, Opera quae extant omnia (Faksimile-Neudruck der Ausgabe von Samuel Horsley) London 1779–1785 in fünf Bänden, Band 4, S. 262 (›Optics‹, Book III, »Queries«). Den Zusammenhang zwischen Newton und der Renaissancephilosophie

eine Eigenschaft des spirituellen (»gotterfüllten«) aber ausgedehnten leibähnlichen Äthers, und er ist es, der der Schwerkraft und dem Universum konstante, zielgerichtete Bewegungen verleiht. »This belief«, so R. E. Schofield, »is consistent with the teachings of the neo-Platonists at Cambridge during Newton's student days there.«[22] Insbesondere die »Queries« der zweiten Auflage der ›Optics‹ (bzw. ›Opticks‹, so das Original) wurden so zum wahren Ausgangspunkt der naturphilosophischen Debatten des achtzehneten Jahrhunderts:

»The continuing extension of Newton's theory of matter into the coordinating, stimulating, and directing policy for eighteenthcentury natural philosophers took place by way of the second edition of the *Opticks,* published in Latin in 1706. There is comparatively little difference in the text of the first 16 queries taken over from the first edition, but seven new queries were added which took on the whole range of eighteenth-century experimental concerns. Newton had introduced the queries with the suggestion that they proposed problems ›in order to a further search to be made by others', and the evidence is strong that they did indeed become a starting point for most of the scientific inquiries of the century. I. Bernard Cohen has shown that the *Opticks* was the more widely read and cited of Newton's two major works for eighteenth-century experimentalists and that the queries were the focus of their attention.«[23]

Die Nähe des geradezu divinisierten Newton zu den Cambridge Platonikern und ihrer Äthertheorie bzw. Weltseelenlehre[24] mußte einfach das Interesse der damaligen britischen Forscher und Philosophen

---

weist u. a. nach: G. Webster, From Paracelsus to Newton. Magic and the Making of Modern Science, Cambridge 1982.; vgl. in diesem Zusammenhang auch: H. Blumenberg, Die Genesis der Kopernikanischen Welt, Frankfurt/Main 1981.

[22] R. E. Schofield, Mechanism and Materialism. British Natural Philosophy in the Age of Reason, Princeton 1970, S. 12. Zu den Cambridge Platonikern vgl. Ernst Cassirer, Die platonische Renaissance in England und die Schule von Cambridge, Leipzig 1932 (The Platonic Renaissance in England, Austin/Texas 1953); Jean-Pierre Schobinger (Hg.), Die Philosophie des 17. Jahrhunderts, Bd. 3 (England 1, § 11), Basel 1988.

[23] Schofield, a. a. O., S. 10.

[24] Dieser Äther bzw. diese Weltseele fungiert in Cudworths Philosophie unter dem Namen einer »plastick (oder plastic) nature«, will besagen, einer formenden Natur. Dazu Henderik R. Rookmaaker Jr. : »In his *True Intellectual System of the Universe,* the Cambridge Platonist Cudworth develops his concept of ›plastic nature‹. He believes that since matter ›is not able so much as to Move it self‹, there must be a principle of life inherent in nature which ›since it is Life, it must needs be Incorporeal, all life being such …‹ This principle of life, this ›plastick nature‹, he regards as an ›Effulgency of Eradiation‹ of the divine Mind«. (Ders., Towards a Romantic Conception of Nature. Coleridge's Poetry up to 1803, Amsterdam 1984, S. 6)

wecken und das ursprüngliche Vertrauen in das Weltbild der vielleicht allzu einfachen mechanistischen Philosophie erschüttern – relativ anhaltend, aber doch nicht bis in die 70er Jahre des achtzehnten Jahrhunderts hinein. Denn besonders ab ca. 1760 kündigt sich eine deutliche Rückkehr zu dieser Philosophie an, welche geistige Bewegung Schofield zutreffend »Neo-Mechanism« genannt hat und die zusätzlich durch das Bekanntwerden von Boscovichs ›Theoria philosophiae naturalis‹ in Großbritannien gefördert worden ist.[25] Wir werden nachzuweisen versuchen, daß diese Rückkehr zum Mechanismus desgleichen durch das stufenweise Verblassen und Verschwinden des Weltseelen-Gedankens aus den Werken der führenden Philosophen der Zeit Unterstützung erfuhr: so daß sich ein ganz ähnliches Resultat, wie es Schofield aus seiner Untersuchung der Geschichte der Naturwissenschaften abgeleitet hat, auch aus der Analyse der Philosophiegeschichte beziehen läßt.[26]

So gesehen, könnte die vorliegende Studie als eine philosophiehistorische Ergänzung der gründlichen wissenschaftshistorischen Arbeit Schofields gelten; mit gewisser Berechtigung aber auch als eine solche (z. T. auch korrigierender Art) der vielleicht etwas weniger gründlichen, dafür aber weit populärer gewordenen Studie ›The

---

[25] Vgl. Schofield, a. a. O., Part III (»Neo-Mechanism, 1760–1815«), S. 233–297. Der genaue Titel des Buches lautet Philosophiae naturalis Theoria redacta ad unicam legem vivium in natura existentium, Wien 1759). Boscovich ist von Leibniz' Monadenlehre beeinflußt, abstrahiert aber weitgehend von dessen Spiritualismus, und faßt Atome als ausdehnungslose Kraftzentren auf, die mit anziehenden und abstoßenden Kräften ausgestattet sind. Für die These, daß (entgegen dem ersten Anschein) Leibniz und nicht Newton der entscheidende Wegbereiter des Materialismus und Positivismus der späteren Zeit gewesen ist, argumentiert ungewöhnlich aber durchaus interessant (weil oder wenn auch beinahe maßlos überzogen Leibniz-feindlich): E. Dellian in seiner »Einführung« zu: Samuel Clarke. Der Briefwechsel mit G. W. Leibniz von 1715/16, Hamburg 1990.

[26] Die Entwicklungen von Naturwissenschaften und Philosophie verlaufen im 18. Jahrhundert (anders als noch im 17.) bereits weitgehend selbständig und auch vereinzelt schon getrennt voneinander, noch immer aber parallel und keinesfalls isoliert (wie das ab dem 19. fast ausnahmslos der Fall ist). Schofields Entdeckung eines Neo-Mechanismus ab ca. 1760 bestätigt unsere These und dies vielleicht umso mehr, als Schofield die Industrielle Revolution, welche in dieser Zeit beginnt, in seinem Buch noch nicht einmal erwähnt, also auch kein Interesse an der Herausstellung eines Zusammenhangs zwischen diesem neuen (englischen) Materialismus und dem (welt-)historischen Ereignis haben kann. (Auch wir sind erst nach Abschluß des größten Teils unserer Untersuchungen auf Schofields Buch aufmerksam geworden.)

Death of Nature‹ (1980) von Carolyn Merchant.[27] Sie will den »unglaublichen Wandel« in dem europäischen Naturverständnis »zwischen 1500 und 1700« beschreiben: »Um 1500 sah man den Kosmos als einen lebendigen Organismus, in dem alle Teile miteinander verbunden waren; um 1700 war die Maschine zur dominierenden Metapher geworden.«[28] Für Merchant wie für Dijksterhuis und sehr viele andere auf diesem Gebiete arbeitende Autoren ist die Mechanisierung des Weltbildes (bzw., gemäß Merchants metaphorischen Rede, das Sterben der Natur) bereits um 1700, (vor allem durch den großen Erfolg der ›Principia‹) abgeschlossen. Die hier doch wenigstens mögliche Frage, warum zwischen den ›Principia‹ und der Industriellen Revolution noch fast ein ganzes Jahrhundert liegt, stellt sich diese an sich sehr aufschlußreiche Arbeit Merchants nicht; es wird auch nicht versucht diesen Zeitraum – wie die zwei Jahrhunderte vor Newtons Buch – mit Hilfe geistesgeschichtlicher Analysen verständlicher werden zu lassen. Hier soll vorliegende Untersuchung ergänzend »nachhelfen« und dabei aufweisen, daß es zwischen dem Newton der ›Principia‹, Boyle, Halley und anderen Wissenschaftlern und Gelehrten gegen Ende des 17. Jahrhunderts und den neuen mechanistischen Philosophen um Priestley gegen Ende des 18. ein (sukzessive dahin schwindendes) *interregnum* nichtmechanistischen, »organischen« Denkens gab, das sich weitgehend an Newtons eigentliche, will besagen, persönliche Naturauffassung – bzw. an die seiner Cambridge-Lehrer Cudworth und More – anschließt.

Dieser Zeitraum kann mit den Namen Shaftesbury, Hutcheson, Berkeley und Hume verknüpft und näher bezeichnet werden; er fällt zeitlich wohl nicht zufällig zusammen mit der Heraufkunft des sogenannten Zeitalters der Empfindsamkeit bzw. mit dem Rousseauismus.[29] Der Umstand, daß Merchant diese, sicherlich auch durch eine neue Naturbegeisterung bewirkte »Verzögerung« der kulturgeschichtlichen Wirkung des »Todes der Natur« – nicht einmal anspricht (die Lektüre ihres Buches erweckt geradezu den Eindruck, die

---

[27] In deutscher Übersetzung (von H. Fliessbach): C. Merchant, Der Tod der Natur. Ökologie, Frauen und neuzeitliches Naturwissen, München ²1994.

[28] A. a. O., S. 277.

[29] Rousseau ist bekanntlich zeitweise sogar ein enger Freund Humes gewesen. Vgl. z. B. G. Streminger, David Hume. Sein Leben und sein Werk, Paderborn 1994, insb. Kap. 24. – E. Friedell (Kulturgeschichte … a. a. O.) bespricht diese Zeit der Empfindsamkeit (wie so vieles) sehr treffend unter der Kapitel-Überschrift »Gesunder Menschenverstand und Rückkehr zur Natur«.

»Industrielle Revolution« müßte eigentlich unmittelbar nach Newton, um 1700 beginnen), ist umso erstaunlicher als sie des öfteren nicht nur auf Newtons unvergleichbaren Einfluß auf die angelsächsischen Intellektuellen[30], sondern ebenso auf dessen persönliche Naturauffassung mit klaren Worten zu sprechen kommt:

»Die handschriftlichen Entwürfe zu den ›Queries‹ zeigen […], wie unerschütterlich Newton von der Allgegenwart vitalen Lebens in animalischer, pflanzlicher und mineralischer Materie überzeugt war. ›Wir können nicht sagen, daß nicht die ganze Natur belebt ist‹, schreibt er in einem der Entwürfe, und in einem anderen: ›Alle recht geformte Materie ist mit Zeichen von Leben ausgestattet‹.«[31]

Merchant weist darauf hin, daß Newton schon lange vor den ›Optics‹, nämlich bereits 1674 (und, wie sie sicherlich zurecht vermutet, von den Cambridge-Platonikern inspiriert), eine organische Naturauffassung in der Weise der Renaissance-Philosophen gutgeheißen habe. »Die Erde ähnelt«, so steht es in einem Manuskript des großen Wissenschaftlers mit dem Titel ›Of Nature's Obvious Laws and Processes in Vegetation‹, zu lesen, »einem großen Tier, oder vielmehr einer unbeseelten [gemeint: bewußtseinslosen] Pflanze, [die] zu ihrer täglichen Erfrischung und als vitales Ferment ätherischen Atem einzieht«.[32]

Dies alles bedeutet aber offensichtlich – entgegen Merchants zentraler Annahme –, daß der Gedanke einer beseelten Natur um 1700 und endend mit Newton noch nicht, mit ihrem Ausdruck, »gestorben« ist. Und somit besagt unsere Hauptthese in neuer, ausführlicherer Formulierung: Im Anschluß an eine Wiederbelebung der »toten« Natur eines Hobbes und Descartes (sowie eines Mersenne, Huyghens, Boyle etc.) durch die »Cambridger«, einschließlich Newton, Shaftesbury u. a., findet im achtzehnten Jahrhundert, beginnend mit Hume, ein neuerliches Verblassen des organischen Naturbegriffs statt, welches an der Entwicklung der Naturphilosophien

---

[30] Vgl. etwa das berühmte Geleitwort zu den ›Principia‹ von Edmund Halley, das mit der Aussage über deren Verfasser schließt, kein Sterblicher sei jemals den Göttern näher gekommen.

[31] Merchant, a. a. O., S. 275. Ähnliche (kritisch relativierte) »vitalistische« Tendenzen finden sich beim späten Kant; vgl. dazu R. Spaemann und R. Löw, Die Frage Wozu? Geschichte und Wiederentdeckung des teleologischen Denkens, München [3]1991, insb. S. 141; desgleichen des letzteren Arbeit: Philosophie des Lebendigen, Frankfurt/Main 1980.

[32] Vgl. Merchant, a. a. O., S. 273.

der bedeutendsten englischsprachigen Philosophen dieses Jahrhunderts der Aufklärung abgelesen werden kann. Priestleys Reid-Kritik und Rückgriff (über ein Säkulum hinweg, davon unten mehr) auf Locke und Boyle setzt dieser Entwicklung ein deutlich konturierendes Ende, d. h. die Natur »stirbt« endgültig (?)[33] erst ab 1770 mit der beginnenden Industriellen Revolution und ihren spezifischen »Ideologen« Jefferson, Smith und Bentham.

Merchants berühmte Studie fand eine Fortsetzung, Erweiterung (teilweise auch bereits eine gewisse Richtigstellung) in Karen Gloys zweibändigem Werk ›Das Verständnis der Natur‹.[34] Nicht anders als Merchant, hält auch Gloy das neuzeitliche mechanistische Naturmodell für inadäquat:

»Es ist oft behauptet worden, daß das mechanistische Denken den ›Tod der Natur‹ […] heraufbeschwöre, da es die, lebendige, organische Natur und deren lebendige, organisierende Kräfte durch tote, träge Materie und rein zufällige Bewegungen ersetze, welche letzteren entweder – metaphorisch gesprochen – von Gott initiiert werden müssen oder auf unerklärliche Weise immer schon existieren. Es bleibt die Frage offen, die gerade in der Gegenwart ein eminent wichtiges Thema bildet, ob ein künstliches Produkt und Konstrukt jemals die lebendige Natur erreichen könne oder nicht. Das mechanistische Welt- und Naturbild, das auf den Grundfaktoren von Materie, Raum und bewegenden (materiellen, nicht geistigen) Kräften beruht, scheint diese Aufgabe bei aller Rationalität und Plausibilität nicht leisten zu können.«[35]

Diesem Standpunkt können wir uns vorbehaltlos anschließen.

---

[33] Das Fragezeichen ist ein Zeichen der Hoffnung. Im letzten Vierteljahrhundert mehren sich die Anzeichen für eine Neubesinnung auf die Natur im Bilde einer Art »Organismus« (Whitehead) oder sogar einer »nährenden Mutter«, also auf das Naturverständnis der Renaissance – vorbereitet durch Platons ›Timaios‹ und die Stoa, weitergebildet durch Hildegard von Bingen sowie Franz von Assisi und nachklingend bei Cudworth, Newton, Leibniz, Berkeley, Hume, Kant, Schelling, Schopenhauer, Lotze, Boutroux, Bergson, Whitehead, Scheler, Teilhard de Chardin und Jonas. Leider fällt diese Neubesinnung, die (oft unwissentlich) auch eine Rückbesinnung, eine Art Renaissance der Renaissance darstellt, nur zu oft platt biologistisch, geistfeindlich, esoterisch oder atheistisch aus. Hier wäre etwas mehr philosophische Kultur (und Kritik) dringend erwünscht.

[34] K. Gloy, Das Verständnis der Natur (I. »Die Geschichte des wissenschaftlichen Denkens«, II. »Die Geschichte des ganzheitlichen Denkens«), München 1995 und 1996.

[35] Gloy, a. a. O. S. 177.

3) Eigenes

Was C. Merchant über ihre Studie sagt, gilt auch für diejenige Gloys sowie für die vorliegende: »Die zentrale Themenstellung des Buches entspringt den Sorgen der Gegenwart«.[36] Die ökologische Krise stellt nicht zuletzt auch für die Philosophie die drängendste Herausforderung unserer Zeit dar. Hierbei befinden wir uns immer noch weitgehend im Weglosen. Immerhin könnten gerade hier unsichere Schritte (wie beispielsweise auch die folgenden) Spuren hinterlassen, die einmal zu Wegen werden. Solche Schritte hat bereits recht überzeugend Hans Jonas hinterlassen[37], dessen philosophisch wie moralisch überaus eindrucksvollen Werken wir selbst manches verdanken.

Wie wir (als jüngere Deutsche) die Angehörigen der älteren Generation immer noch danach fragen, was sie denn selbst einst gegen die Gefahr des drohenden Nationalsozialismus getan hätten, so werden zweifellos auch wir (als Angehörige einer Industrienation) einmal von den Jüngeren nach unserer Rolle und unseren Taten während der ökologischen Krise gefragt werden. Können wir dann guten Gewissens Antwort stehen? *Daß* etwas getan und manches verändert werden muß, dürfte mittlerweile jedem bewußt sein;[38] ähnlich klar ist, daß es nur zwei grundsätzliche Alternativen geben kann, um das Fortleben des Menschen auf diesem ursprünglich so schönen Planeten zu gewährleisten: Äußere Zwangsmaßnahmen oder inneres Umdenken. In dem Maße, wie letzteres ausbleibt, werden erstere unvermeidlich werden (das ethisch geforderte Nicht-Einfach-Aufgeben-Wollen einmal vorausgesetzt). Wer umdenken will, muß untersuchen, was die Gründe und Ursachen sind, welche in die ökologische Krise geführt haben. In diesem Zusammenhang dürfte die Erforschung der Vorgeschichte der Industriellen Revolution von

---

36 A. a. O., S. 14.

37 Hauptwerke Jonas' über das Verhältnis des Menschen zur Natur sind: Das Prinzip Leben, a. a. O.; Das Prinzip Verantwortung. Versuch einer Ethik für die technologische Zivilisation. Frankfurt/Main 1984; Dem bösen Ende näher. Gespräche über das Verhältnis des Menschen zur Natur, Frankfurt/Main 1993.

38 Vgl. neben Jonas, Dem bösen Ende näher, a. a. O., z. B. – aus einer Fülle, oft populärer Literatur ausgewählt – H. Büchele, Eine Welt oder keine Welt, Innsbruck 1996. Die gute Absicht ist bei diesen Publikationen gewöhnlich offensichtlich; wie Jonas aber an einer Stelle selbst sagt, reicht diese freilich noch nicht aus: »Keine (zeitgemäße oder unzeitgemäße) Löblichkeit der Gesinnung kann philosophischen Unzulänglichkeiten des Gedankenganges zur Entschuldigung dienen.« (›Das Prinzip Verantwortung‹, a. a. O., S. 10)

ganz besonderem Interesse sein. Diese Erkundung wäre also nicht nur – wie grundsätzlich jede andere unserer Vergangenheit – von sich selbst her gerechtfertigt, sondern darüber hinaus sogar, aus mehr als »nur« einem akademischen Interesse heraus, dringend *geboten*. Denn wer über die Natur anders denken will, sollte sich zuvor bewußt machen wie bislang – seit dem Beginn der systematischen Naturzerstörung – über diese Natur gedacht worden ist. Jeder ernstzunehmenden Vision von einer besseren Zukunft muß ein gründlicher Rückblick in die Vergangenheit und näherhin auf deren Folgen für die Gegenwart vorher gehen. Denn – mit dem bekannten Wort Santanyanas – wer die Geschichte nicht kennt, ist dazu verurteilt, ihre Fehler zu wiederholen … Bei diesem Unterfangen wird dann womöglich als erste und zunächst einmal schon recht wichtige Auskunft in Erfahrung zu bringen sein, daß – vor allem seit dem siebzehnten Jahrhundert – »antiteleologisches« bzw. »kausal-mechanisches« Denken zu dominieren begonnen hatte:[39]

»Die ökologische Krise ist ja eine Folge jener explosionsartigen Expansion der menschlichen Naturbeherrschung, die ihre ideologische Seite im antiteleologischen Denken seit der frühen Neuzeit hat. Hobbes hatte programmatisch formuliert, daß es für den Menschen kein *summum bonum* als Maß gäbe, sondern daß grenzenloses Fortschreiten von Bedürfnis zu Bedürfnis, von Begierde zu Begierde zum Menschen gehöre. Um dieses grenzenlose Fortschreiten zu ermöglichen, bedarf es einer wissenschaftlichen Naturbeherrschung, die auch in der Natur keine teleologischen Strukturen mehr zur Kenntnis zu nehmen bereit ist. Hobbes meinte, es bedürfe lediglich einer Vorkehrung, um die Menschen daran zu hindern, einander gewaltsam umzubringen. Diese Vorkehrung war der absolutistische Staat, der zugleich, hinsichtlich einer Bewertung der Bedürfnisse, ein liberaler Staat sein, d. h. sich nicht einmischen sollte. Wenn jedoch nun die Bedürfnissteigerung und die Bedürfnisbefriedigung selbst zu einer lebensbedrohlichen Gefährdung werden, dann bedarf es eines nicht mehr liberalen, sondern totalitären Absolutismus, um dieser Gefahr zu begegnen und den maßlosen Menschen in Schach zu halten und an seiner Selbstzerstörung zu hindern.«[40]

Die sicherlich bessere Alternative zu einem neuen (ökologischen)

[39] Vorläufer dieses Denkens finden sich freilich schon in der Hochscholastik (Grosseteste, Ockham, Buridan): vgl. z. B. A. C. Crombie, Von Augustinus bis Galilei. Die Emanzipation der Naturwissenschaft, Köln 1964.

[40] Robert Spaemann und Reinhard Löw, a. a. O., S. 287.

Totalitarismus[41] ist ein Bewußtseinswandel, weg von dem kausal-mechanischen Naturverständnis und hin zu einem anderen – aber (und dies ist nun freilich die Hauptfrage) zu welchem anderen? Eine einfache (unvermittelte bzw. nicht ergänzte) Rückkehr zu Aristoteles, Thomas und der klassischen Teleologie scheint vor dem Hintergrund der in der Neuzeit *de facto* erfolgten Entdeckungen und Einsichten wissenschaftlicher und philosophischer Beschäftigung mit der Natur kaum noch denkbar. Die Geistestaten Newtons, Darwins, Einsteins u.a. lassen sich nicht ungeschehen machen – ebenso wenig wie selbstverständlich auch das Faktum, daß es durchaus wahre Segnungen neuzeitlicher Wissenschaft und Technik gibt, geleugnet zu werden braucht. Zur Wissenschaftsschelte besteht in der gegenwärtigen nachmechanistischen und nachdeterministischen Wissenschaftsära überhaupt kein Grund mehr. Insbesondere die Physik kann heute nicht mehr als eine Mauer vor dem Mysterium, sondern muß beinahe als ein offenes Einfallstor hierzu bezeichnet werden.[42]

Vernunftgemäße und realistisch-zeitgemäße Neubesinnung darf und kann nicht in simpler Umkehr bestehen. Gefragt ist, wie so oft, ein gelingendes Bewahren des Guten alter und neuer Zeit in einer Art »höherer Synthese«. Mit Blick auf die Natur bedeutet das eine widerspruchsfreie Zusammenschau von kausalem und finalem Denken auf dem Fundament eines philosophisch haltbaren, *nicht-naiven Realismus,* d.h. eines Realismus, der auch die berechtigten und wichtigen Einsichten unter den unterschiedlich wertvollen Gedanken der sogenannten »Bewußtseinsphilosophen« oder »Ideali-

---

[41] Der Umtext des Zitats verdeutlicht, daß ein solcher von Spaemann und Löw in keinster Weise gefordert wird.

[42] Ein bezeichnendes und für die damalige Zeit noch typisches Beispiel für besagte Wissenschaftsschelte findet sich in dem eigentlich sehr schönen Buch ›Die Stundentrommel vom heiligen Berg Athos‹ von E. Kästner (Frankfurt/Main [2]1974, Erstv. 1956, S. 117); nachdem er die mystische Erfahrung und religiöse Freude der Athos-Mönche hinreissend geschildert hat, kommt es zu einem empfindlichen Seitenhieb auf unsere Wissenschaft: »Das sichere Wissen von dem, wozu man gehört und was zu einem gehört, ein Wissen, das kein Schwanken und keinen Zweifel zuläßt, ein Hochgefühl, das auf einen zukommt und das überwältigt, nicht daß wir es bewältigen. Das und nichts anderes müßte auf dem Grund des Wortes Wissenschaft sein. Aber was man so gemeinhin Wissenschaft nennt, hat damit wenig zu tun; es ist nur Kenntnis, die ihre Folge nur wieder im Bereich der Kenntnisse hat und oft genug ists nur ein Wissen des Nichtwissenswerten, das kein Herz auf Gottes weiter Erde bewegt. Es wird als Gespenster- und Schemen-tanz in dem Augenblick demaskiert, in dem *Wissenschaft* wirklich auftritt: wenn wir uns einmal wirklich im Stande des Wissens befinden. Dann ist Zugehören, Vertrautsein, dann ist Wiedererkennen. Dann ist Heimatgefühl.«

sten« berücksichtigt. Denn was Natur bzw. Gegenstand der Erfahrung sein und heißen kann, ist zweifellos auch von dem Subjekt dieser Erfahrung abhängig oder mitgeformt,[43] d.h. von dem endlichen, verleiblichten, rezeptiven, diskursiven, personalen etc. Dasein des Menschen im allgemeinen als auch von dem »spezifischen Blick« des einzelnen Menschen im besonderen.[44] Bei Cudworth, Leibniz, Berkeley, beim späteren Kant und einigen seiner Nachfolger bis hin zu Jonas gibt es, jeweils unterschiedlich weit gediehene, sehr bedenkenswerte Ansätze zu einem solchen ontologischen und epistemologischen (Ideal-) Realismus, der dem neuzeitlichen, das Subjekt entdeckt habenden Denken nicht einfach schroff ablehnend gegenübersteht, sondern dieses im Durchgang durch dasselbe (im Hegelschen Sinn) »aufhebt« und damit mit der (dann freilich ihrerseits nicht gänzlich seelen- oder geistlos zu denkenden) Natur »versöhnt«.

Den Ansatz Berkeleys werden wir in diesem Buch zur Darstellung bringen, kaum den Kantischen, noch weniger den der nachkantischen Philosophen in der Tradition der ›Kritik der Urteilskraft‹ bzw. der Schellingschen Naturphilosophie, gar nicht den leicht mißverständlichen, hochkomplexen Leibnizschen. Hinsichtlich Kants kann (vorläufig[45]) auf zwei Studien verwiesen werden, die einander ergänzen, da sich die eine vornehmlich mit Kants *Kritik der ästhetischen,*

---

43 So kann man dies mittlerweile auch schon von Physikern hören, z.B. von F. v. Weizsäcker: »Was die Quantenmechanik aufgibt, ist also nur die dem klassischen Weltbild zu Grunde liegende Fiktion, man dürfe den Dingen solche Eigenschaften, die wir an ihnen beobachten können, unter allen Umständen auch dann an sich zuschreiben, wenn wir sie nicht kennen [beobachten?]. Diese Annahme führt zu Widersprüchen gegen sie [...] In diesem Sinne hebt die Quantenmechanik, wie Bohr und Heisenberg oft betont haben, die klassische Vorstellung der prinzipiellen *Trennbarkeit von Subjekt und Objekt* auf. Sie entzieht damit dem oft gebrauchten begrifflichen Gegensatz von Realismus und Idealismus seinen Sinn (sofern er einen solchen je gehabt haben sollte).« (Ders., Die Einheit der Natur, München ²1981, S. 156f.)

44 »›Natur‹ gibt es nicht immer schon und auch nicht für jedermann. Daß es sie gibt, und als was sie bestimmt ist, ›sich zeigt‹, ist abhängig von einem spezifischen Blick auf die Welt.« H.-M. Baumgartner, »Metaphysik der Natur aus der Perspektive spekulativer und kritischer Philosophie«, S. 264, in: L. Honnefelder (Hg.), Natur als Gegenstand der Wissenschaften, Freiburg 1992.

45 Eine umfassende Monographie über Kants spätere Naturauffassung stellt u.E. noch immer ein wichtiges Desiderat der Forschung dar – und dasselbe gilt erstaunlicher- oder bezeichnenderweise auch für Leibniz' monadische Naturphilosophie, welche mir den vielversprechendsten Ansatz zu einem den Stand der naturwissenschaftlichen Forschung berücksichtigenden Denken jenseits von Idealismus und Realismus in sich zu enthalten scheint.

die andere vorwiegend mit der *Kritik der teleologischen Urteilskraft* befaßt. -Friedrich Kaulbachs ›Ästhetische Welterkenntnis bei Kant‹ will den Nachweis erbringen, »daß in der Lehre Kants von der ästhetischen Urteilskraft der Gedanke einer spezifisch ästhetischen Form des Welterkennens enthalten ist«:

»Im ›teleologischen‹ Urteil spricht das urteilende Subjekt einen Gegenstand an, der ihm die Bereitschaft der Natur im Ganzen vergegenwärtigt, sich aus freien Stücken dem Systembedürfnis seiner Vernunft als entgegenkommend zu erweisen, so daß es das Bewußtsein des zu dieser Natur ›Passens‹ gewinnt. Es ist ein Selbstbewußtsein des Gehörens zu einer gemeinsamen Welt des Lebendigen. Im Gebiet des ästhetischen Urteilens und Fühlens ergibt sich der Zustand eines analogen Ich-Weltbewußtseins, den Kant als ›Lebensgefühl‹ bezeichnet, welches von der Empfindung des Glückes der liebenden Stellung zur Natur und des von ihr Wiedergeliebtwerdens bestimmt wird.«[46]

Die Entwicklung Kants zu einem neuen, nicht mehr naiven (empirischen) Realismus und Naturverständnis im Zusammenhang mit seiner Entdeckung bzw. Problematisierung des Organischen wird sehr klar und fachkundig beschrieben von Reinhard Löw in seinem Buch ›Philosophie des Lebendigen‹ (Untertitel: Der Begriff des Organischen bei Kant, sein Grund und seine Aktualität). Kant habe in der ›Kritik der Urteilskraft‹ von der weitgehend bewußtseinstheoretischen Naturkonzeption der ›Kritik der reinen Vernunft‹ und der Schrift ›Metaphysische Anfangsgründe der Naturwissenschaft‹ Abstand genommen und zu einer Naturauffassung gefunden, welche Natur kennzeichne als etwas, das durch die Erscheinungen des Bewußtseins gleichsam *hindurch scheint*. Denn das Organisch-Zweckmäßige (das Lebendige) ließe sich nicht vollständig in die Kategorien der Substantialität, Kausalität etc. »auflösen«. Erst die (in einem ganz bestimmten, nicht naiv anthropomorphen Sinn) teleologische Betrachtungsweise, so Löw in seiner Deutung überzeugenden Kants, welche gar nicht als Bedingung der Möglichkeit von Erfahrung aufgewiesen werden könne, macht uns die wirkliche Natur, d.i. ein quasi-organisches einheitliches System von (in einem bestimmten Sinne

[46] F. Kaulbach, Ästhetische Welterkenntnis bei Kant, Würzburg 1984, S. 7. Als einer der wenigen modernen Kant-Forscher nimmt Kaulbach zur Kenntnis, daß es Kant letzten Endes doch auf Metaphysik und nicht »bloß« auf eine »Theorie der Erfahrung« (H. Cohen) ankommt: »Der Neukantianismus hat die erkenntnistheoretischen Vorbereitungen als Hauptzweck der Vernunftkritik mißdeutet. Dadurch wurde nicht verstanden, daß es Kant zuletzt auf die wissenschaftliche Begründung der Metaphysik ankommt.« (Ders., Immanuel Kant, Berlin ^{2}1982, S. 119).

des Wortes) »Zwecken«, verständlich. Natur ist nicht nur ein System *a priori* für den Verstand, sondern auch ein solches für die reflektierende Urteilskraft:

»Es liegt einer jener souveränen Bedeutungswechsel Kants vor, die den Analytiker so bekümmern und den Hermeneuten so erfreuen: denn nunmehr verwendet Kant ›Natur‹ als Inbegriff alles dessen, was möglicher Gegenstand der Erfahrung ist und darüber hinaus auch dessen, was noch dahinter steht. Dadurch wird Erfahrung auch von Gegenständen möglich, die nicht Gegenstände der terminologischen ›Erfahrung‹ sein können, nämlich Naturzwecke im engeren Sinne. Die tatsächliche Erfahrung mit Organismen muß den Naturbegriff ausdehnen, wenn der Erfahrungsbegriff einheitlich gehalten werden soll.«[47]

Kant habe zwar nicht von seiner bekannten Forderung Abstand genommen, die Natur – im Zuge des »Geschäfts« der Naturwissenschaft – so weit als möglich kausal zu betrachten; aber er ergänze diese Forderung in seiner letzten *Kritik* durch die Einsicht, daß »die Materie, sofern sie organisiert ist« den Begriff von einem »Naturzwecke« verdiene, um dann fortzufahren:

»Aber dieser Begriff führt nun nothwendig auf die Idee der gesammten Natur als eines Systems nach der Regel der Zwecke, welcher Idee nun aller Mechanism der Natur nach Prinzipien der Vernunft (wenigstens um daran die Naturerscheinungen zu versuchen) untergeordnet werden muß.«[48]

Kant fügt hinzu, daß uns die »organisierten Wesen« (Lebewesen oder Organismen), deren Teile sich so zu einem Ganzen verbinden, daß sie einander wechselseitig Ursache und Wirkung sind (so erhalten sich beispielsweise Blätter und Zweige wechselseitig), durchaus zu der Idee »eines großen Systems der Zwecke der Natur« berechtigen. Und weiter:

»Wir können es als eine Gunst, die die Natur für uns gehabt hat, betrachten, daß sie über das Nützliche noch Schönheit und Reize so reichlich austheilete, und sie deshalb lieben, so wie ihrer Unermeßlichkeit wegen *mit Achtung betrachten* und uns selbst in dieser Betrachtung veredelt fühlen: gerade *als ob* die Natur ganz eigentlich in dieser Absicht ihre *herrliche Bühne* aufgeschlagen und ausgeschmückt habe.«[49]

---

[47] R. Löw, Philosophie des Lebendigen, a.a.O., S. 133.

[48] I. Kant, Kritik der Urteilskraft, §67, A 296f.

[49] A.a.O., A 300; unsere Hervorhebungen. Auch Calderón sprach bereits von einer *Weltbühne* (s.u.). Bekannt ist auch Shakespeares »The world's a stage«.

Dieser Satz redet keinem positivistischen Fiktionalismus à la Vaihinger das Wort[50], sondern bedeutet sowohl eine emotionale als auch eine moralische Forderung, d. h. er stellt ein Postulat der »Urteilskraft« und »praktischen Vernunft« dar. Und in der Tat gebieten uns bereits »gesundes Urteil« und »praktischer Verstand«, die Natur mit Achtung zu betrachten und mit Anstand zu behandeln: Dazu sollte es – zumal vor dem Hintergrund der ökologischen Krise – grundsätzlich keiner weiteren Worte und Begründungen mehr bedürfen.[51] Kommt aber, was darüber hinaus dennoch sehr zu wünsche wäre, ein über den eigenen Überlebensgesichtspunkt hinausreichendes Interesse an der Natur als Natur hinzu, dann stellt sich spätestens im Zusammenhang damit die Frage, was das denn eigentlich sei, »die Natur«? Und hier beginnen Naturwissenschaft und, aufgrund von deren wohlbegründeten aber faktisch bestehenden Grenzen (sie erforscht allein das Quantifizierbare, das experimentell Überprüfbare, das in die Raum-Zeit, den naturgesetzlichen Zusammenhang usw. Eingebundene), Natur*philosophie*. Und letztere kann sich ebenso wenig um Kant herumdrücken als bei ihm stehen bleiben. Bereits die unmittelbaren Nachfolger Kants (etwa Schelling oder auch Schopenhauer mit seiner interessanten platonisierenden Schrift ›Über den Willen in der Natur‹[52]) betonten und verstärkten den »realistischen« Aspekt der ›Kritik der Urteilskraft‹ und in dieselbe Richtung orientierten sich auch zwei von mir geschätzte Autoren neuester Zeit, Norman Kemp Smith und Hans Jonas. Ihre Schriften werden im folgenden ebenfalls als zwei (von mehreren) Leitfäden dienen (das Werk Kemp Smiths eher in philosophiehistorischer, dasjenige Hans Jonas' hauptsächlich in naturphilosophischer Hinsicht). Diese beiden Philosophen ringen

---

50 Vgl. evtl meinen Art. »Hans Vaihingers fiktionalistischer Pragmatismus: Eine kritische Erinnerung«, in: P. Weingartner, G. Schurz und G. Dorn (Hg.), The Role of Pragmatics in Contemporary Philosophy, Bd. 1, Wien 1997, S. 66–71.

51 Auch dies dürfte zugegeben werden: Insbesondere die »organismische« (Whitehead) Auffassung der Natur bedeutet eine (umwelt-)ethische Handlungshemmung. (Jeder geht etwa mit einer natürlichen Zimmerpflanze sorgsamer oder einfach anders um als mit einer künstlichen aus Plastik. – Freilich ist schon der letzteren bloße Existenz bedauerlich und nicht ohne Grund ließe sich die Entwicklung des Naturbegriffs von Cudworth – s. u. – bis heute unter dem Schlagwort zusammenfassen: »Von der *plastic nature* zur Plastik-Natur« …). Im Anschluß an Kants Ideenlehre könnte man deswegen vielleicht auch sagen, die »beseelte Natur« sei zwischenzeitlich ein (umwelt-)ethisches »Postulat der praktischen Vernunft« geworden.

52 Vgl. Band V der »Züricher Ausgabe« (Kleinere Schriften I), hg. von A. Hübscher, Zürich 1979, S. 181–342.

um einen dritten Weg jenseits des (im doppelten Sinne des Wortes) »geisttötenden« Materialismus und des »sterilen« Bewußtseinsidealismus: ein verheißungsvoller Kurs, den wir, ergänzt durch sympathetische Rückblicke v.a. auf Platon, Leibniz, Kant und Schopenhauer, beibehalten wollen.[53]

Ein solcher philosophischer Standpunkt könnte (muß aber nicht) durch einen religiösen ergänzt werden. Bekanntlich kommt dem Weltseelenmotiv in der Bibel keine prominente Rolle zu – aber es ist andererseits auch nicht richtig, daß ein solches Thema hierin gar nicht auszumachen sei.[54] In den Weisheitsbüchern des ›Alten Testaments‹ findet sich die Konzeption einer von Gott vor seinen übrigen Schöpfungen geschaffenen »Weisheit« (»Sophia«), die, unterschieden auch vom selbst ungeschaffenen Geist Gottes, »spielte vor ihm allezeit«. Voll Freude hinblickend auf sie (fast wie auf eine platonische *idea idearum*) erschuf Gott die übrige Welt. Die Sophia sagt von sich selbst:

»Der Herr hat mich geschaffen im Anfang seiner Wege, vor seinen Werken in der Urzeit; in der Vorzeit wurde ich gebildet, am Anfang, beim Ursprung der Erde. Als die Urmeere noch nicht waren, wurde ich geboren, als es die Quellen noch nicht gab, die wasserreichen. Ehe die Berge eingesenkt wurden, vor den Hügeln wurde ich geboren. Noch hatte er die Erde nicht gemacht und die Fluren und die Schollen des Festlands. Als er den Himmel fertigte, war ich dabei, als er den Erdkreis abmaß über den Wassern, als er droben die Wolken fügte und Quellen strömen ließ aus dem Urmer, als er dem Meer seine Satzung gab und die Wasser nicht seinen Befehl übertreten durften, als er die Fundamente abmaß, da war ich als geliebtes Kind bei ihm. Ich war seine Freude Tag für Tag und spielte vor ihm allezeit. Ich spielte auf seinem Erdenrund, und meine Freude war es, bei den Menschen zu sein.« (Spr 8,22–31)

Der Eindruck von dem tiefen Ernst des Schöpfungswerks (»Satzungen geben«, »befehlen« usw.), welcher zumindest beim neuzeitlichen Leser mit dem Gedanken der Notwendigkeit des Weltentstehungsvorgangs assoziiert werden dürfte, erfährt durch den Hinweis auf den (im eigentlichen Wortsinn) vor-bildlichen Einfluß einer geschaffenen weiblichen Weisheit oder Sophia keine unbedeutende Modifizierung und Abmilderung. Das spielerische Moment einer *natura*

---

[53] Vgl. in diesem Zusammenhang z. B. Jonas' Kapitel 1 »Panvitalismus und das Problem des Todes« in: Das Prinzip Leben, a. a. O. und N. Kemp Smiths ›Prolegomena to an Idealist Theory of Knowledge‹, London 1924.

[54] Anders H. R. Schlette, Weltseele. Geschichte und Hermeneutik, Frankfurt/Main 1993, insb. S. 92 ff.

ludens kommt hinzu um den, der streng kausalen nicht anders wie der streng finalen Denkweise anhaftenden, kalten Schein der zwingenden Notwendigkeit in ein milderes Licht zu tauchen. Schon Augustinus spürte neben dem »freiheitlichen« Aspekt allerdings auch noch einen mütterlichen an der alttestamentlichen Sophia heraus:

»Wohl finden wir keine Zeit an ihr, denn *geschaffen ist die Weisheit vor aller Kreatur* (Sir 1,4); und doch ist diese Weisheit, in der du [Gott] alles schufst und die der Anfang ist, in dem du Himmel schufst und Erde, doch dir nicht gleich und nicht gleich ewig dir, dem Vater, unserm Gott. Sie ist fürwahr die Weisheit, die geschaffen ist, ein Wesen, geistig, übersinnlich, Licht in Lichtbetrachtung. [...] So also gibt es eine Weisheit, die geschaffen ist vor aller Kreatur, geschaffen als Geist, vernunftbegabt und übersinnlich, Bürger in deiner keuschen ewigen Stadt, die unsre Mutter ist, die droben ist, frei und ewig in den Himmeln.« (Conf., 12,15)[55]

Dieser geschaffenen Weisheit, »Mutter« alles Lebendigen und zusätzlich »Freundin« der Menschen, läßt sich mit einigem Recht ein altehrwürdiger philosophischer *terminus* zuordnen: Anima mundi bzw. Weltseele.[56] Diese ist nicht (gewöhnlich auch nicht in der hellenistischen philosophischen Tradition) identisch mit Gott, aber sie ist seine Erstschöpfung, ist Vorbild und Idee aller späteren Schöpfungen, zeitlos zwar (im Sinne von unvergänglich, nicht in dem von anfangslos) aber irgendwie kosmisch-räumlich ausgedehnt. Als alles durchdringende Weltseele (auch: als »Weltäther«) hat sie Teil am »Innersten der Natur« sowie an dessen schöpferischem Werden und Gestalten. Sie erinnert an die »plastic nature« der Cambridge Plato-

---

[55] Augustinus scheint hier dem »Panentheismus« ein kleines Zugeständnis zu machen – und damit etwas zu tun, was Scheler auch beim »hl. Franz« zu bemerken glaubt: »Wäre der hl. Franz Theologe und Philosoph gewesen, was er – glücklich für ihn und noch glücklicher für uns – nicht gewesen ist, hätte er versucht, seine Gottes- und Weltanschauung, die er eben nur schaute, lebte und vollbrachte, auf strenge Begriffe zu bringen, so wäre er zwar nie und nimmer ›Pantheist‹ geworden, wohl aber hätte er ein Stück ›Panentheismus‹ in seine Begriffe aufnehmen müssen« (a.a.O. S. 101).

[56] Vgl. dazu: A. Faivre und F. Tristan, Sophia et l'âme du monde, Paris 1983. Der Gegenbegriff zu Anima mundi, *machina mundi*, scheint auf den Chalcidius-Kommentar zum ›Timaios‹ zurückgeführt werden zu können. Er findet sich dann auch bei Robert Grosseteste, J. von Sacrobosco und Nikolaus von Kues (wobei »machina« damals noch nicht »Maschine« in unserem neuzeitlichen Sinn bedeutet hat): vgl. dazu: Jürgen Mittelstraß, »Das Wirken der Natur. Materialien zur Geschichte des Naturbegriffs«, in: F. Rapp (Hg.), Naturverständnis und Naturbeherrschung. Philosophiegeschichtliche Entwicklung und gegenwärtiger Kontext, München 1981, S. 36–69, insb. S. 51 ff.

niker[57] geradeso wie an Spinazas »natura naturans« oder an Bergsons »élan vital«. Bei den Vorsokratikern angefangen, begegnen wir einer Anima mundi sowohl bei Platon wie auch in der Stoa, im Neuplatonismus, der Gnosis usw. bis hinein in die Gegenwart (z. B. bei M. Scheler, D. Bohm, J. Lovelock und R. Sheldrake).[58]

Diese, Kulturräume und Epochen transzendierende »Unsterblichkeit« der Weltseelenlehre[59] scheint sich letztlich jeder ideen- und einflußgeschichtlichen Erklärung zu entziehen und ein gewisses Anzeichen dafür zu sein, daß vielleicht wiederkehrende *Erfahrungen* am Grunde dieser Welt-»Anschauung« liegen mögen. Und wirklich gibt es zahlreiche Hinweise auf das wiederholte Vorkommen naturmystischer Erfahrungen und Erlebnisse – beispielsweise der Art, daß sich dem kontemplativen Blick in die Natur »die Pforten der Wahrnehmung« zu öffnen scheinen oder daß sich durch den »Vorhang der Wahrnehmung« hindurch eine unbeschreibliche, »begeistete« Schönheit ihre begeisternde Bahn bricht. Die ganze Naturpoesie und -lyrik kreist ja, nicht anders als die gesamte Landschafts- und Stillebenmalerei, um diese, sei es dunkel geahnte, sei es wirklich einmal hellsichtig erlebte[60] Naturerfahrung wie um ihre, allenfalls kurz

---

[57] »Die ›plastic nature‹ gilt als eine die Materie durchdringende und erfüllende Kraft, die deren aktive Eigenschaften bewirkt, welche in einigen physikalischen Objekten empirisch nachgewiesen werden können. Sie ist ein immaterielles, aber kein intelligentes [wohl aber sich in Weisheit Gott anvertrauendes, sich fügendes; S. B.] Agens; sie handelt auf Befehl Gottes, d. h. als sekundäre ›causa efficiens‹, dank welcher Gott nicht mehr unmittelbar in die physikalische Welt einzugreifen braucht. Sie ist – auf eine kurze Formel gebracht – die Kraft, die der ungeformten Materie ihre Gestalt verleiht.« (G. A. J. Rogers in: Schobinger, a. a. O. S. 266) Manchmal spricht Cudworth von seiner »plastick nature« auch im Plural: Aber obwohl sich Leibniz u. a. an dieser Redeweise orientiert haben, handelt es sich dabei sicherlich um eine derivative Redeweise. (Eine solche Vielzahl von »bildenden Naturen« erinnert freilich sehr an die Monaden; ein Umstand, der dem stets geistige Mitstreiter suchenden Leibniz nicht ungelegen gekommen sein dürfte.)

[58] Zur Geschichte der Anima-mundi-Lehre gleich anschließend mehr; vgl. auch das bereits erwähnte Buch von H. R. Schlette. Kritisch reflektiert kehrt die Weltseelenlehre sowohl bei Leibniz als auch bei Kant wieder.

[59] »Weltanschauungswissenschaftlich hat die organologische Weltauffassung nicht nur die gesamte außerabendländische Völkerwelt bis heute so gut wie vollständig in irgendeiner ihrer tausendfältigen Formen beherrscht, sondern sie beherrschte prinzipiell auch noch den Hauptzug des gesamten abendländischen Schauens und Denkens bis zum Beginn der Neuzeit.« (M. Scheler, Wesen und Formen der Sympathie, a. a. O., S. 92)

[60] Vgl. hierzu v. a. die poetisch gestalteten »Begegnungen« Wladimir Solowjews in: Th. Schipflinger, Sophia Maria. Eine ganzheitliche Vision der Schöpfung, München 1988, S. 170–178. Ist das Unterbewußte nur der »Schatten« der Anima mundi?

»berührbare«, niemals aber faß- und fixierbare, geheime Mitte. In dieser Erfahrung, dabei die *natura naturans* in der *natura naturata* wahrnehmbar wird, ereignet sich dann scheinbar zugleich immer auch – Theophanie.

Erster Teil:

Naturphilosophie und Philosophische Theologie vor George Berkeley

Erstes Kapitel:

Naturangst. Diagnostisches und Therapeutisches zu einem Phänomen der neueren Zivilisationsgeschichte

0) Vorbemerkungen

»Il arrive un âge où l'on a peur … de tout.«
(G. Flaubert)[1]

Ein Wandel im Verständnis der Natur (übrigens ungeachtet des zeitgleichen Rousseauismus, des Sentimentalismus, des landscape-gardening und anderer vordergründiger »Naturliebhabereien«[2]) bei den bekanntesten Philosophen des achtzehnten Jahrhunderts, mag, so steht zu vermuten, eine gewisse Rolle bei der Heraufkunft der Industriellen Revolution und ihrer uns heute so bedrängenden Folgen gespielt haben. Insbesondere von einem Zusammenhang zwischen diesem so bedeutsamen zivilisationsgeschichtlichen Ereignis und einer in dieser Zeit erkennbar werdenden »Naturächtung« könnte im folgenden (in heuristischer Absicht) ausgegangen werden. Da erhebt sich dann auch die Frage, wie es denn zu dieser Ächtung oder Mißachtung kommen konnte[3]. Es soll in diesem Artikel die Ant-

---

[1] In: La correspondance de Flaubert. Étude répertoire critique, hg. von Charles Carlut, Paris 1968, S. 716.

[2] »Rousseau hatte mit seinem exaltierten Naturkultus die Bedürfnisse jener blasierten Gesellschaft vollkommen erraten. Man hatte alles genossen und alles weggeworfen, als man eines Tages an der Hand Rousseaus die Reize der ›Natürlichkeit‹ und ›Einfachheit‹ entdeckte, wie ein Gourmet, dessen Zunge bereits alle Delikatessen auswendig weiß und satt hat, plötzlich den Wohlgeschmack derben Landbrots und Specks, frischer Milch- und Obstnahrung zu würdigen beginnt. – Man verlangte von nun an im Gartenbild Hütten, Mühlen, Moosbänke, grasendes Vieh, sogar künstlichen Urwald. Man führte Lämmer an seidenen Bändern durch die sanfte Natur.« (E. Friedell, a. a. O., S. 732)

[3] Diese führt im Verlauf der frühen Industrialisierung zu einer regelrechten Dämonisierung der Natur, zunächst bei vielen romantischen Dichtern, dann aber auch bei Philosophen. So schreibt etwa J. St. Mill: »Wenn wir den Begriff ›Mord‹ einmal nur für das gelten lassen, was eine gewisse, dem menschlichen Leben vermeintlich gewährte Frist abkürzt, so mordet die Natur die überwiegende Mehrzahl aller lebenden Wesen, und

wort erprobt werden, wonach eine eigenartige »metaphysische Naturangst« von Anfang an, gewissermaßen als dunkler Schatten, das neuzeitlich aufgeklärte und naturwissenschaftliche Weltbild begleitete, sodann sollen einige Folgerungen aus diesem Antwortvorschlag gezogen werden, um damit die These zu begründen: Die Natur*achtung* wird vorbereitet durch eben diese Natur*angst*, die Naturangst aber durch die »Entseelung« der Natur während der Entstehung der mechanistischen Philosophie und Wissenschaft im Anschluß an Galilei, Bacon und Descartes. Damit ist implizit auch schon ein »Therapievorschlag« zu dieser Naturangst genannt worden.

Ein Hauptmotiv, das hinter den philosophischen Versuchen der antiken Atomisten Demokrit, Epikur oder auch Lukrez deutlich wird, bestand zweifellos in der Hoffnung, die Menschen von ihrer, vorgeblich zu Unrecht bestehenden, Furcht vor der Natur zu befreien. Auch in der, maßgeblich mit Galileis Rückwendung zur antiken Atomistik (etwa hinsichtlich »sekundärer Qualitäten«) beginnenden, europäischen Neuzeit und Aufklärung findet sich dieser Wunsch allenthalben wieder. Und wirklich ist in unserer Zeit der antike und akute, »panische« Schrecken vor bestimmten Naturereignissen sehr weitgehend verschwunden (»der große Pan ist tot«): Allerdings – so soll nun die These lauten – nicht ersatzlos; scheint sich doch ein tief sitzendes Gefühl der Entfremdung von der Natur als solcher und ganzer an dessen Stelle festgesetzt zu haben, – ein intensiv angstbesetztes Gefühl sogar, das spürbar (und zumindest ansatzweise auch historisch nachweisbar) mit dem untergründigen Bewußtsein der Fremdheit und Verlorenheit des beseelten Menschen in einem gleichgültig wirkenden Universum der Atome und der Leere verbunden ist. Diese »Naturangst« ist kulturgeschichtlich gesehen ein (neo-)gnostisches Phänomen, da der Natur paradigmatisch bereits in der Gnosis kein guter, wahrhaft göttlicher Ursprung zugetraut wird und sie insgesamt eher als dämonengewirkter Kerker der Seele und Schreckensort gilt.[4]

In unserer Zeit hat J. Monod dieses beängstigende Gefühl in die

---

zwar auf dieselben gewaltsamen und heimtückischen Weisen, mit denen die schlechtesten Menschen anderen das Leben nehmen.« (»Natur«, in: Ders., Drei Essays über Religion, Stuttgart 1984, S. 31)

[4] So gibt es manches Positive (v. a. die Sophienlehre), aber auch mindestens ebenso viel Negatives (v. a. das tiefe Mißtrauen gegen die erfahrbare materielle Natur) in dieser Gnosis. Außerdem bestehen auch sehr interessante Gemeinsamkeiten zwischen gnostisch-antiken und modernen Kulturerscheinungen, wie z. B. dem Existenzialismus (vgl.

mittlerweile geradezu klassische Formulierung und (umstrittene) Forderung verdichtet: »Der Mensch [muß] endlich aus seinem tausendjährigen Traum erwachen und seine totale Verlassenheit, seine radikale Fremdheit erkennen. Er weiß nun, daß er seinen Platz wie ein Zigeuner am Rande des Universums hat, das für seine Musik taub ist und gleichgültig gegen seine Hoffnungen, Leiden und Verbrechen.«[5] R. Lenoble hat dieses peinigende Gefühl mehrfach sogar als die »Angst des modernen Menschen«[6] bezeichnet, wobei noch hinzugefügt werden kann, daß diese Angst schon zu Beginn der Neuzeit, ganz gleichzeitig mit der Entstehung des neuen, naturwissenschaftlichen Weltbildes – davon gleich anschließend mehr – nachweisbar ist. Auch A. Koyré weiß besagter metaphysischen Angst des neuzeitlichen Menschen (im Anschluß an seine Darstellung und weitgehende Verteidigung der Newtonschen Naturphilosophie) beredten Ausdruck zu verleihen:

»Dennoch gibt es etwas, wofür Newton – oder vielmehr nicht Newton allein, sondern die moderne Wissenschaft überhaupt [mit Ausnahmen, deren bedeutendste wohl Leibniz darstellt; S. B.] – verantwortlich gemacht werden kann: die Zweiteilung unserer Welt. Ich habe gesagt, daß die moderne Wissenschaft die Barrieren, die Himmel und Erde voneinander trennten, niedergerissen und das Universum vereinheitlicht habe. Das ist wahr. Ich habe aber auch gesagt, daß sie dabei unsere Welt der Qualität und der sinnlichen Wahrnehmung, die Welt, in der leben, lieben und sterben, durch eine andere Welt ersetzte – die Welt der Quantität, der vergöttlichten Geometrie, eine Welt, in der es, obwohl sie für alles Platz hat, keinen Platz für den Menschen gibt. So entfernte sich die Welt der Wissenschaft […] bis zur völligen Trennung von der Welt des Lebens, welche die Wissenschaft nicht zu erklären vermocht hat – nicht einmal mit einer Erklärung, die die Welt des Lebens in einen ›subjektiven‹ Schein aufgelöst hätte.«[7]

Vor allem im Anschluß an den späten Husserl und den späten Wittgenstein wurde vielfach versucht, die »Lebenswelt« vor dem »entzaubernden Blick« (M. Weber) der Wissenschaft schadlos zu halten. Vorher, und vielleicht mit größerem Recht und Erfolg, hatte Kant Vergleichbares für den Bereich der persönlichen Moralität zu leisten versucht:

---

hierzu H. Jonas' Aufsatz »Gnosis, Existenzialismus und Nihilismus«, in: Ders., Das Prinzip Leben, a. a. O., 1997, S. 343–372)

[5] J. Monod, Zufall und Notwendigkeit, München 1971, S. 211.

[6] Vgl. R. Lenoble, Histoire de l'idée de nature, Paris 1969.[tab].

[7] A. Koyré, Newtonian Studies, Chicago 1968, S. 23 f.

»Zwei Dinge erfüllen das Gemüt mit immer neuer und zunehmender Bewunderung und Ehrfurcht, je öfter und anhaltender sich das Nachdenken damit beschäftigt: Der bestirnte Himmel über mir und das moralische Gesetz in mir. [...] Der erstere Anblick einer zahllosen Weltenmenge vernichtet gleichsam meine Wichtigkeit, als eines tierischen Geschöpfs, das die Materie, daraus es ward, dem Planeten (einem bloßen Punkt im Weltall) wieder zurückgeben muß, nachdem es eine kurze Zeit (man weiß nicht wie) mit Lebenskraft versehen gewesen. Der zweite erhebt dagegen meinen Wert, als einer Intelligenz, unendlich, durch meine Persönlichkeit, in welcher das moralische Gesetz mir ein von der Tierheit und selbst von der ganzen Sinnenwelt unabhängiges Leben offenbart [...]«[8]

Auch diese viel zitierten aber immer wieder eindrucksvollen Sätze wirken wie von einer grundsätzlichen Angst vor der befremdenden Natur hinterlegt, welche das neuzeitliche Weltbild von Anfang an wie ein beunruhigender Schatten zu begleiten scheint. Vermutlich ist mit diesem »Schatten« auch die – an ihren Wirkungen so gut wie überall deutlich erkennbare – Sehnsucht nach einer »neuen Natur« (S. Moscovici[9]) verknüpft: ein tief verwurzelter Wunsch, der uns die Heraufkunft unserer technischen und phantastischen Gegennatur oder Gegenwelt einerseits und der damit verbundenen Naturächtung andererseits zumindest in hohem Grade mitbestimmt zu haben scheint.

1) Die Naturangst als »Schatten« des neuzeitlichen Weltbildes

Die Zeit des sprunghaftesten Wachstums neuzeitlicher Wissenschaften, nämlich die Epoche Keplers,[10] Galileis, Bacons und Descartes, ist durch das Bewußtsein einer neuen Hoffnung, geradeso aber auch mit

[8] I. Kant, Kritik der praktischen Vernunft, A 288f. (ohne Kants zahlreiche Hervorhebungen).

[9] Vgl. S. Moscovici, Essai sur l'histoire humaine de la nature, Paris 1977.

[10] Im Werk Keplers durchkreuzen sich platonische und mechanistische Motive. Obwohl der Astronom und Philosoph einerseits eine starke Neigung für den Platonismus und die Weltseelenlehre zeigt, muß er dessen ungeachtet auch als einer der Vorbereiter des mechanistischen Denkens bezeichnet werden; vgl. seinen Brief vom 10. Febr. 1605 an Herwart von Hohenburg: »Mein Ziel [...] ist zu zeigen, daß die himmlische Maschine nicht eine Art göttlichen Lebewesens ist, sondern gleichsam ein Uhrwerk (wer glaubt, daß die Uhr beseelt ist, der überträgt die Ehre des Meisters auf das Werk), insofern darin nahezu alle die mannigfaltigen Bewegungen von einer einzigen ganz einfachen magnetischen Kraft besorgt werden, wie bei einem Uhrwerk alle die Bewegungen von dem so

dem oft verzweifelten Gefühl einer Krise unauflösbar verbunden.[11] Belege für dieses Symptom einer tiefgreifenden Verunsicherung anzuführen fällt nicht schwer, es mögen hier aber drei aus ebenso vielen europäischen Ländern genügen. In seinem Erstlingswerk, der ›Aurora‹ von 1612 berichtet Jakob Böhme, wie er durch das neue kopernikanische Weltbild aus seinem Kinder- und Jugendglauben an eine überschaubare, runde (»Cirk«) und geschlossene Welt, darin Gott weise und milde regiert, heraus- und in eine tiefe Melancholie hineingerissen wurde:

»Vor meiner gegenwärtigen tiefen Erkenntnis habe ich, nach der gemeinen Vorstellung, auch dafür gehalten, daß das allein der rechte Himmel sey, der sich mit einem runden Cirk ganz lichtblau hoch über den Sternen schließt, in Meinung, Gott habe allein darin sein sonderlich Wesen, und regiere nur in Kraft seines heil. Geistes in dieser Welt. Als mir aber dieses manchen harten Stoß gegeben […] bin ich endlich in eine harte Melancholie und Traurigkeit gerathen, als ich anschauete die große Tiefe dieser Welt, dazu die Sonne und die Sterne, die Wolken, den Regen und den Schnee, ja die ganze Schöpfung. Dazu betrachtete ich das kleine Fünklein des Menschen, was der doch im Verhältnis zu diesem großen Werke des Himmels und der Erde vor Gott möchte geachtet seyn.

Weil ich aber befand, daß in allen Dingen Gutes und Böses war, in den Elementen sowohl als in den Creaturen, und daß es in dieser Welt dem Gottlosen sowohl ginge als dem Frommen, auch die barbarischen Völker die besten Länder inne hätten, und ihnen das Glück wohl noch besser beistünde, als den Frommen: ward ich wegen alles dessen ganz melancholisch und hoch betrübt, und konnte mich keine Schrift trösten, welche mir doch wohl bekannt war; wobei denn auch der Teufel nicht mag gefeiert [geruht] haben, welcher mir oft heidnische Gedanken an die Hand gab, deren ich allhie verschweigen will.«[12]

Es gehört mit zu Böhmes, hier selbst bekundeter, »Erkenntnis«, daß

---

einfachen Gewicht. Und zwar zeige ich auch, wie diese physikalische Vorstellung rechnerisch und geometrisch darzustellen ist …« (J. Kepler, Gesammelte Werke, Ausg. der Bayr. Akademie d. Wiss., München 1928 ff., Bd. 15, S. 146)

[11] Hermann R. Lotze beschreibt die Folge der etwa gleichzeitigen Entdeckungen neuer Länder und Erdteile sowie neuer Sonnen und Galaxien mit den Worten: »So sind alle die freundlichen Begrenzungen zerfallen, durch die unser Dasein in eine neue Sicherheit eingefriedigt lag; unermeßlich, frei und kühl ist die Aussicht um uns geworden.« (Mikrokosmus. Ideen zur Naturgeschichte und Geschichte der Menschheit, Leipzig [4]1884, S. XIII)

[12] J. Böhme, Aurora – oder, Morgenröthe im Aufgang, Kap. 19, Abs. 4 (»Sämtliche Schriften«, Faks. Stuttgart, 1955, Bd. 1, S. 265); Sprache leicht modernisiert.

das ganze Reich der Natur durchaus nicht so einfachhin aus einer vollkommenen Schöpfung eines ebensolchen, allguten Schöpfers hervorgegangen sei – vielmehr handelt es sich bei der Natur um das beängstigende, aus sieben »Quellgeistern« konstituierte Teilergebnis einer »Selbstteilung« des »Urwillens« in »schauende Weltkraft« und »angeschauten Weltinhalt«. Letzterer ist die Natur oder liegt liegt zumindest an ihrem Grunde, wobei diese allerdings noch zusätzlich vom »neidischen Teufel« entstellt wurde. Die »materialische«, verdorbene Natur bedeutet eine notwendige Entwicklungsstufe in der Selbstwerdung des als wollender »Ungrund« noch nicht völlig selbstbewußten Gottes: Wie ersichtlich, trennt kein geringer Abgrund diese »dunkle« Naturvorstellung (die er wohl von Paracelsus übernommen hat und welche Schelling wieder aufgreifen wird) von der gewissermaßen »optimistischen«, bejahenden Schöpfungslehre des Thomas von Aquin sowie auch von den antiken Konzeptionen (platonisch: der beseelte Kosmos als zweiter, glücklicher Gott; aristotelisch: der Kosmos, umfangen, bewegt und ausgerichtet auf den vollkommenen, unbewegten Beweger; stoisch: der Kosmos als beseelte Alleinheit, darin alles untereinander in sympathetischen Beziehungen steht usw.).[13]

Um 1610[14] verfaßt der englische Dichter John Donne eine »Anatomie of the World«, woraus – so etwas wie ein Geist in der Natur fehlt hier ganz – eher ein noch tieferes Unbehagen an der »neuen Welt« spricht. Das Element des Feuers – wohl des »ätherischen Feuers«, der »Weltseele« – ist verschwunden oder »ausgeblasen«, Sonne und Erde sind in dem übergroßen Weltall gleichsam nicht mehr auffindbar. Die neue Philosophie hat alles in atomares Bedarfs- und Stückwerk zerschlagen, den inneren harmonischen Zusammenhang vernichtet, und bloße äußere Relationen übrig gelassen:

»And new philosophy calls all in doubt
The Element of fire is quite put out;
The sun is lost and th'earth, and no man's wit

[13] Böhmes Denken enthält folgenreiche gnostische und näherhin manichäische Züge: »Es ist nichts in der Natur, da nicht Gutes und Böses inne ist, es lebet und wallet alles in diesem zweyfachen Trieb …« (›Aurora‹, a. a. O., S. 30)

[14] Also etwa zeitgleich mit dem Beginn der Arbeit F. Bacons an dem ›Novum Organon‹ (Erstv. 1619). Bei beiden kündigt sich von ferne, so ließe sich argumentieren, auch schon das demokratische Zeitalter an: als Grundlage der Forschung wie der Staatsgewalt erscheinen die vielen *einzelnen* Beobachtungen bzw. Bürger; die Sonne wird zu einem von sehr vielen Sternen relativiert usf.

Can well direct him where to looke for it.
And freely men confesse that this world's spent,
When in the Planets, and the Firmament
They seek so many new; they see that this
Is crumbled out againe to his Atomies
'Tis all in peeces, all cohaerence gone;
All just supply, and all Relation.« [15]

Später wird noch hinzugefügt, daß mit dem Einzug des Atomismus in die neue Philosophie nicht zuletzt auch die auf der Farbigkeit und Proportionalität beruhende Schönheit der Welt verloren gegangen sei.

Um die Mitte des achtzehnten Jahrhunderts notiert in Frankreich Blaise Pascal seine philosophisch-theologischen Bemerkungen, die nach seinem Tode als ›Pensées sur la religion‹ veröffentlicht werden. Donnes Unbehagen an und Böhmes Angst vor der Natur finden sich hier zu schierem Entsetzen gesteigert:

»Ich schaue diese grauenvollen Räume des Universums, die mich einschließen, und ich finde mich an eine Ecke dieses weiten Weltenraumes gefesselt, ohne daß ich wüßte, weshalb ich nun hier und nicht etwa dort bin, noch weshalb ich die wenige Zeit, die mir zum Leben gegeben ist, jetzt erhielt und an keinem andern Zeitpunkt der Ewigkeit, die vor mir war oder die nach mir sein wird. Ringsum sehe ich nichts als Unendlichkeiten, die mich wie ein Atom, wie einen Schatten umschließen, der nur einen Augenblick dauert ohne Wiederkehr.«[16]

Für Böhme, Donne und Pascal – nicht anders als für die anderen gebildeten und begüterten Menschen ihrer Zeit – stellte die Natur im Grunde kaum noch eine faktische Bedrohung dar: Gefährliche wilde Tiere gab es nur noch selten, und wenn, dann nicht in den Städten, den Wohnorten jener Bürger, wo auch sogenannte Naturkatastrophen wie Überschwemmungen oder zerstörende Stürme, nicht wesentlich anders als heute, kaum einmal hin gelangten oder nur begrenzten Schaden anrichteten (wobei es freilich Ausnahmen wie das berühmte Erdbeben von Lissabon gegeben hat).

Die in den zitierten Texten deutlich spürbare, *sit venia verbo,*

---

[15] J. Donne, An Anatomie of the World, zit. nach M. F. Moloney, John Donne. His Flight from Mediaevalism, New York 1965, 58f.

[16] B. Pascal, Über die Religion und einige andere Gegenstände (Pensées), hg. von E. Wasmuth, Heidelberg 1978, S. 102, Fr. 194, vgl. auch Fr. [Br.] 72. Es ist allerdings durchaus möglich, daß Pascal in diesen und anderen Texten die Perspektive eines Atheisten eingenommen hat und damit natürlich eine andere als seine persönliche.

»Naturangst« (nicht »Furcht«) erweist sich auch unter dieser Perspektive als ein gewissermaßen »metaphysisches« Phänomen, welches gegenüber der physischen Situation resp. Bedrohung auf einer Metaebene angesiedelt werden muß. Und als ein solches ist es vor dem Erscheinen des neuzeitlich-naturwissenschaftlichen Weltbildes (das als Weltbild selbst nicht frei ist von Metaphysik), als dessen dunkler Schatten es mit einigem Recht bezeichnet werden könnte, scheinbar ganz unbekannt. Entgegen einer weit verbreiteten historischen Praxis des Darüber-hinweg-Sehens mögen diese metaphysischen Angstschatten nun einmal etwas genauer betrachtet und auch als geschichtlicher Faktor ernst genommen werden.

2) Von der Naturangst zur technischen Gegenwelt

In der thomistischen Philosophie des Mittelalters ist das Verhältnis Gottes zur Welt ein solches der vollkommenen Transzendenz und zugleich der vollkommenen Immanenz. Gott bleibt in dem Sinne seiner Schöpfung gegenüber transzendent, als er erstens von ihr nicht im geringsten abhängig und zweitens jenseits der Sternenspären, im Empyreum, beheimatet ist, aber er ist ihr insofern immanent, als alles Seiende von *dem*, nämlich seinem Sein abhängt (er ist unmittelbar seinsverleihender *actus purus*). Beides sind zwei einander ergänzende Aspekte in dem Gedanken eines *absoluten* Seins – Aspekte, die sich aus der Aufgabe, das Vollkommene zu denken, weitgehend »natürlich« ergeben, die sich zu Beginn der Neuzeit jedoch zu verselbständigen begannen. Bruno, Spinoza und andere unterschlagen weitgehend die göttliche Transzendenz, Hobbes, Descartes und andere dessen Immanenz. (Leibniz wird erstmalig nach den Scholastikern beides wieder in einem großen Entwurf zusammenzudenken versuchen.) Nachdem man Spinoza mindestens ein Jahrhundert lang »wie einen toten Hund« behandelt hat (so zunächst gesprächsweise Lessing an Jakobi, dann auch Hegel), ist mit zunehmender Deutlichkeit die letztgenannte, immanenzleugnende Traditionslinie siegreich geworden. In ihr wird die kosmische Natur zusehends eindeutiger als Maschine gedeutet, die als solche allein von mechanischen Kräften, gewöhnlich Druck und Stoß, bewegt wird und auch nach mechanischen Gesetzen bzw. »Ingenieursplänen« geordnet erscheint. Das göttliche Sein hat darin keinen sinnvollen Ort mehr und falls überhaupt noch von Gott die Rede ist, dann fungiert er als Planer und Hersteller dieses kosmischen Mechanismus', d.h. als ihr transzendenter Ingenieur, Konstrukteur oder Maschinist (bei Leibniz und dann v.a. auf der britischen Insel als Uhrmacher) bzw. auch – bei den Okkasionalisten – in der instrumentalisierten Gestalt eines (Erklärungs-)Lückenbüßers.

Zeitgleich mit diesem Vorgang einer Vertreibung des göttlichen Geistes aus der Natur, vollzieht sich bekanntlich der Versuch einer Okkupation der göttlichen Prädikate durch den Menschen[17]. So scheint etwa Descartes in seiner *Zweiten Meditation* versteckterweise auch dies nachzuweisen (womöglich sogar entgegen der eigenen Intention, was allerdings bei einem so durchdachten Text kaum anzunehmen ist): Gott ist nicht allmächtig, könnte er den Menschen doch nicht darin täuschen, nicht zu existieren. Die Allwissenheit Gottes wird durch die wiederholte Anspielung auf das Problem des Vorherwissens freier Handlungen von Descartes zumindest in Frage gestellt, von Bayle und anderen dann versteckt oder auch offen geleugnet. Dafür wird die Ontologie im Cartesianismus objektiv auf eine solche Weise fundiert (vielleicht auch hierbei entgegen der subjektiven Intention ihres Begründers), daß der Mensch zumindest als potentiell allwissend, und, in der zu erwartenden Folge davon, konsequenterweise auch als allmächtig konzipiert erscheint. Das Wesen der Naturdinge besteht in der räumlichen Ausdehnung, welche mittels der mathematisierten Naturwissenschaft restlos erfaßbar, und mit Hilfe der darauf beruhenden Technik, wenigstens prinzipiell, restlos verfügbar wird. Die Maschine als Modell der Welt stellt in diesem Zusammenhang das optimale, den Erkenntnis- und Fortschrittsoptimismus fördernde Bild dar, ist doch eine Maschine in ihren Bestandteilen und Funktionen vollständig zu begreifen und, wiederum zumindest prinzipiell, infolge dieses Wissens auch zu beherrschen. Eine gewissermaßen »halbbewußte« Weltseele oder gar ein göttlicher Geist erschienen in diesem Bild nicht nur überflüssig, sondern darüber hinaus sogar störend.

Aber das ist nicht alles. Auch Pflanzen und Tiere sind, Descartes zufolge, bloße seelenlose Maschinen[18], was dann zur Konsequenz

[17] So hoffte schon Lukrez im Ersten Buch von ›De rerum natura‹: »Quare religio pedibus subiecta vicissim opteritur, nos exaequat victoria caelo«.

[18] Vgl. z.B. Descartes' Brief an Regius (in: Œuvres, hg. von Ch. Adam und P. Tannery, III. Bd. S. 370ff.), darin er ausdrücklich die traditionelle Lehre von den verschiedenen Seelen-*species* verwirft (die vegetative, sensitive und rationale). Descartes reagiert mit seiner mechanistischen Kosmologie nicht zuletzt auf ihm unheimliche Hylozoismen der

hat, daß radikal alles (von Gott wird gesagt, er bedürfe seiner Schöpfung nicht im mindesten) nur noch für das beseelte Wesen Mensch da ist: Ein wichtiger Schritt in Richtung auf das Verständnis der ganzen Natur als einem Warenhaus für die Bedürfnisse und Gelüste der Menschen, eine Auffassung, welche mit dem biblischen Naturverständnis (die Natur als göttlicher Schöpfung eignet ein eigener Wert und eine eigene Würde) nicht vorschnell identifiziert werden sollte.

Wenn die These von der metaphysischen Naturangst in die Betrachtung der beginnenden Neuzeit mit hinein genommen wird, läßt sich ein weiterer Vorzug des Maschinenmodells der kosmischen Natur erkennen: Man hat sich die Natur auf eine Weise zurechtgelegt, welche auch noch vor dem Hintergrund neuzeitlicher Kosmologie ein gewisses, von Resten der Ehrfurcht (es ist in dieser Zeit, v. a. im Anschluß an Burke, viel von dem »Erhabenen« die Rede) getragenes Behagen an und in ihr erlaubt. Denn: »Der Begriff der ›Maschine‹, von Descartes wegen seiner strengen Beschränkung auf die wirkende Ursache gewählt, bleibt doch ein finalistischer Begriff, auch wenn die Endursache dem Dinge nicht mehr als eigener Operationsmodus innerlich, sondern als voraufgehender Entwurf äußerlich ist.«[19] Zwar ist einem (zumal als *res cogitans* in einer *res extensa*) das große Kunstwerk der Natur fremd und von daher »un-heimlich« geworden, doch immerhin kann es noch als Werk eines übermächtgen Geistes bewundert werden – womit die Naturangst zur Ehrfurcht vor der Natur geläutert wurde (oder zumindest werden sollte).

Auf die Zurechtlegung folgt dennoch, wie zwingend, die Zu-

Renaissance-Philosophie. So schrieb z. B. E. Th. Campanella ziemlich drastisch (in der Üb. dieser Textstelle von K. Gloy): »So wie sich Würmer im Bauch des Lebewesens befinden, befinden sich alle Lebewesen im Bauch der Welt, ohne zu vermuten, daß die Welt fühlt, ähnlich wie die Würmer in unserem Bauch am wenigsten wissen, daß wir fühlen.« (Vgl. ›De rerum natura et magica‹, Frankfurt/Main 1610, »Epilogus«) Mindestens ebenso unheimlich ist jedoch Descartes Gedankenexperiment im Fünften Teil seines ›Discours de la Méthode‹: »Wenn es Maschinen mit den Organen und der Gestalt eines Affen oder eines anderen venunftlosen Tieres gäbe, so hätten wir gar kein Mittel, das uns den geringsten Unterschied erkennen ließe, zwischen dem Mechanismus dieser Maschinen und dem Lebensprinzip dieser Tiere …« (Ders., Von der Methode des richtigen Vernunftgebrauchs und der wissenschaftlichen Forschung, üb. von L. Gäbe, Hamburg [2]1978, S. 45 f.)

[19] H. Jonas, Das Prinzip Leben, a. a. O., S. 102, Anm. 1. (Das radikal antiteleologische Denken beginnt erst mit Charles Darwin.)

rechtmachung, auf das Interpretieren das Verändern[20]. Von der Deutung der Natur in technischen Kategorien[21] zu ihrer technischen Bearbeitung und schließlich sogar zur technischen Arbeit an einer »Gegennatur« sind es eben nur noch kleine und verlockend naheliegende Schritte. Diese werden mit besonderer Eile und Konsequenz in England vollzogen. -Es soll ja noch nachgewiesen werden, daß der Naturbegriff der sogenannten Kulturträger von der Zeit der englischen Böhme-Begeisterung über die Cambridge-Platoniker und später die Epoche der sogenannten Empiristen bis hin etwa zu Joseph Priestley, Adam Smith und Jeremy Bentham, den einflußreichsten Denkern der Zeit der beginnenden Industriellen Revolution, sukzessive »verblaßt«. Die Natur erscheint zusehends seelenloser, geistloser, abstrakter und tot-mechanischer. Eine leidenschaftliche (diejenige Shaftesburys) und zwei verhaltene philosophische Proteste gegen diese Grundtendenz, derjenige George Berkeleys (v. a. in ›Siris‹ von 1744) und der David Humes (insbesondere in den ›Dialogues Concerning Natural Religion‹ von 1779) werden von Priestley, seinem Kreis und seinen Geistesverwandten bewußt ignoriert bzw. als belanglos abgewertet.[22]

In Priestleys Schaffensphase (ab ca. 1760–1804) fallen besonders wichtige, die Industrialisierung Englands erst ermöglichende sowie einleitende Erfindungen und technische Verbesserungen: die Eisenverhüttung mithilfe von Koks-Öfen, Watts Erfindung und stets fortschreitende Verbesserung der Dampfmaschine, Hargreaves Entwicklung der Handspinnmaschine »Jenny«, Arkwrights und Kays

[20] Wichtig für die neue technische Weltsicht war eben auch das (bereits erwähnte) Fallenlassen (eine Tat vornehmlich Galileis) des aristotelisch-scholastischen Unterschiedes zwischen »naturalia« und »artificalia«.

[21] Das Beispiel Richard Swinburnes zeigt, daß das Maschinenmodell der Natur (auch bei christlichen Apologeten) heute noch Befürworter findet: Die Natur gleiche einer andere Maschinen herstellenden Maschine (wie man solche v. a. in der Autoindustrie finden könne); vgl. sein Kap. 8 (»Teleologische Argumente«), in ›Die Existenz Gottes‹, Stuttgart 1987.

[22] Die Rückführung der Natur auf den Willen und die Schöpfungstat Gottes hat weitreichende Folgen gehabt, die aber zwischen 1600 und 1800 ihre Wirkung verlieren. Nun wird die Natur vielfach nicht mehr (mit Gen 1,31: »und siehe, es war sehr gut«) als wertvoll erachtet und das Böse, im Zusammenhang damit, nicht mehr als bloße *privatio*, als Mangel an Gutem. Eine ebenso kenntnisreiche wie scharfsinnige Darstellung und ansatzweise Verteidigung der augustinisch-scholastischen Privationstheorie enthält R. Schönbergers Beitrag »Die Existenz des Nichtigen« zu dem Sammelband: Die Wirklichkeit des Bösen (15–47), hg. von F. Hermanni und P. Koslowski, München 1998.

»frame« (nämlich einem Rahmen für das Verweben von Baumwolle), das »fliegende Schiffchen« zur Erleichterung des Spinnens, die Entwicklung neuer chemischer Bleichen (u. a. von Priestley selbst) sowie viele weitere technische Innovationen auch in der eisenverarbeitenden Industrie. Hunderte von Patenten werden in dieser ersten Phase der industriellen Revolution angemeldet. Sie gelten gewöhnlich, im Verein mit dem »manchester-liberalen« Wirtschaftssystem (Grundsatz: »laissez faire, laissez aller!«) des Nationalökonomen A. Smith als die eigentlichen Ursachen der neuen englischen Industriegesellschaft und -kultur. Zu hinterfragen wäre allerdings, warum sich gerade zu dieser Zeit so viele Menschen so angestrengt um neue Technologien bemühten. (Dieses Bemühen hat freilich einen nicht unbezeichnenden Vorläufer in den magischen und alchimistischen Versuchen des späteren 16. und des ganzen 17. Jahrhunderts.)

Als eine von grundsätzlich mehreren möglichen Antwort auf diese Frage scheint nun der Hinweis auf ein allgemeines Unbehagen an der bestehenden Natur und auf das damit verbundene Bedürfnis nach einer neuen, selbstgeschaffenen (und daher technischen) Umwelt naheliegend. Ein solches Bedürfnis geht ja auch sehr deutlich aus der erstaunlichen, sogenannten landschaftsgärtnerischen Umgestaltung weiter Teile Englands hervor.[23] Denn bekanntlich greift seit dem Beginn des achtzehnten Jahrhunderts, ausgehend von dem selbst gestalteten Garten des Dichters Alexander Pope an einem unweit von London gelegenen Themse-Ufer, eine kulturgeschichtlich betrachtet durchaus interessante »Manie« um sich: das »landscape gardening«. Im Zuge des Auslebens derselben wird den zuvor noch weitgehend naturbelassenen Räumen ein neues Gepräge verliehen – das der Lieblichkeit und harmlosen Gefälligkeit. (Zweifelsohne finden sich unter diesen großräumigen englischen Parkanlagen aber auch echte Kunstwerke.) Daß die Ausmaße dieser Neugestaltung des Lebensraumes beeindruckend gewesen sind, geht besonders deutlich aus folgender kleinen Anekdote hervor. Einer der gesuchtesten Landschaftsgestalter der Zeit, »Capability« Brown (er wurde allgemein so genannt, da er überall »capabilities« für gärtnerische Ver-

[23] Auch eines der charakteristischsten und sprechendsten Dokumente der Aufklärungsepoche, Voltaires ›Candide‹, endet mit der »Moral«: »Cultivons nôtre chardin«. Die skeptische Resignation hinsichtlich der Möglichkeit von Metaphysik führt zur Forderung einer beherzten Neugestaltung der Welt in Einheit mit dem zum ausschließlichen gewordenen Ideal einer *vita activa*.

besserungen wahrzunehmen glaubte), lehnte den ihm angebotenen Auftrag eines irischen Großgrundbesitzers mit der Begründung ab, er müsse »erst mit England fertig werden«.

3) Von der Naturangst zur phantastischen Gegenwelt

Der zeitgenössische deutsche Schriftsteller Michael Ende beklagt in seinen Romanen und Erzählungen, gewöhnlich in etwas larmoyanter Manier (vgl. z.B. den verfilmten Welterfolg »Die unendliche Geschichte«), die Verdrängung der Phantasie aus der Kultur unserer Zeit. Keine Zeitdiagnose könnte abwegiger sein. (Oder wird eigentlich nur das Verschwinden der individuellen Phantasie gegenüber der »vorgestanzten« Phantastik, etwa der Disney-Produkte, bedauert? Das wäre freilich weit akzeptabler: Wir brauchen diese Frage hier nicht zu erörtern.) Seit der sich auf eine bedenkenswerte Weise simultan zur »Industrial Revolution« ereignenden Romantik sind phantastische Gegenwelten zu einem, stets noch immer bedeutsameren Faktor im Leben der Menschen geworden. Technik und Phantastik (i. S. v. Produkte der Phantasie) stellen die beiden Pole dar, zwischen welche – ob er dies will oder nicht – die Lebenswelt des modernen Menschen eingespannt ist. Das eine Extrem ruft dabei geradezu das andere hervor, um es – das Erste, nämlich die »vertechnisierte Welt« – einigermaßen erträglich zu machen. Das Ausmaß und die große Bedeutung der phantastischen Gegenwelt zur technischen ebenso wie zur natürlichen sollte eigentlich unübersehbar sein. Und die erstaunliche Tatsache, daß dieses Übermaß an Illusionen und Phantastik gar nicht bewußt wird, kann sicherlich kaum anders erklärt werden als damit: Es ist der geistigen Schau ebenso nahe und vertraut wie der visuellen die eigene Nase, die zu übersehen man (hier: unbeschadeterweise) ebenfalls geneigt ist … Eine kurze Konzentration auf die Gegenwart der Sache aber spricht für sich bzw. für deren »Allgegenwart«: Phantastische Romane, Reiseerzählungen, Reiseprospekte und illustrierte Zeitschriften, Märchen aus allen Ländern, sogenannten Bewußtseins-Lyrik, traumhafte Musik aus verschiedensten Zeiten und Erdkreisen, surrealistische und ungegenständliche Malerei, Kunstbücher und Ausstellungen aller Art, fremdländische Restaurants, exotische Bars und Diskotheken, Folklorismus, Fußball, Schauspiel, absurdes Theater, Kino und Fernsehen insgesamt, Computerspiele, »virtual realities«, Spielhallen, Tag-

Träumereien, Alkohol, Drogen, Spleens, seltsame Hobbys und Interessen, skurrile Moden und Frisuren, kosmetische Gesichtsbemalungen, Tätowierungen, Body-Painting, Piercing, Rollenspiel, Rollentausch, esoterische Geheim-, Gesundheits- und Heilslehren, Horoskope, Enneagramme, Sekten, Kulte und Jugendreligionen, religiöse, gesellschaftliche und politische Utopien, Gurus, Idolisierungen sogenannter Stars etc. etc. bestimmen tiefgreifend und dauerhaft das Leben und Denken des modernen Menschen[24]. Sicherlich braucht nicht alles davon abgelehnt zu werden (einiges davon ist sehr erfreulich und gehört zum Grundbestand jeder diesen Namen verdienenden Kultur) – könnte aber wirklich irgendein Zweifel daran bestehen, daß die Bedeutung all dieser Phänomene in unserer Zeit selbst geradezu phantastisch groß geworden ist?

Ohne Zweifel gehörte und gehört ein gewisses Maß an Phantasie zu jeder Kultur, die diese Bezeichnung verdient, und nichts anderes gilt für jedes individuelle gesunde Seelenleben. Das erdrückende Ausmaß, welches die moderne phantastische Gegenwelt mittlerweile jedoch angenommen hat, und das zudem noch beständig im Wachsen begriffen ist, droht geradezu zu einem kollektiven und individuellen Realitätsverlust zu führen. Und dieser ist ganz offensichtlich gefährlich – nicht nur für die Psyche der Menschen, sondern auch für unsere natürliche Umwelt (dort, wo es sie noch gibt). Eine Art von Phantasie, sie wird als angenehm aber prinzipiell entbehrlich empfunden, geht aus einem zumindest latenten Glücksgefühl hervor, eine andere – spürbar gewöhnlich die unsere – entringt sich dagegen

---

[24] Diese (sicherlich unvollständige) Aufzählung von Elementen der »Phantastik« in unserem Leben kann komlementär ergänzt werden durch K. Gloys Aufzählung all der künstlich-technischen Elemente, mit denen unsere Lebenswelt durchsetzt ist: »Schauen wir uns in der Welt, in der wir leben, einmal um und versuchen bezüglich unserer näheren und ferneren Umgebung einschließlich der Menschen anzugeben, wieviel Natürliches und wieviel Künstliches hier begegnet, so werden wir mit nicht geringer Verwunderung, eventuell sogar mit Erschrecken, konstatieren, wieviel Künstlichkeit uns umgibt. Wir wohnen in Häusern – künstlichen Behausungen – die bei moderner Bauweise aus zumeist Fertigteilen, nicht erst aus zu bearbeitenden Steinen zusammengesetzt sind. Die Fertigteile ihrerseits bestehen fast durchweg aus Kunststoffen, nicht mehr aus Naturmaterialien. Unsere Wohn- und Arbeitsräume sind angefüllt mit künstlichen Geräten. Das gesamte Mobiliar ist künstlich, maschinell fabriziert, nach dem neuesten Design gestylt. Jeder Gegenstand, den wir in die Hand nehmen, jede Tasse, jeder Kugelschreiber, jedes Buch ist angefertigt und stellt ein künstliches Produkt dar. Erleuchtet sind unsere Wohn- und Arbeitsräume durch künstliches Licht ...« – Gloy setzt diese Beschreibung noch eine Druckseite lang fort: vgl. Dies., Das Verständnis der Natur. Bd. I, a. a. O., S. 226 f.

aus einem zumindest latenten Unglücklichsein; sie trägt zumindest die Spur der Sucht und Weltflucht an sich und vermittelt das Gefühl ihrer grundsätzlichen Unentbehrlichkeit. Dieses Signum, eine Art seelisches Kainsmal, verweist auf einen »meta-physischen« Mangel, auf einen Ursprung in der – im Sinne Heideggers – Angst als einem »Existential« der modernen Menschheit.

Unsere, nun nochmals von der Gegenwart her beleuchtete These war es, daß die neuzeitliche Technik mit der Naturangst (dem »Schatten des kopernikanischen Weltbildes«) und der Naturächtung unauflöslich verbunden ist. Die vorangehenden Bemerkungen über die Entwicklung der technischen Industriekultur als einer Art artifizieller Gegenwelt zur nicht selbst geschaffenen und von daher wahren oder wirklichen Natur, sollen nun ebenso kurze Bemerkungen über die Entstehung der zur technischen komplementären, phantastischen Gegenwelt ergänzen. (Offenbar kommen beide Gegenwelten auch in Verbundenheit vor – und dann wirken sie erwartungsgemäß ganz besonders suggestiv auf den heutigen Menschen: man denke nur an das Fernsehen.) Während Böhme, für den die Wahrheit zwar tief verborgen aber dennoch erkennbar gewesen ist, noch schreiben konnte: »Das ist der [Sünden-]Fall, daß Adam und Luzifer die Phantasie an Gottes Stätte setzten. Da wich der Heilige Geist aus ihrer Natur. Nun sind sie ein Geist in eigenem Willen und sind in der Phantasie gefangen«,[25] so betont ein Jahrhundert später David Hume in seinem ›Treatise of Human Nature‹ (1739/40) allerorts die bedeutende und von dem schottischen Denker durchaus positiv veranschlagte Rolle, welche die Einbildungskraft (»imagination«) für die menschliche Erkenntnis spiele. Damit gliedert er sich ein in eine über Bayle und Pascal bis Montaigne zurückreichende skeptische Tradition v. a. französischen Philosophierens, welcher er einen eigenen naturalistischen Akzent hinzufügt. Kant, der in den ›Prolegomena‹ von 1783 »frei gesteht«, daß ihm eben dieser Hume »den dogmatischen [rationalistischen] Schlummer unterbrach«[26] hegt an dessen Kausalitätsanalyse ein besonderes Interesse. Der schottische Philosoph habe den mit der Kategorie der Verursachung verknüpften Gedanken der Notwendigkeit sehr bedenkenswerterweise als einen illegitimen »Bastard der Einbildungskraft« ausgegeben, »die, durch Erfahrung be-

---

[25] J. Böhme, Vom lebendigen Glauben. Ausgewählte Schriften, hg. von G. Stenzel, o. O., o. J. (Sigbert Mohn Verlag), 37.

[26] I. Kant, Prolegomena, A 13.

schwängert, gewisse Vorstellungen unter das Gesetz der Assoziation gebracht hat, und eine daraus entspringende subjektive Notwendigkeit, d.i. Gewohnheit, vor eine objektive aus Einsicht, unterschiebt«.[27]

Bei dieser Wahl des Anknüpfungspunktes an Hume nimmt es nicht wunder, wenn Kant in seiner, die Konstitution der Erscheinungswelt nachvollziehen wollenden Transzendentalphilosophie der Einbildungskraft allenthalben eine bedeutende Funktion zuerkennt. Die Kühnheit oder Verwegenheit, ihr gewissermaßen sogar die Hauptrolle einzuräumen, blieb allerdings Fichte vorbehalten. Er will das Verhältnis von erkennendem Subjekt (»Ich«) und erkanntem Objekt (»Nicht-Ich«) klären und deutet es als »Wechsel des Ich in und mit sich selbst«:

»Dieser Wechsel des Ich in und mit sich selbst [...] – ein Wechsel, der gleichsam in einem Widerstreite mit sich selbst besteht, und dadurch sich selbst reproduziert, indem das Ich Unvereinbares vereinigen will, jetzt das Unendliche in die Form des Endlichen aufzunehmen versucht, jetzt, zurückgetrieben, es wieder außer derselben setzt, und in dem nämlichen Momente abermals es in die Form der Endlichkeit aufzunehmen versucht – ist das Vermögen der Einbildungskraft [...]

Alle Schwierigkeiten, die sich uns [bei der Entwicklung einer »Wissenschaftslehre«; S. B.] in den Weg stellten, sind befriedigend gehoben. Die Aufgabe war die, die Entgegengesetzten, Ich und Nicht-Ich zu vereinigen. Durch die Einbildungskraft, welche Widersprechendes vereinigt, können sie vollkommen vereinigt werden. – Das Nicht-Ich ist selbst ein Produkt des sich selbst bestimmenden Ich, und gar nichts Absolutes und außer dem Ich Gesetztes.«[28]

Damit avancierte die einst mißachtete und geradezu verteufelte Einbildungskraft (über die Besetzung einer notwendigen Rolle im Prozeß der Bewußtwerdung von »erscheinender« Außenwelt hinaus) bis hin zur wahren Quelle von Realität überhaupt. Von Novalis und anderen romantischen Dichtern wird dieses höchste Lob der Einbildungskraft weiter gesungen. Kaum etwas dürfte ein bezeichnenderes Licht auf die Existenz einer neuzeitlichen Naturangst werfen. Das

---

[27] A. a. O., A 9.

[28] J. G. Fichte, Grundlage der gesamten Wissenschaftslehre, Zweiter Teil, §4 (»Ausgewählte Werke in 6 Bdn.«, hg. von F. Medicus, Bd. 1, Darmstadt 1960, Bd. 1, S. 409 und 411.

Verhältnis des neuzeitlichen Menschen zur gegebenen (natürlichen) Wirklichkeit zeigt sich als zutiefst gestört.[29]

Nun ist allerdings Novalis allerdings auch ein fulminanter Kritiker des mechanistischen Naturverständnisses und ein prominenter Fürsprecher eines »vertrauteren«, ja eines »himmlischen Umgangs« mit der Natur.[30] So nennt ihn z. B. auch Scheler in einem Atemzug mit Goethe und Schopenhauer, wobei er noch folgende sehr bedenkenswerte Mahnung hinzufügt:

»Wir müssen wieder lernen, in die Natur gleich Goethe, Novalis, Schopenhauer wie in den ›Busen eines Freundes‹ zu schauen und die ›wissenschaftliche‹, für Technik und Industrie höchst notwendige formalmechanische Naturbetrachtung beschränken auf die fachwissenschaftliche ›künstliche‹ Verhaltungsweise des Physikers, Chemikers usw. Die *Bildung* des Menschen (auch jene seines Gemütes) hat jeder ›fachwissenschaftlichen‹ Haltung zur Natur als einem zu beherrschenden Gegner vorherzugehen [...] Der ungeheure Irrtum, es sei alle kosmo-vitale Einsfühlung nur projizierende ›Einfühlung‹ von spezifischen Menschengefühlen in Tier, Pflanze, Anorganisches, d. h. bloßer ›Anthropomorphismus‹ – also prinzipiell eine Täuschung über das Wirkliche –, ist resolut und vollständig abzuschütteln. Vielmehr ist der Mensch als ›Mikrokosmos‹ ein Wesen, das – indem es Wirkliches *aller* Wesensarten des Menschen in sich trägt – auch selber *kosmomorph* ist und als kosmomorphes Wesen auch Quellen des *Erkennens* für alles besitzt, was das Wesen des Kosmos enthält [...] Fehlt aber diese Einsfühlung des Menschen mit der ganzen Natur, so wird auch der Mensch in einer Art und Form aus seiner großen ewigen Mutter, der Natur, herausgerissen, wie es seinem Wesen nicht entspricht.«[31]

Dies alles mag auf eine Weise durchaus richtig sein, auf eine andere ist es u. E. aber auch dringend ergänzungsbedürftig (und eine solche Ergänzung könnte durchaus ebenfalls an Scheler, insbesondere an ›Vom Ewigen im Menschen‹, anknüpfen). Wer es allein – metaphorisch gesprochen – bei der »Mutter« bewenden ließe, ohne auch den, das Naturwirken transzendierenden »Vater« im Blick zu behalten, würde weder dem sittlichen Aspekt der Religion (bzw. dem religiösen Aspekt der Sittlichkeit) noch dem spezifisch Geistigen im Menschen (metaphorisch: seiner Gottebenbildlichkeit) ausreichend gerecht wer-

---

[29] Leitet man, wie Aristoteliker, Neothomisten u. a. »Vernunft« von »Vernehmen« (der Wirklichkeit) ab, dann bedeutete der Wirklichkeitsverlust auch einen Vernunftverlust.

[30] Vgl. das Kapitel »Novalis. Einst ist alles Leib« (insb. S. 214), in: H. Schipperges, Kosmos Anthropos. Entwürfe zu einer Philosophie des Leibes, Stuttgart 1981.

[31] M. Scheler, Wesen und Formen der Sympathie, a. a. O., S. 113 f.

den.[32] Gerade die Leugnung, daß der Mensch *auch* jeweils einmaliges, unersetzbares Prinzip der Freiheit, d. h. Geist (»Person«) ist, wäre *contra naturam sua* und würde aus der Natur letztlich einen wilden Strom und Strudel machen, der ausnahmslos alles verschlingt.[33]

(Abschließende Bemerkungen zum Thema »Naturangst«)

Offensichtlich vermag eine solche, eben angedeutete, radikal-naturalistische Naturauffassung den Menschen nicht aus seiner tief sitzenden Naturangst zu befreien. Wie aber könnte er diese überhaupt besiegen? Wenn überhaupt, so scheint es, dann kann nur der Glaube an eine »beseelte Natur« uns »beseelten Wesen« ein Bewußtsein der Heimat vermitteln – ein Gefühl also, das sich bei der Lektüre der Schriften der Adepten des naturwissenschaftlichen Weltbildes[34] (von Galilei über Darwin bis Monod und Prigogine) auch beim besten Willen nicht einstellen will. Der generelle Anthropomorphismus-Verdacht gegenüber allem Sprechen über Nichtmenschliches in »menschlichen Kategorien« macht den Menschen schon aufgrund dieses methodischen Apriori zu einem Fremden bzw. »Zigeuner« in der übrigen Welt. Das (noch?) anthropomorphe Dasein unter nicht-anthropomorphen Lebewesen in einem ebensolchen Kosmos (unter kaum mehr anthropomorphen Bedingungen) treibt den sich seiner

---

[32] Dietrich von Hildebrand nennt diesen Aspekt den »ontologischen Adel des Menschen« (vgl. seine ›Moralia‹ in: Ges. Werke Bd. IX, Regensburg 1980, S. 357).

[33] Es ist mir persönlich unbegreiflich, wie eine solche Vorstellung vom Menschen als einer unbedeutenden »Störung« im Kreislauf oder Strudel der Natur auf einige zeitgenössische Philosophen attraktiv oder gar beglückend wirken kann. So schreiben etwa I. Prigogine und I. Stenghers in ihrem, im übrigen sehr lesenswerten Buch ›Dialog mit der Natur‹ München 1981, S. 292 f.): »Der Physik der universellen Zusammenhänge tritt eine andere Wissenschaft entgegen, die nicht mehr im Namen von Gesetz und Herrschaft die Störung oder die Zufälligkeit bekämpft. Gegen die klassische Wissenschaft, die von Archimedes bis Clausius reicht, tritt die Wissenschaft von den Turbulenzen und den sich verzweigenden Entwicklungen.« Dem fügt das Autorenpaar (beipflichtend) ein Zitat von Michel Serres hinzu: »Hier erreicht die griechische Weisheit einen ihrer Höhepunkte. Wo der Mensch in der Welt, von der Welt, in der Materie ist, dort ist er kein Fremder, sondern ein Freund, ein Vertrauter, ein Tischgenosse und ein Gleicher. Er hat einen venerischen Pakt mit den Dingen. […] Epikur und Lukrez leben in einer versöhnten Welt. Wo die Wissenschaft von den Dingen und die Wissenschaft vom Menschen ineins fallen. Ich bin eine Störung, ein Strudel in einer turbulenten Natur.«

[34] Falls es überhaupt sinnvoll ist, von einem solchen »Weltbild« zu sprechen, da die Naturwissenschaften (freilich nicht: alle Naturwissenschaftler) ja über alle existentiellen Fragen (etwa nach Gott, Freiheit und Unsterblichkeit) Stillschweigen bewahren.

kosmischen Einsamkeit bewußten Menschen zu einer radikalen Neugestaltung seines Lebensraums nach *seinem* Bilde. (Dabei dürfte der Forderung Novalis' freilich noch kaum einmal bedacht worden sein: »Wenn die Menschen einen einzigen Schritt vorwärts tun wollen zur Beherrschung der Natur durch die Kunst der Organisation der Technik, müssen sie vorher drei Schritte der ethischen Vertiefung nach innen gehen.«)

Die Anerkennung einer dem Menschen prinzipiell »konformen« Welt stellt ja imgrunde keine irrationale oder auch nur wissenschaftskritische Forderung dar, sondern erscheint vielmehr selbst als eine unabweisbare Folgerung der Theorie der (universellen) Evolution[35] sowie der neuen Wissenschaft der Ökologie. »Unwissenschaftlich« scheint bei genauerem Hinsehen eher das den Menschen aus seiner Stammesgeschichte und biologischen Umwelt scharf heraus schneidende generelle Anthropomorphismus Verdikt zu sein – feiert doch der cartesische Dualismus (inkognito – und damit nur umso gefährlicher) gerade in diesem Verbot neue fröhliche Urständ …

Die Vorstellung einer grundsätzlich anthropomorphen Umwelt (als Voraussetzung für die Entstehung und Erhaltung der menschlichen Art) und der damit verbundene Gedanke einer beseelten Natur müssen im übrigen auch nicht gleich als unziemlicher Rückfall in animistische Denkweisen verstanden werden. Zwar wäre es ebenso ungerechtfertigt, den erfahrbar belebten Teil der Natur mit dem Ganzen zu identifizieren wie es unstatthaft erscheint, dies mit dem unbelebten zu tun. So kann die Welt oder der Kosmos in der Tat nicht in einem simplen, wörtlichen (nichtanalogen) Sinn als belebt erachtet werden, wogegen sicherlich auch schon das Fehlen einer organischen Gestalt, der fehlende Stoffwechsel usw. deutlich genug sprechen würden.[36] »Beseelt« – in der Prädizierung auf das Naturganze – kann

[35] »Das Mindeste, was wir der sich aus dem Urknall entwickelnden Materie im Hinblick auf das schließlich und spät Hervortretende zusprechen müssen, ist eine ursprüngliche Begabung mit der *Möglichkeit* eventueller Innerlichkeit …« (H. Jonas, Philosophische Untersuchungen und metaphysische Vermutungen, Frankfurt/Main 1994, S. 219) »Insofern käme kosmogonischer Eros der Wahrheit näher als kosmogonischer Logos …« (a. a. O., S. 220)

[36] Eine solche undifferenzierte, nichtanaloge Auffassung scheinen Philosophen auch nie (oder kaum einmal: vgl. jedoch als mögliche Ausnahmen Poseidonios, Paracelsus und Campanella) vertreten zu haben – wohl aber Romangestalten wie Tolstojs Simonson: »Diese [seine = Simonsons, S. B.] Religion bestand in dem Glauben, daß alles in der Welt lebendig sei, daß es nichts Totes gäbe, daß alle Gegenstände, die wir für tot und anorganisch halten, nur Teile eines ungeheuren organischen Körpers seien, den wir

zwar nicht einfach »belebt« (im gewöhnlichen Wortsinn) meinen, wohl aber »möglicher Ort und Ursprung des Lebens«. (Es könnte auch heißen: das Weltganze ist aus »lebendigen« Einheiten – »Monaden« – zusammen gesetzt.) Eine solche Verschiebung der Optik, weg vom Unbelebten, Toten, daraufhin die »klassische« neuzeitliche Wissenschaft bis hinein in unsere Tage (ein eindrucksvolles Beispiel dafür stellt das Werk Manfred Eigens dar) alles Seiende reduzieren will, hin zum potentiellen und aktuellen Leben, beendet nicht die Wissenschaft als solche, kappt aber endlich den langen Schatten des cartesischen Mechanismus' um diesen durch eine »heimat-gewährende« globale *Lebens*perspektive zu ersetzen. Diese dürfte zugleich die gesuchte *Überlebens*perspektive sein, denn ebenso wie der der *Schöpfung* impliziert auch der in diesem Sinne verstandene Gedanke der *Beseeltheit* der Natur dringend geraten erscheinende technisch-zivilisatorische Handlungshemmungen.[37]

---

nicht erfassen können, und daß deshalb die Aufgabe des Menschen, als eines Teilchens des großen Organismus, in der Unterstützung des Lebens dieses Organismus und all seiner Teile bestehe.« (L. Tolstoi, Auferstehung, Dritter Teil, 4. Kap., div. Ausg., üb. von A. Hess)

[37] Solche scheinen mir, hier im geraden Gegensatz zu Gloy, auch hinsichtlich der Möglichkeiten der Gentechnik geboten, weswegen ich, im Unterschied zu so vielem anderen darin, über die folgende Passage aus ›Das Verständnis der Natur‹ (II, a. a. O., S. 214 f.) überhaupt nicht froh bin: »Die altägyptische Mythologie verehrt die Tier-Mensch-Hybride als übermenschliches, göttliches Wesen: den Menschen mit Stierkopf, Falkenkopf, die Sphinx mit dem Leib eines Löwen und dem Kopf eines Menschen usw., die griechische Mythologie kennt Kentauern – Mischwesen aus Menschenkopf und Stierleib –, Pegasus – das geflügelte Pferd –, Nike – die geflügelte Siegesgöttin –, die indische Mythologie den vierarmigen und -beinigen tanzenden Shiva Naṭaraya. Keineswegs werden diese Geschöpfe nur als häßliche, furchterregende und abschreckende Ungeheuer und Monster empfunden, sondern als Übermenschen mit übernatürlichen, göttlichen Fähigkeiten verehrt. Zu dieser Kategorie würde auch der raumfahrttüchtige Astronautenmensch mit Greifarmen und -schwanz und verkürztem Unterleib zählen, den Haldane entworfen hat [wahrscheinlich inspiriert von den Fachleute-Züchtungen in A. Huxleys ›Brave new World‹ …; S. B.], oder die Geschöpfe von Lem, die kristalline oder gasoline Leiber und Computergehirne besitzen. Hier werden Wesen konzipiert, die die gewöhnlichen, vertrauten Klassifikationen überschreiten und neue [? Monstren …; S. B.] Klassifikationen erfordern, wie dies schon lange aus der natürlichen Pflanzen- und Tierzucht bekannt ist, wo Neuzüchtungen und Kreuzungen ständig neue Beschreibungen und Gliederungen notwendig machen.

Der Kombination sind keine gedanklichen Grenzen gesetzt, es sei denn der technischen Durchführung. So auffällig und anstößig diese Wesen auf den ersten Blick erscheinen mögen, auf den zweiten sind sie es schon nicht mehr. Wie wir uns im Pflanzenbereich an die Hybriden gewöhnt haben und z. B., was die Rosenhybriden betrifft, ihre Schönheit, Größe und Farbenprächtigkeit bewundern, wie wir den Anblick eines Maul-

Zweites Kapitel:

Natur und Gott bei Ralph Cudworth und seinem Kritiker John Locke

0) Vorbemerkungen

Zu den einflußreichsten Intellektuellen im England des späteren achtzehnten Jahrhunderts gehörte neben Thomas Reid, Adam Smith u. a. auch – und sogar ganz besonders – der bereits kurz angesprochene Joseph Priestley. Dieser vielumstrittene Mann des öffentlichen Lebens ist auch in vieler Hinsicht aktiv gewesen; so bestimmte er etwa wie kein zweiter die für die Entwicklung des amerikanischen Staatenbundes so bedeutsam gewordene »Ideologie« des Kreises um Thomas Jefferson.[1] In annähernd vergleichbarem Umfang bestimmte er darüber hinaus aber auch die Weltanschauung zur Zeit der Industriellen Revolution.[2] Typisch und zugleich sehr bezeichnend für sein Naturverständnis (wie auch für das der großen Mehrheit seiner intellektuellen Zeitgenossen) ist nun aber folgende Äußerung:

»Wer muß nicht die bewundernswerte Einfachheit der Natur bewundern, und die Weisheit ihres großen Urhebers in der Vorsorge für das *Wachstum*

---

tieres für ganz natürlich halten, so könnten wir uns vielleicht auch an andere Formen der Kombination gewöhnen.«

[1] Davon mehr in unserem IV. Teil, vgl. auch: D. J. Boorstin, The Lost World of Thomas Jefferson, Chicago [2]1981 (Erstv. 1948).

[2] Vgl. die ›Europäische Enzyklopädie zu Philosophie und Wissenschaften‹, hg. von H.-J. Sandkühler u. a., Hamburg 1990, Bd. II, Lemma »Industrielle Revolution«: »Der Terminus I. R. bezeichnet eine bestimmte Epoche in der neuzeitlichen Geschichte, zumindest aber einen ihrer großen Wendepunkte [...] Er charakterisiert für den Zeitraum zwischen etwa 1770 und dem Ende des 19. Jahrhunderts den Prozeß der Herausbildung der großen Industrie und den von diesem ausgehenden sozio-ökonomischen Umbildungsprozeß. Die I. R. als anfangs langsamer, dann sich beschleunigender Prozeß vollzieht sich zunächst in England; die I. R. in England wird dann das Muster für ähnliche Vorgänge in anderen Ländern; wenige Jahrzehnte später beginnt die Industrialisierung in Nordamerika ...«

all unserer Leidenschaften und Neigungen, gerade wie und in dem Maße, in welchem sie sich als Bedürfnisse unseres Lebens einstellen?«[3]

Die Natur – für Priestley ein von dem göttlichen Maschinisten einst hergestellter, nun sich selbst bewegender Mechanismus – erscheint hier als ein zum Zwecke der Befriedigung menschlicher Bedürfnisse hergestelltes Verfügungsarsenal[4].

Anthropozentrisches Aneignungsdenken (»no item in the physical creation had any purpose save to serve man's purposes«) und radikale Entgöttlichung der Natur machte auch der amerikanische Historiker und Anthropologe Lynn White Jr. in einem berümt gewordenen Essay[5] für unsere ökologische Krise verantwortlich.[6] Seine Ausführungen laufen zugespitzt auf die seitdem bis zum Überdruß wiederholte These hinaus, daß das Christentum mit der biblischen Forderung »Machet euch die Erde untertan ...!« (Gen 1,28[7]) die Hauptschuld an dieser Krise trage. Die Tatsache, daß diese These sehr populär geworden ist und auch Eingang in den Deutschen Bundestag, in Presse, Funk und Fernsehen gefunden hat, macht sie allerdings noch nicht plausibler. Denn offensichtlich gab es das Christentum um 1770, also zur Zeit der beginnenden großen Umweltzerstörung, schon »einige« Zeit, ohne daß die Natur darunter gewöhnlich allzu sehr zu leiden gehabt hätte – und nicht minder zweifelhaft dürfte sein, daß die Zeit um 1770, d.h. die der »Blüte der Aufklärung«, nicht mehr sonderlich christlich gewesen ist. Trotz solcher Offensichtlichkeiten, welche Lynns These von vorne herein wenig wahrscheinlich erscheinen lassen, haben auch besonnenere Autoren wie Ruth und

---

[3] Joseph Priestley, ›Introductory Essays to Hartley's Theory of the Human Mind on the Principle of the Association of Ideas‹ (1775), in: Works of Joseph Priestley, hg. von J. T. Rutt, Bd. III, New York 1972 (Repr.), S. 188 (unsere Üb.).

[4] Heidegger gebraucht in einem ähnlichen Kontext das Wort »Gestell«: Die technisierte, überwältigte Natur wird »gestellt«, herausgefordert, und zugleich »dargestellt«, wie in den Regalen eines Warenhauses; vgl. Martin Heidegger, »Die Frage nach der Technik«, in: *Die Künste im technischen Zeitalter* (Dritte Folge des Jahrbuchs ›Gestalt und Gedanke‹), München 1954, S. 70–108.

[5] L. White, »The Historical Roots of Our Ecological Crisis«, in: *Science* 155 (1967), S. 1203–1207 (Zitat dort S. 1205); deutsch in: M. Lohmann (Hg.), Gefährdete Zukunft, München 1970, S. 20–29.

[6] Einen ersten Überblick über die Forschungen zu diesem Thema ermöglicht der Aufsatz: B. Lewis W. Moncrief, »The Cultural Basis for our Environmental Crisis«, in: *Science*, 170 (1970), S. 508–512.

[7] Vgl. dazu auch N. Lohfink, »Macht euch die Erde untertan«, in: *Orientierung* 38 (1974), S. 137–142.

Dieter Groh zumindest einen wahren Kern an seinem Vorwurf gegen die christliche Religion ausmachen wollen[8] – und ebenso (leider) auch Hans Jonas:

»Der Gott des Timäus [in dem gleichnamigen platonischen Dialog, S. B.] schuf die Welt als das vollkommene Lebewesen oder den sichtbaren Gott, beseelt und vernünftig [...] Daher bedarf es der *Seele* als der stetig spontanen Ursache der Bewegung und der Vernunft als der Ursache *rationaler* Bewegung, d. h. einer, die Gesetzlichkeit zeigt. Es ist dieser Doppelaspekt der Seele – daß sie Ursache von Bewegung und Ursache von Ordnung ist –, die sie zum universalen Naturprinzip macht. Seele durchwaltet den Kosmos [...] daher die religiöse Verehrungswürdigkeit des Kosmos im ganzen – nicht wegen seiner Größe, sondern wegen des Zusammenfalls von Intelligibilität und Intelligenz, der seiner sichtbaren Schöpfung zugrunde liegt.

Man vergleiche hiermit die judäo-christliche Auffassung, die an die Stelle davon trat [eine gewagt vereinfachende geistesgeschichtliche Aussage, S. B.]. Die geschaffene Welt des Buches Genesis ist kein Gott und soll nicht verehrt werden anstelle von Gott. Auch hat sie keine Eigenseele, die ihre Tätigkeit und Ordnung erklärte, sie ist lediglich erschaffen und in keinem Sinne Schöpfer.«[9]

Obwohl dies alles zunächst sehr plausibel klingt, sollte – wie billig – auch die andere Seite gehört werden. Die ursprünglich weitgehend chaotisch vorliegende Materie stellt nämlich, dem Bericht des Timaios zufolge, selbst keine Schöpfung des göttlichen Demiurgen dar, sondern dient lediglich als das Material, womit dieser den Kosmos gestaltet. Die Materie ist damit das Nicht-Göttliche und als solches Ursprung alles Schlechten.[10] Der »judäo-christlichen Auffassung« nach ist aber die Materie dadurch gleichsam geadelt, daß auch sie aus den Händen des Schöpfers kommt (von der »Fleischwerdung« Gottes in Christus ganz zu schweigen).

Von R. und D. Groh werden auch die sogenannten *Cambridge Platonists* als betont christlich gesinnte Wegbereiter der folgenschweren Mechanisierung und Instrumentalisierung des Natur-

[8] Vgl. R. und D. Groh, Weltbild und Naturaneignung. Zur Kulturgeschichte der Natur, Frankfurt/Main 1991, S. 16f.

[9] H. Jonas, Das Prinzip Leben, a. a. O., S. 137f. Die letzte Aussage sollte mit Blick auf die Weisheitsliteratur des AT relativiert werden.

[10] So auch noch im ›Politikos‹: »Denn das Körperhafte war mit einem starken Zug zur Unordnung behaftet, ehe es zur jetzigen geordneten Welt umgewandelt ward. Hat sie doch erst von ihrem Bildner alles Schöne erlangt, was sie jetzt aufweist. Von ihrem früheren Zustand aber stammte alles Widerwärtige und Ungerechte ...« (272 St., üb. von O. Apelt).

begriffs vorgestellt. Diese Platoniker wirkten runde einhundert Jahre vor Priestley; sie verfaßten umfangreiche gelehrte Werke philosophisch-altphilologischen Inhalts, womit sie allgemein (und durchaus zu Recht) hinsichtlich ihres Stils und platonisch-christlichen Standpunkts für die englischen Nachfolger der florentischen Renaissance-Philosophen (Marsilio Ficino, Pico della Mirandola u. a.) gelten. Die Hauptvertreter der Cambridger Platoniker (im folgenden auch kurz: »Cambridge Platoniker«) sind Ralph Cudworth und Henry More, ihr gemeinsamer Hauptgegner ist Thomas Hobbes.[11] Schon dieser Umstand dürfte einen ersten Zweifel an der These erwecken, sie hätten eine *fördernde* Rolle in der Geschichte der Mechanisierung des Naturbegriffs gespielt, denn gerade Hobbes ist ja bekanntlich der erste entschiedene »Materialist«, »Necessizist« und »Mechanist« der Neuzeit gewesen. Und Cudworth wie More versuchten nichts dringender als seinen Einfluß zu begrenzen, indem sie seine radikalen epistemologischen, ontologischen, ethischen und politischen Thesen nach besten Kräften bekämpften und in ihrer Wirkung geringzuhalten trachteten. Was Hobbes' Naturauffassung betrifft, so unterwirft Cudworth, »the most erudite scholar and the most able philosopher of that school«[12], sie einer ausgedehnten kritischen Überprüfung. Der »mechanische Atheismus« würde, so der Cambridger Gelehrte, alle finale und absichtsvolle Verursachung in der Natur zurückweisen, um nur materielle, also »sekundäre« zurückzubehalten,

»this being really to banish all mental, and consequently divine causality, quite out of the world; and to make the whole world to be nothing else but a mere heap of dust, fortuitously agitated, or a dead cadaverous thing, that hath no signatures of mind and understanding, counsel and wisdom at all upon it; nor indeed any other vitality acting in it, than only the production of a certain quantity of local motion, and the conversation of it according to some general laws.«[13]

Die Natur der »mechanischen« Philosophen wäre also nichts weiter

---

[11] Vgl. dazu z. B. »The Cambridge Platonists«, in: A. R. Caponigri, Philosophy from the Renaissance to the Romantic Age« (A History of Western Philosophy, Bd. III), Notre Dame 1963, S. 290–293. Ebenso: S. I. Mintz, The Hunting of Leviathan, Cambridge 1962, Kap. V, S. 80 ff., sowie J.-P. Schobinger, a. a. O., S. 240–290.

[12] G. A. J. Rogers, »Introduction« zu: Ralph Cudworth, The True Intellectual System of the Universe (in three volumes), Bd. I, Bristol 1995, S. V (Erstv. 1678, also 97 Jahre vor Priestleys ›Introductory Essays‹: Dieser Zeitraum ist es also v. a., welchen wir in vorliegendem Buch genauer betrachten wollen).

[13] Cudworth, a. a. O., Bd. I, S. 217.

als ein Haufen Schmutz oder ein toter Kadaver, während die wahre Natur ein in ihrem Inneren bildendes Wesen (»plastic nature«) beherberge, ein sich vervielfältigendes Leben, welches zwar von dem bewußt-geistigen unterschieden werden müsse, dennoch aber immer noch kunstvoll und bewunderungswürdig genug wirke und gestalte. Dieses selbst schöpferische *Natur-Leben (natura naturans)* sei nicht Gott selbst, aber es sei von ihm gewissermaßen bevorzugt hervorgebracht worden und es befinde sich stets in besonders enger Verbindung mit ihm[14]. – Es soll dieses nicht-mechanistische Naturverständnis Cudworths zunächst genauer betrachtet, dabei auch untersucht werden, aus welchen Vorlagen heraus es sich wohl entwickelt haben könnte (Abschnitt 1), um im Anschluß daran Lockes Kritik und Gegenentwurf vorzustellen sowie kritisch zu bedenken (Abschnitt 2).

1) Das Naturverständnis von Ralph Cudworth und dessen Ursprünge

Begriff und Vorstellung einer »plastic(k) nature« (vereinzelt eben auch im Plural: plastic natures[15]; sowie öfters in Cudworths Werken: »soul of the world«) hatten schon zu Cudworths Zeiten eine lange, bewegte und durchaus interessante Geschichte hinter sich.[16] Bereits Platon stellte die Weltseelenlehre, d. h. die Lehre von der Beseeltheit des Kosmos oder der Natur, in seinem ›Timaios‹ als einen uralten Mythos vor[17]. Sokrates läßt sich darin von seinem Freund Timaios

---

[14] Vgl. dazu die Illustration »Abb.1« in Merchants ›Tod der Natur‹, a. a. O., S. 25. Sie zeigt einen Kupferstich von Johann Theodor de Bry, darin eine »Natur« bezeichnete, unbekleidete Frau an ihrer rechten Hand von Gott geführt wird und mit ihrer linken selbst tätig ist.

[15] Vgl. auch Leibniz' »Betrachtung über Lebensprinzipien und über die plastischen Naturen«, in: G. W. Leibniz, Hauptschriften zur Grundlegung der Philosophie, hg. von E. Cassirer, Bd. II, Hamburg 1966, S. 63–73; darin insb. die Aussage (S. 70): »Ich bin also der Meinung von Cudworth – dessen ausgezeichnetes Werk [›The true Intellectual System …‹] mir in seinem allergrößten Teile außerordentlich zusagt – daß die Gesetze des Mechanismus an und für sich und ohne die Mitwirkung eines bereits organisierten Stoffes nicht imstande sind, ein Lebewesen zu bilden, und ich finde, daß er in diesem Punkte mit Recht gegen die Lehren mancher alter Philosophen, ja auch gegen Descartes Einspruch erhebt«

[16] Dazu H. R. Schlette, a. a. O., darin vieles weit ausführlicher als im folgenden dargestellt ist.

[17] Aber auch in anderen Werken Platons ist von der Weltseele die Rede, so z. B. im ›Philebos‹, St. 286 ff. und 30a. Man denke auch an Empedokles.

die Geschichte von der Entstehung der Welt aus dem ungeordneten Materie-Chaos erzählen. Gott bzw. der »Demiurg« habe dieses geordnet,[18] um daraus ein zeitliches Abbild seiner selbst zu erschaffen. Und da das Beseelte schöner sei als das Unbeseelte, habe er dem Kosmos Leben und Geist verliehen: »Indem er es [das Weltganze] also dem schönsten unter allem Gedachten und in jeder Beziehung Vollkommenen möglichst ähnlich zu machen beabsichtigte, ordnete er es an als *ein* sichtbares Lebendes, welches alles von Natur ihm verwandte Lebende in sich faßt.«[19] Weiterhin habe der immerseiende Gott die Kugelgestalt als äußere Form des Kosmos gewählt, da sie in formaler Hinsicht wiederum die schönste aller möglichen sei. Die solchermaßen abgeschlossene Welt habe keiner Sinnesorgane, Öffnungen und Gliedmaßen bedurft, genüge sie sich doch selbst, aber sie sei bewegt und folge der vollkommensten Bewegung, nämlich der kreisförmigen. Dieser Kosmos befruchte sich und denke sich auch selber, was ihn zu einer Art zweitem und seligem Gott mache. Die chaotische Materie wird in vier Grundelemente eingeteilt, wobei es das (ätherische) Feuer ist, welches alle und alles durchdringe. Dem ganzen sogenannten »Himmel« wurden zu seiner Vollendung sterbliche und unsterbliche Bewohner beigefügt:

»Denn indem dieses Weltganze sterbliche und unsterbliche Bewohner erhielt und derart davon erfüllt ward, wurde es zu einem sichtbaren, das Sichtbare umfassenden Lebenden, zum Abbild des Denkbaren als ein sinnlich wahrnehmbarer Gott, zum größten und besten, zum schönsten und vollkommensten dieser einzige Himmel, der ein Eingeborener ist.«[20]

Die Weltseelenlehre des ›Timaios‹ muß, wie z. B. Scheler bemerkt hat[21], durch die Eroslehre des ›Symposion‹ ergänzt werden, damit

---

[18] »Hat sie [die beseelte Welt] doch erst von ihrem Bildner alles Schöne erlangt, was sie jetzt aufweist. Von ihrem früheren Zustand aber stammte alles Widerwärtige und Ungerechte im Bereich des Himmels her, was sie selber hat und auf die lebenden Wesen überträgt.« (Platon, Politikos, St. 273)

[19] Timaios, St. 30 d (Schleiermacher-Übersetzung). Zu Platons Naturlehre vgl. z. B. G. Böhme, Idee und Kosmos, Frankfurt/Main 1996.

[20] A. a. O., 92 c. Die Existenz eines sinnlich wahrnehmbaren Gottes wird sich als eine *idée maîtresse* George Berkeleys erweisen.

[21] Vgl. z. B.: »Es ist nach Platon die *Weltseele* selbst, die den ganzen Kosmos als ›seliges Tier‹ beseelt und die im tiefsten Kern [wie im ›Symposion‹ ausgeführt] ›schaffender Eros‹ ist; die durch die menschliche Liebe der Liebenden als ihren Botschafter in den Seelen hindurchschwingend das neue Wesen zeugt.« (M. Scheler, Wesen und Formen der Sympathie, a. a. O., S. 125)

Platons eigentliche Naturphilosophie in den tieferen Verständniskreis seiner Lesers gerät: hier indes kann darauf nicht näher eingegangen werden. -Obwohl Platons bedeutendster Schüler Aristoteles gemeinhin nicht als ein Vertreter der Weltseelen-Lehre gilt[22], kommt er dieser manchmal wenigstens nahe, so etwa in ›De Caelo‹ (lib. 2, cap. 2), wo ebenfalls gesagt wird, der »Himmel« sei beseelt und habe in sich selbst ein Prinzip der Bewegung. Bekanntlich hat dieser Philosoph auch die einzelnen Gestirne für Seelenwesen angesehen[23] und seine die Materie formenden »Entelechien« als Wirkkräfte in der Natur sind sicherlich nach dem Vorbild von Seelen als dem aktiven Prinzip lebendiger Wesen konzipiert.[24] Heraklit gab schon zuvor ein

---

[22] »Eine der wichtigsten Veränderungen, die Aristoteles an der Lehre Platons über die Weltperipherie vorgenommen hat, war der ausdrückliche Verzicht auf die Weltseele [...]. Allerdings ist diese Ablehnung der Weltseele bei Aristoteles nicht eindeutig und unterlag einer Entwicklung [...]. An ihre Stelle tritt bei Aristoteles der unbewegte Beweger, der transzendente Gott, dem zwar Vernunft und Leben zugesprochen wird, nicht aber Bewegung und Seele.« (Hedwig Conrad-Martius, Die Zeit, München 1954, S. 139). Näheres dazu in: Ingrid Craemer-Ruegenburg, Die Naturphilosophie des Aristoteles, Freiburg/Br. 1980.

[23] Andererseits kannte er, im Unterschied zu seinem Lehrer, keine unabhängige kosmische Lebenskraft; dazu E. Gilson: »The notion of ›life‹ is Platonist, not Aristotelian. Assuredly, Aristotle often speaks of *zoe* and of the operations of life, but it is for him simply the proper action of living beings, that is to say, of beings which have in themselves the principle of their own movement. He never intends by this word a distinct principle, a force, an energy to which science and philosophy ought to have recourse, as to a cause, in order to make responsible what we call the facts of biology.« (Ders., From Aristotle to Darwin and Back Again. A Journey in Final Causality, Species, and Evolution, üb. von John Lyon, Notre Dame 1984, S. 108)

[24] Unter einer »Seele« soll hier und im folgenden traditionsgemäß (und eingestandermaßen ziemlich ungenau) dasjenige verstanden werden, was von innen heraus Wachstum und Entwicklung eines Organismus leitet und diesen zugleich mit der Außenwelt in eine mehr als bloß wirkursächliche Beziehung setzt (v. a. durch Irritabilität, beim Tier durch Empfindung und Wahrnehmung). Zur Seele können dann, beim Tier bzw. Menschen, auch noch Wille resp. Verstand gerechnet werden. Die menschlich Seele gilt – wo sie nicht mit Gehirn, Nerven etc. identifiziert, d. h. überhaupt geleugnet wird – traditionell gewöhnlich als immateriell, nicht immer aber (wir werden darauf zurückkommen) als unausgedehnt. Oftmals wird auch behauptet, jeder Mensch könne »unmittelbar« immer nur einen *(sit venia verbo)* »Seeleninhalt« erfahren: seinen je eigenen. Wenn von einer »Weltseele« die Rede ist, dann also immer nur *per analogiam* (dasselbe gilt auch von einem *organischen* Kosmos (von diesem wird natürlich nicht angenommen, er sei genau wie ein natürlicher Organismus, d. h. es gebe Stoffwechsel, Fortpflanzungsvermögen usw.). Genaueres zu dem Begriff der Weltseele kann und wird sicher nicht vor unserer historisch-systematischen Auseinandersetzung mit dieser Thematik erwartet werden.

seelenartiges, ätherisches Feuer als Urstoff des Kosmos aus.[25] – V.a. aber die Stoa deutet einen »Wärmestoff« als (mehr oder weniger) vernünftigen Urstoff, der die ganze Welt durchdringt, zusammenhält und ihr Bestehen sichert.[26] Eusebios referiert die stoische Lehre so:

»Das gesamte Weltall geht in bestimmten Perioden in Feuer auf, um sich dann aufs neue wieder zu bilden. Das Urfeuer ist wie ein Same, der alle Gründe und Ursachen dessen, was ward, wird und werden wird, in sich birgt. In der Verflechtung und naturgesetzlichen Folge dieses Verlaufs besteht das Wissen und die Wahrheit und das unentrinnbare und unausweichliche Gesetz der Welt. Auf diese Weise wird die Welt vortrefflich geordnet, wie es im bestverwalteten Staat der Fall ist.«[27]

Nach dem römischen Stoiker und Kaiser Marc Aurel ist die Welt »ein Wesen, das aus einer Materie besteht und von einem Geist beseelt ist« (›An sich selbst‹, *IV*, 40). Andere Stoiker sind noch deutlicher und vergleichen (wie Seneca) die Welt gerne mit einem (beseelten) Tier.[28] Aber in systematische Form ist die Weltseelenlehre wohl erst von Plotin und anderen Neuplatonikern gebracht worden. Die *anima mundi* stellt hier die dritte Stufe der göttlichen Emanationen dar – nach dem (»voremanativen«) Einen und der Vernunft aber vor der Materie. Sie verleiht letzterer Bewegung, Leben, »Unsterblichkeit« und gestaltet die Materie erst von innen heraus zu einem einzigen Kosmos, einem Einzelwesen (›Enneaden‹, V, 1):

»An erster Stelle ist festzustellen, daß das Weltall ein einheitliches Lebewesen ist, welches alle in ihm befindlichen Lebewesen in sich enthält; es hat eine einheitliche Seele, die sich auf alle seine Teile erstreckt, insoweit als das Einzelding Teil des Alls ist; und zwar ist das Einzelding mit seinem Leibe ganz und gar Teil des sinnlichen Alls; mit seiner Seele aber ist es nur soweit sein Teil als es an der Seele des Alls Anteil hat: was allein an der Allseele teilhat, ist ganz und gar Teil des Alls, was aber außerdem noch an einer anderen Seele Teil hat, ist insoweit nicht ausschließlich Teil des Alls, es unterliegt nichtsdestoweniger der Einwirkung der andern Teile des Alls, soweit es am All Teil hat und entsprechend dem, was es vom All in sich hat. Diese ganze All-Einheit nun steht in einer Wirkungsgemeinschaft *(Sympathie)*, sie hat ein ge-

---

25 Zur Geschichte der Anima-mundi-Lehre vor Platon vgl. Schlette, a.a.O. S. 52–79.

26 Vgl. etwa Balbus' (an Poseidonius orientierte) Ausführungen in Ciceros ›De natura deorum‹, lib. II.

27 Zit. nach: Wolfgang Weinkauf (Hg.), Die Stoa. Kommentierte Werkausgabe, Augsburg 1994, S. 56. (Der Gedanke des Weltenbrandes findet sich schon bei Heraklit.)

28 Auch Seneca nennt die Natur sowohl Gott (›De beneficiis‹, *IV*, 7) als auch Mutter (Epist. mor. ad Luc., 90, 38).

meinsames Erleben wie ein einheitliches Lebewesen; so ist das Ferne sich nahe (wie bei einem Einzelwesen Klaue und Horn, oder Finger und ein anderes ihm nicht benachbartes Glied), das entfernte Ding erfährt Einwirkung ohne daß das Zwischenstück beteiligt ist und etwas erleidet.«[29]

Vor allem über die Rezeption der Neuplatoniker (sowie des durch sie stark beeinflußten Origenes)[30] ist der Weltseelen-Gedanke im Mittelalter und in der Renaissance bekannt geblieben und z. T. auch weiter entwickelt worden. Da er im Mittelalter gewöhnlich mit den »heidnischen« Aristotelikern Avicenna, Algazales, Averroes etc. in Verbindung gebracht wurde, fand er grundsätzlich nur wenige Befürworter.[31] Insgesamt scheint Augustinus' Verhältnis zur Natur von einer gewissen Reserve oder gar Spannung geprägt zu sein[32] – wobei sich bei ihm aber auch hochinteressante Sophienspekulationen

---

[29] Zit. nach: R. Harder (Hg.), Plotin. Auswahl, Frankfurt/Main 1958, S. 162f. Indem alles mit allem in sympathetischer Verbindung steht, ist nach Plotin und seinen Nachfolgern auch alles allem »ähnlich«. (»Ähnlichkeit« ist freilich ein schillernder und schwieriger Begriff. Michel Foucault führt in ›Die Ordnung der Dinge‹, Frankfurt/Main 1971, allein vier verschiedene Strukturmerkmale auf: »convenientia« im Sinne einer nachbarlichen Stellung in der Seinshierarchie, »aemulatio« im Sinne einer gegenseitigen Nachahmung der Dinge, »analogia« im Sinne einer Entsprechung von Ordnungsverhältnissen sowie »sympathia« bzw. »antipathia« im Sinne einer verwandtschaftlichen Anziehung bzw. feindlichen Abstoßung.)

[30] Vielleicht auch über Boethius, vgl. ›Phil. Consol‹, III, 2, 9. Die Mikro-Makrokosmoslehre wurde (ein Timaios-Motiv aufgreifend) besonders von Philo von Alexandrien tradiert: Vgl. dessen ›Über die Weltschöpfung nach Moses‹, Abschn. 27 (deutsch in der Werkausgabe von L. Cohn u. a., Berlin ²1962, Bd. 1, S. 56f.). Vgl. dazu grundsätzlich auch Aristoteles, De anima, III, 8.

[31] Einige beachtenswerte Ausnahmen gab es aber: »Im 12. Jahrhundert legt die christliche Philosophenschule von Chartres die Bibel in Anlehnung an den ›Timaios‹ aus; sie stellte die Natur als eine Göttin dar, begrenzte jedoch die Macht, die ihr in heidnischen Philosophien zugeschrieben wurde, indem sie ihre Untertänigkeit gegen Gott hervorhob.« (C. Merchant a. a. O., S. 23). Weitere interessante Ausnahmen sind in dieser Hinsicht Wilhelm von Conches (vgl. auch T. Gregory, Anima mundi, Firenze 1959) und Thierry von Chartres. Für beide gilt: Es »konstituiert die Wechselwirkung der Elemente die Welt in allen Teilen bis hin zur Entstehung lebendiger Organismen. Den ganzen Prozeß leitet das ›Feuer‹ (ignis est quasi artifex et efficiens causa) […], dessen Wärme (calor vitalis) […] sich von den Himmeln her in die darunterliegenden Elemente ausbreitet und die Bewegung und das Leben weitergibt. Dies ist ein natürlicher Prozeß […], der eine Weiterführung des Schöpferwerkes darstellt.« (Historisches Wörterbuch der Philosophie, hg. von J. Ritter und K. Gründer, Bd. 6, Darmstadt 1982, Lemma »Natur«, S. 445)

[32] Vgl. z. B. den berühmten Text aus ›Confessiones‹ X über das Wunder der *memoria:* »Und da gehen die Menschen hin und bewundern die Höhen der Berge, das mächtige Wogen des Meeres, die breiten Gefälle der Ströme, die Weiten des Ozeans und den

finden[33]. Das ändert sich, wenn auch nicht wesentlich, mit der Heraufkunft der – bekanntlich neuplatonisch inspirierten – Mystik im Anschluß v. a. an Meister Eckhart, grundlegend aber mit der Entstehung des Humanismus im Anschluß an die Wiederentdeckung Platons (nach dem Fall von Byzanz). Hatte Nikolaus Cusanus die Weltseelenlehre immerhin schon mit gewisser Sympathie diskutiert (z. B. in ›De docta ignorantia‹, *II*, 9), so ist für Ficino und v. a. für Pico die christlich-neuplatonische Philosophie die wahre *philosophia perennis* und die Weltseelen-Lehre einer ihrer festen Bestandteile (ähnlich dann auch Patrizi sowie Comenius[34]). Agrippa verweist zur Bestätigung seines Glaubens an diese Lehre bereits – und dies ist für das Denken der Zeit recht aufschlußreich – wie selbstverständlich auf »alle die größten Dichter und Philosophen, Manlius, Lucan, Boethius, Virgil, die Platoniker und Pythagoreer, Orpheus, Trismegestius, Aristoteles, Theophrastus, Avicenna, Algazales, und die Peripatetiker.«[35] Den Namen seines Zeitgenossen Paracelsus hat er unterschlagen und den des mittlerweile vielleicht bekanntesten Vertreters dieser Lehre, Giordano Bruno, konnte er aus einfachem chronologischen Grund in dieser Aufzählung noch nicht anfügen. Bruno gilt die Weltseele als die (eine) universale Urform des Kosmos[36], welcher (im Un-

---

Umschwung der Gestirne – und verlassen dabei sich selbst (relinquunt se ipsos).« (*VIII*, 15)

[33] V. a. im XII. Buch der ›Confessiones‹ (PL 32, 834 ff.), aber auch ›De incarnatione verbi‹ (PL 42, 1175 ff.), ›De civitate dei‹,(PL 41, 326) und im ›Liber meditationum‹ (PL 40, 915 ff.).

[34] Zu Comenius vgl. Jaromir Cervenka, Die Naturphilosophie des Johan Amos Comenius, Hanau o. J. (urspr. Tschechisch: Prag 1970); Cervenka versucht in seiner scharfsinnigen Arbeit, Komenski in die große Entwicklungslinie einzureihen, welche wir die »Renaissancetradition« genannt haben: »Sein philosophisches System ist in die auf den Neuplatonismus und auf der Hermetik beruhende Geistesströmung einzugliedern, die mit Nicolaus von Cues und Meister Eckhart beginnt, zu Paracelsus und Böhme fortschreitet und im 17. Jahrhundert die anticartesische Linie darstellt. Sie besitzt dann in der Philosophie Leibnizens ihre Fortsetzung, um neue Formen in Kants Philosophie aus der Zeit der Kritik der Urteilskraft, in Goethes Organizismus, in der Herderschen Natur- und Kulturphilosophie zu finden …« (S. 250)

[35] Agrippa von Nettesheim, ›De occulta philosophiae‹, *II*, 55. Zumindest erwähnt werden sollte in diesem Zusammenhang auch die derzeit geradezu modisch gewordene hl. Hildegard von Bingen. J. Sudbrack: »Hildegard bewegt sich […] im Strom der ›Sophia-Mystik‹«. (Ders., Hildegard von Bingen. Schau der kosmischen Ganzheit, Würzburg 1995, S. 162)

[36] Vgl. Giordano Bruno, Von der Ursache, dem Prinzip und dem Einen, hg. von P. R. Blum, eingel. von W. Beierwaltes, aus dem Ital. üb. von A. Lasson, Hamburg [7]1993, S. 61 (Erstv. 1584).

terschied zu Platons Trennung von demiurgischem ersten und kosmisch-verleiblichtem zweiten Gott) beide Funktionen zugetraut werden, nämlich sowohl äußere Ursache als auch inneres Prinzip des Universums zu sein:

»*Dicson:* Aber wie kann eines und dasselbe Princip und Ursache der Dinge in der Natur sein? Wie kann es zugleich wie ein inneres und wie ein äusseres Theil sich verhalten?

Teofilo [Bruno]: Ich antworte, dass darin nichts widersprechendes liegt, wenn man nur erwägt, dass die Seele im Leibe ist, wie der Steuermann im Schiff. Der Steuermann, sofern er sich mit dem Schiffe zugleich bewegt, ist ein Theil desselben; aber bedenkt man weiter, dass er es lenkt und bewegt, so denkt man ihn nicht als einen Theil, sondern als ein vom Ganzen unterschiedenes Wirkendes. So ist die Weltseele, insofern sie belebt und gestaltet, der inwendige und formale Theil der Welt; aber sofern sie leitet und regiert, ist sie nicht ein Theil der Welt und verhält sich zu ihr nicht wie ein Princip, sondern wie eine Ursache. Dies gesteht uns Aristoteles selber zu. Denn, obwohl er bestreitet, dass die Seele dasselbe Verhältnis zum Leibe habe, wie der Steuermann zum Schiffe, so wagt er dennoch in Erwägung ihres Vermögens zu verstehen und zu begreifen keineswegs, sie schlechtweg einen Actus und eine Form ihres Leibes zu nennen, sondern als ein seinem Wesen nach von der Materie getrenntes Agens nennt er sie etwas, was von außen hinzutritt, sofern ihre Substanz von dem Zusammengesetzten völlig verschieden ist.«[37]

Offensichtlich ist es von dieser Deutung der Weltseele als *forma universale*, die bezeichnenderweise mit der Prädizierung von Unendlichkeitsprädikaten an die Welt einhergeht, zu Spinozas »deus sive natura«[38] nur noch ein kleiner Schritt – aber Cudworth, der Zeitgenosse

---

[37] A. a. O., S. 32 f. (Zitat aus dem *Zweiten Dialog*). Wie ersichtlich, gibt es hier zwar eine weitgehende, jedoch noch keine vollkommene Identifizierung von Gott und Welt. Hans Blumenberg bemerkt dazu: »Der Gott, der im Begriffe stand, in der von ihm erschaffenen Welt aufzugehen, war eben doch nicht der in ihr aufgegangene, zu ihrer Substanz gewordene Gott. Bei Bruno war der letzte Schritt noch nicht getan; aber es ist sichtbar, wohin er führen würde.« (Ders., Einleitung zu Giordano Bruno, Das Aschermittwochsmahl, üb. von F. Fellmann, Frankfurt/Main 1981, S. 31 f.)

[38] Vgl. Spinoza, Die Ethik, nach geometrischer Methode dargestellt, üb. und mit Anm. von O. Baensch, Hamburg [8]1994, S. 187: »Wir haben ja […] nachgewiesen, daß die Natur nicht um eines Zweckes willen handelt; denn jenes ewige und unendliche Wesen, das wir Gott oder die Natur heißen, handelt mit der selben Notwendigkeit, mit der es existiert« Geist und Materie sind zwei Attribute von unendlich vielen unbekannten dieser »Gott-Natur« oder – wie man vielleicht nicht zu unrecht sagen könnte, »beseelten Natur«. So jedenfalls scheint auch der »Spinozist« Lessing die Lehre seines Meisters verstanden zu haben, jedenfalls sagt Jacobi, der ihn gut kannte, über ihn: »Wenn sich Lessing eine *persönliche* Gottheit vorstellen wollte, so dachte er sie als die Seele des Alls;

des berühmt-berüchtigten Pantheisten, knüpft an die andere, ältere Tradition der Weltseelen-Lehre an. Er trennt mit Platon (und Kepler[39]) die äußere Entstehungs-»ursache« von dem inneren Prinzip der Welt. Aber gegen Platon, und mit der Tradition jüdisch-christlichen Denkens, will er Gott nicht nur als »Weltbaumeister« (Kant), sondern zugleich auch als Weltschöpfer denken. Ausführlich verteidigt er in seinem ›True Intellectual System‹ die Lehre von der »creatio ex nihilo«[40] und darüber hinaus will er sogar nachweisen, daß diese auch dem ›Timaios‹ zugrunde liegt[41]. Wie er feststellt, dürfe aus »a creature cannot create (out of nothing)« nicht »the creator cannot create« abgeleitet werden. Zudem sei es zwar sehr wohl wahr, daß auch die Allmacht nichts tun könne, was sich – wie die Herstellung eines runden Quadrats – selbst widerspreche, aber in der Vorstellung einer Schöpfung aus Nichts stecke eben keine absolute (logische) Unmöglichkeit. Hinzu komme, daß wir ein gewisses Analogon zu einer göttlichen Schöpferkraft auch in uns selbst erführen: »Ourselves have a power of producing new cogitation in our minds, and new motion in our bodies.«[42] Aber nicht Cudworths Verteidigung der »creatio ex nihilo« – seine Verteidigung und besondere Fassung der *anima mundi*-Lehre soll nun noch etwas näher in Augenschein genommen werden.[43]

Mit Pico della Mirandola und den Florentinern hält auch der englische Platoniker die Weltseelenlehre für einen unentbehrlichen Bestandteil der *ewigen Philosophie*, d. h. *der* philosophisch-mystisch-religiösen Tradition, die sich angeblich bis auf die älteste pythagoreische, orphische und vorgeschichtliche Zeit zurückverfolgen läßt. Dies ist ihm ein bedeutsamer »äußerer« Grund, sie nicht vorschnell zugunsten modernerer Naturkonzeptionen (Hobbes, Descartes etc.) aufzugeben. Aber er nennt auch innere, systematische Gründe für

---

und das Ganze nach der Analogie eines organischen Körpers.« (Vgl. Gotthold Ephraim Lessing, Werke, Bd. VIII, Darmstadt 1996, S. 571).

[39] Vgl. H. Schwaetzer, »Si nulla esset in Terra Anima«. Johannes Keplers Seelenlehre als Grundlage seines Wissenschaftsverständnisses, Hildesheim 1997.

[40] Vgl. besonders Kap. V, Abschn. *II* (Bd. III, S. 73–139).

[41] Vgl. in Kap. IV (Bd. I), S. 384–391.

[42] A. a. O., Bd. III, S. 75. Die Cambridge-Platoniker waren Verteidiger der Idee der Willensfreiheit und als solche nicht nur Kritiker von Hobbes, sondern ebenso kritisch gegenüber Vertretern einer religiösen Prädestinationslehre, wie Puritanern und insbesondere Calvinisten. Vgl. dazu: St. Weyer, Die Cambridge Platonists. Religion und Freiheit in England im 17. Jahrhundert, Frankfurt/Main 1993 (zu Cudworth: S. 108–121).

[43] Vgl. dazu insb. § XXXVII in Kap. II (Bd.1, S. 217–274).

diese Lehre; so erlaube etwa nur deren Anerkennung den Ausweg aus einem ansonsten unentrinnbaren Dilemma:

»For unless there be such a thing admitted as a plastic nature, that acts […], for the sake of something, and in order to ends, regulary, artificially, and methodically, it seems, that one or other of these two things must be concluded; that either in the efformation and organization of the bodies of animals, as well as the other phenomena, every thing comes to pass fortuitously, and happens to be as it is, without the guidance and direction of any mind or understanding; or else, that God himself doth all immediately, and, as it were with his own hands, form the body of every gnat and fly, insect and mite, as of other animals in generations, all whose members have so much of contrivance in them, that Galen professed he could never enough admire that artifice, which was in the leg of a fly (and yet he would have admired the wisdom of nature more, had he been but acquainted with the use of microscopes): I say, upon suppostition of no plastic nature, one or other of these two things must be concluded.«[44]

Es wird sich noch zeigen, daß Berkeley und Hume zumindest in die Gefahr geraten, von jeweils einem »Horn« dieses Dilemmas »aufgespießt« zu werden: Bei Berkeley scheint Gott »alles unmittelbar selbst« tun zu müssen, bei Hume scheint unklar zu bleiben, wie all das, was Galen so sehr bewundert hat, in und aus einer weitgehend »blind« wirkenden Natur entstehen konnte.

Überhaupt verdiente es Cudworth, und mit ihm wohl auch die ganze Epoche der Renaissance-Philosophie, welcher er (wie auch Leibniz) als ein später Vertreter zugerechnet werden muß, philosophisch ernster genommen zu werden. Vielleicht ist es an der Zeit, sich endlich von dem voreiligen Urteils Hegels – des u. a. ersten bedeutenden Historikers der Philosophie – zu lösen, der über diese Epoche der Renaissance den höchst wirksamen Bannspruch verhängte: »eine große Literatur, die eine Menge von Namen von Philosophen in sich faßt, aber vergangen ist, nicht die Freiheit der Eigentümlichkeit höherer Prinzipien hat, – sie ist eigentlich nicht wahrhafte Philosophie. Ich lasse mich daher nicht näher darauf ein.«[45] -Der Renaissancephilosoph Cudworth will »seine« Weltseelen-Lehre von zwei anderen, als atheistisch bezeichneten, unterscheiden und den Nachweis erbringen, daß die eigene Version mit jener der wirklich »gro-

[44] A. a. O., Vol 1, S. 218.

[45] G. W. F. Hegel, Vorlesungen über die Geschichte der Philosophie III, Theorie-Werkausgabe, Bd. 20, Frankfurt/Main 1971, S. 15.

ßen« Philosophen (vor allem Platon und Aristoteles) übereinstimmt. Die atheistischen Varianten, d. h. die »kosmoplastische« (eine einzige universelle Entelechie oder Form ohne Bewußtsein) und die »hylozoische« (viele verschiedene Entelechien oder Formen ohne Bewußtsein) vermöchten, für sich genommen, beide nicht die unleugbare Tatsache des außerordentlich hohen Maßes an Ordnung in der Welt und die sich besonders in lebenden Wesen zeigende Finalität befriedigend zu erklären. Strato, Seneca und die anderen vorgeblich atheistischen Weltseelen-Lehrer werden diesbezüglich prinzipiell nicht höher bewertet als die von ihm sogenannten atheistischen Atomisten Demokrit, Epikur etc. (Hobbes!), die hier freilich auf ganz aussichtslosen Posten stünden. Es ist interessant, daß Cudworth dann auch solche Philosophen in seine Kritik einbezieht, die in neuerer Zeit als »Deisten« bezeichnet werden, die also zwar den Kosmos von Gott geschaffen sein lassen, aber annehmen, dieser kümmere sich – zufrieden mit dem einmal vollbrachen – weiter nicht um seine künstliche (kunstvolle) Maschine:

»Moreover, those Theists, who philosophize after this manner, by resolving all the corporeal phenomena into fortuitous mechanism, or the necessary and unguided motion of matter, make God to be nothing else in the world, but an idle spectator of the various results of the fortuitous and neccessary motions of bodies; and render his wisdom altogether useless and insignificant, as being a thing wholly inclosed and shut up within his own breast, and not at all acting abroad upon any thing without him.«[46]

Und er fährt kurz darauf fort –

»They (die »Deisten«, S. B.) made a kind of dead and wooden world, as it were a carved statue, that hath nothing neither vital nor magical at all in it. Whereas to those, who are considerative, it will plainly appear, that there is a mixture of life or plastic nature, together with mechanism, which runs through the whole corporeal universe.«[47]

Und dieses »Leben« sei selbst »incorporeal«[48]. Es muß nun allerdings kritisch angemerkt werden, daß Cudworth die Konsequenzen dieser Behauptung kaum noch bedenkt. Denn wie sollte etwa Unkörperli-

---

[46] A. a. O., Bd. 1, S. 220.

[47] A. a. O., S. 221. Die christlich-platonische Philosophie der *Cambridge Platonists* kann damit wirklich nicht für die Entstehung des »naturfeindlichen« mechanistischen Weltbildes (der *New Science*) mitverantwortlich gemacht werden – wie dies bei R. und D. Groh, a. a. O., geschieht.

[48] A. a. O., S. 252.

ches gleichmäßig durch die ganze (körperlich-ausgedehnte) Schöpfung verteilt (»diffused«) sein? Es muß hier nicht notwendigerweise gleich ein handfester Widerspruch in seiner Konzeption der Weltseele moniert werden – wohl aber eine nicht unbeträchtliche Schwierigkeit.[49] Ein eindeutiger Widerspruch bestünde nur zwischen den Aussagen, das »Leben« oder die »Weltseele« sei *erstens* unausgedehnt aber *zweitens* in dem ganzen ausgedehnten Kosmos verteilt, nicht jedoch zwischen dieser zweiten Aussage und der Behauptung einer unkörperlichen Weltseele. (Hier liegt dennoch ein handfestes Problem für jeden »Weltseelenlehrer«, welche noch aufgegriffen und v. a. anhand Berkeleyscher Überlegungen vertieft werden wird.)[50]

Offensichtlich muß Cudworth der cartesianischen, bis zur Identifikation reichenden Engführung von Körperlichkeit und Ausdehnung entweder widersprechen (auch für Kant ist ja der Satz »Körper sind ausgedehnt« noch analytisch wahr) oder eine andere Annahme treffen, z. B. die, daß die lebendige Weltseele die Welt nicht mittels Ausdehnung, sondern mittels einer (immateriellen) Kraft durchdringt. Es gibt nun sowohl Hinweise darauf, daß er die Identifizierung von Körperlichkeit mit Ausdehnung ablehnt, als auch andere auf eine Annahme einer »magischen Kraft« der Seele. Diese letzteren, zahlreicheren Indizien ergeben sich aus seiner Behandlung des Leib-Seele-Problems in der Abhandlung ›A Treatise Concerning Eternal and Immutable Morality‹ (posthum, 1731), Kapitel *III*. Hier ist von einer »lebendigen und magischen Vereinigung« der Seele mit dem Körper die Rede und weiterhin davon, daß jene die lokalen Bewegungen des Gehirns »verstehen« könne.[51] Diese Bewegungen seien für die Seele wie eine »natürliche Sprache«, welche sie ohne weiteres lese um sich damit über die materiellen Vorgänge innerhalb und außerhalb des Körpers zu unterrichten. Die Bewegungen resul-

---

[49] Eine solche besteht freilich schon für Platon selbst: So heißt es z. B. im ›Timaios‹ (36 St.) über die unkörperliche Weltseele: »Die Seele nun, von der Mitte an allseitig das Ganze bis zu den Enden des Himmels durchdringend und von außen es ringsum umhüllend, hatte ihren Umschwung in sich selbst …« Bei Berkeley wird sich ein intensiver Versuch finden, um diese Schwierigkeit zu lösen.

[50] Letztendlich lösbar ist es wohl nur im Rahmen einer tiefgreifenden Reform der Anima-mundi-Konzeption, wie sie auf je eigene (wenn auch nicht voneinander unabhängige) Weise Leibniz und der (sein Leben lang tief von dem Älteren beeinfußte) späte Kant unternomen haben.

[51] Vgl. Cudworth, ›A Treatise Concerning Eternal and Immutable Morality‹, in: The True Intellectual System of the Universe, a. a. O., als Anhang zu Bd. III, S. 517–646, insb. S. 612 ff.

tierten aus Reizungen der Körpernerven, wobei den mit Sinnesorganen verbundenen besondere Bedeutung eigne:

»The soul, as by a certain secret instinct, et tanquam ex compacto, and as it were by compact, understanding nature's language, as soon as these local motions are made in the brain, doth not fix its attention immediately upon those motions themselves, as we do not use to do in discourse upon mere sounds, but presently exerts such sensible ideas, phantasms, and cogitations as nature hath made them to be signs of, whereby it perceives and takes cognizance of many other things both in its own body, and without it, at a distance from it, in order to the good and conservation of it.«[52]

Die Theorie von einem solchen natürlichen Sprachverstehen der auf diese Weise immateriell mit dem Leib verbundenen Seele kann, philosophisch betrachtet, sicherlich kaum als befriedigend angesehen werden, wird doch einfach eine »magische« Fähigkeit der Seele behauptet, im Gehirn wie in einem Buch lesen zu können.[53] Das Mysterium des sogenannten Leib-Seele-Problems wird damit freilich eher genannt als gelöst. Aber man sollte wohl von Cudworth nicht erwarten, was auch die großen Philosophen nach ihm noch nicht befriedigend erklärt haben[54]. Philosophiegeschichtlich betrachtet ist seine Theorie von einer »natural language« sicherlich interessant, erinnert sie doch an Bonaventuras Paracelsus', Böhmes und Berkeleys visuelle Sprache der Natur bzw. »Gottes« sowie an Reids »natural judgements« (davon später mehr[55]).

---

52 A. a. O., S. 613. Da John Eccles einen ähnlichen Ausgangspunkt wie Cudworth gewählt hat, könnte es interessant sein, seine (zahlreichen) Arbeiten zum Leib-Seele-Problem mit dessen Überlegungen zu vergleichen.

53 Grundlage dieser »Magie« ist der Gedanke einer universellen Sympathie alles Seienden im Kosmos. Diese Vorstellung hat selbst noch Newtons Theoriebildung beeinflußt: »Das universelle Sympathie und Antipathie ermöglichende Kräftesystem [...] der Renaissancephilosophen] hat in der Physik in den dualistischen Kräftesystemen eine Fortsetzung gefunden. Sympathie und Antipathie bzw. Anziehung und Abstoßung sind Vorformen dessen, was im mechanistischen Weltbild und Naturverständnis als Abstraktions- und Repulsionskraft auftritt. Sie begegnen bei Newton als Gravitationskraft und Trägheitsbewegung, als Zentripetal- und Zentrifugalkraft ...« (K. Gloy, a. a. O., Bd. II, S. 24) Freilich ist diese Metamorphose keine vollständige, da die universelle Sympathie bei Newton später unter der Bezeichnung »Äther« weitgehend unverändert wiederkehrt.

54 Mit möglichen Ausnahmen -vgl. z. B. H. Jonas' Buch: Macht oder Ohnmacht der Subjektivität? a. a. O.

55 Vgl. auch M. Fau, Berkeleys Theorie der visuellen Sprache Gottes (Europäische Hochschulschriften), Frankfurt/Main 1993. Die dort, S. 140, an meiner Diss. ›Darstellung und Verteidigung von George Berkeleys Gottesbeweis und immaterialistischem

Ein bedeutender Grund, weswegen Cudworth die Konzeption der Weltseele so schätzte war: Würde Gott, »an omnipotent agent«[56], wirklich die alleinige Wirkursache in der Natur sein – wie dies etwa sein Zeitgenosse Malebranche behauptet zu haben scheint[57] –, dann müßte darin alles auf eine vollkommene Weise geschehen. Dies sei aber nicht der Fall, wie z. B. Naturkatastrophen oder Mißgeburten verdeutlichten. Und so wäre es sicherlich »far more august, and becoming of the divine majesty«[58], wenn diese eine bestimmte Kraft sozusagen auf ein anderes Wesen delegiert hätte. Auf welche Weise aber könnte dieses in der Natur wirken? Nicht von außen, auf eine Weise wie ein Handwerker z. B. ein Stück Holz behandelt, sondern von innen; Aristoteles habe gesagt, so »als ob die Schiffbaukunst selbst in den Planken tätig werden würde.«[59]

»So that the meaning of this philosopher is, that nature is to be conceived as art acting not from without and at a distance, but immediately upon the thing itself which is formed by it. And thus we have the first general conception of the plastic nature, that it is art itself, acting immediately on the matter as an inward principle.«[60]

Die Weltseele sei tatsächlich so etwas wie die »Kunst selbst« und aus der Naturerfahrung gehe klar hervor, wie wenig befriedigend diese Natur von einer bloß mechanischen Theorie erklärt werde. Die Weltseele sei zwar Kunst, sie sei aber einerseits jeder spezifisch menschlichen darin weit überlegen, daß sie ohne jeden »Abstand« und von innen, aus ihrem materiellen Werkstoff heraus, wirke. Dem gött-

Weltbild‹ (München 1990) geübte Kritik an dem Vergleich von Berkeleys Weltbild mit demjenigen Calderóns in ›El gran theatro del mundo‹ muß allerdings zurückgewiesen werden: Es ist nicht wahr, daß die »Welt« in diesem Schauspiel (im Gegensatz zur Bewertung Berkeleys) »keine besondere Dignität« erhalten würde (wir werden auch darauf gleich noch einmal zu sprechen kommen).

[56] A. a. O., Bd. 1, S. 223.

[57] Auch Berkeley kommt dieser Behauptung jedenfalls nahe. Da bei ihm – wie bei Malebranche – die Weltseele jedoch als (»intelligibel«) ausgedehnt konzipiert ist, wird es hinsichtlich beider schwierig, die Frage zu entscheiden, ob es wirklich Gott ist, der alles in der Natur wirkt. In die Richtung einer »Ausdehnung der Weltseele« verweist auch die Philosophie von Cudworths Freund Henry More, die einer Identifizierung von Weltseele und »absolutem Raum« nahekommt. Seine Gedanken blieben nicht ohne Einfluß auf Newton.

[58] A. a. O., S. 233.

[59] Vgl. a. a. O., S. 235.

[60] Ebd.

lichen Verstand und der göttlichen Kunst bleibe sie andererseits dennoch weit unterlegen:

»We conclude, agreeably to the sense of the best philosophers, both ancient and modern, that nature is such a thing, as though it act artificially, and for the sake of ends, yet it doth but ape and mimic the divine art and wisdom, itself not understanding those ends which it acts for, nor the reason of what it doth in order to them; for which cause also it is not capable of consultation or deliberation, nor can it act electively, or with discretion.«[61]

Die bildende Natur gestaltet den materiellen Kosmos kunstvoll und zweckmäßig, hat aber kein *volles* Bewußtsein von dem, was sie da leistet und tut. Cudworth ist sich dessen bewußt, daß er mit einer solchen Annahme eines un- oder unterbewußten Handelns gegen philosophische Grundsätze der zeitgenössischen Rationalisten (insbesondere der Cartesianer) verstößt: »Now, we are well aware, that this [unconscious but intelligent agency] is a thing which the narrow principles of some late philosophers will not admit of ...«[62] Er wehrt sich gegen die Disjunktion, wonach eine »action« entweder ausdrücklich bewußt hervorgebracht worden sein muß oder eine bloße mechanische »loco motion« sein soll. Es sei diese unrealistische Dichotomie, welche beispielsweise Tiere in bloße Automaten »verwandelt« habe. Dabei seien es gerade die Tiere, deren instinktives Handeln ein erstes Beispiel für ein zweckmäßiges, aber ohne volles Wissen oder Bewußtsein vollzogenes Verhalten darstelle. Cudworths zweites Beispiel ist phantasievoll: Wenn man einen schlafenden Musikanten leicht schüttelt und ihm dabei eine seiner Melodien vorsingt, kann es passieren, daß er sie weitersingt, bevor er völlig erwacht. Das dritte Beispiel ist teils an Plotin,[63] teils an einen griechi-

[61] A. a. O., S. 241.

[62] A. a. O., S. 244.

[63] Plotin hatte die Tätigkeit seiner (»unteren«) Weltseele mit dem unbewußten Zustand eines Schlafenden verglichen, vgl. Enn. *III, IV,* 9); in diesem Zusammenhang findet sich in der ›Encyclopedia of Philosophy‹ vermerkt: »Plotinus, like the Stoiks, treated the world as a single creature, ›living differently in each of its parts‹. If the world soul in Plato's system is thought of as operating purposefully and consciously [was mir nicht so ohne weiteres ausgemacht erscheint, S. B.], and if the Nature of Aristotle's system is taken to work purposefully but unconsciously, we should say that for Plotinus the world as a whole is governed consciously yet produces individual things ›as in a dream‹, spontaneously, without reasoning, choice, or calculation. According to Plotinus only a unity of soul among us could explain our sympathetic relation to one another, ›suffering, overcome, at the sight of pain, naturally drawn to forming attachments‹ (Ennead *IV, IX* 3)« A. a. O., Bd. 5, New York 1967, Lemma »Macrocosm and Microcosm«, S. 121.

schen Mythos angelehnt. Danach verhalte sich die »plastic nature«, die »Weltseele«, wie ein Tänzer, welcher ja auch nicht jede kommende Bewegung *planen* würde, sondern sich von der Musik oder der Kunst führen ließe; oder auch wie Pan:

»And agreeably to this conceit, the ancient mythologists represented the nature of the universe by Pan playing upon a pipe or harp, and being in love with the nymph Echo; as if nature did, by a kind of silent melody, make all the parts of the universe every where dance in measure and proportion, itself being as it were in the mean time delighted and ravished with the reechoing of its own harmony.«[64]

Diese Harmonie oder Melodie käme nun letztendlich von Gott. Die bildende Natur lebt in dieser »Musik« wie eine Tänzerin[65], in Weisheit vertraut sie sich ihr ganz an. Sie handelt selbst, aber nicht nach eigenem Gutdünken, sondern »sympathetically«.[66] Obwohl sie auch als die »göttliche Kunst« bezeichnet werden kann, ist sie selbst keine Göttin, sondern bleibt bei aller nähe zu Gott grundsätzlich Kreatur.[67] Als unkörperliche Seele steht sie in unauflöslicher »magischer und sympathetischer« Verbindung mit dem Geist Gottes, dessen Kraft, vermittelt durch sie, den ganzen Kosmos erfüllt.

Diese Naturauffassung läßt an biblische Vorgaben denken (allerdings auch an gnostische[68]). Wie bereits ausgeführt, wird in den Weisheitsbüchern des Alten Testaments die göttliche »Weisheit« oder »Kunst« *(Chokma, Sophia)* wiederholt personifiziert, und zwar näherhin als ein weibliches Wesen, dargestellt. Dazu einige abschlie-

---

64 A. a. O., S. 242.

65 Daß der Vorstellung einer spielenden, tanzenden Natur in der griechischen Antike insgesamt einige Bedeutung zukam, zeigt K. Deichgräber in: Natura varie ludens. Ein Nachtrag zum griechischen Naturbegriff, Wiesbaden 1954.

66 Vgl. a. a. O., S. 249 f.

67 Vgl. a. a. O., S. 250.

68 Einige frühchristliche Gnostiker haben die Sophienlehre auf recht phantastische Weise ausgeschmückt – und damit in Verruf gebracht. Ein Beispiel dafür ist das Apocryphon des »Johannes«, über dessen Inhalt H. Jonas in ›Gnosis und spätantiker Geist‹ (Göttingen ³1964, S. 393 ff.) Auskunft gibt: Die materielle Welt entsteht aus einer Art Fehlgeburt der Sophia heraus, der eine versuchte Selbstzeugung voraus gegangen war. Sophia, eine der ›Äonen‹, schämte sich dieser Geburt und verstieß sie an einen Ort, wo sie der Vater und die anderen Äonen nicht wahrnehmen können … Die Kosmosverehrung des klassischen Griechenlands ist einer tiefen Angst und Abscheu vor der wahrnehmbaren Welt oder Natur gewichen – eine »weltflüchtige«, pessimistische Perspektive, die sich während der europäischen Industrialisierung (z. B. bei Schopenhauer, dem späteren Schelling, J. St. Mill und Darwin) wiederfinden läßt.

ßende Ergänzungen: Dieses Wesen sagt von sich »ab initio creata sum« (Sir 24, 9); sie wird in ihrer Würde als Erstgeschaffene, als »Thronbeisitzerin Gottes« und »Künstlerin des Alls« geschildert und gepriesen; dabei weist die Sprache, in welcher dies geschieht, über eine allegorische Personifizierung hinaus, hin zu einer Hypostasierung ihres Wesens (als Geschöpf ist sie jedoch – es sei dieser wichtige Punkt wiederholt – keine *göttliche* Hypostase)[69]. Einige weitere alttestamentliche Aussagen über die erstgeschaffene Weisheit-Sophia lauten: Gott schuf sie als Anfang *(reschit, arche)* seiner Schöpfungstaten, vor seinen Werken in der Urzeit (Spr 8, 22, Sir 24, 9); sie war zugegen, als Gott die Welt ins Dasein rief, eingeweiht in Gottes Wissen, darf sie seine Werke bestimmen (Wsh 8, 4); sie ist der Widerschein des ewigen Lichtes (Wsh 7, 26). -Von Augustinus über Böhme bis Teilhard de Chardin (›Essay über die Weltseele‹[70]) und, von diesem ausgehend, bis in die Gegenwart hinein, ist die personifizierte »Sophia« immer wieder thematisiert worden[71].

2) Das Naturverständnis von John Locke und die »geteilte Tradition«

In das England der zweiten Hälfte des siebzehnten Jahrhunderts fallen so unterschiedliche, ja gegensätzliche Zeiterscheinungen wie die englische Begeisterung für Jakob Böhme und der Englische Empirismus, als dessen Begründer Francis Bacon[72] und als dessen Hauptver-

[69] Vgl. Wsh 9, 9–11, Wsh 7, 22, Wsh 8, 1, Sir 1 1–9, Spr. 8, 22–31, Spr. 9, 1–6.

[70] Vgl. Pierre Teilhard de Chardin, Frühe Schriften, Freiburg/Br.1968, S. 217 ff.

[71] Der religiöse Volksschriftsteller und im späteren 19. Jahrhundert sehr berühmte Prediger Alban Stolz brachte diese Tradition auf den kleinstmöglichen Nenner: »Gott ist unser Vater und die Natur unsere Mutter« (zit. nach J. Mayer, Alban Stolz, Freiburg/Br. 1921, S. 440). Eine guten Überblick über die Geschichte der christlichen und außerchristlichen Sophienspekulation gibt Thomas Schipflinger, Sophia-Maria, a. a. O. Hierin werden auch eine beachtliche Anzahl von Dichtern und Denkern genannt, die sich die Sophien- bzw. christliche Weltseelenlehre zueigen gemacht haben. In diesem Zusammenhang hätte auch Cudworth genannt werden können. Im übrigen scheint der Sophiengedanke wesentlich älter zu sein als Schipflinger meint. Bereits in einem Text des alten Sumer (aus der Zeit um 2000 v. Chr.!) wird geschildert, »wie Enki, der Gott der Weisheit und des Kunsthandwerks, die ›Befehle‹ des Schöpfergottes Enil ausführt« C.-M. Edsmann, Lemma »Schöpfung I« (»Schöpfung und Weltentstehung, religionsgeschichtlich«), in: Religion in Geschichte und Gegenwart, hg. von K. Galling, V. Bd., Tübingen 1961[3], S. 1472).

[72] Bacon ist ein offensiver Gegner der Anima-mundi-Lehre und der Teleologie, welche

treter allgemein John Locke angesehen werden. Weniger bekannt dürfte sein, daß zeitgleich zu des letzteren Abfassung seines Hauptwerks ›An Essay Concerning Human Understanding‹ (zwischen 1671 und der Erstveröffentlichung dieses Buches im Jahre 1690), der Görlitzer Schuster und Mystiker in England eine erstaunliche Wirkung auf viele einflußreiche Intellektuelle und Politiker ausgeübt hat.[73] Nachdem sich anfänglich v.a. der englische König Karl I. (reg. 1625–1649) lebhaft für dessen Lehren (in denen der personifizierten Sophia eine bedeutende Rolle zukommt) interessierte und sogar einen Gelehrten zur Beobachtung, Berichterstattung und Übersetzung nach Görlitz entsandte, sind Böhme und sein Nachfolger Gottfried Arnold im Englischen Königreich immer populärer geworden. Literarisch besonders fruchtbare Vertreter der Sophien-Lehre waren John Pordage (1607–1683) und Lady Jane Leade (1623–1704).[74] Diese sich in pantheistische Richtung bewegenden Autoren und Autorinnen, die der schöpferischen, »plastischen« Natur besondere Verehrung zollten (und z.T. – wie später auch Solowjew – sogar beschrieben, wie sie dieser, in Gestalt einer wunderschönen Frau, selbst ansichtig geworden seien), erfuhren in ihrem Überschwang jedoch bald empfindliche Angriffe von den Denkern in der Tradition von Bacon und Hobbes[75]. So hatte besonders der philosophierende Politiker Lord Bolingbroke eine regelrechte Wut auf alle »theosophischen Spekulationen«[76], während Robert Boyle einen eigenen Traktat gegen die Weltseelen-Lehre verfaßt hat, welche er – und dies ist äu-

---

er »eine sterile Jungfrau« nennt, die »nicht gebären« könne. Weiterhin fordert er die »Unterwerfung der Natur« durch »die Tat« (vgl. ›Neues Organon‹ Teilband 1, hg. von W. Krohn, a.a.O., S. 91); er vertritt in einem allgemeinen rationalistischen Rahmen den Standpunkt des entschiedenen Experimentators – »die Natur der Dinge offenbart sich mehr, wenn sie von der Kunst bedrängt wird, als wenn sie sich selbst frei überlassen bleibt« (a.a.O., S. 57) und setzt im Wettlauf der Kunst (wiederum im Plural »artes«, d.h. einschließlich der Technik) mit der Natur »alles auf den Sieg« der ersteren (vgl. a.a.O., S. 245).

[73] Dieser erstreckte sich bis hin zu dem englischen Dichterphilosophen S. T. Coleridge: Vgl. den ›Grundriß der Geschichte der Philosophie‹ (hg. von J.-P. Schobinger), a.a.O., S. 75–82.

[74] Vgl. insges. zur Thematik: S. Hutin, Les disciples anglais de Jakob Böhme, Paris 1960.

[75] Hobbes war von Francis Bacon stark beeinflußt und – als sein zeitweiliger Sekretär – auch persönlich eng mit ihm verbunden. Zu dieser Variante der berühmten »querelle des anciens et des modernes« vgl. R. Jones, Ancients and Modernes. A Study of the Rise of the Scientific Movement in Seventeenth-Century England, St.Louis 1961.

[76] Vgl. A. O. Lovejoy, The Great Chain of Being, Cambridge/Mass. 1966 (Erstv. 1936), S. 189.

ßerst aufschlußreich für die Verbreitung dieser Lehre zu jener Zeit – »the vulgar notion of nature« nennt.[77] In diese Baconische und, im weiteren Sinne, rationalistische Tradition der *New Science* gehört auch Locke (der im übrigen ein enger Vertrauter von Boyle gewesen ist). Bacon hatte mit seinem grundsätzlichen, freilich nicht speziell cartesischen Rationalismus, wovon sein Empirismus vielleicht nur eine Sonderform darstellt[78], auch das anthropo-teleologisch verengte Naturbild vorgegeben:

»Man, if we look to final causes [was dem Philosophen, nicht aber dem naturwissenschaftlichen Forscher gestattet ist; S. B.], may be regarded as the centre of the world; insomuch that if man were taken away from the world, the rest would seem to be all astray, without aim or purpose, […] and leading to nothing. For the whole world works together in the service of man; and there is nothing from which he does not derive use and fruit […] insomuch that all things seem to be going about man's business and not their own.«[79]

Dem hielt der Cambridge-Platoniker Henry More entgegen:

»We are not to be scandalized […] that there is such careful provision made for such contemptible vermine as we conceive them [diese *lower animals;* S. B.] to be. For this only comes out of Pride and Ignorance, or a haughty Presumption, that because we are encouraged to believe that in some Sense all things are made for Man, therefore they are not all made for themselves.

---

[77] »A contemporary criticism of the doctrine of the soul of the world as held by More and Cudworth is found in the writings of the Englisch physicist, Robert Boyle. In his *Free Inquiriy into the Vulgar Notion of Nature* he argues that the soul of the world has not been proved to exist, that it is unnecessary as an explanation of phenomena, and that it is scarce intelligibly proposed by those who lay most stress on it.« (Flora Isabel Makkinnon [Hg.], Philosophical Writings of Henry More, New York [2]1969, »Notes«, S. 305)

[78] Vgl. hierzu Hans-Jürgen Engfer, Empirismus versus Rationalismus, Paderborn 1996 (insb. das Kap. »Francis Bacon«).

[79] F. Bacon, De sapientia veterum, Zit. nach der engl. Üb. in: Arthur O. Lovejoy, a. a. O., S. 187. Ausgesprochene Anthropo-Teleologie finden wir auch bei einem anderen Gründervater der »new science«, bei J. Kepler, der in seinem Widmungsschreiben zu seinem Erstlingswerk ›Prodomus dissertationem cosmographicarum, continens mysterium cosmographicum‹ schreibt: »Wir sehen hier, wie Gott gleich einem menschlichen Baumeister, der Ordnung und Regel gemäß, an die Grundlegung der Welt herangetreten ist und jegliches so ausgemessen hat, daß man meinen könnte, […] Gott selber habe bei der Schöpfung auf die Bauweise des kommenden Menschen geschaut.« (Johannes Kepler, Mysterium Cosmographicum. Das Weltgeheimnis, üb. und eingel. von M. Caspar, Augsburg 1923, S. 6). So ohne weiteres und einschränkungslos läßt sich die Dichotomie »*hier* Christliche Tradition und Anthropozentrik – *dort* naturwissenschaftlicher Fortschritt und Dysteleologie« offensichtlich nicht aufrecht erhalten.

But he that pronounces this is ignorant of the Nature of God, and the Knowledge of things. For if a good Man be merciful to his Beas; then surely a good God is bountiful and benign, and takes Pleasure that all his Creatures enjoy themselves that[tab]have Life and Sense, and are capable of any enjoyment.«[80]

More steht mit dieser Auffassung fest in einer lebendigen platonisch-christlichen Tradition verwurzelt, wonach die Welt in erster Linie nicht, oder doch nicht ausschließlich, zum Nutzen des Menschen, sondern zumindest *auch* zur Freude Gottes (sowie der »niedrigeren Götter« bzw. der Engel) geschaffen wurde. So schreibt schon Platon im ›Timaios‹: »Als nun der Vater, der es erzeugte [das Abbild seiner selbst, den Kosmos], in dem Weltganzen, indem er es in Bewegung und vom Leben druchdrungen sah, ein Schmuckstück für die ewigen Götter erblickte, ergötzte es ihn, und erfreut sann er darauf, seinem Urbilde es noch ähnlicher zu gestalten.«[81]

Eines von vielen Beispielen für christlichen Platonismus, worin sich dieser Gedanke findet, ist das ›Große Welttheater‹ (1675[82]) des großen Dramatikers des spanischen Katholizismus', Pedro Calderón de la Barca. Sein »auto sacramental« beginnt mit dem Auftritt Gottes, der als erstes eine würdige und schöne Frau erschafft bzw. auf die Bühne ruft: die »Welt«. Ihr erster Satz lautet: »Wer heißt, zum Leben / Dem rauhen Kern des Balls, der mich umgeben, / Mit so gewalt'gem Rufe mich entsteigen?« Die Antwort Gottes:

»Dein hoher Herr und Meister […] –
Es schafft der Bildner sinnend sein Gebilde,
Die eigenen Gedanken
Lebendig dran ins Licht emporzuranken.
Aus eigner Macht bereiten
Will ich ein Fest mir […]
DIE WELT: Mein erhabner Herr und Meister,
Dessen Winke, dessen Rufe
Alles ehrerbietig lauscht,
Meiner Bühne weite Runde
Öffn' ich denn […]
Blindes Werkzeug deiner Rechte,
Führ' ich aus nur, was du schufest,

---

80 H. More, Antidote against Atheism, zit. nach Lovejoy, a. a. O., S. 188.
81 Timaios, St. 37 c (Schleiermacher-Üb.).
82 Es entstand also genau hundert Jahre vor Priestleys ›Introductory Essays to Hartley's Theory‹, woraus ein besonders bezeichnendes Zitat bereits angeführt wurde.

Meine Tat ist dein Gedanke
Mein das Werk zwar, d e i n das Wunder […]«[83]

Wenn Bacon – und auf seinen Spuren Locke – den »Fest-für-die-Götter«-Gesichtspunkt[84] in der Naturauffassung Calderóns und anderer strikt und radikal durch den »Nutzen-für-die-Menschen«-Gesichtspunkt ersetzt, dann wurde mit dieser Form des Anthropozentrismus nicht nur der Naturphilosophie, sondern, wie sich noch zeigen wird, auch der damit ja untrennbar verbundenen Erkenntnislehre schicksalhaft der Weg gewiesen. John Locke hat sich besonders letztgenannter zugewandt, um ihr gleichfalls eine »utilitaristische« Wendung zu geben. Die Erkennbarkeit der Dinge brauche uns nur so weit zu interessieren, wie uns diese Erkenntnis *nutze,* d. h. unser Glück und Unglück betreffe, »darüber hinaus haben wir weder am Wissen noch am Sein ein Interesse.«[85] Es ist des Menschen Nutzen und Vergnügen (Lust), die den Dingen in der Natur – und somit auch deren Erkenntnis – Wert verleiht, d. h. diese haben (wie schon bei Epikur) keinen Wert in sich selbst. Eine solche Auffassung wird auch in einer Abhandlung Jacques Abadies aus derselben Zeit (dem Jahre 1684) deutlich zum Ausdruck gebracht:

»If we consider closely what constitutes the excellence of the fairest parts of the Universe, we shall find that they have value only in their relation to us, only in so far as our soul attaches value to them; that the esteem of men is what constitutes the chief dignity of rocks and metals, that man's use and pleasure gives their value to plants, trees and fruits.«[86]

---

[83] *Erster Akt* (diverse Ausgaben; üb. von J. von Eichendorff). Calderóns Werk zeigt deutliche Einflüsse der röm. Stoa: insb. solche Senecas, des »Spaniers« (er wurde in Cordoba geboren), aber auch solche Epiktets (so findet sich die Idee eines »teatro del mundo« im Kap. 17 seines ›Encheiridion‹).

[84] Vergleichbar damit wäre auch Pascals Aussage (›Penseés‹, Fragment [Br.] 314): »Alles hat Gott für sich geschaffen.« Es gibt jedoch noch eine weitere christliche Tradition (etwa bei Hugo von Sankt Victor und dem unbekannten Verfasser der ›Summa Sententiarum‹, wo es die Absicht Gottes, sich selbst zu verschenken ist, welche das Schöpfungswerk in Bewegung setzte. Ein ähnlicher Gedanke findet sich in: H. Jonas, Philosophische Untersuchungen und metaphysische Vermutungen, a. a. O., (insb. »Dritter Teil«).

[85] John Locke, An Essay Concerning Human Understanding, hg. von J. W. Yolton, (Reihe: »Everyman's Library«), London [5]1990, S. 343 (Buch *III*, Kap. *XI*, Abschn. *8*); unsere Üb.

[86] Zitat nach Lovejoy, a. a. O., der dazu bemerkt, daß es sich bei diesem ›Traité de la vérité de la religion chrétienne‹ um ein im 18. Jahrhundert viel bewundertes Werk der protestantischen Theologie handelt. Der Einfluß des Protestantismus auf die Entstehung des Kapitalismus ist bekanntlich schon von Max Weber (und Robert Merton)

Sehen wir nun zu, was Locke in seinem, im Blick auf die jüngere angelsächsische Philosophie unvergleichbar einflußreichen ›Essay‹ über die Natur zu sagen weiß. Es dürfte keinem Zweifel unterliegen, auf welcher Seite der in einen *Böhmeschen* und einen *Baconschen* Zweig geteilten – und dadurch beiderseits jeweils verarmten – Tradition seine Gedanken anzusiedeln sind:

»In spite of his many excoriations of party and party orthodoxy, John Locke was a good party man. Not only was he a devoted Whig, but also a dedicated adherent to the Baconian party of the ›moderns‹ in their bitter strife with the ›ancients‹, an intellectuel controversy that began in England about the middle of the seventeenth century, and culminated in the ›Battle of the Books‹, involving Sir William Temple, William Wotton, Richard Bentley and Jonathan Swift. Indeed, among other things, the *Essay Concerning Human Understanding* is a Baconian work.«[87]

Dies wird schon deutlich im *Ersten Buch* des ›Essay‹, worin gegen Descartes – und gegen Cudworth (aber im spürbaren Anschluß an Gassendi[88]) – die *Tabula-rasa*-Theorie des erkennenden Verstandes aufrechterhalten wird. Cudworth galten die eingeborenen Ideen als unverrückbare und gewissermaßen absolute Grenzen des Denkbaren: keine empirische Entdeckung (und kein empirisches Handlungsziel) sollte ihr Übertreten rechtfertigen können. Den progressiven »moderns« war dies offenbar eine unerträgliche Fessel. Sie wollten den Horizont der Zukunft *völlig* offen und, im Gegenzug dazu, die menschliche Seele vollkommen frei von angeborenen »Lasten« sehen. Der Eifer, mit welchem Locke seine Sache im *Ersten Buch* verficht, läßt die Annahme durchaus als plausibel erscheinen, daß es ihm in erster Linie gar nicht um Erkenntnistheorie, sondern vielmehr um ein grundsätzliches Postulat der Anthropologie (sowie

---

gründlich erforscht worden – die Auswirkungen des Protestantismus auf das neuzeitliche Naturverständnis dagegen weniger; und schon gar nicht – womit wir gerade befaßt sind – die Auswirkungen der Philosophie auf dieses Verständnis der Natur und dessen zivilisationsgeschichtliche Folgen.

[87] N. Wood, The Baconian Character of Locke's *Essay*, in: *Studies in History and Philosophy of Science*, Bd. 6/1 (April 1975), (43–84), S. 43.

[88] Vgl. die »Fünften Einwände« in: R. Descartes, Meditationen über die Grundlagen der Philosophie mit sämtlichen Einwänden und Erwiderungen, hg. von A. Buchenau, Hamburg ²1972, S. 232 ff. Im Unterschied zu Locke hielt Gassendi allerdings noch an der Weltseelenlehre fest. Gott sei aber mit dieser nicht identisch – vielmehr verhalte er sich zu ihr wie ihr Gouverneur und Lenker. Vgl. Pierre Gassendi, Syntagma Philosophicum (Erstv. 1649), in: Opera, Bd. I, S. 158 und 450; vgl. auch Bd. II, S. 822 f.

letztlich um Politik) geht: Der Mensch ist *ganz* frei geboren – frei sogar von angeborenen Prinzipien des Wissens und Handelns.

Cudworths Menschenbild war ein anderes gewesen. Der Mensch erscheint hier als leibliches Wesen, eingebunden in eine ihn umgreifende (viel) größere Körperwelt und als seelisches Wesen, das umfangen wird von einer ihn auch im Innern bestimmenden Weltseele.[89] Das heißt, weder als Körper noch als Geist ist er jemals ganz isoliert auf sich gestellt oder in diesem individualistischen Sinn »autonom«. In seiner zweifachen, aber einander ergänzenden Eigenschaft als Körper- und Geistwesen, findet der Mensch bekannte Prinzipien und Gesetze immer schon vor.

Aber wie kam Cudworth von der epistemologischen Seite her zu seiner Ablehnung der *Tabula-rasa*-Theorie? Er räumt zunächst ein, daß die Seele keine »reine Aktivität« sei und daß somit vieles in sie von »außen« hineingelangen könne, d.h. viele Erkenntnisse erst nach vorheriger Sinneserfahrung zustande kämen. Im Unterschied zu (einem vielleicht mißverstandenen) Leibniz ist Seele in seiner Konzeption somit keine gewissermaßen alles selbst hervorbringen müssende »Monade». Sie hat »Fenster«, was aber durch diese hineinkommt, muß unabdingbar *aktiv* entgegen genommen werden. Im Unterschied etwa zu Lenins (v.a. von Engels vorbereiteter) Auffassung, ist die Seele (bzw. das mit dem Gehirn verbundene »Bewußtsein«) kein bloßer Spiegel, in dem die reale Außenwelt einfach passiv reflektiert wird oder auch nur werden könnte.[90] Die Seele nimmt notwendigerweise nie anders denn formend entgegen, während ein Spiegel als Spiegel eben nichts erkennt. Somit müssen in ihr auch schon »Formen« vorhanden sein. Diese Vermutung bzw. Grundein-

[89] Vgl. auch Platons ›Gesetze‹ (10. Buch, St. 898): »Wenn die Seele alles in Umschwung setzt, Sonne, Mond und die übrigen Sterne, waltet sie dann nicht auch über jedem von ihnen im Einzelnen?« (üb. von O. Apelt). Dieser Gedanke steht offensichtlich in Zusammenhang mit dem letzten Vers der ›Divina commedia‹ Dantes: »L'amor che move il sole e l'altre stelle«.

[90] Vgl. Cudworth, A Treatise Concerning Eternal and Immutable Morality, a.a.O., Buch *III*, Kap. *I* (Bd. III, S. 557–560). Diese Ansicht Cudworths wird sich ein Jahrhundert später auch wieder von S. T. Coleridge zueigen machen; s.E. liegt der Grundfehler der »Newtonian philosophy« in der Annahme, der Geist sei nichts anderes als »a lazy Looker-on on an external world« und er fügt hinzu »if the mind be not passive, if it be indeed made in God's image, the image of the Creator, then is ground for the suspicion that any system build on the passiveness of mind must be false as a system.« (Zit. nach J. H. Muirhead, Coleridge as Philosopher, London 1930, S. 51.

sicht der sogenannten »idealistischen« Philosophien[91] wird durch Cudworth weiter dadurch weiter konsolidiert, daß »there are many objects of our mind which we can neither see, hear, feel, smell, nor taste, and which did never enter into it by any sense,« –

»As for example, justice, equity, duty and obligation, cogitation, opinion, intellection, volition, memory, vertiy, falsity, cause, effect, genus, species, nullity, contingency, possibility, impossibility, and innumerable more such there are that will occur to any one that shall turn over the vocabularies of any language, none of which can have any sensible picture drawn by the pencil of the fancy.«[92]

Beachtenswerterweise nennt er zunächst die Gerechtigkeit – nach Hobbes (und später auch gemäß Hume), eine »künstliche Tugend«, die dem Menschen keinesfalls von Natur aus eignen solle. (Von Natur aus sei der Mensch parteiisch gegenüber sich und seinen Angehörigen.) Demgegenüber meint Cudworth, es ließe sich schon bei kleinen Kindern, sozusagen vor ihrer (ihnen bewußt gewordenen) »Sozialisation«, ein gewisses Gerechtigkeitsbedürfnis bzw. Unrechtsgefühl feststellen.

Philosophiegeschichtlich betrachtet noch interessanter erscheint jedoch die Hereinnahme von »cause and effect« in diese Aufzählung – zumal doch sehr oft behauptet wird, es sei erst Hume aufgefallen, daß Kausalität ober verursachende Kraft nicht wahrgenommen werden könne. Cudworth vertritt nun keineswegs die Auffassung, dieser ganzen »apriorischen« Ausstattung des menschlichen Verstandes würde in der Wirklichkeit nichts entsprechen (vgl. Kants Problem in der »Transzendentalen Deduktion der reinen Verstandesbegriffe«). In diesem Falle gelte ja: »all truth and knowledge that is built upon them would be a mere fictitious thing«.[93] Er greift als Beispiel die »Gleichheit« heraus (»Die Summe der Innenwinkel eines planen Dreiecks ist zwei rechten Winkeln bzw. einem Halbkreis gleich«) und behauptet, übrigens auch ganz im Sinne der »Logischen Objektivisten« der letzten Jahrhundertwende (Lotze, Frege, Husserl u. a.), es sei diese Identität von der Beschaffenheit und sogar Existenz des

[91] Diese findet sich jedoch auch bei Thomas von Aquin wieder: »Ein jedes, das in etwas aufgenommen wird, wird in ihm aufgenommen nach der Weise dessen, worin es ist.« (Zit. nach ›Die Philosophie des Thomas von Aquin‹, hg. von E. Rolfes, Hamburg [2]1977, S. 79)

[92] A. a. O., S. 583.

[93] A. a. O., S. 624.

menschlichen Verstandes *vollkommen* unabhängig. Bei solchen Wahrheiten handle es sich nicht um die Schöpfungen von Archimedes, –

»Euclid, or Pythagoras, or any other inventors of geometry; nor did them first begin to be; but all these rationes and verities had a real and actual entity before, and would continue still, though all the geometricians in the world were quite extinct, and no man knew them or thought of them. Nay, though all the material world were quite swept away, and also all particular created minds annihilated together with it; yet there is no doubt but the intelligible natures or essences of all geometrical figures, and the neccessary verities belonging to them, would notwithstanding remain safe and sound.«[94]

Alle diese ewigen Ideen oder Wahrheiten der Dinge, die er »noemata« oder »notions« nennt, bilden ein einheitliches Ganzes. Dieses Ganze ist die »archetypische«, ideelle Grundlage alles wirklichen und möglichen Seins, welches noch nicht einmal von Gott selbst, mit dessen geistiger Substanz dieser »platonische Ideenhimmel« (der »Überhimmel«) notwendig verbunden sei, willkürlich geändert werden könne. Diese *Wesensverhältnisse* seien völlig unabhängig von jeglichem »will and arbitrary command«[95], nur das Sein oder Nichtsein, also die Verwirklichung oder Nichtverwirklichung der Wesenheiten obliege dem Schöpfer. Damit widerspricht Cudworth seinen Landsleuten Scotus, Ockham und all den »voluntaristischen« Denkern, die Gerechtigkeit und die anderen noematischen Ideen auf einen göttlichen Willen zurückgeführt haben. Noch viel schärfer widerspricht er natürlich Hobbes und seinen »positivistischen« Nachfolgern, die Recht und Unrecht vom *menschlichen* Willen (bzw. dem des »Souveräns«) abhängig machen wollten. Statt dessen findet Cudworth sich – offenbar ohne dies zu wissen (oder will er es als Mitglied der anglikanischen Kirche nur nicht aussprechen?) – in großer geistiger Nähe zu Thomas von Aquin, der Sein und Wesen, *esse (ens)* und *essentia*, immer (freilich mit einer höchst bedeutenden einzigen Ausnahme: Gott) real und nicht nur begrifflich unterschieden sein läßt (»distinctio realis inter esse et essentiam«). Die auf die Ideen der Gerechtigkeit und Gleichheit gegründete Moralität ist – so Cudworths Fazit – ewig und unveränderlich (daher auch der Titel der gesamten Abhandlung: ›A Treatise Concerning Eternal and Immutable Morality‹).

---

[94] A. a. O., S. 625.
[95] Vgl. a. a. O., S. 532.

Lockes Kritik an dieser Konzeption merkt man an, daß sie in der voluntaristischen Tradition Ockhams, der (zumindest gemäß einem geistesgeschichtlichen Gemeinplatz; und tatsächlich ist Luthers Philosophielehrer Gabriel Biel Ockhamschüler gewesen) »intellektuellen Wegbereiterin des Protestantismus«, zuhause ist: *Etwas ist gut, weil es der Wille des göttlichen Gesetzgebers ist, daß es getan werde:*

»If any *idea* can be imagined *innate*, the *idea of God* may, of all others, for many reasons be thought so, since it is hard to conceive how there should be innate moral principles without an innate *idea* of a *deity*. Without a notion of a law-maker, it is impossible to have a notion of a law and an obligation to observe it.«[96]

Derselbe »Voluntarismus« geht – vielleicht noch deutlicher – aus folgendem Zitat hervor:

»I grant the existence of God is so many ways manifest, and the obedience we own him so congruous to the light of reason, that a great part of mankind gives testimony to the law of nature: but yet I think it must be allowed that several moral rules may receive from mankind a very general approbation, without either knowing or admitting the true ground of morality; which can only be the will and law of a god, who sees men in the dark, has in his hand rewards and punishments, and power enough to call to account the proudest offender.«[97]

Hier wird die Existenz und intelligible Nachweisbarkeit Gottes behauptet, der durch seinen gesetzgebenden Willen erst Moralität begründe. Allerdings, so fährt Locke fort, gebe es keine »eingeborene« Idee von diesem Gott, da die einzelnen Gottesvorstellungen der verschiedenen Völker sich doch sehr voneinander unterschieden und da mittlerweile auch Völker entdeckt worden seien, die überhaupt keine Gottesvorstellungen hätten. Während das ein- oder auch angeborene Wissen für Cudworth (wie auch für Descartes) ein implizites, nur durch philosophische Maieutik ans Licht beförderbares Wissen ist, unterstellt Locke merkwürdigerweise, es müsse sich dabei um explizites, offen im Bewußtsein liegendes Wissen handeln. Sein Hauptkriterium für die Angeborenheit ist die allgemeine Anerkennung, welche auch die Zustimmung von »Kindern, Wilden und Idioten« (eine aufschlußreiche Zusammenstellung) in sich einbegreifen soll.

[96] Locke, Essay, a. a. O., S. 26 (Buch *I*, Kap. *IV* – in manchen Ausgaben »Introduction« nicht als Kap. I gezählt, dann dort Kap. III -Abschn. 8).
[97] Locke, Essay, a. a. O., S. 20 (Buch *I*, Kap. *III* [*II*], Abschn. 6).

Überraschenderweise ist die Konzeption des menschlichen Geistes des »Empiristen« Locke weit »rationalistischer« als die seines Gegners Cudworth. Denn während dieser die Wirklichkeit und Wahrheit gänzlich impliziten oder unbewußten Wissens und Denkens behauptet, schreibt Locke: »No proposition can be said to be in the mind, which it never yet knew, which it was never yet conscious of.«[98]

Zwar gibt es im *Ersten Kapitel* des *Vierten Buchs* eine Unterscheidung zwischen aktuellem und habituellem Wissen, aber von letzterem wird hinzufügend ausgesagt, daß es stets aufgrund vorangegangener klarer und vollständiger Perzeptionen im Gedächtnis untergebracht worden sei.[99] Ebenso rationalistisch wie der menschliche ist auch der *übermenschliche* Geist gefaßt, d. h. dieser wird – bei konsequentem Wegfall einer nur »halbbewußten«, träumerischen Weltseele – einzig auf den sich selbst vollkommenen durchsichtigen Geist Gottes beschränkt. Dies ist ganz im Sinne Descartes, wie sich im ›Essay‹ überhaupt auch eine, gewöhnlich nicht zur Kenntnis genommene, starke rationalistische Tendenz bemerkbar macht.[100] Es ist außerdem im Sinne des »mittleren« Newton der ›Philosophiae naturalis principia mathematica‹ (1687), denn sowohl der »frühere« als auch der »spätere« Newton nahmen die Existenz einer quasi-geisti-

[98] A. a. O., S. 6 (Buch *I*, Kap. [*I*], Abschn. 5). Diese cartesischen Aspekte der Lockeschen Philosophie sind (weitgehend bis heute) entweder überdehen oder bewußt mißachtet worden. Die beliebte griffige Kontraposition von Locke und Descartes findet sich bereits in Voltaires ›Briefen aus England‹ (1733 als ›Lettres philosophiques‹): »Unser Descartes, geboren, die Irrtümer des Altertums zu entdecken und sie durch die seinen zu ersetzen, und von jenem systematischen Verstand in die Irre geführt, der die größten Männer blind macht, meinte gezeigt zu haben, daß die Seele dieselbe Sache sei wie das Denken [...] Nachdem so viele Verstandesmenschen den Roman der Seele verfaßt haben, ist ein Weiser gekommen, der bescheiden ihre Geschichte darstellte. Locke hat dem Menschen die menschliche Vernunft auseinandergesetzt, wie ein hervorragender Anatom den menschlichen Körper erklärt. Er hilft sich in allem mit dem Licht der Physik ...« (Ders., Briefe aus England, Dreizehnter Brief, üb. von R. von Bitter, Zürich 1994, S. 72)

[99] Vgl. a. a. O., S. 269. Vgl. auch S. 27: »Whatever *idea* is in the mind is either an actual perception or else, having been an actual perception, is so in the mind that by the memory it can be made an actual perception again« (Buch *I*, Kap. *IV* [*V*], Abschn. 21).

[100] Man vergleiche beispielsweise nur die Beurteilung der Dignität der drei verschiedenen Wissensarten: »We have an intuitive knowledge of our own *existence*, a demonstrative knowledge of the *existence* of a god; of the *existence* of anything else, we have no other but a sensitive knowledge, which extends not beyond the objects present to our sense« (a. a. O., S. 290, Buch IV, Kap. III, Abschn. 21). Vgl. dazu auch das Kap. »John Locke« in: Engfer, a. a. O.

gen Weltseele an.[101] Und ganz wie bei Descartes stehen sich auch bei Locke zwei Arten von Seienden schroff und diametral entgegen:

»There are but two sorts of beings in the world that man knows or conceives. *First,* Such as are purely material, without sense, perception, or thought, as the clippings of our beards, and parings of our nails. *Secondly,* Sensible, thinking, perceiving beings, such as we find ourselves to be. Which, if you please, we will hereafter call *cogitative and incogitative* beings; which to our present purpose, if for nothing else, are perhaps better terms than material and immaterial.«[102]

Zwischen dem bewußten menschlichen Verstand und dem unbewußten Leib gibt es ebensowenig eine vermittelnde seelische Instanz wie zwischen Gott und dem Universum. Locke verteidigt die Lehre von der Erschaffung der Welt aus dem Nichts[103], und verbindet sie mit einem, wohl von Gassendi her bezogenen, hypothetischen Atomismus.[104] Obwohl er in diesem Punkt (mit dem Hinweis darauf, es falle nicht in das Forschungsgebiet eines Zergliederers des menschlichen Verstandes) nicht eindeutig Stellung bezieht, scheint er eine reale – im Unterschied zu einer bloß gedanklichen – Unteilbarkeit der atomaren Korpuskeln angenommen zu haben. Bei Descartes folgt aus der Identifizierung des Wesens der Materie mit der Ausdehnung die infinite Teilbarkeit seiner Atome – ebenso wie die Unmöglichkeit eines Vakuums. Locke räumt (gegen Descartes *und* Aristoteles) die *Möglichkeit* des Vakuums ein und ist weiter der Auffassung, daß jeder, der an die Macht Gottes, etwas (sei es die ganze Welt, sei es dieses Buch) vernichten zu können, glaubt, seine Auffassung konsequenterweise teilen müsse.[105] Darüber hinaus nimmt er freilich auch die *Wirklichkeit* des Vakuums an – in dieser Welt und jenseits

---

[101] Vgl. M. Carrier, »Passive Materie und bewegende Kraft. Newtons Philosophie der Natur«, in: L. Schäfer und E. Ströker (Hg.), Naturauffassungen in Philosophie, Wissenschaft, Technik, Bd. II (Renaissance und frühe Neuzeit), S. 217–241, insb. S. 224: »In seiner frühen Periode verfocht Newton mit der neoplatonischen Tradition die Existenz eines ›spirituellen Prinzips‹ oder Äthers. Das Adjektiv ›spirituell‹ drückt einen Gegensatz zur gewöhnlichen Materie aus und charakterisiert die quasi-geistige Beschaffenheit dieser Entität.« (Ergänzend sei angemerkt, daß Newton auch in den »späten« ›Optics‹ die Ätherhypothese verfochten hat.)

[102] A. a. O., S. 333 (Buch IV, Kap. X, Abschn. 9).

[103] Vgl. a. a. O., Buch *IV*, Kap. *X*, Abschn. *19*.

[104] Vgl. z. B. R. Specht, John Locke (Reihe: »Große Denker«), München 1989, insb. S. 40–42. (Allerdings sind Gassendis Atome, im Unterschied zu denen Lockes, gewissermaßen »beseelt«.)

[105] Vgl. a. a. O., S. 88 (Buch II, Kap. XIII, Abschn. 22).

der äußersten Grenzen des Universums. Er hält die materielle Welt für räumlich und zeitlich begrenzt, nicht aber Raum und Zeit.[106] Hier schließt er sich augenscheinlich an Newtons bekannte Konzeption der Realunendlichkeit von (absolutem) Raum und (absoluter) Zeit an. Aber wie oder wodurch ist diese irgendwo im unendlichen Raum und irgendwann in der unendlichen Zeit geschaffene Welt[107], über diesen singulären Schöpfungsvorgang hinaus, mit ihrem Schöpfer verbunden? Nach Descartes durch eine *creatio continua*, d.h. durch eine jeden Augenblick neue, aber regelmäßig bzw. den Naturgesetzen gemäße Schöpfung.[108] Damit ist gewährleistet, daß, der Leugnung von Naturteleologie ungeachtet (alle Naturvorgänge ereignen sich in Descartes Physik ganz mechanisch durch Druck und Stoß), durch die »metaphysische Hintertür« Zweck- und Zielursächlichkeit doch wieder in den »cartesianischen Kosmos« Eingang finden (oder daß zumindest diese Möglichkeit – zusammen mit der des Wunders – gewährleistet ist).

Bei Newton und Locke wird die Trennung der materiellen Welt von Gott ebenfalls nicht so streng durchgehalten, wie dies auf den ersten Blick erscheinen könnte (man denke nur an Newtons berühmtes »hypotheses non fingo« am Schluß der ›Optics‹). Newton glaubt an die Existenz wahrer, aktiver Kräfte in der Natur und widerspricht damit der cartesischen Mechanik, bei der – rein physikalisch gesehen – immer nur ein bestimmtes gleiches Quantum an Bewegung (seit dem Weltanfang), durch alle innerkosmischen Wechselwirkungen hindurch, erhalten bleibt, wobei diese Bewegung eigentlich keine aktive (»fließende«) Bewegungs*energie* darstellt, wird doch die ganze Welt in einer *creatio continua*, von Gott jeden Augenblick neu, und stets in einem etwas anderen Bewegungszustand, geschaffen. Nach Locke ist dagegen die Realität aktiver Kräfte in der Natur und im Geist einfach eine Erfahrungstatsache:

»Sensation convinces us that there are solid, extended substances, and reflection, that there are thinking ones; experience assures us of the existence of such beings, and that the one hath a power to move body by impulse, the

[106] Vgl. Buch II, Kap. XIII.

[107] Bei Cudworth (wie bei Leibniz) werden Raum und Zeit erst zusammen mit der Welt geschaffen. Damit steht er der gegenwärtigen physikalischen Kosmogonie ein gutes Stück näher als Newton und Locke.

[108] Vgl. N. Kemp Smith, New Studies in the Philosophy of Descartes. Descartes as Pioneer, London 1966, S. 202ff. (mit einschlägigen Descartes-Zitaten).

other by thought: this we cannot doubt of. Experience, I say, every moment furnishes us with the clear *ideas* both of the one and the other.

But beyond these *ideas*, as received from their proper sources, our faculties will not reach. If we would inquire further into their nature, causes, and manner, we perceive not the nature of extension clearer than we do of thinking. If we would explain them any further, one is as easy as the other; and there is no more difficulty to conceive how a substance we know not should, by thought, set body into motion, than how a substance we know not should, by impulse, set body into motion.«[109]

Die Naturkräfte haben Realität und sind wahrscheinlich auf irgendeine Weise mit dem Geist Gottes verbunden. Wie – das entzieht sich unserem Wissen und sogar unserer Vorstellung. Aber dies sei schließlich bei uns selbst nicht anders, verstünden wir doch ebenfalls nicht, wie es einem Gedanken gelinge, einen Körperteil in Bewegung zu versetzen. Immerhin, so fährt Locke fort, scheint es andererseits zumindest auch denkbar, daß ein Gedanke in einem materiellen Gehirn seinen Ursprung habe. Denn müsse man nicht der Allmacht zutrauen, daß sie Wahrnehmung und Denkvermögen auch einer materiellen Substanz verleihen könne, welcher Ausdehnung und Festigkeit zu eigen sind? Der Streit um das Wesen des »Prinzips des Denkens« (der Seele) sei unentscheidbar, da *beide* Hypothesen mit großen Schwierigkeiten belastet seien – die von der unausgedehnten Substanz nicht minder als die von der ausgedehnten Materie:

»It is a point which seems to me to be put out of the reach of our knowledge; and he who will give himself leave to consider freely and look into the dark and intricate part of each hypothesis, will scarce find his reason able to determine him fixedly for or against the soul's materiality: since, on which side soever he views it, either as an unextended substance or as a thinking extended matter, the difficulty to conceive either will, whilst either alone is in his thoughts, still drive him to the contrary side. An unfair way which some men take with themselves, who, because of the unconceivableness of something they find in one, throw themselves violently into the contrary hypothesis, though altogether as unintelligible to an unbiassed understanding.«[110]

---

[109] A. a. O., S. 146 (Buch II, Kap. XXIII, Abschn. 29). Hier ist vielleicht ein erinnernder Hinweis am Platz: Locke steht trotz solcher Gemeinsamkeiten mit Newton diesem nicht so nahe wie etwa Boyle. Beide, Locke und Boyle, wollen von der Hypothese einer Weltseele oder eines (lebendigen) »Äthers« nichts wissen – Newton sehr wohl. Es wird für die weitere Entwicklung der Industriellen Revolution die Tatsache bedeutsam werden, daß Priestley an Boyle und Locke und nicht eigentlich mehr an Newton anknüpfen wird.

[110] A. a. O., S. 281 (Buch IV, Kap. III, Abschn. 6). An dieser Ausführung Lockes hat Leibniz Anstoß genommen; vgl. seine ›Neue Abhandlungen über den menschlichen Ver-

Lockes bekannte und hiermit zusammenhängende These von der völligen Unerkennbarkeit der (materiellen und spirituellen) Substanzen[111] könnte den Gedanken nahelegen, daß auch der sogenannte Geist Gottes auf Bewegungen der ausgedehnten Materie zurückführbar sei bzw. sich in solchen erschöpfe. Dieser Gedanke wird allerdings – wohl nicht ganz konsequent – zur Gänze und kompromißlos zurückgewiesen.[112] Obwohl Locke in seiner Anthropologie, infolge solcher nicht ganz unbeträchtlichen Zugeständnisse an den Skeptizismus, zu der Hypothese einer ausgedehnten und denkenden Materie gelangt, will er (aus Furcht vor dem »Spinozismus«, da er doch selbst ein frommer bibelkundiger Mann gewesen ist, sicherlich nicht aus bloßem Lippendienst vor der Geistlichkeit) in seiner Kosmologie nichts davon wissen. Es wird sich zeigen, daß Hume auch in diesem Punkt radikaler verfährt und, auch von daher betrachtet, in seiner Philosophie konsistenter als dieser »Vorgänger« ist.

Fassen wir – hier und da ergänzend – zusammen: Die Natur stellt nach Locke eine göttliche Schöpfung innerhalb des unendlichen Raumes und der unendlichen Zeit dar. Gott dürfte s. E. in der Natur wirksam sein – aber ohne jede Vermittlung einer Weltseele (wobei das alternative »Wie?« allerdings unerklärt bleibt). Die Natur besteht aller Wahrscheinlichkeit nach aus Atomen und »dem Leeren«, wobei das wahre Wesen dieser Atome oder materiellen Substanzen ebenfalls nicht erkennbar ist. Zwischen diesen Substanzen entstehen Kräfte (die u. a. auf deren »primäre Qualitäten« – Festigkeit, Ausdehnung, Gestalt, Bewegung oder Ruhe und Zahl – zurückgeführt werden können): diese bewirken dann auch die Wahrnehmungen. Menschen und Tiere bilden den durch Wahrnehmungsfähigkeit gekennzeichneten animalischen Bereich (Pflanzen sind maschinenähn-

---

stand‹ (hg. und üb. von E. Cassirer), Hamburg ^{4}1971, S. 442 ff. (Kant kommt diesen Ausführungen in seinem Paralogismen-Kapitel der KrV sehr nahe.)

[111] Diese These verunmöglicht die Annahme nicht, daß er die atomistische Theorie der Materie für die weit plausibelste bzw. wahrscheinlichste erachtet. Lockes Behauptung von der Unerkennbarkeit der Dinge an sich (Substanzen) wird, wie so vieles, von Voltaire aufgegriffen und kann als ein (oder *das*) Signum der (»antidogmatischen«) Aufklärungsphilosophie gelten. Denn man findet diese Behauptung auch bei den Enzyklopädisten, bei Hume und Kant wieder, bezeichnenderweise aber nicht bei den »Vor-Aufklärern« Descartes, Spinoza, Malebranche, Leibniz und auch nicht bei den »Nach-Aufklärern« Fichte (und den Deutschen Idealisten), Reid (und den Philosophen des Common sense) sowie bei den Französischen »Ideologen« um Destutt de Tracy.

[112] Vgl. Buch *IV*, Kap. *X*, Abschn. *13 – 17*.

lich, desgleichen die ganze unbelebte Natur).[113] Alles was es gibt läßt sich daher in perzeptionsfähige und nicht perzeptionsfähige Wesen einteilen. Der Unterschied von Mensch und Tier besteht nicht allgemein in der Vernunftbegabtheit des ersteren (auch Tieren ließe sich ein gewisses Maß an Vernunft nicht streitig machen), sondern in dem »abstrahierenden Verstand« (seine klassische Vorlage dazu: der aristotelisch-scholastische *intellectus agens*);[114] d. h. Tiere können nicht in den Besitz allgemeiner Ideen gelangen. Diese Abstraktionstheorie – wir erfassen die Universalien *per modum abstractionis* – tritt bei Locke an die frei gewordene Systemstelle der abgewiesenen angeborenen Ideen:[115]

»The senses at first let in particular *ideas* and furnish the yet empty cabinet; and the mind by degrees growing familiar with some of them, they are lodged in the memory, and names got to them. Afterwards the mind, proceeding further, abstracts them, and by degrees learns the use of general names.«[116]

Das Abstrahieren des Geistes soll in einem Absehen von allen unwesentlichen Besonderheiten bestehen (z. B. von solchen der Haar- oder Hautfarbe bei der Bildung des Begriffs »Mensch«). Allerdings liegt hier die Frage nahe, wie der »intellectus agens« das Wesentliche vom Unwesentlichen zu unterscheiden weiß. Denn, falls er es nicht unterscheiden kann, so bereits Cudworth in seinem *Systema intellectuale …* –

»he must needs be a bungling workman; but if he do [wenn er sie unterscheiden kann; S. B.], he is prevented in his design and unterstanding, his work being done already to his hand; for he must needs have the intelligible idea of that which he knows or understands already within himself; and therefore know to what purpose should he use his tools, and go about to hew and hammer and anvil out these phantasms into thin and subtle intelligible ideas, merely to make that which he hath already, and which was native and domestic to him.«[117]

Dies scheint mir ein sehr guter Einwand zu sein. Ein ähnliches prinzipielles Bedenken gegen Lockes empiristische Erkenntnislehre stellt

---

[113] Vgl. Buch *II*, Kap. *IX*, Abschn. *11:* Immerhin ein Fortschritt gegenüber Descartes, dessen geistige Nähe aber selbst darin noch spürbar wird.

[114] Vgl. Buch *II*, Kap. *XI*, Abschn. *10* f.

[115] Ähnlich wie Cudworth wird auch Berkeley diese Abstraktionstheorie entschieden zurückweisen.

[116] A. a. O., S. 11 (Buch *I*, Kap. *II* [*I*], Abschn. *15*).

[117] Cudworth, a. a. O., Bd. *III*, S. 614.

sich auch in Hinblick auf deren zweiten Grundpfeiler, d. i. die These von der Erkenntnis als einer »Wahrnehmung der Übereinstimmung oder Nichtübereinstimmung von Ideen.«[118] Da der menschliche Geist, nach Lockes Dafürhalten, immer nur seine eigenen Ideen perzipiert, »wie kann er erkennen, ob diese mit den Dingen selbst übereinstimmen? Hier scheint [so räumt Locke ein] eine nicht geringe Schwierigkeit zu liegen.«[119] Beide prinzipiellen Probleme der Lockeschen Theorie sind offensichtlich, beide werden v. a. Berkeley zum kritischen Weiterdenken veranlassen. Beide hängen letztlich auch mit einer bei Locke deutlich werdenden »Isolierung« des menschlichen Geistes vom Geist Gottes bzw. von der (in Abrede gestellten) Weltseele zusammen.

Dies wird ebenso in Lockes Moralphilosophie deutlich, welche sehr stark auf das spezifisch menschliche Leben und Erleben abzielt: »Gut oder schlecht im eigentlichen Sinne sind immer nur Freude und Schmerz.«[120] Der erfrischend klare und betrüblich hedonistische Ansatz erfährt dann eine modifizierende Ergänzung, indem bei der Frage, was (moralisch!) getan werden soll, nämlich zusätzlich zur Überlegung hinsichtlich des möglichen Lustgewinn bzw. der möglichen Unlustvermeidung, auch noch reflektiert werden solle, was Gott geboten bzw. verboten habe, da er das Halten eines Gebots belohnen, dessen Übertretung aber bestrafen wird.[121]

Das große Problem bei einem solchen Lust- bzw. Nutzenkalkül liegt sicherlich darin, daß das im engeren Sinn sogenannte moralische Verhalten hier eigentlich gar nicht in den Blick kommt. Wir würden bei einer solchen Handlung wohl eher von (intellektueller) Klugheit als von (moralischer) Gutheit bzw. Güte sprechen. Es ist übrigens kaum daran zu zweifeln, daß Locke Cudworths ›The True Intellectual System of the Universe‹ gekannt hat.[122]

Es stellt sich somit heraus, daß es nicht unbedingt die besseren

---

[118] Vgl. Buch *II*, Kap. *I*, Abschn. 1 f.; unsere Üb.

[119] A. a. O., S. 3 (Buch *IV*, Kap. *IV*, Abschn. 3 ff.); unsere Üb.

[120] Buch *II*, Kap. *XXI*, Abschn. 60 (im Original kursiv).

[121] Es wird sich noch zeigen, daß bei Bentham die göttlichen durch die gesellschaftlichen und exekutiven Sanktionen ersetzt werden (Jeremy Bentham ist einer der einflußreichsten Philosophen während der Industriellen Revolution).

[122] Es befand sich in seiner Privatbibliothek (vgl. Bestandsnummer 896 auf S. 119, in: J. Harrison und P. Laslett, The Liberary of John Locke, Oxford 1971[2]). Sicherlich wird er auch mit seiner jahrelangen Freundin Damaris Masham, einer sehr gebildeten Frau und Schriftstellerin, auf deren Landsitz Locke 1704 auch starb, über Cudworths Philosophie gesprochen haben: Lady Damaris aber war Cudworths Tochter.

Argumente gewesen sind, welche Locke von dem Werk des Älteren Abstand nehmen ließen. Eher schon dürfte eine andere Geistes- und Gemütsverfassung (in nahe liegender Verbindung mit divergierenden politischen Anschauungen) dafür verantwortlich gewesen sein. Locke war ganz ein Mann der *vita activa* und des sozialen Lebens, Cudworth eher ein solcher der Kontemplation und einsamen Betrachtung. Manchmal kann auch eine Nebensache sehr erhellend wirken: Am Ende seines Lebens schreibt der schwerhörig gewordene Locke: Er wäre lieber blind als taub[123] – Cudworth würde so etwas sicherlich nicht geäußert haben.

Fassen wir zusammen: Locke gehört eindeutig in die Tradition der »moderns« (in keinem Punkt in die der »ancients«[124]); als seine »Meister« nennt er im Vorwort des ›Essay‹ (»The Epistle to the Reader«) Boyle, Sydenham, Huygens und Newton. Diese Aufzählung ist natürlich programmatisch: *ihr* Popularisierer will er sein, ihr (mit seinen eigenen Worten) »Hilfsarbeiter«, dem es genügen soll, den Baugrund etwas aufzuräumen, etwas von dem Schutt zu beseitigen, der der Errichtung des gänzlich neuen Bauwerks im Wege stehe. Obwohl Locke, Berkeley und Hume oft in einem Atemzug genannt werden, gehört der zweitgenannte nicht in die Linie dieser »Modernisten«. Von Anfang an – man vergleiche nur seine frühen ›Philosophischen Kommentare‹ – steht er, obwohl von dem Buch tief beeindruckt, dem ›Essay‹ *vor allem kritisch* gegenüber. Er wurde wiederholt als »Gegenaufklärer« bezeichnet, aber mit größerem Recht hätte man ihn (zumindest grundsätzlich) zur Tradition der »ancients« rechnen können oder sogar müssen.[125] Insbesondere kommt er, ebenfalls grundsätzlich, Cudworth sehr nahe – um gegen Ende seines Lebens (mit ›Siris‹) im Grunde einschränkungslos einer Meinung mit ihm zu sein.

---

[123] Vgl. J. S. Yolton (Hg.), A Locke Miscellany, Bristol 1990, S. 352.

[124] Was ihn auch von Gassendi unterscheidet, von dem er ansonsten ja viel gelernt hat. Denn im Unterschied zu dem Engländer hält dieser an einer eigenen Version der Weltseelenlehre fest (Gott sei mit ihr nicht identisch – er sei ihr »Gouverneur«): vgl. Pierre Gassendi, Syntagma philosophicum, Erstv. 1649, in: Ders., Opera, Bd. I, insb. S. 158 und 450; ebenso Bd. II, S. 822 f.

[125] Berkeleys Werke (vor allem die frühen) weisen aber charakteristischerweise immer auch Züge und Spuren der Baconischen Tradition (der »moderns«) auf: Sein Standpunkt klärt und konsolidiert sich erst in den späteren Werken (in Richtung der »ancients«). Allgemein zu der »Querelle« vgl. R. Rogers, Ancients and Moderns, a. a. O.

In Berkeleys Werken ist auch noch der Gedanke einer beseelten Natur lebendig. Diese Feststellung mag überraschen, da man ihm, dem vorgeblichen »Phänomenalisten« und »Idealisten«, wohl zunächst einmal überhaupt keinen realistischen Naturbegriff zutrauen würde. In Wahrheit ist Berkeley – von einigen gelegentlichen idealistischen Gedankenexperimenten und mißverständlichen Äußerungen einmal abgesehen – im großen und ganzen – wenn auch kein »naiver« – ontologischer *Realist* (sowie, mit Vorbehalten, epistemologischer Idealist) mit starken pantheistischen (vielleicht besser, wenn auch umständlicher: »panentheistischen«) Neigungen gewesen. Und *cum grano salis* läßt sich dies auch über Hume sagen. Nur, daß bei ihm die Weltseelenlehre so sehr »verdünnt« erscheint (und am Schluß seines letzten Werkes verwirrenderweise *expressis verbis* abgelehnt wird), daß sie seine Nachfolger bei ihm wohl schon gar nicht mehr ausmachen konnten. So sind diese Jüngeren dann auch sämtlich (mit der möglichen, schwer entscheidbaren »ansatzweisen« Ausnahme Reids) zu dem einfachen, aber seelenlosen mechanistischen Naturmodell der »New Scientists« Bacon, Hobbes, Galilei, Descartes, Boyle, Newton (der ›Principia‹), Locke etc. zurückgekehrt.

3) Die Gottesbeweise von Cudworth und Locke

Wer sich über das Naturverständnis eines Denkers Aufschluß geben will, kann nicht umhin, auch dessen Ausführungen über Gott bzw. den möglichen Schöpfer der Natur zur Kenntnis zu nehmen. Schon ein relativ flüchtiger Blick auf die *Gottesbeweise* der beiden bedeutendsten philosophischen Vorgänger Berkeleys und Humes in Großbritannien, Cudworth und Locke, wird ergeben, daß deren Argumentationen nicht (Locke) oder zumindest nicht ganz (Cudworth) stichhaltig sind. So gesehen waren die metaphysischen Neuanfänge der beiden Jüngeren durchaus berechtigt, wenn nicht sogar unumgänglich. Beide »Älteren« beginnen ihre zunächst sehr ähnlich wirkenden Gottesbeweise mit einem Bedenken der Natur oder des Kosmos, wobei sich allerdings bei Cudworth noch eine zweite, ergänzende Denkbewegung findet, die bei den, von ihm angenommenen, ewigen Wahrheiten ansetzt. – Locke, der offenbar die deutliche Abneigung seines Freundes Boyle gegen eine »beseelte Natur« teilt und sich in dieser Frage eher an ihm denn an Newton orientiert[126], hält den Gedanken für unwidersprechlich, daß *irgendetwas* (allerdings nicht: eine beseelte Natur) schon von Ewigkeit her existiert haben müsse. Denn für den Fall, daß auch nur für eine minimal kurze Zeit nichts (auch kein Gott) existiert hätte, wäre von dieser Zeit an nie mehr irgendein Sein denkbar gewesen (denn ohne das übernatürliche Handeln Gottes gilt: *ex nihilo nihil* ...). Nun gibt es aber *jetzt* etwas (zumindest doch mich selbst), also gab es *immer* etwas. Kann dieses die materielle Natur gewesen sein? Nein, existiere doch »ich«, ein denkendes Wesen, und es sei klar, daß ein nichtdenkendes Wesen (wie die Natur) kein denkendes erzeugen könne. Deshalb muß es ein ewiges denkendes Wesen geben und auch immer gegeben haben, d.i. Gott.[127]

Leibniz hat hiergegen geltend gemacht: Falls, wie es Locke ja auch sonst für möglich hält, die Materie der Empfindung (und des Denkens) fähig sein solle, darf es nicht als unmöglich gelten, daß sie Empfindung (und Denken) auch hervorbringen kann. (Leibniz selbst hält freilich jede reale Verbindung von Materie und Denken für unmöglich.) Sein zweiter Einwand lautete, es folge nicht, »daß darum, weil immer irgend etwas bestanden hat, auch immer eine bestimmte Sache bestanden habe, d.h., daß es ein ewiges Wesen gibt.«[128] Zwar könne es tatsächlich niemals nichts gegeben haben, wohl aber sei es denkbar, daß zu verschiedenen Zeiten auch Verschiedenes existierte. Leibniz hätte u.E. auch noch ganz grundsätzlich auf

[126] Newton hat in der ersten Auflage seiner ›Principia‹ aus dem Jahre 1687 seinen allgemeinen philosophischen Hintergrund weitgehend verschleiert (oder zumindest im Halbdunkel belassen), weswegen er – wohl auch von Locke – als Mechanist und Determinist angesehen werden konnte. Vgl. dazu jedoch beispielsweise E. Dellian: Den »christlichen Neuplatonismus setzten in der zweiten Hälfte des 17. Jahrhunderts im englischen Cambridge die *Cambridge Platonists* Ralph Cudworth (1617–1688) und Henry More (1614–1687) dem aus der cartesischen subjektivistischen Philosophie hervorgegangenen Atheismus und Materialismus des Thomas Hobbes entgegen. Newton, der Mathematikprofessor in Cambridge, fand zu diesen Männern. Er gab dem platonischen Gedanken von der Transzendenz der wahren Wirklichkeit und von der im wirklichen absoluten Raum und in der wirklichen absoluten Zeit aus Materie und Geist als zwei gleich ursprünglichen Bausteinen göttlich erschaffenen wirklichen Welt in seiner dualistischen Bewegungslehre von den immateriellen bewegungsverursachenden Kräften und den durch sie bewirkten Bewegungen der materiellen Körper neuen Ausdruck und dank der mathematischen Fundierung dieser Naturphilosophie neue Durchschlagskraft« (E. Dellian, »Einführung« zu: Samuel Clarke, Der Briefwechsel mit G. W. Leibniz von 1715/1716, a.a.O., S. XXXV).

[127] Vgl. Essay, Buch IV, Kap. X.

[128] G. W. Leibniz, Neue Abhandlungen über den menschlichen Verstand, a.a.O., S. 521.

den Umstand verweisen können, daß »Lockes Gott« lediglich während aller Zeit – und nicht, zumindest auch, jenseits aller Zeit existiert und wirkt – eine Voraussetzung, die, ohne selbstverständlich zu sein, von Locke dennoch später stillschweigend getroffen wird.

Es spricht einiges dafür, daß Lockes Gottesbeweis von Cudworthschen Ideen zumindest inspiriert ist, denn in Kapitel V (Abschnitt I) dessen ›True Intellectual System‹ steht zu lesen:

»It being first premised, that unquestionably something or other did exist from all eternity, without beginning. For it is certain that every thing could not be made, because nothing could come from nothing, or be made by itself; and therefore if once there had been nothing, there could never have been any thing. Whence it is undeniable, that there was always something, and consequently, that there was something unmade, which existed of itself from all eternity. Now all the question is, and indeed this is the only question betwixt Theists and Atheists; since something did certainly exist of itself from all eternity, what that thing is, whether it be a perfect, or an imperfect Being? We say therefore, that whatsoever existed of itself from eternity, and without beginning, did so exist naturally and necessarily, or by the necessity of its own nature. Now, nothing could exist of itself from eternity, naturally and necessarily, but that which containeth necessary and eternal self-existence in its own nature.

But there is nothing which containeth necessary eternal existence in its own nature or essence, but only an absolutely perfect Being; all other imperfect things being in their nature contingently possible, either to be, or not to be.«[129]

Hier begeht Cudworth zunächst dieselbe, schon von Leibniz an Locke bemängelte Unvorsichtigkeit, sofort auf ein einziges, ewig existierendes Etwas zu schließen – eine Unvorsichtigkeit, die er jedoch nachträglich eventuell doch noch argumentativ einholen und wettmachen kann. Denn er folgert in einer über Locke hinausgehenden Gedankenwendung weiter, daß das Immerseiende auch das von Ewigkeit her aus sich selbst Existierende ist, das heißt, das notwendig Existierende. Läßt sich aus dem (einmal eingeräumten) Umstand, daß es immer etwas gab, folgern, daß es ein notwendig existierendes Etwas gibt? Unter Hinzuziehung der (plausiblen, aber nicht gänzlich unbestreitbaren) Zusatzannahme, ein in die Vergangenheit gerichteter unendlicher Regreß sei eine unsinnige Vorstellung, scheint dies durchaus möglich zu sein. Und unter weiterer Hinzuziehung der

[129] Cudworth, a. a. O., Bd. III (der Ausgabe London 1845), S. 53–55.

(ebenfalls plausiblen) Annahme, es könne nur ein einziges notwendiges Wesen geben, ließe sich dann doch noch berechtigterweise auf ein einziges ewiges Wesen schließen. Allerdings nicht mit »mathematischer« Gewißheit, d.h. unter dem wesentlichen Vorbehalt einer gewissen »Irrtumswahrscheinlichkeit«. Bei der Existenz Gottes wäre man damit doch noch nicht angelangt, denn Gott ist nicht nur ein ewiges Etwas, sondern – zumindest – ein ewiger selbstbewußter Geist.

Locke glaubte die Hypothese einer von Ewigkeit an bestehenden *Materie* dadurch ausschließen zu können, daß er sagte, es gebe nur zwei Arten von Wesen, denkende und nicht denkende. Die Einführung einer solchen klaren Disjunktion stellt eine starke und, mit Blick auf das Naturreich (sowie mit dem auf den menschlichen Leib), schwer nachvollziehbare Voraussetzung dar. Und – selbst diese Prämisse einmal zugestanden – und noch darüber hinaus eingeräumt, daß das ewige Wesen ein denkendes sein müsse, bliebe immer noch offen, ob es sich dabei wirklich auch um Gott handeln muß. Dieser ist nicht nur ewiger Geist, sondern ein ewiges Geistwesen als »Ort der Wahrheit«. Denn ein sich und andere täuschendes, d.i. unmoralisches Geistwesen wäre noch immer nicht verehrungswürdig, sollte es auch ewiges Dasein haben. Hier setzt nun Cudworth mit einem zweiten Gedankengang ein; es gibt, so führt er dazu aus, *ewige Wahrheiten:*

»Certain it is, that such truths as these, that the »diameter and sides of a square are incommensurable, or that the power of the hypotheneuse in an rectangular triangle is equal to the powers of both the sides,« were not made by any man's thinking, or by those first geometricians who discovered or demonstrated the same; they discovering and demonstrating only that which was. Wherefore these truths were before there was any man to think of them, and they would continue still to be, though all the men in the world should be annihilated; nay, though there were no material squares and triangles any where in the whole world neither, no nor any matter at all: for they were ever without beginning before the world, and would of necessity be ever after it, should it cease to be.«[130]

Nun sei es aber ganz undenkbar, daß diese ewigen Wahrheiten (die bei weitem nicht alle dem Gebiet der Mathematik angehörten) für sich existieren könnten: »these truths and intelligible essenca of

[130] Cudworth, System, a.a.O., Bd. III, S. 67.

things cannot possibly be any where but in a mind.«[131] Der »kosmologische« Gedanken- gang wird auf diese Weise durch einen »platonischen« ergänzt und erst beide zusammen zielen als gemeinsames Resultat auf die Existenz eines ewigen Geistes, der auch wirklich und wahrhaft als ein göttlicher angenommen werden kann.

In diesem Zusammenhang ist vielleicht noch erwähnenswert, daß teleologische Überlegungen in Richtung auf ein »argument from design« die rationaltheologischen Ausführungen des ›True Intellectual System‹ zwar gelegentlich ergänzen, keinesfalls aber in deren Mittelpunkt stehen. Hier zeigt wohl die Teleologieskepsis von Bacon, Descartes usw. eine gewisse Wirkung. Im achtzehnten Jahrhundert wird diese Situation sich sukzessive verändern und das »argument from design« (mit dem dazu komplementären »Designer-Gott«) das Feld der Philosophischen Theologie so gut wie allein beherrschen.

Somit ergibt sich als ein geistesgeschichtliches Zwischen-Resultat, daß Cudworth (und mit ihm, wie unschwer zu zeigen wäre, alle Cambridge-Platoniker) ber auch (entgegen der ersten Vermutung) Newton um die Zeit vor der Wende zum siebzehnten Jahrhundert, die Natur durchaus als objektive und sogar aktive Realität aufgefaßt haben. Selbst Locke, der (vielleicht wiederum entgegen der ersten Vermutung) in seiner Philosophie dem kosmischen Maschinenmodell der Cartesianer recht nahe kommt, zeigt doch immerhin noch darin eine gewisse Achtung vor dem Kosmos, indem er diesen (und nicht die Idee Gottes, das Gewissen, das augustinische *cor inquietu- moder* anderes mehr) zum Ausgangspunkt seines Bemühems um eine Rationale Theologie wählt. Die Natur ist für ihn, im Unterschied zu Descartes (auch zu Pascal, man denke an seinen »kosmischen Schrecken« vor den leeren Räumen des Alls), unbeschadet von allen Reserven gegenüber Weltseelenlehren[132], natürlicher i. S. v. selbstverständlicher philosophischer Ausgangspunkt des Gottesgedankens. Diese Tendenz wird sich im Denken Shaftesburys, den Locke in des-

---

[131] A.a.O., S. 70.

[132] Locke ist – etwa im Unterschied zu dem im mehrheitlich katholischen Irland aufgewachsenen Berkeley – ein Protestant »tout cœur«. Und der Protestantismus mußte der Weltseelenlehre schon deswegen grundsätzlich abhold sein, da er von Anbeginn an um die Beseitigung »unnötiger« Zwischenursachen zwischen Mensch und Gott (wie dem Papst, der Amtskirche, dem Lehramt, den Heiligen, Engeln, Mariens etc.) bemüht gewesen ist.

sen Knabenzeit als seinen persönlichen Schüler unterrichtete, noch deutlich verstärken: Shaftesbury vertritt darüber hinaus auch wieder einen Gottesbegriff, der der (»renaissance-platonischen«) Anima-mundi-Vorstellung nochmals recht nahe gekommen ist.

Drittes Kapitel:

Natur und Gott bei Shaftesbury und seinen unmittelbaren Nachfolgern

0) Vorbemerkungen

Jakob Böhme, John Pordage und Lady Jane Leade finden in Arthur Schopenhauers Schrift ›Über den Willen in der Natur‹ genauso Erwähnung[1] wie die Unterscheidung zwischen *natura naturata* und *natura naturans*, Mikro- und Makrokosmos[2] und viele andere Hinweise auf die »Renaissance-Tradition«. Gleich in der Vorrede (zur zweiten Auflage von 1854) findet sich ein scharfer Angriff auf den sich »naturwissenschaftlich« nennenden Materialismus des neunzehnten Jahrhunderts, »an welchem das *zunächst* Anstößige nicht die moralische Bestialität der letzteren Resultate, sondern der unglaubliche Unverstand der ersten Principien ist; da sogar die Lebenskraft abgeleugnet und die organische Natur zu einem zufälligen Spiele chemischer Kräfte erniedrigt wird. Solchen Herren vom Tiegel und der Retorte muß beigebracht werden, daß bloße Chemie wohl zum Apotheker, aber nicht zum Philosophen befähigt«[3]. Der »unglaubliche Unverstand« der Materialisten zeigt sich – dem *Ersten Buch* der ›Welt als Wille und Vorstellung‹ zufolge – darin, daß der Materialismus »schon bei seiner Geburt den Tod im Herzen [trägt], weil er das Subjekt und die Formen des Erkennens überspringt, welche doch bei der rohesten Materie, von der er anfangen möchte, schon eben so sehr, als beim Organismus, zu dem er gelangen will, vorausgesetzt sind. Denn ›kein Objekt ohne Subjekt‹ ist der Satz, welcher auf immer allen Materialismus unmöglich macht«[4]. Trotz –

[1] Vgl. A. Schopenhauer, Bd. V der »Zürcher Ausgabe«, a. a. O., S. 320 ff. (Kap. »Animalischer Magnetismus und Magie«).

[2] Vgl. z. B. a. a. O., S. 306. Vgl. zu diesem Topos der Renaissance-Philosophie z. B. auch H. Werner (Hg.), Mikrokosmos und Makrokosmos. Okkulte Schriften von Paracelsus. München 1989.

[3] A. a. O., S. 183 f.

[4] A. Schopenhauer, Bd. I, a. a. O., S. 60 (§ 7).

oder vielleicht gerade wegen – dieses »antirealistischen« Ansatzes in der Erkenntnistheorie[5], welchen Schopenhauer bekanntlich mit Kant teilt, findet er (deutlicher noch als dieser) zu einem ganz realistischen und »lebendigen« Naturverständnis zurück. Diesem zufolge besteht das Wesen der Natur aus einem gewissermaßen metaphysischen Weltwillen, welcher den Bereich des Organischen nicht anders als den des vorgeblich Unorganischen fundamental bestimmt. Von dieser vorgeblichen Einsicht spricht er sogar als von seiner »Grundwahrheit«, nämlich –

> »daß Das, was *Kant* als das *Ding an sich* der bloßen *Erscheinung*, von mir entschiedener *Vorstellung* genannt, entgegensetzte und für schlechthin unerkennbar hielt, daß, sage ich, dieses *Ding an sich*, dieses Substrat aller Erscheinungen, mithin der ganzen Natur, nichts Anderes ist, als jenes uns unmittelbar Bekannte und sehr genau Vertraute, was wir im Inneren unseres eigenen Selbst als *Willen* finden, daß demnach dieser *Wille*, weit davon entfernt, wie alle bisherigen Philosophen annahmen, von der *Erkenntniß* unzertrennlich und sogar ein bloßes Resultat derselben zu seyn, von dieser, die ganz sekundär und spätern Ursprungs ist, grundverschieden und völlig unabhängig ist, folglich auch ohne sie bestehen und sich äußern kann, welches in der gesammten Natur, von der thierischen abwärts, wirklich der Fall ist; ja, daß dieser Wille, als das alleinige Ding an sich, das allein wahrhaft Reale, allein Ursprüngliche und Metaphysische, in einer Welt, wo alles Uebrige nur Erscheinung, d.h. bloße Vorstellung, ist, jedem Dinge, was immer es auch seyn mag, die Kraft verleiht, vermöge deren es daseyn und wirken kann«.[6]

Cudworths *natura naturans*, die »plastic nature«, kehrt hier in einem veränderten, nun deutlicher (transzendental-)idealistischen Kleid auf die Bühne der Philosophie zurück … Diese »Timaios-Line« bzw. Renaissance-Tradition wird nach Schopenhauer v. a. von Henri Bergson sowie von Max Scheler, A. N. Whitehead und Hans Jonas fortgesetzt. Des ersteren naturphilosophisches Hauptwerk ›L'évolution créatrice‹ erschien erstmals 1907, also (im Unterschied zu Schopenhauers ›Der Wille in der Natur‹) *nach* dem Siegeszug des Darwinismus seit 1859

---

[5] Dieser Gedanke kann hier nicht näher ausgeführt werden, ein weiteres Zitat möge jedoch zumindest die Richtung weisen: »Ich setze also erstlich den *Willen, als Ding an sich*, völlig Ursprüngliches; zweitens seine bloße Sichtbarkeit, Objektivation, den Leib; und drittens die Erkenntniß […]. Diese Funktion nun aber bedingt wieder die ganze Welt als Vorstellung, mithin auch den Leib selbst, sofern er anschauliches Objekt ist, ja, die Materie überhaupt, als welche nur in der Vorstellung vorhanden ist. Denn eine objektive Welt, ohne ein Subjekt, in dessen Bewußtseyn sie dasteht, ist, wohlerwogen, etwas schlechthin Undenkbares.« (Bd. V, S. 220)

[6] A. a. O., S. 202.

(dem Erscheinungsjahr von ›The Origin of Species‹ und zugleich dem Geburtsjahr Bergsons). Bergson will in diesem Buch nachweisen, daß die Evolutionstheorie dem Geheimnis des Lebens zwar nahe kommt, dieses aber dann schließlich doch noch verfehlen muß, wenn sie – anstatt einen *élan vital*, eine die Materie schöpferisch organisierende, aber weitgehend unbewußt wirkende Lebenskraft zu postulieren – zu den alten philosophischen Entwürfen »theologischer Finalismus« oder »materialistischer Mechanismus« zurückkehrt. Bergson behauptet und unternimmt auch den Vesuch nachzuweisen, –

»daß keine unserer Denkkategorien: Einheit, Vielheit, mechanische Kausalität, vernünftige Zweckmäßigkeit – die Dinge des Lebens genau deckt: wer wollte sagen, wo die Individualität anfängt und wo sie aufhört. Ob das Lebewesen eines ist oder ein Vieles, ob die Zellen es sind, die zum Organismus zusammengehen, oder ob der Organismus es ist, der in Zellen auseinander geht? Vergebens pressen wir das Lebendige in den und jenen von unseren Rahmen. Alle Rahmen krachen. Selbst um eine einzige ausschließlich dem reinen Denken verdankte biologische Entdeckung wäre man verlegen.«[7]

In diese große naturphilosophische Entwicklungslinie, die spätestens bei Platon beginnt (deren Anfang mit einigem Recht aber vielleicht auch schon bei einigen Vorsokratikern angesetzt werden könnte) und sich, vermittelt über Stoa, Neuplatonismus usw. bis zu Bergson, Whitehead und, sicherlich nicht zuletzt, Jonas erstreckt, gehört nun auch Anthony Collins *alias* Lord Shaftesbury hinein:[8] so jedenfalls soll die Hauptthese des folgenden Kapitels lauten.

---

[7] H. Bergson, Schöpferische Entwicklung, üb. von G. Kantorowicz, Jena 1921, S. 2.

[8] Das entschiedene *gros* der Dichter (und zwar des Okzidents wie des Orients) hat ohnehin stets eine starke Vorliebe für die Vorstellung einer beseelten Natur gehegt Ein Beispiel für eine Dichtung auf der Grenze zwischen Ost und West ist das lyrische Werk von Fjodor Tjutschew (1803–1873); daraus als Beispiel »Herbstabend«: »Es liegt in der Klarheit der Herbstabende / ein anrührender, geheimnisvoller Reiz: / der unheilvolle Schimmer und die Färbung der Bäume, / der purpurnen Blätter mattes, leichtes Rascheln, / neblige und stille Himmelsbläue / über der traurig verwaisten Erde / und, wie ein Vorgefühl aufkommender Stürme, / von Zeit zu Zeit ein böiger, kalter Wind, / Verlust, Erschöpfung – und auf allem / jenes sanfte Lächeln des Verwelkens, / das wir bei einem vernünftigen Wesen / die göttliche Schamhaftigkeit des Leidens nennen.«

1) Shaftesburys Naturverständnis

»Obgleich John Locke sein Lehrer und Erzieher war, wandte er sich der Gedankenwelt der Cambridge Platonists zu und philosophierte in ihrem Sinne.«[9] Die prinzipielle Richtigkeit dieser Aussage über Shaftesbury erhellt besonders aus dessen bedeutendstem Beitrag zur Naturphilosophie ›The Moralists. A Philosophical Rhapsody‹ (1711).[10] Dieses Buch enthält hauptsächlich die Gespräche zweier Freunde, Theokles und Philokles, über das Wesen der Natur und über die Form oder Gestalt einer naturgemäßen Moral. Allgemeiner bekannt ist ja v. a. Shaftesburys These von der Realität eines naturgegebenen moralischen (sowie ästhetischen) Sinns des Menschen. Und bereits in dieser Annahme läßt sich ein Widerspruch zu Lockes *Tabula-rasa*-Theorie des Geistes erkennen. Shaftesbury führt im *3. Teil* der ›Moralists‹ aus, daß Kinder schon beim ersten Anblick von regelmäßigen geometrischen Körpern wie Kugeln und Würfeln (sichtliches) Vergnügen empfinden würden und fährt fort:

»Is there then […] a natural Beauty of *Figures?* And is there not as a natural one of *Actions?* No sooner the Eye opens upon *Figures,* the Ear to Sounds, than straight the *Beautiful* results, and *Grace* and *Harmony* are known and acknowledg'd. No sooner are *Actions* view'd, no sooner the *human Affections* and *Passions* discern'd (and they are most of 'em as soon discern'd as felt) than straight *an inward Eye* distinguishes, and sees *the Fair* and *Shapely,* the *Amiable* and *Admirable,* apart from the *Deform'd, the Foul,* or the *Despicable.* How is it possible therefore not to own, ›That as these *Distinctions* have their Foundation *in Nature,* the Discernment it-self is *natural,* and from NATURE *alone?*‹«[11]

Das »inward Eye« für die Wahrnehmung des Schönen wird später (z. B. bei Hutcheson und Hume) der »aesthetic« und das innere Auge für das Gute der »moral sense« genannt werden. Diese inneren Sinne (nicht anders als die fünf äußeren) seien »natürlich« und darüber

---

[9] S. George, Der Naturbegriff bei Shaftesbury, Diss: Frankfurt/Main 1962, S. 40.

[10] In: Shaftesbury, Characteristicks of Men, Manners, Opinions, Times, in 3 volumes, London 1711, (Nachdruck: Hildesheim 1978), Bd. II, S. 179–443. Wir zitieren nach dieser weitverbreiteten Ausgabe der Shaftesburyschen Hauptwerke, wenn mittlerweile auch eine neuere Ausgabe erschienen ist (allerdings unabgeschlossen): Anthony Ashley Cooper, Third Earl of Shaftesbury. Standard Edition. Sämtliche Werke, ausgewählte Briefe und nachgelassene Schriften. In englischer Sprache mit paralleler deutscher Übersetzung, hg. und kommentiert von G. Hemmerich und W. Benda, Hildesheim o. J.

[11] A. a. O., S. 414 f.

hinaus alleinige oder ausschließliche Gaben der Natur. Die sich hier erhebende Frage lautet nun freilich, *was* das für eine Natur ist, die solche Gaben zu verleihen vermag und der die Ehre widerfährt (die meines Wissens von Shaftesburys Zeitgenossen nur Gott erwiesen wird), in Kapitälchen (»NATURE«) geschrieben resp. gedruckt zu erscheinen?

Ein erster Hinweis auf eine möglicherweise richtige Antwort könnte in einer allgemeinen philologischen Bemerkung enthalten sein. »Sense« bedeutet im Englischen nicht nur »Sinn« und auch im Plural mehr als nur die Sinne im Unterschied zum Verstand oder der Vernunft. So wird Jane Austens Romantitel ›Sense and Sensibility‹ im Deutschen gewöhnlich mit ›Verstand und Gefühl‹ übersetzt[12]. Und tatsächlich ist auch die Übersetzung von »moral sense« mit »moralischer Sinn« zumindest inadäquat. »Moral sense« bezeichnet (zumindest bis Hume) mehr als nur ein instinktiv-sinnliches Vermögen, nämlich eher als dies – oder zumindest auch – ein eingeborenes Moment der Vernunft, »ein Grundprinzip unserer Konstitution als Vernunftwesen«.[13] Wenn nun, wie dies gewöhnlich der Fall ist, die Gabe zurück schließen läßt auf den Geber, dann dürfte unter NATUR auch etwas anderes als eine vernunftlose, »blind« wirkende Entität verstanden werden müssen. Mit einem Ausdruck Leslie Stephens könnte man den moral sense »a kind of *intellectual* instinct«[14] nennen. Desgleichen, so möge nun unsere Vermutung lauten, könnte auch Shaftesburys Naturverständnis sowohl ein geistig-intellektuelles wie auch ein »ungeistig«-instinktives Moment eignen.

Nicht selten weisen die Ausführungen über die Natur in den ›Moralists‹ hymnischen oder wenigstens hymnenartigen Charakter auf. An den berühmten Sonnengesang des hl. Franz von Assisi erinnern die Beschreibungen von Luft, Wasser, Licht usw. im *1. Abschnitt* des *3. Teils:*

---

[12] Vgl. z. B. die Üb. von U. und Ch. Grawe, Stuttgart 1984.

[13] »Der ›moral sense‹ ist nach Shaftesbury ein Grundprinzip unserer Konstitution als Vernunftwesen, er ist eine Sache des ›mind‹, ›a prepossession of mind‹, er ist das Verhalten der ›rational creatures‹ gegenüber ›rational objects‹ in Vergleich gestellt mit dem Verhalten der ›sensible creatures‹ gegenüber ›sensible objects‹«. (So formuliert sehr pointiert Ch. F. Weiser, Shaftesbury und das deutsche Geistesleben, Leipzig 1916, Repr. Darmstadt 1969, S. 111.) Diese These wird dort und ebenso bei S. George, a. a. O., S. 71 ff. mittels Textnachweisen plausibel begründet. (Ohne Zweifel erinnert die »prepossession of the mind« an die stoische »Prolepsis«-Theorie.)

[14] L. Stephen, History of English Thought in the Eightteenth Century, Bd. 2, London 1902, S. 15; unsere Hervorhebung.

»And both the *Sun* and *Air* conspiring, so animate this *Mother-Earth*, that tho ever breeding, her Vigour is as great, her Beauty as fresh, and her Looks as charming, as if she newly came out of the Forming Hands of her Creator [...] *How* beautiful is the *Water* among the inferior Earthly Works! Heavy, Liquid, and Transparent [...]

But whither shall we trace the Sources of *the Light?* or in what Ocean comprehend the luminous Matter so wide diffus'd thro the immense Spaces which it fills?«[15]

Der bekannteste, nicht zuletzt von Herder, Goethe und anderen deutschen Klassikern bewunderte Naturhymnus Shaftesburys beginnt wie folgt:

»O *glorious Nature!* supremely Fair, and sovereignly Good! All-loving and All-lovely, All-divine! Whose looks are so becoming, and of such infinite Grace; Whose Study brings such Wisdom, and whose Contemplation such Delight; whose very single work affords an ampler Scene, and in a nobler Spectacle than all that ever Art presented! – O mighty *Nature!* Wise Substitute of *Providence!* impower'd *Creatreß!* Or Thow impowering *Deity,* Supreme Creator! Thee I invoke, and Thee alone adore.«[16]

Der Lobpreis der Natur geht ohne deutliche Zäsur in den Lobpreis ihres Schöpfers bzw. des Schöpfergottes über. Und wie die Natur – so unsere vorläufige Vermutung (vgl. den folgenden Abschnitt) – mit ihrem Schöpfer eine Einheit bildet, so stellt sie auch in sich bereits eine Einheit dar, deren »Glieder« alle und ausnahmslos durch »Sympathie« miteinander verbunden sind. Die Weltseele – »*Orginal* SOUL, diffusive, vital in all, inspiring *the Whole*«[17] – stellt gewissermaßen das Medium dieser »Sympathie« dar. Den ausführlichsten Versuch einer Klärung seines (in der Hauptsache stoischen) Sympathiebegriffs nimmt Shaftesbury in seinen privaten philosophischen Aufzeichnungen vor, dem ›Philosophical Regimen‹, entstanden zwischen 1698 und 1712[18]; daraus ein Beispiel:

»To sympathize, what is it? – To feel together; or to be united in one sense or feeling. The fibres of the plant sympathize, the members of the animal sympathize, and do not the heavenly bodies sympathize? Why not? – Because we are not conscious of this feeling. – No more are we conscious of the feeling or

[15] Shaftesbury, a. a. O., S. 378 f.

[16] A. a. O., S. 345.

[17] A. a. O., S. 370.

[18] Enthalten in: B. Rand (Hg.), Shaftesbury, Anthony Ashley Cooper. The Life, Unpublished letters, and Philosophical Regimen, London 1900.

sympathizing of the plant; neither can we be conscious of any other in the world besides that of our own.«[19]

Dieser Gedanke einer den ganzen Kosmos beseelenden All-Sympathie findet sich auch in der Schrift ›Die Moralisten‹ wieder (»All things in this world are *united*. For as the *Branch* is united with the *Tree*, so is the Tree as immediately with the *Earth*, *Air*, and *Water*, which feed it«[20]). Wir würden heute wohl von »ökologischem Denken« sprechen. Und dies nicht zu Unrecht, denn auch das Anprangern der neuzeitlichen Naturzerstörung verbindet den Barockphilosophen mit dem gegenwärtig wachsenden ökologischen Bewußtsein[21]: In alter Zeit war der Mensch Landmann gewesen, der ebenso friedfertig wie sorgfältig seine Scholle bestelle. Dann aber haben unglückselige, rastlose Menschen die Idylle gestört, den Erdball geplündert und die Eingeweide der Erde tiefer und tiefer durchwühlt:

»Unhappy restless *Men*, who first disdain'd these peaceful Labours, gentle rural Tasks, perform'd with such Delight! What *Pride* or what *Ambition* bred this Scorn? Hence all those fatal Evils of your Race. Enormous *Luxury*, despising homely Fare, ranges thro Seas and Lands, rifles the Globe; and Men ingenious to their Misery, work out for themselves the means of heavier labours, anxious Cares, and Sorrow. Not satisfy'd to turn and manure for their Use the wholesom and beneficial Mould of this their *Earth*, they dig yet deeper, and seeking out imaginary Wealth, they search its very Entrails.«[22]

Die Natur sei nicht um des Menschen willen da, sondern umgekehrt.[23] Die Natur ist ein einziger großer Kreislauf von Werden und Vergehen, in den auch der Mensch verflochten ist, der deswegen auch – zum Wohle des gemeinsamen Besten – eigenen Interessen »entsagen«, ja sich selbst »opfern« muß.[24] Als ganze betrachtet ist die Natur

---

[19] B. Rand (Hg.), a. a. O., S. 17 f.

[20] Vgl. a. a. O., S. 287 f.

[21] In der Retrospektive läßt sich eine solche Gemeinsamkeit auch zwischen ökologischem und Renaissancedenken feststellen, vgl. dazu: K. Gloy, a. a. O., Bd. II, S. 11–36.

[22] A. a. O., S. 376.

[23] »If *Nature* her-self be not for *Man*, but *Man* for NATURE; than must *Man*, by his good leave, submit to the *Elements* of NATURE, and not the *Elements* to him.« (A. a. O., S. 302)

[24] Vgl. z. B. ›Moralists‹, S. 214: »*Thus* in the several Orders of Terrestrial Forms, a *Resignation* is requir'd, a Sacrifice and mutual yielding of Natures one to another. The Vegetables by their Death sustain the Animals: and Animal-Bodys dissolv'd enrich the Earth, and raise again the Vegetable World. The numerous Insects are reduc'd by the

gut und ohne Makel (»I deny she errs«[25]). Nur die einseitige, ausschnittshafte und selektive Betrachtung verleiht ihr ein unvolkommenes und düsteres Aussehen, welches, verstärkt durch menschliche Phantasiegebilde, sich bis ins Monströse verzerren kann: »Monsters arise, but not […] from Libyan Desarts, but from the Heart of Man more fertile.«[26]

2) Shaftesburys Gottesbegriff

Die Shaftesburysche Konfundierung (bzw. »Diffusion«) von Schöpfer und Schöpfung bzw. Gott und Natur macht die hermeneutische Konturierung der letzteren zu keinem ganz mühelosen Unterfangen. Erschwerend kommt auch noch hinzu: »Das Verhältnis von Gott und Welt, Prinzip und Prinzipiertem hat Shaftesbury nicht ausdrücklich thematisiert.«[27] Uehlein fügt dem noch hinzu: »NATUR und Gott werden nie gleichgesetzt, die Begriffe scheinen aber dasselbe zu meinen: das Prinzip des Ganzen. Von beiden wird ausgesagt, daß sie höchste Vernunft und Weisheit sind.«[28] George glaubt demgegenüber Unterschiede zwischen Shaftesburys »Gott« und dessen »Weisheit« ausmachen zu können und sagt über dessen Naturverständnis: »Sie [die Natur] besitzt die Eigenschaften einer weisen Person und enthüllt sich schließlich als die Verkörperung der Weisheit.«[29] Diese Deutung läßt gleich an die alttestamentliche (augustinisch-böhmesche) Sophienlehre denken. Andererseits enthält Shaftesburys Kritik des Prometheus-Mythos im *Ersten Teil* der ›Moralists‹ erkennbar auch einen Seitenhieb auf die Sophienlehre und andere theoretische Konstrukte, bei denen vorgebliche Unvollkommenheiten der Schöpfung, anstatt gleich auf den Schöpfer selbst, auf

superiour Kinds of Birds and Beasts: and these again are check'd by Man; who in his turn submits to other Natures, and resigns his Form a Sacrifice in common to the rest of Things.« Auch bei Bentham wird von einer Entsagung der Menschen gegenüber bestimmten Privatinteressen die Rede sein: bezeichnenderweise allerdings nicht mehr zugunsten der Natur, sondern zu Nutz und Frommen der Gesellschaft.

[25] A. a. O., S. 213.

[26] Ebd. Ein solches »monströses« Ansehen erhält die Natur dann in den Schriften J. St. Mills (davon später mehr).

[27] F. A. Uehlein, Kosmos und Subjektivität. Lord Shaftesburys Philosophical Regimen, Freiburg/Br. 1976, S. 81.

[28] Ebd.

[29] S. George, a. a. O., S. 14.

vermittelnde Zwischenwesen zurückgeführt (»delegiert«, »abgeschoben«) werden. Den »Alten« wäre der Mensch als ein besonders gebrechliches und fehlerhaftes Wesen erschienen, weswegen diese nicht Jupiter, sondern lediglich Prometheus als seinen Schöpfer (und zugleich »Sündenbock«) haben namhaft machen wollen.

»This however [...] was but a slight Evasion of the Religious Poets among the Antients. 'T was easy to answer every Objection by a *Prometheus:* as, ›Why had Mankind originally so much Folly and Perverseness? Why so much Pride, such Ambition, and strange Appetites? Why so many Plagues, and Curses, entail'd on him and his Posterity?‹ – *Prometheus* was the Cause.«[30]

»– Excellent Account, to satisfy the Heathen *Vulgar!* But how, think you, wou'd a *Philosopher* digest this? ›For the Gods (he wou'd say presently) either cou'd have hinder'd *Prometheus's* Creation, or they cou'd not. If they cou'd, they were answerable for the Consequences; if they cou'd not, they were no longer Gods, being thus limitaded and controul'd. And whether *Prometheus* were a Name for *Chance, Destiny,* a *Plastick Nature,* or an *Evil Demon;* whatever was design'd by it, 'twas still the same Breach of *Omnipotence.*«[31]

In diesem Zusammenhang spricht Shaftesbury – in deutlich ironisierendem Tonfall – auch von den »Indischen Philosophen«, welche die Stabilität der Weltkugel mit deren Aufruhen auf dem Rücken eines riesigen Elefanten erklärt hätten, dessen festen Stand aber wiederum durch die Postulierung einer Schildkröte, welche dem Elefanten als Piedestal diene ... Offensichtlich wäre ihre Sache damit nur noch schlimmer da gestanden. Dasselbe gelte nun für die Prometheus-Gläubigen – und (neben anderen) auch für die Vertreter der Lehre von der schöpferischen oder bildenden Natur, der »Plastick Nature«.

Hierin liegt sicherlich eine ernstzunehmende Kritik an Cudworth sowie den Cambridge Platonikern[32] (eine solche, die die Leib-

---

[30] Shaftesbury, a. a. O., S. 201.

[31] A. a. O., S. 203.

[32] Offensichtlich auch eine solche an den Weltseelenlehren im allgemeinen- jedenfalls insoweit, als diese auch für Versuche zur Beantwortung der Theodizee-Problematik gelten sollen. Zunächst einmal scheint aber auch dann nachgefragt werden zu müssen, ob jemanden, der einen unheilvollen Zustand nicht verhindert, zurecht derselbe Vorwurf treffen sollte, wie dem, der diesen Schaden angerichtet hat. (Daß dem nicht so ist, scheint auch der »Heathen Vulgar« gespürt zu haben.) Den christlichen Gott als dem vollkommenen Wesen sollte freilich *überhaupt keine* Schuld nachsagbar sein. Was aber wäre, wenn sich dieser Gott selbst zurückgenommen hätte, um einer endlichen Schöpfung und einer nicht bis ins Letzte vorherbestimmten Natur- und Menschheitsgeschichte Raum zu gewähren? Und was wäre weiter, wenn der auf diese Weise unver-

nizsche Reform dieser Lehre nur noch verständlicher erscheinen läßt) aber zugleich auch ein wichtiger möglicher Hinweis auf eine weitere Konturierung der Shaftesburyschen Begriffe von Natur und Gott. Denn zum einen dürfte bereits klar geworden sein, daß dieser Denker, auf das Ganze seines Werks gesehen und seine grundlegenden Intuitionen betrachtet, durchaus in die antimechanistische Tradition platonistischen Philosophierens hinein gehört[33], zum anderen scheint er sich davon aber auch irgendwie distanzieren zu wollen. Der Scheide- und Differenzpunkt liegt wohl dort, wo sich Cudworth (wie vor ihm auch Böhme und die Renaissance-Philosophen) nicht scheut, im weitesten Sinne gnostische Elemente in seine Gedanken mit einfließen zu lassen. Dabei soll das Adjektiv »gnostisch« hier eher in einem bestimmten inhaltlich-thematischen als in einem historisch-kulturellen Sinne verstanden werden, und zwar auf eine Weise, die aus Schopenhauers folgendem Text über »die Gnostiker« hervor geht:

»Sie [die Gnostiker] führen [...] zwischen die Welt und jene Weltursache [Gott], eine Reihe Mittelwesen ein, durch deren Schuld ein Abfall und durch diesen erst die Welt entstanden sei. Sie wälzen also gleichsam die Schuld vom Souverän auf den Minister. [...] Das ganze Verfahren ist dem analog, daß, um den Widerspruch, den die angenommene Verbindung und wechselseitige Einwirkung einer materiellen und immateriellen Substanz im Menschen mit sich führt, zu mildern, physiologische Philosophen Mittelwesen einzuschieben suchten, wie Nervenflüssigkeit, Nervenäther, Lebensgeister und dergl. Beides verdeckt was es nicht aufzuheben vermag.«[34]

Dieses Verdikt gleicht dem Shaftesburyschen. Von Schopenhauers Konklusion, der kompromißlosen Abkehr vom Monotheismus zu-

---

meidbare »Schaden« von eben diesem zurückgezogenen Gott (dem *deus absconditus*) einst im Übermaß »gut gemacht« werden würde?

[33] Davon legt nicht nur Shaftesburys Weltseelenlehre beredtes Zeugnis ab. W. Schrader erkennt beispielsweise auch noch in dessen Ausführungen über die Immaterialität des Selbst den Einfluß Cudworths wieder: Vgl. W. H. Schrader, Ethik und Anthropologie in der englischen Aufklärung. Der Wandel der moral-sense-Theorie von Shaftesbury bis Hume, Hamburg 1984, S. 23.

[34] Schopenhauer, »Fragmente zur Geschichte der Philosophie«, in: Zürcher Ausgabe, a. a. O., Bd. VII, S. 74. Schopenhauer scheint mir mit seiner Rede von »Schuld und Abfall« primär auf Plotin (vgl. z. B. *Enneaden*, Buch II, Kap. 1) und mit den »physiologischen Philosophen« auf Descartes und die – mehr und mehr zum Materialismus hin tendierenden – Cartesianer verweisen zu wollen. (Bei Descartes spielen »ésprits animaux«, zusammen mit der Zirbeldrüse, eine unrühmliche Rolle im Zusammenhang mit seiner Behandlung des Leib-Seele-Problems.)

gunsten der Annahme eines blind wirkenden »metaphysischen Willens«, kann jedoch keinesfalls angenommen werden, daß sie auch diejenige Shaftesburys ist. Aber auch die weitverbreitete Auffassung von dessen Neuplatonismus[35] bedarf zumindest eines gewissen Vorbehalts[36]. Denn auch bei Plotin vermitteln Weltvernunft und Weltseele zwischen dem *Einen* und der materiellen Welt. Und letztere wird, ganz im Einklang mit dieser Konzeption und ähnlich wie von Schopenhauer, als ein sehr unvollkommener Seinsbereich geschildert. Auch dies will schlecht zu Shaftesburys – in diesem Aspekt an Leibniz erinnernde – optimistischer Auffassung einer »nicht irrenden« Natur *(natura naturans)* und ihrer (im Ganzen gesehen) rundum gelungenen Werke passen. Richtig verstanden ist Shaftesburys Naturphilosophie durchaus kohärent: Der materielle Seinsbereich ist von geradezu enthusiasmierender Schönheit und Vollkommenheit, so daß mit dem Wegfall eines verschuldeten Ergebnisses auch die »Schuld« (und der Schuldige) dahinfallen, d.h. es erübrigt sich jegliches »Abwälzen der Schuld vom Souverän auf den Minister«.

Bei all dem bleibt doch unleugbar, daß Shaftesbury von der beseelten Natur und von »Weltseele« spricht. Dies wirft einige weitere Fragen auf, auf die Antworten gefunden werden müssen, bevor Gewißheit über seinen Gottesbegriff herrschen kann. Eine davon lautet, ob »seine« Anima mundi, sicherlich im Unterschied zu den bis auf seine Zeit traditionellen Vorgaben[37], möglicherweise selbst gar nicht (im Unterschied zur *creata creatrix*) schöpferisch wirksam ist. Denn

---

35 Vgl. z.B. die Rede von dem »unverkennbar neuplatonischen Grundzug […] in Shaftesburys Denken«, in: O.F. Walzel, »Shaftesbury und das deutsche Geistesleben des 18. Jahrhunderts«, in: *Germanisch-Romanische Monatsschrift* 1 (1909), (416–437), S. 426; Vgl. auch M.F. Müller, »Shaftesbury und Plotinus«, in: *Germanisch-Romanische Monatsschrift* 7 (1915 bis 1919), S. 503–531; George, a.a.O., S. 46: »Shaftesbury steht in der Tradition des Platonismus, und zwar ist er ganz bewußter Anhänger dieser Philosophie«. In ›A Literary History of England‹, hg. von A. C. Baugh, London 1948, S. 837, findet sich der Hinweis: »His [Shaftesburys] theories spring from his belief that harmony with Nature leads to that *summum bonum*, serenity; that the three major aspects of Nature, the Good, the Beautiful, and the True, are at bottom one. A difficulty in his philosophizings was to reconcile *(a)* the idea that this is a divinely created and ordered, a perfect, world, and *(b)* the idea, that man should strive to improve his world. Shaftesbury, then, stresses man's natural appetite for these ultimates of Goodness, Beauty, and Truth, which drives man towards an ideal quasi-Platonic goal.«

36 Dies ist auch ein Hauptergebnis der Shaftesbury-Studie von F. Uehlein, vgl. a.a.O., S. 12.

37 In dieser Hinsicht scheint es keinen Unterschied zwischen den verschiedenen überlieferten Auffassungen (Sophienlehre, Gnosis, Neuplatonismus, Stoa) zu geben.

es wäre doch denkbar, daß Gott eine Natur geschaffen hat, die, ohne ein bloßer Mechanismus zu sein, sehr wohl beseelt ist, ohne doch selbst etwas (auch nicht mitwirkend – man denke hier etwa an die *causae secundae* der aristotelischen Scholastik) schöpferisch hervorzubringen. Nun kann eine solche, in sich vielleicht wirklich nicht widersprüchliche Vermutung gegenüber der Textlage allerdings nicht bestehen. (Man denke nur an den berühmten Naturhymnus aus ›Moralists‹ *III, 1,* darin die Natur *expressis verbis* eine mächtige »Schöpferin« genannt wird.) Somit stellt sich nun die weitere und weit wichtigere Frage nach dem Verhältnis von Natur und Gott: Denn ist die Natur auch Schöpferin, so muß sie – so eine neue Vermutung – nicht auch selbst Geschöpf sein. Zwar ist, wie im genannten Hymnus so auch an anderen Stellen, durchaus von Gott die Rede[38], aber auffälligerweise niemals von Gott als einem Schöpfer der Natur.[39] Zwar werden Natur und Gott auch niemals, wie in Spinozas berühmt-berüchtigtem »deus sive natura«, *expressis verbis* gleichgesetzt, doch gehen die (Ehren-)Bezeichnungen für diese wie für jenen oft genug bruchlos ineinander über[40]. Könnte es sein, daß Shaftesbury, zusammen mit den vorchristlichen Denkern, die Annahme eines Anfangs (und Endes) der Welt ablehnt, d. h. keine *creatio prima* oder *originalis,* wenn vielleicht auch eine *creatio continua* kennt?[41] Eine solche Abwendung vom Genesisbericht würde dann (entgegen unse-

[38] Z. B. in: *Moralists,* S. 372: »the *Author* and *Modifier* of these various motions« und »O wise Oeconomist, and powerful Chief, whom all the Elements and Powers of Nature serve!»

[39] Vgl. vorige Anmerkung. S. 352 wird Gott »the General-ONE of the World« genannt; »(Welten-)Schöpfer« oder »Schöpfer der Natur« (nicht im Sinne einzelner Erscheinungen, sondern des ganzen Kosmos) konnte ich demgegenüber nicht finden.

[40] So auch in der in der vorausgehenden Anmerkung erwähnten Textpassage: »General-ONE of the World«, »Divine Nature, our common Parent« (bezeichnenderweise »Elter«, nicht allein »Mutter«, wie in der deutschen Ausgabe – Phil. Bib. 111, S. 151 – übersetzt wird), »*Universal* and *Souvereign* GENIUS«.

[41] Eine erste Tendenz zu einer solchen Auffassung zeigt sich schon in Descartes Annäherung der beiden Schöpfungsbegriffe, welche im Verein mit seiner Rede von Gott als »causa sui« der Philosophie Spinozas vorarbeitete (vgl. R. Descartes, Meditationen über die Grundlagen der Philosophie mit sämtlichen Einwänden und Erwiderungen, hg. von A. Buchenau, Hamburg ²1973, S. 96). Dies gilt ein Stück weit sogar für das »deus sive natura« – vgl. a. a. O., S. 69: »Denn unter der Natur in ihrem umfassendsten Sinne verstehe ich nichts anderes, als entweder Gott selbst oder die von Gott eingerichtete Gesamtordnung der geschaffenen Dinge.« (Vgl. hierzu auch die interessanten Bemerkungen zu Descartes Konfundierung von »Grund« und »Ursache« in: A. Schopenhauer, Über die vierfache Wurzel des Satzes vom zureichende Grunde, §7).

rer ursprünglichen und anderer Autoren Vermutung) endlich doch eine beachtliche Distanz zu den Cambridge-Platonikern sichtbar werden lassen. Ließe sich dann insbesondere noch Georges Satz weiter aufrechterhalten, daß Shaftesbury »in ihrem Sinne« philosophiert habe? In diesem Zusammenhang bemerkt der Klassiker der neueren englischen Philosophiehistorik, Leslie Stephen (der Vater Virginia Woolfs):

»He had been profoundly influenced by Hobbes' great opponents, the Cambridge Platonists, and had even written a preface to a volume of sermons published by Whichcote – one of their number. His sceptical tendencies, indeed, prevented him from being a thorough disciple of the school, though their spirit permeates his pages.«[42]

Dem kann man nur zustimmen. Shaftesbury philosophierte im antimaterialistischen Sinne der »Cambridger«, unterschied sich aber beträchtlich von dem weitgehenden christlichen Konformismus dieser Denker. Und in dieser Hinsicht widerspricht er auch der christlichen Weltanschauung und theistischen Religionsphilosophie John Lockes.

Locke hatte in dem *Vierten Buch* seines philosophischen Hauptwerks einen Gottesbeweis geführt, welcher (wie gesehen) sich unter anderem auch auf die Prämisse stützt, ein nicht denkendes Wesen könne kein denkendes erzeugen (bzw. eine materielle Substanz nie eine immaterielle). Dagegen erhebt nun Shaftesbury, bzw. eine seiner Kunstfiguren, ein von ihm so genannter »kritischer Akademiker«, diesen Einwand:

»The spiritual Men may, as long as they please, represent to us, in the most eloquent manner, 'That *Matter* consider'd in a thousand different Shapes, join'd and disjoin'd, vary'd and modify'd to Eternity, can never, of it-self, afford one single Thought, never occasion or give rise to any thing like Sense or Knowledg'. Their Argument will hold good against a *Democritus*, an *Epicurus*, or any of the elder or latter *Atomists*. But t'will be turn'd on them by an examining *Academist:* And when the two Substances are fairly set asunder, and consider'd apart, as different kinds; t' will be as strong Sense, and as good Argument, to say as well of the *immaterial Kind;* ›That do with it as you please, modify it a thousand ways, purify it, exalt it, sublime it, torture it ever so much, or rack it, as they say, with thinking; you will never be able to produce or force the contrary Substance out of it‹. The poor Dregs of sorry *Matter* can no more be made out of the simple pure Substance of immaterial

[42] L. Stephen, a.a.O., Bd. II, S. 24.

Thought, than the high Spirits of *Thought* or *Reason* can be extracted from the gross Substance of heavy *Matter.*«[43]

Ebenso wenig wie aus Materie ein Gedanke zu bilden ist, kann aus Gedanken (auch nicht aus denen eines – annahmegemäß – allmächtigen, nämlich göttlichen Wesens?) ein Stück Materie hervorgehen: »So let the *Dogmatists* make of this Argument what they can«. Damit beschließt Shaftesbury seine Kritik an einem zu seiner Zeit in sehr hohem Ansehen stehenden Gottesbeweis – nicht ohne selbst eine Konsequenz aus diesem Argument zu ziehen. Mutmaßlich aus Vorsichtsgründen (Respekt vor dem Einfluß der »Dogmatiker« …) tritt diese in der unauffälligen Form einer zusätzlichen Bemerkung auf: »'tis not about what was *First*, or *Foremost*, but what is *Instant*, and *Now* in being. For if DEITY be *now* really extant, if by any good Token it appears that there is *at this present* a Universal Mind; 'twill easily be yielded there *ever* was one.«[44] Die Frage nach dem Anfang – sei es der materiellen, sei es der immateriellen Welt – sei grundsätzlich unbeantwortbar, da niemals das eine ohne das andere gesetzt werden könne. D. h. die prinzipielle Unbeantwortbarkeit dieser Fragestellung läßt deren Ersetzung durch eine bessere als vernünftig erscheinen; diese lautet: Was ist jetzt? Damit ist erstmals eine Antwort, die sich auf eine Tatsache[45] beziehen kann, möglich geworden: Denn jetzt nehmen wir eine geordnete Natur wahr, welche laufend sinnvoll geordnete Lebewesen hervorbringt,[46] also über Weisheit verfügt, d. h. wir *erfahren* die Tatsache des Daseins und Wirkens einer »Gottheit« (DEITY). Daraus scheint aber gefolgert werden zu können: Shaftesburys Gottesbegriff ist der pantheistische.

3) Die Ethik Shaftesburys und seiner unmittelbaren Nachfolger

Dieser, näherhin betrachtet, optimistische (und dem weniger aufmerksamen Leser sicherlich weitgehend verborgen bleibende) Pantheismus läßt sich in Shaftesburys Moral- und Religionsphilosophie

[43] Shaftesbury, a. a. O., S. 296 f.

[44] A. a. O., S. 297.

[45] Dies wird in dem auf den zuletzt zitierten Satz folgenden bekräftigt: »upon *Fact*«.

[46] Hinweise auf die Zweckmäßigkeit der Naturprodukte finden sich sehr häufig in den Schriften Shaftesburys (und gewöhnlich wie Selbstverständlichkeiten auch in denen seiner Zeitgenossen); z. B. *Moralists*, a. a. O., S. 308 ff.

wiederfinden. Zwar gibt es darin einige Zugeständnisse an die religiösen »Dogmatiker«, darunter sogar Ausführungen über ein Leben nach dem Tode, aber dabei versteht es der welt- und wortgewandte Philosoph sehr wohl, seine eigene Option und Perspektive ausschließlich dem sehr aufmerksamen Leser transparent werden zu lassen. Und diese seine »Optik« ist auf das diesseitige Leben gerichtet, wobei schon darin der »Finger der Vorsehung« (letzteres in seinem pantheistisch modifizierten Sinn) erkennbar sein soll. Denn ganz »natürlicherweise« führten Tugenden Glück, Laster dagegen Unglück in ihrem Gefolge. Die Menschen (einschließlich der Theologen) seien gut beraten, ihr Augenmerk auf schon in diesem Leben sichtbar werdende Spuren einer moralischen Weltordnung zu richten. Die Feststellung des Fehlens einer innerweltlichen moralischen Ordnung mache den Glauben an eine transzendente nämlich nicht plausibler, im Gegenteil:

»From so uncomely a Face of things *below*, they [men] will begin to think unfavourably of all *above*. By *the Effects* they see, they will be inclin'd to judg *the Cause*, and by the Fate of *Virtue* to determine of *a Providence*. But being once convinc'd of Order and a Providence as to things *present*, they may soon be satisfy'd even of *a Future State*. For if Virtue be to it-self no small Reward, and Vice in a great measure its own Punishment; we have a solid ground to go upon. The plain Foundations of a distributive Justice, and due Order in this World, lead us to conceive a further Building. We apprend a larger Scheme …«[47]

---

[47] Shaftesbury, a. a. O., S. 276. Dieses »larger Scheme« bleibt jedoch seltsam nebulös-unbestimmt; auch schneidet Shaftesbury diese Aussicht nicht selten abrupt ab. Der Gedanke einer immanenten moralischen Weltordnung hat sicherlich auf den Theologen Samuel Joseph Butler und von dort aus (meiner Vermutung nach) weiter auf die Pastorentochter Jane Austen gewirkt. Über die Leiden der Sünder in diesem Leben schreibt Butler: »These things are not what we call accidental, or to be met with only now and then, but they are things of every-day experience. They proceed from general laws, very general ones, by which God governs the world in the natural course of His providence.« (Ders., ›The Anology of Religion, Natural and Revealed‹, London [3]1887, S. 37). Eine Seite zuvor beschreibt er das Schicksal von schweren Missetätern, welches zu schildern Jane Austen nicht müde geworden ist (man denke nur an ihre ruchlosen Verführer Mr. Willoughby, Mr. Elton, Mr. Crawford …): »There is a certain bound of imprudence and misbehaviour, which being transgressed, there remains no place for repentance in the natural course of things.« Im *Elften Abschnitt* seiner ›Untersuchung über den menschlichen Verstand‹ gibt Hume zu bedenken, »daß für einen wohlgeratenen Charakter jeder Vorteil auf seiten der ersteren [d. i. der tugendhaften Lebensführung] liegt.« Und daraufhin – wohl durchaus im Sinne Shaftesburys – fügt er an: »Gibt es irgendwelche Anzeichen für eine austeilende Gerechtigkeit in der Welt? Bejaht ihr diese Frage, so

Ähnlich wie zuvor bei Calvin und später bei Goethe (vgl. z. B. die Weisheit des Harfners in ›Wilhelm Meisters Lehrjahre‹: »Alle Schuld rächt sich auf Erden«) aber diesbezüglich in geradem Widerspruch zu Platon[48], erfolgen die Belohnung des Verdiensts und die Rache der Schuld schon in der sichtbaren Welt. Die dies vollbringende Instanz ist bei Shaftesbury jedoch kein transzendenter und noch nicht einmal eigentlich ein immanenter Gott, als vielmehr die Natur selbst – und hier wiederum weniger die äußere als die innere Natur des Menschen. Zu deren Beschaffenheit gehört es einfach dazu, daß die Tugend Freude und Glück und das Laster Trauer und Unglück in ihrem Gefolge führen. Das alte *sequitur naturam* bekommt darüber hinaus die neue Bedeutungskomponente, der Mensch sei gut beraten, der eigenen menschlichen Natur zu folgen, die ihn ohnehin von innen heraus (man vergleiche damit den Begriff des Eros in Platons ›Symposion‹) zur Bewunderung des Schönen und zum Tun des Guten dränge. Die »erotischen« Gebote der in sich guten menschlichen Natur lassen dabei den Verweis auf die göttlichen Gebote als letztlich obsolet erscheinen. Der moralische Wert bzw. die Tugendhaftigkeit einer Handlung bedarf damit auch nicht länger einer metaphysischen Rückbindung an den göttlichen Willen bzw. an das offenbarte Gebot; das nun als Fessel empfundene metaphysisch-religiöse Sicherungsseil wird abgeworfen und die Tugend schwebt befreit aber gefährdet als Ideal *sui generis* im der menschlichen Natur zugänglichen Raum der natürlichen Welt.

Wolfgang Schrader bemerkt in diesem Zusammenhang:

»Shaftesburys Formulierung, daß die ›Rechtschaffenheit oder Tugend an sich selbst‹ zu betrachten sei, erscheint insofern als das Programm einer Ethik, die auf die theologische Fundierung ihrer Prinzipien Verzicht leisten will und die Befreiung der Moral aus den Fesseln der Religion intendiert. Der in der ›Inquiry‹ unternommene Versuch, eine ›naturalistische‹ Tugendauffassung zu

---

folgere ich, daß der sich hier äußernden Gerechtigkeit Genüge geschieht. Verneint ihr die Frage, dann schließe ich, daß ihr keinen Grund habt, Gerechtigkeit in dem uns geläufigen Sinne den Göttern zuzuschreiben.«

[48] Vgl. z. B. ›Gorgias‹, Kap. 78 – bis zum Schluß (St. 522 ff.) und den »Siebenten Brief« (v. a. St 335.). Sehr einsichtig bemerkt zu diesem Thema »erfahrbare göttliche Vorsehung« Hermann Lotze: »Immer findet die Phantasie in dem Weltlauf Spuren einhelliger und gütiger Weisheit; immer neben ihnen auch andere der Zwietracht, der Härte und Grausamkeit; Vieles, wodurch sie zum Glauben an eine heilige Vorsehung geleitet wird, Vieles, dem nur zu Trotz sie diesen Glauben festhalten kann.« (Lotze, Mikrokosmus, a. a. O., Dritter Band [8. Buch, 4. Kapitel], S. 334 f.)

entwickeln und die theologische Überformung der Ethik abzustreifen, begründet die Bedeutung Shaftesburys als Aufklärer und veranlaßt die nachhaltige Wirkung seines ethischen Werkes in den ersten beiden Dritteln des 18. Jahrhunderts.«[49]

Schrader hat die Entwicklung der englischen Aufklärungsphilosophie von Shaftesbury bis zum letzten Drittel des achtzehnten Jahrhunderts klar und instruktiv herausgearbeitet – eine Entwicklung, die er mit dem in Humes Werk ausgemachten Anfang der im engeren Sinne utilitaristischen Ära beschließt. Dieser Anfang markiert, wie sich dem hinzufügen ließe, zugleich den Beginn der Industriellen Revolution. Wenn man darüber hinaus mit Friedell, Collingwood und anderen davon ausgeht, daß in der dominierenden (Moral-)Philosophie einer historischen Epoche die untergründigen Wertungen der diese Epoche bestimmenden Gesellschaft ans Licht kommen, dann scheint um 1770 die Herrschaft eines Zeitgeistes einzusetzen, der ganz von dem Gedanken des Nutzens für die (eigene) Gesellschaft beherrscht ist. Eine menschliche Gesellschaft aber, die primär an ihren eigenen Nutzen denkt, wird *eo ipso* zu Lasten alles Nichtmenschlichen agieren, d.h. zu Lasten (des) Gottes(-dienstes) und der Natur. Eine Tendenz zur Abwendung von der Religion ist schon im Fortgang der Geistesgeschichte von Cudworth und den Neuplatonikern über Newton und Clarke bis hin zu Shaftesbury spürbar. Die Abwendung von der Natur wird in der Geistesgeschichte und insbesondere in der Geschichte der Ethik nach Shaftesbury immer deutlicher erkennbar werden.

Shaftesburys unmittelbare Nachfolger waren Francis Hutchesons (1694–1747) und Bernard Mandeville (1670–1733). Beider Werk kristallisiert sich um den Nukleus des eben dargestellten Grundgedankens der Shaftesburyschen Ethik von der autonomen tugendhaften Natur des Menschen: In positiv-kritischer Hinsicht bei ersterem, in negativ-kritischer bei letzterem. Trotz ihres antagonistischen Verhältnisses zueinander, betrachten beide Shaftesbury nicht nur als die bedeutsamste philosophische Erscheinung ihrer Zeit – sie

[49] W. H. Schrader, Ethik und Anthropologie in der englischen Aufklärung, a.a.O., S. 3. In einer Fußnote (10) fügt der Autor hinzu: »Die Vermutung Berkeleys, Shaftesbury sei ein ›Freidenker‹ und Begründer der Freidenkerei, erweist sich damit als eine scharfsichtige Beobachtung, die den Nerv der Lehre Shaftesburys (trotz aller sonstigen Mißverständnisse) trifft.«

folgen auch mit größter Selbstverständlichkeit der in seinem Werk vollzogenen ethischen Interessenverschiebung.

Hobbes und imgrunde auch Locke hatten das Gute auf »pleasure« reduziert. Wie später bei Priestley, der bewußt wieder an diese Traditionslinie (Bacon -) Hobbes – Locke anknüpfen wird,[50] besteht das Gute für Hobbes genauerhin im Glück (»felicity«) des Menschen, und dieses sei »a continual progress of the desire, from one object to another«[51]. Gerade Hobbes ist das Hauptangriffsziel der Cambridge Platoniker gewesen, welche ihm (ebenso wie ihre Nachfolger Newton und Clarke[52]) entgegen hielten, daß das wahre Gut des Menschen *nicht* durch die passiv erfahrene Richtung der Wünsche und Triebe, sondern allein durch Einsicht erkannt werden könne. Die entscheidende Frage, die diese Philosophen (und einige andere, wie z. B. Cumberland) bewegte, lautet, *wie* das Gute für Philosophen, nämlich mittels vernünftiger Einsicht, zu erkennen sei (auf dem Weg über eine Untersuchung des menschlichen Wesens, des göttlichen Willens, der Verhältnisse zwischen den Dingen …?): das *daß* dieser Erkennbarkeit war dabei in dieser post-Hobbesschen Epoche bereits vorausgesetzt und dies selbst für Locke, der in seinen moralphilosophischen Äußerungen durchwegs rationalistisch argumentiert. Von dieser philoso-

[50] Diese Traditionslinie ist auch die der »Progressiven«, der »Fortschrittsgläubigen«, oder eben der »Modernen«, welche die Leistung der Klassiker für weniger bedeutend und weniger wissenswert veranschlagt hatten als die der damals zeitgenössischen Wissenschaftler, Gelehrten und Künstler. »In 1690, in the second volume of his *Miscellanea*, Sir William Temple published ›An Essay upon the Ancient and Modern Learning‹, and by so doing brought to the sharp focus in England a critical controversy that had been developing for several decades. In France a few years earlier Charles Perrault had put forward the claims of the Moderns to have surpassed the Ancients, and in 1688 Fontenelle had had surported those claims in his *Digression sur les ancients et les modernes.*« (James Sutherland, English Literature in the late Seventeenth Century, Oxford 1969, S. 394) Lord Macaulay (1800–1859) hat das Credo der »moderns« später sehr schön und konziliant in die folgenden Worte gefaßt: »We are guilty, we hope, of no irreverence towards those great nations to which the human race owes art, science, taste, civil and intellectual freedom, when we say, that the stock bequeathes by them to us has been so carefully improved that the accumulated interest now exceeds the principal. We believe that the books which have been written in the languages of western Europe, during the last two hundred and fifty years – translations from the ancient languages of course included – are of greater value than all the books which at the beginning of that period were extant in the world.« (Ders., Essays, London 1869, S. 356)

[51] Thomas Hobbes, English Works, hg. von W. Molesworth, Bd. III, S. 85 (zit. nach Schrader, a. a. O., S. XV).

[52] Vgl. z. B. Samuel Clarkes ›A Discourse upon Natural Religion‹ von 1706 (Nachdruck New York 1965).

phischen Frage ist offensichtlich die empirische, *warum* Menschen bei bestimmten Gelegenheiten moralisch handeln, deutlich unterschieden. Es ist paradigmatisch das Werk Shaftesburys, darin sich das ethische Interesse von der philosophischen Frage nach den Erkenntnisgründen des Guten hin zu der Frage nach den empirischen Beweggründen für gute Handlungen verlagert. Darin liegt zunächst noch kein Widerspruch gegenüber dem ethischen Platonismus von Cudworth, Clarke und ihren philosophischen Diskussionspartnern: ein solcher wird dann imgrunde erst durch Francis Hutcheson konstruiert.

Dieser schottische Aufklärer macht aus dem von Shaftesbury gelegentlich, noch weitgehend undefiniert und unsystematisch übernommenen Begriff des »moral sense« den Schlüsselbegriff der Ethik und die tragende Mitte seiner gesamten Moralphilosophie.[53] In diesem Zusammenhang stellt er auch die, seines Erachtens entscheidende, Frage, die dann Hume in seiner Untersuchung über die Moral wiederholen wird, ob denn der Mensch infolge einer vernünftigen Erwägung oder aufgrund einer natürlichen Anlage moralisch handle? Hutcheson wie Hume halten die nonkognitivistische Antwort für die richtige, aber im Unterschied zu des ersteren ›Inquiry‹, darin utilitaristische Gedanken bereits in der Einleitung ein für alle mal verabschiedet werden, wird dieser Ansatz in Humes ›Enquiry‹ weitgehend in den Utilitarismus überführt und darin sogar aufgelöst werden. Die utilitaristische Moral ist von der platonischen fast genauso weit entfernt wie diejenige Hobbes' oder Aristipps. Diesem neuen Antiplatonismus der posthumeschen Zeit des letzten Drittels des achtzehnten Jahrhunderts wird sich allerdings keine neue Platonikerschule mehr entgegenstellen wie dies ein Jahrhundert zuvor der Fall gewesen ist. So waren neben den wirtschaftlichen und tech-

---

[53] Vgl. seine ›Inquiry into the Original of our Ideas of Beauty and Virtue; in two Treatises‹ (London 1725), Second Treatise, Chapter 1 (»Of the Moral Sense by which we perceive Virtue and Vice, and approve or disapprove them in others«). Engl. neu als Bd. 1 der »Collected Works of Francis Hutcheson«, Hildesheim 1971, S. 107–124; deutsch (Sec. Treat.) als: Francis Hutcheson, Über den Ursprung unserer Ideen von Schönheit und Tugend, hg. und üb. von W. Leidhold, Hamburg 1986, S. 17–31. Zur Einführung in Hutchesons Moralphilosophie vgl. dessen »Illustrations on the Moral Sense«, deutsch: F. Hutcheson, Erläuterungen zum moralischen Sinn, hg. und übers. von J. Buhl, Stuttgart 1984.

Der Begriff des »moral sense« erscheint jedoch bereits bei dem Shaftesbury wohlbekannten Cambridger Neuplatoniker Henry More (vgl. Schrader, a.a.O., S. 11, Anm. 25).

nischen auch die »ideologischen« Weichen gestellt und das industrielle Zeitalter konnte beginnen.

Aber vorerst zurück zu Hutcheson: Ein »moral sense« wie auch ein »sense of beauty« gehören zu der unveränderlichen Natur des Menschen, die sich somit keineswegs im Selbsterhaltungstrieb und in der Suche nach »pleasures« erschöpft. Von Natur aus zieht der Mensch die Tugend allen Vergnügungen vor, wogegen er das Laster für schlechter als jedes andere Elend hält.[54] Das zwischenmenschliche Verhalten wird ursprünglich durch ein uneigennütziges Wohlwollen bestimmt, welches den Menschen zur uneigennützigen oder uninteressierten Bosheit unfähig macht.[55] Dieser Moralismus des Menschen ist ebenso universal verbreitet und frei von pädagogischen und kulturellen Einflüssen wie das ästhetische Wohlgefallen an regelmäßigen geometrischen Körpern, wie sie z. B. Kugeln darstellen.

Hutcheson sagt von den Schriften Shaftesburys, man werde sie schätzen, solange noch ein wenig Denkvermögen unter den Menschen zurückbleibe.[56] Allerdings bedauere er, daß der Lord es nicht unterlassen habe, ihnen einige seiner persönlichen Vorurteile beizumischen, die er gegen das Christentum angenommen habe.[57] Gewöhnlich unterläßt es der frömmere Hutcheson nicht, überall dorthin, wo Shaftesbury NATURE schreibt bzw. schreiben würde, »the AUTHOR of Nature« zu setzen .[58] Und doch scheint er bei all dem nicht bemerkt zu haben (oder wollte er es nur nicht wahrhaben?), wie sehr und grundlegend dessen ganze und auch seine eigene Lehre einem zentralen Dogma der christlichen Religion, der Lehre von der Verderbtheit der menschlichen Natur (bzw. dem Dogma der »Erbsünde«), widerspricht. -Ein Feind des Christentums und ein sogar als »man-devil« (»Teufelsmensch«) verschrieener Denker derselben Zeit hat es gemerkt.

Bernard Mandeville ist gewissermaßen der feindliche geistige Bruder Francis Hutchesons, der die christliche Maske Shaftesburys plötzlich (1723, in dem Jahr der gemeinsamen Veröffentlichung der ›Fable of the Bees‹ zusammen mit ›A Search into the Nature of Society‹) fallen ließ.[59] Die berühmt-berüchtigte ›Bienenfabel‹ wurde in

---

54 Vgl. Hutcheson, a. a. O., Treatise *II*, Kap. *VI*.

55 A. a. O., Kap. II.

56 A. a. O., Vorwort (zur 2. Aufl.), S. 8.

57 Ebd.

58 Vgl. z. B. The Preface (zur 1. Aufl.), a. a. O., S. vii.

59 »Noch 1720, in den ›Freien Gedanken über Religion, die Kirche und nationale

der kurzen Urfassung bereits 1705 mit großem Erfolg als Flugschrift in den Straßen Londons verkauft. Sie trug damals noch den Titel ›The Grumbling Hive‹, also »Der murrende Bienenstock«. Den »gelehrten Kreisen« wurde das Werk aber erst später bekannt, nämlich in gebundener, erweiterter und mit theoretischen Reflexionen intellektuell anspruchsvollaufbereiteter Form. Der Inhalt der Fabel ist schnell nacherzählt: In einem Bienenstaat herrschen anfänglich wenig tugendhafte Zustände – Egoismus, Luxusstreben, Prunk- und Streitsucht, Konsumismus, geheime Laster und Korruption halten die Bienenbürger »auf Trab«, lassen nebenher aber auch das Gemeinwesen prosperieren. Jupiter, der Betrachtung dieses bunten Treibens eines schönen Tages müde geworden, bewegt die Bienenherzen zur Frömmigkeit und Tugend, woraufhin die vormals lustigen Geschöpfe schamerfüllt zu aufrichtigen Asketen werden. Das Ergebnis ist, daß viele Berufsgruppen und Gewerbe ihren Sinn und ihre Klientel verlieren, Handel und Wirtschaft verkümmern. Der Bienenstaat schrumpft zu einem Bruchteil seiner ursprünglichen Größe und zieht sich friedfertig aber völlig verarmt in einen hohlen Baum zurück. Das in Schüttelreimen verfaßte Gedicht endet mit dem Hinweis darauf, daß, wer reine Tugend will, es auch (wie bereits im »Goldenen Zeitalter«) in Kauf nehmen muß, kaum mehr als Eicheln auf seinem Speisezettel vorzufinden:

»Frand, Luxury and Pride must live,
While we the Benefits receive […]
Bare Virtue can't make Nations live
In Splendor; they, that would revive
A Golden Age, must be as free,
For Acorns, as for Honesty.«[60]

Glückseligkeit‹, hatte er völlig mit Shaftesburys, vor allem durch dessen ›Charakteristika von Menschen, Sitten, Meinungen und Zeiten‹ […] berühmten Ansichten übereingestimmt. Beide verehrten Pierre Bayle, mit dem Shaftesbury persönlich befreundet war. Gleich Mandeville war Shaftesbury ein glühender Verfechter der Idee des Gesellschaftsvertrages und der konstitutionellen Monarchie. Beide traten für religiöse Toleranz ein und beide bekämpften jede Form von Aberglauben und religiösem Fanatismus.« (G. Walch, Nachwort [»Versuch über Philopirie«] zu: Bernard Mandeville, Die Bienenfabel [»Bibliothek des 18. Jahrhunderts«], München 1988, S. 422). Die ›Free Thoughts on Religion, the Church and National Happiness‹ wurden neu herausgegeben als Faksimile-Neudruck der Ausgabe London 1729 in Stuttgart-Bad Cannstadt 1969.

[60] Bernard Mandeville, Die Bienenfabel oder Private Laster, öffentliche Vorteile, eingel. von W. Euchner, Frankfurt/Main 1968, S. 79.

In seinen erläuternden Reflexionen legt Mandeville Wert auf die Feststellung, daß der Sinn seiner Fabel nicht in einer Aufforderung zu Betrug, Luxus und Stolz liege[61], sondern in der Feststellung, daß gerade diejenigen Eigenschaften, deren sich die Menschen schämen oder zu schämen vorgeben, die großen Stützen blühender Gemeinwesen darstellen. Auch gibt er zu erkennen, wie wenig es ihm überhaupt um eine sittliche Verbesserung des Menschen ginge. Statt dessen wolle er einfach sagen, wie der Mensch beschaffen ist und wie es bei dem Menschen zu dem kommt, was man gemeinhin moralisches Handeln nennt. Die erste Frage beantwortet er sinngemäß dahingehend, daß jeder Mensch von Natur aus – nicht anders als alle ungezähmten Tiere – ganz ohne Rücksicht auf das Wohlbefinden seiner Mitmenschen darauf aus sei, die je eigenen Bedürfnisse zu befriedigen. -Man hat in solchen Ausführungen oftmals einen Einfluß Hobbes' auf Mandeville erkennen wollen; dabei wurde jedoch übersehen, daß die Verderbtheit der menschlichen Natur nicht zuletzt auch kein ganz unwesentlicher Bestandteil der christlichen Morallehre ist (mit besonderem Gewicht in der augustinischen und später protestantischen Tradition, welcher Mandeville – ein gebürtiger Holländer, später englischer Staatsbürger – angehört). Es stellt einen erstaunlichen geistesgeschichtlichen Sachverhalt dar, daß die erklärten Verteidiger des Christentums unter seinen Zeitgenossen in ihrer Kritik an dem Spötter so tun, als wäre gerade auch dessen niedrige Meinung von der (gefallenen) menschlichen Natur ein unchristlicher Charakterzug seines mutmaßlich und vorgeblich so gefährlichen Denkens. Daran läßt sich ablesen in welch hohem Maße – auch in den Köpfen der Theologen und philosophischen Apologeten des acht-

[61] Auf diese immoralistische Weise ist die Fabel von Anfang an verstanden worden. So beginnen etwa William Laws ›Remarks upon a book entitled ›The Fable of the Bees‹‹ von 1724 mit den Worten: »Sir, I have read your several Compositions in favour of the Vices and Corruptions of Mankind …« Ganz ähnlich bemerkt George Bluet bereits im *Preface* in seiner Schrift ›An Enquiry whether a general practice of Virtue tends to the Wealth or Poverty, Benefit or Disadvantage of a People‹ von 1725: »There needs no great Wit, and much less Logick, to recommend the Practice of Vice. Treatises of Impiety will subsist, and find Applause from their own intrinsick Value …« Vereinzelt ist Mandeville jedoch auch als »an unusually austere moralist« gedeutet worden, vgl. dazu Hector Monro, The Ambivalence of Bernard Mandeville, Oxford 1975 (Zitat S. 1). Im Hintergrund all dieser Deutungen und Diskussionen lauert dabei stets die (als gefährlich geahnte) Frage, ob die Idee einer christlichen Gesellschaft überhaupt mit den Grundsätzen eines liberalen und kapitalistischen Staates in Übereinstimmung zu bringen sei.

zehnten Jahrhunderts – spezifisch christliches Denken von allgemein humanistischem Gedankengut verdrängt oder überformt worden ist.

Bereits auf den ersten Seiten seiner ›Search into the Nature of Society‹[62] bemerkt Mandeville, daß die Gedanken »Seiner Lordschaft« (d.i. Shaftesburys) den seinigen kaum radikaler entgegengesetzt sein könnten: jene stellten zwar ein großes Kompliment an die Menschheit dar – »wie schade nur, daß sie falsch sind!« Er, Mandeville, ziehe es dagegen vor, sich dem alten und großen Strom moralphilosophischen Denkens vor dem Erscheinen der ›Charakteristics‹ einzuordnen, wonach es »keine Tugend ohne Selbstverleugnung geben könne«. Die folgenden Ausführungen lassen jedoch nichts über die traditionelle Vorstellung von einem, die menschliche Natur überwinden könnenden Vernunftvermögen (oder auch moralischen Sinn) erkennen.[63] Auch von einem göttlichen Gnadenbeistand ist keine Rede, wohl aber einiges von militärischem und staatsbürgerlichem Drill sowie von guten Regierungen, denen es gelänge, die Menschen zu zivilisieren (womit wohl hauptsächlich »zu zähmen« gemeint sein dürfte). Dies sind dann doch deutlich Hobbessche Töne, welche den Atheismus-Verdacht seiner Zeitgenossen letztendlich nicht ganz ungerechtfertigt erscheinen lassen.[64] Damit

62 Deutsch in: Bernard Mandeville, Die Bienenfabel, hg. von G. Walch, a.a.O., S. 309f.

63 Im Unterschied etwa zu denen seines berühmtem Zeitgenossen Alexander Pope. In dessen ›Essay on Man‹ (»Epistle II«) ist zu lesen: »Two Principles in Nature reign; Self-love, to urge, and Reason, to restrain«. Sicherlich nicht unbeeinflußt von Shaftesbury, greift Pope neben platonischen insbesondere auch stoisches Gedankengut auf. So erinnert die Theodizee seines ›Essay‹ sehr an den Anfang von Senecas Schrift über die göttliche Vorsehung. Auch sein Naturbegriff ist für unsere Belange sehr interessant, denn gleich den Stoikern und (Cambridge-)Platonikern sieht er eine »chain of love« durch das ganze Weltall reichen. In diesem Zusammenhang (»Sympathielehre«) verwendet er auch den Begriff einer »plastic Nature« (vgl. den Beginn der Epistle III). Weiterführende Ausführungen zu Popes geistesgeschichtlichem Hintergrund finden sich z.B. in der »Introduction« von M. March in: Alexander Pope. An Essay on Man (»The Twickenham Edition of the Poems of Alexander Pope«), Bd. III, i, London 1993, S. xi bis lxxx.

64 Hinzu kommt der deutlicher werdende Oberton des bis zum offenen Sarkasmus gehenden, schneidenden Spotts. Shaftesburys nur auf bestimmte Menschen oder menschliche Eigenschaften bezogener »test by ridicule« wird nun nicht selten auf den Menschen selbst (Kant: die »Menschheit«) ausgedehnt. Dieser Test hatte übrigens schon einen gewissen Vorläufer in den Komödien Molières; dieser schreibt selbst dazu im Vorwort zu seinem Meisterwerk, dem ›Tartüff‹: »Am wirksamsten greift man die Laster an, wenn man sie dem Gelächter der Welt preisgibt.« (Man wird in diesem Zusammenhang auch an Schillers Idee des Theaters als moralischer Anstalt denken.)

aber wären wir zu der Konklusion gelangt, daß sich der Pantheismus seines ursprünglichen Meisters Shaftesbury bei Mandeville zum Materialismus (bzw. die Gottnatur zur Materie) gewandelt hat. Ein solcher Materialismus wird auch einen wichtigen Faktor der Ideologie der Industriellen Revolution darstellen. Zuvor werden jedoch die beiden zweifellos größten angelsächsischen Philosophen dieses Jahrhunderts, Berkeley und Hume, noch einmal kraftvoll ein weit differenzierteres Gedankengut vorstellen – und, verbunden damit, auch einen differenzierteren, akzeptableren Naturbegriff.

(Exkurs)

Leslie Stephen glaubt (bei bestenfalls spärlich zu nennender Angabe von Indizien in seiner bekannten ›History of English Thought in the Eighthteenth Century‹) schon bei Mandeville einen Naturbegriff ausmachen zu können, der sich nicht in einer einfachen materialistischen Konzeption erschöpft. Mandevilles mutiges Den-Naturtatsachen-ins-Gesicht-Blicken habe ihn dort eine uns Menschen unerklärliche, dunkle Macht erkennen lassen, welche an das böse Prinzip der Manichäer erinnere:

»Mandeville, like Shaftesbury, can talk of Nature when it suits his purpose; but the difference of their conceptions is charakteristic. With Shaftesbury nature is an impersonal deity, of whose character and purpose we can form a conception, inadequate and yet sufficient for our world, by tracing out the design manifested in the marvellous order of the visible universe. With Mandeville nature is a power altogether inscrutable to our feeble intelligence […] Nature makes animals to feed upon each other; waste of life, cruelty, voracity, and lust are parts of her mysterious plan. […] We know, because we see, that the passions of men, pride, lust, and cruelty, have been and still are the great moving forces which have shaped society as we see it, and brought out the complex structure of a civilised nation; and, what is more, they are still the great moving powers, though we hide them under decorous disguises. Revolting as is the picture of human nature which results, Mandeville is very superior to Shaftesbury from a purely scientific point of view. He owes his superiority to a resolution to look facts in the face, instead of being put off by flimsy rhetoric.«[65]

[65] Stephen, a. a. O., Bd. II, S. 39 f. Ein solches, von Stephen eher denn von Mandeville vertretenes »dunkles« Naturverständnis ist typisch für die Viktorianische Ära und »paßt« irgendwie zu dem Höhepunkt des hemmungslos naturzerstörenden Industrialismus, wie er in diese Zeit angesiedelt werden kann.

Stephens unmittelbar und wohl auch einseitig vom Darwinismus abgeleiteter, »manichäischer« Naturbegriff, den er in dem (seinem eigenen kongenialen) desillusionierenden Denken Mandevilles wiederzuerkennen glaubt, scheint auch der Naturbegriff des deutschen Philosophen zu sein, mit dessen Gedanken wir dieses Kapitel eingeleitet haben. Seine, Arthur Schopenhauers *natura naturans* erweckt beim Leser den Eindruck, blinder Wille zu sein – dies, und nichts außerdem: »Der Wille allein ist: er, das Ding an sich, er, die Quelle aller [...] Erscheinungen.«[66] Bereits im darauf folgenden Satz ist jedoch von der »Selbsterkenntnis« dieses Willens die Rede und im gesamten *Dritten Buch*, daraus dieses Zitat entnommen ist, sehr häufig von einer »Objektivität jenes Willens auf einer bestimmten Stufe«, der »Idee«. [67] So ganz »blind« kann der metaphysische Weltwille Schopenhauers also doch nicht sein, denn er vermag sich selbst zu erkennen (gemäß dem *Vierten Buch* über die asketische Moral sogar, sich selbst »auszulöschen«) und sich zu »objektivieren«. Diese Objektivationen des Willens seien sogar nichts anderes als das, was Platon die ewigen Ideen genannt habe.[68] Sie werden dem biologisch uninteressierten Betrachter der Natur, nach dessen vollbrachter Selbstüberhebung über den eigenen Willen hin zur reinen, bloß objektiven Schau, hinter den flüchtigen Erscheinungen intuitiv erkennbar. Mit dieser These will Schopenhauer einer von Mandeville, Mill, Stephen und anderen einfach unterschlagenen aber doch ebenfalls ganz realen Erfahrung gerecht werden: der überwältigenden und auf eine bloß blind drängende *natura naturans* gar nicht sinnvoll rückführbare Erfahrung der Schönheit in der Natur, wie sie besonders von den großen Landschafts- und Stillebenmalern zum Vorschein gebracht worden ist. Ein adäquates Naturverständnis muß, außer von allen »dunklen« Aspekten der Natur (paradigmatisch ausgedrückt in dem sogenannten »Gesetz des Fressens und Gefressenwerdens«), auch von der »hellen Seite« Rechenschaft geben können: was Hobbes, Mandeville und Stephen zu leisten unterließ, Shaftesbury, Berkeley, Hume und Schopenhauer aber immerhin zu tun versuchten. Vermutlich wird es nur wenige Leser Schopenhauers überzeugt haben, wenn die platonischen Ideen, als reale »Inbegriffe« und

---

[66] Schopenhauer, Die Welt ..., a. a. O., Zürcher Ausg. Bd. 1, S. 238 (*Drittes Buch*, § 35). S. 234 ist das Ding an sich als »bloßer Wille, blinder Drang« bezeichnet worden.

[67] Vgl. z. B. a. a. O., S. 222 (§ 31).

[68] Ebd.

»Vorbilder« alles Schönen, Harmonischen und Geordneten in der Natur, im *Dritten Buch* seines Hauptwerks schließlich als Produkte des blinden Weltwillens ausgegeben werden. Aber auch ein letztlich nicht überzeugender Lösungsvorschlag ist allemal noch besser als eine Tatsachen- und Problemblindheit.

Auch findet sich bei Schopenhauer neben seiner (im doppelten Sinne des Wortes) »gewöhnlichen« These von der geistlos wirkenden Natur auch noch ein Hinweis auf eine mögliche Erklärung für deren »Nachtseite«, welchem sicherlich höheres philosophisches Raffinement als dem eben Vernommenen eignet. Es ist dies ein Hinweis, der mit dem transzendentalphilosophischen Erbe Schopenhauers verbunden ist, welches bei ihm ja diese für ihn so charakteristisch »dunkel-romantische« Metamorphose erfährt. Diesem Wink oder besser, diesen verstreuten Winken zufolge, könnte besagte »Nachtseite« mit der dunklen Macht *im Menschen,* die »Unvollkommenheit« der Natur mit der Unvollkommenheit und Endlichkeit des menschlichen Verstandes zu tun haben. Denn die erscheinende Natur ist nach Schopenhauer ein Produkt aus Objekt und Subjekt, wobei sich Grad und Inhalt des Anteils von beiden nicht bestimmen lassen (was *per impossibile* einen geistigen Standpunkt außer oder über unserem Bewußtsein, darin uns allein die Natur - als Phänomen - gegeben ist, vorauszusetzen schiene). Vielleicht ließen sich auf diese Weise die dunklen Schatten in dem uns erscheinenden Bild der Natur mit der irrationalen, willentlichen Grundlage unseres Verstandes einerseits und mit dessen natürlichen Grenzen andererseits in ein Begründungsverhältnis setzen. Die Sophien-Lehre, welche in spätantiker Zeit (nicht anders als im Böhme-Kreis) mehr und mehr die Aufgabe erfüllen mußte, den allein und vollkommen guten Gott von der Schöpfung besagter Nachtseite des Kosmos zu entlasten, wäre dann wirklich hinfällig geworden, hätte doch der endliche Schöpfergeist des Menschen den endlichen Schöpfergeist der Sophia ersetzt. Dies sieht *prima facie* wie eine elegante philosophische Lösung aus (und enthält möglicherweise zugleich auch eine weitere Antwort auf Shaftesburys Herausforderung mit dem Prometheus-Gedanken) – und doch: Wer verspürte dabei nicht deutlich, daß die Rolle des menschlichen Geistes in der Konstitution der erfahrbaren Natur dabei übertrieben wird?

Zweiter Teil:

Naturphilosophie und Philosophische Theologie bei George Berkeley

Erstes Kapitel:

George Berkeley über den Lebenszweck als Widersacher des Geistes

0) Vorbemerkungen

Die Philosophie des irischen Philosophen und späteren anglikanischen Bischofs George Berkeley (1685–1753) hat mehr zu bieten als (exzentrischen) subjektiven Idealismus verbunden mit radikalem Empirismus. Seine Gedanken umfassen ein ganzes System des philosophischen Wissens und brauchen in dieser Hinsicht den Vergleich mit den Werken der anderen großen Systematiker des Barockzeitalters (Descartes, Malebranche, Spinoza und Leibniz) nicht zu scheuen.[1] An Originalität und visionärer Kraft sind sie insbesondere denen John Lockes deutlich überlegen. In dieser Hochschätzung und grundsätzlich durchaus *realistischen* Deutung dieser Philosophie folge ich den beiden größten Berkeley-Kennern und -Forschern unseres Jahrhunderts, A. A. Luce und T. E. Jessop, den Herausgebern der kritischen Gesamtausgabe seiner sämtlichen Werke und Briefe.[2] Mit Ihnen möchte auch ich eine grundsätzliche Einheit der Berkeleyschen »immaterialistischen« Philosophie annehmen – eine Sichtweise, die mir mit dem Eingeständnis einer gewissen Entwicklung und Klärung seiner Gadanken im Laufe seines Lebens (zur Zeit des Erscheinens

[1] Im Zentrum seines Denkens befindet sich – nicht anders als bei den anderen genannten »rationalistischen« Systematikern – der Versuch einer Grundlegung der Rationalen Theologie, den ich wiederzugeben versuchte in meiner Studie: ›»We see God«. George Berkeley's Philosophical Theology‹ (»European University Studies«), Frankfurt/Main 1997.

[2] Vgl. George Berkeley, Bishop of Cloyne, The Works in 9 Volumes, London [2]1964. Der kritische Text dieser verdienstvollen Ausgabe liegt auch folgender Taschenbuch-Ausgabe von Berkeleys philosophischen Hauptwerken (ohne ›Alciphron‹ und ›Siris‹) zugrunde : M. R. Ayers (Hg.), Berkeley. Philosophical Works Including the Works on Vision, London [5]1985. Sofern nicht anders vermerkt, wird im folgenden nach dieser weitverbreiteten Ausgabe zitiert.

seiner ersten bedeutenden Arbeit, der ›New Theory of Vision‹ ist Berkeley erst 24 Jahre alt) durchaus kompatibel erscheint.[3]

Eine (wenigstens im deutschsprachigen Raum wohl noch immer[4]) ungewöhnliche Sicht eines philosophischen Werks läßt sich vielleicht am besten durch einen ungewöhnlichen Zugang eröffnen. Dazu wählen wir einen bestimmten Aspekt seiner Philosophie aus, der in seinem heute wenig gelesen Werk ›Alciphron‹ am noch relativ ausführlichsten zur Darstellung gelangt. Obwohl dieser Aspekt im ohnehin nicht sehr umfangreichen Gesamtwerk des irischen Philosophen bei äußerlicher Betrachtung nur geringen Raum einnimmt, scheint dessen Beachtung für ein tieferes Verständnis nicht unerheblich ja, m. E. sogar besonders geeignet zu sein. Berkeley knüpft dabei an eine These an, die sich ansatzweise bereits bei Descartes findet (und dann v. a. wieder von Malebranche aufgegriffen und weiter heraus gearbeitet wird). Darin wird ein auf den menschlichen Leib und seine Sinnlichkeit bezogenes (wie man es nennen könnte) bloßes »Überlebenswissen« von dem vernunftbezogenen »wahren Wissen« unterschieden.[5] Diese wird von jenem nicht etwa vorbereitet, sondern im Gegenteil verhindert oder doch zumindest erschwert:

---

3 Im möglichen Unterschied von G. Brykman, vgl. z. B. ihre eindrucksvolle Monographie: Berkeley et le voile des mots, Paris 1993. Eine solche Entwicklung gibt es auch hinsichtlich Berkeleys Weltseelenlehre: Obwohl schon die ersten Werke in der inneren Logik ihrer Anlage auf eine solche abzielen, kann von deren voller Akzeptanz erst im Blick auf sein letztes Werk (›Siris‹) gesprochen werden. Der junge Berkeley steht noch unter dem übermächtigen Einfluß seiner beiden großen Vorbilder Malebranche und Locke, die beide abgesagte Gegner jeder Anima-mundi- Konzeption gewesen sind.

4 Trotz mancher sehr verdienstvollen Arbeit deutscher Berkeley-Forscher, an deren vorderster Stelle zweifellos Wolfgang Breidert (Universität Karlsruhe) steht.

5 Vgl. z. B. Descartes ›Principia philosophiae‹ (1644), insb. §§ 71 f., (div. Ausg.), ›Meditationes‹ VI oder auch Spinozas bekannte These seiner ›Ethica‹ von einem selbstbezüglichen Erhaltungsstreben (»conatus in suo esse perseverandi«) als eigentlichem Hinderungsgrund für den gewöhnlich so defizitären Zustand menschlicher Vernunft; ähnlich auch Cudworth, vgl. sein ›Intellectual System‹, a. a. O., Bd. III, S. 561 (Sinneswahrnehmung sei von Natur nicht so sehr für das Wissen als für den Körpergebrauch bereitgestellt worden). Im Hintergrund steht ohne Zweifel Platons Abwertung der Sinneserfahrung als Ursprung bloßer Meinungen über den wechselnden Schein. Die Sinne und der Leib machten uns tausenderlei zu schaffen und hinderten uns daran, nach wahrem Wissen und Weisheit zu streben; des Leibes wegen vermögen wir das Wahre nicht zu erblicken (›Phaidon‹ 66b ff.). Auch nach Aristoteles bedarf es eines besonderen Denkvermögens (des »dianoetikon«), das von dem Leib prinzipiell abtrennbar ist, um hinter den sinnlichen Schein der Natur blicken und um diese so (gedanklich) transzendieren zu können (vgl. ›De anima‹, III, 4, 429b und ›De gen. et corr.‹ II, 3, 736b).

»In the contrivance of vision, as in that of other things, the wisdom of Providence seemeth to have consulted the operation, rather than the theory, of man; to the former things are admirably fitted, but, by that very means, the latter is often perplexed.«[6]

Dieser Satz aus seiner kleinen Schrift ›Theory of Vision … Vindicated and Explained‹ (1733) ist besonders für das richtige Verständnis von Berkeleys Hintergrundannahmen von einiger Bedeutung. Die Vorsehung Gottes und die seines – ich greife etwas vor – »Mediums«, der »ätherischen« Natur, hat mehr auf die Tätigkeiten als auf die Theorien der Menschen Rücksicht genommen, was das reine philosophische Erkenntnisstreben oftmals verwirren kann. Hinweise auf diese, dem Zentrum der Berkeleyschen Philosophie zugehörige These finden sich in allen seinen philosophischen Werken, die vielleicht deutlichsten und am breitesten ausgeführten jedoch, wie bemerkt, in seiner umfangreichsten Schrift ›Alciphron, or, the Minute Philosopher‹ aus dem Jahre 1732. Dieser Schrift war in der folgenden Auflage von 1733 als Anhang sein philosophischer »Erstling«, die ›New Theory of Vision‹, beigefügt – ein deutlicher Hinweis darauf, daß Berkeley diese Schrift auch 24 Jahre nach ihrer Erstveröffentlichung noch nicht für veraltet oder als seinen damaligen philosophischen Grundüberzeugungen fremd geworden erachtet hat. Eine kritische Rezension dieses Anhangs in der Zeitschrift »Daily Postboy« aus der Hand eines anonymen Verfassers ist der äußere Anlaß für die Abfassung der Verteidigungsschrift ›The Theory of Vision … Vindicated and Explained‹[7] gewesen. ›Alciphron‹ ist so etwas wie eine kleine, populär gefaßte »Summa« des irischen Bischofs, welche sich auch von daher als Einstieg in sein Denken anbietet. In, auf zwei *Bücher* verteilten, »Sieben Dialogen« werden mit leichter und manches Mal auch spitzer Feder sowohl seine theologischen, philosophischen und ethisch-politischen Überzeugungen als auch die der hauptsächlichen Gegner einfach, prägnant und vielfach auch amüsant dargestellt, verteidigt bzw. angegriffen. Die folgende Euloge des Herausgebers besagter Schrift in der Reihe der »Works in 9 Volumes« (hier als »Volume Three«), T. E. Jessop, erscheint mir nach Beendigung der Lektüre des Buches zumindest nicht ganz unverständlich:

---

[6] ›The Theory of Vision … Vindicated and Explained‹, § 36, in Ayers (Hg.), S. 240.
[7] Im folgenden kurz: ›Vision … Vindicated‹.

»From the literary point of view this longest of his works is his best. Indeed, as a work of art it stands supreme in the whole body of our English literature of philosophy, and perhaps supreme also in our literature of religious apologetics. It carries a considerable bulk and a wide variety of argumentation and learning with apparent ease to a consistently high level of statement. The organization of the content is masterly. The style is astonishing in its sustained excellence – like a gem in clearness yet as warm as life, strong yet supple, and fusing the firm precision of observation and logic with the ethereal precision of beautiful phrasing. It swings freely from solemnity to levity, holding and communicating every mood except the tragic, which was alien to Berkeley's serene genius.«[8]

Will man vom literarischen zum inhaltlichen Gesichtspunkt übergehen, so muß allerdings eingeräumt werden, daß ›Alciphron‹ kaum einen neuen philosophischen Gedanken von einiger Bedeutung enthält. Mit gleichem Recht wie das Buch vorhin eine »Summa« genannt wurde, könnte sie als eine »Rekapitulation« bezeichnet werden. Manches wird einfacher und klarer gesagt, anderes aus seinen früheren Veröffentlichungen bereits Bekannte vervollständigt und in einen größeren, sozusagen weltanschaulichen Rahmen gestellt. Aus demselben Grunde ist aber einiges auch ergänzungsbedürftig. Daher werden zum besseren Verständnis in diesem Kapitel auch andere Schriften des Verfassers hinzuziehen sein.

1) Die Naturwissenschaften, die Sprachen und die »Lebenszwecke«

Mit dem Stichwort »Lebenszweck« greifen wir ein Thema auf, welches mit einem Überblick begonnen werden soll, der mit der Einführung dieser im folgenden nützlichen Vokabel eingeleitet werden soll: Das Wort »Lebenszweck« möge all das bezeichnen, was darauf abzielt oder abzweckt, dem biologischen Leben und Überleben der Menschen, der »Erhaltung des Indiviuums und der Art« zu dienen. »Lebenszwecke« haben ihr *telos* in praktischen Bezügen, Tätigkeiten und v.a. in deren Ergebnissen. Typische Beispiele dafür, was unter

[8] A.a.O., S. 2 (»Editor's Introduction«). Da ›Alciphron, or, the Minute Philosopher‹ in Ayers' einbändiger Werkausgabe nicht enthalten ist, wird der Text nach der Ausgabe »Works in 9 Volumes« zitiert. In deutscher Übersetzung liegt ›Alciphron‹ als Ausgabe der »Philosophischen Bibliothek« vor: G. Berkeley, Alciphron, üb. und hg. von L. und F. Raab, Leipzig 1925 (Neuerscheinung vorgesehen).

lebenszwecklichem Tun verstanden werden soll, wären Essen und Trinken, Straßen- oder Hausbau; typische Gegenbeispiele Anbetung, Kunstbetrachtung und wohl auch philosophische Theorienbildung. Die letztgenannten Tätigkeiten könnten – schwerfällig genug – als »nichtlebenszweckliches Tun« bezeichnet werden; aber – Eleganz hin oder her – der Unterschied dürfte, mag er auch für manchen Einzelfall nicht ganz trennscharf gezogen werden können, immerhin deutlich geworden sein.

Berkeleys These lautet nun, daß sowohl die Sprachen als auch die Naturwissenschaften primär Lebenszwecken dienen und von daher das reine, »überzweckliche« Erkenntnisstreben der Philosophen leicht in Verwirrung bringen können. Sprache und Naturwissenschaft zielen zunächst einmal nicht auf Wahrheitsfindung ab, sondern auf das Gelingen von Kommunikation bzw. Technik. Deswegen wird auch der Philosoph, der kritiklos auf sie hört, verschiedenen Täuschungen ausgesetzt sein. Nach Berkeleys Überzeugung ist auch *der* philosophische heros seines Landes und seiner Zeit, John Locke, ein solcherart Getäuschter gewesen. Er hatte die mathematisierte Physik und Chemie seiner Landsleute, der Naturwissenschaftler Newton und Boyle, als primär auf Wahrheit abzielende Philosophie gedeutet und war dabei – als Philosoph hätte er es besser wissen sollen – ihrem Beispiel folgend, unter anderem zu einer Subjektivierung und »Illusionierung« der sogenannten sekundären Qualtitäten gelangt. Auf diese Weise habe er die *Wesenheit* der Naturwissenschaft verkannt, die als »instrumentell« oder »technisch« bezeichnet werden müsse.

Dieser technische Charakter beschränkt die neuzeitlichen Naturwissenschaften, deren Methode v. a. seit Kepler und Galilei die mathematische ist, *ab initio* auf den quantifizierbaren Bereich.[9] Qua-

[9] »Wie das Auge für die Farbe, das Ohr für die Töne, so ist der Geist des Menschen für die Erkenntnis nicht irgendwelcher beliebiger Dinge, sondern der Größen geschaffen; er erfaßt eine Sache umso richtiger, je mehr sie sich den reinen Quantitäten als ihrem Ursprung nähert. Je weiter sich aber etwas von diesem entfernt, desto mehr Dunkelheit und Irrtum tritt auf. Denn unser Geist bringt seiner Natur nach zum Studium der göttlichen Dinge Begriffe mit sich, die auf der Kategorie der Quantität aufgebaut sind.« (Aus einem Brief des jungen Kepler, zit. nach Max Casper, »Einleitung« zu: Johannes Kepler, Weltharmonik, München 1939, S. 14)

»Sobald ich mir eine Materie oder körperliche Substanz vorstelle, sehe ich mich wohl genötigt, mir zugleich vorzustellen, daß sie begrenzt ist und diese oder jene Gestalt hat, daß sie im Vergleich mit anderen groß oder klein ist, daß sie sich zu der oder der Zeit an dem und dem Ort befindet […] Aber daß sie weiß oder rot, bitter oder süß, tönend oder

litäten müssen damit aus dem Anwendungsbereich dieser Wissenschaften herausfallen, stellen sie doch keine Einheiten dar, welche sich teilen oder vervielfachen ließen. Eine elektromagnetische »Licht«-Welle kann 570 Billionen Schwingungen pro Sekunde ausführen oder auch »nur« 550 Billionen, ohne daß sich die Schwingungen selbst veränderten. Aber ein Gelb, das »grünlicher« wäre als ein anderes, ist schlichtweg ein *anderes Gelb*. Der Fortfall der Qualitäten ist damit kein wirkliches Resultat der neuzeitlichen Wissenschaften – es handelte sich dabei vielmehr (immer noch: »nach Berkeley«) um eine Voraussetzung ihrer Verwirklichung; d.h. ein Absehen von »subjektiven« Qualitäten in der Körperwelt ist der Ausgangspunkt und zugleich der methodische Preis der Erfolge z.B. eines Galilei und Newton gewesen.

Im Hinblick auf die Naturwissenschaften schrieb Berkeley auch in seinem Hauptwerk, den ›Principles of Human Knowledge‹ (1710), daß wir durch die Gravitationslehre nicht eigentlich erleuchtet (»enlightened«: Paragraph 103) hinsichtlich der Frage nach dem Grund und Wesen der anziehenden Kraft oder Kräfte werden, wohl aber besser »informiert« über die Gleichförmigkeit (»uniformness«: Paragraph 105) im Auftreten verschiedener Phänomene, weswegen der Sinn dieser Newtonschen Theorie eher ein das Überleben erleichternder, prognostischer sei denn ein dem wahren Verständnis der Phänomene dienender.[10]

Zuvor hatte er in einer (philosophiegeschichtlich folgenreichen und sogar maßgeblich gewordenen) Argumentation die Unterscheidung von primären und sekundären Qualitäten voller Esprit attakkiert und gegen die Eliminierung der letzteren aus dem Weltbild gestritten. (Dies allerdings mit einer, leicht Mißverständnissen ausgesetzten Strategie der *reductio ad absurdum*, die, wie sich herausstellte, ihn selbst als einen, gegenüber seinen Vorgängern noch radikaleren, eliminativen Subjektivisten erscheinen lassen konnte: Näheres hierzu im anschließenden Kapitel) In den ›Dialogues Between Hylas and Philonous‹ (1713) verdeutlichte er dann, daß er der

---

stumm, wohl- oder übelriechend sein muß, als notwendige Begleitumstände anzuerkennen, fühle ich mich im Geiste nicht gezwungen.« (Galileo Galilei, Schriften, Briefe, Dokumente, Bd. 2, a.a.O., S. 276)

[10] Offensichtlich stehen Berkeleys Gedanken auch in einem inhaltlichen Zusammenhang mit der von Dilthey u.a. initierten »Erklären-Verstehen-Kontroverse«, die ja bis in die Gegenwart hineinreicht (vgl. z.B. F. von Kutschera, »Kap. 2: Verstehen«, in: Ders., Grundfragen der Erkenntnistheorie, Berlin 1982, S. 79–149.)

begründbaren Ansicht sei, er könne seine philosophierenden Zeitgenossen nur damit davon überzeugen, einen Irrweg eingeschlagen zu haben, indem er diesen konsequent und beherzt, quasi vor ihren Augen, tapfer zuende gehe.[11] Und noch vor dieser Diskussion, nämlich in der *Introduction* zu den ›Principles‹, findet sich Berkeleys Kritik an Lockes naivem Nachfolgen der Sprache und genauer der sprachlich-grammatischen (scheinbaren) Selbstverständlichkeiten und Implikationen. Dieser Text (zusammen mit dem »First Draft«, dem erhalten gebliebenen Rohentwurf zur *Introduction*) und der Beginn des *Siebenten Dialogs* im ›Alciphron‹ enthalten Berkeleys sicherlich bedenkenswerte Erörterungen zu seiner These von der Sprache als wahrer Magd der Lebenszwecke und nur scheinbaren Führerin der Philosophie.[12] Besagte *Introduction* beginnt wie folgt:

»Philosophy being nothing else but the study of wisdom and truth, it may with reason be expected, that those who have spent most time and pains in it should enjoy a greater calm and serenity of mind, a greater clearness and evidence of knowledge, and be less disturbed with doubts and difficulties than other men. Yet so it is we see the illiterate bulk of mankind that walk the high-road of plain, common sense, and are governed by the dictates of nature, for the most part easy and undisturbed. To them nothing that's familiar appears unaccountable or difficult to comprehend. They complain not of any want of evidence in their senses, and are out of all danger of becoming *sceptics*. But no sooner do we depart from sense and instinct to follow the light of a superior principle, to reason, meditate, and reflect on the nature of things, but a thousand scruples spring up in our minds, concerning those things which before we seemed fully to comprehend.«[13]

---

[11] Die ›Dialogues‹ enden mit einem Bild: »You see, Hylas, the water of yonder fountain, how it is forced upwards, in a round column, to a certain height; at which it breaks and falls back into the basin from whence it rose: its ascent as well as descent, proceeding from the same uniform law or prinicple of *gravitation*. Just so, the same principles which at first view lead to *scepticism*, pursued to a certain point, bring men back to common sense.« (Ayers, Hg., S. 207).

[12] Damit erweist sich, daß Berkeley nur mit größter Vorsicht und empfindlichen Einschränkungen zu einem Vorläufer der »ordinary language-philosophy« (mit ihrem Slogan »ordinary language is alright«) stilisiert werden kann (vgl. z. B. G. J. Warnock, Berkeley, Oxford 1953), wenn er zweifelsohne auch sprachliche Erwägungen als philosophisch bedeutsam erachtet hat. Dagegen erweist sich Berkeley in diesem Punkt als weitgehend treuer Nachfolger der Baconischen Lehre von den Idolen und der Lokkeschen Lehre vom Mißbrauch der Wörter im Dritten Buch des ›Essay Concerning Human Understanding‹.

[13] Ayers (Hg.), S. 65.

Berkeley weigert sich nun aber, die »tausend Skrupel« leichtfertig auf die natürliche Schwäche und Unvollkommenheit unserer Erkenntniskräfte zurückzuführen wie dies im Anschluß an Locke, Shaftesbury, Butler und viele andere üblich geworden war:

»But perhaps we may be too partial to ourselves in placing the fault originally in our faculties, and not rather in the wrong use we make of them. It is a hard thing to suppose, that right deductions from true principles should ever end in consequences which cannot be maintained or made consistent. We should believe that God has dealt more bountifully with the sons of men, than to give them a strong desire for that konwledge, which He had placed quite out of their reach. This were not agreeable to the wonted, indulgent methods of Providence, which whatever appetites it may have implanted in the creatures, doth usually furnish them with such means as, if rightly made use of, will not fail to satisfy them. Upon the whole, I am inclined to think that the far greater part, if not all, of those difficulties which have hitherto amused philosophers, and blocked up the way to knowledge, are entirely owing to ourselves. That we have first raised a dust, and then complain, we cannot see.«[14]

Dieser »Staub«, den wir da aufgeworfen haben, das sind eben – die Wörter. Wörter verdunkeln unseren von Natur aus klaren, erkennenden Blick, ein »Schleier der Wörter« (»veil of words«[15]) hat sich über unsere Augen gelegt.[16] In dem »First Draft« findet sich die gewagte Behauptung, ein ganz einsamer Mensch, der ebenso verschont bliebe von dem Sprechzwang wie auch von anderen lästigen Lebenszwängen, befände sich in einer günstigeren Lage zur Entdeckung wichtiger philosophischer Wahrheiten als ein hochgebildeter Absolvent verschiedener Schulen.[17] Naturverbundenheit und ein gleichsam unschuldiges Auge gelten auch im ›Alciphron‹ als gute Voraussetzungen für die Entstehung von wahrer Philosophie; so ist der fingierte Gastgeber der Diskussionsrunde (und neben Crito einer der beiden »Helden« des Buches), ein einfacher aber philosophisch interessierter Landwirt (»Euphranor, who unites in his own person

[14] A. a. O., S. 65 f.

[15] So schon in den ›Phil. Comm.‹, Nr. 642 (Ayers, S. 313) sowie in dem »First Draft« zur »Introduction«, veröffentlicht von T. E. Jessop in »Volume Two« der »Works in 9 Volumes«, S. 142. Vgl. auch: Geneviève Brykman, a. a. O.

[16] Vgl. dazu auch F. Bacon: Die Menschen mögen beginnen, Verlangen zu tragen, »sich einstweilen der Begriffe zu entledigen und anzufangen, mit den Dingen selbst vertraut zu werden.« (›Novum Organon‹ / ›Neues Organon‹, hg. von W. Krohn, Teilband I, a. a. O., S. 99) »Die Worte tun dem Verstand offensichtlich Gewalt an und verwirren alles.« (a. a. O., S. 103)

[17] A. a. O., S. 141.

the philosopher and the farmer, two characters not so inconsistent in nature as by custom they seem to be.«[18]) »The nature and abuse of language«[19] seien vor allem anderen für die weit verbreiteten philosophischen Zweifel, Skrupel und Irrtümer verantwortlich zu machen. Der Mißbrauch der Sprache und die Irreführungen durch dieses Medium, natürlich, das ist alt und bekanntlich eine Thematik nicht erst Lockes, sondern bereits Francis Bacons.[20] Gilt das aber auch für die *Natur der Sprache?* Dies ist unseres Wissens ein bis dahin ganz neuer und origineller Gedanke in der Geschichte der Philosophie, der es aber lohnt, ein wenig bei ihm zu verweilen.

Sprache soll, so die damals verbreitete Auffassung, ein Zeichensystem sein, welches der Kommunikation dient. Kommunikation bedeutet dabei jedoch im Unterschied zu dem, was Locke lehrte, mehr als nur »the communicating of ideas«: Denn wichtiger als diese semantische ist für Berkeley die pragmatische Funktion der Sprache:

> »Besides, the communicating of ideas marked by words is not the chief and only end of language, as is commonly supposed. There are other ends, as the raising of some passion, the exciting to, or deterring from an action, the putting the mind in some particular disposition; to which the former is in many cases barely subservient, and sometimes entirely omitted, when these can be obtained without it, as I think doth not infrequently happen in the familiar use of language.«[21]

Das Sprechen will im Hörer zunächst etwas bewirken. Dieser pragmatistische (später dann auch: Peircesche, Wittgensteinsche, Gricesche usw.) Gedanke war Berkeley offenbar nicht unbekannt. Bedeutender als das kommunikative *Erhellen* des Hörers ist das kommunikativ-pragmatische *Wirken*. Sprechen ist Handeln und gehört damit naturgemäß zunächst und grundsätzlich nicht in den Bereich der Theorie, sondern in den der Praxis oder des lebenszwecklichen Tuns. Sprache, Naturwissenschaft (und – s. u. – Mathematik) gleichen sich in ihrer wesentlich instrumentellen Natur.

Wörter haben damit für Berkeley auch dann Sinn oder Bedeu-

---

[18] Luce und Jessop (Hg.), Bd. 3, S. 31.

[19] Ayers (Hg.), S. 66 (»Principles«, »Introduction«).

[20] Vgl. F. Bacon, ›Instauratio Magna‹ (›Novum Organum‹), insb. *Erstes Buch*, Aphorismen 59 und 60 über die »Idole des Marktes« und deren Bündnis mit Worten und Namen (in: F. Bacon, Neues Organon, a. a. O., S. 121–125).

[21] Ayers (Hg.), S. 74 (›Principles‹, »Introduction«).

tung, wenn sie unser Verhalten und Handeln beeinflussen.[22] Damit ist für ihn *erstens* gewährleistet, daß ein christlicher Ausdruck wie »Gnade« oder auch philosophische Terme wie »Kraft« und »Person« nicht als leer betrachtet werden müssen (nämlich selbst dann nicht, wenn die damit verknüpften Vorstellungen »unklar« oder vielleicht sogar inexistent genannt werden müßten[23]), *zweitens* wird damit auch *vice versa* die These von dem wesentlich pragmatischen Charakter der menschlichen Sprache gestützt. Könnten wir umgekehrt auch wirklich annehmen, daß Wörter wie z. B. »force« (i. S. v. »verursachende Kraft«), die auch Newton gebraucht (»F = ma«), bei denen sich uns aber adäquate Vorstellungen nicht einstellen wollen, deswegen bereits sinnlos sein sollten?[24]

Worauf die These von der Sprache als Lebenszweck in letzter Konsequenz hinausläuft, kann hier nur noch angedeutet werden, da ein volles Verständnis eine Kenntnis von Berkeleys Spätwerk ›Siris‹ voraussetzt. Dort wird ausgeführt (wie v. a. die beiden letzten Kapitel dieses *Zweiten Teils* ergeben werden), daß die Natur ein unteilbares Ganzes, eine zumindest *per analogiam* beseelte Einheit ist, die nur von unserem besonderen Sinnesvermögen in Verbindung mit unserem lebenszwecklichen Handeln, technischem Zugreifen- und Einteilenmüssen als teilbar und zerteilt erscheint. Eigentlich ist sie einheitlich in einem bloß »intelligiblen« (grundsätzlich nur denkbaren), beseelt-lebendigen Raum »ausgedehnt«, aus welchem unsere Sinne, zusammen mit ihren spezifischen Sinnesgegenständen, ihre je adäquaten, besonderen Sinnesräume gewissermaßen herausschneiden. Bei interessefreier Anschauung der Natur wird das »von rechtswegen« Nichtperzipierbare allerdings ansatzhaft »miterfahren«. -Aber selbst diese erste skizzenhafte und intuitive Hinführung zu diesen Thesen und Einsichten kann die verbale Darstellung allein (auf welche andererseits freilich auch nicht verzichtet werden kann) nicht leisten: Berkeley würde wohl darauf insistieren, daß nur die ergänzende unmittelbare Anschauung[25] der »reinen Sinnesideen«,

---

[22] Vgl. ›Alciphron‹, 7. Buch, § 8; in: Jessop (Hg.), S. 292.

[23] Vgl. ›Alciphron‹, 7. Buch, §§ 8–11; in: Jessop (Hg.), S. 291–304.

[24] Vgl dazu Humes spätere Kritik an dem Begriff einer verursachenden Kraft in der ›Untersuchung über den menschlichen Verstand‹, Abschn. VII und evtl. auch Jonas' Metakritik in: ›Das Prinzip Leben‹, a. a. O., S. 51–71.

[25] Eine vergleichbare »mystische Erkenntnis« glaubt Hans-Jürgen Engfer (mit anderen Interpreten) auch am Grund der Spinozistischen Philosophie zu finden. Er führt aus, »daß Spinozas Theorie der Erkenntnis in einem Begriff der Intuition gipfelt, der nicht

die sich von den Lebenszwecken nach Kräften befreit hat, einen wirklichen und fruchtbaren Anfang des Verstehens leisten kann.

2) Korrektur und Heilung durch unmittelbare Anschauung und reine Theorie

Der vorletzte Paragraph der *Introduction* zu den ›Principles‹ endet mit den verheißungsvollen Worten: »We need only draw the curtain of words, to behold the fairest tree of knowledge, whose fruit is excellent, and within the reach of our hand.«[26] Was nach diesem Abstreifen des Vorhangs oder des Schleiers der Wörter übrig bleibt, ist die unmittelbare Anschauung und die möglicherweise darauf zu gründende reine *theoria,* d.i. die im eigentlichen Sinne philosophische Erkenntnis, welche kontemplativ ausschließlich auf die »Schau« (traditionell-scholastisch in etwa: »simplex perceptio«) der sich zeigenden Wahrheit ausgerichtet ist. Das Hauptkennzeichen von unmittelbarer Anschauung und reiner Theorie besteht im Fehlen aller lebenszwecklichen Absicht.

In einer anderen Arbeit über Berkeleys Philosophie[27] haben wir zwischen einem empirischen und einem reinen Ich unterschieden und festgestellt, daß Berkeley das erstere, also das einer inneren Erfahrung zugängliche Ich, wiederholt auch als »Willen« bezeichnet. Das *reine* Ich, das wir dort den »Einheitspunkt des Bewußtseins« nannten,[28] ist denkbar – und vielleicht sogar ein philosophisch notwendiger Gedanke – dabei aber grundsätzlich *un*erfahrbar. Schließlich fanden wir noch zu der Vermutung oder These Anlaß, daß sich

---

nur alle empirische, sondern auch die rationale Erkenntnis übersteigt und ein unmittelbares Erfassen des Einzelnen unter dem Gesichtspunkt der Ewigkeit zu sein beansprucht. Denn diese intuitive Erkenntnis des Einzelnen sub specie aeternitatis, in der der Mensch am Denken Gottes teilhat und sich als Teil der Gottheit weiß, kommt – für viele Interpreten – einer mystischen visio Dei nahe, die den hier diskutierten Gegensatz zwischen empirischer und rationaler Erkenntnis hinter sich läßt.« (Ders., Empirismus versus Rationalismus. a.a.O., S. 135) B. Russell dagegen bemerkt in diesem Zusammenhang lakonisch: »Es muß betont werden, daß Spinozas Auffassung keine Spur von Mystizismus in sich birgt.« (Denker des Abendlandes. Eine Geschichte der Philosophie, üb. von K. Földes-Papp, Bindlach 1996, S. 286)

[26] Ayers (Hg.), S. 76.

[27] Vgl. »We see God«, a.a.O., Kap. V (»The Theory of Time and Mind«), S. 83–101.

[28] Wir hätten es mit Husserl (›Cartesianische Meditationen‹, §31) auch als den »identischen Pol der Erlebnisse« bezeichnen können.

das reine Ich als das »von Rechts wegen her« Erfahrungstranszendente im freien Handeln der Menschen dennoch sozusagen »mitoffenbaren« könne. Es wird selbst dann nicht direkt innerlich erfahrbar – so wie etwa der Wille beim (wenigstens starken) Wollen von etwas erfahren werden kann –, tritt aber introspektiv erlebbar indirekt, gleichsam als Gestimmtheit der inneren Befindlichkeit, ins Bewußtsein. Auch hier kann nur an die eigenen Erfahrungen appelliert werden, zum Beispiel an solche des wissenschaftlichen oder auch künstlerischen Schaffens, bei denen man für einige Zeit, wie es umgangssprachlich unschön aber dabei durchaus bedenkenswerterweise heißt, ganz »weg« war – oder an moralische Handlungen, die auch vor dem Richterstuhl des eigenen Gewissens mit einem hier interessanten Ausdruck als »selbstlos« bezeichnet werden können. Indem man das empirische Selbst »losgeworden« ist, tritt der Vorschein des reinen ansatzweise ins Bewußtsein. Jeder Mensch kennt wohl solche Ausnahmezustände seines Lebens, und jeder kann sich daher auch mehr oder weniger deutlich daran erinnern, wie es ihm da in seinem Innersten »zumute« war. In diesen besonderen Zuständen, so lautete unsere Vermutung, wird das reine Ich irgendwie *mit*erfahren. Diese Befindlichkeit kann eine solche der »Willensfreiheit« genannt und das damit verbundene Tun als »willentlich frei« bezeichnet werden: wiederum aufschlußreiche Vokabeln, denn »Willensfreiheit« ist doppeldeutig. Gewöhnlich denken wir nur an die eine, genitivische Bedeutung (»Freiheit des Willens«) aber »Willensfreiheit« kann auch noch als eine andere Wortbildung gedeutet werden. So wie z. B. ein Politiker von seinen Mitarbeitern »Skandalfreiheit« fordern könnte und ihnen damit wohl kaum eine »Freiheit des Skandals« empfehlend nahelegen möchte, sondern »Freiheit von Skandal(en)« verlangt, so könnte auch »Willensfreiheit« als »Freiheit vom Willen« – und in einem damit – vom empirischen Ich verstanden werden.

So laute denn unsere (A. A. Luce folgende) interpretatorische These, daß Berkeley mit der (unter Berkeley-Kennern viel diskutierten) Verwerfung der individuellen geistigen Substanzen (in einigen Passagen der ›Philosophical Commentaries‹[29]) nur kurzzeitig »kokettiert« hat, an der Wirklichkeit dieser Substanzen in seinen veröffentlichten Werken jedoch bewußt strikt festhält. Wäre dem nicht so gewesen, dann müßte wohl eine allzu unspezifizierte Identifikation von »dem Willen« mit »dem Ich« angenommen werden. In diesem Fall

[29] Vgl. u. a. Ayers (Hg.), S. 307 (§§ 507 ff.).

wäre die im zweiten Sinne verstandene Rede einer dem Ich möglichen »Willensfreiheit« schlichtweg unsinnig: Das Ich, welches einfachhin »Wille« ist, kann – solange es überhaupt noch etwas ist – von diesem nicht frei oder befreit sein. Nun kennt Berkeley aber solche besagten Ausnahmezustände der »Selbstlosigkeit«, insbesondere bei der Betrachtung der Natur. Geneviève Brykman betont zurecht, was in diesem Zusammenhang ebenfalls von Bedeutung ist, wie wichtig ihm die Feststellung (man könnte beinahe sagen, »Verkündung«) gewesen ist, »que 'en Dieu nous vivons, nous nous vivons et avons notre être'«.[30]

In der reinen, von allem lebenszwecklich-technischen Verstandesdenken freien Anschauung der Natur in ihrer Einheit und Schönheit, schwindet das empirische Ich, das wesentlich Wille ist, gleichsam dahin und ein Bewußtsein des Umgriffen- und Ergriffenseins von etwas Umfassendem, Göttlichen stellt sich ein. Wäre das Ich mit dem Willen identisch, dann bliebe aber nichts oder niemand mehr übrig, dem dies widerfahren könnte. So ermöglicht der Blick auf den größeren, metaphysischen Zusammenhang des Berkeleyschen Denkens die Zurückweisung oberflächlicher (Berkelys Werk empfindlich zerteilender) Interpretationen. Aber noch etwas anderes wird dadurch erreicht: Die immaterialistische Philosophie des irischen Bischofs wird aus der Isolation befreit, zu der sie durch die gängige Klassifizierung als »subjektiver Idealismus« verbannt worden ist – Verbindungstüren zu den Werken bedeutender Philosophen und geistesgeschichtlicher Traditionen tun sich auf. Als Beispiele müssen an dieser Stelle genügen: Kant, Schopenhauer und beinahe die gesamte mystisch-asketische Literatur christlich-platonischer Herkunft.[31]

---

[30] G. Brykmann, a. a. O., S. 19; dort auch eine Aufzählung der erstaunlich zahlreichen Stellen, an denen dieses paulinisch-lukanische Zitat (aus der Areopagrede in der Apostelgeschichte: Act. Ap. 17,28 – »in ipso enim vivimus, movemus et sumus«) in Berkeleys Werken erscheint. (Es erscheint auch in Malebranches ›Recherche de la Vérité‹, III. Buch, II. Teil, Kap. 6, aber z. B. auch in Gustav Fechners ›Die Tagesansicht gegenüber der Nachtansicht‹, o. O. 1918, S. 43). Auch eine solche Beobachtung kann unserer späteren »panentheistischen« Berkeley-Interpretation bereits etwas Vorschub leisten.

[31] Es wird sich auch noch deutlicher zeigen, daß Berkeleys Naturverständnis auch mit dem franziskanischen einiges gemein hat. (Dabei ließe sich sogar eine nicht gänzlich phantastische historische Verbindung konstruieren: Berkeley war stark beeinflußt von Malebranche, dieser ist (wie John Newman) Oratorianer gewesen: ein Priesterorden, den der stark von franziskanischem Geist getragene hl. Filippo Neri gegründet hat. Im Unterschied zu Berkeleys kontemplativ-bewahrendem Naturzugang arbeitete sein gro-

Wie im Werke Berkeleys so ist in besonderem Maße auch in den Schriften Arthur Schopenhauers der mittelalterliche Gedanke von der Natur als einem großen und differenzierten Symbolismus noch (oder wieder) lebendig. (Dieser Gedanke war ja v.a. durch J. Böhme in die Neuzeit tradiert worden.[32]) So spricht der Frankfurter Philosoph im *Dritten Buch* der ›Welt als Wille und Vorstellung I‹ von dem »großen Buche der Natur« und der »Entzifferung der wahren *Signatura rerum*«[33]. Wie ist diese Entzifferung möglich? Nicht mittels der Begriffe und der Verstandeswissenschaften, sondern nur durch »kontemplative«, »intuive«, »reine« Anschauung. Mit dieser Auffassung folgt Schopenhauer dem von ihm bekanntlich außerordentlich verehrten Kant im Grundsätzlichen nach, zugleich setzt er sich aber auch in einem wichtigen Punkt deutlich von dessen Vorgaben ab. Die grundsätzliche Nachfolge bezieht sich auf die Beibehaltung dreier Erkenntnisebenen: Dinge an sich, Erscheinungen, diese differenziert in die objektive und die subjektive Erfahrungsebene. Kants »völlig unerkennbare« Dinge an sich werden bei Schopenhauer zu einer einzigen Weltseele, genauer, zu einem »blinden« Weltwillen – aber das ist in diesem Zusammenhang gar nicht das Wichtigste. Für uns ist vielmehr von Interesse, daß für Kant den *Wissenschaften* (vor allem Physik und Mathematik) der entscheidende Schritt von den subjektiven zu den objektiven, allgemeingültigen Erfahrungen gelingt. Diesen Fortschritt erzielt bei Schopenhauer die Schau der »Ideen« in Natur und Kunst. Die »Ideen offenbaren noch nicht das Wesen an sich« wohl aber »den objektiven Charakter der Dinge« auf der Ebene der Erscheinung.[34] »Ideen« sind die »vollkommenen«, »arche-

---

ßer italienischer Zeitgenosse Giambattista Vico (1668–1744) mit seinem Grundprinzip, daß wahres Wissen das Vermögen zum Herstellen des Gewußten beinhalte, dem technischen Erkenntnisbegriff des Industriellen Zeitalters entgegen. (Eine Konsequenz dieses Prinzips ist, daß von der Natur allein Gott, deren Schöpfer, wahre Erkenntnis hat.)

32 Vgl. z.B. das Kapitel »Jacob Böhme« (von Gernot Böhme) in: Gernot Böhme (Hg.), Klassiker der Naturphilosophie. Von den Vorsokratikern bis zur Kopenhagener Schule, München 1989, S. 158–170.

33 Vgl. A. Schopenhauer, Zürcher Ausgabe. Werke in zehn Bänden, Bd. 1, Zürich 1977, S. 280 (§44). Eine mehr christlich-romantische Formung dieses Gedankens findet sich bei Alban Stolz: »Die Natur ist Hieroglyphenschrift; Gott lehrt uns in der Natur durch die Geschöpfe hohe geistige Wahrheiten.« In dieser zeige sich überdies »die unermeßliche Dramatik, das wundervolle Kunststück Gottes, worin Gott unaufhörlich durch Gleichnisse und Parabeln predigt, die allerdings zum wenigsten und nur von wenigen verstanden werden.« (zit. nach Julius Mayer, Alban Stolz, Freiburg/Br. 1921, S. 437)

34 Vgl. A. Schopenhauer, Zürcher Ausgabe, Bd. 4, S. 433 (›Die Welt als Wille und Vor-

typischen« Erscheinungen, und als solche auch die unmittelbaren Objektivationen des Weltwillens. Die interesselose Anschauung (ein weiteres bekanntes Kant-Motiv) des Natur- und Kunstschönen wird sowohl den Erfahrungsgegenstand als auch das Subjekt dieser Erfahrung ändern und klären. Sofern man nicht mehr –

»das Wo, das Wann, das Warum und das Wozu an den Dingen betrachtet; sondern einzig und allein das *Was;* auch nicht das abstrakte Denken, die Begriffe der Vernunft, das Bewußtseyn einnehmen läßt; sondern, statt alles diesen, die ganze Macht seines Geistes der Anschauung hingiebt, sich ganz in diese versenkt und das ganze Bewußtseyn ausfüllen läßt durch die ruhige Kontemplation des gerade gegenwärtigen natürlichen Gegenstandes, sei es eine Landschaft, ein Baum, ein Fels, ein Gebäude oder was auch immer; indem man, nach einer sinnvollen Deutschen Redensart, sich gänzlich in diesen Gegenstand *verliert,* d.h. eben, [...] seinen Willen vergißt und nur noch als reines Subjekt, als klarer Spiegel des Objekts bestehend bleibt; so, daß es ist, als ob der Gegenstand allein dawäre, ohne Jemanden, der ihn wahrnimmt, und man also nicht mehr den Anschauenden von der Anschauung trennen kann, sondern Beide Eines geworden sind, indem das ganze Bewußtseyn von einem einzigen anschaulichen Bilde gänzlich gefüllt und eingenommen ist; wenn also solchermaaßen das Objekt aus aller Relation zu etwas außer ihm, das Subjekt aus aller Relation zum Willen getreten ist: dann ist, was also erkannt wird, nicht mehr das einzelne Ding als solches; sondern es ist die *Idee,* die ewige Form, die unmittelbare Objektität des Willens auf dieser Stufe: und eben dadurch ist zugleich der in dieser Anschauung Begriffene nicht mehr Individuum: denn das Individuum hat sich eben in solche Anschauung verloren: sondern er ist *reines,* willenloses, schmerzloses, zeitloses *Subjekt der Erkenntniß.*«[35]

Dem »gewöhnlichen« Menschen gelänge es kaum einmal, den Standpunkt einer solchen uninteressierten Schau einzunehmen oder gar anhaltend durchzuhalten. Es falle ihm schwer, seinen Willen in sich zu bändigen und von den Lebenszwecken abzusehen. Und so setzt er an die Stelle der wahren Einheiten einer zweiten Stufe (die ursprüngliche und letzte Einheit der ersten Stufe wäre bei Schopenhauer der Weltwille bzw. – bei Berkeley – die göttliche Weltseele), das heißt, der *Ideen,* als deren blasse Substitute, die *Begriffe.*

---

stellung‹ II, »Zum Dritten Buch«, Kapitel 29). Vgl. ergänzend dazu eventuell auch nochmals: F. Kaulbach, Ästhetische Welterkenntnis bei Kant, a.a.O.

[35] A. Schopenhauer, Zürcher Ausgabe, Bd. 1, S. 231f. (›Die Welt als Wille und Vorstellung I‹, »Drittes Buch«, §34). Den Schlußsatz dieses zitierten Textes hätte Berkeley allerdings nicht unterschreiben können: das reine Subjekt der Erkenntnis ist für ihn gerade die persönliche Individualität, die einmalige, unvergängliche geistige Substanz.

»Der *Begriff* ist abstrakt, diskursiv, innerhalb seiner Sphäre völlig unbestimmt, nur ihrer Gränze nach bestimmt, Jedem der nur Vernunft hat erreichbar und faßlich, durch Worte ohne weitere Vermittelung mittheilbar, durch seine Definition ganz zu erschöpfen. Die *Idee* dagegen, allenfalls als adäquater Repräsentant des Begriffs zu definieren, ist durchaus anschaulich und, obwohl eine unendliche Menge einzelner Dinge vertretend, dennoch durchgängig bestimmt: vom Individuo als solchem wird sie nie erkannt, sondern nur von Dem, der sich über alles Wollen und alle Individualität zum reinen Subjekt des Erkennens erhoben hat: also ist sie nur dem Genius und sodann Dem, welcher durch, meistens von den Werken des Genius veranlaßte, Erhöhung seiner reinen Erkenntnißkraft, in einer genialen Stimmung ist, erreichbar: daher ist sie nicht schlechthin, sondern nur bedingt mittheilbar, indem die aufgefaßte und im Kunstwerk wiederholte Idee Jeden nur nach Maaßgabe seines eigenen intellektualen Werthes anspricht.«[36]

Nicht also der Naturwissenschaftler soll von der Mannigfaltigkeit der subjektiven Erfahrungen bzw. Empfindungen zu der geordneten objektiven Erfahrungswelt leiten, sondern der »Genius« und Künstler. Der Begriff sei nämlich lediglich »nützlich [...] für das Leben [...] brauchbar, nothwendig und ergiebig« für die Wissenschaft.[37] Tiefere Einsicht in das Wesen der Dinge könne deswegen auch nicht durch Willensleistung und Arbeit erworben werden:

»Zur Auffassung einer Idee, zum Eintritt derselben in unser Bewußtseyn, kommt es nur mittelst einer Veränderung in uns, die man auch als einen Akt der Selbstverleugnung betrachten könnte; sofern sie darin besteht, daß die Erkenntniß sich ein Mal vom eigenen Willen gänzlich abwendet, also das ihr anvertraute theure Pfand jetzt gänzlich aus den Augen läßt und die Dinge so betrachtet, als ob sie den Willen nie etwas angehn könnten. Denn hiedurch allein wird die Erkenntniß zum reinen Spiegel des objektiven Wesens der Dinge. Jedem ächten Kunstwerk muß eine so bedingte Erkenntniß, als sein Ursprung, zum Grunde liegen. Die zu derselben erforderte Veränderung im Subjekte kann, eben weil sie in der Elimination alles Wollens besteht, nicht vom Willen ausgehn, also kein Akt der Willkür seyn, d. h. nicht in unserm Belieben stehn.«[38]

---

36 A. a. O., S. 296, §49. Oswald Spengler wird dann noch weiter gehen und behaupten.»Sprache und Wahrheit schließen sich zuletzt aus.« (in: ›Der Untergang des Abendlandes‹ II [»Welthistorische Perspektiven«], München 1923, S. 163)

37 A. a. O., S. 297, §49.

38 A. Schopenhauer, Zürcher Ausgabe, Bd. 4, S. 435 (›Die Welt als Wille und Vorstellung II‹, »Zum Dritten Buch«, Kapitel 30).

All dies liegt weitgehend innerhalb des logischen und weltanschaulichen Bezirks der Berkeleyschen Philosophie und das meiste davon kann geradezu als erhellende Erläuterung darin angedeuteter und skizzierter Gedanken gelten.[39] Dies gilt nun allerdings nicht mehr, wenn Schopenhauer wie folgt fortfährt:

»Wer nun besagtermaaßen sich in die Anschauung der Natur so weit vertieft und verloren hat, daß er nur noch als rein erkennendes Subjekt daist, wird eben dadurch unmittelbar inne, daß er als solches die Bedingung, also der Träger, der Welt und alles objektiven Daseyns ist, da dieses nunmehr als von dem seinigen abhängig sich darstellt. Er zieht also die Natur in sich hinein, so daß er sie nur noch als ein Accidenz seines Wesens empfindet. In diesem Sinne sagt *Byron:*

Are not the mountains, waves and skies, a part
Of me and of my soul [...]?«[40]

Ganz ähnliche Stellen wie die von Byron (»Child Harold«, *III*, 75) sind unlängst von Hermann Schmitz veröffentlicht worden, darunter auch ein Auszug aus einem Roman von Forrest Reid mit dem Titel ›Following Darkness‹ (London 1902, S. 42):

»Es war, als hätte ich nie erkannt, wie lieblich die Welt war. Ich legte mich auf den Rücken in das warme, trockene Moos und hörte dem Gesang der Lerche zu, die von den Feldern nahe beim Meer in den dunklen, klaren Himmel emporstieg. [...] Und dann kam eine merkwürdige Erfahrung über mich. Es war, als ob alles, was vorher außerhalb und um mich zu sein schien, plötzlich in mir sei. Die ganze Welt schien in mir zu sein. In mir wiegten die Bäume ihre grünen Kronen, in mir sang die Lerche, in mir schien die heiße Sonne und in mir war der kühle Schatten. Eine Wolke stieg am Himmel auf und zog mit einem leichten Regenschauer vorbei, der auf die Blätter trommelte, und ich fühlte, wie die Frische in meine Seele fiel, und in meinem ganzen Sein spürte ich den köstlichen Geruch der Erde – von Gras, Pflanzen und dunkelbraunem Acker. Ich hätte vor Freude schluchzen können.«[41]

---

[39] Mit Schopenhauer hätte Berkeley auch sagen können, daß »die Erkenntnis der Wirkungsart des angeschauten Objekts eben auch sich selbst erschöpft, sofern es Objekt, d.h. Vorstellung ist [und nicht »Wille« – so Schopenhauer; und nicht »archetypische Idee im Geist Gottes« – so, wenigstens an einigen Stellen, Berkeley; S. B.] Insofern ist also die angeschaute Welt in Raum und Zeit [...] vollkommen real, und ist durchaus das, wofür sie sich giebt, und sie giebt sich ganz und ohne Rückhalt ...« (A.a.O., Bd. 1, S. 42)

[40] A. Schopenhauer, Zürcher Ausgabe, Bd. 1, S. 234 (›Die Welt als Wille und Vorstellung I‹, Erstes Buch, §34).

[41] Vgl. H. Schmitz, Der Ursprung des Gegenstandes. Von Parmenides bis Demokrit, Bonn 1988, S. 2f.

Schmitz nennt dieses beglückende[42] naturmystische Erlebnis nach dem bekannten Physikerphilosophen Ernst Mach (1838–1916) die »Macherfahrung« und glaubt, deren deutliche Spuren auch bei Parmenides wiederfinden zu können. Mit gleichem Recht hätte er ein solches Erlebnis wohl auch am Grunde der Schopenhauerschen Philosophie konstatieren dürfen[43] – nicht aber bei Berkeley. Und allein dies schafft bei aller Gemeinsamkeit doch noch einen unaufhebbaren Unterschied, ja diesbezüglich sogar einen Gegensatz zwischen dem irischen Bischof auf der einen und Hume, Schopenhauer, Mill, Mach und anderen, oftmals mit ihm zusammen genannten Denkern, auf der anderen Seite.[44]

Niemals würde Berkeley dieses für ihn Ungeheuerliche gesagt haben, daß das menschliche Subjekt sich in der Anschauung der Natur als reale Bedingung oder »Träger« der Welt und alles objektiven Daseins erfährt, welches »nunmehr als von dem seinigen abhängig sich darstellt«. Die *metanoia,* welche das bloß anschauende Subjekt beim Anblick der Natur in sich erfährt, weist nach Berkeley genau in die andere Richtung (in die der Demut): ein unendlich überlegener und größerer Geist wird als der »Träger der Welt« erfahren – von ihm, »in dem wir leben, weben und sind«, erleben wir uns auch als abhängig und, selbst ein Bestandteil derselben, erfahren wir die ganze Welt als *seine* kontingente Schöpfung (vgl. auch 2Kor 3,18).

Wenn Schopenhauer dann im *Vierten Buch* seines Hauptwerks den Versuch unternimmt, sein eigenes Denken in einen uralten und weltumspannenden Strom mystisch-asketischen Denkens einzureihen,dann darf ihm,dem in vieler Hinsicht typisch-neuzeitlichen Subjektivisten, dies nur mit einigem »Wenn und Aber« eingeräumt werden. Diese Bedenken betreffen natürlich auch die naheliegende Frage einer Kompatibilität von mystischer Tradition und Schopenhauer-

---

[42] Schönheit ist stets mit zumindest latent gefühltem Glück verbunden: zumindest rührt sie uns wie ein Versprechen von Glück an

[43] Es paßt zum romantisch-spannungsreichen Charakter des Schopenhauerschen Werks (Humanismus und Misanthropie, Idealismus und Materialismus, Determinismus und Selbsterlösungsethos usw.), daß er an anderer Stelle jede transrationale Erkenntnis schroff zurückweist: vgl. ›Über die vierfache Wurzel des Satzes vom zureichenden Grunde‹, § 20, Zürcher Ausg., Bd. 5, S. 55).

[44] Dazu nur zwei berühmte Beispiele; Ch. S. Peirce schreibt: »Humes Philosophie ist nichts als die Berkeleys [...] in skeptischer Geisteshaltung abgefaßt« (Ders., Schriften I, hg. von K.-O. Apel, Frankfurt/M. 1967, S. 275). W. I. Lenin behauptet zu Beginn seines Buches ›Materialismus und Empiriokritizismus‹ (1909, div. Auflagen) die Identität der Philosophie Berkeleys mit der von Ernst Mach und der »Machisten«.

scher Weltwillen-Lehre; darüber hinaus stellt sich die grundsätzliche Frage, wie sich die Klage über die Blindheit des Weltwillens mit der Bewunderung der Ordnung und Schönheit seiner eidetischen Objektivationen vereinbaren lasse. Jedenfalls uns will scheinen, daß Berkeleys Variante der Naturmystik mit dem dazu gehörigen »sehenden« (nicht »blinden«) göttlichen Geist besser mit vielen, v. a. in diesem *Vierten Buch* zitierten Mystikerstellen harmoniere.[45] Dennoch schreibt Schopenhauer mit spürbarer Zuversicht:

> »Vielleicht ist also hier zum ersten Male, abstrakt und rein von allem Mythischen, das innere Wesen der Heiligkeit, Selbstverleugnung, Ertödtung des Eigenwillens, Askesis, ausgesprochen als *Verneinung des Willens zum Leben*, eintretend, nachdem ihm die vollendete Erkenntniß seines eigenen Wesens zum Quietiv alles Wollens geworden. Hingegen unmittelbar erkannt und durch die That ausgesprochen haben es alle jene Heiligen und Asketen, die, bei gleicher innerer Erkenntniß, eine sehr verschiedene Sprache führten, gemäß den Dogmen, die sie ein Mal in ihre Vernunft aufgenommen hatten und welchen zufolge ein Indischer Heiliger, ein Christlicher, ein Lamaischer, von seinem eigenen Thun, jeder sehr verschiedene Rechenschaft geben muß, was aber für die Sache ganz gleichgültig ist. Ein Heiliger kann voll des absurdesten Aberglaubens seyn, oder er kann umgekehrt ein Philosoph seyn: Beides gilt gleich. Sein Thun allein beurkundet ihn als Heiligen: denn es geht, in moralischer Hinsicht, nicht aus der abstrakten, sondern aus der intuitiv aufgefaßten, unmittelbaren Erkenntniß der Welt und ihres Wesens hervor, und wird von ihm nur zur Befriedigung seiner Vernunft durch irgend ein Dogma ausgelegt.«[46]

Ob nicht wenigstens ein *christlicher* Heiliger besser durch die Bejahung des göttlichen Willens und damit auch des gottgeschaffenen Lebens (im höheren, den Begriff des bloß nützlichen Alltagslebens und der Lebenszwecke transzendierenden Sinn) als durch die Verneinung eines Weltwillens und damit des Willens zum Leben gekennzeichnet werden solle, bleibt hier zumindest überlegenswert. Im Anschluß an den zuletzt zitierten Text wird Franziskus von Assisi lobend als »wahre Personifikation der Askese« erwähnt. Er, der so oft von überschäumender göttlicher Freude erfüllte, scheint nun wirklich fast ausschließlich der Berkeleyschen (bejahenden) und nur mit größtem Bedenken der Schopenhauerschen (verneinenden) Variante der Naturmystik beigeordnet werden zu können.

---

[45] Eine Verifizierung dieser Vermutung würde zu weit von der eigentlichen Thematik dieses Kapitels wegführen.

[46] A. Schopenhauer, Zürcher Ausgabe, Bd. 2, S. 474 (›Die Welt …‹, Viertes Buch, § 68).

3) Die falsche Unmittelbarkeit oder: Symbol und Signal

Ungeachtet bedeutender, dabei auch grundsätzlicher Unterschiede zwischen beiden Denkern, hat der Umweg über die Werke Schopenhauers, mit ihren prägnanten Formulierungen, lichtvollen Einsichten und hohen stilistischen Qualitäten, doch auch viele Gemeinsamkeiten mit den Ideen Berkeleys erkennen lassen, vor allem aber das Verständnis seiner zentralen Thesen vom nichtlebenszwecklichen Schauen und dem sichtbar werdenden Göttlichen in der Natur hoffentlich weiter geklärt: Das zweckfreie Schauen, die Besinnung auf den Sehsinn und die daraus entspringende Besonnenheit, verändern das Subjekt ebenso wie das Objekt des Schauens – ein anderes »Innen« und ein anderes »Außen« werden erfahrbar, genauer, *mit*-erfahrbar.[47] Dem neuen, befreienden Innewerden des eigentlichen Selbst auf der einen Seite entspricht auf der anderen eine gewisse *Theophanie*. Dem Hinabsinken in eine tiefere Wirklichkeit des eigenen Ich, welches, wenigstens ansatzweise, den Willen und die Zeitlichkeit (die beiden Hauptkonstituentien des mit dem gewöhnlichen »inneren Sinn« erfahrbaren »empirischen Ich«) hinter bzw. über sich läßt, korrespondiert auf der Objektseite ein gegenläufiges aber ebenso beglückendes Hinaufgehobenwerden des einzelnen »unbedeutenden« Naturgegenstandes zum Symbol, in welchem die Idee und, in einem mit ihr, ein unseren Geist unendlich transzendierender Geist *mit*wahrgenommen werden können. Schopenhauer will von hier aus auch die eigentümliche Wirkung von Stilleben- und Landschaftsmalereien erklären:

»Innere Stimmung, Uebergewicht des Erkennens über das Wollen, kann unter jeder Umgebung diesen Zustand hervorrufen. Dies zeigen uns jene trefflichen Niederländer, welche solche rein objektive Anschauung auf die unbe-

[47] Diesen Begriff des »Miterfahrens« findet man auch in Kemp Smiths interessanter Diskussion des Problems des »Fremdseelischen« – eine Diskussion, die ausgedehnt wird zu der Frage der Wahrnehmbarkeit des göttlichen Geistes in der Natur: »Now it may be agreed that we do not experience other selves […] in isolation from all else, and certainly not independently of their bodily actions; but while doing so, we may still maintain that through, and in connection with, these bodily activities other selves are experienced with the same immediacy with which we experience the self, our conviction as to their existence being based on directly experienced fellowship and not upon inference.« »Divine Existence is more than merely credible: it is immediately experienced.« (Norman Kemp Smith, The Credibility of Divine Existence, hg. von Alexander J. D. Porteus und G. E. Davie, London 1967, S. 392 und 397)

deutendesten Gegenstände richteten und ein dauerndes Denkmal ihrer Objektivität und Geistesruhe im *Stillleben* hinstellten, welches der ästhetische Beschauer nicht ohne Rührung betrachtet, da es ihm den ruhigen, stillen, willensfreien Gemüthszustand des Künstlers vergegenwärtigt, der nöthig war, um so unbedeutende Dinge so objektiv anzuschauen, so aufmerksam zu betrachten und diese Anschauung so besonnen zu wiederholen: und indem das Bild auch ihn zur Theilnahme an solchem Zustand auffordert, wird seine Rührung oft noch vermehrt durch den Gegensatz der eigenen, unruhigen, durch heftiges Wollen getrübten Gemüthsverfassung, in der er sich eben befindet. Im selben Geiste haben oft Landschaftsmaler, besonders *Ruisdael*, höchst unbedeutende landschaftliche Gegenstände gemalt, und dadurch die selbe Wirkung noch erfreulicher hervorgebracht.«[48]

Die Frucht des Stilleben- und der See des Landschaftsmalers (um nur zwei Beispiele zu nennen) sprechen eine eigene, symbolisch auf die Ideen verweisende Sprache. In einem Buch Pierre Schneiders über Henri Matisse findet sich über das »Prinzip, das den niederländischen und französischen Stilleben zugrunde liegt« folgende bemerkenswerte Ausführung:

»Die Dinge sprechen [in den Stilleben, S. B.] sichtlich eine Geheimsprache. Der Betrachter geht an diese Gemälde mit dem Blick des Reisenden heran, der in der von Italo Calvino erfundenen Stadt Tamara ankommt: ›Nicht Dinge sieht das Auge, sondern Figuren von Dingen, die andere Dinge bedeuten [...] Auch die Waren, die von den Verkäufern an den Ständen ausgelegt werden, gelten nicht für sich selber, sondern als Zeichen für andere Dinge‹. Sie erwecken den Eindruck, nicht bloß sie selbst, sondern chiffriert zu sein. Der Beweis dafür ist die Tatsache, daß man sich seit dem Auftreten von Stilleben darum bemüht hat, den Schlüssel dazu zu finden.«[49]

---

[48] A. a. O., S. 253 (§ 38).

[49] P. Schneider, Matisse, München 1984, S. 32.

[50] Etwas Vergleichbares gilt auch schon für die auf Hermes Trismegistos zurück geführte magischen Naturkonzeptionen der Renaissance: »In dieser neuen N. [Natur], die ein organisches Ganzes bildet, singen die Himmel [die Planeten und Sterne] immer noch das Lob des Herrn, aber in einer neuen und andersartigen Weise: Sie sind Boten seines Willens, die die Pläne seiner Vorsehung in die Sprache der Physik und der Geschichte übersetzen. Sie sind, wenn nicht Ursachen, dann doch Zeichen, welche bedeuten und warnen, in denen also der Mensch die eigenen Geschicke entdecken und versuchen kann, ihren unheilvollen Lauf zu ändern.« (Historisches Wörterbuch der Philosophie, a. a. O., Bd. 6, S. 446.) Die Signaturenlehre der »magischen« Renaissanceliteratur ist insb. auch von Böhme weitertradiert worden, vgl. z. B. W. Kayser, »Böhmes Natursprachenlehre und ihre Grundlagen«, in: *Euphorion* 31 (1930), S. 521–562; ebenso

Für Berkeley sprechen alle sichtbaren Dinge eine Sprache,[50] der sogar ein doppelter Sinn zugeordnet ist.[51] Die visuellen Ideen verweisen ebenso »nach unten«, in den Bereich der reinen Praxis und Tätigkeit wie auch »nach oben«, in den Bereich der reinen Theorie und kontemplativen Ideen-Schau. Die visuellen Ideen bedeuten immer etwas anderes als sie selbst, weswegen es auch so schwer fällt, sich auf sie zu konzentrieren. Man könnte sagen, daß sie immer gleich *nachgeben*, gewöhnlich »nach unten«, hin und wieder aber auch (gewissermaßen in »begnadeten« Augenblicken) »nach oben«. Im Unterschied zu Schopenhauer legtder irische Bischof aber auf dieses nicht erzwingbare »Hin-und-Wieder« kein besonderes philosophisch-systematisches Gewicht. Seine Philosophie ist sicherlich in keinem bedeutenden Grad auf mystische Erlebnisse gegründet. Das besagte Nachgeben nach oben hat in seinem System eher die Funktion eines möglichen krönenden Abschlusses als die des wirklichen tragenden Fundaments. Er will sich nicht nur irgendwie auserwählten oder begnadeten Menschen verständlich machen, sondern prinzipiell allen. Dieses Ansinnen freilich kann in eine andere Schwierigkeit führen: das Problem des möglichen Mißverständnisses tritt an die Stelle des Problems des möglichen Unverständnisses, die Gefahr der elitären Exklusivität weicht der anderen der Banalität, ja »Vulgarität«.

Dieser Gefahr zu begegnen ist eines der wichtigsten Anliegen des ›Alciphron‹. Berkeleys sogenannter Empirismus (oft genug hört und liest man leider sogar von seinem »Sensualismus«) ist ohne Zweifel in hohem Grade der Gefahr eines »vulgären« Mißverständnisses ausgesetzt. Muß seine »Rechtfertigung der Sinne«[52] nicht auf einen – wiederum im platten Sinn – Epikureismus hinauslaufen? Was unterscheidet (alle »mystischen Zugaben« einmal als irrelevant beiseite gelassen) eine rechtens »Sensualismus«, »Empirismus« (oder auch »Naturalismus« s. u.) genannte Philosophie von einer angeblich zu Unrecht so bezeichneten? Die Beantwortung dieser Fragen wird ein Hauptthema der folgenden Ausführungen sein.

Bereits der erste Dialog des ›Alciphron‹ macht deutlich, daß der Philosoph dieses Namens (und Hauptgegner der beiden Berkeleyaner

G. Böhme, Die Signaturenlehre des Paracelsus und Jakob Böhme, in: Ders., Natur, Leib, Sprache, Delft 1986.

[51] Das gilt auch für den Franziskaner Bonaventura, vgl. z. B. dessen Opera omnia V (›Itinerarium mentis in deum‹), Quaracci bei Florenz 1891, S. 298 f.

[52] Ayers (Hg.), S. 328 (›Phil. Comm.‹, § 794).

»Euphranor« und »Crito«) Empirist und Sensualist (sowie »Shaftesburyscher Naturalist«) ist. Die Sinne werden in Paragraph 9 das »einzig wahre Mittel zur Entdeckung des Wirklichen und Substantiellen in der Natur« genannt und Euphranor wird auf die folgende Weise über die Ansichten und Ziele der *Freidenker* – Alciphron rechnet sich zu dieser »Schule« – aufgeklärt:

»You must know then that, pursuing our close and severe scrutiny, we do at last arrive at something solid and real, in which all mankind agree, to wit, the appetites, passions, and senses. These are founded in nature, are real, have real objects, and are attended with real and substantial pleasures; food, drink, sleep, and the like animal enjoyments being what all men like and love. And, if we extend our view to the other kinds of animals, we shall find them all agree in this, that they have certain natural appetites and senses, in the gratifying and satisfying of which they are constantly employed.«[53]

Sicherlich auch eine Verteidigung der Sinne! Aber dabei bleibt es nicht, denn dieser hedonistische Sensualismus wird von Alciphron später noch individualistisch beziehungsweise egoistisch eingeschränkt. (»The happiness of other men, making no part of mine, is not with respect to me a good: I mean a true natural good«).[54]

In diesem Punkte wird Alciphron umgehend darüber belehrt, daß der Mensch immer ein Teil eines Ganzen sei und daß die allgemeine Glückseligkeit ein größeres Gut darstelle als die eines einzelnen Menschen oder die einzelner Menschen. Diese Auskunft allein macht Berkeleys literarisches *alter ego* freilich noch nicht bereits zum »Utilitaristen«. Ganz allgemein muß gesagt werden, daß dessen Erwiderungen auf die »free-thinkers« oder »libertins«, diese stets geradewegs auf diesem moralischen Niveau zu begegnen suchen, auf welchem diese selbst vorgefunden werden. Nur sollen ihre Ansichten sogar noch auf diesem bedauernswerten Niveau als unvernünftig (oder doch wenigstens als unzureichend vernünftig) einsichtig gemacht werden. Es verhält sich diesbezüglich alles so wie in Pascals ›Pensées‹, wo ebenfalls der »Weltmann« stets dort »aufgegriffen« wird, wo er sich seinen *»minima moralia«* gemäß befindet: man denke etwa an das berühmte »Argument der Wette«, welches Pascal selbst sicherlich nicht zum gläubigen Christen konvertiert hat oder auch nur hätte.[55]

---

53 ›Alciphron‹, a. a. O., S. 45 (»First Dialogue«, § 9).

54 A. a. O., S. 62 (»First Dialogue«, § 16).

55 Es ist deswegen zumindest irreführend, wenn J. Mackie in ›Das Wunder des Theis-

Nochmals: Berkeleyaner und ihre Gegner, die dort so apostrophierten »kleinen Philosophen« (»minute philosophers«), wenden sich unterschiedslos an ihre Empfindungen und an die Natur als an ihre, oberflächlich betrachtet, gemeinsame »Wahrheitsquelle«. Was unterscheidet sie aber von einander? Eine wichtige Differenz liegt sicherlich in der Vernunft, die für Berkeley genauso zum Wesen des Menschen gehört wie das Empfindungsvermögen. In unserem Zusammenhang ist jedoch ein anderer Unterschied, der allerdings mit dem Aspekt der Vernunft verbunden ist, noch wichtiger. Im Unterschied zu ihm selbst huldigten Berkeleys Gegner einer »falschen Unmittelbarkeit«. Berkeley faßt ebenso wie auch seine Kontrahenten die unmittelbaren Gegenstände der Sinnesempfindungen als Zeichen auf. Aber während diese Zeichen für ihn *Symbole* sind, sind sie für die anderen lediglich *Signale*. Im Symbol (Sinnbild) ist das Symbolisierte selbst in einer gewissen »geistig« zu nennenden Form vorhanden, im Signal nicht. Ein gutes Beispiel für ein Symbol ist das Kreuz als Zeichen für das Christentum. Dieses Zeichen enthält im Grunde alles Wesentliche der Sache selbst: Ein Kreuz hat eine (und nur eine) Mitte, es spannt sich nach allen (Himmels-)Richtungen oder Erdteilen aus, im Kreuz durchdringen sich das Zeichen für das Irdische, die Horizontale, mit dem für das Geistig-Überirdische, die Vertikale. Ein Kreuz scheint – wie etwa ein bergender Baum – Schutz bieten zu können, aber es erinnert auch an die Gestalt eines Menschen der im Leid seine Arme öffnet, desgleichen an einen seine Arme öffnenden Liebenden – es ließe sich unschwer noch weiter so fortfahren. Bei dem *Symbol* des Kreuzes kann man aufgrund dieser Sinnfülle eben lange anschauend verweilen. (Interesanterweise kann Symbolum auch Glaubensbekenntnis heißen.) – Nicht so bei einem *Signal*, wofür ein gutes Beispiel das auf die Kippe gestellte gelbe Quadrat, das europäische Zeichen für »Vorfahrt!« ist. Alles, was etwa mit Kunst zu tun hat, ist symbolhaft, alles, was etwa mit Reklame zu tun hat, signalhaft, letzteres will nur rasch etwas bewirken und die Besinnung und das Denken möglichst *nicht* erreichen oder »wekken«. Berkeleys Unmittelbarkeit ist im Unterschied zu der seiner Gegner nicht mit der »Ausschaltung« des Denkens, sondern mit der Aufforderung zu Kontemplation und vernünftiger Besinnung verknüpft. Während die falsche Unmittelbarkeit sofort zum lebens-

mus‹ (Stuttgart 1985), Kap. 11, das niedrige moralische Niveau dieses Wettarguments beklagt.

zwecklichen Handeln führt, lädt die wahre wenigstens immer *auch* zum geistigen Verweilen ein.

Insgesamt wird in Berkeleys Theorieführung der Geist als Antagonist oder Widersacher des auf den bloßen *bios* reduzierten Lebens (und der hiermit verbundenen Lebenszwecke) erkennbar – und nicht als dessen Diener, geschweige denn als dessen Wirkung: Wie auch bei den Cambridge Platonikern geht der *logos* dem *bios* an Macht und Würde voraus (und nicht umgekehrt, wie bei Berkeleys »Nachfolger« David Hume: »reason« als »slave of the passions« – doch davon mehr im *Dritten Teil*).

4) Grundsätzliches über Berkeleys Begründung von Religion und Moral

Wie wenig Berkeley in seiner Philosophie »Exzentriker« und wie sehr er in Wahrheit ein »Mann der Mitte« ist, gerade so wie Konfuzius, Aristoteles und in gewissem Sinne auch Thomas von Aquin, verdeutlicht besonders in seinen Ausführungen zur Begründung von Religion und Moral.[56] Zweimal zwei extreme Positionen werden zurückgewiesen und jedesmal wird eine gemäßigte bezogen. Die Extreme in den Fragen der Religion sind Bigotterie und Atheismus, die in den Fragen der Moralität ethischer Enthusiasmus und Immoralismus. Die wahre Religiosität wie auch die wahre Moralität werden von dem anglikanischen Bischof dazwischen angesiedelt und damit – solcherart das Gebiet absteckend, welches er verteidigen will – vertraut er ganz auf das Mittel der Vernunft bzw. auf den Weg der vernünftigen Mitte.[57] Seinen Hauptvorwurf gegen die »Freigeister«,

[56] »I hold that Berkeley's immaterialism is sound commonsense, and is seen to be such when it is cleared of misunderstandings and correctly presented.« (A. A. Luce, Berkeley's Immaterialism, London 1934, »Preface«.)

[57] Hier befindet er sich in der bekannten aristotelischen Tradition der *via media*, darin jede Tugend als eine Mitte zwischen einander entgegengesetzten Lastern (so soll z. B. wahrer Mut zwischen Feigheit und Tollkühnheit angesiedelt sein) gedeutet wird. Kant allerdings ist von dieser, zunächst einmal plausibel klingenden These nicht überzeugt: »Die gewöhnlichen, der Sprache nach ethisch-klassische Formeln: medio tutissimus ibis; omne nimium vertitur in vitium; est modus in rebus, etc. medium tenuere beati; insani sapiens nomen habeat etc., enthalten eine schale Weisheit, die gar keine bestimmte Prinzipien hat: denn dieses Mittlere zwischen zwei äußeren Enden, wer will es mir angeben? Der Geiz (als Laster) ist von der Sparsamkeit (als Tugend) nicht darin unterschieden, daß diese *zu weit* getrieben wird, sondern hat ein ganz anderes Prinzip (Ma-

von denen im Verlauf der Dialoge immer klarer wird, daß sie das richtige Maß stets auf irgendeine Weise verfehlen, legt er ironischerweise in den Mund ihres Hauptredners Alciphron, der damit unbeabsichtigt gerade sich selbst und die ihm gleich Gesinnten richtet: »Sie sind gegen die Vernunft, weil die Vernunft gegen sie ist« (*Fünfter Dialog*, Paragraph 34).

Im ›Alciphron‹ gibt sich Berkeley freilich an vielen Passagen besonders nüchtern und prosaisch. Dies könnte ein wenig daran liegen, daß die Schrift im damals noch streng puritanischen Nordamerika verfaßt worden und wohl auch mit seinen amerikanischen Freunden diskutiert worden ist, sicherlich aber v. a. daran, daß er damit einen großen Leserkreis und eine möglichst breite Front der Zustimmung zu finden suchte. Das Buch stellt eine Art politische Kampfschrift gegen den weltanschaulichen Liberalismus (Berkeley: gegen das »freethinking«), wie er während der Mitte des achtzehnten Jahrhunderts zusehens an Einfluß gewann, dar. So sind einige Formulierungen wohl *cum grano salis* zu nehmen; auch einige Akzentverschiebungen gegenüber den im engeren Sinn philosophischen Schriften werden spürbar. So etwa in der Darstellung seiner (»neuen«) Theorie des Sehens, wenn hier der Symbolgehalt der visuellen Bilder allein in eine Richtung, »nach unten«, das heißt zur Praxis hin, gedeutet wird. Ganz in diesem (verkürzten) Sinn ist der Paragraph 14 des »Vierten Dialogs« überschrieben: »Gott, der den Menschen gegenwärtig ist, belehrt, warnt und lenkt sie auf wunderbare Weise« –

---

xime), nämlich den Zweck der Haushaltung nicht im *Genuß* seines Vermögens, sondern, mit Entsagung auf denselben, bloß im *Besitz* desselben zu setzen ...« (›Metaphysik der Sitten‹, Tugendlehre A 44) Bedenkenswerterweise glaubt Max Weber gerade in dieser Kantischen Definition des Geizes ein Leitmotiv des Kapitalismus ja, den »Geist« desselben selbst brennpunktartig wiederzuerkennen: Es sei das *summum bonum* der kapitalistischen »Ethik« »der Erwerb von Geld und immer mehr Geld, unter strengster Vermeidung alles unbefangenen Genießens, so gänzlich aller eudämonistischen oder gar hedonistischen Gesichtspunkte entkleidet, so rein als Selbstzweck gedacht [...] Der Mensch ist auf das Erwerben als Zweck seines Lebens, nicht mehr das Erwerben auf den Menschen als Mittel zum Zweck der Befriedigung seiner materiellen Lebensbedürfnisse bezogen. Diese für das unbefangene Empfinden schlechthin sinnlose Umkehrung des, wie wir sagen würden, ›natürlichen‹ Sachverhalts ist nun ganz offenbar ebenso unbedingt ein Leitmotiv des Kapitalismus, wie sie dem von seinem Hauche nicht berührten Menschen fremd ist.« Dieses »Leitmotiv« stehe u. a. in innerem Zusammenhang mit der protestantischen Forderung nach innerweltlicher – nicht: klösterlicher – Askese. (M. Weber, Die protestanische Ethik und der Geist des Kapitalismus, in: Ders., Die protestantische Ethik I. Eine Aufsatzsammlung, hg. von J. Winckelmann, Gütersloh [8]1991, S. 44)

offenbar eine auf prosaische Manier verkürzte Zusammenfassung der innerlich so reichen Lehre von »God's visual language« unter Weglassung aller naturmystischen Gehalte und Implikationen. Wenn damit auch ›Alciphron‹, wahrnehmungstheoretisch betrachtet, kaum Neues bringt, so rundet er, es sei nochmals gesagt, – einen Überblick über das Ganze gewährend – doch die Kenntnis und das Verständnis von Berkeleys System ab; auch hilft seine Einbeziehung zur weiteren Demontage des Zerrbildes von Berkeley als dem radikalen Idealisten und exzentrischen Subjektivisten. Schließlich ergibt sich sogar aus der Konsultierung dieses populär gehaltenen Buchs Berkeleys zentrale These von der Realität und Würde des menschlichen Geistes, der doch in der Neuzeit immer in Gefahr schwebt, wenn nicht gar zu »verschwinden«, so doch zum »Ungeist« zu werden – und dies ganz besonders durch eine Absolutsetzung der Lebenszwecke.

Gehen wir nun noch einmal etwas mehr ins Detail. Worin bestehen die zwei mal zwei extremen *sc.* unvernünftigen *sc.* falschen Positionen und wie werden sie kritisiert? Zunächst: Der gemeinsame Hintergrund von drei dieser vier Ansichten ist eine falsche Unmittelbarkeit in der Naturverehrung. Alciphrons theoretische Ausführungen werden häufig unterbrochen durch leicht lächerlich, nämlich bezeichnenderweise *unnatürlich* wirkende, pathetische Naturpreisungen. Ein Beispiel: »O Nature! Thou art the fountain, original, and pattern of all that is good and wise.« Die vierte, »bigottische« Ansicht wird von allen Gesprächsteilnehmern verurteilt und stellt selbstverständlich kein Element der »freidenkerischen Lehre« dar. Sie wird am schnellsten abgewiesen und als abergläubisches, engstirniges, intolerantes, lebensfeindliches, philiströses, rechthaberisches, detail- und zeremonienbesessenes Unwesen brummiger, mürrischer Menschen in Bausch und Bogen verworfen. Allerdings seien die atheistischen Freigeister an solchen unerfreulichen Auswüchsen wahrer Religiosität nicht ganz unschuldig, wären doch bigotte Frömmelei und ausgelassene Weltlichkeit wechselweise auf einander bezogen. Damit stellt die Bigotterie zwar kein Element, durchaus aber eine denkbare Folge des Libertinismus dar; dazu Crito:

»I neither look for religion among bigots, nor reason among libertines; each kind disgrace their several pretensions; the one owning no regard even to the plainest and most important truths, while the others exert an angry zeal for points of least concern. And surely whatever there is of silly, narrow, and uncharitable in the bigot, the same is in great measure to be imputed to the conceited ignorance and petulant profaneness of the libertine. And it is not at all unlikely that, as libertines make bigots, so bigots should make libertines, the extreme of one party being ever observed to produce a contrary extreme of another.«[58]

Zugleich mit der Ablehnung der Bigotterie die ganze Religion verwerfen, hieße (mit einer deutschen Wendung) das Kind mit dem Bade ausschütten. Die Religion ruht, als »natürliche« auf einer vernünftigen Grundlage. Gott ist in der Natur ebenso erfahrbar wie eine menschliche Person in ihrem Leibe. Die bloß kontingente Verbindung zwischen den Ideen des Getasts und des Gesichts ist ein unwiderlegbarer Hinweis auf eine gütige göttliche Vorsehung (davon bald mehr). Andere rationaltheologische Argumente, besonders das teleologische, würden ihr Gewicht behalten. Das vielberufene Übel in der Welt erweise sich bei näherem Hinsehen als ein solches auf der Erde, »ein Punkt im Vergleich mit dem ganzen System der Schöpfung Gottes«; Euphranor:

»And, for aught we know, this spot, with the few sinners on it, bears no greater proportion to the universe of intelligences than a dungeon doth to a kingdom. It seems we are led not only by revelation, but by common sense, observing and inferring from the analogy of visible things, to conclude there are innumerable orders of intelligent beings more happy and more perfect than man, whose life is but a span, and whose place, this earthly globe, is but a point, in respect of the whole system of God's creation. We are dazzled, indeed, with the glory and grandeur of things here below, because we know no better. But I am apt to think, if we know what it was to be an angel for one hour, we should return to this world, though it were to sit on the brightest throne in it, with vastly more loathing and reluctance than we would now descend into a loathsome dungeon or sepulchre.«[59]

Auch dieser neuplatonisch-origenische Theodizee-Gedanke beruht erkennbarauf einem Analogieargument. Daran anknüpfend, soll sich dann auch ein bruchloser Übergang von der natürlichen Religion

---

[58] A.a.O., S. 62 (»First Dialogue«, §16).

[59] A.a.O., S. 172 (»Forth Dialogue«, §23). Unmittelbar vor diesem Zitat findet sich in der genannten deutschen Ausgabe des ›Alciphron‹ ein sinnstörender Übersetzungsfehler: »Sagen Sie mir, Alciphron, würden Sie aus den Sitten der Bürger oder aus den Ungehörigkeiten, die im Kerker oder Gefängnis begangen werden, schließen oder urteilen, daß ein Staat schlecht verwaltet wird?« (A.a.O., S. 188f.). Die richtige Übersetzung lautet: »Sagen Sie mir, Alciphron, würden Sie behaupten wollen, ein Staat sei schlecht verwaltet, oder würden Sie auf die Sitten seiner Bürger schließen wollen – allein aufgrund der in einem Kerker oder Gefängnis vorkommenden Ungehörigkeiten?«

zum Christentum eröffnen. Vom christlichen Monotheismus bis zu dem Wunderglauben gebe es nur kontinuierliche Übergänge und auch der Wunderglaube sei immerhin nicht gänzlich »ohne Vernunft« (glaubhaftes Zeugnis der ersten Jünger Jesu bis hin zum Märtyrertod, überprüfbar eingetroffene Prophezeiungen usw.). Sicherlich könne prinzipiell an allem gezweifelt werden, was über die im engeren Sinne rationale, nämlich (philosophisch) beweisbare Grundlage der natürlichen Religion hinausgehe, allein, solcher Zweifel ließe andererseits auch Raum für einen im weiteren Sinne vernünftigen, gleichermaßen auf analogisches und pragmatisches Denken wie auf, in mystische Richtung deutende, unmittelbare Erfahrungen gegründeten Glauben. Typisch für Berkeleys Argumentationen ist folgende Anrede Critos an Alciphron:

»Certainly if you doubt of all opinions you must doubt of your own; and then, for aught you know, the Christian may be true. The more doubt the more room there is for faith, a sceptic of all men having the least right to demand evidence. But, whatever uncertainty there may be in other points, thus much is certain – either there is or is not a God: there is or is not a revelation: man either is or is not an agent: the soul is or is not immortal. If the negatives are not sure, the affirmatives are possible. If the negatives are improbable, the affirmantives are probable. In proportion as any of your ingenious men find himself unable to prove any one of these negatives, he hath grounds to suspect he may be mistaken. A minute philosopher, therefore, that would act a consistent part, should have the diffidence, the modesty, and the timidity, as well as the doubts of a sceptic; not pretend to an ocean of light, and then lead us to an abyss of darkness. If I have any notion of ridicule, this is most ridiculous. But your ridiculing what, for aught you know, may be true, I can make no sense of. It is neither acting as a wise man with regard to your own interest, nor as a good man with regard to that of your country.«[60]

Das Fazit lautet, daß die Ablehnung der natürlichen (d. i. der kraft des natürlichen Mittels der menschlichen Vernunft erlangten) Religion nicht sonderlich vernünftig ist, der Unglaube hinsichtlich des Christentums aber gegen das Verantwortungsbewußtsein verstößt. Für

[60] A. a. O., S. 322 (»Seventh Dialogue«, § 24 – deutsche Ausg., § 27). Die ersten beiden Sätze zeigen wieder sehr schön, wie Crito-Berkeley dem »Ungläubigen« (hier: dem »Kleingeist« bzw. »minute philosopher«) jeweils ganz konkret dort begegnen will, wo sich dieser (in intellektueller Hinsicht) befindet (hier nun: in allgemeiner Verunsicherung und »skeptischer Laune«).

die letzte Teilthese[61] werden, so zeigt der Schluß des Zitats (er ist recht typisch für Berkeleys Denken), wiederum pragmatische Gründe geltend gemacht. Diese weisen schon hinüber zu seiner Begründung der Moral.

Moral und Religion sind für den irischen Fürst-Bischof (Lord Bishop) nicht strikt voneinander trennbar. Religionsbegründung ist immer schon verbunden mit Moralbegründung, ein Argument für den gerechten Gott zugleich ein solches für das Postulat der Gerechtigkeit mit Rücksicht auf das menschliche Handeln. Umgekehrt ist der pragmatische Nachweis der Nützlichkeit von Religion für das Gemeinwesen nicht ohne Bedeutung für die sozialpragmatische Begründung der Moral. Lysicles, der radikale junge Freund Alciphrons, lehnt nun allerdings eine solche Begründung ab: Bürgerliche Moralität nütze nicht, sie schade dem Gemeinwesen und zwar primär in (volks-)wirtschaftlicher Hinsicht. Zugleich beeinträchtige Moral den Genuß und das Glück der einzelnen Staatsbürger.[62]

Lysicles, hier ganz besonders an Mandeville gemahnende »Argumente« wirken sehr bodenständig: Das »lustige Leben« und die damit unvermeidlich verbundenen Laster lassen die Wirtschaft florieren, Spielsucht und Prostitution bringen Geld in Umlauf, Alkoholkonsum beschäftigt Wirte und Bierbrauer, Eitelkeit Modistinnen und Friseure usw. usf. (»Oh the beautiful and never-enough-admired connexion of vices! It would take too much time to show how they all hang together, and what an infinite deal of good takes its rise from every one of them.«[63]). Von Euphranor und Crito werden dagegen

[61] Diese zielt am historischen Shaftesbury vorbei, der die »Volksreligion« durchaus beibehalten wollte.

[62] Lysicles zeigt sich hier (leicht erkennbar) als Schüler Bernard Mandevilles. Dieser hat sich in einem offenen Brief an Berkeley (»A letter to Dion«, 1732) gegen die hedonistische, hobbesianische Deutung seines Werkes im ›Alciphron‹ erklärt. In seiner ›Untersuchung über die Natur der Gesellschaft‹ zeigt er sich, was deren epistemologische Grundlagen anbelangt, überraschend sogar von Berkeley beeinfußt; ein Beispiel: »Luft und Raum sind keine Gegenstände des Sehens, sobald wir aber mit der geringsten Aufmerksamkeit um uns blicken, bemerken wir, daß die Mehrzahl der Dinge, die wir sehen, allmählich kleiner wird, je weiter sie von uns weg sind; und nichts als Erfahrung aus diesen Beobachtungen kann uns lehren, die Entfernung der Dinge mit annehmbarer Genauigkeit zu schätzen. Wenn ein Blindgeborener bis zu seinem zwanzigsten Lebensjahr blind bliebe und dann plötzlich mit Sehkraft gesegnet würde, wäre er seltsam verwirrt wegen des Unterschieds zwischen den Entfernungen …« (B. Mandeville, Die Bienenfabel [Bibl. d. 18. Jhds.] …, a. a. O., S. 312)

[63] A. a. O., S. 68 (»Second Dialogue«, § 2).

verschiedene Einwände erhoben, unter anderem dieser, daß unter Lysicles' einseitig volkswirtschaftlicher Perspektive von dem Nutzen des Geldflusses und der Umverteilung auch Straßenräuberei gutgeheißen und gefördert werden müsse. Philosophisch interessanter, wenn auch weniger amüsant, ist die Zurückweisung des Hedonismus als einem vielleicht tier- nicht aber menschenadäquaten Verhaltenskodex. Vernunft und Gewissen gehörten ebenfalls zum Menschen, ja bestimmten maßgeblich seine besondere Würde, die mehr bedeute als »eine alte, ausgediente Vorstellung« (so Lysicles markige Worte im *Zweiten Dialog*, Paragraph 15).

Der Mensch, der gegen seine Natur und damit gegen seine natürliche Würde handle, könne noch nicht einmal wirklich glücklich werden. Berkeley nennt Pico della Mirandola (1463–1494)[64] und zeigt, daß er einige Kenntnisse von diesem Philosophen hat, dessen Auffassungen wirklich in vielen Punkten Berkeleyschen Überzeugungen korrespondieren. Picos berühmteste These steht m. E. auch im Hintergrund von Berkeleys Diskussion über die Würde des Menschen.[65] Sie lautet, daß der Mensch das (nach Gott) »aller Bewunderung würdigste Lebewesen« sei, und sie wird – zunächst sicherlich überraschenderweise – durch die »Wesenlosigkeit« (bzw. die damit gegebene Freiheit zur Selbstbestimmung) des Menschen begründet. Ohne ein festgelegtes Wesen zu sein, bedeute nur bei oberflächlicher Betrachtung einen Mangel, tatsächlich aber dies, daß der Mensch die *Freiheit* zur Wahl seiner eigenen Natur habe. Der Text Picos verdient (auch aufgrund seiner erstaunlichen Nähe zum Existenzialismus) *in extenso* zitiert zu werden:

»Bereits hatte Gottvater, der höchste Baumeister, dieses irdische Haus der Gottheit, das wir jetzt sehen, diesen Tempel des Erhabensten [den die »überirdischen Gefilde« einschließenden Kosmos, S. B.], nach den Gesetzen einer verborgenen Weisheit errichtet. Das überirdische Gefilde hatte er mit Geistern geschmückt, die ätherischen Sphären hatte er mit ewigen Seelen belebt, die materiellen und fruchtbaren Teile der unteren Welt hatte er mit einer bunten Schar von Tieren angefüllt. Aber als er dieses Werk dann vollendet hatte, da wünschte der Baumeister, es möge jemand da sein, der die Vernunft eines so hohen Werkes nachdenklich erwäge, seine Schönheit liebe, seine

64 »Vierter Dialog«, § 19.

65 Auf einen näheren Vergleich zwischen Berkeley und dem florentinischen Renaissance-Philosophen muß hier verzichtet werden (eine Gesamtdarstellung der Picoschen Philosophie in deutscher Sprache bietet etwa E. Monnerjahn, Giovanni Pico della Mirandola, Wiesbaden 1960).

Größe bewundere. Deswegen dachte er, nachdem bereits alle Dinge fertiggestellt waren, wie es Moses und der Timaeus bezeugen, zuletzt an die Schöpfung des Menschen. Nun befand sich aber unter den Archetypen in Wahrheit kein einziger, nach dem er einen neuen Sprößling hätte bilden sollen. [...] Alles war bereits voll, alles unter die höchsten, mittleren und untersten Ordnungen der Wesen verteilt. [...] Daher beschloß denn der höchste Künstler, daß derjenige, dem etwas Eigenes nicht mehr gegeben werden konnte, das als Gemeinbesitz haben sollte, was den Einzelwesen ein Eigenbesitz gewesen war. Daher ließ sich Gott den Menschen gefallen als ein Geschöpf, das kein deutlich unterscheidbares Bild besitzt, stellte ihn in die Mitte der Welt und sprach zu ihm: ›[...] Den übrigen Wesen ist ihre Natur durch die von uns vorgeschriebenen Gesetze bestimmt und wird dadurch in Schranken gehalten. Du bist durch keinerlei unüberwindliche Schranken gehemmt, sondern du sollst nach deinem eigenen freien Willen, in dessen Hand ich dein Geschick gelegt habe, sogar jene Natur dir selbst vorherbestimmen. Ich habe dich in die Mitte der Welt gesetzt, damit du von dort bequem um dich schaust, was es alles in dieser Welt gibt. Wir haben dich weder als einen Himmlischen noch als einen Irdischen, weder als einen Sterblichen noch als einen Unsterblichen geschaffen, damit du als dein eigener, vollkommen frei und ehrenhalber schaltender Bildhauer und Dichter dir selbst die Form bestimmst, in der du zu leben wünschst. Es steht dir frei, in die Unterwelt des Viehes zu entarten. Es steht dir ebenso frei, in die höhere Welt des Göttlichen dich durch den Entschluß deines eigenen Geistes zu erheben‹.«[66]

Euphranor-Berkeley führt ganz in diesem Sinne aus, es sei falsch, die Menschennatur an den »degenerierten« Stellvertretern ihrer Gattung ablesen zu wollen. In diesem Fall werde der große Unterschied zwischen Mensch und Tier nicht so eindeutig klar. Aber etwas Analoges gelte auch von einem Orangenbäumchen, welches man von Süditalien an einen windigen und schattigen Platz im Norden Englands verpflanzt habe. Es sei nicht richtig, von dem bedauerlichen Anblick dieses konkreten Bäumchens auf alle Orangenbäume zu schließen oder gar anzunehmen, daß diesen Bäumen die Fähigkeit, Blüten und Orangen hervorzutreiben nicht gegeben sei. (Ebenso

---

[66] Giovanni Pico della Mirandola, Über die Würde des Menchen, aus dem Neulateinischen üb. von H. W. Rüssel, Zürich 1988, S. 8–11. (im Original: G. Pico della Mirandola, Über die Würde des Menschen / De dignitate hominis, hg. und eingel. von A. Beck, Hamburg 1990; vgl. eventuell auch Platons Kulturentstehungsmythos des ›Protagoras‹). Pico nennt den Menschen wörtlich »plastes et fictor«, das heißt Bildhauer und Dichter (seiner selbst). Hierin könnte auch ein Anknüpfungspunkt Cudworths vermutet werden, der dann die Natur als »Bildnerin ihrer selbst« (»plastic nature«) auffaßt. (Für beide Philosophen sind Moses wie Platon geradezu überirdische Gestalten, deren Lehren miteinander vereinbar und dazu quasi sakrosankt sind.)

eigene den Menschen das Vermögen, ihr Sein frei aus sich selbst heraus »hervorzutreiben«.) Lysicles muß dies natürlich einräumen und Alciphron, der kein Immoralist, sondern »enthusiastischer« Moralist ist, übernimmt von da an die Verteidigung der libertinistischen Sache.

Dieser Alciphron wird bald näherhin als ein Anhänger Lord Shaftesburys bestimmbar, in dessen Hauptwerk ›Characteristicks‹ (1711), wie wohl erinnerlich, mit leichter Feder und in weltmännischer Manier, gepaart mit Witz, Charme und individualistischem Geist, eine naturalistische und kosmopolitische Ethik skizziert wird, die grundsätzlich stoischen Charakter hat und alle offenbarte Religion allenfalls duldet, letztlich jedoch als störend und »im höheren Sinn« sogar als unmoralisch empfindet und verwirft. Allerdings wird diese Auffassung (wie gesehen) ziemlich »konziliant« vorgetragen und durch das leidenschaftliche Bekenntnis zu einer Naturreligiosität (diese ist von natürlicher, auf die natürliche Vernunft im Unteschied zur Offenbarung bezogenen Religion zu unterscheiden) geschickt verschleiert. »Humanität«, »Schönheit« und »*vivere secundum naturam*« sind des Lords Hauptthesen, aber berühmt-berüchtigt wurde vor allem sein »test by ridicule«: Spott sei das geeignete Mittel um alle Irrtümer zu bekämpfen und insbesondere auch falsche religiöse Prätentionen bloßzustellen.

Ein solches leichtfertiges, effekthaschendes Philosophieren war Berkeley offensichtlich besonders zuwider und so will er Shaftesbury (dessen pantheistischen Neigungen er systematisch, wenn vielleicht auch etwas wider des persönlichen »Geschmack«, sogar ziemlich nahe steht) sowie seinen zahlreichen Anhängern auch ein wenig mit gleicher Münze heimzahlen. Aber nicht davon soll hier die Rede sein. Vielmehr sei abschließend noch ein interessanter inhaltlicher Punkt der Kontroverse angesprochen. Es ist der zentrale, das Menschenbild betreffende Differenzpunkt zwischen den beiden Philosophen, dessen Klarstellung auch einer weiteren Klärung von Berkeleys Verständnis von Gott und der Natur dienlich ist. *Beide* schätzen den Menschen und seine Würde – im Unterschied etwa zu Hobbes und Mandeville – sehr hoch ein. Shaftesbury nennt ihn etwa das »Hauptwerk der Natur«.[67] Als solches Hauptwerk einer zwar enthusiastisch

[67] Vgl. Shaftesbury, Ein Brief über den Enthusiasmus. Die Moralisten, hg. von Wolfgang H. Schrader, Hamburg 1980, S. 42 (›Die Moralisten‹, 1. Teil, 2. Abschnitt); S. 146 wird die Natur »mächtige Schöpferin!« genannt (3. Teil, 1. Abschnitt).

gepriesenen, aber doch geistig »blinden« und letztlich amoralischen Macht ist der Mensch (wie ist das denkbar?) frei bzw. moralisch autonom und nach Shaftesbury lediglich dazu aufgefordert (von wem eigentlich?) auf seine (woher kommenden?) edleren Gefühle zu horchen und diese zu kultivieren.

Der Mensch sei von Natur gut. Daher erscheine es grundsätzlich ganz widersinnig, ihm moralische Vorschriften zu machen oder ihm gar mit Höllenstrafen zu drohen. Das Hereintragen eines solchen Konflikts in das Innere des Menschen gilt Shaftesbury für sittlich verwerflich. Es schaffe ein schlechtes Gewissen und störe die große Harmonie der Allnatur. – Da der Mensch von Natur gut ist, mag er ruhig seiner Natur folgen um damit mit sich selbst und der ganzen Welt im Einklang zu stehen. Unwürdige Befürchtungen in bezug auf ein jenseitiges Leben beunruhigten den wahren Moralisten nicht; ihn leite die Idee der Schönheit, die physische Schönheit der Dinge und die »moralische Schönheit« der Handlungen gleichermaßen; Alciphron-Shaftesbury:

»For virtue of the high and disinterested kind no man is so well qualified as an infidel; it being a mean and selfish thing to be virtuous through fear or hope. The notion of a Providence, and future state of rewards and punishments, may indeed tempt or scare men of abject spirit into practices contrary to the natural bent of their souls, but will never produce a true and genuine virtue. To go to the bottom of things, to analyse virtue into its first principles, and fix a scheme of morals on its true basis, you must understand that there is an idea of Beauty natural to the mind of man. This all men desire, this they are pleased and delighted with for its own sake, purely from an instinct of nature. A man needs no arguments to make him discern and approve what is beautiful; it strikes at first sight, and attracts without a reason. And as this beauty is found in the shape and form of corporeal things, so also is there analogous to it a beauty of another kind, an order, a symmetry, and comeliness, in the moral world. And as the eye perceiveth the one, so the mind doth, by a certain interior sense, perceive the other; which sense, talent, or faculty is ever quikkest and purest in the noblest minds. Thus, as by sight I discern the beauty of a plant or an animal, even so the mind apprehends the moral excellence, the beauty and decorum of justice and temperance.«[68]

Kurz darauf antwortet Euphranor-Berkeley, daß es gewiß erfreuliche natürliche Neigungen wie Zärtlichkeit für die eigene Nachkommen-

[68] ›Alciphron‹, a. a. O., S. 116 f. (»Third Dialogue«, § 3). Diese Ausführungen erinnern entfernt an Kant, verbleiben aber im »ästhetisierenden« Bereich und lassen dessen »unbedingten« moralischen Ernst vermissen.

schaft, Mitgefühl mit den Traurigen, Hilfsbereitschaft für die in Not Geratenen usf. gebe, die jedoch bei verschiedenen Menschen verschieden stark ausgeprägt seien. (Er hätte auch hinzufügen können, daß es daneben ebenso unerfreuliche natürliche Neigungen gibt.) Daran schließt er die Frage an:

»Should it not therefore seem a very uncertain guide in morals, for a man to follow his passion or inward feeling? And would not this rule infallibly lead different men different ways, according to the prevalency of this or that appetite or passion?

Alciphron. I do not deny it.

Euphranor. And will it not follow from hence that duty and virtue are in a fairer way of being practised, if men are led by reason and judgment, balancing low and sensual pleasures with those of a higher kind«[69]

Auch hier also ein Appell an die Vernunft. Diese mangle somit nicht nur dem kalten Immoralismus Lysicles', sondern dem schwärmerischen Moralismus Alciphrons. Die Frage sei aber nicht nur, ob die Anschauung zutrifft, daß der Mensch von Natur aus gut sei – und somit nur seinen inneren natürlichen Neigungen zu folgen brauche –, eine analoge Frage stelle sich auch noch auf einer anderen, der pragmatischen Ebene, ob es nämlich, in einem weiteren Sinne, auch für vernünftig oder klug gelten könne, diese vorgebliche Wahrheit zu verbreiten, populär zu machen. Euphranor:

»As for myself, I do not believe your opinions true. And, although you do, you should not therefore, if you would appear consistent with yourself, think it necessary or wise to publish hurtful truths. What service can it do mankind to lessen the motives to virtue, or what damage to increase them?«[70]

Criton führt Cicero als Zeugen an:

»Cicero was a man of sense, and no bigot; nevertheless, he makes Scipio own himself much more vigilant and vigorous in the race of virtue, from supposing heaven the prize. And he introduceth Cato declaring he would never have undergone those virtuous toils for the service of the public, if he had thought his being was to end with this life.«[71]

Des Alciphron Strategie der Moralbegründung liefe darauf hinaus, unter dem Vorwande, die Menschen zu ganz uneigennütziger, heldenhafter Tugend anzuspornen, die Mittel zu zerstören, welche –

---

[69] A.a.O., S. 120 (»Third Dialogue«, § 5).
[70] A.a.O., S. 140 (»Third Dialogue«, § 16).
[71] A.a.O., S. 138 (»Third Dialogue«, § 16).

wenigstens bei der großen Zahl der Menschen – diese Tugenden tragen und bislang stets getragen haben. An die Stelle einer gesellschaftlichen Realität soll etwas treten, das – wenigstens für die meisten Menschen – nicht viel mehr ist als ein Figment oder ein Phantasma. Diese Realität umfaßt bereits eine wirksame Verbindung von Vernunft, Gewissen, positiver Sittlichkeit und positiver Religion. – Letztlich sind die Moralvorschriften für Berkeley etwas Gegebenes. Sie werden nicht vom Menschen hergeleitet, der sie als zarte Gefühle keimhaft in sich selbst findet und veredeln, kultivieren soll, sondern von Gott und seiner Offenbarung in der Geschichte. Die adäquate Ergänzung dieser Offenbarung aber soll nicht (wenigstens nicht ausschließlich) durch moralische Empfindungen erfolgen. Vielmehr sind hier (vor allem) Vernunft- und Gewissens*urteil* gefordert.[72] Der schwärmerische Moralismus erscheint Berkeley somit sowohl theoretisch ungenügend ausgewiesen als auch praktisch gefährlich.

Die Tatsache, daß der irische Philosoph auf Theonomie nicht verzichten will, ist, wie angedeutet, für das adäquate Verständnis seines Gottes- wie seines Naturbegriffs von einigem Interesse. Daß er mit seinem »Alciphron« gerade Shaftesbury zu seinem Hauptgegner erklärt hat, ist ebenfalls aufschlußreich. Vielleicht befürchtete Berkeley, daß man ihn gerade mit *ihm* verwechseln könnte. Gewöhnlich spricht sich Berkeley gegen die Denker am entschiedensten aus, die ihm – zumindest *prima vista* – philosophisch am nächsten stehen (dies mußte auch Malebranche in den ›Dialogues‹ erfahren[73]). – gelangten wir zu dem Resultat, daß es Berkeley vermeiden will, mit einem in »Pantheismus-Verdacht« geratenen Denker in positive Verbindung gebracht oder gar verwechselt zu werden.

Daran sollte nochmals erinnert werden: Shaftesbury kann als erster Philosoph gelten, der der theoretischen und praktischen Vernunft eigene (die fünf klassisch-aristotelischen ergänzende) »Sinne« gegenüber gestellt hat – dieser den *moral sense*, jener den *common sense*. Hutcheson, einer der wichtigsten Anreger Humes, baute diese Gedanken dann weiter aus.[74] Die ganze, hieraus hervorgehende, schottische Common-sense-Philosophie stellt mit ihrem Einfluß auf die amerikanische Demokratiebewegung eine sukzessive »Abnabe-

---

[72] Vgl. dazu das kommende Kapitel II des *Dritten Teils,* wo die Frage »Ethik des Gefühls oder der Vernunft?« weiter vertieft wird.

[73] Vgl. in Ayers (Hg.), S. 169f. (»Dialogues« II). Malebranche wird hier hart attackiert.

[74] Vgl. unsere Ausführungen im *Ersten Teil* oder evtl. direkt: Francis Hutcheson, ›In-

lung« von der platonischen Idee »allgemeingültiger« und »ewiger Normen«, hin zu »Diskurs« und »Majoritätsentscheid« dar. Diese Bewegung nimmt ihren Anfang bei Scotus und v. a. Ockham, der (nach Auskunft Cudworths) behauptet habe, »that there is no act evil as it is prohibited by God, and which cannot be made good by God«.[75]

Später wird an die Stelle des göttlichen Willensentscheids der Volkeswille treten (zunächst als die »volonté générale« J. J. Rousseaus). Ungeachtet alles Erfreulichen – und heute Unverzichtbaren – dieser demokratischen Bewegungsrichtung, scheint damit auf eine verhängnisvolle und das Denken bestürzende Weise alles Seiende immer mehr in die alleinige Verfügungsmacht des Menschen und damit in die Gewalt seiner kurzfristigen Wünsche und stets ungezügelteren Begierden zu geraten: gerade auch die Natur. Unveränderliche bzw. unbedingte Grundsätze wie »Die Schöpfung bewahren!« verlieren bis zum heutugen Tag sukzessive und dramatisch an Ansehen und Bedeutung. Im Zusammenhang damit führt auch der falsche (materialistische, signal- nicht symbolhafte) Naturalismus mit seinem zumindest impliziten Aufruf zum ungehemmten (vorgeblich »natürlichen«) Genuß und Konsum zur verschärften Ausbeutung und kaum mehr rückgängig zu machenden Zerstörung unserer Umwelt.

quiry into the Original of Our Ideas of Beauty and Virtue‹ (1705) – und – ›A System of Moral Philosophy ‹ (1755).

[75] Zit. nach Cudworth, a. a. O., Bd. III, S. 529.

Zweites Kapitel:

George Berkeley über die Einheit von Epistemologie, Naturphilosophie und Rationaltheologie

0) Vorbemerkungen

In der Menschheitsgeschichte und insbesondere in der Neuzeit weicht das kontemplative Verhältnis des Menschen zur Natur[1] dem technisch-instrumentellen. Parallel dazu wird eine Modellvorstellung davon, was Natur sei, durch eine andere ersetzt: die von der Natur als Wohnort des Geistes durch die von ihr als einem bloßen Produkt des Geistes, d.h. näherhin die »organismische« (so die Wortprägung Whiteheads) durch die mechanistische. Im Mittelalter werden beide Modellvorstellungen noch nicht scharf geschieden. Gott ist bei Thomas der Welt völlig transzendent und zugleich ganz immanent (in jedem »Seienden« ganz und ungeteilt).[2] Die Natur ist hier mehr als bloß das fertige Produkt eines Handwerkers aber weniger als der göttliche Schöpfer selbst, welcher prinzipiell völlig unabhängig ist von seinem Werk. Metaphorisch ausgedrückt ließe sich sagen, dieses Werk atme seinen lebendigen Geist. Falls man für das Mittel-

[1] Das ursprüngliche Naturverständnis ist sicherlich ein »animistisches« gewesen: So gut wie *alles* wird so verstanden, als sei es von Leben erfüllt (was mit Blick auf die ursprüngliche Lebenswelt des Menschen schließlich gar nicht so falsch ist). Bei den klassischen Griechen liegt jedem menschlichen Lebensbereich eine besondere lebenspendende und diesen regierende Gottheit zugrunde. Platons ewigen Ideen merkt man noch an, daß ihre »Vorfahren« die griechischen Götter gewesen sind. Ein wenig gilt dies sogar noch für die aristotelischen »Formen«, die lebendigen Gestaltungskräfte der Materie. So besehen, wäre selbst noch die Natur der hoch- und spätmittelalterlichen Denker belebt gewesen, denn Materie ohne solche »Formen« (Materie als Substanz) gibt es in nachaniker Zeit eigentlich erst wieder bei Descartes und seinen unmittelbaren Vorläufern. Zu einer auf diese Weise neu verstandenen Natur kann aber das »Lebewesen« Mensch nicht länger in ein sympathetisches, sondern bloß noch in ein instrumentelltechnisches Verhältnis treten. Die Folgen davon sind heute allgemein bekannt.

[2] Vgl. zu dem Wandel dieser Vorstellungen: Rolf Schönberger, Die Transformation des klassischen Seinsverständnisses. Studien zur Vorgeschichte des neuzeitlichen Seinsbegriffs im Mittelalter (Reihe: Quellen und Studien zur Philosophie, hg. von G. Patzig u.a.), Berlin 1986.

alter ein eigenes Naturmodell postulieren wollte, so käme dafür wohl am ehesten das »heilige Buch«, die Bibel, infrage. Bereits in Augustinus' ›De genesi ad litteram‹ wird von zwei Büchern gesprochen, in denen Gott sich offenbart habe, in der Heiligen Schrift und in dem Buch der Natur. Ein Buch ist mehr als ein Artefakt, denn es enthält Gedanken, die beim Leser neue Gedanken hervorrufen können, und ein inspiriertes Buch zumal vermag selbst zu inspirieren, den Geist des Lesers in höherem Grade lebendig zu machen. Im Buch der Natur lesen (»legere in libro naturae«) bedeutet den Gedanken Gottes zu folgen, seine Ideen nachzudenken. Dies soll zur Einsicht in den universalen Ordnungszusammenhang alles Seienden führen, zu dem Verständnis der Wirklichkeit einer Seinshierarchie, darin alles was ist seinen festen Ort oder seine bestimmte Sphäre aufweist (materia prima, materielle Dinge, Pflanzen, Tiere usf. bis hin zu Gott, der als höchstes Seiendes zugleich »seinsverleihender« Grund aller Wirklichkeit und damit das Sein selbst ist).

Möglicherweise nicht gänzlich unabhängig von der sukzessiven Auflösung des hierarchischen Ständewesens nach dem Hochmittelalter, vollzieht sich eine folgenschwere Uminterpretation der Metapher vom Buch der Natur. Vielleicht ist auch ein Einfluß der Kabbala hinzu gekommen, also der jüdischen Geheimlehre, in welcher den Buchstaben des hebräischen Alphabets Zahlen beigeordnet werden um einen vermuteten verborgenen Schriftsinn der Bibel zu entschlüsseln.[3] Jedenfalls wird im Ausgang des Mittelalters die Natur nicht mehr vorrangig oder gar ausschließlich unter dem Aspekt gesehen, daß sich darin eine ewige Heilsordnung zeigt, als vielmehr unter der säkularisierten und spezifischeren Hoffnung, daß sich darin zeichenhaft Geheimnisse andeuten, deren Kenntnis eine Transmutation der Welt im Sinne des Menschen verspricht. Die Suche nach Zeichen, Signaturen und geheimen Entsprechungen, die dem Eingeweihten magische Fähigkeiten verleihen soll, erfährt in den seit 1529 erscheinenden Schriften des Paracelsus (1493–1541) einen ersten Höhepunkt.[4] Die Natur erscheint hier als Chiffrensystem, das den darin eingeweihten Magus dazu befähigt, die Welt in seinem Sinne und nach seinem Willen zu verändern. Der Magier wird damit

[3] Ein führender Vertreter der modernen Kabbala ist Friedrich Weinreb, dessen zahlreiche Schriften und Vorträge im Thauros-Verlag (Weiler /Allgäu) erschienen sind.
[4] Die opera Paracelsi erschienen zwischen 1922 und 1933 in 14 Bänden als »Sämtliche Werke« hg. von K. Sudhoff.

als *alter deus* zum Vollender der nicht länger als statisch abgeschlossen und als hierarchisch festgefügt aufgefaßten Natur; er erweist sich damit zugleich als Vorläufer des modernen Naturwissenschaftlers und Technikers. Auch Böhmes dynamischer Naturbegriff – Liebe und Zorn der sieben »Qualitäten« (Geister oder Naturkräfte) lassen diese nicht zur Ruhe kommen – und seine damit verknüpfte Signaturenlehre stehen eindeutig in dieser Tradition. (Dasselbe gilt für Böhmes Mikrokosmoslehre, wie sie besonders im Zweiten Kapitel der ›Aurora‹ entwickelt wird.) Wir werden noch sehen, daß auch Berkeley die Lehre von den gottverfügten Naturzeichen modifizierend aufgreift, wollen zunächst aber vorab kurz auf Schelling, einen der größten und bedeutendsten Bewunderer Böhmes, zu sprechen kommen.

Schellings Schrift ›Von der Weltseele‹ trägt den Untertitel: »eine Hypothese der höheren Physik zur Erklärung des allgemeinen Organismus‹«.[5] Es stellt eine der zentralen Thesen dieses Buches dar, daß die mechanische Erklärung eines Naturphänomens allenfalls für die abstrakte, ausschnitthafte Forschung (annähernde) Gültigkeit beanspruchen kann. Die einzelnen Kausalfolgen würden als unendlich kleine gerade Linien in der Kreislinie des allgemeinen Organismus ins Vernachlässigbare verschwinden. Denn das beseelte Naturganze sei der »Abdruck« eines unendlichen Sich-selber-Wollens des Absoluten.[6] Der Organismus müsse einerseits früher gewesen sein als jeder Mechanismus – das (mit Schellings Wort) »Gespenst« – andererseits sei Organisation selbst nichts weiter als der aufgehaltene Strom von Ursachen und Wirkungen. Wo die (ursprünglich bei sich seiende) Natur diesen Strom hemmt, ist sie ein einziger Organismus, darin dieser »Strom« wie in einer Kreislinie in sich selbst zurück kehrt.[7] Schellings Schrift enthält einige hochinteressante und teilweise sehr modern wirkende Gedanken[8], daneben aber auch viele verschrobene Phantastereien, verbunden mit schlechter i. S. v. unkritisch-phantastischer Metaphysik. Der sprachliche Duktus ist jedoch nie ein anderer als der großer Literatur, wobei die Prosa zuweilen der Poesie weicht. Sehr schön ausgedrückt ist beispielsweise ein Gedan-

---

[5] Vgl. Friedrich Wilhelm Joseph Schelling, Ausgewählte Werke, Bd. 1: Schriften von 1794–1798, S. 399 -637, Darmstadt 1980.

[6] Vgl. a. a. O., S. 416.

[7] Vgl. insb. a. a. O., S. 403.

[8] Vgl. dazu z. B. den *Dritten Teil*, Kap. 1 (S. 74–103) in: K. Gloy, a. a. O.

ke, der uns schon bei Berkeley und Schopenhauer (letzterer kannte die Schellingschen Schriften) begegnete[9]:

»Wie aus einer unabsehlichen Tiefe emporgehoben erscheint ihm [dem Betrachter der Natur ›mit reinem Sinn und heitrer Einbildungskraft‹] die Substanz schon in Pflanzen und Gewächsen […], bis in thierischen Organismen hypostasiert das erst grundlose Wesen dem Betrachter immer näher und näher tritt, und ihn aus offnen, bedeutungsvollen Augen anblickt. Immer zwar scheint es noch ein Geheimniß zurückbehalten zu wollen und nur einzelne Seiten von sich selbst zu offenbaren. Aber wird nicht auch ihn, den bloßen Betrachter der Werke, eben diese göttliche Verwirrung und unfaßliche Fülle von Bildungen, nachdem er alle Hoffnung aufgegeben sie mit dem Verstande zu begreifen, zuletzt in den heiligen Sabbath der Natur einführen, in die Vernunft, wo sie, ruhend über ihren vergänglichen Werken, sich selbst als sich selbst erkennt und deutet. Denn in dem Maß, als wir selbst in uns verstummen, redet sie zu uns.«

1) Die visuellen Ideen als Zeichen für die taktilen bzw. für die Körperwelt

Spätestens seit Platons Lichtmetaphorik und Lichtmetaphysik in der ›Politeia‹ wird dem Sehen von den Philosophen eine besondere Würde eingeräumt. Bekanntlich steckt das Schauen sogar in der sprachlichen Wurzel der besonderen philosophischen Tätigkeit, der *theoria* bzw. der Theoriebildung. Die ›Metaphysik‹ des Aristoteles beginnt mit dem Hinweis auf die Freude der Menschen am Wissen, an ihren Sinneswahrnehmungen und insbesondere am Sehen. Der Grund für unsere Lust am Sehen sei, daß der Sehsinn uns am meisten Erkenntnis vermittle und viele Unterschiede aufdecke (*lib. 1*, 980 a 21). Das philosophische Lob des Auges bricht in spätantiker Zeit und im Mittelalter niemals ab und auch danach setzt es sich bis in die Gegenwart hinein fort[10]. Allerdings weicht die mehr metaphorische Rede über das Sehen in der beginnenden Neuzeit – und v. a. seit den Werken zur Optik von Kepler, Descartes[11] und Newton –

[9] Er erfährt bei Schelling freilich eine pantheistische Färbung; vgl. a. a. O., S. 432.

[10] Vgl. z. B. H. Jonas, »Der Adel des Sehens« in: Ders., Das Prinzip Leben, a. a. O., S. 233–264.

[11] Das Motiv der Erkenntnis der wahren und ewigen Welt beginnt bei Descartes dem Gewißheitsstreben als *primum mobile* des Philosophierens zu weichen. Dieses Streben mag, zivilisationsgeschichtlich betrachtet, mit dem Schock der Glaubensspaltung, dem

eher Versuchen einer empirisch-wissenschaftlichen Bewältigung dieses Phänomens. Der klassische Anknüpfungspunkt hierfür war die schon im Mittelalter vielfach kommentierte aristotelische Schrift ›De anima‹.

Dieses Werk steht auch im Hintergrund von Berkeleys Erstveröffentlichung ›An Essay Towards A New Theory of Vision‹ (1709) – wenn auch in dezidiert kritischer Absicht. Aristoteles hatte fünf Sinne unterschieden und (in *II,7*) hinzugefügt, daß jedem Sinn ein eigentümlicher Sinnesgegenstand eigne, welcher durch keinen anderen Sinn wahrgenommen werden könne. Auch gebe es keinen eigenen Sinn – wie er später (im Mittelalter bei vermutetem treuen Anschluß an Aristoteles) unter der Bezeichnung »sensus communis« bekannt war – für mehreren oder allen Sinnen gemeinsame Wahrnehmungsobjekte (*III*,1).[12] Soweit ist der junge Ire noch ganz mit dem griechischen Klassiker einverstanden.Letzterer fügt dem allerdings seine Auffassung hinzu – die auch von Descartes, Newton und der gesamten »alten« Theorie des Sehens geteilt worden ist –, daß es neben den besonderen Objekten (z. B. Farbe und Ton), welche besonderen Sinnen allein eigneten (z. B. dem Gesichtssinn und dem Hörsinn bzw. »Auge« und »Ohr«) auch noch gemeinsame oder allgemeine Objekte gebe (z. B. Größe und Gestalt), die mehreren oder sogar allen Sinnen als deren Objekte zukämen. Berkeley greift aus den fünf Sinnen Gesicht und Getast heraus und will u. a. dies nachweisen, daß die Gegenstände beider Sinne *fundamental* und damit in jeder Hinsicht verschieden sind. Aristoteles scheint gedacht zu haben, diese beiden Sinne würden verschiedene reale Aspekte eines Gegenstandes erschließen. Galilei, Descartes, Boyle, Newton, Locke, Molyneux und die ganz überwiegende Zahl der philosophierenden Zeitgenossen Berkeleys meinten, diese Sinne würden sich immerhin eine ausgedehnte und materielle Substanz als deren gemeinsamen letzten Bezugspunkt teilen (der Tastsinn erschließt deren primäre, v. a. der Gesichtssinn deren sekundäre, durch diese Substanz im Betrachter bewirkte Qualitäten). Berkeley stellt dem in seiner ›New Theory‹ die bis *dato* ungehörte und bis heute »unerhört« klingende These entgegen, wonach es allein der taktile Sinn mit materiellen

Dreißigjährigen Krieg und weiteren zeitbedingten Verunsicherungsfaktoren verknüpft gewesen sein.

[12] Vgl. dazu W. Welsch, Aisthesis. Grundzüge und Perspektiven der aristotelischen Sinneslehre, Stuttgart 1987.

Dingen als den Ursachen seiner »ideas«, Ideen oder Vorstellungen, zu tun habe, während der visuelle seine eidetischen Inhalte einer vollkommen anderen Quelle verdanke: Gott.

Eine solche Engführung von Erkenntnis- bzw. Wahrnehmungstheorie und Rationaler Theologie geht unmittelbar aus dem Titel von Berkeleys zweiten Veröffentlichung zur Optik hervor: ›The Theory of Vision or Visual Language, Shewing the Immediate Presence and Providence of a Deity, Vindicated and Explained‹ (1733).[13] Diese Verteidigung seiner Theorie gegen einen namentlich unbekannten Kritiker rückt Berkeleys philosophisches Ziel, das ja von Anfang an (wie sein frühes philosophisches Tagebuch beweist[14]) über die erfahrungswissenschaftliche Dimension hinausreicht, nämlich hin zu Naturphilosophie und Metaphysik, in ein recht klares Licht: Die Folge der visuellen Ideen, d. h. der unmittelbaren Gegenstände des Gesichts[15] sind eine »Sprache«, durch die Gott sich uns offenbart; seine Gegenwart und andauernde Vorsehung damit und darin für den »inquisitive man« zu erkennen gebend. Offensichtlich handelt es sich dabei um ein sehr hoch gestecktes Ziel, wobei der Weg dorthin von Berkeley mit einigen guten Argumenten »gepflastert« sein sollte …[16]

Unmittelbar, so beginnt Berkeley, sehen wir immer nur Licht und Farben, tasten wir immer nur Widerstand (und eventuell noch Kälte und Wärme). Diese beiden Arten von Ideen (mit »ideas« werden gerade solche unmittelbaren »Gegenstände» der Wahrnehmung bezeichnet[17]) sind ganz und gar von einander verschieden. Es wird

---

[13] Beide optischen Werke wurden in deutscher Übersetzung hg. und eingel. von W. Breidert (unter Mitwirkung von Horst Zehe) als: George Berkeley, Versuch über eine neue Theorie des Sehens *und* Die Theorie des Sehens oder der visuellen Sprache … verteidigt und erklärt, Hamburg 1987.

[14] Vgl. George Berkeley, Philosophisches Tagebuch, üb. und hg. von W. Breidert, Hamburg 1979.

[15] Unmittelbar sehen wir nach Berkeley genau das, was ein vormals Blinder sehen würde, dem nach einer geglückten Operation die Binde von den Augen genommen würde.

[16] Diese habe ich ausführlicher als in der folgenden Zusammenfassung geschildert in dem Aufsatz »George Berkeleys Nachweis einer göttlichen Vorsehung«, in: *Neue Zeitschrift für Systematische Theologie und Religionsphilosophie*«, 39 (1997), S. 176–190.

[17] Auch hierin könnte sich Berkeley an Malebranche orientiert haben, der seine »idée« ebenfalls als »unmittelbares Objekt der Wahrnehmung« verstanden wissen wollte: »Ich glaube, daß jedermann dem zustimmt, daß wir die Objekte, die außer uns sind, nicht an sich selbst wahrnehmen. Wir sehen die Sonne, die Sterne und unendlich viele Objekte außer uns, und es ist nicht wahrscheinlich, daß die Seele den Körper verläßt und sozusagen im Himmel spazieren geht, um dort alle diese Objekte zu betrachten. Sie sieht sie

jedoch gemeinhin unterstellt, daß diese in Wahrheit so disparaten Ideenarten einen objektiven gemeinsamen Ursprung aufweisen, nämlich den sogenannten materiellen Gegenstand bzw. die körperliche Substanz. Zwar – so wird zugestanden – nähmen wir dergleichen nie unmittelbar wahr, sondern immer nur (falls überhaupt) im Medium einer der verschiedenen Arten von Sinnesideen. Die Existenz dieses Gegenstands oder dieser Substanz als »Substrat« der Sinnesideen erschließe sich, obwohl unbezweifelbar, nur im Denken. Genauer betrachtet, so nun Berkeley, handelt es sich dabei allerdings um keinen bewußten Schluß als vielmehr um eine feste assoziative Verknüpfung bestimmter Ideen beider genannter Arten, denen ein Gegenstand an sich als – lebenszwecklich betrachtet – sinnvolles Produkt der Einbildungskraft substruiert wird. Eine solche Substruktion werde nicht zuletzt auch durch die verdinglichende Subjekt-Prädikat-Struktur unserer Sprache gefördert, müsse aber nichtsdestoweniger auf streng empiristischer Grundlage für ein *Vorurteil* gelten; Berkeley faßt diese Gedanken selbst so zusammen:

»There has been a long and close connection in our minds between the ideas of sight and touch. Hence they are considered as one thing: which prejudice suiteth well enough with the purposes of life; and language is suited to this prejudice. The work of science and speculation is to unravel our prejudices and mistakes, untwisting the closest connections, distinguishing things that are different […] And, as this work is the work of time, and done by degrees, it is extremely difficult, if at all possible, to escape the snares of popular language, and the being betrayed thereby to say things strictly speaking neither true nor consistent. This makes thought and candour more especially necessary in the reader. For, language being accomodated to the praenotions of men and use of life, it is difficult to express therein the precise truth of things, which is so distant from their use, and so contrary to our praenotions.

In the contrivance of vision, as in that of other things, the wisdom of Providence seemeth to have consulted the operation, rather than the theory, of

---

also nicht an sich selbst, und das unmittelbare Objekt unseres Geistes, wenn er zum Beispiel die Sonne sieht, ist nicht die Sonne, sondern etwas, was innig mit unserer Seele vereint ist; und das ist es, was ich *Idee* nenne. Daher verstehe ich hier unter dem Wort *Idee* nichts anderes als das, was das unmittelbare Objekt des Geistes oder das ihm am nächsten Stehende ist, wenn er irgendein Objekt wahrnimmt, das heißt dasjenige, was den Geist mit der Empfindung, die er von seinem Objekt hat, rührt und modifiziert.« (Nicholas Malebranche, Von der Erforschung der Wahrheit, Drittes Buch, üb. und hg. von A. Klemmt, Hamburg 1968, S. 37)

man; to the former things are admirably fittet, but, by that very means, the latter is often perplexed«.[18]

Da diese visuellen Ideen im euklidischen dreidimensionalen Raum gar nicht erschienen, könnten sie auch keine Eigenschaften der dort existierenden körperlichen Dinge darstellen. Daß sie wirklich nicht als in diesem Raume sich befindend erfahren werden, bewiesen Beobachtungen und Selbstzeugnisse von ehemals Blinden, die nach ihrer erfolgreichen Augenoperation Dinge, die ihnen aus dem taktilen Bereich wohlbekannt waren, durchaus genau und eindringlich betrachtet haben, aber auf diese visuelle Weise dennoch nicht wiedererkannten. Vielmehr können diese Patienten visuell keine Entfernungen schätzen, auch geben sie an, sie hätten das Gefühl, Licht und Farben lägen irgendwie direkt über ihren Augen. Es bedarf längerer Zeit, bis es ihnen gelingt, die (nach Berkeleys Auffassung) tiefenlosen Lichterscheinungen mit dem, aus dem Tasten und der Bewegung erworbenen, dreidimensionalen Raum in Übereinstimmung zu bringen.[19] Der tastende Arm befindet sich im selben Raum wie der ertastete Gegenstand, das sehende Auge (welches von dem physiologischen Auge unterschieden werden muß[20]) ist, zusammen mit seinem spezifischen unmittelbaren Gegenstand, allein als »Bewußtseinsding (oder -ereignis)« existent.

Ein weiteres Argument Berkeleys – es ist in systematischer Hinsicht vielleicht sogar das wichtigste – für seine These von der vollkommenen Disparität der Ideen des Getasts und derjenigen des Gesichts lautet, daß allein unter dieser Annahme bestimmte Spezialprobleme der Optik gelöst werden könnten.[21] Deren Darstellung und

---

[18] Ayers (Hg.), S. 240 (›The Theory of Vision … Vindicated and Explained‹, § 35 f.

[19] Vgl. hierzu insb. den Schluß der ›Vision … Vindicated‹ mit dem Bericht über einen Blindgeborenen. Inhaltlich dazu auch: Marius von Senden, Raum- und Gestaltauffassung von operierten Blindgeborenen, Leipzig 1932.

[20] Vgl. dazu A. Kulenkampff, George Berkeley (Reihe: Große Denker), München 1987, S. 53 f.

[21] Eines davon, das des »umgekehrten Netzhautbildes«, werden wir im Dritten Teil, Kap. 1,4 besprechen. Es sei aber bereits hier darauf verwiesen, daß gerade auch diese Problemlösung Berkeleys zeigen wird, wie wenig befriedigend es ist, Berkeley einen »Sensualisten« zu nennen. In einem ganz ähnlichen Zusammenhang wie der irische – und durchaus in seinem Sinne – wird später der deutsche Philosoph Schopenhauer feststellen: »Bestände nun das Sehen im bloßen Empfinden; so würden wir den Eindruck des Gegenstandes verkehrt wahrnehmen, weil wir ihn so empfangen: sodann aber würden wir ihn auch als etwas im Innern des Auges Befindliches wahrnehmen.« (Ders., Von der vierfachen Wurzel …, a. a. O., S. 74)

Diskussion würde jedoch viel Raum in Anspruch nehmen und relativ weit vom Thema »Naturverständnis« wegführen. Deswegen scheint es in unserem Zusammenhang angemessener, abschließend noch zwei andere Punkte zu erörtern: Berkeleys grundsätzlichen philosophischen Zugang zu den Problemen der Optik und seinen alternativen Vorschlag, wie denn die Relation von Sinnesideen und Tastideen in Wahrheit zu denken sei.

Die deutlich bevorzugte Weise, wie zur Zeit Berkeleys und seiner unmittelbaren Vorgänger bis zurück zu Newton, Descartes und Kepler die optischen Probleme angegangen worden sind, war die mathematisch-mechanische. Als solche darf sie als dem allgemeinen naturwissenschaftlichen Rahmen der Zeit gut eingepaßt gelten. Indem Berkeley diese Zugangsweise insgesamt als einseitig und unvollständig kritisiert[22], bringt er auch sein prinzipielles Unbehagen an der ausschließlichen Befangenheit der Forschung in diesem paradigmatischen Rahmenwerk zum Ausdruck.[23] Ganz besonders ein Ausgangspunkt ist zumindest seit Descartes ›Dioptrice‹[24] als vielversprechend erachtet worden:

»In der geometrischen Optik des 17. Jahrhunderts war es eine allgemeine Überzeugung, daß die Entfernung eines Gegenstandes vom Auge nach der Divergenz der eintreffenden Strahlen beurteilt werde. Je weniger die von einem Gegenstandspunkt ausgehenden Strahlen beim Auftreffen auf das

---

[22] Er lehnt sie nicht gänzlich ab; so bemerkt er etwa in Paragraph 38 der ›New Theory‹, daß »die Rechnung mit Linien und Winkeln in der Optik recht nützlich sein könne«, wobei er wohl an solche praktische Anwendungsfälle wie die Landvermessung denkt.

[23] Eine genauere Analyse seiner wahrnehmungstheoretischen Schriften würde allerdings ergeben (vgl. z. B. die Paragraphen 10 und 90 seiner ›New Theory of Vision‹), daß er selbst noch in mancher Hinsicht im cartesischen Rahmensystem gefangen ist. Das gilt v. a. für die Leugnung des ganzen Bereichs des »Un- oder »Unterbewußten«. Descartes behauptete bekanntlich: »Nihil est in me cujus non conscius sum« (›Med.‹ Prima resp., Adam und Tannery, Hg., Bd. VII, S. 107 und Quartae resp., a. a. O., S. 246).

[24] Vgl. Descartes, vres (Ausg. Adam et Tannery), Bd. VI, S. 609 f. Die ›Optik‹ ist ein Teil des großen Werks, welches mit dem berühmten ›Discours de la méthode‹ eingeleitet werden sollte, der dann aber zunächst allein erschien. Über Malebranche, den »Cartesianer«, hinaus, lassen sich von Berkeleys Werk aus auch einige interessante Entwicklungslinien bis Descartes selbst ziehen. So könnte beispielsweise folgende Antwort Descartes auf die Ersten Einwände auch aus Berkeleys Feder stammen: »Ich kann nicht die Bewegung getrennt von dem Ding, in dem die Bewegung ist, vollständig einsehen, noch die Gestalt getrennt von dem Ding, in dem die Gestalt ist, noch endlich mir eine Bewegung in einem gestaltlosen oder eine Gestalt in einem bewegungsunfähigen Ding denken.« (René Descartes, Meditationen über die Grundlagen der Philosophie mit sämtlichen Einwänden und Erwiderungen, a. a. O., S. 109)

Auge divergieren, für umso entfernter werde der Gegenstand gehalten, denn das Auge bzw. der wahrnehmende Geist halte den geometrischen Ausgangspunkt dieser Strahlen, d. h. ihren Schnittpunkt, für den Ort des Gegenstandspunktes. Treffen die Strahlen das Auge parallel, so erscheint der Gegenstand in ungeheurer (›unendlicher‹) Entfernung.«[25]

Die ersten einundfünfzig Paragraphen der ›New Theory‹ versuchen den Nachweis zu führen, daß diese geometrische Zugangsweise zum Problem des visuellen »Entfernungssehens« (welches Sehen es nach Berkeley, streng genommen, gar nicht gibt) und Entfernungsschätzens völlig inadäquat ist. Die vom »angepeilten« Gegenstand ausgehenden »Strahlen« würden ja überhaupt nicht wahrgenommen werden, können also auch nicht als Daten in eine, und – sei es – unbewußt verlaufende (die Rede ist von »natürlicher, angeborener Geometrie«) Verrechnung eingehen. Und selbst wenn sie doch auf irgendeine Weise (vielleicht durch Empfindungen, die durch die Augenstellung verursacht werden) bewußt würden, sei der Winkel zwischen den beiden Augen mit dem »visierten« Gegenstand bzw. Gegenstandspunkt (darin diese Strahlen sich schneiden) schon nach wenigen Metern Abstand so klein und von einem anderen ähnlich kleinen nur mehr so geringfügig unterschieden, daß die These, es beruhe die Entfernungsschätzung auf der Verrechnung dieser Winkel, direkt proportional zum wachsenden Abstand zu dem Auge, in dem Maße genannter wachsender Entfernung immer unglaubhafter wird. Hier sucht Berkeley Ersatz bzw. Ergänzung bei der unmittelbaren menschlichen Erfahrung: *Sehr* kurze Abstände würden als solche aufgrund der Verschwommenheit des Seh-Bildes erkannt werden (freilich nur: im Einklang mit haptischen Erfahrungen), sehr große aufgrund der dunstig-bläulichen Farbe – etwa der fernen Bergkette usw. Beispielhaft eröffnet sich hier Berkeleys Gegenentwurf zur abstrakten mathematisch-mechanischen Welterschließung: die »phänomenologische« Hinwendung zum Konkreten, je persönlich unmittelbar in der je eigenen Erfahrung Nachvollziehbaren.

Die Verbindung von Tast- und Sinnesidee kann nach Berkeleys Dafürhalten auch keine kausale sein, da in unseren Ideen oder unmittelbaren Objekten der Sinne überhaupt nichts von Kraft, Kausalität oder Tätigkeit enthalten ist[26]. Vernünftigerweise könne auch

---

[25] W. Breidert, »Einleitung«, in: George Berkeley, Versuch über eine neue Theorie des Sehens, a. a. O., S. XIII.

[26] Vgl. »Vision … Vindicated«, § 11.

keine Idee als Ursache einer anderen veranschlagt werden. Bereits vor Humes berühmter Kausalitätsanalyse fährt Berkeley fort:

»Hence it follows that the Power or Cause of ideas is not an object of sense, but of reason. Our knowledge of the cause is measured by the effect, of the power by our idea. To the absolute nature, therefore, of outward causes or powers, we have nothing to say: they are no objects of our sense of perception. [27]] Whenever, therefore, the appellation of sensible *object* is used in a determined intelligible sense, it is not applied to signify the absolutely existing outward cause or power, but the ideas themselves produced there by. […]

Ideas which are observed to be connected together are vulgarly considered under the relation of cause and effect, whereas, in strict and philosophical truth, they are only related as the sign to the thing signified. For we know our ideas; and therfore know that one idea cannot be the cause of another. We know that our ideas of sense are not the cause of themselves. We know also that we do not cause them. Hence we know they must have some other efficient cause district from them and us.«[28]

Die unmittelbaren Gegenstände (Ideen) des Gesichts verweisen vielmehr zeichenhaft auf die unmittelbaren Gegenstände des Tastsinns, welche in den Schriften über »Vision« als materielle, körperliche Gegenstände erscheinen. Dies ist in späteren Werken, welche die Begründung seiner immaterialistischen Metaphysik leisten sollen, also insbesondere in den ›Principles of Human Knowledge‹ (1710)[29] und den ›Three Dialogues Between Hylas and Philonous‹ [30] anders:

»The ideas of sight and touch make two species, entirely district and heterogeneous. The former are marks and prognostics of the latter. That the proper objects of sight neither exist without the mind, nor are the images of external things, was shown even in that treatise [= ›New Theory of Vision‹]. Thought throughout the same, the contrary be supposed true of tangible objects: not that to suppose that vulgar error, was necessary for establishing the nation

---

[27] [An anderen Orten versucht Berkeley zu begründen, daß Gott dieses absolute Wesen der natürlichen Kausalkräfte ist; er ist also kein unbekanntes »Ding an sich« wie bei Kant (in der älteren ›Vor-Prauss'schen‹ Kant-Deutung, die mir aber die richtige, i. S. v. Kants eigenen Intentionen näher kommende, zu sein scheint).

[28] Ayers (Hg.), S. 325 (›Vision … Vindicated‹, § 12–13).

[29] In deutscher Üb. von F. Überweg hg. von A. Klemmt als: George Berkeley, Eine Abhandlung über die Prinzipien der menschlichen Erkenntnis, Hamburg 1979.

[30] In deutscher Üb. von R. Richter hg. von W. Breidert als: George Berkeley, Drei Dialoge zwischen Hylas und Philonous, Hamburg [4]1991.

therein laid down; but because it was beside my purpose to examine and refute it in a discourse concerning *vision.*«[31]

Damit wollen wir die Besprechung der Wahrnehmungstheorie der ›New Theory‹ [32] überführen in eine Auseinandersetzung mit den genannten beiden, den »Immaterialismus« begründen sollenden Werken, welche nichts Geringeres versuchen, als den Nachweis der Nichtexistenz der Materie zu führen.

2) Die Welt der Körper als Reich der primären und sekundären Ideen

In Paragraph 141 der ›New Theory‹ stellt sich Berkeley selbst einen recht gewichtigen Einwand, dessen Beantwortung in den darauf folgenden Paragraphen bereits hinüber leitet zu der immaterialistischen Doktrin der ›Principles‹ und ›Dialogues‹: »But, say you, surely a tangible square is liker to a visible square than to a visible circle: It has four angles and as much sides«. Das (unmittelbar) Sichtbare soll ja ganz anders sein als das (unmittelbar) Tastbare, nun scheint aber ein tastbares Quadrat einem sichtbaren in bezug auf die Zahl der Ecken und Seiten durchaus zu ähneln. Berkeley behauptet, daß dies oberflächliche Ähnlichkeiten seien, die letztlich eine größere Ähnlichkeit (Artzugehörigkeit) von zwei beliebigen Elementen aus dem sichtbaren Bereich nicht verhindern könnten: auch nicht die zwischen einem sichtbaren Quadrat und einem ebensolchen Kreis. Einzuräumen wäre allerdings, daß das sichtbare Quadrat besser denn der sichtbare Kreis geeignet scheint, das tastbare Quadrat zu *repräsentieren.* Die eine Gestalt scheine vorteilhafter denn die andere für eine Bezeichnung dieses taktilen Quadrat zu sein. Dies reiche jedoch nicht aus, um den *hiatus* zwischen beiden unmittelbar wahrnehmbaren Gegenstandsbereichen zu überbrücken, gleiche doch ein Quadrat dem anderen lediglich in der Anzahl, keinesfalls aber hinsichtlich der Art der jeweiligen Teile.

Berkeley bringt ein Analogiebeispiel. Ein gesprochenes Wort ähnelt jedem anderen gesprochenen sicherlich mehr als irgendeinem

---

[31] Ayers (Hg.), S. 89 (›Principles‹, §44).

[32] Diese stellt nach wie vor einen lohnenden Gegenstand philosophischer Beachtung dar, wie unlängst R. Schwarz mit: Vision. Variations on Some Berkeleian Themes, Oxford 1994, gezeigt hat.

geschriebenen. Auch gibt es nur einen künstlich-konventionellen und keinen natürlich-sachlichen Zusammenhang zwischen gesprochenen Wörtern und ihren geschriebenen Signaturen. Allerdings scheint es erforderlich, daß jedes Wort ebenso viele verschiedene Zeichen enthält, wie es Laute gibt, die das gesprochene Wort bilden:

»Thus the single letter *a* is proper to mark one single uniform sound; and the word *adultery* is accomodated to represent the sound annexed to it, in the formation whereof there being eight different collisions or modifications of the air by the organs of speech, each of which produces a difference of sound, it was fit the word presenting it should consist of as many district characters, thereby to mark each particular difference or part of the whole sound. And yet nobody, I presume, will say the single letter *a*, or the word adultery, are like unto, or of the same species with the respective sounds by them represented.«[33]

Die Ähnlichkeiten zwischen dem sichtbaren und dem tastbaren Quadrat seien nun analog denen zwischen der Buchstabenfolge »adultery« und der Lautfolge »[ädaltri]«. Zuvor in der ›New Theory‹ hatte Berkeley jedoch beim Leser den sicheren Anschein erweckt, die Folge der visuellen Ideen bezöge sich auf die materiellen Dinge (»Gegenstände«) als auf ihre Bedeutungsträger und als sei das Analogiemodell hierbei das der – sei es gesprochenen, sei es geschriebenen – Sprache zu ihren Bedeutungen im Fregeschen Sinn (eben den »Gegenständen«). Immerhin besteht ja ein Unterschied zwischen der Relation R1, wie sie zwischen dem Gegenstand Apfel und dem Wort »Apfel« vorliegt und der Relation R2 zwischen dem gesprochenen und dem geschriebenen Wort »Apfel«. Und dieser besteht eben nicht zuletzt darin, daß der Gegenstand »Apfel« dem Wort »Apfel« überhaupt nicht ähnlich ist, wohl aber eine, eventuell sogar unvermeidliche Strukturgleichheit zwischen »[apfl]« (gesprochen) und »Apfel« (geschrieben) vorliegt.

Wenn nun Berkeley, in der Antwort auf seinen Einwand, R1 durch R2 ersetzt, so läßt sich dies auf zweifache Weise deuten: Entweder als intellektueller »Trick«, wobei darauf gehofft wird, der flüchtige Leser möge diesen Tausch nicht bemerken oder als Hinweis für den besonders aufmerksamen Leser darauf, daß – ebenso wie »[apfl]« immer noch ein Zeichen ist (wenn auch nur mehr ein solches erster Ordnung im Unterschied zu dem zweiter Ordnung der Zeichenfolge »Apfel«) – auch die taktilen Ideen bzw. die materiellen

[33] Ayers (Hg.), S. 50.

Dinge (die ›New Theory‹ unterscheidet ja nicht zwischen unmittelbaren Gegenständen des Tastsinns und materiellen Gegenständen) noch immer Zeichen bleiben. Denn der Immaterialismus verzichtet, wie gesagt, auf die Existenzannahme von materiellen Gegenständen. Insbesonders die ›Dialoge‹ lassen sich weiterhin so deuten, als habe Berkeley ein dreistufiges Analogiemodell verwendet: der geschriebenen Sprache entsprechen die visuellen Ideen, der gesprochenen die taktilen Ideen (bzw. die unmittelbar tastbaren Körper im Raum), den Gegenständen als Bedeutungen der Sprache aber: die archetypischen Ideen in einem göttlichen (oder quasi-göttlichen resp. »weltseelischen«: davon später mehr) Geist. Letztlich wird sich die Frage, ob Berkeley in Paragraph 143 der ›New Theory‹ auf einen etwas unaufmerksamen oder auf einen besonders aufmerksamen Leser hoffte, wohl nicht mehr entscheiden lassen. Interpretationsbedürftig ist auch Berkeleys Stillschweigen über die Theorie der visuellen Sprache Gottes in seinem Hauptwerk ›Principles‹ sowie in dessen popularisierter Fassung, den ›Dialogues‹.

Obwohl die ›New Theory‹ in Paragraph 44 der ›Principles‹ ausdrücklich anerkannt wird, stellt sich doch die Frage, wie dies möglich sein könne. Diese frühere Arbeit über das Sehen stellt dieses ja als eine Sprache Gottes dar, welche auf die unmittelbar tastbaren Gegenstände verweist – womit die »semiotische Richtung« vom Zeichen auf das Bezeichnete eindeutig festgelegt ist. Falls nun aber dem unmittelbar Tastbaren ebenfalls nur eidetisches Sein eignete, wäre gewissermaßen die ontologische Differenz zwischen allen unmittelbaren Sinnesgegenständen verloren gegangen. Das wiederum hätte zwar nicht das Ende jeder »Semiose« zur Folge (man kann mit einem Zeichen auch auf ein Zeichen verweisen), wohl aber die Austauschbarkeit der semiotischen Richtungen: Warum sollte man unter diesen veränderten Bedingungen nicht auch von einem Verweisen der taktilen Ideen auf die visuellen sprechen können? Wo bleibt der Sonderstatus des Gesichtssinns, wenn alle (geistigen, nicht organischen, welche selbst nur vermittelt durch jene in Erscheinung treten) Sinne ihre Wahrnehmungsinhalte gleichermaßen unmittelbar von Gott erhalten? Auch die ›Principles‹ erkennen ja weiterhin die metaphysische – im Unterschied zur bloß epistemologischen – Überlegenheit des Sehens an[34]. In dem Beiseitelassen der Theorie der sichtbaren Sprache sowohl in den ›Principles‹ als auch in den ›Dialogues‹ (also

[34] So schreibt Berkeley §148 geradewegs: »We see God« … Im Sehen sind wir s. E.

gerade in seinen – zumindest in erkenntnistheoretischer Sicht – »Hauptwerken«) liegt deshalb ein systematisches Problem, welches mit einem bloß formalen Hinweis auf verschiedene Themenstellungen (hier: Abhandlung über die Prinzipien des menschlichen Verstandes; dort: Abhandlung über das Sehen) im Verbund mit methodischer Arbeitsteilung nach Art des Paragraphen 44 der ›Principles‹ füglich nicht für erledigt erachtet werden kann.[35]

Wem (im Sinne Berkeleys) daran gelegen ist, die Einheit der Hauptresultate seiner wahrnehmungstheoretischen Schriften, d.i. der »visual language«, und seiner erkenntnistheoretisch-metaphysischen, d.i. des »immaterialism«, zu retten, der muß (m.E. in weit höherem Maße als dies bisher geschehen ist) sowohl den Sonderstatus der visuellen Ideen als auch den eidetischen Charakter der taktilen gleichermaßen anerkennen. Dies muß der auserwählte Perspektivpunkt sein, von dem aus die ›Principles‹ und ›Dialogues‹ zu lesen und zu verstehen sind, denn allein er verspricht dem impliziten wie auch expliziten Anspruch des Philosophen auf Werk-Einheit gerecht zu werden. Dies ergäbe dann diese erste Skizze der immaterialistischen Ontologie, welche mit dem oben (im Anschluß an ›New Theory‹ § 143) beschriebenen dreistufigen Analogiemodell durchaus kompatibel wäre: Die visuellen Ideen bilden eine Sprache, durch welche Gott unmittelbar zu uns spricht. Sie befinden sich in seinem unausgedehnten Geist und sind, da sie in keinerlei natürlichem (insbesondere nicht: kausalem) Zusammenhang mit der Körperwelt stehen, vielmehr ihren göttlichen Urheber »durchscheinen« lassen, auch in jeder anderen Hinsicht ganz einzigartig. Alle anderen Ideen, einschließlich und sogar paradigmatisch die taktilen, stehen in ursächlichem Zusammenhang mit einer von ihnen mitkonstituierten,

irgendwie auch bei Gott selbst. Zugleich eröffnet diese Aussage einen Einblick in Berkeleys an der Oberfläche unerkennbaren, verborgenen Pantheismus.

[35] Dieses Problem betrifft auch jede systematische Interpretation, darin der Theorie der visuellen Sprache zugemutet wird, sie könne den Schlüssel für ein adäquates Verständnis des gesamten Berkeleyschen Werks liefern: Vgl. P. Olscamp, The Moral Philosophy of Berkeley, The Hague 1970 und unlängst M. Fau, Berkeleys Theory der visuellen Sprache Gottes, a.a.O. (»Die Grundthese der vorliegenden Arbeit lautet, daß die Theorie der visuellen Sprache Gottes den Schlüssel zum Verständnis der Philosophie Berkeleys abgibt, da mit dieser Theorie die ontologischen Grundaussagen des Systems getroffen, d.h. die Entscheidung darüber gefällt wird, was als wirklich oder existierend anzuerkennen sei. Die Theorie der visuellen Sprache Gottes drückt die »Tiefenstruktur« der Philosophie Berkeleys aus, die allen Einzelproblemen, etwa der Erkenntnis- und Wissenschaftstheorie, zugrundeliegt und diese begründet« – S. 9).

durchaus realen Welt der Körperdinge im Raum (einschließlich der menschlichen Leiber). Nur unter der Annahme einer solchen Wirklichkeit erscheint auch Berkeleys immer wieder erhobener Anspruch einlösbar, ein Philosoph des »Common sense« zu sein[36]. Diese Körperwelt ist jedoch keine der materiellen Substanzen, da sie nicht in geistunabhängigen Dingen an sich, sondern in archetypischen Ideen Gottes gründet, d. h. auch die Körper sind, ontologisch gesehen, vom Geist (Gottes) abhängig.[37] (Es wird sich noch ergeben, daß es sich bei dieser Abhängigkeit um eine vermittelte handelt: mit der Anima mundi als Vermittlerin.) Diese Zusammenschau von »immaterialism« und »visual language theory« hat Berkeley in keinem seiner Werke selbst geleistet (wenn es auch interessante Gemeinsamkeiten mit seinem Spätwerk ›Siris‹ gibt), vielmehr ist er in einigen praktisch ausschließlich an diesem, in anderen fast nur an jenem Aspekt seiner Theorie interessiert. Die fehlenden gegenseitigen Rücksichtnahmen können zur Folge haben, daß vereinzelte Textstellen der jeweils ignorierten Theorie sogar widersprechen. Solche Textstellen kann unsere versuchte Zusammenschau nicht integrieren – sie sollten aber deswegen nicht gleich als ebensoviele Widerlegungen dieser Schau gelten.

Wendet man sich nun, zur weiteren Ausgestaltung der begonnenen ontologischen Skizze, d. h. etwas mehr ins Einzelne gehend, den ›Principles‹ und ›Dialogues‹ etwas genauer zu, so zeigt sich als erstes, daß das spätere Werk zwar das kürzere ist, zugleich aber auch das strenger gefaßte und zur größeren Klarheit gereifte. Ihm vor allem wollen wir folgen, um über Berkeleys Gedanken über die körperlich-ausgedehnte Welt (d. i. die »Natur«) Aufschluß zu erhalten. Ziemlich genau in der Mitte dieses Buches findet sich Berkeleys ganz originärer Gottesbeweis, der eine bedeutsame Zäsur darstellt und auch die vorausliegenden Ausführungen über die Geist- oder Bewußtseinsabhängigkeit aller nicht-denkenden, körperlichen Gegenstände retrospektiv in einem veränderten (nämlich nicht-subjektivistischen) Licht zeigt.[38] Dieser Gottesbeweis gehört zum innersten

---

[36] Vgl. z. B. den Anfang des 1. Dialogs.

[37] »I have no objection against calling the ideas in the mind of God archetypes of ours. But I object against those archetypes by philosophers supposed to be real things, and to have an absolute rational existence distinct from their being perceived by any mind whatsoever.« (Zweiter Brief Berkeleys an Johnson, in: Ayers, Hg., S. 353).

[38] Desgleichen gilt für seinen geradezu berühmt-berüchtigten Grundsatz »esse is percipi« in § 3 der »Principles« (Ayers, Hg., S. 78).

Kern von Bischof Berkeleys Denken, er muß für jeden Interpreten von eminenter Bedeutung sein, und es ist ganz unbegreiflich, wie etwa Russell in seiner ›Philosophie des Abendlandes‹ (Abschnitt »George Berkeley«) schreiben konnte, Berkeleys »Theorie von Geist und Gott« liege »ganz außerhalb seiner übrigen Philosophie«.

Der thematische Aufbau der ersten beiden Dialoge[39] ist dieser: Auf die Diskussion der sogenannten sekundären Eigenschaften der Körperdinge folgt die der »primären« und schließlich eine solche der vorgeblich materiellen Substrate bzw.der materiellen Substanz. Im Hintergrund steht also eine Körperlehre, die, von Galilei inauguriert, in Lockes ›Essay‹ ihre systematische Ausgestaltung erfahren hatte. Auch in seiner Behandlung des Problems der sekundären Qualitäten folgt Berkeley ziemlich genau dem Text des ›Essay‹, *Zweites Buch, Achtes Kapitel.*

Sinnliche Dinge, so Berkeleys literarischer Stellvertreter Philonous im *Ersten Dialog,* seien solche, die unmittelbar durch die Sinne wahrgenommen würden. Die einfache (in sich ungeteilte) Empfindung von starker Hitze, die in einer nahe an ein Feuer geführten Hand schmerzhaft spürbar werde, befinde sich sicherlich nicht in dem Feuer (dieses leidet keine Schmerzen), sondern ausschließlich im perzipierenden Geist des am Feuer stehenden Menschen. Von der nicht mehr schmerzhaften Temperaturempfindung in der etwas weiter vom Feuer entfernten Hand könne sonach vernünftigerweise nicht angenommen werden, daß sie (infolge einer unbedeutenden Handbewegung) plötzlich (wie durch Zauberei) zu einer Eigenschaft des Feuers werde. Ebenso wie die von der stechenden Nadel verursachte Empfindung keine Qualität der Nadel ist, stellen auch alle vom Feuer verursachten Empfindungen keine Eigenschaften dieses Feuers dar. Auch von der beim Kosten von Zucker (gewöhnlich) unmittelbar als angenehm wahrgenommenen Süße könne nicht angenommen werden, daß sie in dem bewußtseinslosen Zucker selbst existiere.

Das Analoge gelte für Töne sowie für Farben.[40] Was diese be-

---

[39] Der dritte enthält die Widerlegungen verschiedener Einwände und ist für den Versuch, einen Überblick über Berkeleys Theorie der körperlichen Welt zu bieten, von geringerer Bedeutung (dient aber sehr gut zur Ausräumung einiger verbreiteter Mißverständnisse seiner Philosophie).

[40] Ganz in diesem Sinne Berkeleys äußerte sich in der Gegenwart Hans Jonas: »Man kann sagen, daß ich einen Hund höre, aber was ich höre ist sein Bellen, ein Ton … (›Das Prinzip Leben‹, a. a. O., S. 238)

trifft, so glauben wir wohl, wir würden das schöne Rot und Purpur an den Abendwolken sehen, aber diese verschwinden bei unserer (denkbaren und zwischenzeitlich auch technisch leicht möglich gewordenen) Annäherung ganz und gar, um dem visuellen Eindruckes eines lichtgrauen Dunstes zu weichen.[41] Auch die nah erscheinenden Farben hielten dem Blick durch das immer weiter vergrößernde Mikroskop nicht stand. Sicherlich nehmen Tiere, deren Augen einen anderen Bauplan und ein anderes Gewebe aufwiesen, Farben anders wahr als wir. Auf Hylas', des Verteidigers des »Stoffes«, Einwand, diese Umstände verunmöglichten nicht, daß die »wahren Farben«, nämlich die, von denen die Philosophen (Wissenschaftler in der Nachfolge Newtons) sprächen, auch unabhängig vom Geist des Beobachters wirklich sein könnten, antwortet Philonous, der Freund des Geistes: »the red and blue which we see are not real colours, but [according to Newton, Locke et al., S. B.] certain unknown motions and figueres which no man ever did or can see, are truly so. Are not these shokking notions […]?«[42] Im übrigen habe er (zunächst) nur über die Seinsweise der unmittelbar wahrgenommenen Gegenstände diskutieren wollen. An dieser Stelle verweist Hylas auf die Unterscheidung zwischen primären und sekundären Qualitäten und er besteht – die Seinsweise letzterer »im Geist« einräumend – auf die »reale Existenz« der ersteren.[43]

An Lockes Gedankenexperiment mit den verschieden temperierten Händen, die in lauwarmes Wasser tauchen (wobei dieses von der zuvor gekühlten Hand als warm und von der erhitzten als kühl empfunden wird[44]) anknüpfend, schlägt Philonous ein vergleichbares Experiment mit einem Mikroskop vor: Ein unter dieses gehaltener Ge-

[41] Farben sind für Berkeley die unmittelbaren Gegenstände des quasi-autonomen Gesichtssinns, die in keiner irgendwie subsidiären Beziehung zu den Dingen und ihren Formen stehen. Auch darin könnte man eine Verbindung zu den späteren Romantikern erkennen. Denn für diese (man denke etwa an Delacroix und Turner) sind Farben nichts den Dingen Anhaftendes, sondern etwas von der Materie Befreites mit einem eigenen Wesen, welches die Farben als solche zu einem aus geheimnisvollen Beziehungen bestehenden Ganzen vereint. (Im Klassizismus steht die Farbe im Dienst der Form.)

[42] Ayers (Hg.), S. 148.

[43] Man wird bemerkt haben, daß hier die Farben (bzw. das farbige Licht) als unmittelbare Gegenstände des Gesichtsinns von den anderen »sekundären Qualitäten« nicht unterschieden worden sind.

[44] Nach dem Nichtwiderspruchsprinzip könne das Wasser aber nicht beides (warm und kühl) zugleich sein, woraus folge, daß diese Temperaturempfindungen allein in den beiden empfindenen Händen (im »Bewußtsein«) besteht.

genstand wirke gleichzeitig größer (für das solcher Art bewaffnete Auge) und kleiner (für das unbewaffnete). Hylas jedoch will immer noch nicht zugeben, daß daraus die Subjektivität der Ausdehnung folge, würden doch aus einem solchen Gedanken viele, höchst seltsame Folgerungen entstehen. In seiner Erwiderung verweist Philonous darauf, daß es umgekehrt seltsam wäre, wenn der allgemeine Schluß, der alle anderen sinnlichen Qualitäten umfaßt, nicht auch die (unmittelbar wahrgenommene) Ausdehnung beträfe:

»Should it not seem very odd, if the general reasoning which includes all other sensible qualities did not also include extension? of it be allowed that no idea nor anything like an idea can exist in an unperceiving substance, then surely it follows, that no figure or mode of extension, which we can either perceive or imagine, or have any idea of, can be really inherent in matter; not to mention the peculiar difficulty there must be, in conceiving a material substance, prior to and distinct from extension, to be the *substratum* of extension.«[45]

Ausdehnung könne somit (aristotelisch-thomistisch gesprochen) keine Qualität einer (materiellen) Substanz sein, denn diese sei entweder selbst ausgedehnt, womit die Ausdehnung dieser Substanz zugehöre, oder nicht, was den Erklärungsnotstand schaffe, wie Ausgedehntes in einem Unausgedehnten (nämlich der Substanz) als dessen Eigenschaft enthalten sein könne. -Allerdings scheint sich hier ein analoges Problem auch für Berkeleys »spiritualistischen« Lösungsvorschlag zu ergeben: Wie kann das Ausgedehnte überhaupt im unausgedehnten Geist enthalten sein? Darauf ließe sich antworten, daß wir von der Möglichkeit bzw. Wirklichkeit dieses Enthaltenseins immerhin aus der eigenen Erfahrung wüßten (wogegen wir von materiellen Substanzen überhaupt keine Erfahrung haben).[46] Aber wie seine philosophische Entwicklung hin zu ›Siris‹ und der Theorie eines intelligiblen ausgedehnten Weltäthers (i. S. v. Weltseele) gezeigt hat, scheint ihm selbst eine solche Erwiderung noch nicht genügt zu haben.

Wo die Farbe ist – auch eine solche Paraphrase des Berkeleyschen Gedankens ist legitim – da ist auch ihre wahrnehmbare Be-

---

[45] Ayers (Hg.), S. 150.

[46] Wobei nochmals zu zeigen wäre, daß wir geistige Substanzen sind und nicht bloß unterschiedliche Anhäufungen von Perzeptionen. Mit einer solchen (der letzteren und unhaltbaren) Auffassung vom Geist spielt Berkeley (wiederum vor Hume) in den ›Philosophical Commentaries‹, Nrn. 577–581 (Ayers, Hg., S. 307).

grenzung, die Ausdehnung: wo aber diese ist, da müssen auch die anderen primären Qualitäten sein:

»Do but consider, that if extension be once acknowledged to have no existence without the mind, the same must necessarily be granted of motion, solidity, and gravity, since they all evidently suppose extension. It is therefore superfluous to inquire particularly concerning each of them. In denying extension, you have denied them all any real existence.«[47]

Auch hinsichtlich der primären Qualitäten schließt der irische Philosoph somit zunächst auf deren ontologische Relativität hinsichtlich eines Beobachters und dann von hier aus (gewöhnlich stillschweigend) auf deren Subjektivität oder »Geistabhängigkeit«. Dieselben Beweisgründe, die gegen die objektive Wirklichkeit der sekundären Qualitäten gelten, seien nun aber auch auf die primären anwendbar.[48] Berkeley versucht dieses Resultat mittels eines (sehr zweifelhaften) radikal-empiristischen Arguments weiter zu festigen: Eine gänzlich unfarbige Fläche oder Ausdehung ließe sich nicht vorstellen, sei somit eine bloße abstrakte Idee – und als solche ein Ding der Unmöglichkeit. (Nun hat aber gerade die empirische Wissenschaft der letzten einhundert Jahre verdeutlicht, daß die Grenzen des Vorstellbaren mit denen des Realen keinesfalls kongruent sind.) Hylas macht Philonous das Zugeständnis, daß allen sinnlichen Qualitäten in gleicher Weise ein vom Geist unabhängiges und (in diesem Sinne) reales Dasein abgesprochen werden müsse – falls nicht ein grundsätzlicher Fehler in der ganzen »immaterialistischen« Beweisführung stecke, auf welchen er zu seinem eigenen Erstaunen erst jetzt aufmerksam werde:

»One great oversight I take to be this: that I did not sufficiently distinguish the *object* from the *sensation*. Now though this latter may not exist without the mind, yet it will not thence follow that the former cannot. […] The sensation I take to be an act of the mind perceiving; beside which, there is something perceived; and this I call the *object*. For example, there is red and yellow on that tulip. But then the act of perceiving those colours is in me only, and not in the tulip.«[49]

---

[47] Ayers (Hg.), S. 151. Der Schluß des Zitats müßte zur Vermeidung von Mißverständnissen eigentlich mit »out of the mind« ergänzt werden.
[48] Im Anschluß an Berkeleys Argumente haben viele bedeutende Philosophen (Hume, Kant, Bergson, Husserl u. a.) die ontologische Unterscheidung zwischen primären und sekundären Qualitäten abgelehnt.
[49] Ayers (Hg.), S. 154.

Ähnlich argumentiert in der Gegenwart Franz von Kutschera:

»Hier [in Berkeleys ›Dialogen‹, S. B.] wird nun der grundlegende Fehler des erkenntnistheoretischen Idealismus deutlich [...]: Ideen sollen zugleich beobachtete Eigenschaften (die Eigenschaft, z. B. rot zu sein) und Attribute von Beobachtungen dieser Eigenschaften sein – also z. B. das Attribut, Wahrnehmung von etwas Rotem zu sein [...]. Es ist einfach absurd, die Eigenschaft Rot mit der Eigenschaft zu identifizieren, eine Rotwahrnehmung zu sein, oder etwas Rotes zu sehen.«[50]

Die Absurdität ergebe sich aus der Nichtunterscheidung von gänzlich Verschiedenem, dem beobachteten Sachverhalt (z. B. die Tulpe ist rot) und dem Sachverhalt des Beobachtens (wozu meine Wahrnehmungstätigkeit bzw. der Prozeß des Wahrnehmens gehöre); verkürzt ausgedrückt: Gegenstand und Akt der Wahrnehmung werden gedankenlos oder doch zumindest zu unrecht miteinander identifiziert (was die Erkenntnistheorie idealistisch infiziert habe). Muß Berkeley vor dieser Herausforderung kapitulieren?

Wir erinnern uns: Der Ausgangspunkt für seine Antwort ist ein phänomenologischer. Allein über die unmittelbar wahrgenommenen Sinnesgegenstände oder -objekte wolle er (vorerst) diskutieren, wobei (wie schon einmal erwähnt) gelten solle: »In short, those things alone are actually and strictly perceived by any sense, which would have been perceived, in case that same sense had then been first conferred on us.«[51] Bei diesen (so verstandenen) unmittelbar vergegenwärtigten Sinnesobjekten, den nicht-subjektivistisch verstandenen (im Berkeleyschen Sinne) »Empfindungen« tritt, phänomenologisch betrachtet, überhaupt keine Unterscheidung von Akt und Objekt ins Bewußtsein. Eine solche Unterscheidung ist erst ein Produkt der nachfolgenden »abstrkten« Reflexion. Ebenso wenig wird die materielle Substanz wahrgenommen, die sich wiederum von der beispielsweise wahrgenommenen roten Farbe (deren Qualität) unterscheiden soll. Unmittelbar wahrgenommen wird also nur ein auf bestimmte Weise geformtes Rot (gewöhnlich im Verbund mit anderen Farben und deren Formen). Schon in der ›New Theory‹ hatte Berkeley darauf hingewiesen, daß die Bewußtwerdung des visuellen Abstandes zu einem Rot der Tulpe eine haptisch und automotorisch erschlossene Raumvorstellung zu ihrer Vorbedingung habe, wobei die Farben

[50] F. von Kutschera, Grundfragen der Erkenntnistheorie, a. a. O., S. 197 f.
[51] Ayers (Hg.), S. 161.

von ehemals Blinden (und wohl auch von kleinen Kindern) erst sukzessive und nicht ohne Mühe mit diesem Raum in Verbindung gebracht und in ihn eingeordnet werden könnten.[52] Das Rot der Tulpe sei solcherart davon unbeschadet, daß es ganz ohne jedes Bewußtsein einer Anstrengung erfahren werde. -Solange sich Berkeley also darauf beschränkt, über das unmittelbar Wahrgenommene als solches zu sprechen, kann der Vorwurf, er wisse nicht Objekt und Akt der Wahrnehmung zu unterscheiden, begründet zurück gewiesen werden. Ob es aber auch mittelbar Wahrgenommenes gibt bzw. geben kann oder vielleicht nur rational Erschlossenes, das als solches zur Wahrnehmung nur hinzu *gedacht* wird, muß hier noch offen bleiben.

3) Der Geist Gottes als wahre Substanz der »Körperwelt«

Berkeley will somit zunächst nur über das unmittelbar Präsente in den Sinneswahrnehmungen sprechen und nachweisen, daß *dieses* in seiner spezifischen Gegebenheitsweise *für* ein geistiges Wesen auch immer nur *in* einem (diesem) geistigen Wesen, d.h. grundsätzlich niemals in einer nicht-denkenden, materiellen (»toten«) Substanz existieren kann. Diesbezüglich gebe es keinen hinreichenden Grund, zwischen der unmittelbar gegenwärtigen farbigen »Fülle« (Husserl) und der ebenso ansichtigen Form des Blütenblattes einer Tulpe zu differenzieren.[53] Sekundäre wie primäre Qualitäten seien gemeinsam im Geist oder Bewußtsein – welches natürlich nicht mit »im Leib« (oder einem Bestandteil desselben, z.B. dem Gehirn) verwechselt werden darf. Auch dieser (dieses) ist ja, mit allen seinen Bestandteilen im Geist oder Bewußtsein. Die Grenze von »im Geist« zu »außerhalb des Geistes« ist bei Berkeley keine räumliche, eher gilt für ihn:

---

[52] Diese Theorie wurde auch in neuerer Zeit verschiedentlich verteidigt. Eigentlich ohne alle Abstriche von A. Politz (»On the Origin of Space Perception«, in: *Philosophy and Phenomenological Research*, 40 [1979/80], S. 258–264) und mit dem (angedeuteten) Hinweis auf die Berkeley noch unbekannte Querdisparation der Netzhautbilder (welche aber nicht ausreiche für räumliches Sehen) von H. Jonas im »Anhang« seines »Der Adel des Sehens«, in: Das Prinzip Leben, a.a.O., S. 258–264.

[53] Ähnlich später Husserl, in dessen Haltung der Epoche (wie in Berkeleys Anweisung, sich in den Zustand eines gerade sehend gewordenen Blinden zu versetzen) ebenfalls »Form und Füllen« nivelliert werden: vgl. z.B. ›Die Krisis der europäischen Wissenschaften und die Transzendentale Phänomenologie‹ (insb. §39: »Die Eigenart der transzendentalen Epoche als totale Änderung der natürlichen Lebenseinstellung«).

»Nichts ist drinnen, nichts ist draußen; denn was innen, das ist außen« (Goethe).

Aber eingedenk des Umstands, daß die Existenz einer materiellen Substanz geleugnet wird,[54] stellt sich nur um so drängender die Frage, was das für ein Geist oder Bewußtsein sei, »darinnen« sich primäre wie sekundäre Eigenschaften ihres Daseins erfreuen. Das Bewußtsein eines einzelnen Menschen kann damit (zumal von einem Philosophen, der sich als Verteidiger des Common sense betrachtete!) wohl nicht gemeint sein. Aber ebensowenig denkt Berkeley an das irgendwie intersubjektiv verbundene und vereinte Bewußtsein aller Menschen, also an so etwas wie Husserls »transzendentale Subjektivität«. Sein Vorschlag ist zugleich herkömmlicher und einfacher:

»That the colours are really in the tulip which I see, is manifest. Neither can it be denied, that this tulip may exist independent of your mind or mine; but that any immediate object of the senses, that is, any idea, or combination of ideas, should exist in an unthinking substance, or exterior to all minds, is in itself an evident contradiction.«[55]

Jene Tulpe (Philonous und Hylas ergehen sich philosophierend in einem blühenden Garten) könne somit unabhängig von individuellen Geistwesen existieren – nicht aber, so wird der Verlauf des Gespräches bald ergeben, unabhängig von dem Geist *Gottes*.

Berkeleys Gottesbeweis wirkt auf den ersten Blick recht einfach, stellt aber in Wahrheit das Resultat ganz verschiedenartiger, sich überlagernder und zuspitzender Überlegungen und Argumentationslinien dar. Da wir auf seine verschlungenen Prämissen im nächsten Kapitel, dem Versuch einer Vertiefung und Synthese, nochmals zurück kommen müssen, können wir uns hier auf einen zentralen Argumentationsstrang beschränken: den Versuch nachzuweisen, daß die Wirklichkeit der als körperlich erfahrbaren Dinge aufrecht erhalten werden kann, und zwar *ohne* die (vorgeblich) in sich wider-

[54] Des öfteren schilt Berkeley die materielle Substanz eine »stupid matter« – etwas, an deren Existenz er geradezu (fast etwas trotzig) nicht glauben *will*. Da ließe sich die Auffassung vertreten, es komme darin eine gewisse Verachtung der Natur zum Ausdruck. Und tatsächlich muß die Verachtung der Natur in seiner und v.a. in der darauf folgenden Zeit oftmals als negative Folie für die Achtung der besonderen Menschenwürde dienen. Allerdings verhält es sich bei Berkeley nicht so: Der Natur (etwas Immateriellen aber dennoch – oder sogar deswegen – etwas Realem) eignet ihm zufolge sogar eine besondere Würde, die mit deren »übermaterieller« (mit Gott selbst innig verbundener) Seinsweise verbunden ist. Natur gilt ihm als keine »materia bruta«.

[55] Ayers (Hg.), S. 154.

spruchsvolle Annahme einer substantiellen Materie als Substrat von Tulpen und anderen Körpern dieser Art.

Die materiellen Substanzen werden nicht wahrgenommen, sind sogar *prinzipiell* nichtwahrnehmbar, da, was *überhaupt* gesehen (auch durch ein Mikroskop), getastet etc. wird, *unmittelbar* gesehen etc. wird und damit eben (in Berkeleys Sinn) eine Idee ist. Dieser Gedanke scheint auch mir einiges für sich zu haben. Materielle Substanzen könnten also allenfalls rational erschlossen werden, weswegen sich hier als allein sinnvoller Ausgangspunkt der weiteren Untersuchung die Frage erhebt, ob dies auch zurecht geschieht. Philonous-Berkeley konzediert, daß Ideen nicht ohne eine Substanz existieren können, aber er verweist darauf, daß die Substanz, mit welcher sie gemäß der je eigenen Erfahrung verbunden sind, eine je geistige ist. Damit besteht, von der empirischen Ausgangslage her besehen, kein unerheblicher Vorteil für das erste Glied der Disjunktion: Die Ideen bestehen in geistigen oder in materiellen Substanzen. Erschwerend für die Anwärterschaft der »materiellen Substanzen« kommt hinzu, daß diese den Ideen in keiner Weise ähnlich sein könnten. In den ›Dialogues‹ wird derselbe Gedanke nur sehr knapp und bündig zum Ausdruck gebracht: »I find it impossible for me to conceive or understand how anything but an idea can be like an idea. And it is most evident that *no idea can exist without the mind.*«[56] Breiter ausgeführt findet sich dieser interessante Einfall in den ›Principles‹, Paragraph 8:

> »But say you, though the ideas themselves do not exist without the mind, yet there may be things like them whereof they are copies or resemblances, which things exist without the mind, in an unthinking substance. I answer, an idea can be like nothing but an idea; a colour or figure can be like nothing but another colour or figure. If we look but ever so little into our thoughts, we shall find it impossible for us to conceive a likeness except only between our ideas. Again, I ask whether those supposed originals or external things, of which our ideas are the pictures or representations, be themselves perceivable or no? If they are, then they are ideas, and we have gained our point, but if you say they are not, I appeal to anyone whether it be sense, to assent a colour is like something which is invisible; hard or soft, like something which is intangible; and so of the rest.«[57]

---

[56] Ayers (Hg.), S. 163.

[57] Ayers (Hg.), S. 79.

Die völlige Unähnlichkeit der materiellen Substanzen mit den Ideen hätte einen Skeptizismus zur Konsequenz, der, nach Berkeleys Dafürhalten, dem empirischen Forscher geradeso mißliebig sein sollte wie dem christlichen Apologeten.

Berkeley glaubt darüber hinaus im Besitz eines Argumentes zu sein, welches die »Kandidatur« der materiellen Substanzen nicht nur zusätzlich erschwert, sondern sogar gänzlich zunichte macht.[58] Dieses in der Literatur hin und wieder sogenannte »master argument« beruht allerdings auf besagter (fragilen) radikal-empiristischen Grundlage, welche die Nichtexistenz des Nichtvorstellbaren behauptet. Es ist damit ein Pendant zu dem rationalistischen »ontologischen Gottesbeweis«, darin von einer Undenkbarkeit auf eine notwendige Existenz (diejenige Gottes) geschlossen wird. Beides sind Unmöglichkeitsbeweise, wobei Berkeley auf die Unmöglichkeit der materiellen Substanz (des – in diesem weiten Sinne – »Materialismus«) und Descartes auf die des (rationalen) Atheismus hinaus will. Ein Baum, der unperzipiert (in einer materiellen Substanz) existiere, sei noch nicht einmal vorstellbar. Hylas behauptet, sich sehr wohl – und sogar mühelos – einen solchen Baum vorstellen zu können, wird aber zu seiner Überraschung von Philonous-Berkeley darauf aufmerksam gemacht, daß dieser Baum ja nun zumindest von *ihm* vorgestellt werde und somit durchaus nicht gänzlich unvorgestellt (»bewußtseinsfrei«) existiere.[59] Allgemein: Das Ding an sich sei nicht vorstellbar (und eigentlich noch nicht einmal denkbar), denn als etwa von mir vorgestelltes (oder gedachtes) ist es nicht mehr »an sich«, sondern eben (analytisch notwendig) »für mich«.[60]

---

[58] Grundsätzlich kann man ihm den Vorwurf wohl nicht erparen, er habe (sicherlich im Einklang mit seinen Zeitgenossen) eine Art »Klötzchen-Vorstellung« (E. Bloch) von der Materie gehegt, die gar zu simpel ist und (auch infolge *seiner* und vergleichbarer philosophischer Kritik, insb. aber aufgrund der Entwicklung der neueren Physik) mit Sicherheit nicht länger haltbar ist. C. F. von Weizsäcker behauptet gar – aber das kommt Berkeleys eigenem Standpunkt von einer unerwarteten Seite her sogar wieder sehr nahe –, »daß die Materie, welche wir nur noch als dasjenige definieren können, was den Gesetzen der Physik genügt, vielleicht der Geist ist, insofern er sich der Objektivierung fügt.« (Ders., Die Einheit der Natur, a. a. O., S. 289)

[59] Vgl. Ayers (Hg.), S. 158; ausführlicher in ›Principles‹, § 23 (Ayers, S. 83 f.).

[60] Ähnlich argumentierte später Fichte in seinen beiden ›Einleitungen in die Wissenschaftslehre‹. Das Argument, auf welches Berkeley in seinen späteren Jahren keinen Wert mehr gelegt zu haben scheint, beweist (würde es denn etwas beweisen) jedoch zuviel – nämlich den Solipsismus und nicht »nur« den Idealismus. Eigentlich handelt es sich dabei nur um einen leeren analytischen Satz, was sich wie folgt zeigen läßt:

Dabei sei der Begriff einer an sich existierenden materiellen Substanz nicht »nur« in sich widersprüchlich – er sei darüber hinaus gänzlich nutzlos. Zum einen hätten wir, die Möglichkeit ihrer Existenz wider besseren Wissens einmal eingeräumt, allenfalls ein sehr unsicheres Wissen von einer solchen Materie[61], zum anderen sei (wenigstens für einen Christen) ohnehin alles Geschehende und Existierende von Gott gewußt und von daher mit seinem Geist in Verbindung. Solche – im doppelten Wortsinn – »bedenkliche« Schritte hin zu einem Gottesbeweis werden v. a. im *Zweiten Dialog* vollzogen. Hier finden sich aber auch eine Reihe von – wieder im doppelten Sinne des Wortes – »realistischeren« Ausführungen Berkeleys, welche – ganz besonders in Verbindung mit diesem Gottesbeweis – die idealistischen oder subjektivistischen Passagen des (oft genug ausschließlich gelesenen oder ernst genommenen *Ersten Dialogs*) bedeutsam modifizieren. Berkeleys immaterialistische Philosophie ist eben nicht im *Ersten Dialog* (auch noch nicht einmal *in nuce*) enthalten.

(Philonous:) »How vivid and radiant is the lustre of the fixed stars! How magnificent and rich that neglient profusion, which they appear to be scattered throughout the whole azure vault! Yet if you take the telescope, it brings into your sight a new host of stars that escape the naked eye. Here they seem contiguous and minute, but to a nearer view immense orbe of light at various distances, far sunk in the abyss of space. Now you must call imagination to your aid. The feeble narrow sense cannot descry innumerable worlds revolving round the centrol fires; and in those worlds the energy of an all-perfect mind displayed in endless forms. But neither sense nor imagination are big enough to comprehend the boundless extent with all its glittering furniture. Though the laboring mind exert and strain each power to ist upmost reach, there still stands out ungrasped a surplusage immensurable. […]

Is not the whole system immense, beautiful, glorious beyond expression and beyond thought! What treatment then do those philosophers deserve,

---

Angenommen – was ja eine unbestreitbare Möglichkeit bedeutet –, es gäbe eine Welt unabhängig von meinem Bewußtsein und weiter angenommen (auch diese Annahme ist völlig unkontrovers), diese wäre durch mich irgendwie (und sei es nur ansatz- und ausschnittsweise) erkennbar – dann würde ich immer noch sagen können, sie sei »für mich« oder »für mein Bewußtsein«. Wo irgendetwas erkannt wird, da ist eine Beziehung zu dem erkennenden Subjekt eben unvermeidlich. Daraus folgt aber nichts für den ontologischen Status oder die Seinsweise der Welt und *a fortiori* auch nichts für die Idealismus-Realismus-Kontroverse.

[61] Vgl. z. B. »Principles«, § 19 (Ayers, Hg., S. 82).

who would deprive these noble and delightful scenes of all reality? How should those principles be entertained, that lead us to think all the visible beauty of the creation a fale imaginary glare?«[62]

Hiermit sollte klar sein, wie wenig Berkeley die Realität der im Raum ausgebreiteten Körper leugnen will.[63] (Er spricht sich übrigens mit ähnlicher Begeisterung über die Schönheit, die Fülle und den Reichtum der Natur aus wie die »Enthusiasten« in Shaftesburys gleichnamiger Schrift.) Ungeachtet einiger, in diese Richtung zu weisen scheinender Texte ist die immaterialistische Leugnung der körperlichen Substanzen eben nicht gleichbedeutend mit einer ontologischen Leugnung des körperlichen Seins.

Die Sinnesdinge sind wirklich, weil sie erfahren werden;[64] ein göttlicher Geist ist wirklich, weil diese Dinge ein von meinem Wahrnehmen verschiedenes Dasein führen:

»To me it is evident […] that sensible things cannot exist otherwise than in a mind or spirit. Whence I conclude, not that they have no real existence, but that seeing they depend not on my thought, and have an existence distinct from being perceived by me, *there must be some other mind wherein they*

---

[62] Ayers (Hg.), S. 167.

[63] Das »esse is percipi« aus den ›Principles of Human Knowledge‹ §3 wird eben gewöhnlich mißverstanden, da bei diesem »Perzipieren« sogleich an die Menschen oder gar an sich selbst und eben nicht (wie von Berkeley) an Gott gedacht wird. (Der ältere Berkeley könnte beim nochmaligen Wiederholen dieser seiner bekannten Aussage aus seiner Jugendzeit eventuell sogar an die Weltseele bzw. den »Äther« gedacht haben.) Es gibt allerdings (zumindest) einen englischsprachigen (und sogar ähnlich klingenden) bedeutenden Philosophen, der das »esse est percipi« im gewöhnlich verstandenen Sinne für wahr hielt: Francis H. Bradley (1846–1924). So steht etwa in seinem Hauptwerk zu lesen: »When the experiment is made strictly, I can myself conceive of nothing else than the experienced. Anything, in no sense felt or perceived, becomes to me quite unmeaning […] I am driven to the conclusion that for me experience is the same as reality. The fact, that falls elsewhere seems, in my mind, to be a mere word and a failure, or else an attempt at self-contradiction. It is a viscious abstraction whose existence is meaningless, and is therefore not possible.« (Ders., Appearance and Reality. A Metaphysical Essay, Oxford [9]1930 [Erstv. 1893], S. 128)

[64] Vgl. z. B. Ayers (Hg.), S. 178: »Is it not a sufficient evidence to me of the existence of this *glove*, that I see it, and feel it, and wear it?« (Ähnlich Kant in der ersten Auflage der »Kritik der reinen Vernunft«: »Ich habe in Absicht auf die Wirklichkeit äußerer Gegenstände ebenso wenig nötig zu schließen, als in Ansehung der Wirklichkeit des Gegenstandes meines inneren Sinns (meiner Gedanken), denn sie sind beiderseits nichts als Vorstellungen, deren unmittelbare Wahrnehmung (Bewußtsein) ein genugsamer Beweis ihrer Wirklichkeit ist.« (A 371)

exist. As sure therefore as the sensible world really exists, so sure is there an infinite omnipresent spirit who contains and supports it«[65]

Darauf folgen einige Hinweise auf arechtypische Ideen, welche unsere oben skizzierte »synoptische« Deutung der immaterialistischen Ontologie zu unterstützen scheinen (oder ihr doch zumindest nicht widersprechen): Philonous bekräftigt »that nothing is perceived by the senses beside ideas; and that no idea or archetype of an idea can exist otherwise than in a mind«[66]; und es sei klar, »that these ideas or things by me perceived, either themselves or their archetypes, exist independently of my mind.«[67] Wir wollen dies als Hinweis darauf ansehen, daß die tastbaren Körper archetypisch im Geist Gottes (bzw. im quasigöttlichen Geist des »Weltäthers«, s. u.) verwirklicht sind und, vermittelt über diese Archetypen, auch selbst »in Gott« und von ihm her ihre Realität haben (ihr Sein beziehen). Die visuellen Ideen aber sind eine Sprache, durch welche Gott unmittelbar mit uns kommuniziert.

4) Malebranche, Kausalität und Natur

Im nahen Umtext der Erwähnung von archetypischen Ideen im *Zweiten Dialog* findet sich auch eine Auseinandersetzung Berkeleys mit Nicolas Malebranche (1638–1715), dem Cartesianer und späteren Haupt oder Hauotvertreter der sogenannten Okkasionalisten. Der weitgehend polemische Einschub dürfte nicht zufällig an diese Stelle geraten sein.[68] Denn wenn Philonous dort behauptet, die von ihm wahrgenommenen Dinge würden von dem Verstand eines unendlichen Seelenwesens gewußt und seien durch dessen Willen hervorgebracht, so mußte das den philosophisch gebildeten Leser Berkeleys sehr an des französischen Paters Lehre vom »Gesehenwerden aller Dinge in Gott« erinnern. Im Hintergrund von dessen Darlegungen steht der cartesische Dualismus, der jeden natürlichen Übergang (etwa von scholastischen *species*) aus dem Reich der Körper in das der

---

[65] Ayers (Hg.), S. 168.
[66] Ebd.
[67] Ayers (Hg.), S. 170.
[68] Vgl. Ayers (Hg.), S. 169 f. Malebranche hat Berkeley zweifellos tief beeinflußt. Bei ihm (v. a. ›Recherche de la vérité‹, I: »Des sens«) könnte er auch das Motiv vom »Lebenszweck als Widersacher des Geistes« gefunden haben.

Geistwesen undenkbar macht. Aber damit noch nicht genug, werden auch der umgekehrte Weg vom Geist (Willen) zur körperlichen Bewegung – sowie in letzter Konsequenz auch jede Wirkung zwischen Geist und Geist bzw. Körper und Körper – gänzlich undenkbar. Damit fällt der göttlichen Substanz als der allein wahren auch die Aufgabe der Kombination aller in ihr enthaltenen subsidiären Entitäten zu, wobei Malebranche davon ausgeht, daß (wie es ja auch die Erfahrung zu belegen scheint) Gott dabei auf die Willensentschlüsse der Menschen Rücksicht genommen hat, welche ebenso viele Gelegenheiten (»des occasions«) für ein göttliches Eingreifen darstellen. Kann aber ein solcherart zwischen Geistwesen und Körper (letztlich eben auch zwischen Körper und Körper) vermittelnder Gott selbst anders denn als ausgedehnt vorgestellt werden?[69] Gott ist wirklich ausgedehnt, so lautet Malebranches Antwort, aber nicht auf die Weise der Körper,[70] seine »intelligible Ausdehnung« ist der lebendige Seinsgrund alles Geschöpflichen und damit gewissermaßen auch »der Ort der Geister«.[71] (Das Thema »intelligible Ausdehnung« wird uns noch ausführlicher beschäftigen, weil es auch für Berkeleys Konzeption der kosmischen Natur von großer Bedeutung ist.) Da alles in diesem Seinsgrund als in die ureigene Substanz, bildlich gesprochen, »hineinragt«, ist auch alles Geschehen von dieser Grundlage aus primärursächlich bestimmt. Nur Gewohnheit und Vorurteil führten zu der oberflächlichen Ansicht, als seien die wahrnehmbar an Kausalrelationen beteiligten Elemente auch die wirklichen Agentien; der Grund dieses Irrtums liege darin, –

---

[69] »In den Diskussionen, die Malebranches Lehre entfachte, wurde sie wiederholt in positive Beziehung zur Lehre Spinozas gesetzt, wogegen er [Malebranche] sich leidenschaftlich verwahrte, indem er (in einem Brief an Dortous de Mairan) hervorhob, daß nach Spinoza Gott im Universum sei, nach ihm dagegen das Universum in Gott – ein Unterschied, den wir mit den Worten Pantheismus und Panentheismus zu bezeichnen pflegen, und der keineswegs so groß ist, wie Malebranche es wahrhaben wollte.« (A. Klemmt, »Einführung des Herausgebers«, in: Nicolas Malebranche, Von der Erforschung der Wahrheit, a. a. O., S. XIII).

[70] Vgl. das Zitat aus den »Entretiens sur la Métaphysique et sur la Religion« in A. Klemmts »Einführung des Herausgebers«, a. a. O., S. XXI f. Diese Antwort wirkt sehr unbestimmt und ausweichend. Wenige dürften mit ihr zufrieden gewesen sein und Berkeley war es sicherlich auch nicht (wie seine angestrengten Versuche, eine neue, bessere zu finden, zur Genüge beweisen).

[71] A. a. O., S. 57 (›Recherche‹ bzw. ›Erforschung‹, *III, II, VI,* a. a. O., S. 57.) Diese intelligible Ausdehnung erinnert an die gleichnamige von Platons »Überhimmel« als »Ort« der ewigen und unwandelbaren Ideen.

– »daß die Menschen niemals verfehlen anzunehmen, daß etwas die Ursache von irgendeiner Wirkung ist, wenn das eine und das andere miteinander verbunden sind, vorausgesetzt auch, daß die wahrhafte Ursache dieser Wirkung ihnen unbekannt ist. Deswegen schließt jedermann, daß eine bewegte Kugel, die auf eine andere trifft, die wahrhafte und hauptsächliche Ursache der Bewegung ist, die sie ihr mitteilt; daß der Wille der Seele die wahrhafte und hauptsächliche Ursache der Bewegung des Armes ist, und was dergleichen Vorurteile mehr sind: weil es ständig vorkommt, daß eine Kugel sich bewegt, wenn sie mit einer anderen zusammentrifft, die sie anstößt; daß unsere Arme sich fast jedes Mal bewegen, wenn wir es wollen, und weil wir auf sinnliche Weise nicht festzustellen vermögen, welches andere Ding sonst die Ursache dieser Bewegungen sein könnte.«[72]

Berkeley wird solchen Vorgaben ebenso folgen wie nach ihm Hume. Wie jener Malebranche gerade aufgrund weitgehender systematischer Übereinstimmungen scharf angreift[73], so ist er aus dem nämlichen Grunde, d. i. um einer möglichen Verwechslung (vielleicht auch dem denkbaren Vorwurf mangelnder Originalität) vorzubeugen, auch mit Shaftesbury besonders hart ins Gericht gegangen. Im übrigen stimmen beide Philosophen (selbstverständlich nicht: Hume; wahrscheinlich nicht: Shaftesbury) darin überein, »daß Gott der Urheber aller Dinge ist, daß er sie für sich selbst gemacht hat«.[74]

So haben wir, durch das über Malebranches Kausalitätsauffassung vermerkte, imgrunde auch schon über die betreffende Auffassung Berkeleys erste Aufschlüsse erzielt. Die Schrift, in welcher Berkeley am angelegentlichsten mit dem Thema »Kräfte in der Natur« befaßt ist, wurde von ihm in lateinischer Sprache verfaßt und trägt den Titel ›De motu‹ (1721).[75] Es muß gleich zu Anfang eingeräumt werden, daß Berkeley auch in dieser relativ späten Arbeit von allem, das auch nur von Ferne an die Konzeption der Anima mundi erinnert, dem Wortlaute, nicht aber der inneren Logik seiner Gedanken nach, nichts wissen will.[76] Dies mag damit zu tun haben, daß er mit diesem

[72] A. a. O., S. 48 *(III, II, III)*.

[73] Vgl. dazu A. A. Luce, Berkeley and Malebranche. A Study in the Origins of Berkeley's Thought, Oxford 1967.

[74] Malebranche, a. a. O., S. 27 (Recherche *III, I, IV*). Dabei wäre freilich dies näher zu spezifizieren, daß Shaftesburys Gottesbegriff stark apersonalistisch gefärbt ist.

[75] In engl. Üb. in: Ayers (Hg.), S. 209–227; in deutsch: George Berkeley, Schriften über die Grundlagen der Mathematik und Physik, eingel. und üb. von W. Breidert, Frankfurt/Main, S. 208–243. Da keinerlei Anlaß zur Vermutung besteht, die englische Version sei dem lateinischen Original näher als die deutsche, werden wir aus dieser zitieren.

[76] »Von allen, die zur Erklärung der Ursache und Entstehung der Bewegung entweder

Text einen französischen Wissenschaftspreis zu erzielen hoffte (vergeblich); in Frankreich aber stand die Weltseele seit Mersenne, Descartes und dem Siegeszug ihrer rationalistischen Mitstreitern in deutlichem Mißkredit. Eine deutlich andere Linie findet Berkeley in dieser Frage erst mit ›Siris‹ (es ist diese Änderung freilich in Berkeleys Kritik des Begriffs einer »toten« materiellen Substanz schon grundlegend angelegt), wobei wir allerdings weiter der Ansicht sind, daß die okkasionalistische Überstrapazierung des Wunderwerkes Gottes, zusammen mit anderen Spezifika der früheren Berkeleyschen Philosophie, diese Ergänzung seines Weltbildes durch einen lebendigen Äther, der mit Gott verbunden ist aber im Denken von ihm unterschieden werden kann, sehr natürlich ist und in der Retrospektive geradezu als von Anfang an in der Natur der (Berkeleyschen) Sache gelegen erscheint. Ein äußerer Einfluß, sei es eine späte Zur-Kenntnis-Nahme des Cambridge Platonismus, sei es die Lektüre von Newtons späteren Texten zur Äther-Hypothese[77], soll damit keinesfalls ausgeschlossen werden. Vielleicht ist des Naturverehrers Berkeley latente Sympathie für die Konzeption einer beseelten Natur (welcher er auch in seiner Eigenschaft als ordinierter protestantischer Theologe lange Zeit nicht so ohne weiteres freien Lauf lassen wollte

das hylarische Prinzip, ein Bedürfnis der Natur, Appetit oder gar einen natürlichen Instinkt verwenden, muß man der Meinung sein, daß sie eher etwas gesagt als gedacht haben. Und nicht weit entfernt von diesen sind jene, die angenommen haben, ›die Teile der Erde bewegten sich selbst, oder Geister seien ihnen eingepflanzt wie Formen‹, um eine Ursache der Beschleunigung fallender schwerer Körper anzugeben; oder jener [Leibniz], der gesagt hat, ›in einem Körper müsse außer der körperlichen Ausdehnung auch irgend etwas anderes angenommen werden, von dem die Betrachtung der Kräfte ausgehe.‹« (›Über die Bewegung‹, a.a.O., S. 216f. [§20]. Die protestantische Zielrichtung der Entfernung aller Zwischenursachen zwischen Gott und Mensch ist einmal mehr in §150 der ›Principles‹ spürbar: »If by *Nature* is meant some being distinct from God, as well as from the Laws of Nature, and things perceived by sense, I must confess that word is to me an empty sound, without any intelligible meaning annexed to it. Nature in this acceptation is a vain *chimera* introduced by those heathens, who had not just notions of the omnipresence and infinite perfection of God.« (Ayers, Hg., S. 127f.)

[77] Mehr als bloße Hinweise hierauf finden sich (außer in den ›Optics‹ von 1704) auch in der 2. Auflage der ›Principia‹ von 1713. Hier wird der Äther beschrieben als »a certain most subtile spirit which pervades and lies hid in all gross bodies [...] by the force and action of which spirit the particles of bodies attract one another at near distances [...] and all sensation is excited, and the members of animal bodies move at the command of the will, namely by vibrations of this spirit.« (Zit. nach St. Toulmin und J. Goodfield, The Architecture of Matter, London 1968, S. 195).

oder konnte) durch solche Lesefrüchte, wenn nicht geweckt, so doch bestärkt worden.

In ›Über die Bewegung‹ werden, erkennbar ganz cartesianisch, zwei oberste Gattungen der Dinge, Körper und Seelen, einander gegenüber gestellt: »Wir wissen durch die Sinne von einem Ding, das ausgedehnt, fest, beweglich, gestaltet und mit anderen den Sinnen begegnenden Qualitäten begabt ist, aber von einem fühlenden, wahrnehmenden, verstehenden Ding wissen wir durch ein gewisses inneres Bewußtsein.«[78] Berkeley versucht dann nachzuweisen, daß die Körper gerade so existieren wie sie erfahren werden (ausgedehnt, fest usf.), d.h. daß ihnen grundsätzlich keine den Sinnen verborgene Kraft inhärent ist. »›Tendenz‹ *(solicitatio)* und ›Anstrengung‹ *(nisus)* oder ›Streben‹ *(conatus)* kommen nur beseelten Wesen wirklich zu. Wenn sie anderen Dingen zugeschrieben werden, müssen sie metaphorisch aufgefaßt werden«.[79] So wenig wie in den Körpern selbst ein verborgenes Kraftzentrum existiert, so wenig taugt die Schwerkraft zu einem verständniserweiternden Prinzip (der Erklärung) von Bewegung. »Es ist klar, daß man die Schwere oder Kraft irrtümlicherweise als Prinzip der Bewegung annimmt. Denn wie könnte jenes Prinzip dadurch klar erkannt werden, daß man eine verborgene Qualität annimmt? Was selbst verborgen ist, erklärt nichts.«[80] Dennoch seien Begriffe wie »Kraft« somit nicht schon sinnlos. Berkeley vertritt eine instrumentalistische Interpretation der theoretischen Begriffe: »›Kraft‹, ›Schwere‹, ›Anziehung‹ und ähnliche Wörter sind nützlich für Beweisführungen und Berechnungen bezüglich der Bewegung und der bewegten Körper, nicht aber für das schlichte Verständnis der Natur der Bewegung selbst.«[81] Eines sei es, Berechnungen zu dienen, ein anderes die Natur der Dinge darzustellen. Als Urheber von Bewegungen erfahren wir, streng genommen, nur uns selbst (also Geistwesen), wobei uns von dem Ursprung von Bewegung in unbeseelten Körpern einfach alle sinnliche Erfahrung fehlt: Sollte dieser nicht vielleicht auch geistiger Natur sein? Die Mechanik belehrt uns ausschließlich über die Bewegungs*gesetze* – es ist die Metaphysik, welche uns über die *Ursprünge* von Bewegung Auskunft gibt. »Die wahrhaft aktiven Ursachen können nur durch Nach-

---

[78] A.a.O., S. 217 (§21).
[79] A.a.O., S. 209 (§3).
[80] A.a.O., S. 210 (§6).
[81] A.a.O., S. 215 (§17).

denken und vernünftige Überlegung aus der Finsternis, in die sie eingehüllt sind, hervorgeholt und bis zu einem gewissen Grade erkannt werden. Es gehört aber zur Ersten Philosophie oder Metaphysik, dies zu behandeln.«[82] Der Physiker betrachtet die Sukzessionen der Dinge, ihre Ordnung und Gesetzmäßigkeit, das, was jeweils vorausgeht und das, was folgt: »Und mit Rücksicht darauf sagen wir, daß ein bewegter Körper die Ursache der Bewegung in einem anderen Körper sei, daß er ihm die Bewegung eindrücke, daß er ziehe oder schlage. In diesem Sinne müssen sie als zweite, körperliche Ursachen verstanden werden, ohne Rücksicht auf den wahren Sitz der Kräfte«.[83] Die eigentliche (primäre) Ursache der Bewegungen in der Natur ist aber der Geist Gottes, der von den Peripatetikern als *natura naturans* bezeichnet werde. In seinem Brief vom 25. Nov. 1729 an Samuel Johnson fällt ebenfalls der Ausdruck *natura naturans:*

»Those who have all along contended for a material world have yet acknowledged that *natura naturans* (to use the language of the Schoolmen) is God; and that the divine conservation of things is equipollent to, and in fact the same thing with, a continued repeated creation: in a word, that conservation and creation differ only in the *terminus a quo*. These are the common opinious of the Schoolmen; and Durandus [Durand de St. Pourçain], who held the world to be a machine like a clock, made and put in motion by God, but afterwards continuing to go of itself, was therein particular, and had few followers.«[84]

Damit bringt Berkeley seine (u. E. erwünschte) Nähe zur thomistisch-scholastischen Tradition zum Ausdruck – zumindest hinsichtlich der Naturauffassung. Wie die weit überwiegende Mehrzahl der Scholastiker, so lehnt auch er das Maschinen-Modell ab, welchem er in wachsender Deutlichkeit die Auffassung eines kontinuierlichen kreativen Wirkens einer *natura naturans,* d. i. eines göttlichen Geistes in der Natur, gegenüber stellt.

So ergibt sich als ein Resultat dieses Kapitels die wichtige und nicht länger unbegründete These, daß Berkeley die Realität einer körperlichen Außenwelt oder Natur in Raum und Zeit grundsätzlich anerkannt hat. Obwohl auch anders lautende Äußerungen Berkeleys angeführt werden könnten, scheinen damit (seiner immaterialistischen Philosophie zufolge und ganz im Einklang mit seiner Theorie

---

82 A. a. O., S. 243 (§ 72).
83 A. a. O., S. 242 f. (§ 71).
84 Ayers (Hg.), S. 345 f.

der visuellen Sprache) allein die visuellen Ideen von Gott unmittelbar im Geist der Menschen hervorgebracht zu werden. (Die übrigen Ideen aber nicht, so viel dürfte schon deutlich geworden sein, von der Materie, sondern, das soll noch verdeutlichen, von der *Anima mundi*.) Möglicherweise hängen die anders lautenden Aussagen (außer mit seiner »protestantischen« Vorliebe für Unmittelbarkeit) mit Berkeleys nie ganz abgelegten cartesianischen Wurzeln zusammen. Bei Descartes bildet ja das Reich der denkenden einen in sich und von dem Reich der ausgedehnten Dinge gänzlich abgeschlossenen Bezirk. Obwohl grundsätzlich im Kartesianismus (v. a. Malebranchescher Prägung) »beheimatet«, weist auch schon Berkeleys Lehre von den unmittelbaren Gegenständen der Empfindung von sich her entschieden über diesen cartesischen Dualismus hinaus. »Die wurzeltiefe Verschwisterung von Seele und Raum«[85], welcher später vor allem Kant nach-denken wird, ist auch schon von Berkeley, für den die Empfindung oder besser Vorstellung der unmittelbare Gegenstand der Wahrnehmung ist, als Problem erkannt und ernst genommen worden: Auch für ihn ist der äußere Gegenstand keine Schlußfolgerung aus der Vorstellung bzw. (näherhin) unmittelbaren Wahrnehmung mehr (eventuell ergänzt durch die *veracitas dei*), sondern deren Inhalt bzw. eben das, was auf diese Weise wahrgenommen wird. »Subjektivismus« wäre formelhaft als »Empfindung ohne Gegenstand«, »Objektivismus« als »Gegenstand ohne Empfindung« zu charakterisieren. Das jeweils zweite Glied in der Formel (einmal der Gegenstand, dann die Empfindung) gilt hierbei als prinzipiell entbehrlich. Unser Verstand tendiert hierbei wie stets dazu, ein disjunktives entweder-oder (Subjektivismus *aut* Objektivismus, Idealismus *aut* Realismus) anzunehmen. Berkeley aber (nicht anders als später Kant) versucht einen dritten Weg – was das Verständnis seines »Immaterialismus« nicht gerade erleichtert hat, ihm aber nicht zuletzt gerade dadurch einen festen (Ehren-)Platz in der abendländischen Geschichte des Ringens um das Erkenntnisproblem sichern sollte.

Damit dürfte auch klar geworden sein: Wenn bislang des öfteren von seinem »Realismus« die Rede war – manchmal abmildernd auch von seinem (Ideal-)Realismus –, so geschah das mit dem Nahziel vor Augen und in der ausdrücklichen Absicht, der (auch noch nach den Forschungen von A. A. Luce, T. E. Jessop und anderer) so zählebigen

[85] So ein Ausdruck José Ortega y Gassets in: »Über den Ausdruck als kosmisches Phänomen«, Gesammelte Werke, Bd. 1, Augsburg 1996, S. 404.

philosophiegeschichtlichen Legende von Berkeley, dem Erz-Idealisten, Sensualisten, Subjektivisten, mit einem kräftigen Kampfruf versehen, empfindlich zuzusetzen. Da dies mittlerweile schon ein Stück weit geschehen ist, mag die, gegenüber der älteren Philosophiegeschichtsschreibung versöhnliche Einschränkung ruhig nachgetragen werden: Beinahe ebenso wenig, wie Berkeley ein *Idealist* ist, kann er (einschränkungslos) ein *Realist* genannt werden. Denn obwohl er die Existenz einer vom geschöpflichen (näherhin: menschlichen) Geist unabhängigen Außenwelt annimmt (einer Welt, die allerdings nicht von *jeglichem* Geist unabhängig ist), leugnet er ganz entschieden und unmißverständlich die Wirklichkeit der materiellen Substanz oder Substanzen.[86] Seinem Immaterialismus eignet eben, es sei nochmals wiederholt, eine nicht ganz leicht zu erfassende singuläre philosophische Gestalt.

---

[86] Ich freue mich festzustellen, daß sich der große Kenner Berkeleys im deutschen Sprachraum, Wolfgang Breidert, diese entscheidende hermeneutische Frage betreffend, ganz ähnlich äußert: »Berkeley leugnet weder die Räumlichkeit körperlicher Dinge noch die Möglichkeit äußerer Erfahrung. Das einzige, was Berkeley entschieden abstreitet [...], ist – in Kants Terminologie – die Existenz von Dingen an sich.« (Einleitung zu: George Berkeley, Drei Dialoge zwischen Hylas und Philonous, a.a.O., S. XXIV f.).

Drittes Kapitel:

George Berkeley über Raum und Geometrie

0) Vorbemerkungen

In diesem letzten Kapitel vor dem abschließenden Versuch einer synthetischen Zusammenfassung von Berkeleys Naturverständnis und Metaphysik wird sinnvollerweise das Unterfangen einer Klärung des intrikaten Raumproblems vor dem Hintergrund der immatrerialistischen Weltanschauung stehen. Wenn unsere prinzipiell realistische Deutung dieser philosophischen Position überhaupt gelingen soll, dann nur, insofern als der Nachweis zu erbringen ist, daß es in »Berkeleys Universum« mehr als nur ausdehnungslose Geistwesen und ihre ebenfalls ausdehnungslosen Ideen und Gedanken gibt. Zwar bezeichnet Berkeley, gerade wie die verschiedenen subjektiven Zeiten,[1] so auch die verschiedenen Sinnesräume als Empfindungen (»sensations«): Aber wie ist so etwas zu verstehen, da er doch auch wieder zwischen Empfindungen und unmittelbaren Gegenständen von Empfindungen unterschieden wissen will und auch ganz grundsätzlich dem *Common sense* zu folgen glaubt (oder doch wenigstens zu folgen vorgibt)? Und weiter: Wenn eine einzelne Sinnesidee ausdehnungslos ist oder wäre, wie soll oder sollte dann ein Bündel oder eine Summe davon (d.h. für den Immaterialismus: ein körperlicher Gegenstand) zu irgendeiner Ausdehnung gelangen? Scheitert nicht Berkeleys Versuch, die Vereinbarkeit des Immaterialismus mit den »gesunden« Grundannahmen der Menschen über die Welt nachzuweisen, besonders deutlich an diesem Raumproblem? Vielleicht wäre es noch mit dem *Common sense* vereinbar, daß die unmittelbar wahrgenommene Farbqualität des Gegenstandes vor mir nicht ohne (m)eine Subjektivität existieren kann – keinesfalls aber wäre es doch, weder »gesunder Menschenverstand« noch »allgemeine Ansicht«

---

[1] Vgl. meinen Artikel »George Berkeleys Theorie der Zeit: ›A total disaster‹«?, in: *Studia Leibnitiana*, Bd. XXIX (1997), S. 198–210.

(der *Common sense*-Begriff der englisch-sprachigen Philosophen oszilliert nicht selten zwischen diesen beiden Bedeutungen), wenn daraus abgeleitet würde, daß es keinen räumlichen Abstand zwischen mir und der Farbe – oder gar Form – des Gegenstandes gibt! Am Raumproblem entscheidet sich sowohl die Haltbarkeit von Berkeleys Intention, diesem *Common sense* zumindest nicht zu widersprechen als auch unser Versuch, seinen Immaterialismus zumindest prinzipiell »realistisch« zu deuten.

Nach vorbereitenden Klärungen, vor allem der sehr »modern« wirkenden Berkeleyschen Theorie der Geometrie, soll eine Zuwendung zu seinem Alterswerk ›Siris‹ erfolgen. Es hat den Anschein, als müßte diesbezüglich gleich ein anfängliches Bedenken aus dem Weg geräumt werden. Denn dieses mystische und wohl auch – passagenweise – schwerlich anders denn exzentrisch zu nennende Buch ist von verschiedenen ausgezeichneten Kennern der Berkeleyschen Philosophie (so von John Hicks, John Wisdom und – neuerdings wieder – von Geneviève Brykman[2]) als *sui generis* und als mit der immaterialistischen Lehre letztlich inkompatibel eingestuft worden. Ob dem wirklich so ist, kann indessen vernünftigerweise nicht *vor* der Bekanntschaft mit ›Siris‹ entschieden werden. Und wenn sich ergeben sollte, daß die Beschäftigung mit diesem Buch ansonsten offen bleiben müssende Interpretationsprobleme zu lösen vermag – dann gehört ›Siris‹ doch sicherlich in den tieferen systematischen Zusammenhang der immaterialistischen Philosophie hinein.

1) Berkeley über den Raum: Versuch einer Synthese

Es fällt auf, daß der irische Denker zwar recht oft auf die verwickelten philosophischen Probleme, die bekanntermaßen mit dem Begriff des Raumes verbunden sind, zu sprechen kommt, dabei aber – wenigstens dem ersten Augenschein nach – doch eine einheitliche Theorie hierzu vermissen läßt. So ist die Aussage »Berkeley has no positive theory of space at all«[3] *prima facie* betrachtet durchaus verständlich, bei näherem Zusehen muß sie aber als sehr »global« bzw. undifferenziert bezeichnet werden. Bekannt ist hinsichtlich der Geschichte der

[2] Vgl. evtl. nochmals G. Brykman, Berkeley et le voile des mots, a. a. O.

[3] George J. Stack, »Berkeley's New Theory of Vision«, in: *The Personalist* 51, I (1970), (106–138), S. 133.

philosophischen Raum-Theorien auch, daß es im Berkeleyschen Werk eine Reihe von Newton-kritischen Ausführungen gibt, die, von einer wissenschaftsgeschichtlichen Warte aus besehen, als interessant und bedeutsam gelten. Es ist dabei besonders an die (an Leibniz gemahnende) Kritik des absoluten Raumes und der absoluten Bewegung in ›De motu‹ (insb. §§ 53–62) zu denken und, gleichsam als präzisierende Ergänzung dazu, an die Paragraphen 112 bis 116 der ›Principles of Human Knowledge‹, welche in einer alternativen, an Ernst Machs ›Mechanik‹ erinnernden Interpretation des bekannten »Eimer-Experiments« gipfeln. Hier drängt sich der erste Eindruck auf, es sei Berkeley – wenigstens im englischen Sprachraum – der einzige Denker von unbezweifeltem Format gewesen, der sich dem nationalen *heros* gegenüber kritisch, ja ablehnend verhalten habe. Auch so bedeutende moderne Vertreter eines philosophischen Realismus wie Popper und v. a. Whitehead haben das Neue in Berkeleys Einwänden, das (wie es heißt) über Mach hinaus ein Stück weit sogar Einsteinsche Gedanken antizipierende, »revolutionäre« Element in seinen Thesen über den Raum mit Bewunderung anerkannt: »Quite at the commencement of the [scientific] epoch, he made all the right criticisms [against Newton], at least in principle«.[4]

Dieser Newton-kritische, negative Teil von Berkeleys Ausführungen über Raum-Probleme muß vorläufig einmal als historisch bereits gut bestellter »Acker« gelten, bei dem sich ein nochmaliges »Umgraben« weitgehend (aber, wie sich ergeben wird, damit eben nicht ganz) erübrigt.[5] Statt dessen soll nun untersucht werden, ob es nicht vielleicht doch möglich ist, auch in den positiven Ausführungen zum Raumproblem – über die zugestandenen vereinzelten »revolutionär-kritischen« Bemerkungen hinaus, ein sinnvolles Ganzes ausfindig zu machen. Möglicherweise ist die, zweifellos ehrenvoll gemeinte, Ernennung Berkeleys zu einem »Vorläufer Machs« als historische Würdigung entweder noch nicht ausreichend oder auch

---

[4] Alfred N. Whitehead, Science and the Modern World, New York 1958, S. 67. Vgl. auch Karl Popper, »A Note on Berkeley as a Precursor of Mach«, in: *The British Journal for the Philosophy of Science*, 4 (1954), S. 26–36.

[5] Vgl. neben dem gerade erwähnten Popper-Artikel auch die frühere Arbeit von G. J. Whitrow, »Berkeley's Critique of the Newtonian Analysis of Motion«, in: *Hermathena*, 82 (1953), S. 90–112; ebenfalls: W. A. Suchting, »Berkeley's Criticism of Newton on Space and Motion«, in: *Isis*, Nr. 58 (1967), S. 186–197. Wir werden auf dieses Thema im nächsten Kapitel zurück kommen und dabei feststellen, daß Berkeley von dem Newton der ›Optics‹ gar nicht so weit entfernt ist.

fehlgeleitet. Vielleicht wird dieser Ehrentitel einer ganz originären Leistung und Position in der Geistesgeschichte immer noch nicht voll gerecht und vielleicht ist er sogar prinzipiell irreführend. Der Grund für diesen Verdacht liegt freilich in unserer These beschlossen, daß die modernen Kommentatoren von Berkeleys Werken den theistischen Hintergrund seiner Schriften, der bis in die mathematischen Abhandlungen hinein aufspürbar ist, aus bestimmten – mit dem Grundsatz einer werkgetreuen Interpretation wohl nur schwer zu vereinbarenden – Vorentscheidungen heraus weitestgehendst ausgeblendet haben. Denn daß eine Kommentierung von Gedanken eines Autors, die jenen Aspekt in den Hintergrund zu spielen trachtet, welcher diesem selbst das wichtigste und zentrale Anliegen gewesen ist, öfter einmal in Ratlosigkeit enden muß, ist dann eigentlich nicht weiter erstaunlich. Die abschließenden Sätze des Aufsatzes »The Spaces of Berkeley's World« von Gary Thrane sind in diesem Zusammenhang aufschlußreich:

»Just as one can wonder how the unextended mind can ›contain‹ extended ideas, so too one may wonder ›where‹ minds exist. It is here that Berkeley is likely to seem the most foreign to the modern critic. For Berkeley would surely reply that it is not in space but ›in Him we live, and move, and have our being‹.«[6]

Versuchen wir also unserer bisherigen Vorgehensweise treu zu bleiben und nicht zuletzt dadurch ein neues Licht auf Berkeleys Ausführungen zu werfen, indem wir den sogenannten »theistischen Hintergrund« dorthin zurückstellen, wo er nach Geist und Buchstaben dieses Philosophen auch hingehört: eindeutig ganz in den Vordergrund.

In einer vorläufigen Charakterisierung von Berkeleys Raumkonzeption können wir diese, im Anschluß an A. A. Luces Thesen über den großen Einfluß dieses französischen Cartesianers auf den irischen Bischof[7], in einen historischen und inhaltlichen Zusammenhang mit Nicholas Malebranches »intelligibler Ausdehnung« stellen. Malebranche hatte (sicherlich nicht erstmalig) zwei ganz verschiedene Arten von Ausdehnung unterschieden und neben dieser intelligiblen noch eine weniger »spekulative«, gewöhnlich-empirische angenommen. Letztere war der Raum der physischen Welt, der seinem

[6] Gary Thrane, »The Spaces of Berkeley's World«, in: Walter E. Creery (Hg.), George Berkeley. Critical Assessments, Bd. 1, London 1991, (314–334), S. 332.
[7] Vgl. Aston A. Luce, Berkeley and Malebranche, Oxford 1934.

Dafürhalten nach von euklidischer Struktur oder Gestalt ist. Berkeley, so soll nun eine neue These besagen, gibt den unendlich ausgedehnten, dreidimensionalen Raum auf und behält allein die intelligible Ausdehnung (etwa) im Sinne Malebranches zurück, welche gewissermaßen mit der erfahrbaren (im strengen Sinne des Wortes) identifiziert wird: »52. Bodies etc. do exist even when not perceiv'd they being powers in the active Being.«[8] Er grenzt sich mit dieser Auffassung von Körpern als »Kräften« im göttlichen Geist (bzw., davon bald mehr, in der Weltseele) klar gegen die Atomisten und ihre unteilbaren Teilchen im leeren Raume ab: »234. My Doctrine affects the Essences of the Corpuscularians.«[9] An »deren« grenzenloses Nichts eines unendlichen, leeren Raumes will er nicht glauben,[10] und so sucht er die paulinisch-lukanische Rede von Gott, in dem wir »leben, weben und sind« (im besagten und vermuteten Anschluß an Malebranche) in neues Ansehen zu bringen: »The propertys of all things are in God […]«[11]

Vergegenwärtigen wir uns nochmals unsere These von Berkeleys realistischen Intentionen. Er unterscheidet *expressis verbis* zwischen dem Vorgang oder Prozeß einer mentalen Tätigkeit und deren »unmittelbarem« Gegenstand, der »Vorstellung« oder »idea«: »By idea I mean any sensible or imaginable *thing*.«[12] Bevor er selbst noch deutlich zwischen geistigen und körperlichen Dingen unterschieden hat (s. u.), nannte er auch das Subjekt des Denkens »idea«, niemals aber das Denken (und Wahrnehmen) als »act«. Ideen – wir betonen

---

[8] Ayers (Hg.), S. 256 (›Phil. Comm.‹, § 52). Berkeley zufolge kann letztlich nur Geistiges wirken. Diese These ist selbst alles andere als neu: Es gibt sie schon im dreizehnten Jahrhundert und sie scheint damals aus dem islamischen Kulturkreis gekommen zu sein. (Thomas stellte sich ihnen entgegen.) Vgl. Etienne Gilson, »Pourquoi saint Thomas a critiqué saint Augustin?, in: *Archives d'histoire doctrinale et litteraire du moyen age,* 1926–1927, S. 127 f.)

[9] Ayers (Hg.), S. 272 (a. a. O., § 234).

[10] Und damit auch nicht an den »cartesischen Raum«; hierzu Descartes: »Danach wollte ich noch nach anderen Wahrheiten suchen, nahm mir den Gegenstand der Geometrie vor, den ich mir als einen kontinuierlichen Körper vorstellte oder als einen nach Länge, Breite und Höhe bzw. Tiefe ohne bestimmbare Grenzen ausgedehnten Raum, der sich in verschiedene Teile teilen läßt …« (Von der Methode des richtigen Vernunftgebrauchs und der wissenschaftlichen Forschung, üb. von Lüder Gäbe, Hamburg [2]1978, S. 45 f.)

[11] Ayers (Hg.), S. 330 (a. a. O., § 812): Nicht *nur* im Anschluß an Malebranche, wie das nächste Kapitel ergeben wird (denn auch ein Einfluß der Neuplatoniker und Newtons erscheint sehr wahrscheinlich).

[12] Ayers (Hg.), S. 326 (a. a. O., § 775); unsere Hervorhebung. Vgl. eventuell auch: Aston A. Luce, Berkeley's Immaterialism, a. a. O.

es mit Nachdruck – sind für Berkeley nichts »Mentales«: »Idea is y^e *object* or Subject of thought; y^t I think on w^{t}ever it be, I call Idea. *thought it self, or Thinking is no Idea tis an act.*[13] Nun nennt er eben nicht nur sogenannte sekundäre Qualitäten wie Farben »Ideen«, sondern auch primäre wie Ausdehnung. Somit versucht er beiden vorgeblich verschiedenen Arten von dinglichen Eigenschaften eine grundsätzlich unabhängige Existenz vom je individuell mentalen, menschlichen Bereich einzuräumen: »801. I differ from the Cartesians in that I make extension, Colour etc to exist really in Bodies & independent of Our Mind. All y^s carefully & lucidly to be set forth.«[14]

Erneut stellt sich die Frage: Manoevriert sich Berkeley hier nicht in ein unauflösbarer Dilemma hinein? Alle Eigenschaften von Körpern sollen nämlich – so sagten wir breits – primär im Geist Gottes ihr Dasein haben, aber zu diesen Eigenschaften wird nun auch ihr Ausgedehntsein gezählt. Muß dies nicht unvermeidbar eine Identifizierung von Gott und Raum oder doch zumindest eine Verräumlichung des göttlichen Geistes zur Folge haben? Eine solche Konsequenz ist aus der Newtonschen Lehre – und besonders aus der berühmten Kontroverse zwischen dem Newtonianer Clarke und Leibniz – wohlbekannt (der Raum Newtons als »Sensorium Gottes«); wobei verschiedene Philosophen teilweise schon vor Newton Gott selbst sozusagen verräumlicht bzw. – *vice versa* – den Raum vergöttlicht haben.[15] Diese Konsequenz mußte und wollte Berkeley offenbar vermeiden:

»298. Locke, More, Raphson etc seem to make God extended. 'tis nevertheless of great use to religion to take extension out of our idea of God & put a power

[13] Ayers (Hg.), S. 329 (a. a. O., § 808); unsere Hervorhebung. Eine kritische Anmerkung grundsätzlicher Art zum ersten Teil dieser Aussage könnte lauten: Hinsichtlich der Frage, ob das Subjekt bzw. ich selbst eine Idee (im Geist Gottes) ist bzw. bin, scheint sich für Berkeley ein Dilemma zu ergeben. Antwortet er mit Ja, wie ist das Ich dann von den anderen Dingen unterschieden und wie kann es dann noch »frei« und unsterblich genannt werden? Antwortet er mit Nein (wie er es in seinen veröffentlichten Schriften ausnahmslos zu tun scheint), wie kann dann einerseits das Ich in Gott »leben, weben und sein«, wie andererseits von ihm dieses Innerste des Menschen erkannt werden?

[14] Ayers (Hg.), S. 328 f. (a. a. O., § 801).

[15] Vgl. das Kapitel »The divinization of space«, in: A. Koyré, From the Closed World to the Infinite Universe. New York 1958, S. 190 ff., deutsch: Von der geschlossenen Welt zum unendlichen Universum, Frankfurt/M. 1969: Es behandelt v. a. den Cambridge-Platoniker Henry More.

in its place. it seems dangerous to suppose extension wch is manifestly inert in God.«[16]

Nicht Gott selbst, sozusagen als absolutes »Subjekt« ist somit ausgedehnt, sondern höchstens der Bereich, in welchem er wirkt, in welchen seine Kraft hineinreicht. Dieser Raum wäre der »wirkliche« oder »reale« (Kraft-)Raum der Natur.[17] Er ist irgendwie »begeistet« oder »beseelt«. Daß es überhaupt irgendwie räumlich Ausgedehntes gibt, ist dabei für den irischen Philosophen ganz unbezweifelbar, wird Ausdehnung doch *erfahren* bzw. *empfunden* (und die Dinge sind prinzipiell so wie sie dem reinen oder unverstellt-naiven Bewußtsein erscheinen[18]): »18. *Extension a sensation,* therefore not without the mind.«[19] Wir dürfen nun sicherlich nicht annehmen – Berkeley selbst leugnet dies –, daß Ausdehnung seines Dafürhaltens nur im menschlichen Geist besteht; vielmehr ruht die ganze Wirklichkeit, zusammen mit ihren extensiven Aspekten, in Gott (bzw. in der mit ihm besonders eng verbundenen Weltssele als beseeltem Raum). Die unterschiedlich empfundenen Ausdehnungen lassen sich zwar für unsere Vorstellungskraft nicht zu einem einzigen Raum aufsummieren: Sehraum, Tastraum, Hörraum usw. unterscheiden sich ja in ihrer unmittelbaren Gegebenheit (so ist z. B. nur in ersterem Perspektivität erfahrbar). Aber es ist zumindest nicht ausgeschlossen, daß sie sich in

---

[16] Ayers (Hg.), S. 278 (a. a. O., § 298); vgl. auch § 290 (S. 277) sowie ›Principles‹, § 117, in: Ayers (Hg.), S. 113 f.

[17] Diese Raumkonzeption Berkeleys erinnert an den »gnostischen«, »dämonisierten« Raum, wie ihn Oswald Spengler in ›Der Untergang des Abendlandes‹ charakterisiert hat (aufschlußreiche Bemerkungen dazu in: H. Jonas, Gnosis und spätantiker Geist, Göttingen [3]1964, S. 163, insb. Anm. 1). Ein solcher kraftgeladener Raum, der seine Wirklichkeit nicht von den Körpern bezieht, sondern umgekehrt, diese die ihre durch ihn, läßt aber auch an den Raumbegriff des ›Timaios‹ denken. Platon scheint darin alle Körperlichkeit auf einen solchen Raum reduzieren zu wollen; dazu O. Apelt: »Daß Platon die Materie zum bloßen Raume machen *will,* scheint mir unleugbar. Der Grundcharakter seiner ganzen Philosophie weist darauf hin […] Wegen der Wesenlosigkeit und Schattenhaftigkeit ist alles Sichtbare nur ein schwankendes und wandelbares Bild des ewig Wahren. Dem entspricht genau die Rolle, die der Raum im Timaios als Grundlage der Körperlichkeit spielt. Er ist gleichsam die Wand der platonischen Höhle, auf der die Schatten der Dinge sichtbar werden und zum Vorschein kommen.« (Einl. zu ›Platons Dialoge Timaios und Kritias‹, Leipzig [2]1922, S. 13) -Beim späten Berkeley ist diese »Wand« etwas Lebendiges, der »Äther«.

[18] Demgegenüber haben Fichte (z. B. in ›Die Bestimmung des Menschen‹ II) und andere Idealisten eine ursprünglich ausdehnungslose Empfindung postuliert (also etwas, das in unserer Erfahrung keinen Platz hat).

[19] A. a. O., § 18, S. 254; unsere Hervorhebung.

der Vorstellungskraft einer höheren Intelligenz (oder einer Weltseele) irgendwie (als Bestandteile eines uns unvorstellbaren Raumganzen) ergänzend zusammenfügen. Höhere Intelligenzen »sehen« die Dinge eben anders als wir.[20] Der wahre »Raum«, sofern dieses *per analogiam* verstanden werden müssende Wort hier überhaupt noch sinnvoll ist, also der Raum als (archetypische) »Idee« der göttlichen Intelligenz, ist somit nicht »unser Raum« (oder einer »unserer Räume«[21]). Aber wenn er sich auch der endlich-verleiblichten *Vorstellungskraft* entzieht, so doch nicht gänzlich unserem Denken, das sich ihm eben mittels des, möglicherweise an der Grenze zum Widersinn angesiedelten Ausdrucks einer »intelligiblen Ausdehnung« bzw. einer in einem Raum *sui generis* ausgedehnten Weltseele anzunähern sucht.

Dies ist das eine. Das andere soll nochmals unterstrichen werden, daß es nämlich nach Berkeleys fester und niemals revidierter Überzeugung den *einen* (»physikalischen«) Raum gar nicht gibt. (Was Realität hat, ist der grundsätzlich nicht-perzipierbare seelenartige, von ihm so genannte, »Äther«.) Dieser uns gedankenlos so selbstverständlich erscheinende *eine* (cartesische) Raum ist ein »Tagtraum« (›Siris‹, Paragraph 318) und eine typische »abstrakte Idee«. Ein solcher »unendlicher Raum« der Physiker und Metaphysiker verdiene nicht mehr Zustimmung als die Materie, durch die er angeblich teilweise ausgefüllt ist. »Die Räume« sind unauflöslich mit den verschiedenen Arten der Sinnesideen verbunden. Die ›New Theory‹ hat bereits den Gesichtsraum deutlich vom Tastraum unterschieden und die Frage gestellt, welcher davon der Raum der (euklidischen) Geometrie sei. Die ›Principles‹ und die ›Dialogues‹ erwähnen und besprechen darüber hinaus noch andere Räume, die allesamt erfahrbar, also – im Gegensatz zu dem *einen* – irgendwie real seien. Allein in dem folgenden Zitat wird der Reihe nach auf fünf voneinander verschiedene »Räume« abgezielt – auf den gewöhnlichen Gesichtsraum, den Raum des Teleskops, den Imaginationsraum, den Raum, welchen die Kraft (»energy«) des vollkommenen göttlichen Geistes erfüllt (d. h. den »Äther«, s. u.) und den Raum des menschlichen Verstehens:

---

[20] Vgl. a. a. O., S. 332: § »835: Tis a perfection we may imagine in superior spirits that they can see a great deal at once with the Utmost Clearness & distinction whereas we can only see a point.« (Auch andere Textstellen lassen deutlich werden, daß Berkeley außer an Gott auch an die Existenz von Engeln glaubte.)

[21] Es wird sich noch deutlicher ergeben, daß es die Weltseele ist.

»Raise now your thoughts from this ball of earth, to all those glorious luminaries that adorn the high arch of heaven. […] How vivid and radiant is the lustre of the fixed stars! How magnificent and rich that negligent profusion, with which they appear to be scattered throughout the whole azure vault! Yet if you take the telescope, it brings into your sight a new host of stars that escape the naked eye. Here they seem contiguous and minute, but to a nearer view immense orbs of light at various distances, far sunk in the abyss of space. Now you must call imagination to your aid. The feeble narrow sense cannot descry innumerable worlds revolving round the central fires; and in those worlds the energy of an all-perfect mind displayed in endless forms. But neither sense nor imagination are big enough to comprehend the boundless extent with all its glittering furniture. Though the labouring mind exert and strain each power to its utmost reach, there still stands out ungrasped a surplusage immeasurable.«[22]

Nicht alle diese verschiedenen Räume sind solche im eigentlichen Sinne des Wortes (so z. B. nicht der »Raum« des menschlichen Geistes). Aber es bleiben genug davon auch im wörtlichen Sinne dieses Wortes übrig, um die Aussichtslosigkeit des Versuches ihrer vorstellungsmäßigen Vereinigung in einen einzigen Raum offenkundig werden zu lassen. Insbesondere stellt, Berkeleys u. E. durchaus erwägenswerter Auffassung nach, eben *der* physikalische Raum eine bloße Chimäre dar. Dies muß Konsequenzen für den »schönen« Gedanken von der Geometrie als apriorischer Realwissenschaft von *dem* realen Raum zeitigen. (Es bedeutet aber auch eine Antizipation – nicht nur Machscher –, sondern auch schon Bergsonscher Gedanken.[23])

2) Die neue Theorie der Geometrie

Für Galilei und Newton ist die Geometrie – gemeint ist freilich die euklidische, eine andere war (geläufiger Ansicht nach: s. u.) bis ins 19. Jahrhundert hinein unbekannt – eine apriorische Wissenschaft vom Raum. Descartes und die Cartesianer einschließlich Malebranche und Spinoza glaubten nichts anderes, nur sahen sie in ihr noch zusätzlich – das Wesen der Materie bestehe in der Ausdehnung – eine apriorische Wissenschaft von der körperlichen Welt. Diese Auffassung der Geometrie ist ohne Zweifel eine Lieblingsidee der ge-

[22] ›Dialogues‹ II, gegen Anfang, in: Ayers (Hg.), S. 167.
[23] Vgl. insb. H. Bergsons ›Matière et Memoire‹, a.a.O., (v.a. gegen Schluß).

samten Neuzeit, deren Hochschätzung in abgewandelter Form bis in die ›Kritik der reinen Vernunft‹ hinein und darüber hinaus in den philosophischen Systemen des Deutschen Idealismus mächtig und das Denken dieser Philosophen beflügelnd fortwirkt. In der Tat erscheint der Gedanke (wäre er denn wahr) äußerst verlockend: Mit der Geometrie ist der Mensch im Besitz einer Wissenschaft, welche absolut gewisse Erkenntnisse über ein anscheinend bedeutendes Konstituens der Wirklichkeit, den Raum, zu liefern imstande ist. Dabei müssen noch nicht einmal Beobachtungen, Messungen, Experimente vorgenommen werden. Apriorisch, also mit Notwendigkeit und vorgängig zu allen solchen Erfahrungen, könne beispielsweise bewiesen werden, daß die Winkelsumme aller einzelnen (ebenen) Dreiecke in der Welt jeweils 180 Grad ausmacht. Dieser Gedanke, es liege mit der Geometrie eine *apriorische Realwissenschaft* vor (es gäbe eine »spekulative« oder »metaphysische Geometrie«), ist wirklich schön, ja richtiggehend begeisternd! Er hat somit auch, und nicht von ungefähr, auf viele Denker des 17. und 18. Jahrhunderts (und vereinzelt darüber hinaus) geradezu berauschend gewirkt und er bildete oftmals einen, wenn nicht sogar *den* tragenden Pfeiler so mancher Gedankengebäude. Berkeley war (was unseres Wissens bislang allerdings noch nie zur Kenntnis genommen worden ist) der erste in einer Reihe von Denkern (Reid, Lambert, Gauß, Bolyai, Lobatschewski, Riemann, Helmholtz, Clifford u. a.) die an diesem Pfeiler gerüttelt haben. Einstein hat ihn dann, nach weit verbreiteter und wohl auch zutreffender Ansicht, ganz umgeworfen.

Das Thema »Geometrie« wird in allen philosophischen Werken Berkeleys zumindest angesprochen. Eine erste ausführlichere Behandlung dieses Gegenstandes findet sich bereits gegen Ende der ›New Theory of Vision‹. Der Hauptkorpus der Abhandlung, in welchem der Nachweis tiefgreifender Unterschiede zwischen den Ideen des Tast- und des Gesichtssinns versucht bzw. geführt wird, ist mit dem Paragraphen 148 abgeschlossen. Dieser wiederum endet mit einer Preisung des Sehens, das den Menschen einen ahnungsvollen, analogen Vorbegriff von einem geistigen Zustand nach dem Tode *(visio beatifica)* vermitteln könne:

»The wonderful art and contrivance wherewith it [the visive faculty; S. B.] is adjusted to those ends and purposes for which it was apparently designed, the vast extent, number, and variety of objects that are at once with so much ease and quickness and pleasure suggested by it: all these afford subject for much and pleasing speculation, and may, if anything, give us some glimmering, analogous prænotion of things which are placed beyond the certain discovery and comprehension of our present state.«[24]

Im folgenden Paragraphen stellt Berkeley fes t, er habe nicht die Absicht[25], aus der bisher dargelegten Lehre Folgerungen zu ziehen (»andere mögen das tun«): eines aber könne er doch nicht unterlassen:

»Only, I cannot forbear making some inquiry concerning the object of geometry, which the subject we have been upon doth naturally lead one to. We habe shewn there is no such idea as that of extension in abstract, and that there are two kinds of sensible extension and figures which are entirely distinct and heterogeneous from each other. Now, it is natural to inquire which of these is the object of geometry.«[26]

Daß sich die beiden verschiedenartigen Räume des Tast- und des Gesichtssinnes (für den endlichen, menschlichen Geist) nicht zu einem einzigen vereinigen lassen, geht für Berkeley bereits aus der Perspektivität des letzteren und der Aperspektivität des ersteren hervor. Dabei glaubt er aber auch nicht, daß sich aus tastbaren und sichtbaren Qualitäten eine »abstrakte« Vorstellung von »Ausdehnung überhaupt« aussondern ließe. Eine solche müßte aller sinnlichen Qualitäten bar sein:

»Now I do not find that I can perceive, imagine, or any wise frame in my mind such an abstract idea as is here spoken of. A line or surface which is neither black, nor white, nor blue, nor yellow, etc., nor long nor short, nor rough, nor smooth, nor square, nor round, etc., is perfectly incomprehensible. This I am sure of as to myself: how far the faculties of other men may reach they best can tell.«[27]

Die genannte abstrakte Ausdehnung hätte vor allem auch keine bestimmte Größe und somit könne sie auch nicht der Gegenstand der Geometrie sein:

»It is commonly said that the object of geometry is abstract extension: but geometry contemplates figures: now, figure is the termination of magnitude: but we have shewn that extension in abstract hath no finite determinate ma-

---

[24] Ayers (Hg.), S. 52.

[25] In der deutschen Übersetzung der »Philosophischen Bibliothek« sinnstörend *ohne* Negation: »Ich habe die Absicht …«

[26] A. a. O., S. 52.

[27] Ayers (Hg.), S. 44 (›New Theory‹, § 122).

gnitude. Whence it clearly follows that it can have no figure, and consequently is not the object of geometry.«[28]

Da der Geometer gewöhnlich sichtbare und keine tastbaren Figuren betrachtet oder produziert, lege sich die Auffassung nahe, es sei der *Gesichtsraum* der gesuchte Raum bzw. Gegenstand der Geometrie. Aber all das, was mit dem Auge eigentlich wahrgenommen werde, seien verschiedene Farben und ihre Helligkeitswerte. Die dauernde Unbeständigkeit und Flüchtigkeit dieser »wahren Objekte des Sehsinns« ließen deswegen auch sie als ungeeignete Kandidaten erscheinen.

Berkeleys stimulierendes Gedankenexperiment von einem reinen körperlosen Geist, der überhaupt nicht tasten, aber gut sehen kann, soll diese Vermutung weiter bestätigen. Ein solches Wesen käme nicht auf den Gedanken, daß ein Größerwerden eines Punktes in seinem Gesichtsfeld nicht unbedingt ein Anwachsen, sondern auch ein Näherkommen bedeuten kann. Es wäre außerstande den Begriff eines Körpers zu bilden und somit sei ihm der Zugang zur geometrischen Disziplin der Stereometrie von vorneherein vollkommen verschlossen.[29] Aber weiteres Nachdenken zeige, daß es noch nicht einmal die Planimetrie entwickeln könne. Denn auch zur Vorstellung einer ebenen Figur sei allemal eine gewisse Vorstellung von Entfernung unentbehrlich, welche sich ein endlicher Geist ohne den Tastsinn nicht aneignen könne. Und mehr noch:

»Nor is it an easier matter for him to conceive the placing of one plane or angle on another, in order to prove their equality: since that supposeth some idea of distance or external space. All which makes it evident our pure intelligence could never attain to know so much as the first elements of plane geometry.«[30]

Somit sei hinreichend nachgewiesen, daß – entgegen der ersten Vermutung – die sichtbaren Figuren und damit der sichtbare Raum, aus dem diese quasi herausgeschnitten werden, nicht die Ausdehnungen bzw. der Raum der Geometer sein könnten. Vielmehr sind die sichtbaren Figuren nur Zeichen – nämlich solche für tastbare Figuren:

»It is therefore plain that visible figures are of the same use in geometry that words are: and the one may as well be accounted the object of that science as

---

[28] A. a. O., S. 44 (§ 124).
[29] Vgl. Ayers (Hg.), S. 53 f. (›New Theory‹, § 154).
[30] A. a. O., S. 54 (§ 155).

the other, neither of them being otherwise concerned therein than as they represent or suggest to the mind the particular tangible figures connected with them.«[31]

Bei diesem Ergebnis bricht die ›New Theory‹ die Erörterung der Geometrie ab. Letztere sei weder eine Wissenschaft von einem abstrakten Raum (der Physiker) noch von dem visuellen – und somit müsse es der Geometer wohl mit dem Tastraum zu tun haben. In den ein Jahr später erschienenen ›Principles‹ wird dann aber der (aristotelische) Sonderstatus des Tastsinns als »Wirklichkeitssinn« aufgegeben. Das Resultat ist nun, daß (mindestens) zwei gleichwertige Räume existieren – welcher Umstand natürlich auf die Frage führt, warum es dennoch nur *eine* Geometrie gibt … Oder, *kann es vielleicht mehrere geben?* (Wir werden im nächsten Abschnitt sehen, daß sich im Anschluß an Berkeley der schottische Philosoph Thomas Reid genau diese nun naheliegende Frage stellen und sie – erstmalig in der Geistesgeschichte – positiv beantworten wird.)

Zuvor noch einige Bemerkungen über Berkeleys eigenen weiteren Denkweg im Zusammenhang mit dem Problem des geometrischen Raumes. Seine Ablehnung der Auffassung von Geometrie als einer Wissenschaft vom gesehenen Raum ließ ihn offenbar auch an der damit verwandten Vorstellung einer geometrischen Wissenschaft des intuitionierten Raums (des »inneren Auges«) zweifeln. Ein solcher imaginierter Raum wäre ja ein Derivat visueller Erfahrungen und somit in seiner Beschaffenheit nicht bei allen Menschen gleich. »454. A man born Blind would not imagine Space as we do.«[32] Dennoch ist die *Geometrie* aber für Blinde keine andere als für Sehende. Der Gedanke, daß wir unsere vertraute Geometrie für den Fall einer massenhaften Erblindung von, sagen wir, über 50 Prozent aller Menschen verändern müßten, wäre ja absurd. Die Exaktheit und Vollkommenheit der Geometrie ist mit den Zufälligkeiten in der Genese des imaginierten Raumes unvereinbar. Auch existieren vollkommene Kreise nicht in der Imagination, sondern lediglich »im Geist«: »235. Perfect Circles &c exist not without (for none can so exist whether perfect or no) but in the mind.«[33] Diese Überlegung verunmöglicht nun allerdings ebenfalls die Annahme der ›New Theory‹, wonach der Tastraum der gesuchte Gegenstand der Geometrie sei. Denn voll-

[31] A. a. O., S. 52 (§ 152).
[32] Ayers (Hg.), S. 293 (›Phil. Comm.‹, § 454).
[33] A. a. O., S. 272 (§ 235).

kommene Kreise etc. gibt es selbstverständlich auch hier nicht. So erweist sich die Position der ›New Theory‹ auch hinsichtlich der Theorie der Geometrie als eine gewollt vorläufige, gewissermaßen als ein »Meilenstein« resp. als eine »Zwischenstation«.

Berkeleys Denkweg endet, im Einklang mit seiner auch sonst oder allgemein vertretenen instrumentalistischen Wissenschaftsauffassung, bei einer rein formalen Konzeption der geometrischen Wissenschaft. Diese habe es überhaupt nicht mit einem wirklichen Raum zu tun, nicht mit dem »absoluten« oder »physikalischen« (den es – außer als vielfach nützliche Fiktion – gar nicht gebe), aber auch nicht mit den visuellen, intuitiv-imaginären, taktilen Räumen (ebenfalls nicht, so ließe sich mit Blick auf ›Siris‹ ergänzen, mit dem »lebendigen«, »wahren«, dem Weltäther, als dem »Ort« der göttlichen Kraft, welcher zwar auf eine nicht ganz deutlich werdende Weise intelligibel, nicht aber vorstellbar, geschweige denn, mathematisier- oder berechenbar ist), sondern mit dem menschlichen Geist und seinen Gebilden, den »Zeichen«. -Geometrie ist ein formales System, welches auf bestimmte Zeichen, die verschieden interpretiert werden können, Anwendung findet. Es handelt sich bei ihr um keine Real-, sondern um eine bloße Formalwissenschaft. Die »spekulative« Geometrie wird damit umgestürzt: »509. Subvertitur Geometria ut non practica sed Speculativa.«[34] Die praktisch anwendbare Geometrie bleibt bestehen und gewinnt sogar noch durch die neue »Doktrin«: »428. Instead of injuring our Doctrine much Benefits Geometry.«[35] Auf welche Weise – das verdeutlichen besonders die ›Principles‹, deren Paragraphen 118 bis 131 einen kurzen Abriß von Berkeleys Philosophie der Mathematik enthalten. Auch dieser endet mit der Feststellung, »that whatever is useful in geometry and promotes the benefit of human life, doth still remain firm and unshaken on our principles. That science considered as practical, will rather receive advantage …«[36]

In Paragraph 122 fand sich folgendes Resümee über die Arithmetik, welches schon auf die Geometrie vorausweist:

»In *arithmetic* therefore we regard not the *things* but the *signs*, which nevertheless are not regarded for their own sake, but because they direct us how to act with relation to things, and dispose rightly of them.«[37]

---

[34] A. a. O., S. 299 (§ 509).
[35] A. a. O., S. 290 (§ 428).
[36] Ayers (Hg.), S. 119 (›Principles‹, § 131).
[37] Ayers (Hg.), S. 115 (›Princ.‹, § 122).

Auch die Geometrie habe es nur mit Zeichen zu tun. Es sei ein großer Fehler, wenn gesagt werde, eine beispielsweise einen Zoll lange Linie sei unendlich teilbar oder bestehe aus unendlich vielen immer wieder halbierbaren und immer kleiner werdenden Teilstücken. Hier werde die Geometrie fälschlicher- und irreführenderweise als Realwissenschaft von sichtbaren Dingen wie Linien verstanden. Dagegen könne nichts evidenter sein, als daß diese Linie auf dem Papier nicht etwa 10 000 mal teilbar ist. Werde sie aber als *Zeichen* aufgefaßt, zum Beispiel für eine Meile oder den Erddurchmesser, dann ergibt die Rede von einem Zehntausendstel dieser Linie plötzlich einen guten Sinn. Wenn Philosophen und Mathematiker starrsinnig und wider den gesunden Menschenverstand die unendliche Teilbarkeit einer beliebig kleinen Linie auf dem Papier behaupten, so deswegen, weil sie den »Als-ob-Charakter« der Geometrie nicht bedacht hätten:

»From what hath been said the reason is plain why, to the end any theorem may become universal in its use, it is necessary we speak of the lines described on paper, as though they contained parts which really they do not. In doing of which, if we examine the matter thoroughly, we shall perhaps discover that we cannot conceive an inch itself as consisting of, or being divisible into a thousand parts, but only some other line which is far greater than an inch, and represented by it. And that when we say a line is *infinitely divisible*, we must mean a line which is *infinitely great*. What we have here observed seems to be the chief cause, why to suppose the infinite divisibility of finite extension hath been thought necessary in geometry.«[38]

3) Die Geometrie im Denken Humes und Reids

Die folgenden vorauseilende Seitenblicke auf die Theorien der Geometrie zweier (etwas jüngerer) Zeitgenossen Berkeleys mögen nicht zuletzt auch dessen eigene Position *ex negativo* noch ein Stück weiter verdeutlichen. Bevor Hume (1711–1779) in der ›Treatise of Human Nature‹ seine Lehre der »natural beliefs« einführt (davon im *Dritten Teil* mehr), argumentiert er streng phänomenalistisch: Alles, was auch immer in unserem Bewußtsein (»mind«) vorkommen mag, sind Bewußtseinsinhalte oder -elemente (»perceptions«), die sich entweder in lebhafter Weise bemerkbar machen und dann Eindrücke (»impressions«) genannt werden oder sich nur schwach oder unbestimmt

[38] Ayers (Hg.), S. 118 (›Princ.‹, § 128).

äußern und dann, seinem Vorschlag zur Sprachklärung gemäß, Vorstellungen (»ideas«) heißen sollen. Gedanken seien nichts anderes als mittels Assoziationsgesetzen, auf die Weise einer Art mentaler Chemie, verbundene Vorstellungen. Damit wird das Unvorstellbare jedoch zum Undenkbaren. Diese Auffassung hat beträchtliche Folgen für die Theorie der Geometrie, mit welcher sich Hume vor allem im *Vierten Abschnitt* des *II. Teils* des *Ersten Buches* seiner Abhandlung befaßt.

Zunächst ist zu sagen, daß auch Hume die Geometrie nicht (oder wenigstens nicht durchgängig) so auffaßt, als würde hierbei über die sichtbaren und freilich stets unvollkommenen Figuren gehandelt. Auch er räumt der Geometrie – wenigstens manchmal – einen repräsentationalen Charakter ein; die Frage bleibt für ihn aber bestehen, *was* denn eigentlich durch die sichtbaren Figuren auf dem Papier repräsentiert werde. Seine Antwort ist eindeutig (und eindeutig anders als diejenige Berkeleys): die *Bewußtseinsinhalte* oder *Vorstellungen* des Geometers – im Sinne von imaginierten Figuren in einem imaginierten Raum:

»I know there is no mathematician, who will not refuse to be judg'd by the diagrams he describes upon paper, these being loose draughts, as he will tell us, and serving only to convey with greater facility certain ideas, which are the true foundation of all our reasoning. This I am satisfy'd with, and am willing to rest the controversy merely upon these ideas. I desire therefore our mathematician to form, as accurately as possible, the ideas of a circle and a right line; and I then ask, if upon the conception of their contact he can conceive them as touching in a mathematical point, or if he must necessarily imagine them to concur for some space.«[39]

Selbstverständlich ist Hume der Ansicht, daß die Tangente den Kreis (in diesem Fall der bildlichen Vorstellung) nicht bloß in einem ausdehnungslosen Punkt berührt, sondern in einem gewissermaßen – *horribile dictu* – »prolongierten Punkt«, womit diese Tangente eben eine kurze Strecke lang mit dem Kreisbogen identisch sei. Das folgende Beispiel mit den beiden, sich in einem sehr kleinen Winkel (»ein Zoll auf zwanzig französische Meilen«) schneidenden Linien soll diesen Sachverhalt noch eindringlicher verdeutlichen:

[39] David Hume, The Philosophical Works in 4 Volumes, hg. von T. H. Green und T. H. Grose, London 1986 (Repr. Aalen 1992), Bd. I, S. 358. (Es ist dies immer noch die Standard-Ausgabe der Humeschen Werke.)

»How can he [the mathematician, S. B.] prove to me, for instance, that two right lines cannot have one common segment? Or that 'tis impossible to draw more than one right line betwixt any two points? Shou'd he tell me, that these opinions are obviously absurd, and repugnant to our clear ideas; I would answer, that I do not deny, where two right lines incline upon each other with a sensible angle, but 'tis absurd to imagine them to have a common segment. But supposing these two lines to approach at the rate of an inch in twenty leagues, I perceive no absurdity in asserting, that upon their contact they become one.«[40]

Es ergibt sich somit das wissenschaftskritische Resultat, daß die Geometrie, aufgrund ihrer (angeblich) unvermeidbaren Rückbezüglichkeit, d.i. Abhängigkeit von den menschlichen Vorstellungen (in zweiter Linie dann auch von deren Repräsentationen), nicht so exakt ist wie ihr ausgezeichneter Ruf dies vermuten ließe:

»When geometry decides anything concerning the proportions of quantitiy, we ought not to look for the utmost *precision* and exactness. None of its proofs extend so far. It takes the dimensions and proportions of figures justly; but roughly, and with some liberty.«[41]

Nichts ist exakter als der Maßstab, womit es beurteilt wird – so fährt Hume etwas später fort – und der letzte Maßstab für diese geometrischen Gebilde könne nur aus den Sinnen und der Einbildungskraft stammen. Sinne und Einbildungskraft kennen aber kleinste sichtbare, tastbare … vorstellbare Größen. Der Gedanke einer unendlichen Teilbarkeit sei deswegen »utterly impossible and contradictory«.[42] »The capacity of the mind is not infinite; consequently no idea of extension or duration consists of an infinite number of parts or inferior ideas, but of a finite number, and these simple and indivisible.«[43] Hume vertritt hier eine Position, die als »phänomenalistischer Atomismus« bezeichnet werden könnte. Jeder materialistische Atomismus wird – wenigstens noch hier, zu Beginn seines philosophischen Werdegangs – kurzer Hand als allzu absurd verworfen:

»The system of *physical* points […] is too absurd to need a refutation. A real extension, such as a physical point is suppos'd to be, can never exist without

[40] Green und Grose (Hg.), a. a. O., S. 356.
[41] Green und Grose (Hg.), S. 350.
[42] Green und Grose (Hg.), S. 346.
[43] Green und Grose (Hg.), S. 345.

parts, different from each other; and wherever objects are different, they are distinguishable and separable by the imagination.«[44]

In der ›Natural History of Religion‹ (1757), *Dritter Abschnitt,* wird Hume dann den physikalischen Atomismus als »die wahrscheinlichste oder wenigstens verständlichste Philosophie« bezeichnen[45]. Bereits diese Beobachtung legt die Vermutung nahe, daß er selbst in seinen späteren Jahren mit seiner ursprünglichen Philosophie der Geometrie nicht zufrieden war. Dies geht auch aus seiner Umgestaltung des *Ersten Buches* der ›Treatise‹ in den ›Enquiry Concerning Human Understanding‹ (1748, unter dem ursprünglichen Titel ›Philosophical Essays Concerning Human Understanding‹) hervor, in welchem über das Thema »Geometrie« gar nichts mehr verlautet. Eine diesem ›Enquiry‹ vorangestellte Bekanntmachung rät sogar ausdrücklich von der Lektüre der Urfassung seiner philosophischen Gedanken im ›Treatise‹ ab.

Humes Ausführungen zur Geometrie weit überlegen ist die Diskussion dieser Thematik in Thomas Reids (1710–1796) ›Inquiry into the Human Mind on the Principles of Common Sense‹ (1764). Reids Hintergrund ist »berkeleyanisch« (›New Theory‹); er übernimmt die These von der Disparatheit der unmittelbaren Gegenstände des Tast- und des Gesichtsinns und die damit verbundene Auffassung von der sichtbaren Figur als einem Zeichen für die tastbare:

»When the geometrician draws a diagram with the most perfect accuracy – when he keeps his eye fixed upon it, while he goes through a long process of reasoning, and demonstrates the relations of the several parts of his figure – he does not consider that the visible figure presented to his eye, is only the representative of a tangible figure, upon which all his attention is fixed; he does not consider that these two figures have really different properties; and that, what he demonstrates to be true of the one, is not true of the other.«[46]

Die bekannte (euklidische) Geometrie sei somit eigentlich (oder in Wahrheit) auf die tastbaren Figuren und den Tastraum bezogen, während die sichtbaren Figuren und der sichtbare Raum sich unserer Aufmerksamkeit ständig und hartnäckig entzögen. Das mittelbare

[44] Green und Grose (Hg.), S. 346.

[45] Es hat den Anschein, als habe Hume auch diese Auffassung später noch einmal ergänzt oder wenigstens präzisiert: in den posthum veröffentlichten ›Dialogues Concerning Natural Religion‹ (1779).

[46] Thomas Reid, Philosophical Works, With Notes and Supplementary Dissertations by Sir William Hamilton, Bd. I, Edinburgh 1895, S. 147.

Objekt des Sehens ist für ihn, den Philosophen des Common sense, der materielle, tastbare Gegenstand und dieser ist es auch, der von der Natur in den Mittelpunkt unserer Aufmerksamkeit gestellt wurde. Für die rein visuellen Objekte gelte:

»Nature intended them only for signs; and in the whole course of life they are put to no other use. The mind has acquired a confirmed and inveterate habit of inattention to them; for they no sooner appear, than quick as lightning the thing signified succeeds, and engrosses all our regard. They have no name in language; and, although we are conscious of them when they pass through the mind, yet their passage is so quick and so familiar, that it is absolutely unheeded; nor do they leave any footsteps of themselves, either in the memory or imagination.«[47]

Reid weist zudem trefflich darauf hin, daß wir etwa ein Buch immer so betrachten, als habe es dieselbe Größe (ganz gleich ob es sich zum Beispiel einen oder zehn Meter von uns entfernt befindet) und dieselbe Farbe (etwa im Sonnenlicht oder im Schatten). Ebensowenig bemerkten wir gewöhnlich etwaige perspektivische Verkürzungen, die durch Drehung des Buches oder Wenden des Kopfes verursacht werden. Beschränken wir uns – wie Reid dies an dieser Stelle tut – auf monokulares Sehen so folgt sogar noch mehr. Der Abstand vom Mittelpunkt des Auges zu dem anvisierten Objekt ist optisch gar nicht bemerkbar. Für ein »reines Auge«, das losgelöst von einem Körper und seinen sensitiven und haptischen Fähigkeiten existierend gedacht wird, bestünden keine Unterschiede zwischen dem Blick in eine reale Landschaft und dem auf eine perfekt naturalistisch gemalte. Insbesondere dann nicht, so Reid, wenn die Landschaft auf die Innenseite einer Kugel gemalt worden wäre, in deren Zentrum sich das Auge befindet.[48] Der schottische Philosoph scheint zu meinen, daß auch der sehende Mensch unmittelbar nur die Farben, sowie ihre verschiedenen Formen und Helligkeiten sieht, die sich auf der durchsichtigen Augenoberfläche spiegeln. Die materiellen Dinge sind sei-

---

[47] Hamilton (Hg.), a. a. O., S. 135.

[48] Schopenhauer hat dieses Bild aufgenommen und zu folgender Erwägung abgewandelt: »Weil nämlich unsere Sehkraft nach allen Seiten gleich weit reicht, sehn wir eigentlich alles wie eine Hohlkugel, in deren Centro das Auge stände. Diese Kugel hat nun erstlich unendlich viele Durchschnittskreise nach allen Richtungen, und die Winkel, deren Maaß die Theile dieser Kreise abgeben, sind die möglichen Sehewinkel. Zweitens wird diese Kugel, je nachdem wir ihren Radius länger und kürzer annehmen, größer oder kleiner: wir können sie daher auch als aus unendlich vielen koncentrischen und durchsichtigen Hohlkugeln bestehend denken.« (Zürcher Ausg. Bd. 5, a. a. O., S. 80)

nes Erachtens – er will hier eben (wenigstens in der Sprache, davon gleich mehr) dem *Common sense* der Menschheit folgen – zwar auch »farbig«, aber was das für »Farben« sind, entziehe sich ganz unserer Kenntnis (dazu Näheres im *Vierten Teil, Kap. 1*). Zwar spricht Reid in diesem Zusammenhang von der »tunica retina«, aber die Netzhaut kann er wohl in diesem Zusammenhang nicht wirklich gemeint haben, denn gewöhnlich gehen wir doch davon aus, daß das Auge »nach vorne« oder »nach außen« blickt und nicht »nach hinten« oder »nach innen« auf die Retina zu. Unseres Erachtens ist beides falsch (oder wenigstens irreführend) aber wir wollen – wie billig – zunächst einmal zu verstehen und zu explizieren, und nicht gleich zu kritisieren, versuchen.

Gehen wir also um des folgenden Argumentes willen einmal davon aus, das Auge nehme tatsächlich »unmittelbar« nur das wahr, was sich auf der Innenseite einer Kugel oder einer Kugelsegmentfläche abbildet, um diese reinen visuellen Daten später mit, durch den Tastsinn erworbenen, rein taktilen Daten zu verbinden, wodurch erst allmählich das gewohnte Gesichtsfeld mit der ganzen phänomenal bekannten, aber damit nicht mehr ursprünglichen »rein visuellen« Räumlichkeit entsteht.[49] Das Argument lautet, die ganze Metrik des Gesichtsraums könne infolge dieses Sachverhalts keine euklidische sein. Wer sich in ein visuell sozusagen *unschuldiges*, von Tastassoziationen freies Blicken zurückversetzen könnte, würde sich in ein nichteuklidisches Raumerleben hineinversetzt wiederfinden, darin es u. a. keine parallelen Linien gibt. Reid hält es für möglich, daß auch der Umstand der geringen »Brennschärfe« diesem (gedanklich rekonstruierbaren) solchermaßen reinen visuellen »Erleben« abträglich ist: Denn es sei nicht bloß so, daß wir immer nur einen kleinen Teil der Kugelinnenfläche wahrnehmen würden – wir sähen auch in diesem nur wieder einen noch viel kleineren Teil wirklich klar und scharf. Auch dieser Umstand erleichtere eine Art von Übersetzung oder »Transposition« der nichteuklidischen in die euklidische Zeichensprache. Hier sind einige einführende Erläuterungen der Reid-

---

[49] K. Lehrer interpretiert diese These bereits, wenn er von »Projektion« spricht: »The space is, […] exactly what would result from supposing the eye to be at the centre of a sphere receiving information on the inside surface and projecting objects into space from that perspective.« Ders., Thomas Reid (Reihe: »The Arguments of the Philosophers«), London 1989, S. 54. Offensichtlich ist dieser ganze Ausgangspunkt Reids eng an Berkeley orientiert.

schen nichteuklidischen »geometry of the visibles« in Auswahl, Abkürzung und teilweiser Paraphrase:[50]

0) Die Definitionen eines Punktes, einer Linie, eines Winkels, eines Kreises und Großkreises sind dieselben wie in der herkömmlichen Geometrie.
1) Für ein Auge im Zentrum einer Kugel wird jeder von diesem sichtbare Großkreis, der in diese Kugel eingezeichnet ist, wie eine Gerade aussehen (ist doch die Krümmung des Kreises direkt gegen das Auge gerichtet und somit nicht bemerkbar).
2) Auch umgekehrt wird jede sichtbare Gerade mit einem Großkreis der Kugel zusammenfallen und zwar auch dann, wenn die Gerade visuell nur abschnittsweise erfaßt wird (denn dem Auge bleiben die Abstände von sich selbst zu den die Gerade ausmachenden Punkten unsichtbar und somit auch deren *de facto* bestehende, nicht phänomenale Unterschiede).
3) Ein aus zwei sichtbaren Geraden gebildeter Winkel ist dem »realen« gekrümmten Winkel der Kugelinnenfläche gleich (und das Analoge gilt für sichtbare und »reale« Dreiecke).
4) Jeder eingezeichnete »Kleinkreis« (also jeder Kreis mit kleinerem Durchmesser als der Kugeldurchmesser) wird dem Auge als Kreis oder Kreissegment erscheinen.
5) Die gesamte Kugeloberfläche wird das Ganze des sichtbaren (oder potentiell sichtbaren) Raumes repräsentieren.

Daraus ergeben sich nun mindestens zwölf »nichteuklidische Lehrsätze« (»propositions«):

»1. Every right line being produced, will at last return into itself.
2. A right line, returning into itself, is the longest possible right line; and all other right lines bear a finite *ratio* to it.
3. A right line returning into itself, divides the whole of visible space into two equal parts, which will both be comprehended under this right line.
4. The whole of visible space bears a finite *ratio* to any part of it.
5. Any two right lines being produced, will meet in two points, and mutually bisect each other.
6. If two lines be parallel – that is, every where equally distant from each other – they cannot both be straight.
7. Any right line being given, a point may be found, which is at the same distance from all the points of the given right line.

[50] Vgl. die ausführlichere Darstellung in: Hamilton (Hg.), S. 147 f.

8. A circle may be parallel to a right line – that is, may be equally distant from it in all its parts.
9. Right-lined triangles that are similar, are also equal.
10. Of every right-lined triangle, the three angles taken together, are greater than two right angles.
11. The angles of a right-lined triangle, may all be right angles, or all obtuse angles.
12. Unequal circles are not as the squares of their diameters, nor are their circumferences in the *ratio* of their diameters.[51]

Die wissenschaftsgeschichtliche Bedeutung dieser zwölf Sätze wurde lange (und wird weitgehend auch heute noch) verkannt. Beispielhaft für das Unverständnis ist bereits die etwas ratlos wirkende Anmerkung des Herausgebers der Reidschen »Philosophical Works«, William Hamilton, der aus einem tradionsgebundenen Vorverständnis der Geometrie heraus, die (Fußnoten-)Frage stellt: »How does this differ from a doctrine of Perspective? – At any rate, the notion is Berkeley's.«[52] Hierauf ließe sich erwidern, daß es einerseits projektive Geometrien (Perspektivenlehren) durchaus schon lange vor Reid gegeben hat und andererseits auch schon die Sphärische Trigonometrie. Aber beides sozusagen zusammengeblendet und mit der These von der ursprünglichen Nichteuklidizität des visuellen Raumes verknüpft – das gab es wohl bis *dato* (die Ansätze dazu in den Berkeleyschen Werken einmal außer acht gelassen) noch nicht.[53] Bekanntlich setzt eine mathematisch voll befriedigende nichteuklidische Geometrie zunächst die Einsicht in die Unabhängigkeit des Parallelenaxioms von den anderen euklidischen Axiomen voraus, dann einen formalen Beweis dieser Einsicht, wobei zumindest letzterer Reid noch nicht zur Verfügung stand und den zu suchen ihm offenbar auch gar nicht in den Sinn kam. Wenigstens eine erste Ahnung einer nichteuklidischen Geometrie und erste Versuche zu ihrer Realisierung können Reid aber nicht in Abrede gestellt werden.

Interessanter als solche, manchmal ganz zu Unrecht etwas abschätzig sogenannten »rein historischen« Fragen sind jedoch, zumin-

[51] Hamilton (Hg.), S. 148.

[52] Hamilton (Hg.), S. 147.

[53] Vgl. zu dieser historischen Frage: N. Daniels, Thomas Reid's Inquiry. The Geometry of the Visibles and the Case for Realism, New York 1974; Ders. »Reid's Discovery of non-euclidean geometry«, in: *Philosophy of Science* Nr. 39, S. 219–237. Daniels will Reid die Ehre der Entdeckung nicht-euklidischer Geometrie zuerkennen – womit ein Teil dieses Ruhmes zweifellos auch auf Berkeley zurückfallen würde.

dest in unserem gegenwärtigen Zusammenhang, die wahrnehmungstheoretischen. Und hierbei mußte sich bei dem aufmerksamen Leser wenigstens *ein* Bedenken einstellen, das wenigstens noch erwähnt werden soll: Wenn das Auge die Linien, Flächen und Figuren auf der Innenseite der Kugel aus Gründen der projektiven Geometrie notwendig »euklidisch« wahrnehmen *muß*, obwohl sie es doch nicht sind, wie kann dann noch die These Reids von dem »ursprünglich« nichteuklidischen Gesichtsraum begründet werden?[54] Führt hier der Hinweis auf das nur ausschnitthafte »Scharfsehen« weiter? Sicher nicht wirklich, und es hat den Anschein, als müßte Reid entweder die These von dem ursprünglich nichteuklidischen Sehen sehr weitgehend, wenn nicht ganz, zurücknehmen und an einem irgendwie bloß »prinzipiell« oder »formal« nichteuklidischen Raumerleben festhalten (wofür und wogegen einige Äußerungen sprechen) oder aber er behält die These von dem (wenigstens *de iure*, wenn auch nicht *de facto*) wahrnehmbaren, nichteuklidischen Raum bei – welcher dann wohl zusätzlich zu dem Hohlkugelaspekt auf andere Faktoren zurückgeführt werden müßte (auch dafür und dagegen ließen sich gewisse Belege in Reids ›Inquiry‹ finden).

4) Raum und Materie in ›Siris‹

Die vollständige Bezeichnung von Berkeleys letztem Buch lautet: ›Siris. A Chain of Philosophical Reflexions and Inquiries Concerning the Virtues of Tar-water, and Divers Other Subjects Connected Together and Arising One from Another‹ (1744). Der ungewöhnliche Titel findet in manchen inhaltlichen Kuriosa eine nicht unwürdige Entsprechung. Das Titelwort »Siris«, welches im Altgriechischen eine kleine Kette oder Kordel bedeutet, verweist auf die Form des Werks. Das Buch stellt über weite Teile hinweg geradezu eine Lobeshymne auf die griechische – und vor allem (neu)platonische – Philosophie dar, weswegen auch die Wahl eines »klassischen« Wortes nicht überraschen sollte. Der relativ geringe Umfang und die etwas

[54] Diese These vom nichteuklidischen Gesichtsraum ist – offensichtlich ganz unabhängig von einem direkten Einfluß Reids – seit Helmholtz' bekanntem Werk über die Optik immer wieder wieder einmal in den Blickpunkt der Forschung gerückt. Vgl. z. B. Hans Reichenbach, Philosophie der Raum-Zeit-Lehre, Gesammelte Werke, Bd. 2, Braunschweig 1977, insb. Erster Abschnitt, §§ 9–11.

lose Aneinanderreihung vielfältiger Bemerkungen über (durchaus nicht nur im metaphorischen Sinn) »Gott und die Welt« lassen auch die spezielle Wortwahl verständlich werden. Insgesamt liegt ein starker Einfluß Cudworths und des Cambridge Platonismus ziemlich offensichtlich am Tage.[55]

Berkeley beginnt mit der Beschreibung der Herstellung sowie der Anpreisung der medizinischen Qualitäten von »Teerwasser« und endet mit einer etwas larmoyanten Interpretation des allgemeinmenschlichen Schicksals: Eingesperrt in unsere sterblichen Leiber (»imprisoned like oysters«), befinden wir uns (»now«) in ziemlich dunklen Höhlen – doch sei die Lage für den beharrlichen Wahrheitssucher immerhin nicht ohne jeglichen Hoffnungsschimmer:

»368. The eye by long use comes to see even in the darkest cavern: and there is no subject so obscure but we may discern some glimpse of truth by long poring on it. Truth is the cry of all, but the game of a few. Certainly, where it is the chief passion, it doth not give way to vulgar cares and views; nor is it contented with a little ardour in the early time of life, active perhaps to pursue, but not so fit to weigh and revise. He that would make a real progress in knowledge must dedicate his age as well as youth, the later growth as well as first fruits, at the altar of Truth.«[56]

Möglicherweise kann aus diesen Sätzen – wie auch aus dem bereits zitierten Brief an Johnson – ein gutes Stück Selbstkritik herausgelesen werden (der frühe Erkenntnisoptimismus erscheint ja nun zuwenigst als sehr »gedämpft«), die Frage bliebe dann aber immer noch, ob auch wirklich eine Änderung seiner *Grundüberzeugungen* statt fand. Dies wird in dem erwähnten Brief explizit in Abrede gestellt. Darüber hinaus konnte Jessop – für uns überzeugend – nachweisen, daß auch die Argumentationen in ›Siris‹ keine Zweifel an den immaterialistischen Grundlagen erkennen lassen.[57] Was sich gegenüber den früheren und gegenüber den Jugendschriften geändert hat, ist, neben einigen »systeminternen Details«, an erster Stelle das, was

---

55 So auch G. D. Hicks: »I think […] that Cudworth […] and the Cambridge Platonists […] had greatly influenced him, and that this influence accounts to some extent for the way in which ›Siris‹ was compiled.« (Ders., Berkeley, New York 1932, S. 220).

56 ›Siris‹, welche Schrift in Ayers' Auswahl nicht enthalten ist, wird nach der Ausgabe »The Works of George Berkeley, Bishop of Cloyne in 9 Volumes« (London 1953) zitiert, worin sie den Hauptbestandteil des »Volume Five« (hg. von T. E. Jessop) bildet. Das angeführte Zitat findet sich dort auf Seite 164.

57 Vgl. a. a. O., S. 12–19. (Die Angabe der Abschnittsnummerierungen soll im folgenden den Vergleich mit anderen Ausgaben erleichtern.)

die »allgemeine Grundstimmung« genannt werden könnte. Mit dem Erkenntnisoptimismus der frühen Schriften ist weitgehend auch das beglückende Bewußtsein verschwunden, als erster die Wahrheit im Felde der theoretischen Philosophie gefunden zu haben. Nun werden »die Alten« (bis einschließlich Plotin und insoweit sie keine »Atheisten« gewesen sind) gewürdigt, gepriesen und ausführlich zitiert (und ganz besonders deren mystische Grundhaltung: »omnia exeunt in mysterium«). Wer aber Berkeleys Lehre ganz verstehen will, sollte sein Hauptaugenmerk weniger auf solche mehr »atmosphärische« Abweichungen als vielmehr auf die inneren oder systematischen Zusammenhänge richten. Und besonders hinsichtlich der Raumdiskussion erweist sich die Beachtung seines Spätwerks als wertvoll, ja geradezu als unentbehrlicher Interpretationsschlüssel für ein adäquates Verstehen auch der früheren Schriften erweisen.

Zur Erinnerung: Die verschiedenen Sinne nehmen (immer: Berkeley zufolge) zusammen mit ihren je spezifischen Sinnes*gegenständen* auch verschiedene Sinnes*räume* wahr. So kann ich beispielsweise oftmals in meinem Hörraum einen singenden Vogel lokalisieren, ohne diesen in meinem Gesichtsraum aufzufinden. Noch öfter kann ich etwas sehen, was ich nicht tasten kann, manches davon sicherlich niemals, wie z. B. Regenbögen. Sollte mein visueller Raum wirklich nur (wie dieser Philosoph es will) aus Licht und Farben bestehen, dann wäre prinzipiell gar nichts Sichtbares auch tastbar.

Seit Berkeley und Reid ist immer wieder einmal behauptet worden, daß der Gesichtsraum eine ursprüngliche, nichteuklidische Metrik aufwiese.[58] Auch Patrick Heelan vertrat unlängst in einer wohl zu wenig beachteten Arbeit die Auffassung, daß die Beschäftigung mit (euklidischer) Geometrie im Verein mit euklidischer (Bau-)Kultur das ursprünglich hyperbolisch strukturierte Gesichtsfeld des Menschen verändert habe und daß sich erst Maler wie van Gogh und Cézanne, insonderheit mit der Perspektiven-Darstellung ihrer späteren Werke, dem ursprünglichen räumlichen Sehen der Menschen wieder haben annähern können.[59] (In der Tat wirken kon-

[58] So neben Helmholtz und Reichenbach auch von R. Luneburg in: Mathematical Analysis of Binocular Vision, Princeton 1947 (darin ausführliche weitere Literaturhinweise).

[59] Der ursprünglich finit hyperbolische Gesichtsraum werde noch manchmal (ansatzweise) erfahrbar: »… though we usually experience our physical environment als laid out before us visually in an infinite Euclidean space, from time to time we actually experience it as laid out before us in a non-Euclidean visual space, in one belonging to

sequent zentralperspektivisch, also »euklidisch« durchkonstruierte Gemälde, wie wir sie vor allem aus dem italienischen Quattrocento kennen, auch auf den gewöhnlichen Betrachter stets etwas seltsam und »unnatürlich«.[60])

So betrachtet, hätte Berkeley wohl etwas Richtiges und womöglich auch Wichtiges getroffen, wenn er nachdrücklich auf die Disparatheit der einzelnen Sinnesräume verweist. Von hier aus folgert er (in der ›New Theory‹ allerdings für den Leser noch unerkennbar), daß es keinen zwingenden Grund für die Identifizierung gerade des Tastraums mit dem »wirklichen« Raum gebe um dann die Frage anzuknüpfen, warum denn als wirklicher Raum gerade der nach allen Richtungen des cartesischen Koordinatensystems ins Unendliche hin prolongierte Tastraum angenommen werden müsse. Letztere Annahme erscheine umso gewagter, als sie die Leugnung all solcher Dingeigenschaften zur Konsequenz habe, welche (wie v.a. Farben) im Tastraum nicht vorgefunden werden könnten. Solche Qualitäten müßten dann als wenigstens idealerweise tastbare Entitäten, z. B. als »Lichtkorpuskeln« oder »Äthererschütterungen«, wissenschaftlich (bzw. »szientistisch«) reinterpretiert werden. Einzelne Äußerungen, dazu die allgemeine »Stoßrichtung« und die verschiedentlich nachgewiesene Beeinflussung Berkeleys durch Malebranche, legten die versuchsweise Charakterisierung des »wirklichen« Raumes als »intelligible« Ausdehnung bzw. Ausdehnung des göttlichen Geistes nahe.[61] Da Gott als Subjekt oder Geistwesen von Berkeley nicht als ausgedehnt verstanden wird, dürfe – so argumentierten wir – diese intelligible Ausdehnung nicht einfachhin mit dem Geist Gottes gleichgesetzt werden. Diese Ausdehnung sei wohl eher das, worin die Kraft dieses Geistes wirkt (also die Weltseele oder der lebendige »Äther«).

Wir wollen uns nun dem Buche ›Siris‹ vor allem mit der Absicht und Hoffnung nähern, daraus eventuell Genaueres, mit unseren Hypothesen Zusammenhängendes, in Erfahrung zu bringen. Spezi-

---

the family known as ›finite hyperbolic spaces‹. Scenes – real scenes – construed in such visual spaces will appear to be distorted in specific ways […]« Patrick A. Heelan, Space Perception and the Philosophy of Science, Berkeley 1983, S. 27 f.

[60] Vgl. z. B. Francesco di Giorgio Martinis (1439–1502) »Architektonische Vedute« in der Ostberliner Gemäldegalerie.

[61] Vgl. zu Malebranche und seiner »étendue intelligible«: J. Reiter, System und Praxis. Zur kritischen Analyse der Denkformen neuzeitlicher Metaphysik im Werk von Malebranche, Freiburg/Br., S. 146 ff.

fischer sei gefragt: Wird hier von einem Etwas gehandelt, das sowohl irgendwie geistiger Natur als auch irgendwie ausgedehnt ist? Die Antwort auf diese Frage ist ein klares *Ja*. Während sich wieder in erwünschbarer Deutlichkeit bestätigt, daß Berkeley noch immer nicht an eine materielle Substanz, ausgebreitet in einem dazu passenden »neuzeitlichen« (also grenzenlosen) Raum, glauben will,[62] ist ab Paragraph 147 wiederholt von einer »active, subtle substance« die Rede, welche bei den »Alten« »fire, aether, light, or the vital spirit of the world« genannt worden sei.[63]

»152. This aether or pure invisible fire, the most subtle and elastic of all bodies, seems to pervade and expand itself throughout the whole universe.«

»154. The order and course of things, and the experiments we daily make, shew there is a Mind that governs and actuates this mundane system, as the proper real agent and cause; and that the inferior instrumental cause is pure aether, fire, or the substance of light […], which is applied and determined by an Infinite Mind in the macrocosm or univers, with unlimited power, and according to stated rules; as it is in the microcosm [of the human body – S. B.] with limited power and skill by the human mind.«[64]

Hier wird gewissermaßen die Existenz von einer *anima sensibilis* postuliert, die wie im menschlichen Leib (oder Tierkörper) so auch im ganzen Universum vorhanden ist. *Sie sei der wirkliche Raum des Universums,* das eben, worin das ganze Weltall enthalten ist. Dieser Äther (oder diese »lebendige Lichtsubstanz«) dürfe, im Unterschied zum Raum der Philosophen und Wissenschaftler neuerer Zeit, nicht als leer erachtet werden. In ihm sind – in der Form von (schwer vorstellbaren aber vielleicht denkbaren) »Samen« – die sogenannten körperlichen Dinge enthalten und er ist unmittelbar der Kraft des göttlichen Geistes unterworfen. Zustimmend wird auf Plotins ›Enneaden‹ *(5. Buch, 9. Abschnitt)* verwiesen:

»And Plotinus acknowledgeth no place but soul or mind, expressly affirming that the soul is not in the world, but the world in the soul. And farther, the place of the soul, saith he, is not body, but soul is in mind, and body in soul.«[65]

---

[62] Vgl. a. a. O., S. 126 f. und 146 f.

[63] A. a. O., S. 80, § 147.

[64] A. a. O., S. 82 f. Zu dem Renaissance-Topos »Mikrokosmos – Makrokosmos« und seiner Vorgeschichte vgl. z. B. R. Allers, »Microcosmus. From Anaximandros to Paracelsus«, in: *Traditio*, Nr. 2 (1944), S. 319–407; ebenso: Adolf Meyer, Wesen und Geschichte der Theorie von Makro- und Mikrokosmus, Diss: Bern 1900.

[65] A. a. O., S. 127, § 270.

Bezüglich der »Samen« meint Berkeley: »It should seem that seminal principles have their natural existence in the [invisible; S. B.] light, […] a medium consisting of heterogenuous parts, differing from each other in divers qualities that appear to sense.«[66] Es ist sonach die Lichtsubstanz der Weltseele (Berkeley spricht wörtlich von der »anima mundi«), welche die Sinnesideen in irgendeiner samenartigen (archetypischen?) Art und Weise in sich enthält und der Raum oder, richtiger, die Räume sind – damit unauflöslich verbunden – in diesem »unsichtbaren Licht« enthalten.[67]

Die »göttliche« *anima mundi*[68] müsse von Gott im engeren Sinne unterschieden werden, dem »perfect spirit« und »supreme Being«, dem kein Leib und nichts Körperhaftes zugesprochen werden dürfe:

»[…] nor hath He any body: nor is the supreme Being united to the world as the soul of an animal is to its body, which necessarily implieth defect, both as an instrument, and as a constant weight and impediment.«[69]

Die ätherische Weltseele ist nicht im gewöhnlichen Sinn der Leib Gottes, sondern allein das quasi-leibliche Medium, in welchem er seine Kräfte wirken läßt. Hierin liege auch ein gewisser Mangel in der Analogie zwischen *anima sensibilis* – menschlicher Geist und *anima mundi* – göttlicher Geist begründet:

»But to conceive God to be the sentient soul of an animal [cosmos; S. B.] is altogehter unworthy and absurd. There ist no sense nor sensory, nor anything like a sense or sensory, in God. Sense implies an impression from some

---

[66] A. a. O., S. 110, § 229.

[67] Ein gut vergleichbarer Gedanke von einer nicht gänzlich unbewußt existierenden »ätherischen« Natur (natura naturans) findet sich zuvor bei Cudworth und danach auch bei Coleridge: »Er [Coleridge] leugnet zwar die Passivität der Natur […] jener Natur, die er ›natura naturata‹ nennt, nicht, sie ist für ihn jedoch nur die eine Seite der Natur […] Die Aktivität, das gestaltende Prinzip der Natur konstituiert die andere Seite, die für ihn unvergleichlich viel wichtiger ist, die ›natura naturans‹ […] Damit nähern wir uns dem Zentrum seiner Naturauffassung: er sieht im Wirken der Natur ein Gestaltungsprinzip; die Natur ist von einer Spiritualität durchdrungen, die sich allerdings nur durch das Gewordene zu offenbaren weiß und auf den erkennenden Geist des Menschen angewiesen ist. Die Äußerlichkeit der Natur zeigt wie in einem Spiegel die Spiritualität, die des Bewußtseins noch [gänzlich? S. B.] entbehrt und erst vom bewußten Geist des Menschen erkannt wird, der als ein Fokus die sich selbst unbewußte Geistigkeit der Natur in sich zum Bewußtsein bringt« (R. Lutz, S. T. Coleridge. Seine Dichtung als Ausdruck ethischen Bewußtseins, Bern 1951, S. 28): U. E. auch ein sehr gelungener Kommentar zum Werk Berkeleys!

[68] Vgl. a. a. O., S. 130, § 278.

[69] A. a. O., S. 135, § 290.

other being, and denotes a dependence in the soul which hath it. Sense is a passion; and passions imply imperfection. *God knoweth all things as pure mind or intellect; but nothing by sense, nor through a sensory.* Therefore to suppose a sensory of any kind – whether space or any other – in God, would be very wrong, and lead us into false conceptions of His nature.«[70]

Es war bekanntlich Newton, der – unter dem vermutlichen Einfluß von Henry More – in seinen ›Optics‹ vorgeschlagen hatte, den absoluten Raum als »Sensorium Gottes« aufzufassen – was im übrigen vor Berkeley auch schon Leibniz verdrossen hatte.[71] Aber ungeachtet aller verbalen Newton-kritischen Beteuerungen ist – worauf wir noch zurückkommen werden – die Darstellung in ›Siris‹, unter dem Vorzeichen einer grundsätzlichen Betrachtungsweise, von der in den ›Optics‹ gar nicht so weit entfernt (- auch nicht von der Leibnizschen Monadologie). Es legt sich sogar die Annahme nahe, daß Berkeleys Ätherhypothese nicht zuletzt auch von der Newtonschen beeinflußt worden ist. (Wieder einmal kritisiert Berkeley die ihm geistesverwandte Position besonders scharf.) Berkeley will jedoch dem (seiner ganzen Konzeption drohenden) Pantheismus-Vorwurf zuvorkommen und bereits jeden in diese Richtung verweisenden Verdacht selbst sofort entkräftigen. Dennoch spricht die Struktur der inneren Systematik, immerhin noch hörbar genug, eine etwas andere Sprache.

Das Verständnis einer Weltseele als »place of forms«[72] oder als Ort der »samenartig« (vielleicht sollten wir die Verbindung zu Berkeleys früheren Schriften jetzt zu ergänzen wagen: »archetypisch«) dort enthaltenen Sinnesideen wirft nun auch ein neues und helles Licht auf Berkleys bekannte Leugnung der materiellen Substanz bzw. Substanzen (desgleichen ein solches auf die systematische Natur der Leibnizschen Ontologie). Wir können endlich die Frage stellen, was *genau* mit dieser Leugnung in Abrede gestellt wird.

Der »Materialismus« von Berkeleys Zeitgenossen ist durch den postulatorischen Glauben an eine nichtwahrnehmbare materielle Substanz gekennzeichnet, die sich als an sich seiende, ausgedehnte Masse im grenzenlosen, absoluten Raum verteilt. Sie wird von Gas-

---

[70] A. a. O., S. 134 f., § 289; unsere Hervorhebung.

[71] Vgl. Leibniz' Briefwechsel mit Samuel Clarke, dem Schüler und (gewissermaßen) »Sekretär« Newtons, deutsch in: Samuel Clarke, der Briefwechsel mit G. W. Leibniz von 1715/1716, a. a. O.

[72] Vgl. a. a. O., S. 125, § 266.

sendi, Boyle, Newton, Locke und anderen »mechanical philosophers« gewöhnlich atomistisch gedacht, wobei sich jedes Atom einer in sich abgeschlossenen Existenz erfreut, deren seinsmäßige Vollendung prinzipiell weder eines göttlichen noch eines menschlichen Geistes oder Bewußtseins bedürfe. Diese Atome wirken dann angeblich – sei es unmittelbar, sei es mittels adäquater Korpuskel oder »Kräfte« – auf Sinnesorgane und Nerven und bringen an einer bestimmten Stelle des Gehirns, dem *Sensorium*, eine Sinnesidee hervor, die dort vom »Geist« angeschaut werden kann. Somit erweist sich die Materie eindeutig als die das Erkenntnisgeschehen bestimmende Kraft. Ihr kommt weiterhin eine gegenüber allem Geistigen ganz autonome Existenzweise zu. -Bei den »Alten« war dies anders gewesen und Platon sowie insbesondere Aristoteles haben stets die wesentliche Unvollständigkeit und Bezogenheit der »hyle« (»materia« oder »Stoff«) betont: »Jenes nenne ich Stoff« – so ›Metaphysica‹ *lib. 7, lect. 2* – »was da an sich betrachtet weder fürsichbestehend also Substanz ist noch einen Umfang noch irgend etwas anderes hat, wodurch ein Sein zu etwas Bestimmtem wird«. In Joseph Gredts einst (vornehmlich in den katholisch-theologischen Fakultäten) vielstudiertem Lehrbuch ›Die aristotelisch-thomistische Philosophie‹ wird diesbezüglich weiter ausgeführt:

»Mit Aristoteles unterscheiden die Scholastiker einen ersten Stoff (materia prima) und einen zweiten Stoff (m. secunda), eine substantielle Form (forma substantialis) und eine akzidentelle Form (f. accidentalis). Der erste Stoff, der Urstoff, ist die unvollständige, verwirklichungsmögliche (potentielle), unbestimmte Körpersubstanz; er ist der allen Körpern gemeinsame, unbestimmte Untergrund. Der zweite Stoff ist die artbestimmte, vollständige Körpersubstanz. Die substantielle Form ist die unvollständige, verwirklichende (aktuelle) Körpersubstanz, durch die der Urstoff bestimmt und verwirklicht wird, so daß aus ihm und aus dieser Form die vollständige, artbestimmte Körpersubstanz entsteht. Die akzidentelle Form ist das Akzidens. Sie ist die den zweiten Stoff nebensächlich bestimmende und verwirklichende Form.«[73]

In unserem Zusammenhang ist der Gedanke eines ersten Stoffes, einer »*materia prima*« von besonderem Interesse: Diesem Stoff wird keine an sich seiende Existenz zugeschrieben, statt dessen eine Exi-

[73] J. Gredt, Die aristotelisch-thomistische Philosophie, Erster Band: Logik und Naturphilosophie, Freiburg i. Br. 1935, S. 146.

stenz, welche nur im Zusammenhang mit verschiedenen »Formen« verwirklicht ist.[74]

In mancher Hinsicht (in anderen aber wieder nicht) erinnert diese *materia prima* nun an Berkeleys »Äther«. Wie ist aber »sein« Ätherraum beschaffen? Kann Berkeley zum Beispiel sagen, die rote Farbe des Apfels sei dort, wo die Hand den roten Apfel taste? Zunächst einmal nein – denn dieses »dort« bezeichnet keinen bestimmten gemeinsamen Ort weder im Gesichtsraum (hier fehlt die Tastidee) noch im Tastraum (hier fehlt die Gesichtsidee) und auch nicht im idealisierten und ins Unendliche verlängerten Tastraum, also im physikalisch-euklidischen. An diesen letzteren will Berkeley nicht glauben und doch kommt *prima facie* nur er als gemeinsamer Raum in Frage.[75] Dieses »dort« meint, in letzter Konsequenz und metaphysisch betrachtet, vielmehr einen »Ort« in der *»anima mundi«*, der »intelligiblen Ausdehnung«, d. h. im »Kraftraum« des göttlichen Geistes. Die gedankliche Verbindung zwischen diesem, seinem vom Geist und Wirken Gottes erfüllten Raum des »Äthers« und der antiken »materia prima« wird an einer Stelle von Berkeley selbst nahegelegt:

> »317. Neither Plato nor Aristotle by matter, hyle, understood corporeal substance, whatever the moderns may understand by that word. To them certainly it signified no positive actual being. Aristotle describes it as made up of negatives, having neither quantity, nor quality, nor essence. […] That matter is actually nothing, but potentially all things, is the doctrine of Aristotle, Theophrastus, and all the ancient Peripatetics.«[76]

Nicht eine solche (von ihm erweiterte und gewissermaßen »animierte«) Vorstellung einer *materia prima,* wie sie einen gemeinsamen (prinzipiell nur denkbaren) »Raum« aller möglichen Gegenstände und Sinnesräume *sui generis* konstituiert, in welchem dann alle Sinnesideen archetypisch[77] enthalten sind, erscheint danach als der er-

---

[74] Dies ändert sich im Umkreis von Galilei und Descartes, in welcher Zeit eine ungeformte Materie zunächst als möglich angenommen, dann sogar als substantiell aufgefaßt und ausgegeben wird.

[75] Vgl. dazu wiederum J. Gredt über die aristotelisch-thomistische Philosophie: »Jener unbeschränkte Raum jedoch, den wir uns vorstellen als unabhängig von jeder wirklichen Ausdehnung und außerhalb der Grenze des körperlichen Weltalls, der schon vor Erschaffung dieser Welt bestanden hätte und auch bestehen bliebe, wenn man die ganze Körperwelt wegdächte: der […] Raum, ist ein bloßes Gedankending«. A. a. O., S. 177.

[76] ›Siris‹, a. a. O., S. 146.

[77] Oder vielleicht doch aktuell – vor dem ewigen Geist Gottes? Berkeleys Schriften

klärte Feind der immaterialistischen Philosophie – dieser ist *allein* die »corporeal matter or material substance« der neuzeitlichen Philosophen. Der »alten« Materie-Konzeption kommt Berkeley dagegen sogar recht nahe; und im Verein damit der Konzeption des nichtleeren, geist- und krafterfüllten Raumes, welcher sich vollständig der *imaginatio* des Menschen und damit einschlußweise auch dem Zugriffe der euklidischen Geometrie entzieht, die s. E. deswegen weder als Wissenschaft von »dem« (abstrakten) Raum noch von einem spezifischen Sinnesraum[78] noch überhaupt als irgendeine Realwissenschaft konzipiert werden kann. – Bei allen Gemeinsamkeiten seines »Äther-

scheinen hierzu keine endgültige Antwort zu erlauben. Vielleicht wäre jedoch diese vermittelnde Lösung denkbar: aktuell für den Geist Gottes und potentiell für den der Menschen. Die archetypische Deutung würde zumindest sehr an Leibniz' monadische Naturphilosophie erinnern.

[78] Am ehesten oder näherungsweise könnte noch die Euklidische Geometrie als eine solche des idealisierten Tastraums bezeichnet werden. – Dieses Thema abschließend, noch eine Bemerkung zu Einsteins Verwendung einer nichteuklidischen Geometrie in seiner physikalischen Raum-Zeit-Lehre (»Spezielle und Allgemeine Relativitätstheorie«): Nach Einsteins Theorie weicht die Struktur des Raumes in Gravitationsfeldern von der Struktur der Euklidischen Geometrie ab. Auch läßt sich mithilfe seiner Formeln eine Veränderung von langen starren Stäben (die nicht auf den Mittelpunkt eines Gravitationsfeldes zielen, sondern dieser Gravitation sozusagen Angriffsfläche bieten) berechnen. Aber obwohl es einfacher und eleganter scheint, eine (nicht-vorstellbare) Krümmung des Raumes anstatt neuer physikalischer Gesetze zur Erklärung des Verhaltens des Stabes einzuführen, könnte man sich auch für die andere Alternative entscheiden: »Worauf es uns hier ankommt, das hat auch schon Poincaré betont: Das Verhalten von Stäben in Gravitationsfeldern kann in zwei verschiedenen Weisen beschrieben werden. Man kann die Euklidische Geometrie beibehalten, wenn man neue physikalische Gesetze einführt, oder die Starrheit der Körper kann beibehalten werden, wenn man eine Nicht-Euklidische Geomatrie einführt. Wir haben die Freiheit, jede beliebige Geometrie für den physikalischen Raum einzuführen, vorausgesetzt, wir sind bereit, die dann nötigen Korrekturen anzubringen.« (R. Carnap, Einführung in die Philosophie der Naturwissenschaft, Frankfurt/M. 1986, S. 157). Es scheint damit grundsätzlich nicht so zu sein, als wäre nach Einstein keine Diskussion über die wahre Struktur des kosmischen Raumes mehr möglich. Es scheint darüber hinaus Einsteins nichteuklidischer Raumbegriff (als damals noch ideales *telos*) zumindest in der »Fluchtlinie« des Berkeleyschen Denkens zu liegen. In diesem Zusammenhang könnte auch die Kantische Konzeption (der »physikalische« Raum ist euklidisch, aber – wie die »physikalische« Zeit – eine reine Form der Anschauung endlicher Vernunftwesen) wieder diskutabel werden (vgl. auch F. Kaulbach, Die Metaphysik des Raumes bei Leibniz und Kant, Köln 1960). Immerhin läßt diese Auffassung offen, welche Struktur der wirkliche, von unserem endlichen Geist unabhängige Raum aufweist. Berkeley, der Kant in seiner Zeitlehre ziemlich nahe kommt, wäre so betrachtet mit seiner Raumlehre auch nicht mehr so weit von ihm entfernt. Seine eben beschriebene Metaphysik des Raumes stellte dann so etwas wie den Versuch vor, »hinter« den Vorhang der reinen Form der räumlichen An-

Raumes« mit der *materia prima* läßt sich aber wenigstens auch ein bedeutsamer Unterschied anführen: Sein Äther-Raum wird im Anschluß an die Renaissance-Philosophie und insbesondere an die Cambridger (Neu-)Platoniker als quasi-göttliches Sein aufgefaßt (als »Weltseele«), dagegen kommt der *materia prima* in der aristotelischen Tradition noch gar kein richtiges Sein – geschweige denn ein göttliches! – zu.

Zwar sind wir mit solchen Überlegungen über den wahren Sinn der Berkeleyschen Raumauffassung (welche offensichtlich außerordentlich wichtig für das richtige Verständnis seiner Naturvorstellung sind) diesem Ziele schon näher gekommen – *ganz* begreiflich ist diese Raum- (und Natur-)Lehre aber wohl immer noch nicht: d. h. ein neuer (letzter)Versuch oder Anlauf tut not.

---

schauung zu blicken: Ein Versuch, den auf seine (sicherlich ungleich tiefgründigere und wissenschaftlich erfolgreichere) Weise auch Einstein unternommen hat.

Viertes Kapitel:

George Berkeley über die Natur als »göttlicher Leib«

0) Vorbemerkungen

In diesem letzten Kapitel über die Philosophie George Berkeleys soll unsere Darstellung und Kritik dieses Themas einen gewissen rundenden Abschluß finden. Erwünschtermaßen möge von hier aus zugleich verdeutlichen, was bislang noch im »Halbdunkel« verblieben war. Aber wenigstens in diesen Vorbemerkungen soll auch schon einmal nach vorne geblickt werden, hin auf den »Helden« des *Dritten Teils,* David Hume, und – in einem damit – auch auf die gesamte Tradition englischsprachigen Philosophierens zwischen Bacon und Reid bzw. Priestley und deren Nachfolger. Die Namen dieser Denker sind nicht zufällig ausgewählt. Sie stehen zur Bezeichnung des Anfangs und Endes einer philosophiegeschichtlichen Epoche, die nicht unpassend als »angelsächsischer Antiaristotelismus« bezeichnet werden könnte. Wenn Mortimer Adler in seinem Buch ›Aristotle for Everybody‹ von »Aristotle's commonsense philosophy« spricht[1], hat er mit Sicherheit etwas Richtiges (wenn womöglich auch nicht das Wesentliche) erkannt: Aristoteles ist ein Ethiker des Ausgleichs und der »goldenen« Mitte, desgleichen ein Theoretiker, der nicht nur seine Beispiele, sondern auch seine metaphysischen Prinzipien vorwiegend aus der Alltags- oder Lebenswelt bezieht, der darüber hinaus zunächst stets die mit sedimentierter Erfahrung angereicherte Sprache befragt und der ganz allgemein, wie kaum ein zweiter, allen extremen Ansichten feindlich gegenüber steht. Ganz selbstverständlich gilt ihm der *menschliche Lebensraum* als der paradigmatische Be-

---

[1] M. Adler, Aristotle for Everybody, New York [8]1989, S. vii (»Preface«), ähnlich schon lange Zeit vor ihm Thomas von Aquin, der über Aristoteles bemerkt, es sei »die Eigentümlichkeit seiner Philosophie, vom Offenkundigen nicht abzuweichen« (in ›De spirit. creat.‹, 5).

reich, von dem aus sich, wie selbstverständlich, alle anderen Bereiche dem Verstehen erschließen müssen.

Mit dem kopernikanischen Weltbild und vor allem mit Galileo Galilei findet diesbezüglich (von den sogenannten Nominalisten vorbereitet) ein »Paradigmenwechsel« statt: Der Bereich der unbelebten Körper, welcher mithilfe der mathematisch-physikalischen Methode so exakt und vollständig erschließbar scheint, wird zur neuen maßgeblichen Wirklichkeits- oder Seinssphäre erklärt; die Verdinglichung der Natur nimmt ihren Lauf – der lange Abschied von der Anima mundi beginnt. Die beiden neben Galileo bedeutendsten Denker der beginnenden Neuzeit (bzw. der ersten Hälfte des siebzehnten Jahrhunderts), Descartes in Frankreich und Bacon in England, stehen ganz im Banne dieses neuen Paradigmas. Vor allem letztgenannter ist aufgrund seiner, im Vergleich mit dem von augustinischem und spätscholastischem Denken tief beeinflußten Franzosen, weit radikaleren Abkehr von der Tradition zu einem Inbegriff des Epochenwandels geworden. In diesem Sinne schreibt Wolfgang Krohn: »Wenn man auf irgendein einzelnes Werk weisen wollte, das zum Symbol des Aufbruchs in die Neuzeit geworden ist und in dieser säkularen Funktion die Schriften des Aristoteles ablöste – man hätte kaum eine andere Wahl als das ›Novum Organum‹ – erschienen im Jahre 1620.«[2] Bereits der Titel dieses Buches (und ähnlich der des geplanten Gesamtwerks, in welches dieses einleiten sollte: ›Instauratio magna‹) bringt den antiaristotelischen Affekt deutlich genug zum Ausdruck – wobei der Inhalt dem Fanal de Titels weitgehendst entspricht.

Besonders bekannt und wirkmächtig geworden ist Bacons vorurteilskritische Lehre von den »Idolen«, welche (mit einem Ausdruck Wittgensteins) das Denken »verhexen«. Es gebe mehrere Arten davon, »indes sind die Idole des Marktes am lästigsten von allen«.[3] Diese Idole schlichen sich mit der gewöhnlichen Sprache und ihren Bestandteilen in das Denken ein. Wörter würden »größtenteils nach den Auffassungen der Menge« (den allgemeinen und sogenannten gesunden Ansichten) gebildet, und sie »trennen die Dinge nach den Richtungen, die dem gewöhnlichen Verstand besonders einleuchtend

---

[2] W. Krohn, »Einleitung« zu: Francis Bacon, Neues Organon I, a. a. O., S. X. Vgl. dazu evtl. auch meinen Artikel »Vom Vorausurteil zum Vorurteil. Die Metamorphose der Baconschen Idolenlehre am Vorabend der Französischen Revolution«, in: *Prima philosophia* 11/2 (1998), S. 235–246.

[3] Krohn (Hg.), a. a. O., Bd. I, S. 121 (Aphorismus 59).

sind. Wenn dann aber ein scharfsinnigerer Geist oder eine sorgfältigere Beobachtung diese Bestimmungen ändern will, damit sie der Natur entsprechender sind, widerstreben die Worte.«[4] Es käme darauf an, sich nicht von den allgemeinen Ansichten bestimmen und damit wiederholt in die Irre leiten zu lassen. Statt dessen solle man durch Naturbeobachtung und Induktion, von den Sinnen und dem Einzelnen ausgehend, durch stufenweisen Aufstieg, stetig bis zu den allgemeinsten Sätze fortschreiten.[5]

Hobbes, der eine zeitlang sogar persönlicher Sekretär Bacons gewesen ist, übernimmt im Grundsätzlichen dessen antiaristotelisches Forschungsprogramm, wobei er allerdings mehr als sein philosophischer Lehrer (und diesbezüglich sicherlich ganz zurecht) von der großen Bedeutung der Mathematik für die moderne universale Wissenschaft überzeugt ist. Seine Wissenschaftsmethode des Zergliederns und wieder neu Zusammensetzens *more geometrico* macht schließlich auch nicht mehr vor der Anthropologie halt.[6] Gegenüber Descartes und anderen »Rationalisten« (z. B. auch die »Cambridge Platonists«) bestreitet er, wie später auch Locke, die Wirklichkeit von allen eingeborenen Ideen und Prinzipien.

John Locke folgt Bacon und Hobbes nicht zuletzt auch hinsichtlich ihrer These vom Verderb des Denkens infolge der unkritischen Verwendung und des Mißbrauchs der Wörter[7] (durch die »Menge« und die »Schule« d. i. die Scholastik), desgleichen in der gemeinsamen Kritik des aristotelischen ›Organon‹ sowie in ihrem allgemeinen emotionalen und intellektuellen Antiaristotelismus. Schon in der dem ›Essay Concerning Human Understanding‹ vorangestellten »Widmung an Lord Thomas, Earl of Pembroke« findet sich eine erste Spitze gegen jene, »die nichts als die allgemein anerkannten Lehren gelten lassen können«, mit dem Zusatz: »die Wahrheit hat bei ihrem ersten Erscheinen kaum je und irgendwo die Stimmen für sich gehabt: neuen Meinungen wird ohne irgendeinen anderen Grund als

---

4 Ebd.

5 Vgl. a. a. O., S. 89 (Aphorismus 19).

6 Vgl. Thomas Hobbes, ›De homine‹ (1658); div. Ausgaben. Im direkten Gegensatz dazu war Aristoteles in systematischer (nicht: in didaktischer) Hinsicht von den allgemeinsten Sätzen, den unbezweifelbaren *prima principia*, ausgegengen.

7 Das Fehlen einer »Kritik der Sprache« beanstandet später (im Anschluß an Hamann) auch Herder an Kant: Vgl. Herders Werke in 40 Bänden, hg. von B. Suphan, Bd. XXXVII, Hildesheim 1967, S. 333 f.

dem, daß sie noch nicht alltäglich sind, immer mißtraut und gewöhnlich widersprochen.«[8]

Ansatzweise gehört auch noch Berkeley dieser Baconschen Tradition an.[9] Dies wird schon rein äußerlich, an der Einteilung seiner Schriften in kurze, aneinandergereihte Paragraphen oder Aphorismen, deutlich, die Bacon in seinem eigenen Aphorismus 86 des ›Novum Organum‹ angelegentlich empfohlen hat (in deutlicher Abgrenzung gegen die mittelalterlichen »Summen«, welche nur vorgetäuscht hätten, ein Wissensgebiet vollständig erfassen und wiedergeben zu können). Das enge – wenn auch nicht unkritische – inhaltliche Anknüpfen bereits der ›Philosophical Commentaries‹ an Lockes ›Essay‹ steht ohnehin außer Frage. Und doch zeigt sich andererseits schon in diesem ersten (überlieferten) philosophischen Versuch des späteren irischen Fürstbischofs eine große Sympathie für »das Volk« und »die allgemeinen Ansichten«; hier einige besonders sprechende Beispiele:

»I am but one of common sense, and I etc.«[10]

»There are men [...] who say the Wall is not white, the fire is not hot etc. We Irish men cannot attain to these truths.«[11]

»All things in the Scripture wch side with the Vulgar against the Learned side with me also I side in all things with the Mob.«[12]

»I must wth the Mob place certainty in the senses.«[13]

»Mem: To be eternally banishing Metaphysics etc. and recalling Men to Common Sense.«[14]

An das letzte »Mem(ento)« hat sich Berkeley freilich nicht gehalten, wenigstens was den ersten Teil der Maxime, das ewige Verbannen der

---

[8] John Locke, Versuch über den menschlichen Verstand, üb. von C. Winckler, Hamburg [4]1981, S. 2. Ganz anders Shakespeare in ›Troilus und Cressida‹: / »Natur macht hierin alle Menschen gleich / Einstimmig preist man neugebornen Tand, / Ward er auch aus vergangnem nur geformt, / Und schätzt den Staub, ein wenig übergoldet, / Weit mehr als Gold, ein wenig überstäubt.«

[9] »He remains a mouthpiece of the tradition voiced by Bacon« (T. E. Jessop in seiner »Editor's Introduction« zu ›Siris‹ (Bd. V der »Works in 9 Volumes«).

[10] Ayers (Hg.), S. 284 (›Phil. Comm.‹ § 368).

[11] A. a. O., S. 287 (§ 392).

[12] A. a. O., S. 288 (§ 405).

[13] A. a. O., S. 323 (§ 740).

[14] A. a. O., S. 324 (§ 751).

Metaphysik anbelangt. Aber insgesamt enthält diese kleine Zitatfolge das, was als erster Keim der späteren (vor allem schottischen und amerikanischen – aber auch französischen: »le bon sens«) »philosophy of common sense« bezeichnet werden kann. Zweifellos könnte eine Geschichte dieser Philosophie nicht unpassend mit Berkeleys Notizbuch-Kommentaren beginnen.

Aber so relativ wichtig dieses Anliegen einer Rechtfertigung der Sinne und der allgemeinen Ansichten für Berkeleys spätere systematische Philosophie auch gewesen sein mag (es ist u. a. auch der Ausgangspunkt für seine berühmte Locke-Kritik: davon gleich anschließend mehr) – einen »Common sense-Philosophen« wird man ihn dennoch kaum nennen können. Dazu steht er insgesamt immer noch zu fest in der – mit Bacons Namen verknüpften – Tradition des Kampfes gegen Vorurteile und Verführungen durch die Sprache und dazu hat er einfach auch eine zu große Leidenschaft für (mit einem Diktum Peter Strawsons) »revisionäre Metaphysik«.[15]

David Hume teilt Berkeleys entschiedene Vorliebe für das einfache Volk nicht – oft ist er ganz im Gegenteil (wir werden auch darauf zurückkommen) ein entschiedener Kritiker weit verbreiteter »Vorurteile«.[16] Und doch hat auf seine Weise durchaus auch Hume der Common sense-Philosophie den Weg geebnet; ist doch gerade dieser Philosoph vehement für die Auffassung eingetreten, daß die allgemeinsten Überzeugungen der Menschen, wie die von der Wirklichkeit einer bewußtseinsunabhängigen Außenwelt und die von der Realität von Kausalkräften, rational nicht zu rechtfertigen sind. Solche Grundüberzeugungen, wie sie nicht zuletzt auch an der Wurzel

---

[15] George Pitcher hat die Frage, ob Berkeleys Weltanschauung (»world view«) mit dem »common sense« vereinbar ist, im IX. Kapitel seines Buches ›Berkeley‹ (London ²1984) gründlich untersucht und schließlich zu einem (u. E. allzu) eindeutig negativen Resultat. Auch in den abschließenden Sätzen seines Buches kommt er auf diese Frage nochmals zurück: »Berkeley's unyielding confidence that his principles were true and his arguments sound, even though they led to rude violations of common sense shows him to be a man of the highest kind of intellectual integrity and even courage; but to most of his readers, of course, this same trait can look very like intellectual arrogance – and they are bound to view it that way, since they feel badly threatened when their deepest convictions about the world are attacked. So while Berkeley's metaphysical system never fails to impress and excite, it is also profoundly disturbing to most people. There are few indeed who can embrace it as their own.« (S. 254)

[16] Als ein Aggregat von unbegründeten Vorurteilen gilt ihm auch die »Volksreligion«: Vgl. meinen Aufsatz »David Hume: Kritiker der ›Volksreligion‹«, in: *Wissenschaft und Weisheit*, 61/2 (1998), S. 265–286.

der Wissenschaften zu liegen scheinen – das empiristisch-fundamentalistische Ideal der Wissenschaftsbegründung in der Baconischen Tradition gibt nach! –, könne und müsse man lediglich *glaubend* aufrechterhalten, handelt es sich dabei doch nicht um »knowledge«, sondern um quasi-instinktive »natural beliefs«.

Von hier ist es nur noch ein kleiner Schritt zu Thomas Reids weitgehender Rückkehr zu Aristoteles (präludiert von Berkeleys aspekthaft neoaristotelischer Naturphilosophie und Metaphysik). Reid verfaßt nicht nur einen ›Account of Aristotle's Logic‹ zur Rechtfertigung des ›Organon‹[17], sein ganzes Philosophieren ist imgrunde (ungeachtet einiger Lippenbekenntnisse zur Baconschen Tradition) ausgesprochen »aristotelisch«. Insbesondere aber bringt er wieder die »ersten (unbezweifelbaren) Prinzipien« zur Geltung; seine »first principles of necessary (metaphysical) truths«:

»The first is, that the qualities which we perceive by our senses must have a subject, which we call body, and that the thoughts we are conscious of must have a subject, which we call mind.«[18]

»The second metaphysical principle I mention is – That whatever begins to exist, must have a cause which produced it.«[19]

Dieses Vorgehen würde Nietzsche (und für diesen Fall sicherlich nicht ohne Grund) genannt haben: »Mit dem Hammer philosophieren« ... Alle die philosophischen Zweifel, Überlegungen und Theorien epistemologischer, ontologischer und kausaltheoretischer Art von Berkeley und Hume wären ganz eitel gewesen, denn die zitierten Dogmen gehörten zum »common sense« der Menschheit – seien deswegen gottgegeben und dürften somit nicht in Frage gestellt werden. Reid nennt sie auch »self evident truths« [20] und fügt in diesem Zusammenhang hinzu:

»There are [...] propositions which are no sooner understood than they are believed. The judgment follows the apprehension of them necessarily, and both are equally the work of nature, and the result of our original powers.

[17] Vgl. Thomas Reid, Philosophical Works, hg. von William Hamilton, a. a. O., Bd. 2, S. 681–714.

[18] A. a. O., Bd. 1, S. 454 (›On the Intellectual Powers of Man‹ 1785, Essay VI, Chap. VI).

[19] A. a. O., Bd. 1, S. 455 (ebd.). Mit dem dritten metaphysischen Prinzip gedenkt Reid gegen Humes Kritik der Rationalen Theologie anzugehen: »That design and intelligence in the cause may be inferred, with certainty, from marks or signs of it in the effect« (a. a. O., S. 457).

[20] A. a. O., Bd. 1, S. 434 (ebd., Kap. IV).

There is no searching for evidence, no weighing of arguments; the proposition is not deduced or inferred from another; it has the light of truth in itself, and has no occasion to borrow it from another.«

Von solchen selbstevidenten Wahrheiten, deren Inhalt und Anzahl schwer festlegbar erscheinen, ist in der Folge ausgiebig Gebrauch gemacht worden, z. B. in Schottland von James Beattie zur Kritik der (Humeschen) Religionslosigkeit (›An Essay of Truth‹, 1770) und umgekehrt in Frankreich vom Baron d'Holbach in ›Le bon sens‹ (1772) zur (Religions-)Kritik der »idées surnaturelles«. Am historisch Bedeutendsten dürfte aber die Streitschrift Thomas Paines ›Common Sense‹ (1776) gewesen sein, die für die Unabhängigkeit der »neuenglischen« Kolonien vom englischen Königreich eintrat und – bekanntlich mit Erfolg – zur Amerikanischen Revolution aufrief. Auch die »Great Charter« dieser Revolution, Thomas Jeffersons »Declaration of Independence« (unterzeichnet am 4. Juli 1776) trägt die deutlichen Spuren eines Dokuments der Ära der Common sense-Philosophie. Das ist auch nicht weiter erstaunlich, da Jeffersons persönlicher »Philosophielehrer« William Small in Reids universitärer Wirkungsstätte Aberdeen studierte und ganz bewußt Common sense-Denken nach Amerika »importiert« hat. Jefferson selbst besaß ein Exemplar von Reids ›Inquiry Into the Human Mind‹ (1764), welches Werk er seinem Freund Robert Skipwith brieflich als »basic book« dringend zur Lektüre empfahl.[21] Im übrigen läßt bereits der Anfang der »Declaration« bezüglich ihrer philosophischen Herkunft kaum Zweifel offen:

»When in the course of human events it becomes necessary for one people to dissolve the political bands which have connected them with another, and to assume among the powers of the earth the separate & equal station to which the laws of nature and of nature's God entitle them, *a decent respect to the opinions of mankind* requires that they should declare the causes which impel them to the separation.

We hold these truths to be self-evident: that all men are created equal; that they are endowed by their creator with inherent and inalienable rights; that among these are life, liberty, & the pursuit of happiness.«[22]

So eindrucksvoll, historisch bedeutsam und segensreich diese frühe Menschenrechtserklärung auch gewesen sein mag – rein philoso-

---

[21] Vgl. G. Wills, Inventing America. Jefferson's Declaration of Independence, New York 1978, S. 182.

[22] Zitiert aus: Thomas Jefferson, Writings, hg. von M. D. Peterson, New York 1984, S. 19; unsere Hervorhebungen.

phisch betrachtet steht sie mit ihrem Appell an die »opinions of mankind« und an »self-evident truths« auf beklagenswert schwachen Füßen. Im Grunde hat Kant hierzu das Notwendige bereits angemerkt: Common sense ist als ein Führer im täglichen Leben sicherlich nicht zu verachten, bei philosophischen (»metaphysischen«) Fragen könne und solle ihm aber dennoch kein entscheidender Schiedsspruch eingeräumt werden:

»In der Tat ist's eine große Gabe des Himmels, einen geraden [...] Menschenverstand zu besitzen. Aber man muß ihn durch Taten beweisen, durch das Überlegte und Vernünftige, was man denkt und sagt, nicht aber dadurch, daß, wenn man nichts Kluges zu seiner Rechtfertigung vorzubringen weiß, man sich auf ihn, als ein Orakel beruft. Wenn Einsicht und Wissenschaft auf die Neige gehen, alsdenn und nicht eher, sich auf den gemeinen Menschenverstand zu berufen, das ist eine von den subtilen Erfindungen neuerer Zeiten, dabei es der schalste Schwätzer mit dem gründlichsten Kopfe getrost aufnehmen, und es mit ihm aushalten kann. So lange aber noch ein kleiner Rest von Einsicht da ist, wird man sich wohl hüten, diese Nothülfe zu ergreifen. Und, beim Lichte besehen, ist diese Appellation nichts anders, als eine Berufung auf das Urteil der Menge; ein Zuklatschen, über das der Philosoph errötet, der populäre Witzling aber triumphiert und trotzig tut [...] Meißel und Schlegel können ganz wohl dazu dienen, ein Stück Zimmerholz zu bearbeiten, aber zum Kupferstechen muß man die Radiernadel brauchen. So sind gesunder Verstand sowohl, als spekulativer, beide, aber jeder in seiner Art brauchbar: jener, wenn es auf Urteile ankommt, die in der Erfahrung ihre unmittelbare Anwendung finden, dieser aber, wo im allgemeinen, aus bloßen Begriffen geurteilt werden soll, z. B. in der Metaphysik, wo der sich selbst, aber oft per antiphrasin, so nennende gesunde Verstand ganz und gar kein Urteil hat.«[23]

[23] I. Kant, Prolegomena zu einer jeden künftigen Metaphysik (1783), A 11–13. Ähnlich, dabei aber vorurteilskritischer, dann William Hazlitt in seinem ›Table Talk‹ von 1820/21: »There is nothing more distinct than common sense and vulgar opinion. Common sense is only a judge of things that fall under common observation, or immediately come home to the business and bosoms of men. This is of the very essence of its principle, the basis of its pretensions. It rests upon the simple process of feeling, it anchors in experience. It is not, nor it cannot be, the test of abstract, speculative opinions. But half the opinions and prejudices of mankind, those which they hold in the most unqualified approbation and which have been instilled into them under the strongest sanctions, are of this latter kind, that is, opinions, not which they have ever thought, known, or felt one tittle about, but which they have taken up on trust from others, which have been palmed on their understandings by fraud or force ...« (Table Talk, hg. von C. MacDonald -MacLean, London [3]1965, S. 37)

1) Berkeley und Locke

Es sei der großen Bedeutung wegen nochmals wiederholt: Für Platon, Aristoteles, Thomas und die Hauptvertreter der Scholastik gab es keine rein materiellen oder körperlichen Substanzen. Die Materie war kein selb- und eigenständig Seiendes und schon von daher zwingend auf eine geistige »Form« angewiesen. Die ungeformte *materia prima* wurde als bloße Potentialität (»energeia«) aufgefaßt und bildete in der Stufenfolge der Seinsgrade (der »großen Kette der Wesen« – A. Lovejoy) den negativen »Gegenpol« zur reinen Aktualität Gottes *(potentia pura – actus purus)*. Damit war immer etwas Geistiges (»Seelisches«) in der Natur, denn die Formen waren die Nachfolger der platonischen Ideen, diese aber in mancher Hinsicht die rationalisierten und »gezähmten« Nachfahren der älteren homerischen Götter. In ›Siris‹ wird Berkeley nicht müde, eine innere Verwandtschaft dieser Lehren mit seinem »Immaterialismus« zu beteuern. Descartes hatte zuvor das körperlich-materielle Sein bedeutend aufgewertet, wenn er den denkenden geistigen Substanzen die ausgedehnten körperlichen als ontologisch gleichwertig gegenüber stellte. (Damit kam es bekanntlich auch zu einer wesentlichen Zuspitzung des Leib-Seele-Problems.)

Obwohl weithin als Kritiker Descartes' bekannt, spricht auch John Locke wie selbstverständlich in einem Atemzug von »körperlichen« und »geistigen Substanzen«.[24] Obwohl er beide Arten von Substanzen als letztlich unerkennbar auffaßt,[25] unterhält er in bezug auf die körperlichen imgrunde doch sehr konkrete Vorstellungen. Diese teilt er mit seinen von ihm hochverehrten Zeitgenossen Newton und Boyle: es ist, mit einem Wort, die »corpuscular philosophy«, d. h. der antike Atomismus eines Leukipp, Demokrit, Epikur, Lukrez und anderer im Gewand des siebzehnten Jahrhunderts, welches ihm vor allem Pierre Gassendi angepaßt hat.

Im Anschluß an den verdienten Forscher John Yolton hat Peter Alexander in seiner gründlichen philosophiehistorischen Studie ›Ideas, Qualities and Corpuscles. Locke and Boyle on the External World‹ (Cambridge 1985) auf das allgemein verbreitete empiristische Mißverständnis des Lockeschen ›Essay‹ hingewiesen. Nicht der Phäno-

---

[24] Vgl. z. B. J. Locke, ›Versuch über den menschlichen Verstand‹, a. a. O., Bd. I, S. 369 (Zweites Buch, Kap. XXIII, Abschn. 5).
[25] Ebd.

menalismus, sondern der Atomismus sei die ontologische oder metaphysische Grundlage von dessen erkenntnistheoretischen, sprachphilosophischen etc. Untersuchungen. Diesen Atomismus habe er von den beiden »master-builders«, den »Vätern« der neuzeitlichen Physik bzw. Chemie (Newton und Boyle) übernommen.[26] Diese gewissermaßen »materialistische« Lesart des ›Essay‹ mag neu und ungewohnt klingen – sie war es allerdings nicht immer, wird sie doch schon bei Berkeley, als Hintergrund seiner Locke-Kritik, deutlich. Und damit behauptet der so selbstbewußt daher kommende erste Satz von Alexanders Buch schließlich doch ein wenig zu viel: »This book has been written in the belief that John Locke's *An Essay Concerning Human Understanding* has been sadly misinterpreted ever since it was published in 1690.«

Berkeleys Locke-Kritik bezieht sich deswegen auch hauptsächlich auf dessen Lehre vom Körper. Die Grundgedanken dieser befehdeten Doktrin besagen, daß ein (unbelebter) Körper zum einen aus einer materiellen Substanz sowie zusätzlich aus Eigenschaften oder Qualitäten besteht. »Materielle Substanz« heißt eine Art Agglomerat von sehr kleinen Korpuskeln oder Atomen (manchmal wird aber auch deren völlig unbekannte Ursache so genannt), welche unterschiedliche Formen aufweisen und deren Bestandteile allesamt als unteilbar gedacht werden. Neben der Gestalt sind auch die Größe, Bewegung, Zahl und Position dieser »Körperchen« für die verschiedenen »Kräfte« verantwortlich, welche in oder aus der materiellen Substanz entspringen. Ein genauerer Blick erweist, daß Locke nicht weniger als vier Arten von »aktiven« Materiekräften unterscheidet, (1) die Kraft, Veränderungen in anderen materiellen Dingen herbeizuführen, (2) die Kraft, Schmerzen, Übelkeit usw. in menschlichen und tierischen Leibern hervorzurufen, (3) die Kraft, Vorstellungen von primären Qualitäten im menschlichen und tierischen Bewußtsein und (4) die Kraft, darin Vorstellungen von sekundären Qualitäten zu erregen.[27] Primäre Qualitäten sind Festigkeit, Ausdehnung,

---

[26] »A sympathetic reading of the *Essay* as a whole, in conjunction with the relevant works of Boyle, seems to me to put it beyond doubt that the ›lasting monument‹ of the master-builders that most impressed Locke was the corpuscular philosophy; it is used and referred to over and over again especially in the most central passages. Moreover, Locke uses many exampels that figure in Boyle's experiments specifically designed to support his hypothesis« (Alexander, a.a.O., S. 7).

[27] Vgl. dazu auch J. Mackie, Problems from Locke, Oxford ³1984, (Erstv. 1976), S. 17 (»Diagram i«).

Gestalt, Bewegung oder Ruhe und Anzahl, sekundäre: Farben, Töne, Wärme oder Kälte, Rauhheit oder Glätte, Härte oder Weichheit, Geschmack und Geruch. Die Vorstellungen oder Ideen von primären Qualitäten haben Ähnlichkeit mit den primären Qualitäten der Körper (und »Körperchen«), die der sekundären nicht. Die Körper sind »an sich« (deren Teilbarkeit abgerechnet) nicht anders als die Körperchen, deren Zusammenballungen sie darstellen (»Atome« sind aber auch farblos, tonlos, usw. – und dies durchaus in dem Sinn, den wir diesen Adjektiven gewöhnlich geben). Obwohl beispielsweise der Farbe der Rose eine Qualität der »Rose an sich« entspricht, hat diese Eigenschaft keinerlei Ähnlichkeit mit der Farbe als einer Vorstellung im menschlichen Bewußtsein. Sekundäre Qualitäten sind solche, »die in Wahrheit in den Objekten selbst nichts sind als die Kräfte, vermittels ihrer primären Qualitäten, das heißt, der Größe, Gestalt, Beschaffenheit und Bewegung ihrer sinnlich nicht wahrnehmbaren Teilchen, verschiedenartige Sensationen [Empfindungen] in uns zu erzeugen, wie zum Beispiel Farben, Töne, Geschmacksarten usw.«[28]

Beim Beispiel der Farbe ist es (gemäß Newtons sogenannter korpuskulärer Lichttheorie, welche Locke von ihm übernimmt) so, daß kleine Körperchen auf das Auge treffen, über Stoßwirkung (»impulse«) auf die Sehnerven bestimmte Wirkungen in den tiefer liegenden Nervenbahnen und im Gehirn bewirken, welche Wirkungen wiederum in dessen Sehzentrum, vermittelt über den Geist, eine Farbempfindung hervorbringen. Diese Empfindung (Vorstellung) ähnelt der »Farbe« als Oberflächenqualität eines körperlichen Gegenstands ebenso wenig wie der Schmerz der Nadelspitze ähnelt, welche diesen beim Stechen in einen beseelten Körper dort hervorruft. Dagegen gleichen die Vorstellungen von primären Qualitäten diesen selbst sehr wohl. Locke sagt über Größe, Gestalt, Zahl, Lage und Bewegung oder Ruhe: »Diese Qualitäten sind in ihnen vorhanden, gleichviel, ob wir sie wahrnehmen oder nicht; sind sie aber groß genug, um von uns entdeckt zu werden, so erhalten wir durch sie eine Idee von dem Ding, wie es an sich ist […]«[29]

Soweit die Lehre vom Körper, wie sie Berkeley seiner bis heute vielbeachteten Kritik unterwirft. Sie ist nicht Lockes »Erfindung«, sondern zumindest in ihren Grundzügen schon bei Boyle, Newton,

---

[28] Locke, a. a. O., Bd. II, S. 148 (Zweites Buch, Kap. VIII, Abschn. 10); unsere Üb.
[29] A. a. O., S. 155 (Zweites Buch, Kap. VIII, Abschn. 23).

Clarke, Gassendi, Descartes, Hobbes und – wohl erstmalig wieder in der Neuzeit[30] – bei Galileo Galilei nachweisbar. Prägnanten Ausdruck findet sie in seinem »Goldwäger«: ›Il Saggiatore‹ (1623):

»Sobald ich mir eine Materie oder körperliche Substanz vorstelle, sehe ich mich wohl genötigt, mir zugleich vorzustellen, daß sie begrenzt ist und diese oder jene Gestalt hat, daß sie im Vergleich mit anderen groß oder klein ist, daß sie sich zu der und der Zeit an dem und dem Ort befindet, daß sie sich bewegt oder still steht, daß sie einen anderen Körper berührt oder nicht berührt, daß sie einzig oder wenig oder viel ist. Von diesen Bedingungen kann ich sie durch keinerlei Vorstellungen trennen.

Aber daß sie weiß oder rot, bitter oder süß, tönend oder stumm, wohl- oder übelriechend sein muß, als notwendige Begleitumstände anzuerkennen, fühle ich mich im Geiste nicht gezwungen. Im Gegenteil, Verstand oder Vorstellungsvermögen würden vielleicht von sich aus niemals dahin gelangen, wenn sie nicht von den Sinnen geführt würden. Deshalb denke ich, daß Geschmack, Geruch, Farbe usw. für das Objekt, in dem sie zu wohnen scheinen, nichts anderes als reine Namen sind und ihren Sitz allein in dem empfindenden Körper haben, so daß, wenn der beseelte Körper entfernt würde, auch alle diese Qualitäten aufgehoben und beseitigt wären.«[31]

Die Begründung dieser vorgeblich empirischen Theorie ist interessant. Nicht auf Ergebnisse einer wissenschaftlichen Untersuchung wird verwiesen, sondern darauf, daß sich der Geist (Galileis) »genötigt« fühle, bestimmte (»primäre«) Eigenschaften körperlichen Substanzen zuzusprechen, bei anderen (»sekundären«) aber keinen solchen »Zwang« empfinde. Nach Baconischen Grundsätzen müßte man hier eigentlich dringend Vorsicht walten lassen sowie induktive Bestätigungen abwarten, um nicht Opfer eines Denk-»Idols« zu werden. Und unter vergleichbaren Vorbehalten nähert sich auch Berkeley dieser Theorie vom Körper und seinen Eigenschaften. Er attakkiert sie eben nicht als eine physikalisch-chemische, sondern als eine letztenendes (schlechte) metaphysische Doktrin; und dies – möglicherweise durchaus zurecht – entgegen Lockes Versicherung im Anschluß seiner Darlegungen, er habe sich im Vorhergehenden »auf

---

[30] In der Antike ist sie – wie bereits erwähnt – im Wesentlichen schon bekannt. Vielleicht läßt sie sich auf Demokrit zurückführen: »Nach gewohnheitsmäßiger Bezeichnung gibt es Farbe, Süßigkeit, Bitterkeit, in Wirklichkeit nur Atome und Leeres« (in: Die Anfänge der abendländischen Philosophie. Fragmente und Lehrberichte der Vorsokratiker, eingl. von Ernst Howald, üb. von Michael Grünwald, Zürich 1949, S. 147).

[31] Galileo Galilei, Schriften, Briefe, Dokumente, a. a. O. (ein Teil dieses Textes ist bereits zitiert worden), S. 276.

physikalische Untersuchungen eingelassen.«[32] (In der sich anschließenden kommentierenden Darstellung von Berkeleys Kritik beziehe ich mich nicht auf seine ›Dialogues‹ – was bereits geschehen ist –, statt dessen aber auf die ›Principles of Human Knowledge‹; mit gelegentlichen Seitenblicken auf die ›Commentaries‹.)

Es muß dabei gleich zu Beginn deutlich gesagt werden, daß Berkeley nicht nur gewisse Aspekte oder Bestandteile der gerade referierten korpuskularen Theorie der Körper und ihrer Eigenschaften leugnet – vielmehr lehnt er diese kompromißlos und im Ganzen ab.[33] Das heißt, zurückgewiesen wird die These von der Existenz materieller Substanzen ebenso wie die Annahme zweier verschiedener *Arten von Qualitäten* dieser Substanzen. Behauptet wird demgegenüber, daß die einzigen Substanzen, welche es gibt, geistige seien und daß die einzigen Qualitäten, die es gibt, Ideen in geschöpflichen Geistwesen sind (bzw. deren »Archetypen« oder vielleicht auch »Summen« im göttlichen, resp. »ätherischen« Geist). Was die Beziehung zwischen materiellen Substanzen und ihren Qualitäten betrifft, so würden die »Materialisten« diese überhaupt nicht erklären oder verständlich machen können, während die Relation von einem Geistwesen und seinen Vorstellungen jedem Menschen aus eigener Erfahrung intuitiv verständlich sei. Ebenso verfügten wir über eine gewisse (intuitive) »notion« – offensichtlich so etwas wie ein apriorischer Begriff – von Bewußtsein und ansatzweise sogar vom substantiellen Ich als dessen »Einheitspunkt«. Von der reinen Materie (abstrahiert von ihren sogenannten Qualitäten) hätten wir jedoch weder eine Vorstellung noch einen – wie erlangten? – »Begriff«. Die Verdoppelung der primären Qualitäten sei zunächst einmal überflüssig – warum zu einer perzipierten Gestalt noch eine »wirkliche«, ihr »ähnliche«, hinzutun? Die Verdoppelung der sekundären Qualitäten wird zudem auch noch als sinnlos erachtet – was solle etwa die Rede von einer prinzipiell unsichtbaren und der gesehenen vollkommen unähnlichen *Farbe* (!) bedeuten? Die Verdoppelung der Substanzen

---

32 Vgl. Locke, a. a. O., Bd. I, S. 154 (Zweites Buch, Kap. VIII, Abschn. 22).

33 Vgl.: »I agree in Nothing wth the Cartesians as to ye existence of Bodies and qualities« (in: Ayers, Hg., S. 290, ›Phil. Comm.‹, § 424a). »Cartesians« wird hier wohl in einem sehr allgemeinen Sinne gebraucht, ohne dabei auf bestimmte Differenzen zwischen Cartesianern und Atomisten abzuzielen, ist er doch jenen geradeso abhold wie diesen. (Eine Hauptdifferenz besteht darin, daß die »Korpuskel« der Cartesianer unendlich teilbar sind, die der Atomisten nicht, eine andere in der cartesischen Leugnung des Vakuums.)

wäre zumindest für solche Theisten redundant, die an die Allgegenwart, die Allmacht und das Allwissen Gottes glaubten.[34] Schließlich sei noch der ganze Begriff einer materiellen Substanz bzw. eines körperlichen Dinges »an sich« in sich widersprüchlich (Berkeleys sogenanntes »master argument«).

Wir wollen diese zentralen Thesen Berkeleys nun ein letztes Mal, etwas genauer und im Zusammenhang, zu betrachten und zu beurteilen suchen. Beginnen wir mit dem ersten Kritikpunkt, der auf die Ungeklärtheit und Unbegreiflichkeit der Beziehung zwischen der materiellen Substanz und ihren Eigenschaften abzielt. Locke hatte mit Descartes angenommen, daß die Ausdehnung ein (wesentliches) Akzidens der Materie sei, und mit Gassendi und gegen Descartes, daß Ausdehnung *allein* für Materialität noch nicht ausreiche und daher durch »solidity« und andere Akzidentien ergänzt werden müsse (bei Leibniz durch Kraft). Wie aber, so läßt sich fragen, verhalten sich Ausdehnung (und eventuell noch andere »Akzidentien«) und materielle Substanz zueinander? Falls die Ausdehnung (etc.) der materiellen Substanz nur kontingent zukäme – heißt das nicht, daß diese (Substanz) selbst unausgedehnt ist? *Aber warum dann nicht sagen, diese Substanz sei eine geistige?* Kommt die Ausdehnung der materiellen Substanz aber notwendig zu, wie weiß man, daß beide überhaupt unterschieden sind? Und sind sie nicht unterschieden, woher die (von Descartes geleugnete und von Gassendi sowie Locke behauptete) »Nötigung« des Geistes, einen Unterschied zwischen Materialität und bloßer Ausdehnung als unabdingbar zu postulieren? – Dies sind einige Fragen im Sinne Berkeleys, die sich im Anschluß an die Kontroverse zwischen Cartesianern und Atomisten (»Gassendisten«) stellen. Berkeley selbst bemerkt dazu (u. a.) dies:

»But let us examine a little the received opinion. It is said extension is a mode or accident of matter, and that matter is the *substratum* that supports it. Now I desire that you would explain what is meant by matter as *supporting* extension: say you, I have no idea of matter, and therefore cannot explain it. I answer, though you have no positive, yet if you have any meaning at all, you must at least have a relative idea of matter; though you know not what it is, yet you must be supposed to know what relation it bears to accidents, and what is meant by its supporting them. It is evident *support* cannot here be

[34] Vgl. auch Descartes' Ausweitung seiner Zwei-Substanzen-Ontologie zu einer Drei-Substanzen-Ontologie in den ›Principia Philosophiae‹ (1644), div. Ausg.

taken in its usual or literal sense, as when we say that pillars support a building: in what sense therefore must it be taken?«[35]

Die Problematik ist damit deutlich vor uns ausgebreitet. Ebenso dürfte es klar geworden sein, daß hier tatsächlich ein Problem für die »received opinion« besteht. Keinesfalls kann eine lapidare Anmerkung des deutschen Herausgebers der ›Principles‹ (Alfred Klemmt) als gelungene Verteidigung dieser Ansicht angesehen werden, wonach »nicht im mindesten einzusehen [sei], warum nicht sinnlich wahrnehmbare Eigenschaften materiellen Körpern als ihren Trägern inhärieren sollten.«[36] »Nicht im mindesten einzusehen« ist vielmehr, worin bei der Ersetzung des Ausdrucks »tragen« durch den artifizielleren Ausdruck »ihren Trägern inhärieren« der erwünschte Verständnisgewinn bestehen sollte. Auch die Fortsetzung des Texts, es handele sich bei dem Verhältnis von nichtwahrnehmbaren materiellen Substanzen zu ihren sinnlich wahrnehmbaren Akzidentien um »ein Verhältnis, das freilich nicht unmittelbar durch die Sinne feststellbar ist, sondern nur durch ein die Sinneswahrnehmung vervollständigendes und sinngemäß auslegendes Denken«, bleibt – ohne gänzlich unverständlich zu sein – doch einigermaßen rätselhaft. Denn dieses Verhältnis selbst soll ja kein geistiges (nur im Bewußtsein bestehendes) sein – ist es aber ein körperlich-materielles, dann fragt sich (fragt Berkeley) eben, wie das »auslegende Denken« diese Relation deuten könne: als räumliche Beziehung sicherlich nicht (es besteht kein Abstand zwischen Substanz und Akzidens), aber vielleicht als kausale? Möglicherweise. Immerhin gibt es Hinweise darauf, daß sich Locke das Verhältnis auf diese Weise gedacht haben könnte. Aber die Sachlage bleibt letztlich auch bei ihm und auch in sich ziemlich dunkel: Eine uns Menschen völlig unbekannte materielle Substanz verursacht zunächst die Ausdehnung der Atome, dann durch deren Lagerungen und Bewegungen mittelbar auch die wahrnehmbare Ausdehnung der körperlichen Dinge unserer Lebenswelt. Dies scheint zunächst einen gewissen Sinn zu ergeben, aber dennoch sind wir damit irgendwie wieder am Anfang unserer Fragestellung angelangt, denn könnte oder würde das nicht vielmehr

[35] Ayers (Hg.), S. 81 (›Princ.‹, § 16). Die deutsche Übersetzung in der »Philosophischen Bibliothek« ist hiereinmal mehr irreführend: »relative« (idea of matter) wird als »negative« (Idee der Materie) übersetzt (vgl. George Berkeley, Eine Abhandlung über die Prinzipien der menschlichen Erkenntnis, hg. von A. Klemmt, Hamburg [2]1979, S. 33.)
[36] A. a. O., S. 127.

bedeuten, daß diese »völlig unbekannte« materielle Substanz selbst unausgedehnt ist? Aber warum dann nicht besser gleich sagen, sie sei – in dem Sinne, in welchem das Wort damals verwendet wurde – »geistig«? Locke muß zugestanden werden, daß er sich mit der Postulierung einer *völlig unbekannten* materiellen Substanz konkreter Kritik zwar recht elegant entziehen kann, dürfen dieser doch alle möglichen »Vermögen« zugetraut werden. Aber auch Berkeley muß eingeräumt werden, daß die »received opinion« in diesem Zusammenhang zumindest noch manche Frage offen läßt.

Der irische Philosoph wirft dieser herkömmlichen Auffassung weiterhin eine unnötige Vermehrung der Substanzen und Akzidentien vor. Anläßlich der Lektüre der ›Meditationes‹ notiert er: »Descartes in Med: 3 Calls himself a thinking substance and a stone an extended substance. And adds that they both agree in this that they are substances.«[37] Demgegenüber hält Berkeley die Annahme von geistigen Substanzen für ausreichend (nicht aber die von ausschließlich menschlichen geistigen Substanzen): »I differ from the Cartesians in that I make extension, Colour etc. to exist really in Bodies and independent of Our Mind.«[38] Und, kurz darauf, sehr prägnant (aber leider auch subjektiv-idealistisch irreführend): »Ideas of Sense are the real things […]«[39] Das, was wir sehen, hören usw., ist die Wirklichkeit selbst, wie sie im Geist Gottes (bzw.im göttlichen Äther-Leib) besteht und das Reich der Natur ausmacht (wenn auch niemals das ganze). Aus Descartes Lehre folgt, daß gleiche wesentliche Akzidentien (z.B. Ausdehnung) in vollkommen verschiedenen Substanzen, der unausgedehnt-denkenden und der ausgedehnt-materiellen, existieren können (wenn auch in verschiedenen »Modi«). Berkeley hält den Gedanken für plausibler, daß sie nur in – allerdings unterschiedlich vollkommenen – *geistigen* Substanzen existieren:

»All the difference is, that according to us the unthinking beings perceived by sense, have no existence distinct from being perceived, and cannot therefore exist in any other substance, than those unextended, indivisible substances, or *spirits*, which act, and think, and perceive them: whereas philosophers vulgarly hold, that the sensible qualities exist in an inert, extended, unperceiving substance, which they call *matter*, to which they attribute a natural subsisten-

---

[37] Ayers (Hg.), S. 327 (›Phil. Comm.‹, §785).
[38] A.a.O., S. 329 (§801).
[39] A.a.O., S. 330 (§823).

ce, exterior to all thinking beings, or distinct from being perceived by any mind whatsoever, even the eternal mind of the Creator […]«[40]

Der Umstand, »that the eyes of the Lord are in every place«[41] genügt dem Erfordernis, daß die erscheinenden Dinge mit einem substantiellem Sein (hier: dem Geist Gottes) verbunden sein müssen, um überhaupt existieren zu können. – Die große Frage lautet hier allerdings, ob Berkeley die Existenz eines allgegenwärtigen göttlichen Geistes nur aus seinem monotheistischen Glauben heraus versichert, oder ob er sie rational aufweisen (oder zumindest plausibel machen) kann. Für diesen Fall hätte er einschlußweise auch seine These von der unnötigen Verdoppelung der Substanzen durch Locke u.a. gerechtfertigt.

2) Noch einmal: Berkeleys Gottesbeweis

Gewöhnlich werden die ›Principles of Human Knowledge‹ als eine epistemologische Abhandlung gelesen. Sie enthalten jedoch auch einen, mit diesen erkenntnistheoretischen Fragen freilich eng verknüpften Beitrag zur Rationalen Theologie. Kern dieser philosophisch-theologischen Ausführungen ist eine, in den 156 aneinander gereihten Paragraphen des Hauptteils (dieser wird nochmals durch eine 25 Paragraphen lange »Introduction« eingeleitet) weitgehend verborgene Argumentation, welche mit einiger Berechtigung »Berkeleys Gottesbeweis« genannt werden kann.[42] Dieser zeigt folgende Grundstruktur:

---

[40] A.a.O., S. 105 (›Principles‹, § 91).

[41] A.a.O., S. 127 (›Princ.‹, § 155). Vgl. auch ›Principles‹, § 19: »If […] it were possible for bodies to exist without the mind, yet to hold they do so, must needs be a very precarious opinion; since it is to suppose, without any reason at all, that God has created innumerable beings that are entirely useless, and serve to no manner of purpose.« (Ein typisches Beispiel für das anthropozentrische Naturverständnis, das in Berkeleys früheren Schriften niemals ganz überwunden scheint.)

[42] Mit diesem »Beweis« in dessen letzter Grundlage eng verwandte Gedanken formuliert Husserl: »Setzt nicht rationales Sein, und zunächst schon als Natur, um überhaupt denkbar zu sein, rationale Theorie und eine sie leistende Subjektivität voraus; setzt also die Natur und überhaupt die Welt an-sich nicht Gott, als die absolut seiende Vernunft, voraus? Ist da nicht *psychisches Sein* als eine rein für sich seiende Subjektivität im An-sich-Sein bevorzugt? Ob göttliche oder menschliche, es ist doch Subjektivität.« (›Die Krisis der europäischen Wissenschaften und die Transzendentale Phänomenologie‹, in:

1. Prämisse: Was immer wir wahrnehmen, sind Sinnesideen.
2. Prämisse: Sinnesideen können nicht von materiellen, sondern nur von geistigen Substanzen verursacht sein (oder nur in solchen existieren).
3. Prämisse: Wir können nicht annehmen, daß die Sinnesideen ausschließlich von unseren wechselhaften und »beschränkten« Geistern hervorgebracht werden (oder nur in uns existieren).

Konklusion: Es muß eine uns sehr überlegene geistige Substanz geben, welche die Sinnesideen hervorbringt (und worin diese recht dauerhaften Bestand haben): eine passende Bezeichnung für eine solche geistige Substanz scheint »Gott« zu sein.

Dieser Gottesbeweis ist (unseres Wissens) bislang zweimal, nämlich von John Mackie und von Jonathan Bennett, ausführlicher behandelt, rekonstruiert und kritisiert worden. Der Rekonstruktion Mackies entspricht ansatzweise die gerade gelieferte (jene geht jedoch von der traditionellen Berkeley-Deutung aus). -Nachdem er wohlwollend bemerkt, daß Berkeleys Überlegungen es verdienten, ernst genommen zu werden,[43] fährt Mackie fort:

»Die Grundzüge von Berkeleys Theorie sind bekannt: Alles, was existiert, sind Geist und Ideen; Ideen sind Wesenheiten, deren *esse est percipi*, d.h., die im und durch das Perzipiertwerden existieren. Die Dinge der Außenwelt, die wir gemeinhin für materiell halten, sind in Wahrheit nichts als Gruppen von Ideen. Ideen sind völlig passiv: Zwar begleiten sie in bestimmter Regelmäßigkeit einander oder folgen aufeinander, doch ist in Wirklichkeit keine Idee die Ursache irgendeiner anderen – bringt keine irgend etwas hervor. Alle eigentliche Aktivität und Ursächlichkeit kommt nur Geist und Willen zu. So-

---

Edmund Husserl, Gesammelte Schriften, hg. von E. Ströker, Bd. 8, Hamburg 1992, S. 62)

[43] »Berkeleys immaterialistische Philosophie spielt unter den zugunsten des religiösen Glaubens vorgebrachten weithin akzeptierten Gründen eine viel geringere Rolle als jede Form des ontologischen Arguments. Dennoch verdient sie als philosophische Theorie ernst genommen zu werden. Als eine Form des Theismus hat sie den Vorzug, daß sie der traditionellen Lehre, Gott habe die Welt nicht nur erschaffen, sondern erhalte sie auch beständig im Dasein, und unser endlicher Geist mit den meisten seiner Erkenntnisinhalte hänge unmittelbar vom unendlichen Geist Gottes ab, eine sehr klare Deutung gibt.« (J. Mackie, Das Wunder des Theismus, üb. von R. Ginters, Stuttgart 1985, engl. Erstv. 1982, S. 103).

wohl der menschliche als auch der göttliche Geist sind aktiv; doch ist der göttliche Geist weitaus mächtiger als der unsere.«[44]

Demgegenüber erscheint Bennetts Rekonstruktion etwas eigensinnig. Er teilt den einen Gottesbeweis in zwei Argumente auf, die er das »passivity argument« und das »continuity argument« nennt.[45] Das erste lautet:

»*(a)* My ideas of sense come into my mind without being caused to do so by any act of my will;
(b) The occurrence of any idea must be caused by an act of the will of some being in whose mind the idea occurs;

therefore

(c) My ideas of sense occur in the mind of, and are caused by acts of the will of, some being other than myself.«[46]

Das »continuity argument« verlaufe dagegen so:

(a) No collection of ideas can exist when not perceived by some spirit;
(b) Objects are collections of ideas;
(c) Objects sometimes exist when not perceived by any human spirit;

therefore

(d) There is a non-human spirit which sometimes perceives objects.«[47]

Bennetts Haupteinwand gegen das *Passivitätsargument* besagt, Berkeley habe nicht deutlich zwischen »verursacht werden von« und »existieren (Bestand haben) in« unterschieden. Das mag zutreffen. Aber daraus folgt nicht, daß Berkeley einer Ambiguität des Ausdrucks »depend on« (einmal als »caused by« und einmal als »owned by«) aufgesessen wäre. Denn es ist möglich und durchaus im Einklang mit der bestehendenTextlage, seinen Gottesbeweis in zwei verschiedenen und einander ergänzenden Varianten vorzustellen, nämlich so wie wir dies, diesen Abschnitt einleitend, auch schon getan haben. Bennetts Einwand gegen das *Kontinuitätsargument,* welches weniger ein solches von Berkeley selbst als vielmehr das eines durchaus originellen und oft kolportierten Limericks eines (mir) unbe-

---

[44] Mackie, a.a.O., S. 103 f.

[45] Vgl. Jonathan Bennett, Locke, Berkeley, Hume: Central Themes, Oxford 1971, Kap. VII (»Berkeley on God and Scepticism«).

[46] A.a.O., S. 165.

[47] A.a.O., S. 169.

kannten Verfassers ist[48], lautet kurz und bündig: »The continuity argument [...] proves nothing, if only because its idealist premiss *(b)* is false. Also, its conclusion is very weak.«[49] Aber daß *(b)* falsch ist, sollte eben nicht nur versichert, sondern aufgewiesen werden und die Konklusion ist auch nur in Bennetts eigenen Rekonstruktion so »schwach« (in Berkeleys Schriften wird sich *(d)* nicht auffinden lassen). So muß Mackies Diskussion für die gelungenere erachtet werden: mit ihr haben wir uns aber schon einmal auseinander gesetzt[50].

Beginnen wir – mit den notwendigen Erörterungen und Erinnerungen – unsere Rekonstruktion von Berkeleys Beweisgang. Richtig verstanden, kann die Aussage »Was immer wir wahrnehmen, sind Sinnesideen« gar nicht bestritten werden. Denn eben das, was wir »eigentlich« sehen, wenn wir unsere Augen öffnen, was wir hören, wenn wir unsere Ohren offen halten usw., nennt Berkeley eben »Sinnesideen«.[51] Und die Tatsache, daß wir *etwas* sehen etc. läßt sich ebensowenig bestreiten wie der Umstand, daß *wir* es als Subjekte unserer Wahrnehmungen sind, die dieses sehen etc. und daß es sich deswegen um »unsere Sinnesideen« handelt (so schon Descartes in den ersten beiden »Meditationen«: vollkommen unbezweifelbar sei zumindest mein Ich und dessen *cogitationes qua cogitationes*). Diese Annahme teilt Berkeley zunächst einmal auch mit Locke und den anderen Anhängern der »received opinion«. Aber bald werden auch

---

[48] »There was a young man who said ›God
Must think it exceedingly odd
If he finds that this tree
Continues to be
When there's no one about in the quad.‹
– Dear Sir:
Your astonishment's odd;
I am always about in the Quad.
And that's why the tree
Will continue to be,
Since observed by
Yours; faithfully,
GOD.«

[49] A. a. O., S. 169. Im Anschluß daran geht es Bennett v. a. um den Nachweis, daß Berkeley an einer kontinuierlich existierenden Körperwelt kein besonderes Interesse gehabt habe.

[50] Vgl. unsere Dissertation ›George Berkeleys Gottesbeweis und immaterialistisches Weltbild‹, Diss.:München 1990 (*II.* Teil, *1.* Kap.).

[51] G. E. Moore nennt dasselbe ca. 200 Jahre später »Sinnesdaten«: vgl. »Sense-Data« in: Ders., Some Main Problems of Philosophy, London [5]1969 (Erstv. 1953).

bedeutsame, nämlich folgenschwere Unterschiede deutlich. Denn diesen Anhängern liegt der Gedanke fern, daß unsere Sinnesideen zugleich auch solche eines anderen als nur menschlichen Geistwesens sein könnten. Und so stellen sie unseren »subjektiven« Sinnesideen wie selbstverständlich auch etwas ganz anderes als »objektive« Pendants gegenüber: materielle Dingqualitäten.

Dabei mußte sich das Problem erheben, wie denn eigentlich gezeigt werden könne, daß die subjektiven Ideen die objektiven Qualitäten auch adäquat oder »veridisch« wiedergeben. Dieses Problem wurde durch die (so gesehen ziemlich kühne) Unterscheidung von primären und sekundären Qualitäten bloß noch verschärft: Nehme ich immer nur meine eigenen Sinnesideen wahr, wie kann ich diese mit den Dingqualitäten vergleichen und wie kann ich wissen, daß eine Art von Qualitäten meinen Ideen oder Vorstellungen ähnlich ist, eine zweite aber nicht? Der Hinweis auf ein Wissen, wie es uns angeblich die physikalischen Theorien liefern, bleibt unbefriedigend, da ja auch diese Theorien auf Sinneserfahrungen aufbauen (deren »Veridität« ja gerade bezweifelt wird). Wer sich weigert, nichtempirisches Wissen zu konzedieren, kann dieser Schlinge nicht entkommen und wer solches Wissen (etwa intuitiver Art) einräumt, muß versuchen, mit einem beachtlichen Begründungsproblem zu Rande zu kommen. – Es sei denn (so könnte es aussehen), er entschließe sich, Berkeleys Pfaden noch ein Stück weiter zu folgen. Denn dieser hält dafür, Sinnesideen seien nichts anderes als die »wahren Atome« der Sinnesgegenstände, es seien *Gegenstandsqualitäten* – so würde die nichtarchetypische, summarische Deutung lauten –, d. h. sie seien von Sinnesideen nur der Zahl nach, nicht dem Wesen nach unterschieden (und zusätzlich wohl aufgrund ihres »spirituellen Orts«: die einen sind im Geist Gottes, bzw. in dessen Wirkraum, der Weltseele, die anderen im Geist seiner solcherart begabten Geschöpfe und endlichen »Bilder«).

Dies führt zur zweiten Prämisse, wonach Sinnesideen nur von geistigen Substanzen verursacht sein (oder nur in solchen existieren) können. Stellen wir die schwierigere Kausalfrage zunächst zurück (das »caused by«), um über das »owned by« Klarheit zu bekommen. Es sollen also nur geistige Substanzen als »owner« (»Besitzer« …) von Sinnesideen gelten können. Auch dies erscheint unproblematisch, ja geradezu analytisch wahr, verweist doch schon der Begriff einer Sinnesidee auf ein Sinnes- bzw. ein Ideen- oder Vorstellungsvermögen. In dem Apfel könnte allenfalls eine Rotqualität existieren, niemals aber eine visuelle Rotvorstellung. (Es sei denn eine »latente«, sofern der Apfel selbst latent oder potentiell geistiger Art wäre.[52]) Nun sollen aber – wir sagten es eben – die Sinnesgegenstände selbst aus den »wahren Atomen Sinnesideen« bestehen. So schreibt Berkeley bereits im ersten Paragraphen (des Hauptteils) der ›Principles‹:

»By sight I have the ideas of light and colours with their several degrees and variations. By touch I perceive, for example, hard and soft, heat and cold, motion and resistance, and of all these more and less either as to quantity or degree. Smelling furnishes me with odours; the palate with tastes, and hearing conveys sounds to the mind in all their variety of tone and composition. And as several of these are observed to accompany each other, they come to be marked by one name, and so to be reputed as one thing. Thus, for example, a certain colour, taste, smell, figure and consistence having been observed to go together, are accounted one distinct thing, signified by the name *apple.*«[53]

Ein grundsätzlicher Einwand gegen diese Berkeleysche Sicht liegt hier gleichsam auf der Hand: Offensichtlich gibt es bedeutsame Unterschiede zwischen Ideen und Gegenständen, welche eine solche beherzte Identifizierung von vorneherein als absurd erscheinen lassen. Sinnesideen sind nur in Halluzinationen und ähnlichem mit Sinnesgegenständen identisch. Ein halluzinierter Laib Brot ist aber beispielsweise von einem wirklichen schon dadurch deutlich unterschieden, daß nur letzterer den Hungernden nährt und am Leben erhält. – Dieser Einwand soll auch durchaus ernst genommen werden.

Vielleicht kann Berkeley jedoch (die Archetypen-Deutung hier versuchsweise einmal ganz beiseite lassend) verteidigt werden, indem er so verstanden wird, als habe er die Vorstellung der Identität von Sinnesideen mit Sinnesgegenständen durch die der *partiellen Identität* ersetzt. *Vollkommen identisch* können meine Sinnesideen

---

[52] So Lotze über die Farben, Töne usf.: »Sollen sie nicht allein Erscheinungen in unserem Inneren sein, sondern auch den Dingen eigen, von denen sie auszugehen scheinen, so müssen die Dinge sich selbst erscheinen können und in ihrem eignen Empfinden sie in sich erzeugen. Zu dieser Folgerung, welche über alles Seiende die Helligkeit lebendiger Beseelung ausbreitet, müßte unsere Sehnsucht entschlossen fortgehen; in ihr allein fände sie eine Möglichkeit, dem Sinnlichen eine Wirklichkeit außer uns zu verschaffen, indem sie ihm eine Wirklichkeit im Innern der Dinge gäbe; fruchtlos dagegen würde jeder Versuch sein, das was nur als innerer Zustand irgendeines Empfindens denkbar ist, als eine äußerliche Eigenschaft an empfindungslose Dinge zu heften.« (H. Lotze, Mikrokosmus. Ideen zur Naturgeschichte und Geschichte der Menschheit *I, 3, 4,* a.a.O., S. 398)

[53] Ayers (Hg.), S. 77.

nur dann mit ihrem Objekt sein, wenn dieses von mir halluziniert oder geträumt wird. Aber daraus folgt nicht, daß meine Vorstellung in allen anderen Fällen eine abbildliche Repräsentation sein müßte – sie könnte schon ein *Bestandteil* des Gegenstandes selbst sein. Wenn ich von einer Torte ein Stück abschneide, habe ich keine Repräsentation der Torte auf meinem Teller, sondern einfach ein Stück von ihr. So möglicherweise auch im Falle der Wahrnehmung.[54] Ein Gegenstand ist identisch mit einem Vorstellungsbündel Gottes (bzw. mit einem solchen in der Weltseele) und dieses wiederum – so könnte Berkeley wenigstens verstanden werden – mit der Summe aller möglichen Vorstellungsbilder, die man als endliches Geschöpf mit einem endlichen »Sinnesapperat« von diesem Gegenstand erlangen könnte. Wenn ich den Gegenstand, z. B. einen Apfel, vor mir habe, kann ich verschiedene Vorstellungsbilder von ihm erlangen, aber (was für die Zwecke dieser Argumentation genügen würde) niemals gleichzeitig alle. Insofern besteht einerseits niemals Identität zwischen dem Gegenstand meiner Sinnesvorstellung und dieser meiner aktuellen Vorstellung selbst (mir fehlt etwa eine genauere Vorstellung von dem Inneren des Apfels), andererseits aber auch niemals ein abbildliches Verhältnis. Was besteht, ist eine Beziehung der partiellen Identität. Dabei ist allerdings anzunehmen, daß es aufgrund der graduellen Verschiedenheit der menschlichen und der göttlichen geistigen Substanz, auch (nichtwesentliche) Unterschiede der Art gibt, *wie* Sinnesideen in den beiden Geistwesen präsent sind. Berkeley gesteht deswegen an einigen Stellen seines Werks – und besonders in den späteren – zu (allerdings zulasten seiner ursprünglich radikal antiskeptischen Intentionen), daß die Ideen im Geist Gottes »archetypisch« genannt werden könnten.[55]

Nach diesen teilweise rekapitulierenden und auf eine neue Weise akzentuierenden Erläuterungen des Berkeleyschen Standpunkts zurück zu seinem Gottesbeweis (darin natürlich Gott noch nicht als

---

[54] Ähnlich argumentiert auch H. Bergson im ersten Kap. Von ›Materie und Gedächtnis‹, a. a. O.

[55] Vgl. z. B. nochmals den bereits zitierten zweiten Brief Berkeleys an Johnson vom 24. 3. 1730: »I have no objection against calling the ideas in the mind of God archetypes of ours. But I object against those archetypes by philosophers supposed to be real things, and to have an absolute rational existence distinct from their being perceived by any mind whatsoever; it being the opinion of all materialists that an ideal existence in the Divine Mind is one thing, and the real existence of material things another« (in: Ayers, Hg., S. 353 f.).

eine – und sei es, versteckte – Voraussetzung vorkommen darf): Warum – können Sinnesideen auch nur in geistigen Substanzen existieren – sollen diese nicht wenigstens von materiellen Substanzen *verursacht* sein können? Dies sieht nach einer mehr als nur berechtigten Frage aus, denn sowohl im täglichen Leben wie auch in den empirischen Wahrnehmungswissenschaften geht man wie selbstverständlich von einem kausalen Wahrnehmungsgeschehen (mit dem materiellen Wahrnehmungsgegenstand als Ursache der Sinnesideen) aus. Würden wir nicht sogar sagen, daß das Vorliegen einer geeigneten Kausalrelation geradezu das ausschlaggebende Kriterium für die Wahrheit der Behauptung ist, jemand habe einen Gegenstand wirklich wahrgenommen? Aber offensichtlich setzt die Beantwortung der Frage zunächst einmal eine Klärung des *Begriffs* einer Kausalrelation voraus. Denn bei Zugrundelegung einer bestimmten Bedeutung von »Kausalrelation« würde auch Berkeleys Antwort eine zustimmende sein, nämlich dann, wenn unter einer solchen eine bloße Aufeinanderfolge nach einer Regel (nach einem »Naturgesetz«) verstanden wird. Solche Regelmäßigkeiten zu entdecken, sei (man erinnere sich seiner instrumentalistischen Wissenschaftstheorie) die wahre Aufgabe der Naturwissenschaften (»Natural Philosophy«):

»The true use and end of Natural Philosophy is to explain the phenomena of nature; which is done by discovering the laws of nature, and reducing particular appearances to them. This is Sir Isaac Newton's method; and such method or design is not in the least inconsistent with the principles I lay down. This mechanical philosophy doth not assign or suppose any one natural efficient cause in the strict and proper sense.«[56]

Die Wirkursachen im strengen und eigentlichen Sinn sind keine Forschungsgegenstände der Naturwissenschaften, sondern der metaphysischen Wissenschaft vom Geist. Ersteres schon deswegen nicht, da solche Wirkursachen keine möglichen Gegenstände der Grundlage der Naturwissenschaften – der Sinneserfahrung – darstellten. Wirkursächlichkeit ist nicht sichtbar, hörbar usw., wohl aber regelmäßige Aufeinanderfolge, deren Zwischenglieder als »Gelegenheitsursachen« bezeichnet werden könnten – sind sie auch in Wahrheit nur Anzeichen der darauffolgenden »(Gelegenheits-)Wirkungen«:

---

[56] Erster Brief an Johnson vom 25. 11. 1729 (in Ayers, Hg., S. 345). Man wird bemerken, wie respektvoll Berkeley von Newton spricht – und auch daß er seine eigene Philosophie zumindest nicht auf direkten »Kollisionskurs« mit dessen Lehren bringen will.

»Cause ist taken in different senses. A proper active efficient cause I can conceive none but Spirit; nor any action, strictly speaking, but where there is Will. But this doth not hinder the allowing occasional causes (which are in truth but signs); and more is not requisite in the best physics, i. e. the mechanical philosophy. Neither doth it hinder the admitting other causes besides God; such as spirits of different orders, which may be termed active causes, as acting indeed, though by limited and derivative powers. But as for an unthinking agent, no point of physics is explained by it, nor is it conceivable.«[57]

Wirkursächlichkeit wird somit aus der inneren Erfahrung erkennbar, aus der eines jeden einzelnen Menschen, der aus sich heraus eine neue Kausalreihe hervorbringt. Damit ereignet sich für den streng empiristisch verfahrenden Beobachter wirkliche bzw. Wirk-Ursächlichkeit immer nur im Zusammenhang mit einer (seiner) geistigen Aktivität. Wenn somit Verursachung im eigentlichen Sinne ganz generell nur als von geistigen Substanzen ausgehend erfahrbar wird, dann muß das auch speziell für die Verursachung von Sinnesideen gelten. Die zweite Prämisse lautete nun aber nicht, daß Sinnesideen immer nur als von geistigen Substanzen verursacht *erfahren* werden; sie besagt vielmehr, daß diese Ideen immer nur von geistigen Substanzen *verursacht* werden (und von materiellen gar nicht verursacht werden können).

Berkeley will sich nicht auf den radikalempiristischen (Fehl-)Schluß berufen, wonach das, was nicht erfahrbar sei, auch nicht wirklich sein könne. Statt dessen verweist er auf ein echtes Problem der Vertreter der These von der Verursachung der Sinnesideen durch materielle Substanzen:

»For though we [may, S. B.] give the materialists their external bodies, they by their own confession are never the nearer knowing how our ideas are produced: since they own themselves unable to comprehend in what manner body can act upon spirit, or how it is possible it should imprint any idea in the mind. Hence it is evident the production of ideas or sensations in our minds, can be no reason why we should suppose matter or corporeal substances, since that is acknowledged to remain equally inexplicable with, or without this supposition.«[58]

Kurz zuvor (in Paragraph 18) hatte Berkeley es als »allseitig zugegeben« bezeichnet, daß wir selbst, etwa in Träumen oder Halluzinationen, Sinnesideen haben (und hervorbringen) – »without their [the

[57] Ebd.

[58] Ayers (Hg.), S. 82 (›Princ.‹, § 19).

external bodies', S. B.] concurrence«. Seine Gründe dafür, daß die Annahme von materiellen Substanzen zur Klärung der Entstehung von Sinnesideen nicht weiter hilft, da *erstens* der Übergang zur geistigen Vorstellung völlig rätselhaft bleibe und *zweitens* solche Ideen auch ohne materielle Substanzen entstünden, könnten durch einen damit zusammen hängenden dritten Grund ergänzt werden: Es ist rätselhaft, wie zwei ganz verschiedene, ja, eventuell gegensätzliche Substanzarten, die materielle und die geistige, zu ganz ähnlichen Sinnesideen sollen führen können: dem geträumten oder halluzinierten Apfel und dem gesehenen Apfel. Möglicherweise sind die geträumte und die gesehene Sinnesidee »intrinsisch« leicht unterschieden (erstere »wirkt«, subjektiv betrachtet, vielleicht nicht so deutlich und dauerhaft) – aber das wäre nur zu erwarten, wenn Berkeley recht hätte und die erstere von einem menschlichen, die letztere dagegen vom göttlichen Geistwesen verursacht worden wäre. Jedenfalls könnte diese Erklärung den Phänomenen besser gerecht werden als die konkurrierende von den beiden gegensätzlichen Substanzarten.[59]

Obwohl nun schon einige Argumente zugunsten der zweiten Prämisse »ausgespielt« worden sind, glaubt Berkeley immer noch einen »Joker« in der Hand zu haben: sein »master argument«.[60] Das Ziel dieses Arguments liegt in dem Nachweis, daß der Begriff einer materiellen Substanz oder irgend eines »Dinges an sich« unabhängig von einem (vorstellenden) Bewußtsein einen Widerspruch in sich enthält. Da etwas, dessen Begriff in sich widersprüchlich ist – eine *contradictio in adiecto* – jedoch keinesfalls existieren kann, gibt es auch keine materiellen Substanzen als nichtdenkende Dinge an sich. Das wiederum hat trivialerweise zur Folge, daß solche Substanzen selbstverständlich auch keine Ursachen von irgendetwas (z. B. Sinnesideen) sein können. Dieses »master argument« muß nun ebenfalls noch einmal untersucht und abschließend bewertet werden. Es liegt in zwei Fassungen vor, deren eine sich in den ›Dialogues‹ findet[61], die andere in den ›Principles‹ (beide also in frühen Schriften):

---

[59] Mit dieser »konkurrierenden Erklärung« ist eher auf die cartesische abgezielt; der Darstellung Lockes kommt hier, dieser gegenüber, der Vorteil zu, daß beide Substanzen als letztlich ganz unerkennbar bezeichnet werden: Sie brauchen also nicht unbedingt als einander entgegengesetzt (ausgedehnt – unausgedehnt, nichtdenkend – denkend) aufgefaßt zu werden.

[60] Vgl. A. Gallois, »Berkeley's Master Argument«, in: W. E. Creery, George Berkeley. Critical Assessments, London 1991, Bd. III, Essay 62.

[61] Vgl. Ayers (Hg.), S. 158 *(Zweiter Dialog)*.

»This easy trial may make you see, that what you contend for, is a downright contradiction. Insomuch that I am content to put the whole upon this issue; if you can but conceive it possible for one extended moveable substance, or in general, for any one idea or anything like an idea, to exist otherwise than in a mind perceiving it, I shall readily give up the cause: and as for all that *compages* of external bodies which you contend for, I shall grant you its existence, though you cannot either give me any reason why you believe it exists, or assign any use to it when it is supposed to exist. I say, the bare possibility of your opinion's being true, shall pass for an argument that it is so.

But say you, surely there is nothing easier than to imagine trees, for instance, in a park, or books existing in a closet, and nobody by to perceive them. I answer, you may so, there is no difficulty in it: but what is all this, I beseech you, more than framing in your mind certain ideas which you call *books* and *trees*, and at the same time omitting to frame the idea of anyone that may perceive them? But do not you yourself perceive or think of them all the while?«[62]

In Paragraph 54 der ›Principles‹ wird noch einmal versichert: »Strictly speaking, to believe that which involves a contradiction, or has no meaning in it, is impossible«, wobei sich schon in den ›Commentaries‹ eine ähnliche Aussage findet: »I know not w[t] they mean by things consider'd in themselves. This is nonsense, Jargon« (Paragraph 832). In Paragraph 24 der ›Principles‹ weist Berkeley den Leser an, während des Versuches, »Objekte an sich oder außerhalb des Geistes zu denken, ruhig auf die eigenen Gedanken zu achten.« Was Berkeley mit dieser Aufforderung verdeutlichen will, ist wohl dies: Es muß zwar eingestanden werden, daß der Ausdruck »Objekt an sich«, ungleich solchen Ausdrücken wie »rundes Rechteck« oder »lediger Ehemann«, keinen Widerspruch in der Wortzusammenstellung enthält. Es gibt aber außerdem noch so etwas wie »pragmatische« oder »performative« Widersprüche zwischen einem Gedankeninhalt und einem Gedankenvollzug. Ein solcher »translogischer« Widerspruch ergibt sich z. B. aus dem Vollzug des Gedankens »Ich existiere nicht« oder aus dem Aussprechen des Satzes »Ich spreche kein Wort Deutsch«. Berkeley will nun augenscheinlich darauf verweisen, daß auch der Vollzug des Gedankens »Ich denke mir bzw. stelle mir ein Objekt außerhalb des Geistes vor« genau einen solchen Widerspruch enthält. Ein Gedanke, der einen Widerspruch enthält, kann aber unmöglich wahr sein. Wenn man sich ein Objekt außerhalb des Geistes (bzw. die absolute Existenz eines Objektes) aber weder vorstellen

[62] Ayers (Hg.), S. 83 (›Principles‹, §§ 22 f.).

noch diese widerspruchsfrei denken kann, dann, so hat es nun den Anschein, fehlen dem »Materialisten« ganz einfach die Grundvoraussetzungen zur Darstellung seiner Position.

Das *master argument* ist von Mackie, im Anschluß an Prior[63], auf scharfsinnige Weise analysiert und kritisiert worden. Dieser Kritik wollen wir uns – zwei verbleibende »Restbedenken« ausgenommen – grundsätzlich anschließen. In ihrem Angel- und Mittelpunkt steht folgender, Berkeley entgangener Gedanke: Zwar ist die Aussage A »Ich denke (stelle mir) ein Objekt (vor), an das niemand denkt (das sich niemand vorstellt)« tatsächlich widersprüchlich; aber daraus darf noch nicht Berkeleys *conclusio* (»Es gibt kein Objekt, an das niemand denkt bzw. das sich niemand vorstellt«) gefolgert werden. Denn A ist zu unterscheiden von der unproblematischen Aussage B: »Ich denke (stelle mir vor), *daß es ein Objekt gibt*, an das niemand denkt (das sich niemand vorstellt)«. Der eingeschobene Existenzquantor verändert den Bezug des Hauptsatzes »Ich denke (stelle mir vor)«[64] und erlaubt damit die Bezugnahme auf die »Dinge an sich«.

Die beiden verbleibenden Bedenken, die hier gar nicht weiter ausgeführt werden sollen, betreffen *erstens* die rein logisch-semantische Deutung des *master arguments* (es wäre auch eine performative möglich gewesen wie oben kurz angedeutet); *zweitens* könnte bezweifelt werden, daß sich das »Ich denke« in dem Satz »Ich denke, daß es ein Objekt gibt, an das niemand denkt« wirklich *überhaupt nicht* (auch) auf das »Objekt, an das niemand denkt« bezieht: Muß ich dieses Objekt wenigstens nicht auch irgendwie ansatzweise in Gedanken oder im intentionalen Bewußtsein haben, wenn ich darüber spreche? (Ich brauche es mir nicht *vorzustellen* und insofern sind die beiden parallel geführten Aussagen vielleicht doch deutlicher unterschieden als es zunächst den Anschein hat.) Wir können aber trotz dieser Restbedenken die Unschlüssigkeit des »Meisterarguments« mit großer Zuversicht annehmen. Es sei an dieser Stelle auch nochmals an das im vorletzten Kapitel (Anm. 60) Vermerkte verwiesen. Damit kommen wir zu dem Ergebnis, daß die zweite Prämisse (im Unterschied zur ersten) *nicht mit Sicherheit* wahr ist.

Die dritte Prämisse, die schon auf den ersten Blick gewissermaßen an die Bescheidenheit und Demut des Lesers als einem (bloßen)

---

[63] Vgl. A. N. Prior in: *Theoria*, Nr. xxi (1955), S. 117–122.

[64] Vgl. J. Mackie, Das Wunder des Theismus, a. a. O., S. 108 und – ausführlicher – in: Problems from Locke, a. a. O., S. 52–54.

Mitglied der menschlichen Art appelliert, ist, rein theoretisch gesehen, sicherlich die schwächste: »Wir können nicht annehmen, daß die Sinnesideen ausschließlich von unseren wechselhaften und »beschränkten« Geistern hervorgebracht werden (oder nur in uns existieren). Aber intuitiv – und mit »gesundem Hausverstand« – betrachtet, im Bewußtsein des – möglicherweise bereits mit unserem Selbstbewußtsein verbundenen – Wissens um unsere Unvollkommenheit und Beschränktheit (aus der Bedingung der Möglichkeit desselben folgerte Descartes eine uns eingeborene Idee der Vollkommenheit bzw. Gottes), sollte es keinen Zweifel darüber geben, daß das ganze Universum nicht nur im menschlichen Bewußtsein besteht.

Dennoch bietet sich zumindest »rein theoretisch« (also als Erwägbarkeit im Rahmen der Philosophie), als neue mögliche Antwort auf die Frage nach dem Ursprung der (unbezweifelbar existenten) Sinnesideen, die sicherlich gewagte Antwort an, wir selbst – nicht als Körperwesen, sondern als »Geistwesen« – würden diese Sinnesideen in unserem eigenen Bewußtsein ebenso hervorbringen wie unsere Träume. In der Tat wird Berkeleys Lehre, von Beginn ihres Bekanntwerdens an, mit einem solchen subjektivistischen Idealismus identifiziert (weswegen es angebracht erscheint, kurz dabei zu verweilen). In Wahrheit unterscheidet Berkeley (u. a.) allerdings deutlich zwischen zwei Arten von Sinnesideen. Die einen sind stark, lebhaft und bestimmt, sie »haben desgleichen eine gewisse Beständigkeit und Ordnung sowie Zusammenhang, und sie werden nicht aufs Geratewohl hervorgerufen«[65]. Die anderen sind nicht nur viel undeutlicher, unbeständiger und ungeordneter, sie unterstehen auch dem eigenen Willen. Von den letzteren, den »Ideen der Einbildungskraft«, kann ich bzw. jedermann annehmen, daß sie, von mir hervorgebracht, auch nur in »meiner Welt« existieren (und Gespräche über diese mir körperlich ähnlichen Wesen, die ich als andere menschliche Geistwesen einschätze, bekräftigen diese Vermutung). Von den erstgenannten Ideen, den »Sinnesideen«, kann ich dies bescheidener- und vernünftigerweise nicht tun: Diese Sinnesideen zeigen im Unterschied zu denen meiner Einbildungskraft eine solche wunderbare Ordnung, zeigen darüber hinaus Verläßlichkeit in der gesetzmäßigen Wiederkehr, offenbaren in ihrem Zusammenhang auch eine solche Weisheit und Voraussicht, daß ich sie einfach nicht als von einem meiner geistbegabten – und mir in meiner Unvollkommenheit ähn-

[65] Vgl. Ayers (Hg.), S. 85 f. (›Princ.‹, § 30).

lichen – Mitgeschöpfe hervorgebracht begreifen kann. Der unbezweifelbare Unterschied zwischen beiden Arten von Sinnesideen erfordert aber eine Erklärung. Offenbar muß der Geist, welcher die ungleich stärkeren, klareren, dauerhafteren Sinnesideen hervorgebracht hat, im Vergleich mit dem menschlichen auch ungleich stärker, klarer und dauerhafter sein. [66]

Bevor die Darstellung von Berkeleys Gottesbeweis nun endgültig abgeschlossen werden kann, sollten zwei Fragen wenigstens noch angesprochen werden. Da ist *erstens* die Frage, was Berkeley unter einem endlichen Geistwesen oder »beschränkten Geist« versteht, und insbesondere, wie er sich unser Wissen von einem solchen denkt, dann aber auch *zweitens* die (in der Besprechung der »Konklusion« zu erörternde) Frage, wie er unseren vorgeblichen »Schluß« auf die Existenz eines anderen endlichen Geistwesens, auf einen Mitmenschen, verstanden wissen will.

Erfahren wir von dem Philosophen nicht, was ein endliches Geistwesen ist, kann oder weiß, so haben wir auch keine Kenntnis davon, warum ein solches die »starken« Sinnesideen nicht hervorbringen können soll. Was sagt Berkeley also über diese endlichen oder geschöpflichen Geistwesen, welche wir alle selber sind? Stellt man diese Frage um dann in seine Schriften zu sehen, so fällt die Antwort zunächst unbefriedigend aus. George Pitcher stellt an die Berkeleysche Philosophie die klare Forderung, sie *müsse* uns darüber unterrichten, »was die Natur oder das Wesen von Geist« sei, und er fährt fort: »Berkeley muß natürlich in dieser Angelegenheit Position beziehen, da Geistwesen schließlich in seinem System die grundlegende Art von existierenden Dingen darstellen«.[67] Pitcher kann deswegen von dem »Geistwesen« Ich als von der grundlegenden Entität der Berkeleyschen Philosophie sprechen, weil es s. E. der Grundgedanke dieser »spiritualistischen« Philosophie sei, daß bei allem, was ich wahrnehme, denke usw., immer ein Bezug zum Ich besteht: *Ich* bin es, der wahrnimmt usf. Das Ich stellt den Ausgangspunkt der Berkeleyschen Philosophie dar – ist also Pitcher nicht vollkommen im Recht, wenn er über diesen etwas vernehmen möchte? Offensichtlich ja: Allerdings gibt es bei Berkeley nur relativ versteckte Hinweise auf diesen »Ausgangspunkt«. Gemäß diesen »Winken«

[66] Wie bereits ausgeführt, vertritt Berkeley grundsätzlich die Auffassung von der gänzlichen Passivität des menschlichen Geistes im Wahrnehmungsprozeß.
[67] G. Pitcher, a. a. O., S. 203; unsere Übersetzung.

scheint der Philosoph der Auffassung gewesen zu sein, es gebe eine Art intuitiven Wissens um das Ich bzw. von der eigenen geistige Substanz, welches aber nicht zur klaren Vorstellung oder Idee gebracht werden könne.

Wie aus seinen sprachphilosophischen Überlegungen hervorgeht[68], glaubt Berkeley offensichtlich über solches intuitives Wissen nicht oder nur vorbehaltlich sprechen zu können. Ein Hinweis auf ein Wissen dieser Art findet sich erstmals in den ›Philosophical Commentaries‹[69]; die dortige Aussage wird später in den ›Dialogues‹ präzisiert. Ich weiß, so liest man hier, von mir als einem geistigen, tätigen Prinzip, das wahrnimmt, erkennt, will und mit Vorstellungen operiert, »aber ich bin mir nicht in gleicher Weise weder des Daseins noch des Wesens der Materie bewußt.«[70] Zusammen mit diesem introspektiv-intuitiven Wissen von der Existenz eines geistigen Ich, wüßten wir auch, daß die Dinge, welche »Naturprodukte« genannt werden, nicht durch unsere eigenen Willensakte hervorgebracht werden oder auch nur von diesen abhängig sind:

»But though there be some things which convince us, human agents are concerned in producing them; yet it is evident to everyone, that those things which are called the works of Nature, that is, the far greater part of the ideas or sensations perceived by us, are not produced by, or dependent on the wills of men. There ist therefore some other spirit that causes them, since it is repugnant that they should subsist by themselves. […] But if we attentively consider the constant regularity, order, and concatenation of natural things, the surprising magnificence, beauty, and perfection of the larger, and the exquisite contrivance of the smaller parts of the creation, together with the exact harmony and correspondence of the whole, but above all, the never enough admired laws of pain and pleasure, and the instincts or natural inclinations, appetites, and passions of animals; I say if we consider all these things, and at the same time attend to the meaning and import of the attributes, one, eternal, infinitely wise, good, and perfect, we shall clearly perceive that they belong to the aforesaid spirit, *who works all in all*, and *by whom all things consist.*«[71]

Wir kommen schließlich zur Konklusion des Gottesbeweises: Es muß eine uns sehr überlegene geistige Substanz geben, welche die Sinnesideen hervorbringt (und worin diese recht dauerhaften Bestand ha-

[68] Vgl. hierzu z. B. die »Introduction« zu den ›Principles‹, in: Ayers (Hg.), S. 65–76.
[69] Vgl. Ayers (Hg.), S. 305 (›Comm.‹, § 563).
[70] Vgl. Ayers (Hg.), S. 185 (»Third Dialogue«).
[71] Ayers (Hg.), S. 123 (›Princ.‹ § 145).

ben) – Gott.[72] Bei diesem Schluß verhalten wir uns, nach Berkeleys Überzeugung, nicht irgendwie ungewöhnlich »exzentrisch-metaphysisch«, sondern ganz alltäglich-verständig: Denn auch die Existenz endlicher Geistwesen würden wir auf eine solche Weise erschließen bzw. erschlossen haben:

»A human spirit or person is not perceived by sense, as not being an idea; when therefore we see the colour, size, figure, and motions of a man, we perceive only certain sensations or ideas excited in our own minds: and these being exhibited to our view in sundry distinct collections, serve to mark out unto us the existence of finite and created spirits like ourselves. Hence it is plain, we do not see a man, if by *man* is meant that which lives, moves, perceives, and thinks as we do: but only such a certain collection of ideas, as directs us to think there is a distinct principle of thought and motion like to ourselves, accompanying and represented by it.«[73]

In diesem Text wird nun zumindest auch angedeutet, daß es sich bei dem Schluß auf die Existenz anderer Geistwesen nicht um einen zwingenden handelt; wir würden durch bestimmte Ideenanordnungen lediglich »angeleitet zu denken«, es gebe noch Geistwesen, welche uns glichen.[74] Vielleicht läßt sich dies so interpretieren, daß Berkeley seinen Nachweis eines göttlichen Geistes nicht nach dem

---

[72] In diesem Zusammenhang könnten auch einige Gedanken von Lotzes philosophischem Lehrer Fechner von einigem Interesse sein; er unterscheidet die »Tagesansicht« von der »Nachtansicht der Welt«. Letztere bestünde in der bedrückenden Vorstellung, daß alles, was es wirklich gibt, nur Materie ist und deren Verschiebungen im leeren Raum: »Die Blumen, Schmetterlinge lügen ihre Farben, die Geigen, Flöten ihren Ton. In dieser allgemeinen Finsternis, Öde und Stille, welche Himmel und Erde umfängt, schweben nur einzelne, innerlich helle, farbige und klingende Wesen [Menschen], wohl gar nur Punkte tauchen aus der Nacht auf, versinken wieder darein, ohne von ihrem Licht und Klange etwas zu hinterlassen, sehen einander, ohne daß etwas zwischen ihnen leuchtet, sprechen miteinander, ohne daß etwas zwischen ihnen tönt« […] Damit über uns hinaus in aller Welt gesehen, der Schall gehört werde, muß es ein sehendes und hörendes Wesen dazu geben. Und hat man nicht sonst schon von einem Gott gehört, der in der Welt allgegenwärtig und allwissend waltet?« (G. Th. Fechner, Die Tagesansicht gegenüber der Nachtansicht, Berlin o. J., [Erstv. 1879], S. 31 und 33)

[73] Ayers (Hg.), S. 124 (›Princ.‹ § 148).

[74] Hier hört sich Berkeleys Ausführung einmal mehr (noch) sehr rationalistisch an – wird doch behauptet, es sei u. a. ein *Schluß* notwendig, um uns zur Konstatierung eines Innenlebens eines Mitmenschen zu überreden. Demgegenüber bemerkt Scheler: »Daß aber Erlebnisse da sind, das ist uns in den Ausdrucksphänomenen – […] nicht durch Schluß, sondern ›unmittelbar‹ – gegeben im Sinne originären ›Wahrnehmens‹: wir nehmen die Scham *im* Erröten wahr im Lachen die Freude. Die Rede, es sei uns ›zunächst nur ein Körper gegeben‹, ist völlig irrig. Nur dem Arzt oder dem Naturforscher ist so etwas gegeben, d. h. dem Menschen, soweit er *künstlich* von den ganz primär gegebenen

Vorbild von Beweisen in den Formelwissenschaften verstanden wissen wollte?[75]

Jedenfalls müssen wir zu dem *Fazit* gelangen, daß Berkeleys Gottesbeweis, so interessant und ingeniös er auch sein mag, rein theoretisch oder formal betrachtet, *nicht schlüssig* ist. Gerade am Ende beruft er sich auf eine Analogie von Mensch und Gott, Mikrokosmos und Makrokosmos, welche ebenso »alt-ehrwürdig« wie interessant erscheint (womöglich sogar richtig ist), aber wohl nicht so ohne weiteres »evident« genannt werden kann. -Die folgenden, das Thema »Gottesbeweis« in den ›Principles‹ abschließenden Sätze leiten inhaltlich bereits über zu der naturphilosophisch-kosmologischen Spekulation von ›Siris‹; denn nachdem festgestellt wurde, daß wir den Geist eines Mitmenschen nicht unmittelbar sehen, sondern nur (zusammen mit dem erfahrenen Anblick) gewissermaßen »miterfahrend« erschließen können, folgt die Ergänzung:

»And after the same manner *we see God;* all the difference is, that whereas some one finite and narrow assemblage of ideas denotes a particular human mind, whithersoever we direct our view, we do at all times and in all places perceive manifest tokens of the divinity: everything we see, hear, feel, or any wise perceive by sense, being a sign or effect of the Power of God; as is our perception of those very motions, which are produced by men.«[76]

3) Berkeley und Newton

Wie wir feststellen konnten, hängt Lockes Unterscheidung zwischen primären und sekundären Qualitäten sehr eng mit seiner atomistischen Metaphysik zusammen, wie er sie in den Schriften von Galilei, Gassendi, Boyle, Newton u. a. angetroffen hat. Alle diese nahmen an, daß die »Dinge an sich« aus unteilbaren Atomen von bestimmter Größe und Gestalt, mit bestimmter Festigkeit und bestimmtem Ort usf. zusammengesetzt sind. Diese Atome hätten jedoch weder Farbe noch Geschmack, Geruch usf. – und schon deswegen kämen auch den Dingen an sich keine solchen sekundären Qualitäten zu.

Ausdrucksphänomenen abstrahiert.« (M. Scheler, Wesen und Formen der Sympathie, a. a. O., S. 21)

[75] Gegen diese Deutung spricht allerdings der Anfang des Paragraphen 149 der *Principles:* vgl. Ayers (Hg.), S. 124.

[76] Ayers (Hg.), S. 124 (›Princ.‹ § 148); unsere Hervorhebung.

Solange dieser Atomismus noch eine fruchtbare physikalische Hypothese darstellte (also etwa seit der Zeit Galileis bis Newton und weiter (v. Helmholtz, Boltzmann usf. und bis hin zum jungen Einstein), ist es wohl im großen und ganzen – der Bedenken Berkeleys und anderer in seinem Gefolge zum Trotz – sinnvoll gewesen, eine solche Unterscheidung der Qualitäten aufrechtzuhalten. Was aber, wenn sich dieser Atomismus als eine *falsche Hypothese* herausstellen sollte? Was, wenn sich ergeben hätte, daß es überhaupt keine »körnigen« unteilbaren Atome als Grundbausteine des Universums usw. gibt? Wäre es dann nicht widersinnig, sich die Dinge an sich weiterhin nach dem Modell oder Vorbild dieser »Korpuskeln« vorstellen und denken zu wollen? Dem scheint so – und wirklich macht die moderne Quantentheorie mit dem »Bauklötzchen«-Atomismus radikal Schluß. Die unteilbaren Atome gibt es nicht und die Bestandteile der nur sogenannten »Atome« (oder »Unteilbaren«) nehmen bei bekanntem Impuls keinen bestimmt angebbaren Ort ein (und umgekehrt), folgen insbesondereauch nicht kontinuierlich verfolgbaren oder prognostizierbaren Bahnen. Viele aus unserer vertrauten Welt »mittlerer« Größen bekannte Gesetze und Selbstverständlichkeiten gelten nicht mehr (Beispiele wären Werner Heisenbergs »Unschärferrelation« und Alain Aspects »Nichttrennbarkeit« bzw. »nonlocality«). Nicht mehr nur der Begriff des Teilchens, sondern der dazu komplementäre Begriff der Welle sowie der des »Feldes« bestimmen das moderne Denken über die physikalischen Grundlagen der »Materie«. Größe, Gestalt, Gewicht usw. gelten längst nicht mehr als primäre oder irreduzible Eigenschaften von »Materiestückchen«. Auch der zum traditionellen Atombegriff komplementäre Begriff der Leere darf mittlerweile als »diskreditiert« gelten. So gibt es z. B. überall Energiefelder, die zumindest sehr »kurzlebige« virtuelle Teilchen hervorbringen können. Aber auch die »längerlebigen Elementarteilchen« Proton, Elektron, Photon und Neutron sind keineswegs Objekte im herkömmlichen Sinn; vielmehr handelt es sich dabei um die jeweils vorläufigen Resultate ständiger Wechselwirkungen besagter »Felder«, die, in traditioneller Sprache, eher »immateriell« denn »materiell« genannt werden sollten.[77] So gesehen, wäre die wahrgenommene Größe genausowenig »primär« wie die wahr-

[77] Es gibt eine Reihe von allgemeinverständlichen Büchern über die moderne (Quanten-)Physik, vgl. z. B. J. Gribbin, Auf der Suche nach Schrödingers Katze. Quantenphysik und Wirklichkeit, München [5]1993, J. Guitton u. a., Gott und die Wissenschaft. Auf

genommene Farbe. Das würde aber nichts geringeres bedeuteten, als daß Berkeleys Angriff auf die Boyle-Lockesche Qualitätentheorie in der modernen Physik einen unerwarteten Verbündeten gefunden hätte.

Möglicherweise gilt dies auch für die positiven Elemente der Berkeleyschen Lehre. Zu diesen gehört auch seine Äther-Hypothese. »Äther«, so wird man sich erinnern, nennt Berkeley die »intelligible Ausdehnung« des Universums – eine Konzeption, der er ursprünglich imzuge seiner Malebranche-Studien begegnet sein dürfte. Aber dieser Philosoph war durchaus nicht der einzige, bei dem sich die Annahme findet, es gebe eine sowohl spirituelle als auch (auf eigenartige, eventuell nichteuklidische Weise) ausgedehnte ätherische Weltseele, die den Kosmos auf eine ähnliche Weise durchdringt wie die Seele den menschlichen Leib. Ein anderer, für Berkeleys philosophische Entwicklung sicherlich nicht unbedeutender Denker ist Isaak Newton gewesen. Das ›Historische Wörterbuch der Philosophie‹ nennt seinen Namen, wie an so vielen Stellen, auch unter dem Stichwort »Äther« (= im folgenden Ä.); an die Darstellung der Äther-Hypothesen in Antike und Mittelalter schließt sich folgende Ausführung an:

»In der *Renaissance* erscheint Ä. als den anderen vier Elementen übergeordnete, himmlisch-astrale, unsichtbare Qualität und als Medium zwischen dem Geiste und dem Körper. AGRIPPA stellt diese Q. als einen ›spiritus mundi‹ vor: Sie sei samenentfaltende Kraft und zugleich Prinzip der Belebung und Veränderung […] Nach GIORDANO BRUNO ist der Äther unermeßlich und beseelt, er erfüllt das Weltall und durchdringt als ›spiritus universi‹ alle Körper […] Diese im Grunde stoisch-neuplatonische Ä.-Auffassung spiegelt sich dann in den Ansichten des F. BACON, GASSENDI, [MALEBRANCHE, S. B.] und R. BOYLE wider, sofern sie einen ›körperlichen Geist‹ und eine ›körperliche Seele‹ annehmen; Sie befruchtet auch den Hylozoismus des H. MORE [R. CUDWORTH, S. B.] und die Theosophie des V. WEIGEL. Zu dieser Zeit deutet NEWTON die bisherigen Ä.-Hypothesen vom physikalischen Standpunkte: der Ä., als feinste Materie gedacht, sei nötig zur Erklärung der Licht- und Schwereerscheinungen.«[78]

Aber nicht nur in ihren Äther-Spekulationen sind Berkeley wie

---

dem Weg zum Metarealismus, München ²1993, P. Davies und J. R. Brown (Hg.), Der Geist im Atom, Basel 1988.

[78] J. Ritter und K. Gründer (Hg.), Historisches Wörterbuch der Philosophie, Bd. 1: a. a. O., Lemma. »Äther«, S. 599.

Newton Erben der Renaissance-Philosophie[79]: Dies gilt auch für die damit eng verbundene (ursprünglich wohl stoische, ansatzweise auch schon vorsokratische) Lehre von Mikro- und Makrokosmos: Der Mensch ist ein kleines Universum, ein »Mikrokosmos«, der den somit anthropomorphen »Makrokosmos« widerspiegelt. So wie der *Mensch* sowohl aus unausgedehntem Geist, wie über den ganzen Leib »ausgedehntem Geist« (der »Leibseele«) als auch aus ausgedehntem Körper besteht – so nicht anders der Kosmos. Die kosmische ausgedehnte Leibseele vermittelt als »corpus spirituale« zwischen Gott und der Materie, die Seele des Menschen zwischen unausgedehnter Vernunft und Körper.

Betrachten wir Newtons Ätherspekulationen etwas näher. Sie finden sich vor allem im Anhang seiner ›Optics‹[80], den »Queries«. Manches in diesen »Fragen« steht – wie bei der schon erwähnten Feindschaft Berkeleys gegenüber den »Mathematikern« auch nicht anders zu erwarten – in geradem Gegensatz zu den Ansichten Berkeleys; so etwa das Bekenntnis zum Atomismus, welches jedoch durch das einleitende »it seems probable to me« (ähnlich wird sich dann auch Hume äußern) eine gewisse Relativierung erfährt:

»[…] it seems probable to me, that God in the beginning formed matter in solid, massy, hard, impenetrable, moveable particles; of such sizes and figures, and with such other properties, and in such proportion to space, as most con-

---

[79] Vgl. z. B. Giordano Bruno über die »Weltseele« in: Ders., Von der Ursache, dem Prinzip und dem Einen, a. a. O. Auch noch Descartes hielt einen leeren Raum für ein Ding der Unmöglichkeit. Für ihn war der Kosmos überall mit sehr feiner Materie (freilich: gänzlich »bewußtseinsloser«) erfüllt, die sich in verschieden großen, Anziehungskräfte bedingenden Wirbeln bewegte: »Zur Zeit Newtons spielte die aristotelische Theorie der natürlichen Bewegungen, die ein beständiges Streben der vier Elemente zu den ihnen vorgeschriebenen natürlichen Orten im Universum hin annahm, keine Rolle mehr. Einflußreicher war Descartes' Theorie, daß der Raum zwischen Planeten und Sternen mit Materie gefüllt sei, die sich in Form einer Wirbelbewegung um die Erde und um einen jeden Himmelskörper drehte. Diese Wirbel besaßen die Eigenschaft, materielle Körper zur Mitte hin zu ziehen, so daß z. B. schwere Gegenstände auf die Erde herabfallen mußten, und die Wirbel um die größeren Himmelskörper, so wie der um die Sonne, trugen die kleineren Körper wie die Erde und die Planeten mit sich herum, so daß diese sich auf geschlossenen Bahnen bewegten. In seinen späteren Arbeiten verwarf Newton die cartesische Theorie, weil sie die genaue Gestalt der Keplerschen Gesetze der Planetenbewegung nicht erklären konnte und auch mit astronomischen Phänomenen wie der Bewegung von Kometen quer durch das Sonnensystem hindurch im Widerspruch stand.« (St. F. Mason, Geschichte der Naturwissenschaft in der Entwicklung ihrer Denkweisen, Stuttgart 1991, S. 245 f.)

[80] Erstv. 1704, vgl. I. Newton, Opera Quae Exstant Omnia, London 1779–1785, Bd. 4.

duced to the end for which he has formed them; and that these primitive particles being solids, are incomparably harder than any Porous bodies compounded of them; even so very hard, as never to wear or break in pieces: no ordinary power being able to divide what God himself made One, in the first creation.«[81]

Wenn Newton somit hinsichtlich der Materie (vorbehaltlicher) traditioneller Atomist ist, erlaubt er sich in den ›Optics‹ hinsichtlich der damit gewöhnlich verbundenen Behauptung eines leeren Raums (trotz der »antiaristotelischen« Vakuumexperimente Torricellis und Pascals) gewisse Zweifel. Dies ist auch nicht weiter verwunderlich, wenn man an seine Gravitations- oder auch an seine Lichttheorie denkt, die beide mit der Annahme eines leeren Raums nur schwer vereinbar scheinen, bzw. die schon von seinen Zeitgenossen als bedenklich empfundene Konstruktion einer »action at a distance« herauf beschwören.

Was die Lichttheorie betrifft, so vertritt Newton zwar den Standpunkt, Licht bestünde aus »very small bodies emitted from shining substances«[82]: solche Licht*körperchen* bedürfen offensichtlich auch weit weniger eines »tragenden« Mediums als Huygens' Licht*wellen;* dennoch glaubt auch Newton, auf eine Wellen- oder Vibrationsbewegung dieser Korpuskeln nicht gänzlich verzichten zu können, müssen letztere doch zumindest die Enden der Sehnerven in der Retina in Schwingungen versetzen können. Newton nimmt an, daß diese Nervenschwingungen in einem bestimmten Teil des Gehirns, einer Art »camera obscura«, enden, wo der »Geist selbst« das aus den verschiedenen Schwingungen zusammengesetzte (potentielle) »Bild« betrachtet. Das heißt, unmittelbar sieht dieser Geist immer nur solche »Bilder« in der Dunkelkammer, dem »Sensorium«; der Natur oder Außenwelt kann er sich nur über diese innerleibliche Vermittlungsinstanz annähern. Allein Gott sieht die Dinge »throughly« (ein Amalgam aus »thoroughly« und »truly«?); *sein* »Sensorium« ist der absolute (unendliche und wahre) Raum:

»And these things being rightly dispatched, Does it not appear from phaenomena, that there is a Being incorporeal, living, intelligent, omnipresent, who, in infinite space, as it were in his sensory, sees the things themselves intimately, and throughly perceives them, and comprehends them wholly by their immediate presence to himself: of which things the images only, carried

[81] A. a. O., S. 260.
[82] Vgl. a. a. O., S. 238.

through the organs of sense into our little sensoriums, are there seen and beheld by that which in us perceives and thinks.«[83]

Vor allem an dieser These Newtons vom absoluten Raum als dem Sensorium Gottes entzündete sich Leibniz' harsche Kritik an der Newtonschen Naturphilosophie im allgemeinen und dessen Behauptung eines absoluten Raumes im besonderen.[84] Aus seinen Briefen an Newtons Vertrauten Samuel Clarke geht hervor, daß Leibniz in dieser Sensoriums-These eine Verkörperlichung Gottes und damit einen versteckten Spinozismus (die schlimmste aller Häresien …) ausmachte. Grundsätzlich steht Leibniz' (»monadisch«)-relativistische Raum- (und Zeit-) Konzeption Newtons objektivistisch-absolutistischer Ansicht geradezu diametral gegenüber. Erst Einstein gelang hier eine Art »höhere Synthese«, indem er in seiner »Speziellen Relativitätstheorie« (Leibniz') Relativismus mit (Newtons) Objektivismus oder Realismus kombinierte. Erst Einstein? – Wir werden sehen, daß immerhin ein früher (freilich unzureichender) Ansatz zu einer solchen Lösung schon bei Berkeley vorliegt.

Newton geht in den »Queries« verschiedenen Spekulationen über einen ultrafeinen und ultraelastischen Stoff im fälschlich sogenannten leeren Raum nach (solche Eigenschaften muß dieser haben, da sonst die Planeten in ihren Kreisläufen einen merklichen sukzessiven Geschwindigkeitsverlust durch Reibung erführen und Gott die »kosmische Uhr« zu oft »nachstellen« müßte …). Dieser Stoff wird nun in »Query« 22 »aether« genannt. Der Äther könnte, so lautet die Vermutung, das Medium oder Vehikel der Gravitationskraft sein; desgleichen aber auch Medium der Vibrationen der Lichtkorpuskel. In »Query 18« erscheint der Äther überdies als wichtiger Bestandteil in Newtons Erklärung der Wärmeübertragung im bzw. durch das Vakuum. (Newton stützt sich dabei typischerweise wieder auf ein Experiment: Ein Thermometer in einem Glaszylinder, aus dem die Luft herausgepumt worden ist, zeigt Temperaturschwankungen der Außenluft an – wie anders, denn durch Vermittlung des feinen Äthers in der Glasröhre?) Der große Wissenschaftler vermutet weiter, daß dieser Äther die dichten Körper flieht, um sich selbst im Raum zu sammeln bzw. zu verdichten. Zwei benachbarte Körper werden so durch einen sich mit zunehmendem Abstand immer mehr

[83] A. a. O., S. 238 (im Orginal kursiv).
[84] Vgl. S. Clarke, Der Briefwechsel mit G. W. Leibniz von 1715/1716, a. a. O.

verdichtenden »Äthermantel« (der Ausdruck stammt nicht von Newton) zusammengehalten.

Aber über diesen Erklärungsversuch der Gravitationskraft hinaus erhofft sich Newton mit seiner Ätherhypothese auch noch eine Erhellung biologisch-anthropologischer Fragen: Im menschlichen Gehirn vermutet er, neben dem Sensorium, eine weitere Kammer, in welcher der Geist durch seine Willenskraft kausal auf den darin befindlichen Äther einwirkt, um über diese Vermittlung die Nerven zu reizen, was letztlich zu Muskelbewegungen führe. Offensichtlich steht auch hier der beliebte Topos der Renaissance-Philosophie vom Mikro- und Makrokosmos im Hintergrund. Der aufmerksame Leser ist dazu angehalten, sich diesen Sachverhalt analog dazu »im Großen« zu denken: Der Geist oder Wille Gottes wirkt, vermittelt über den Äther, als *causa prima* auf die »furniture of nature«. In einem Brief an den Geistlichen Dr. Bentley, räumt Newton diesem ein, »that the motions, which the planets have now, could not spring from any natural cause alone, but were impressed by an intelligent Agent.«[85] (Aus diesem Brief geht auch der Grund hervor, weswegen Newton eine unendliche Ausdehnung des Universums annahm: Ein endliches Universum hätte einen Mittelpunkt, in den alle Materie »hineinfallen« würde, um dort – es ließe sich ergänzen: vom fliehenden Äther gewissermaßen »umzingelt« – eine einzige ultradichte sphärische Masse zu bilden.)

Es wird im nächsten Abschnitt deutlich werden, welche der Beachtung werten Ähnlichkeiten zwischen den Äther-Spekulationen Newtons in den (»Queries« der) ›Optics‹ und denen Berkeleys in ›Siris‹ bestehen – bei mindestens einem durchaus bedeutenden Unterschied: Newtons Dreiteilung der kosmischen Seinsschichten in Geist (Gott), Äther (Weltseele) und Atome (Materie) wird bei Berkeley zu einer Zweiteilung, indem er die Atome wegläßt und die Körperwelt als ein unselbständiges (nichtsubstantielles) Produkt der Wechselwirkung zwischen dem (eng mit dem Geist Gottes verbundenen) Äther und individualisiertem (endlichem) Geist deutet. Dieser Schritt über Newtons Vorlage hinaus (eine Kenntnis Berkeleys dieses so bedeutenden und allgemein bewunderten Werks darf wohl als gewiß angenommen werden, zumal es Berkeley in ›Siris‹ selbst sogar eigens erwähnt) muß bei Beachtung des Ockhamschen Prinzips »Entia non sunt multiplicanda sine ratione (vel necessitate)« viel-

[85] I. Newton, a.a.O., Bd. 4, S. 431 (Brief vom 10. Dez. 1692).

leicht sogar als konsequent bezeichnet werden. Zunächst aber noch die, auch wissenschaftsgeschichtlich gesehen, interessante Kritik Berkeleys an Newtons Deutung des »bucket experiments«:

Die Beschreibung und Deutung des berühmten Experiments findet sich in dem »Scholium« zur »Definition VIII« der ›Principia‹. Newton will damit nachweisen, daß es absolute Bewegung neben relativer gibt. Die erstere geschieht oder verläuft von einem Ort im absoluten Raum zu einem anderen. Ein Mensch auf einem fahrenden Schiff kann sich, etwa beim Stehen an der Reling, in relativer Ruhe bezüglich des Schiffes befinden und dennoch bewegt sein relativ zu der Küste, an der das Schiff entlang segelt. Die Küste ist selbst in relativer Ruhe, nicht aber, wenn man sie als Teil des Planeten Erde betrachtet, der mit großer Geschwindigkeit um die Sonne kreist. Aber nicht jede Bewegung sei relativ: Newton nahm eine Unbeweglichkeit der Fixsterne an, d. h. er dachte, daß diese im absoluten Raum, dem »container«, der alle Sterne, Planeten, Monde, Kometen usw. enthält, immer denselben Platz einnehmen würden. Allerdings räumte er ein, es wäre oftmals schwierig, zwischen relativen und absoluten Bewegungen zu unterscheiden. Diese Schwierigkeit sei jedoch nur eine der Erkenntnis (des jeweiligen Einzelfalls), hinsichtlich der Sache selbst ließe sich die wahre (und von dort her auch die absolute) Bewegung prinzipiell – außer durch den Hinweis auf den absoluten Raum – sogar noch auf eine zweite Weise eindeutig bestimmen: »Eine wahre Bewegung wird nur durch Kräfte erzeugt oder verändert, die auf den bewegten Körper selbst von außen eindrücken, eine relative Bewegung kann jedoch erzeugt oder verändert werden, ohne daß auf den fraglichen Körper Kräfte von außen eindringen.«[86] Die Fixsterne seien absolut unbewegt, weil sie im absolutn Raum immer denselben Ort einnähmen und weil keine wechselnden äußeren Kräfte auf sie eindrängen. Bei Kreisbewegungen ließe sich die Frage nach deren Absolutheit oder Relativität durch die Beachtung der von der Achse wegstrebenden Fliehkräfte entscheiden (was Berkeley bezweifeln wird).

Man fülle Wasser in einen Eimer, der an einer langen Schnur hängt, die durch beständiges Drehen des Eimers in einer Richtung stark ineinander »verdrillt« worden ist. Losgelassen, beginnt der Eimer sich (auf zur Drillrichtung entgegengesetzte Weise) immer

[86] I. Newton, Mathematische Grundlagen der Naturphilosophie, ausgewählt, üb., eingel. und hg. von E. Dellian, Hamburg 1988, S. 48.

schneller zu drehen und das Wasser darin, durch die Rotation der Eimerwand mehr und mehr beschleunigt, wird an den Seiten immer höher steigen. Irgendwann wird sich das Wasser genauso schnell drehen wie der Eimer, d.h. man kann schließlich sagen »Es ist relativ zum Eimer in Ruhe«. (So wie es davor relativ zum rotierenden Eimer in größter Bewegung war.) Würde aber jemand behaupten wollen, das Wasser sei am Ende sogar gänzlich oder absolut unbewegt, dann kann auf das deutlich sichtbare Wirken von Fliehkräften verwiesen werden, denn die Wasseroberfläche des rotierenden Eimers ist stark parabolisch nach innen – nämlich weg von der Bewegungsachse – gebogen. Sobald das Wasser relativ zum Gefäß stillstand, erreichte die wahre Bewegung desselben ihr Maximum. Damit sei nachgewiesen, daß es wahre Kreisbewegungen und deswegen (einschlußweise) wahre Bewegungen im allgemeinen gibt.[87]

Berkeleys Kritik an diesem Gedankengang wird sehr unterschiedlich eingeschätzt oder bewertet. Popper und andere[88] wollen darin eine geniale Vorwegnahme von »revolutionären« (positivistischen) Thesen Ernst Machs (v.a. in seiner ›Mechanik‹[89]) erkennen, wieder andere, wie G. D. Hicks, nennen sie einfach (und abschätzig) »kurios«[90]. Die Wahrheit dürfte hierbei irgendwo dazwischen liegen, wenn auch ziemlich entfernt von der positivistischen Berkeley-Deutung. Denn die Grundlage von Berkeleys Kritik ist die menschliche Lebenswelt und nicht die »Welt der reinen Gegebenheiten«. So ist es ganz sicher ein Fehler, wenn man ihn in die Reihe der Denker einreiht, die die Physik auf eine reine Kinematik, d.i. eine rein mathematische Beschreibung von Bewegung reduzieren wollten – unter Einsparung oder Abschaffung der nicht »positiv gegebenen« Kraft; so geschehen in der Darstellung Max Jammers:

»With the work of Mach, Kirchhoff, and Hertz the logical development of the process of eliminating the concept of force from mechanics was completed.

[87] Eine etwas andere Deutung des Eimer-Experiments, welche zur Ergänzung und vielleicht sogar zur Berichtigung heran gezogen werden kann, findet sich in: P. Erbrich, Mikrokosmos – Makrokosmos. Ursprung, Entwicklung und Probleme der Physik, Stuttgart 1996, S. 109f. (vgl. auch den Abschnitt 4.2.5. »Der unbekannte Newton«).

[88] Vgl. dazu die Literaturangaben in W. Breiderts Einleitung zu: George Berkeley, Schriften über die Grundlagen der Mathematik und Physik, Frankfurt/Main 1985 (S. 66f.).

[89] Vgl. E. Mach, Die Mechanik, Darmstadt 1963 (Erstv. 1883), insb. Zweites Kap., 6. Abschn.

[90] G. D. Hicks, Berkeley, New York [2]1968 (Erstv. 1932), S. 176, Anm. 1.

The development of mathematical physics from the time of Newton onward was essentially an attempt to explain physical phenomena in terms of their mass points and their spatial relations. Since the time of Keill and Berkeley, it became increasingly clear the concept of force, if divested of all its extra scientific connotations, reveals itself as an empty scheme, a pure relational or mathematical function [...] The concept of force in its metaphysical sense as causal transeunt activity had no place in the science of the empirically measurable.«[91]

Ohne jeden Zweifel gibt es klare instrumentalistische und damit an positivistische Wissenschaftstheorie gemahnende Tendenzen bei Berkeley: Aber diese bleiben fest eingebettet in seine theistische Metaphysik, womit die Kräfte in der Natur zwar auf das Wirken Gottes zurückgeführt, keinesfalls aber geleugnet oder abgeschafft werden. In Paragraph 115 der ›Principles‹ schreibt Berkeley denn auch ganz im Sinne Newtons:

»For to denominate a body *moved*, it is requisite, first, that it changes its distance or situation with regard to some other body: and secondly, that the force or action occasioning that change be applied to it. If either of these be wanting, I do not think that agreeably to the sense of mankind, or the propriety of language, a body can be said to be in motion.«[92]

Worin besteht dann aber seine Newton-Kritik? Sie ist zunächst einmal nicht so sehr empirisch-inhaltlicher Art (als wären Newton wissenschaftliche Irrtümer unterlaufen) als vielmehr sprachlich-sinnkritischer Natur. So hält es Berkeley für nicht sinnvoll, von einer relativen Bewegung des Wassers kurz nach dem Einsetzen der Kreisbewegung des Eimers zu sprechen. Niemand – außer ein Physiker – würde dann, wenn sich das Wasser noch mit planer Oberflächer im Eimer befindet, von dessen »Bewegung relativ zum Eimer« sprechen. Für den Fall, in dem die relative Bewegung des Wassers (relativ zur Eimerwand) nach Newton am größten sei, will Berkeley somit *gar keine* Wasserbewegung, sondern bloß eine Eimerbewegung zugestehen: und »every man of common sense« würde dasselbe sagen.[93] Denn wenn ein Mensch über Steine hinweg schreite, bewege zwar er sich (»relativ zu den bewegungslosen Steinen«), sinnlos sei aber

[91] M. Jammer, The Concept of Force, Cambridge/Mass. 1957, S. 229. Vgl. auch Richard J. Brook, Berkeley's Philosophy of Science, The Hague 1973, Kap. 3 B (»The Concept of Force«).

[92] Ayers (Hg.), S. 112.

[93] Vgl. in Ayers (Hg.), S. 112 (›Principles‹, §§ 113 f.).

die Aussage, diese Steine bewegten sich ebenso (»relativ zu dem bewegungslosen Spaziergänger«). Jedem sei klar, was sich in diesem Fall bewegt, nämlich *allein* der menschliche Leib, der seinen Abstand bezüglich der Steine verändert und in dem die Kraft in Wirklichkeit wirksam ist. Dies sei die wahre Bewegung, die aber dennoch nicht »absolut« genannt werden dürfe, sei sie doch relativ zum Boden unter den Füßen. Kurz nach Beginn des Eimerexperiments, d.i. bei Wasser mit noch ungekrümmter Oberfläche aber bereits bewegtem Eimer, gebe es ebenfalls nur eine Bewegung – die des Eimers – dies sei eine wahre Bewegung, wobei dabei allerdings keine Fliehkräfte (weg von der Bewegungsachse) sichtbar werden würden.[94]

Mit diesem letzten Gedanken hat Berkeley die Grenzen einer rein sprachlich-sinnkritischen Kritik bereits überschritten. Dies geschieht noch deutlicher in einem weiteren Gedankengang, mit dessen Hilfe Berkeley demonstrieren will, daß prinzipiell jede (auch die »wahre«) Bewegung relativ ist: allerdings unbeschadet sowohl der Realität der Bewegung als auch der der damit verbundenen Kraft. Bestünde das ganze Universum aus einer einzigen Kugel, könne eine Bewegung des- oder derselben nicht vorgestellt oder gedacht werden.[95] Der falsche, gegenteilige Eindruck entstehe dadurch, daß man sich selbst (als körperliches, die Kugel beobachtendes Wesen) hinzu denkt, in welchem Fall das Universum jedoch bereits aus zwei Körpern bestünde. Newton habe eben dies nicht bedacht, daß eine Bewegung eines Objekts A immer mit einer Veränderung eines Abstandes verbunden sein müsse und von daher auch stets und ausnahmslos als »relativ« zu mindestens einem zweiten Objekt B aufzufassen sei.

Diese ganze Newton-Kritik ist sicherlich mehr als ein bloßes, auf gänzlichem Mißverständnis beruhendes Kuriosum, aber sie ist andererseits auch nicht ausreichend stark, um dessen Theorie der absoluten und relativen Bewegung stichhaltig zu widerlegen. Denn wenn man einmal annimmt, daß es einen absoluten Raum an sich (in der Art eines Behälters mit unendlich langen Seiten) gibt – und dies ist denkbar –, dann läßt sich wohl auch dies denken (wenn auch nicht vorstellen), daß ein Universum in Form einer Kugel darin seinen

---

[94] Vgl. in Ayers (Hg.), S. 60: »From which experiment [bucket experiment, S. B.] it in no way follows that absolute circular motion is necessarily recognized by the forces of retirement from the axis of motion.« (›De motu‹, § 60).

[95] Vgl. in Ayers (Hg.), S. 223 (›De motu‹, § 58).

absoluten Ort verändert und daß ein ganz körperloser Geist wie Gott diese Veränderung auch erkennt.

Was Berkeleys kritisches »Zwischenergebnis« (»wahre Kreisbewegung ist nicht immer mit Zentrifugalkräften verbunden«) anbelangt: Zum einen erscheint der Rekurs auf Common sense und »ordinary language«) hier reichlich unangebracht[96], zum anderen *könnten* freilich auch zu Beginn der Eimerdrehungen Fliehkräfte sichtbar werden, nämlich solche des Eimers, der sich zu dieser Zeit allein in wahrer (Berkeleyscher) Bewegung befindet (etwa dann, wenn an dem Eimerrand ein kleines Stück Schnur befestigt wird, welches mit zunehmender Rotationsgeschwindigkeit auch zunehmend in die Waagerechte gebracht wird).

Unabhängigkeit von der Frage der Berechtigung und »Durchschlagskraft« von Berkeleys Kritik an Newton, ergibt sich auch noch folgendes geistesgeschichtliche Resultat: Berkeleys Divergenzen von Newton sind lange nicht so radikal, wie besonders von positivistisch orientierten Wissenschaftshistorikern oftmals angenommen wurde. Besonders in der Bestimmung des Begriffs der wahren Bewegung mittels der Begriffe »Abstandsveränderung« und »gerichtete(r) Kraft« stimmen sie praktisch überein (die auf den ersten Blick verwirrenden, untergeordneten Differenzen bei der Bestimmung der wahren Kreisbewegung einmal beiseite gelassen). Auf keinen Fall wollte Berkeley die Existenz von Kräften in der Natur (auf rein »kinetische« Weise) leugnen, weswegen er selbstverständlich auch nicht glaubte, auf den Begriff der Kraft verzichten zu können. Vielmehr erkennt er die »realistische« Newtonsche Physik grundsätzlich als wertvolle Errungenschaft an. So ist es auch nicht richtig, daß sich der Philosoph zu der Vorstellung »verstieg«, daß die Newtonsche Theorie »nichts als grammatikalische Pedanterie sei.«[97], Dieser Eindruck wird sich noch vertiefen, wenn wir sehen werden, wie sehr sich die Ontologie in ›Siris‹ an Newtons Vorgaben in den »Queries« orientiert.

---

[96] Ähnlich wie bei der Kritik an Galileis Behauptung: »Und sie (die Erde) bewegt sich doch!»

[97] St. F. Mason, Geschichte der Naturwissenschaften, üb. aus dem Engl. von B. Sticker, Stuttgart, 1991, S. 346 (Erstv. 1953).

4) Der Kosmos als wahrnehmbarer göttlicher Ätherleib

›Siris‹ beginnt als medizinisches Werk. Berkeley beschreibt darin die Zubereitung eines »ätherischen« Öls aus dem Harz von Kiefern und Tannen, welches den Organismus beleben und kräftigen sowie bei Krankheiten die Genesung einleiten und die Rekonvaleszenz fördern soll. Diesem Trank, dessen Rezeptur er auf ein ihm in Amerika zu Ohren gekommenes altes Indianerwissen zurückführt, verleiht er den Namen »Teerwasser« (»tar-water«). Er hält für möglich, daß sich der Äther, der Lebensgeist der sichtbaren Welt, in diesen Harzen verfange und ablagere, durch Kochen in Wasser aber wieder gelöst und in dieser flüssigen Form dem menschlichen Organismus kräftigend und heilend zugeführt werden könne:

»I had of a long time entertained an opinion agreeable to the sentiments of many ancient philosophers, *that fire may be regarded as the animal spirit of this visible world.* And it seemed to me that the attracting and secreting of this fire in the various pores, tubes, and ducts of vegetables, did impart their specific virtues to each kind; that this same light or fire was the immediate instrumental or physical cause of sense and motion, and consequently of life and health to animals; that, on account of this solar light or fire, Phoebus was in the ancient mythology reputed the god of medicine. Which light, as it is leisurely introduced and fixed in the viscid juice of old firs and pines, so the setting it free in part, that is, the changing its viscid for a volatile vehicle, which may mix with water, and convey it throughout the habit [the human body, S. B.] copiously and inoffensively, would be of infinite use in physic.«[98]

Der Anfang des Zitats, worin Berkeley bemerkt, er habe schon »eine lange Zeit« an die Existenz des kosmischen Feuers bzw. Äthers geglaubt, stützt unsere Auffassung, wonach ›Siris‹ keinen Neuanfang, sondern (grundsätzlich) einen Abschluß seines philosophischen »Systems« darstellt. (Akzentverschiebungen und – teils beträchtliche – »Oberflächenmodifikationen« gegenüber den früheren Werken sollen mit dieser Aussage, es sei nochmals deutlich gesagt, keineswegs bestritten werden).

Etwa ab Paragraph 145, wo der Mensch bezeichnenderweise als »microcosm« bezeichnet wird, beginnt der zunächst »medizinische« und »chemische« Text philosophisch und philosophiegeschichtlich bedeutsam zu werden. Paragraph 152 sagt einleitend über den Äther:

[98] Von Berkeley veröffentlichter Brief an seinen Freund Thomas Prior vom 19. Juni 1744, in: Luce and Jessop, Works, Bd. 5, S. 176.

»This aether or pure invisible fire, the most subtle and elastic of all bodies, seems to pervade and expand itself throughout the universe.« Im folgenden Paragraphen wird der Mikrokosmos-Gedanke erneut aufgenommen:

»The animal spirit in man is the instrumental or physical cause both of sense and motion. To suppose sense in the world would be gross and unwarranted. But locomotive faculties are evident in all its parts. The Pythagoreans, Platonists, and Stoics held the world to be an animal; though some of them have chosen to consider it as a vegetable. However, the phenomena and effects do plainly shew *there is a spirit that moves, and a Mind or Providence that presides.*«[99]

Im Menschen wie auch im Kosmos gibt es demnach eine Leibseele oder einen Lebensgeist (»animal spirit«) als physikalische Ursache der Bewegung. Dieser ausgedehnten Äther-Seele »sitzt« jeweils ein Geist »vor« (»presides«): das menschliche, resp. das göttliche Ich oder Subjekt. Berkeley fährt ganz in diesem Sinne in Paragraph 154 fort:

»The order and course of things, and the experiments we daily make, shew there is a Mind that governs and actuates this mundane system, as the proper real agent and cause; and that the inferior instrumental cause is pure aether, fire, or the substance of light […], which is applied and determined by an Infinite Mind in the macrocosm or universe, with unlimited power, and according to stated rules; as it is in the microcosm with limited power and skill by the human mind. We have no proof, either from experiment or reason, of any other agent or efficient cause than mind or spirit. When, therefore, we speak of corporeal agents or corporeal causes, this is to be understood in a different, subordinate, and improper sense.«[100]

Die »spiritualistisch-empiristische« Kausalitätstheorie, wonach wir nur Geistwesen (unmittelbar jeweils nur uns selbst) als Wirkursachen erfahren und somit konsequenterweise auch nur diese als »wahre« Ursachen ausgeben sollten, bleibt also aufrechterhalten. In deutlicher Anlehnung an Newton wird sodann die Mikro-Makrokosmos-Analogie noch stärker prononciert (Paragraph 156):

»The […] animal spirit in man, is supposed the cause of all motions in the several parts of his body, whether voluntary or natural. That is, it is the instrument by means whereof the mind exerts and manifests herself in the motions of the body. In the same sense, may not fire be said to have force, to

[99] Luce und Jessop (Hg.), a. a. O., S. 82; unsere Hervorhebung.
[100] A. a. O., S. 83.

operate and agitate the whole system of the world, which is held together and informed by one presiding mind, and animated throughout by one and the same fiery substance, as an instrumental and mechanical agent, not as a primary real efficient?«[101]

Hinsichtlich der unfreiwilligen, unbewußt erfolgenden Bewegungen im menschlichen Leib (also bei Herzschlägen und ähnlichen organischen Phänomenen) zeigt sich bei Berkeley eine gewisse, allerdings nur »halbherzig« vollzogene Tendenz, diese als Eigenwirkungen des »animal spirit« aufzufassen. Ganz analog wird dann vorsichtig und ansatzweise auch der (zwar »seelische« aber dennoch irgenswie ausgedehnte) Äther für die gleichförmigen, mechanischen Bewegungsabläufe im Kosmos verantwortlich gemacht.[102] An diese Gedanken knüpfen sich thematisch Berkeleys Überlegungen zur Freiheit sowie über die Möglichkeit von Wundern an – systemimmanent betrachtet, kaum akzeptable Gedanken, auf die wir abschließend noch zurückkommen werden. (Erst Leibniz und Kant wußten solche gefährlichen Pfade oder sogar Sackgassen des Denkens zu umgehen.)

Zunächst noch einmal zurück zu der Verbindung Berkeley-Newton: In Paragraph 246 verweist Berkeley auf »his [Newton, S. B.] elastic medium«, den Äther und in Paragraph 165 (wie schon in Paragraph 40) auf Newtons Farbenlehre. Dieser Paragraph 165 ist für das richtige Verständnis von Berkeleys immaterialistischer (aber eben dennoch – oder vielleicht sogar gerade deswegen – grundsätzlich realistischer) Metaphysik von besonderem Interesse. Es wird hier eine Parallele zwischen der Lehre Newtons gezogen, wonach alle *Farben* im weißen Licht vorhanden sind, und der Ansicht (Berkeleys), der zufolge alle *Sinnesideen* »blended in one common ocean« im Äther existieren (vgl. Paragraph 165). Der Äther enthält keimhaft alle Sinnesgegenstände (vgl. Paragraph 166); das erkennende Subjekt vollendet diese »Keime« (»Archetypen«) zu den uns Menschen vertrauten Dingen. Auf die Annahme von Atomen oder materiellen Substanzen könne verzichtet werden, insbesonder dann, wenn der Äther für differenziert (also nicht für homogen) aufgefaßt werde. Den im Äther wie in einem latenten Bewußtsein existierenden »Samen oder Keimen« eignet eine, in bezug auf unsere vertrauten Gegenstände, potentielle Realität in der »intelligiblen Ausdehnung«

---

[101] A.a.O., S. 83f.

[102] Vgl. a.a.O., S. 85 (§161).

(eben dieses Äthers). Der wahre Raum ist das latente »Äther-Bewußtsein« bzw. die Weltseele.

Berkeley bringt seine Lehre bewußt auch in gewisse Nähe zur aristotelischen »materia prima«-Doktrin (wie bereits im vorhergehenden Kapitel dargestellt). Manch ein Leser unserer Zeit wird sich vielleicht sogar an die sogenannten virtuellen Teilchen und damit verbundene Quantenphänomene erinnert fühlen. Der Äther Berkeleys, in Einheit mit den darin keimhaft enthaltenen Sinnesideen, ist aber auch wie ein feines, manchmal sogar ansatzweise durchsichtiges Häutchen zwischen jeweils zwei Geistwesen ausgespannt – zwischen Gott und der jeweiligen geschöpflichen Intelligenz. In den die Natur ausmachenden Sinnesideen liege etwas, »that soothes, that delights, that transports the soul« (hin zum Übernatürlichen).[103] Bergson schreibt über diese s. E. (ursprüngliche) »Intuition« des irischen Philosophen:

»Mir scheint, daß Berkeley die Materie [korrekter: den Äther, S. B.] wie ein *dünnes transparentes Häutchen* auffaßt, das zwischen Mensch und Gott gespannt ist. Sie [er] bleibt transparent, solange die Philosophen sich nicht damit beschäftigen, und dann scheint Gott durch sie [ihn] hindurch. Aber sowie die Metaphysiker daran rühren, oder auch gar nur der sogenannte gesunde Menschenverstand, sofern er ein verkappter Metaphysiker ist, sich damit beschäftigt, so wird das Häutchen matt und verdichtet sich, wird undurchsichtig und bildet einen Vorhang, weil Wörter wie Substanz, Kraft, abstrakte Ausdehnung usw. sich dahinter schieben und sich in ihm wie eine Staubschicht ablagern und uns so daran hindern, Gott durch es hindurch wahrzunehmen. Das Bild ist kaum bei Berkeley selbst angedeutet, obwohl er wörtlich gesagt hat, ›daß wir den Staub aufwirbeln und uns dann beklagen, daß wir nicht sehen können‹. Aber es gibt einen anderen, oft vom Philosophen gebrauchten Vergleich, der nur die Übertragung des visuellen Bildes, das ich soeben beschrieben habe, ins Akustische bedeutet: danach wäre die Materie [der Äther] eine Sprache, in der Gott zu uns spricht. Die verschiedenen Metaphysiker der Materie, die jede der Silben zu einer unabhängigen Wesenheit erheben, würden danach unsere Aufmerksamkeit von dem Sinn ablenken, um sie nur auf den Laut zu richten und uns dadurch am Verständnis des göttlichen Wortes hindern.«[104]

---

103 Vgl. den »Zweiten Dialog«, in: Ayers (Hg.), S.!67.

104 Henri Bergson: »Die philosophische Intuition« in: Ders., Denken und schöpferisches Werden. Aufsätze und Vorträge, hg. von Friedrich Kottje, üb. von Leonore Kottje, Hamburg ²1993, S. 138. Somit liegt am Anfang von Berkeleys Gottesglauben eine Gotteserfahrung. Allgemein zu diesem Zusammenhang bemerkt H. de Lubac: »Am Anfang liegt also eine Berührung, eine Begegnung vor, im gewissen Sinn ein unmittelbares

Gott ist einerseits nicht ausgedehnt und somit nicht im wörtlichen Sinne »im« Kosmos, aber er ist andererseits gewissermaßen dennoch überall dort, wo seine Kraft wirkt. Diese aber wirkt in dem gesamten kosmischen Äther, und damit schlechthin überall. Streng genommen *ist* die Kraft zwar nicht in den wahrnehmbaren »passiven« Dingen (als den Produkten der Wechselwirkungen zwischen Geistwesen), sondern nur im Äther und in diesen Wesen: dennoch ist sie damit überall im »wahren« Kosmos und seiner nur denkbaren, nicht wahrnehmbaren, eigentümlichen Räumlichkeit wirksam.

Die Wechselwirkung kann nun vielleicht ebenfalls noch etwas deutlicher bestimmt werden. Es scheint sich aus Berkeleys Ausführungen zu ergeben, daß er sehr allgemein von einer Analogiebeziehung zwischen dem »Äther« (der Weltseele) und dem »Lebensgeist« (der Leibseele) ausgegangen ist. Bei dieser ist ja der bewußte menschliche Geist nicht beteiligt: auf der anderen Seite kann Berkeley nur daran gelegen sein, den göttlichen Geist von der sonst ungeheuren Arbeit, in allen geschöpflichen Intelligenzen pausenlos Sinnesideen erzeugen zu müssen, zu entlasten (und damit einem, wenn nicht gar dem Grundproblem des Okkasionalismus zu entgehen). Dennoch ist der menschliche Geist nicht ganz »aus dem Spiel«, denn infolge seiner Gottähnlichkeit (der Geist Gottes wird von Berkeley in ›Siris‹ ganz neuplatonisch auch als »das Eine« bezeichnet[105]) verleiht der Geist des Menschen (dessen Einheit) den Ansammlungen von Sinnesideen im Äther die Einheit oder Einheiten, um sie so erst eigentlich und abschließend zu Sinnesgegenständen zu machen. Diese aktive bzw. »konstitutive« Rolle des menschlichen Geistes ist ein Novum in Berkeleys Gedankenentwicklung: Die Einheit und die Einheiten (damit auch die Zahlen) erscheinen grundsätzlich als Produkte des Geistes,[106] und die Einheiten in der Erscheinungswelt als ein Resutat des spezifisch menschlichen. Das heißt, daß nicht alle Einheiten Produkte des Menschen sein können – ist doch die (vorgegebene) personale Einheit des menschlichen Geistes sozusagen eine Bedingung der Möglichkeit seiner weiteren Einheitsstiftungen. Eine solche personale Einheit wird in ›Siris‹ wie folgt angesprochen: »But it

Wahrnehmen. […] Worauf es in Wahrheit ankommt, das ist der erste Anfang: Abraham, der den Ruf hört, der ihn von seinem väterlichen Land und Kult wegreißt; Moses, der auf dem Sinai das Gesetz empfängt; Isaias, der die Majestät Jahwes im Tempel betrachtet …« (Ders., Über die Wege Gottes, Freiburg/Br. 1958, S. 29)

105 Vgl. z. B. Luce und Jessop (Hg.), a. a. O., S. 158 (§ 352).

106 Vgl. Luce und Jessop (Hg.), a. a. O., S. 134 (§ 288).

should seem that personality is the indivisible centre of the soul or mind [der »Einheitspunkt«], which is a monad so far forth as she is a person.«[107] Die ganze Sachlagefindet im Paragraphen 356, im wieder sehr bezeichnenden Anschluß an ein Aristoteles-Wort, ihre prägnante Zusammenfassung:

»Aristotle himself, in his third book *Of the Soul*, saith it is the mind that maketh each thing to be one […][108] How this is done, Themistius is more particular, observing that, as being confereth essence, the mind, by virtue of her [!] simplicity, conferreth simplicity upon compounded beings. And, indeed, it seemeth that the mind, so far forth as person, is individual […], therin resembling the divine One by participation, and imparting to other things what itself participates from above.«[109]

Da der menschliche Geist als Einheit strukturell an der Einheit des göttlichen Einen partizipiert, eignet ihm von daher auch Realität.[110] Die Dinge haben gerade in dem Maße Realität, in welchem sie eine Einheit bilden. Die Sinnesgegenstände besitzen damit nur eine untergeordnete Wirklichkeit, die Sinnesideen desgleichen und die »Keime« zu denselben in dem »Äther-Ozean« der Weltseele beziehen ihre Wirklichkeit (und Schönheit) aus ihrer Verbindung mit der Anima mundi; der sogenannten »reinen Materie« eignet schließlich gar keine Realität mehr. In letzter Instanz ist nur das real, was mit dem Geist Gottes in Verbindung steht – »Dinge an sich« sind dies damit nicht. Gott kommuniziert mit allen Dingen vermittelt durch seine »Leibseele«, die »Anima mundi«, den »Äther« (dem, biblisch gesprochen, sein »Wohlgefallen« gilt), und zwar gewöhnlich auf eine sehr regelmäßig, »naturgesetzliche« Art und Weise.[111] Dadurch leitet er unser Leben, lädt uns aber auch ständig zur Kontemplation und Be-

107 A. a. O., S. 156 (§ 346).

108 Vgl. ›De anima‹, 430 b.

109 Luce und Jessop (Hg.), a. a. O., S. 160.

110 Vgl. a. a. O., S. 156 (§ 346).

111 Vergleichbar damit ist der Standpunkt Lotzes, der – nachdem er den Gedanken einer an sich bestehenden naturgesetzlichen Ordnung als einen in sich widersprüchlichen zurückgewiesen hat – zu bedenken gibt: »Nicht der nichtige Schatten einer Naturordnung, sondern nur die volle Wirklichkeit eines unendlichen lebendigen Wesens, dessen innerlich gehegte Theile alle endlichen Dinge sind, kann die Mannigfaltigkeit der Welt so verknüpfen, daß die Wechselwirkungen über die Kluft hinüberreichen, welche die einzelnen selbständigen Elemente von einander ewig scheiden würde. Denn von dem einen ausgehend, versinkt nun die Wirkung nicht in ein Nichts, das zwischen ihm und dem anderen läge, sondern wie in allem Sein das wahrhaft Seiende dasselbe Eine ist, so wirkt in aller Wechselwirkung das unendliche Wesen nur auf sich selbst, und seine

trachtung ein. Denn uns hindert nichts, besonders die sichtbare Natur oder bestimmte Naturobjekte, interesselos in der Art eines Landschafts- oder Stillebenmalers zu betrachten. Dann können wir durch das »Ätherhäutchen« hindurch auch etwas von der gottgefälligen Schönheit (denkbarerweise in einem damit auch etwas von Gott selbst) erkennen … Auf ähnliche Weise vermögen wir öfter auch einmal etwas von dem Innenleben eines Mitmenschen quasi-sinnlich zu erfassen, z. B. die Schamempfindung eines Mädchens beim Erröten ihres beseelten Leibes oder Antlitzes. Natürlich ist das geistige Innenleben des göttlichen Ätherleibes weniger »menschlich-allzumenschlich«, dennoch öffneten die großen Maler mit manchen ihrer Gemälde auch »Fenster« in diese Wirklichkeit.

Dieser »Ausflug in die Ästhetik« ist eingestandenermaßen von Berkeley selbst in dieser Deutlichkeit unterlassen worden, er findet sich aber ohne Zweifel auf den Fluchtlinien, die sein System dem Leser, den er sich wünscht[112], vorgezeichnet hat. Nicht unterlassen worden ist von unserem Philosophen hingegen ein Abstecher in die Theologie des Wunders und – damit verbunden – in die Philosophie der Freiheit.

In ›Siris‹ ist der Ausgangspunkt auch dafür wieder der Topos von Mikro- und Makrokosmos:

»As in the microcosm, the constant regular tenor of the motions of the viscera and contained juices doth not hinder particular voluntary motions to be impressed by the mind on the animal spirit; even so, in the mundane system, the steady observance of certain laws of nature, in the grosser masses and more conspicuous motions, doth not hinder but a voluntary agent may sometimes communicate particular impressions to the fine aethereal medium, which in the world answers the animal spirit in man.«[113]

Das heißt, den zumindest gelegentlich freiwilligen Bewegungen des Menschen entsprechen die sich manchmal ereignenden freien Taten Gottes. Diese greifen in die regelmäßigen, naturgesetzlichen Bewegungen des Kosmos ein. Ähnlich kann auch der Willensentschluß

Thätigkeit verläßt nie den stetigen Boden des Seins.« (Mikrokosmus, a. a. O., I,3, S. 428 f.)

[112] Das ist der »inquisitive man«: »All I hope for is, that they [Berkeley's Bücher, S. B.] may be an occasion to inquisitive men of discovering thruth, by consulting their own mind, and looking into their own thoughts.« (Erster Brief an Johnson, in: Ayers, Hg., S. 347.)

[113] Luce und Jessop (Hg.), a. a. O., S. 123 (§ 261).

einer Person in die (oder einige der) regelmäßigen organischen Abläufe intervenieren, beispielsweise durch das Anhalten des Atems. Nun ist allerdings der Sachverhalt, daß ein Mensch seinen Atem willentlich beeinflussen kann, kaum bezweifelbar. Anders steht es jedoch um Berkeleys gewissermaßen »verleiblichten« Gott, dessen Freiheit imgrunde lediglich versichert, nicht aber rational aufgewiesen wird. Alles, was Berkeley hier ins Feld führt, ist der Gedanke, daß es *respektvoller und daher wahrer* sei, vom Geist Gottes anzunehmen, er sei kein hinein verwobener Bestandteil des Universums.[114] Es erweist sich zum wiederholten Male: Entgegen der bewußten Intention des anglikanischen Bischofs ist die Differenz seines Denkens zu Bruno oder Spinoza nicht sehr deutlich ausgeprägt. Sein Immaterialismus gewinnt im Laufe seines Denkerlebens eine von Anfang an präsente aber sich mehr und mehr konkretisierende Eigendynamik, die stark in Richtung Pantheismus drängt.

Das platonische Motiv von dem, seinem Leib gegenüber, ganz unabhängigen Geist, welches Berkeley hier vom Menschen auf das Verhältnis Gottes zu seinem »Ätherleib« überträgt, wird nicht jedermann überzeugen können. Aber es ergeben sich in diesem Zusammenhang sogar noch einige weitere Probleme, die im Rahmen des immaterialistischen Systems sogar als gänzlich unlösbar erscheinen. Berkeley kann wohl nicht leugnen, daß auch der Leib eines Menschen aus »Keimen« im Äther zusammengesetzt ist, existiert er doch, wie beispielsweise auch ein Tierkörper oder ein Baum, als Teil der Natur (d. h. des »ätherisch-göttlichen Leibes«). Damit wirkt in ihm die ausgedehnte Ätherseele, die ihre Kraft wiederum von Gott hat. Dieses Wirken zeige sich etwa im regelmäßigen Ein- und Ausatmen der Person A. Wenn nun A beschließt, seinen Atem anzuhalten – wie »weiß« dies die Weltseele? Wissen muß sie es, da sich ja in ihr, der Natur, eine Veränderung ereignet, sobald ein Naturkörper oder -bestandteil eine (rhythmische) Bewegung plötzlich unterläßt. Damit sie dies »wissen« kann, muß sie jedoch offenbar irgendwie die Gedanken von A »lesen« können. In diesem Fall wäre sie aber mehr als eine bloß seelische, »unterbewußte« oder gar bloß instrumentelle Intelligenz. Berkeley würde vielleicht antworten: »Der allwissende Gott kennt die Gedanken As und richtet die Natur danach aus.« Aber in diesem Fall ginge wohl einer der bedeutendsten Gründe für die Einführung der Ätherhypothese, die »Entlastung« des göttlichen

---

[114] Vgl. Luce und Jessop (Hg.), a. a. O., S. 134 (§ 288).

Geistes von so vielen »banalen« Aufgaben (das genannte Grundproblem der Okkasionalisten), verloren.

Wie oder was könnte Berkeley sonst noch antworten? Er könnte sagen, der Weltseele eignet eine höherere Intelligenz als bloß eine »unterbewußte« nach Art der »Lebensgeister« in den Mensche- und Tierleibern. Diese Intelligenz müßte allerdings *extrem hoch* sein, wenn sie auf die unablässigen freien Entschlüsse von Milliarden von Menschen simultan reagieren können soll! Eine solche Intelligenz wäre geradezu ein *zweiter Gott*. (Wäre eventuell auch ein »sympathetisches« Reagieren denkbar? Wir wissen es nicht.) Wie man sieht, wird Berkeley von der inneren Konsequenz seines eigenen Ansatzes auch in dieser Frage in eine ganz bestimmte Richtung gedrängt – in die pantheistische (Richtung der) Leugnung der menschlichen Freiheit. Denn ist letzten Endes die Annahme nicht einfacher, daß es keine Freiheit der verleiblichten menschlichen Wesen gibt, als jene andere, wonach eine Weltseele simultan und unaufhörlich alle menschlichen Entschlüsse passend mit allen menschlichen Körperbewegungen koordiniert? Kann man ihr eine quasi-unbewußte »tänzerische« Koordination zutrauen? Dies scheint, es sei wiederholt, zumindest denkbar. Vor dem Hintergrund des Theodizee-Problems gewinnt dieser Gedanke vielleicht noch zusätzlich an Attraktivität. (Ich selbst glaube jedoch an die Notwendigkeit der Leibnizschen Reform der Weltseelenlehre, welche auch Kant auf seine kritische Weise übernommen hat.) Aber sollte – auch dieser Einwand muß gehört werden – Berkeley dann nicht vielleicht doch besser (will besagen, einfacher) annehmen, daß diese Koordinierung laufend durch ein dauerndes persönliches Eingreifen Gottes geleistet wird? Das wiederum liefe allerdings auf ein ununterbrochenes Wunderwirken Gottes hinaus und entspräche dann genau den Thesen Malebranches und der Okkasionalisten, von welchen Berkeley bekanntlich (sicherlich mit guten Gründen) Abstand nehmen wollte. – Am Schluß also einige offene Fragen und die Vermutung, daß Berkeleys Theorie dort am deutlichsten »einbricht«, wo sie über die Freiheit handelt[115] – auch derjenigen Gottes im dem Menschen erfahrbaren Bereich (»Wunder«) aber vor allem derjenigen der Menschen selbst (freies Tun und

[115] Ein letzlich wohl unauflösbares Problem stellt der sogar den geduldigen und sympathetischen Interpreten auf eine harte Probe stellende Wechsel zwischen »archetypischer« und »summarischer« Theorie der Wahrnehmung dar. (Wir haben unsere Vorliebe für die archetypische bereits zum Ausdruck gebracht.)

Denken). Aber vielleicht wäre es unfair, ihm deswegen einen allzu großen Vorwurf zu machen, denn hier scheitern die (alle?) anderen Theorien nicht minder.[116]

Berkeleys Weg in die Mystik und Humes skeptischer Naturalismus (dessen Darstellung die Hauptaufgabe des folgenden *Dritten Teils* sein wird): Oberflächlich besehen handelt es sich dabei um einander denkbar fern liegende philosophische Entwicklungen bzw. Konzeptionen – und doch könnten beide in dieselbe Richtung gewirkt haben. Hans Blumenberg:

> »Die […] mit ihren Mitteln in der Skepsis einerseits, in der Mystik andererseits an ihr Ende gekommene Philosophie gibt dem um seine Rechtfertigung unbesorgten Können den Weg frei, und in beiden Fällen finden wir belegt, daß der Ingenieur ebenso wie der Geometer mit dem Namen *philosophus* belegt erscheint.«[117]

---

[116] U. E. scheint es jedoch Leibniz und Kant (evtl. auch Jonas) gelungen, zumindest die Möglichkeit von Willensfreiheit zu beweisen, während es Hume nicht gelang, die Unmöglichkeit von Wundern darzutun. Hinsichtlich der Existenz einer Weltseele (oder eines lebendigen Äthers) vermuten wir, daß sich deren Existenz theoretisch weder beweisen noch widerlegen läßt, daß aber aus Gründen der Umweltethik die Vorstellung einer beseelten Natur gutgeheißen werden sollte. (Eine solche wird ja auch von der ästhetisch-mystischen Naturkontemplation nahe gelegt.) Dies schließt keinesfalls aus, daß es auch gute theoretische Gründe dafür geben mag, an einen aus beseelten Ureinheiten (»Monaden«) bestehenden Kosmos zu glauben …

[117] H. Blumenberg, »Lebenswelt und Technisierung unter Aspekten der Phänomenologie«, In: Ders., Wirklichkeiten, in denen wir leben. Aufsätze und eine Rede, Stuttgart 1981, S. 7–54; Zitat auf S. 14.

Dritter Teil:

Naturphilosophie und Philosophische Theologie bei David Hume

Erstes Kapitel:

David Hume und Thomas Reid als Kritiker Berkeleys

0) Vorbemerkungen

Wenn ein (subjektiver) Idealist jemand ist, der die Existenz von räumlich ausgedehnten Körpern leugnet oder behauptet, es würden nur unausgedehnte geistige Substanzen und ihre »mentalen Prozesse« existieren, dann ist Berkeley kein (solcher) Idealist gewesen. Was von Berkeley in Abrede gestellt wird, ist die Existenz von sogenannten »Dingen an sich«, von Körpern oder anderen möglichen Arten von »Seienden«, die noch nicht einmal mit dem Geist Gottes bzw. dem »Äther« in Beziehung stehen. Diese Verneinung der Existenz von *Dingen an sich* macht ihn allenfalls zu einem »objektiven« Idealisten, ist jedoch weder gleichbedeutend mit einer Verneinung jedes körperlich-ausgedehnten Seins noch mit der von Existenzweisen jenseits des aktuellen und potentiellen menschlichen und allgemein endlichen Bewußtseins – was aber gewöhnlich (in der tradierten Geschichtsschreibung der Philosophie) nicht zur Kenntnis genommen wird.

Nicht gerade selten ist auch die Philosophie David Humes (1711–1776) im oben angegebenen Sinne als (subjektiver) »Idealismus« bezeichnet worden. Diesbezüglich hat allerdings bereits Norman Kemp Smith eine so leicht nicht mehr rückgängig zu machende Klarstellung vorgenommen: Es sei nicht die Existenz von räumlich ausgedehnten Körpern, die Hume bestritten oder auch nur bezweifelt habe; vielmehr sei die Fähigkeit des Verstandes in Einheit mit den Sinnen, uns dieser Existenz oder Existenzen zu versichern, von ihm geleugnet worden. Und das ist offensichtlich etwas ganz anderes. Der Wirklichkeit der Körperwelt (sowie der dort wirkenden Kausalkräfte) würden wir uns nicht mittels dieser »klassischen« Erkenntnisvermögen versichern – vielmehr gelinge dies mittels quasi-instinktiven »natural beliefs«. Solche, gleichermaßen bei Mensch und Tier verbreiteten, natürlichen Überzeugungen gestatten Hume zufolge keine

Leugnung und noch nicht einmal einen tatsächlich realisierten, also aufrichtigen Zweifel an der Wirklichkeit von Körpern bzw. von »Außenwelt«.

Auf vergleichbare Weise hatte schon Berkeley argumentiert, wenn er ausführte, daß wir nicht wirklich annehmen könnten, die ganze (körperliche) Welt erfreue sich nur in unserem individuellen oder kollektiv-menschlichen Bewußtsein ihres Daseins. Auch ihm ist der Gedanke der »natürlichen Überzeugungen« oder »Lebenszwänge« also wenigstens ansatzweise bereits vertraut. Im Unterschied zu Hume geht er jedoch davon aus, daß sich der menschliche Geist von den damit verknüpften Denkzwängen befreien könne und zwar zumindest immer dann, wenn sich ein solcher Zwang als nachweislich unvernünftig oder gar widervernünftig herausstellen sollte. Dieser Glaube an die prinzipielle Überlegenheit der (philosophierenden) Vernunft gegenüber dem Leben (dem *logos* gegenüber dem *bios*) wird nun von Hume nicht länger geteilt.[1] Die Vernunft sei nicht mehr die manchmal unter dem Knecht zu leiden habende Herrin des Lebenszwangs, sondern dieser Zwang selbst herrsche und sie bleibe gleichbleibend und unveränderlich die gehorchen müssende Magd. Diese könne sich allenfalls manchmal selbst in Verwirrung versetzen (nämlich im sogenannten Philosophieren), das *Leben* aber gehe einfach darüber hinweg.

Hier stoßen wir auf eine gewichtige Differenz zwischen dem Berkeleyschen und dem Humeschen Vernunft- und somit auch Philosophiebegriff. Denn während sich das Verständnis des ersteren problemlos in die traditionelle Hochschätzung des *nous* beziehungsweise der *mens*[2] – in der »philosophia perennis« transzendiert diese Geisteskraft das natürliche Sein (und steht hier sogar in Verbindung mit dem göttlichen Geist) – einordnet, ist für Hume das ganze menschliche Erkenntnisvermögen nichts weiter als ein integraler Bestandteil der Natur und die auf den die Sinneseindrücke lediglich

---

[1] Dieser Glaube ist von Scheler sehr eindrucksvoll mit den Worten zur Sprache gebracht worden: »Der Mensch allein – sofern er Person ist – vermag sich über sich – als Lebewesen – *emporzuschwingen* und von einem Zentrum gleichsam *jenseits* der raumzeitlichen Welt aus *alles*, darunter auch sich selbst, zum Gegenstande seiner Erkenntnis zu machen. So ist der Mensch als Geistwesen das sich selber als Lebewesen und der Welt überlegene Wesen.« (M. Scheler, Die Stellung des Menschen im Kosmos, Bern [7]1966, S. 47)

[2] Vgl. z. B. Platon, Timaios, 41 cd, 69 cd; Aristoteles, De anima, 408 b 29, Thomas, Summa theologica, I, Qu. LIX, art. 1 ad 1.

kombinierenden Verstand (ratio, understanding) reduzierte Vernunft (intellectus, reason) der rechtmäßige Sklave der natürlichen Affekte oder Leidenschaften.[3] Damit könnte der Philosoph konsequenterweise eigentlich auch nicht mehr an die (eigene) Vernunft des Lesers appellieren (wie im »sapere aude!»der Aufklärung) um damit in dessen Gesinnungen und Handlungen Veränderungen anzubahnen. (Daß Hume dies *de facto* trotzdem tut, steht natürlich außer Zweifel.) So gesehen sollte vielleicht auch die übliche Charakterisierung Humes als »Aufklärer« und Berkeleys als »Gegenaufklärer« einer Revision unterzogen werden.[4]

Der wesentliche Unterschied zwischen dem Denken Humes und der Berkeleyschen Philosophie kann unter dieser Perspektive noch deutlicher dadurch in den Blick geraten, daß man ihr jeweiliges Welt- und Menschenbild kurz miteinander vergleicht. Beider Weltbild ist grundsätzlich anthropozentrisch bzw. beider Menschenbild kosmozentrisch. Während bei Locke noch eine Dreiteilung des ontologischen Bereichs in rein geistige, seelische und rein körperliche »Dinge« zu finden ist, verliert das rein Körperlich-Materielle bei *beiden*

---

[3] Vgl. ›A Treatise of Human Nature‹, Buch II, Teil III, Abschn. 3 in Green und Grose (Hg.), David Hume. Philosophical Works in 4 Volumes, Bd. II, S. 195.

[4] Oder, radikaler, der gängige Aufklärungsbegriff insgesamt: Dies ist wohl sogar die naheliegendere Forderung. Nimmt man, wie üblich, rein chronologisch als »Zeitalter der Aufklärung« die Zeit nach der Barockkultur und der letzten großen systembildenden Barockphilosophen bis hin zur Französischen Revolution an, also den größten Teil des 18. Jahrhunderts, und versteht man unter »Aufklärung«, wie üblich, die (einseitige) Betonung einer menschlichen Anlage und Fähigkeit, der »Vernunft« (mit den daraus resultierenden Folgerungen), unter »Gegenaufklärung«, wie üblich, die Kritik der »einseitigen« Vernunft, so ergibt sich das Merkwürdige: Alle wirklich bedeutenden Denker dieses Zeitraums (Berkeley, Hume, Rousseau, Diderot, Kant u.a.) sind dann »Gegenaufklärer« gewesen, *Kritiker* der reinen Vernunft, Rehabilitatoren der ganzen menschlichen Natur, und nur die nach rückwärts (in Deutschland zu Leibniz) gewandten zweitrangigen Denker (Wolff, Thomasius, Baumgarten, Nikolai u.a.) bleiben als »wahre Aufklärungsphilosophen« übrig! Ohne den offensichtlichen Notbehelf der Erfindung von »Gegenaufklärern« käme man dagegen aus, wenn »Aufklärung« eben nicht länger als einseitige (bis hin zur Apotheose reichen könnende) Betonung der menschlichen Vernunft verstanden werden würde. Als Alternative böte sich an, »Aufklärung« als »Rehabilitation der Sinnlichkeit« aufzufassen (so Panajotis Kondylis in ›Die Aufklärung im Rahmen des neuzeitlichen Rationalismus‹, Stuttgart 1981) oder, allgemeiner und mit besonderem Blick auf Rousseau und Kant, als »Rehabilitation der menschlichen Natur« und »Kritik der reinen Vernunft«. So verstanden könnten auch Hume und Berkeley, mit ihrer Betonung der Bedeutung der »natural beliefs« bzw. des »Auges« und der übrigen Sinne (wie eigentlich zu wünschen wäre), gleichermaßen als »Aufklärer« bezeichnet werden.

philosophischen Erben an Bedeutung. Bei Berkeley deswegen, weil er an die Existenz eines solchen ontologischen Bereichs nicht glaubt, bei Hume, weil er diesen – so er ihn nicht ebenfalls leugnet – ganz den Naturwissenschaftlern überlassen will. Übrig bleibt bei Berkeley ein Doppeltes: der Bereich des Seelisch-Körperlichen (des Leiblichen) und der des Geistigen; bei Hume ein Einfaches, d.i. allein das Erstgenannte. »Berkeleys Mensch« besteht aus dem beseelten Körper oder dem (Empfindungs-) Leib und aus dem unausgedehnten, rein geistigen Ich, »sein« Kosmos aus der ausgedehnten Weltseele und dem unausgedehnten, als reines Geistwesen konzipierten Gott. »Humes Mensch« besteht dagegen aus dem beseelten Körper (manches Mal – besonders in den späteren Schriften – allerdigs ergänzt durch den atomistischen Gedanken der rein materiellen Körper), »sein« Kosmos aus einem blind wirkenden, aber dennoch irgendwie Ordnung hervorbringenden, seelischen Prinzip hinter den sinnlichen (manchmal, es sei wiederholt, auf atomistische Weise ergänzten) Erscheinungen.[5] Der unausgedehnte, vernünftige Geist als eigene Macht fehlt also in Humes Weltbild (bzw. philosophischer Kosmologie) ebenso wie in Humes Menschenbild (bzw. Philosophischer Anthropologie), nicht aber in Berkeleys entsprechenden Konzeptionen: Diese These möge die grundsätzliche Richtung vorgeben, in welche Humes Kritik an seinem philosophischen Vorgänger weisen wird.

Die Richtung der Kritik Thomas Reids (1710–1796) wird eine andere sein. Seine Auseinandersetzung mit Berkeley ist auf eine Weise wesentlich allgemeiner und auf eine andere wesentlich spezieller als diejenige Humes. Im allgemeinen lehnt er die, seines Erachtens von Descartes inaugurierte und in Berkeley[6] sowie Hume ihren Höhepunkt (allerdings als »Sackgasse«) Abschluß gefunden habende »Ideen«-Philosophie, den *way of ideas*, grundsätzlich ab, da sich die Resultate dieses bewußtseinstheoretischen Ansatzes mit den

---

[5] Diese an Schopenhauers Weltwillen gemahnende Vorstellung geht aus Humes religiösem Standpunkt jenseits von Theismus und Atheismus hervor, wie er besonders deutlich in den ›Dialogues Concerning Natural Religion‹ (Green und Grose, Bd. 2, S. 375–468) zum Ausdruck kommt.

[6] Eine grundsätzliche Übereinstimmung der Berkeleyschen mit der Descartesschen Philosophie wurde dann auch von Coleridge angenommen: »I could make it evident, that the Cartesian is bona fide identical with the Berkeleian Scheme, with this Difference that Des Cartes has developed it more confusedly.« (›Complete letters‹, II, S. 699; zit. nach Rookmaaker, a.a.O., S. 119). Ebenfalls als (irischer) Cartesianer wird Berkeley interpretiert von: H. M. Bracken, a.a.O.

allgemeinen Ansichten des *Common sense* im Widerspruch befänden und notwendig auch befinden müßten. Insbesondere will er nachweisen, daß Berkeleys, mit seiner Radikalisierung der »Ideen«-Philosophie zusammenhängende und von Reid als zentral aufgefaßte These von den beiden unterschiedenen Bereichen der taktilen und der visuellen Ideen schlechterdings falsch ist. Insgesamt geht es ihm erwartungsgemäß – wie Berkeley ist er ordinierter Priester – nicht um eine Humesche *Austreibung des reinen Geistes* aus der Philosophie, sondern um die Hereinnahme der Philosophie in den großen und vorgeblich soliden, bewährten Rahmen des *Common sense.* (Im möglichen Gegensatz zu Hume, aber ganz wie Berkeley, steht er prinzipiell auf der Seite der *ancients.*)

1) Humes grundsätzliche Kritik und Gegenposition zu Berkeleys theoretischer Philosophie

Das, was die Philosophen stets »Geist« genannt haben, ist es also, dessen Dasein Hume leugnen will: den Geist im Kosmos sowie den im Menschen.[7] Bleiben wir zunächst bei ersterem, so sei daran erinnert, daß Berkeley sowohl ein göttliches Wirken als auch eine göttliche Vorsehung in der Natur nachweisen wollte. In Humes ›Enquiry Concerning Human Understanding‹, einer Umarbeitung des *Ersten Buchs* der frühen ›Treatise‹, werden beide Vorstellungen kurz und prägnant kritisiert[8]: Die eines göttlichen Wirkens im *Siebenten Abschnitt* und die einer göttlichen Vorsehung im *Elften.* Im (in Theologenkreisen berühmt-berüchtigten) *Zehnten Abschnitt* wird zudem ein Sonderfall der göttlichen Vorsehung, das Wunder, »auf's Korn genommen«: Es sei nie vernünftig, an ein Wunder zu glauben, denn

---

[7] Den menschlichen Geist versucht Hume v. a. mittels »mechanischer« Assoziationsgesetze zu erklären. Damit schließt er sich an Locke und v. a. auch an Hobbes an, demzufolge der menschliche Geist nur eine Art Rechenmaschine darstellt (vgl. z. B. ›Leviathan‹, Kap. 4: ein heute offenbar wieder sehr aktueller Gedanke). Eine Theorie der Assoziation im näheren Sinn findet sich wohl erstmals bei Platon (z. B. ›Phaidon‹ 73 ff.).

[8] In vielen Punkten stimmt Hume Berkeley jedoch auch zu. So im ›Essay Concerning Human Understanding‹ (Abschn. 12, gegen Ende des Ersten Teils; in: Green und Grose, Hg., Bd. 4, S. 126 f.) hinsichtlich Berkeleys Kritik der Abstraktionstheorie und hinsichtlich dessen Ablehnung der Unterscheidung von primären und sekundären Qualitäten. Während Berkeley solche Themen zum Ausgangspunkt für seine Rückkehr zum Common sense macht, verwendet Hume sie jedoch zur Begründung seiner akademisch-skeptischen Philosophie.

das Vorkommnis eines solchen Ereignisses setze eine Verletzung von Naturgesetzen voraus, diese seien jedoch immer besser bestätigt als sogar die am besten bezeugten Wunderberichte.[9]

Gegen die Auffassung, daß die Natur ganz allgemein den Eindruck erwecke, es werde darin für die Menschheit und ihr Gedeihen weise Vorsorge getroffen, welcher Gedanke im Anschluß an den Abschnitt über die Wunder erörtert wird, führt Hume neben längst bekannten Beobachtungen und Gründen auch ein ganz neues Argument ins Feld; dieses soll die Idee eines planenden und ordnenden Weltenschöpfers gewissermaßen schon an der Wurzel packen und als *ab initio* ungerechtfertigte Vorstellung einsichtig werden lassen. Von der Welt werde in der Schöpfungsvorstellung ganz selbstverständlich angenommen, daß sie, wie alles andere auch, zu ihrer Erklärung einer Ursache bedürfe. (Der Schöpfergott sei eben die Ursache und die Welt die Wirkung.) Nun werde aber Kausalität immer nur als regelmäßige Aufeinanderfolge in der Zeit wahrnehmbar. Die Relation »Ursache und Wirkung« ist, Humes bekannter Auffassung nach, eine solche ganz besonderer Art, bei der die Betrachtung eines einzelnen Falls für die Feststellung, daß wirklich Kausalität instantiiert wurde, noch nicht ausreichend ist. Da nun aber das »Ereignis« Kosmos nach allem, was wir wissen, ein Einzelfall ist, dürfen wir dieses weder »Wirkung« nennen noch sind wir, im Anschluß daran, berechtigt, die (nur scheinbar) so selbstverständlich klingende Frage nach der *Ursache* des Kosmos zu stellen. Mit dieser letztgenannten Frage verliert aber auch die vorgeblich einzig vernünftige Antwort darauf – die gesuchte Ursache könne keine andere als der göttliche Weltschöpfer sein – allen Sinn.

Diese ganze Argumentation hängt somit an der Annahme, daß wir das Vorliegen einer Kausalrelation nicht anders denn durch eine mehrmalige oder serielle Aufeinanderfolge von zwei verschiedenen Ereignistypen (z. B. Instantiierungen von Feuer- und Rauchereignissen) feststellen können.[10] Die Begründung für diese These findet sich im *Siebenten* und *Achten Abschnitt* der ›Enquiry Concerning Human Understanding‹. Voraussetzung für die Feststellung (nicht für das Dasein, die Realität) von Kausalität aufgrund einer einmaligen

---

[9] Ausführlicheres dazu in meinem Artikel »David Hume: Kritiker der ›Volksreligion‹«, a. a. O.

[10] Vgl. hierzu W. Stegmüller, Probleme und Resultate der Wissenschaftstheorie und Analytischen Philosophie, Bd. 1, Studienausgabe Teil 3, Berlin 1969, S. 439.

Erfahrung[11] wäre, daß wir neben den beiden raum-zeitlich benachbarten Ereignissen auch noch die Kraft miterfahren könnten, welche zwischen den Ereignissen wirkt. Dies sei jedoch weder für die äußere noch für die innere Erfahrung der Fall. Die streng »empiristische« Beobachtung des Laufes einer Billiardkugel, welche eine zweite anstößt und in Bewegung versetzt, ergibt, daß keine Naturkraft zwischen beiden Kugeln bzw. Ereignissen nicht wahrgenommen werden kann. (Hume ist dennoch vom Wirken einer solchen Kraft überzeugt – allerding weder aus rationalen noch aus empirischen Gründen[12]). Ebensowenig würde beispielsweise der Entschluß, eine Hand zu heben – zusammen mit der darauffolgenden Bewegung – von der inneren Erfahrung einer zwischen beiden Ereignissen vermittelnden Kraft begleitet sein.[13] Die Feststellung von den nicht wahrnehmbaren »Kausalkräften« hat für Hume dann (scheinbar) die These von der Kausalität als einer bloß regelmäßigen Aufeinanderfolge lokal be-

---

[11] Humes bekannter Auffassung nach, bildet sich infolge (wegen!) der wiederholten Wahrnehmung ein subjektiver Denkzwang, wonach die erfahrene Aufeinanderfolge eben diese sein müsse. Nach außen projiziert, wird dieser subjektive Zwang dann als objektive Notwendigkeit gedeutet (was für sich genommendas Vorliegen einer real bestehenden objektiven Notwendigkeit natürlich nicht ausschließt).
Wie Montaigne, Pascal, Bayle, Voltaire u. a. französische Skeptiker wird auch Hume nicht müde, die eminente Rolle der Gewohnheit für das menschliche Leben und Erkennen zu betonen. Ein ferner und melancholischer Nachklang der klassischen französischen Skepsis ist wiederholt aus dem großen Romanwerk Prousts herauszuhören, z. B. »Nachdem der anästhesierende Einfluß der Gewohnheit aufgehört hatte, begann ich zu denken, zu fühlen – beides traurige Dinge.« (Marcel Proust, In Swanns Welt [›A la recherche du temps perdu‹ I: Du côté de cher Swann] Frankfurt/Main 1981, S. 18)

[12] Vgl. meinen Artikel »Kausalität, Induktion und Außenwelt: David Humes skeptischer Naturalismus«, in: *Philosophia naturalis,* 35/2 (1998) S. 281–308: Vom Dasein der Kausalkräfte in der Natur überzeugt uns ein »natural belief« …

[13] Ganz im Sinne Humes formuliert ein Jahrhundert später Lotze diesen Gedanken wie folgt: In jenem Schwunge des Armes fühlen wir nichts so wenig, als das Übergehen der Kraft; was wir empfinden, ist nichts, als die Veränderung, welche durch die schon geschehene Anregung der Muskeln erfahren, und von welcher eine Wahrnehmung, der Müdigkeit ähnlich und in sie übergehend, zu unserem Bewußtsein zurückkehrt.« (Ders., Mikrokosmus, a. a. O., I,1, S. 321). Die entscheidende Frage scheint hier freilich, welche Bedingungen (Humes Auffassung nach) erfüllt sein müßten, damit er das Vorkommnis einer inneren Krafterfahrung einräumen würde. Solange diese unspezifiziert bleiben, kann auf seine Behauptung »Ich erfahre keine solche Kraft in mir« scheinbar immer mit der einfachen (und nicht unplausiblen) Gegenbehauptung reagiert werden: »Ich nehme in mir eine entsprechende, wirkende innere Kraft wahr.« Die dritte Anm. zum *Siebenten Abschnitt* der ›Untersuchung über den menschlichen Verstan‹ kommt einem Zugeständnis Humes in dieser Frage zumindest sehr nahe. Vgl. dazu das Kap. 3 (»Wahrnehmung, Kausalität und Teleologie«) in: H. Jonas, Das Prinzip Leben, a. a. O., S. 51–71.

nachbarter Ereignisse zur Folge: Denn an sich mag Kausalität mit wirkenden Kräften zu tun haben, uns aber ist es aufgegeben, daß wir uns stets auf »impressions« beziehen und gut darauf acht geben, daß unsere verbalen Äußerungen stets mit solchen Eindrücken unterlegt sind.[14]

Im Gegensatz zu Hume vertritt Berkeley die Auffassung, jedermann würde sich in der inneren Wahrnehmung – nämlich evidentermaßen und damit auch ohne gewissermaßen erst »Serien« abwarten zu müssen – ganz unbezweifelbar als *agens* erfahren. Er ist weiterhin der Ansicht, daß diese innere Erfahrung die *einzige wahre* Kausalitätserfahrung sei, womit er – unter anderem – die Lehre vom göttlichen Geist als der wahren Naturkraft oder dem wahrem *agens* in der Natur rechtfertigen will.[15] Auf diese Doktrin nimmt Hume am Ende des *Ersten Teils* von *Abschnitt Sieben* der ›Enquiry‹ direkt Bezug, und vor allem die dort plazierte Anmerkung verdeutlicht, daß er in diesem Zusammenhang sicher auch an Berkeley gedacht haben dürfte (als an einen »unserer heutigen Metaphysiker«, welcher die »Lehre von der universalen Wirkkraft oder von Gott« vertrete). Es sind drei Einwände, die Hume gegen den Gedanken vom universalen Wirken Gottes in der Natur geltend macht: Die Idee von der »Erhabenheit Gottes« leide, wenn man ihn sozusagen alles selber machen lasse[16]; die infrage stehende Lehre sei »zu kühn«, um einen Menschen zu überzeugen, der um die Schwächen und engen Grenzen des menschlichen Verstandes weiß; ebensowenig wie wir verstünden, wie Körper aufeinander wirkten, begriffen wir den Effekt eines Geistes auf sich selbst oder »seinen« Leib. Da das erste Argument bereits

[14] Man wird sich erinnern, wie Berkeley diese empiristische Sinntheorie vor allem im ›Alciphron‹ kritisiert hat. Auch Hume macht in der ›Treatise‹, im Zusammenhang mit seiner Theorie der *natural beliefs*, beachtenswerte Abstriche davon (desgleichen in seiner realistischen Wissenschaftstheorie). Seine Kausalitätstheorie ist also gewissermaßen doppelbödig: »Unter« der leicht erkennbaren Regularitätstheorie verbirgt sich noch die der »natürlichen (instinktiven) Überzeugungen«.

[15] Ein zeitgenössischer Versuch, diesen Gedanken vor dem Hintergrund der Einsicht in die fehlende Realisationseffizienz der Naturgesetze neu zu denken, findet sich in dem ungemein scharfsinnigen und originellen Werk U. Meixners ›Ereignis und Substanz. Die Metaphysik von Realität und Realisation‹ (Paderborn 1997), insb. in Kap. X (»Das Zentralagens+ und die geschlossene positionale Einheit des Realen*«), S. 177–194.

[16] Diesen Einwand antizipierend, hatte Berkeley ausgeführt, daß nur ein endliches Wesen Anstrengungen kenne und mit seinen Kräften haushalten müsse, dem Allmächtigen dagegen falle alles gleich leicht: Vgl. ›Principles‹, § 152 und ›Dialogues‹, *Zweiter Dialog*, Mitte.

besprochen worden ist, das zweite aber eher rhetorischen Charakter aufweist[17], muß hier wohl das letztgenannte für das interessanteste angesehen werden. Aber gerade dazu würde einem Verteidiger Berkeleys die Antwort nicht schwer fallen. Möglicherweise, so könnte er erwidern, begreifen wir die Wirkung letztlich in beiden Fällen nicht – aber dies war von dem Bischof auch weder behauptet worden noch galt es ihm als Grund für die Bevorzugung eines geistigen Agens gegenüber einem materiellen. Der Grund dafür bestand vielmehr allein darin, daß wir allein aus der inneren Erfahrung Kenntnis von Kausalität haben und deswegen im Zuge eines konsequent erfahrungsphilosophischen Ansatzes methodisch nicht berechtigt sind, Ursächlichkeit anderen als geistigen Prinzipien zuzuserkennen.

2) Humes grundsätzliche Gegenposition zu Berkeleys praktischer Philosophie

Berkeleys Moralphilosophie ist gekennzeichnet durch die Bejahung der Idee des freien Willens und der persönlichen Verantwortung, durch die (eventuell argumentativ nicht eingelöste) Befürwortung der Idee einer letztlich auf den freien Willen Gottes zurückgehenden sittlichen Weltordnung und durch die Ablehnung des ethischen Subjektivismus sowie speziell der Gefühlsmoral in der Gestalt der »moral sense-theory«. Hume bezieht in jedem Punkt geradewegs die entgegengesetzte Position und ist sich sonst mit Berkeley nur in der negativen Beurteilung des radikalen (Hobbesschen) Egoismus sowie

[17] Aber auch hinsichtlich dieses zweiten wird man, dessen ungeachtet, Hume ein gutes Stück weit Recht geben müssen. Die Lehre von der *alleinigen* Wirksamkeit Gottes erscheint tatsächlich zu spekulativ oder »kühn« und ausgreifend um argumentativ belegt werden zu können. (Übrigens hat auch die Scholastik stets zwischen Gott als *causa prima* und natürlichen Ursachen als *causae secundae* unterschieden.) Die »totale Einvernahme des Endlichen ins Unendliche« wird als ein dem modernen Atheismus paradoxerweise Vorschub leistender Versuch irregeleiteter »Theo-Logik« sehr scharfsinnig kritisiert in: J. Reiter, System und Praxis. Zur kritischen Analyse der Denkformen neuzeitlicher Metaphysik im Werk von Malebranche, Freiburg 1972, S. 220ff.) – Einen anderen und besseren Weg als Malebranche und Berkeley geht in dieser Frage Karl Barth in ›Die Kirchliche Dogmatik‹, Dritter Bd. »Die Lehre von der Schöpfung«), insb. Dritter Teil, Zollikon-Zürich 1950 (vgl. z. B. S. 165: »Gottes unbedingte und unwiderstehliche Herrschaft bedeutet nicht nur keine Bedrohung oder Unterdrückung, sondern vielmehr gerade die Begründung der Freiheit des geschöpflichen Wirkens in seiner Eigenart und Mannigfaltigkeit«).

in der positiven »konsequentialistischen« Forderung, stets auch auf die (wahrscheinlichen) Folgen einer Handlung zu achten, einig.

Humes Ablehnung der Idee der menschlichen Willensfreiheit geht, allgemein betrachtet, zwanglos aus seiner naturalistischen Ablehnung des »Geist-Gedankens«[18] und im besonderen aus seiner Theorie der Kausalität hervor. Wenn die bloß sachlich registrierende Beobachtung des Zusammenstoßes zweier Billiardkugeln kein *propter hoc*, sondern ein bloßes *post hoc* zu erkennen gibt und lediglich ein mehrmaliges Beobachten der Kugelläufe eine subjektive Sehgewohnheit erzeugt, die dann nach außen projiziert wird, um dort im Laufe der Zeit als objektiv waltende Notwendigkeit gedeutet zu werden[19] – was wird dann aus der vieldiskutierten Frage nach dem Unterschied von Freiheit und Notwendigkeit? Hume: Wenn die Notwendigkeit nur eine, wenn auch unvermeidbare, »eingebildete« ist, dann steht es um den Gegenbegriff dazu um keinen Deut besser; d. h. mit dem einen Element des Begriffspaares fällt auch das dichotomisch damit verbundene andere. Denn zur (illusionären) Vorstellung der menschlichen Willensfreiheit führe die folgende psychische Genese.

Anknüpfend bei dem (wohl von Malebranche oder Geulincx

---

[18] »Geist« wird von Hume gewöhnlich wie ein »Denkstoff« nach Art der vorsokratischen *physikoi* aufgefaßt. (Ein besonders krasses Beispiel dafür findet sich in seinem Aufsatz »Of the Immortality of the Soul« in: Green und Grose, Hg., Bd. 4, S. 399 f.) Ein so aufgefaßter Geist sollte in der Philosophie tatsächlich kein Bleiberecht genießen.

[19] Bei diesem Gedankengang handelt es sich um ein wohlbekanntes Stück spekulativer Entwicklungspsychologie, welches naturgemäß die empirisch arbeitenden Psychologen zur Überprüfung herausgefordert hat. Von der umfangreichen Fachliteratur zu diesem Thema der genetischen Entstehung des Kausalbegriffs beim Kinde und dem damit verwandten Thema der Psychologie der Kausaltitätswahrnehmung (bzw. dessen, was gewöhnlich dafür gehalten wird) sollen nur zwei Klassiker genannt werden: J. Piaget und A. Michotte. Beide gelangen nun aber zu ganz *unterschiedlichen* Bewertungen von Humes Gedankengang. Piaget schreibt: »Die Interpretation von Hume, wenn sie auch in bezug auf die höheren Formen der Kausalität veraltet ist, bleibt jedoch sehr wahrscheinlich auf dem Gebiet der Anfangsformen.« (J. Piaget, Der Aufbau der Wirklichkeit beim Kinde, Gesammelte Werke, Studienausgabe, 2. Bd., Stuttgart 1975, S. 298). A. Michotte dagegen: »If Hume had be able to carry out experiments such as ours, there is no doubt that he would have been led to revise his views on the psychological origin of the popular idea of causality«. (Ders., The Perception of Causality, London 1963, S. 256). Zur Problematik vgl. auch den Sammelband ›Hume and the Problem of Causation‹, hg. von T. L. Beauchamp und A. Rosenberg, New York 1981.

entlehnten) berühmten Beispiel mit den Billiardkugeln[20] zeigt sich, daß nicht nur der sinnliche Augenschein keine solchen Bewegungen, die sich durch Kraftwirkungen mit Notwendigkeit ereignen würden, feststellen kann – auch der Verstand vermag kein (logisches) Gesetz zu finden, wonach Ereignisse, die oft aufeinander folgten, immer bzw. notwendigerweise aufeinander folgen müßten. (Hier schließt Humes Induktionsthese an seine Kausalitätsthese an.) Ungeachtet des fehlenden sinnlichen Augenscheins, wie auch des fehlenden logischen Gesetzes, glaubt man gewöhnlich doch, daß die eine Kugelbewegung die nächste sozusagen »herbeizwinge«. Reflektierten die Menschen dann, wenn sie im Begriff seien, »frei« zu handeln, auf sich selbst, sozusagen auf oder in ihr eigenes Inneres, so könnten sie dort gewöhnlich keinen Zwang entdecken: hierin liege der eigentliche Ursprung der Illusion von der menschlichen Freiheit. In Wahrheit nämlich perzipieren wir niemals so etwas wie Kräfte, geschweige denn, *per impossibile,* die Notwendigkeit einer Ereignisverbindung; was wir erfahren – und dies verhält sich bei der Beobachtung von Naturereignissen nicht anders als bei der von Menschen (und zwar einschließlich unserer selbst) – sind *Regelmäßigkeiten.* Diese werden vom menschlichen Bewußtsein quasi in zwei entgegengesetzte Richtungen gezogen und einerseits zu Notwendigkeiten andererseits zu Freiheiten zugespitzt bzw. »zugedeutet«.

Ersichtlich gleitet hier die Argumentation des *Siebenten* und *Achten Abschnitts* der ›Enquiry Concerning Human Understanding‹ von der theoretischen in die praktische Philosophie hinüber. Bedeutet »Notwendigkeit« nichts anderes als Regelmäßigkeit und Gleichförmigkeit, dann dürfen auch die menschlichen Handlungsweisen in diesem »harmlosen« Sinn problemlos als notwendig bezeichnet werden. Denn darin, daß ein nüchterner Beobachter in den Handlungsweisen seiner Zeitgenossen – sowie in denen der vorhergehenden Generationen – eine große Gleichförmigkeit entdecken wird, stimmen doch wohl alle Menschen überein; Hume:

»It is universally acknowledged, that there is a great uniformity among the actions of men, in all nations and ages, and that human nature remains still the same, in its principles and operations. The same motives always produce the same actions: The same events follow from the same causes. Ambition, avarice, selflove, vanity, friendship, generosity, public spirit; these passions, mixed in various degrees, and distributed through society, have been, from

[20] Vgl. Malebranche, Von der Erforschung der Wahrheit, a. a. O., S. 48.

the beginning of the world, and still are, the source of all the actions and enterprizes, which have ever been observed among mankind. Would you know the sentiments, inclinations, and course of life of the GREEKS and ROMANS? Study well the temper and actions of the FRENCH and ENGLISH: You cannot be much mistaken in transferring to the former *most* of the observations, which you have made with regard to the latter. Mankind are so much the same, in all times and places, that history informs us of nothing new or strange in this particular. Its chief use is only to discover the constant and universal principles of human nature, by shewing men in all varieties of circumstances and situations, and furnishing us with materials, from which we may form our observations, and become acquainted with the regular springs of human action and behaviour.«[21]

Aus den dazu parallelen und etwas weniger knappen Ausführungen in der ›Treatise‹ *(Zweites Buch, Dritter Teil, Erster Abschnitt)* geht hervor, daß Charakteranlagen zusammen mit Lebensumständen und Motiven ein Gefüge von Handlungsbedingungen bereitstellen, welches die tatsächlich erfolgende Handlungsweise mit großer Sicherheit vorhersehbar erscheinen lassen. Wenige überraschende Ausnahmen kämen zwar vor, aber dies verhalte sich schließlich im außermenschlichen Bereich nicht anders: eine als verläßlich bekannte Uhr bleibe plötzlich stehen (Vermutung: ein größeres Staubteilchen geriet ins Gehäuse), ein als gutmütig bekannter Mensch gibt eine mürrische Antwort (Vermutung: er hat Kopf- oder Zahnschmerzen). Diese beiden Fälle müßten in Wahrheit als ganz gleichartig beurteilt werden, wie im Grunde auch jedermann einsehen und eingestehen werde.

Daraus ergäbe sich nun, daß auch *Berkeleys* Freiheitsbegriff illusionär ist: Dieselben Charakteranlagen bestimmen und bestimmten schon von jeher bei den Menschen aller Völker und Zeiten die gleichen Motive und diese wiederum in vergleichbaren Situationen gleiche Handlungen. Dies könne – so Hume weiter – einerseits ebensowenig bestritten werden, wie dies andererseits zur Begründung eines (sozusagen »weichen«) philosophischen Determinismus genüge (eines solchen, der mit dem *Common sense* durchaus vereinbar sei): Ist damit Berkeleys Überzeugung von der menschlichen

[21] Green und Grose (Hg.), Bd. 4, S. 68. Diese Ausführungen stellen zugleich zentrale Thesen des »wissenschaftlichen« (»to discover the constant and universal principles of human nature«) Geschichtsforschers David Hume dar, der eine vierbändige ›History of England‹ (1754–1761) verfaßt hat; vgl. R. Lüthe, David Hume. Historiker und Philosoph, a. a. O.

Willensfreiheit sachlich unhaltbar geworden? Diese Überzeugung ging darin über den Glauben an bloße Handlungsfreiheit hinaus, indem von ihm außerdem die Motive für grundsätzlich frei bestimmbar angesehen werden. Und daß dem wirklich so ist, scheint auch ein Bestandteil des »Common sense« zu sein, wofür beispielsweise schon all die Gerichtsurteile sprechen, bei denen dem Angeklagten zum Vorwurf gemacht wird, aus »niederen Beweggründen« gehandelt zu haben. Auch ist wohl die Überzeugung von dem Vorkommnis einer (gewöhnlich retrospektiv) urteilenden »inneren Stimme« menschliches Allgemeingut, d. h. die Wirklichkeit eines Gewissenszuspruchs oder -tadels (»Du sollst das nicht tun« oder – wie häufiger – nach der Tat: »Das hättest du nicht tun sollen«). Solche einfachen Beobachtungen beweisen Berkeleys Standpunkt zwar nicht[22], stellen damit auch keine Widerlegung von Humes deterministischer Gegenposition dar, erschüttern aber immerhin dessen Behauptung, daß diese zugleich die allgemeine Auffassung der Menschheit zum Verbündeten habe (und ebenso die schwächere Behauptung, daß seine Position mit dieser Auffassung kompatibel sei).

Ohnehin scheint die Philosophie und damit auch die philosophische Freiheitsdiskussion auf strenge Beweise der Wahrheit (oder Falschheit) des Determinismus (oder Indeterminismus) vergeblich zu hoffen. Es könnte sich daher bei der gegenseitigen Abwägung ethisch-praktischer Theorie-Entwürfe ein grundsätzlicher Wechsel von der apriorischen zur aposteriorischen Methode empfehlen, d. h. es sollte wenigstens nicht ausschließlich auf die jeweiligen Voraussetzungen geachtet werden (etwa: »Diese Position ist von vorneherein als in sich widersprüchlich, unhaltbar, unplausibel zu verwerfen«), sondern immer (auch) auf die Folgen, die sich aus den Voraussetzungen ergeben.[23] So könnte ein solcher »metaethischer Konsequenzialismus« fordern: »Ethische Theorien sollten vor allem keine inhumanen Konsequenzen zeitigen.«

Eine Ethik wird im folgenden »human« genannt werden, wenn aus ihr hervorgeht, daß darin eine unbedingte Achtung vor dem *hu-*

---

[22] Die Rechtsprechung mag grundlegend reformbedürftig sein, das Gewissen rein soziologisch, psychologisch oder als psychischer Zwang sogar psychopathologisch erklärt werden …

[23] Vgl. grundsätzlich zum Thema philosophische Methoden z. B. D. Føllesdal, L. Walløe, J. Elster (Hg.), Rationale Argumentation, Berlin 1988, (»hypothetisch-deduktive Methode«); ergänzend und zugleich kontrastierend: R. Lauth, Theorie des philosophischen Arguments, Berlin 1979 (eine Verteidigung der »transzendentalen Methode«).

manum als solchem geboten wird, nämlich die Schätzung eines jeden Menschen als Menschen oder »Person« (d. i. als Zweck und nicht als blosses Mittel der eigenen Handlungsweise – so die Erklärung Kant). Damit ein Mensch Person, also Selbstzweck und damit auch einmalig und daher unersetzbar ist, müssen – einem heute erfreulicherweise weit verbreiteten Axiom zufolge[24] – über seine Geburt von menschlichen Eltern hinaus nicht noch irgendwelche zusätzlichen Bedingungen erfüllt sein. »Inhumanität« liegt dann dort vor, wo bestimmten Menschen oder Menschengruppen diese grundsätzliche Achtung vorenthalten bzw. deren allgemeine Menschenwürde mißachtet wird. Es steht nun zu befürchten, daß aus Humes praktischer Philosophie einige inhumane Konsequenzen ableitbar sind.

Eine solche Ableitung könnte beispielsweise bei seiner deterministischen Rückführung einer Handlung auf den Charakter des Handelnden ansetzen:

»Actions are, by their very nature, temporary and perishing; and where they proceed not from some *cause* in the character and disposition of the person who performed them, they can neither redound to his honour, if good; nor infamy, if evil.«[25]

Diese Auffassung sollte eigentlich nicht ohne Folgen für die Rechtssprechung bleiben. Hume deutet auf diese Intention auch selbst hin, wenn er schreibt, daß nur unter der Annahme, die Tat gehe nach einer Regel aus dem Charakter des Täters hervor, der Angeklagte (etwa durch Inhaftierung) bestraft werden dürfe. Andernfalls könne »die Verruchtheit« der Tat »niemals als Beweis der Verderbtheit« des Charakters dienen.[26] Die Konsequenz daraus wird eindeutig darin bestehen, daß der Verbrecher im Strafvollzug als »verdorbener Charakter« behandelt werden muß. Der Verurteilte und seiner Tat Überführte ist dagegen in einem *humanen* Strafvollzug als jemand zu behandeln, der für ein zu einer bestimmten Zeit (oder zu bestimmten Zeiten) begangenes Unrecht büßt und, gewöhnlich nach

---

24 »Die moralische Welt des Menschen der Neuzeit ist in bezeichnender Weise verschieden von der früherer Zivilisationen. Dies wird unter anderem deutlich, sobald wir unser Augenmerk auf das Gefühl richten, menschliche Wesen verdienten unsere Achtung.« (Ch. Taylor, Quellen des Selbst. Die Entstehung der neuzeitlichen Subjektivität, Frankfurt/Main 1996, S. 29)

25 Green und Grose (Hg.), Bd. 4, S. 80 (›Enquiry Concerning Human Understanding‹, Abschn. VIII).

26 Ebd.: »The wickedness of the one can never be used as a proof of the depravity of the other.«

dem Ablauf seines Strafmasses, wieder in die Freiheit entlassen wird. Dabei bleibt seine Menschenwürde auch während des Strafvollzugs grundsätzlich unantastbar. Hume denkt sich dies alles aber offensichtlich anders: *seiner* Auffassung nach muß aus der verbrecherischen Tat auf den unveränderlichen verbrecherischen Charakter geschlossen werden; der *Straftäter* wird zum *sträflichen Charakter* und mit ihm wäre dann wohl auch dementsprechend umzugehen (innerhalb und außerhalb der Gefängnismauern) – offensichtlich eine erste inhumane Konsequenz seiner praktischen Philosophie.

Ebensowenig wie zum Menschsein ein Freiheitsspielraum (also ein solcher genuiner Moralität) dazu gehöre, gehöre zum Kosmos – so Hume – eine gottgegebene sittliche Weltordnung. Ohne einen absoluten persönlichen Gott gibt es, zumindest einer seinerzeit weit verbreiteten und auch in sich nicht unverständlichen Auffassung nach, weder ein allgemeingültiges, absolut unverletztliches *Naturrecht* noch eine transzendente, ausgleichende Gerechtigkeit in einem *Jüngsten Gericht*. Auch Kant zufolge ist die Ansicht: »Es gibt eben keine Gerechtigkeit, hier nicht und auch nicht in einer jenseitigen Welt«, zynisch und unmoralisch-»unmenschlich« und somit in einem weiteren Sinne auch »inhuman«.[27] Aber nicht davon, sondern von dem *Naturrecht* soll vorerst noch (kurz) die Rede sein.

Die Hume voraus gehenden Philosophen bis einschließlich Berkeley sind sich (auch schon vor der förmlichen Verkündung der Menschenrechte) zum allergrößten Teil – die griechischen Sophisten bilden hier eine bezeichnende Ausnahme[28] – darin einig gewesen, daß jedem Menschen von Natur aus gewisse Naturrechte zukämen. Ari-

---

[27] Kant zufolge sind wir verpflichtet, moralisch zu handeln und moralisch zu denken; wir *sollen* also an die Gerechtigkeit (an sein »höchstes Gut«, die aufeinander abgestimmte Einheit von Glückseligkeit und Glückswürdigkeit) glauben und von daher – da wir diese hier kaum einmal verwirklicht sehen – an eine Gerechtigkeit in jenem anderen Leben (und damit einschlußweise auch an Gott und sein Richteramt). Die ursprüngliche Verpflichtung zum moralischen Verhalten ist selbst jedoch »ohne warum«, nämlich ein in der Freiheit gründender, unbedingter Anspruch.

[28] Man vergleiche z. B. folgende Äußerung Humes (in der Rolle des »Sceptic«) mit dem Homo-mensura-Satz des Sophisten Protagoras: »If we can depend upon any principle, which we learn from philosophy, this, I think, may be considered as certain and undoubtet, that there is nothing, in itself, valuable or despicable, desirable or hateful, beautiful or deformed; but that these attributes arise from the Teilicular constitution and fabric of human sentiment and affection.« (D. Hume, Essay XVIII »The Sceptic«, in: Green und Grose, Hg., Bd. III, S. 216)

stoteles unterschied (deutlichen platonischen Andeutungen folgend) wohl erstmals in erwünschbarer Klarheit das, was nach der Natur (d.h. bei ihm, gemäß der geistig-ethischen Bestimmung des Menschen) von dem, was nach menschlicher Satzung Recht ist. Die Stoa bildete diesen Gedanken universalistisch weiter zu der These, es gebe ein allgemeines Weltgesetz, welches als Natur- und Sittengesetz für alle Menschen (aller Zeiten und Erdkreise) gelte. Paulus und die Kirchenväter kannten ein ewiges Gesetz Gottes, welches auch in die Herzen der Nichtchristen »eingeschrieben« sei und z.B. bestimmte Handlungen ausnahmslos ver- bzw. gebiete. Während des ganzen Mittelalters (und besonders bei Thomas von Aquin) stand die Naturrechtslehre in hoher Blüte. In der frühen Neuzeit trat das Konstrukt eines für alle verbindlichen Gesellschaftsvertrages dem theologisch fundierten Naturrechtsgedanken zur Seite – nicht ohne in diesem Prozeß die Lehre von der göttlichen Gesetzgebung sukzessive zu verdrängen. Dennoch blieb der Gedanke von einem, das positive Recht in einem Gemeinwesen transzendierenden, eigenen (schriftlich fixierten) höheren Rechtskorpus unbekannt und zwar bis zu der Amerikanischen sowie der Französischen Revolution mit ihren bekannten und folgenreichen Erklärungen der allgemeinen Menschenrechte.

Gemäß Hume gibt es Recht und Unrecht nur in einem geordneten Gemeinwesen. Zwar sei ein gewisses Wohlwollen gegenüber seinen nächsten Verwandten und Freunden durchaus etwas Natürliches (Hobbes habe eine allzu misanthropische Anthropologie vertreten, wenn er den Menschen im Naturzustand als ausschließlich »selbstsüchtig« und sogar »wölfisch« beschrieb), aber ein Rechtsbewußtsein und -verhältnis sei als eine *künstliche Tugend* (»artificial virtue«) von der natürlichen Nächstenliebe eindeutig unterschieden. So werde der Gerechte von dem Wohlwollenden auch oftmals gar nicht verstanden. Dieser blickt primär auf die konkrete Person, jener vor allem auf ein Gemeinwesen und auf das dessen Erhalt gewährleistende Gleichheits-oder Paritätsprinzip. Es gebe keine von Gott in die Herzen eingeschriebenen Moral- oder Rechtsgrundsätze, desgleichen keine vernünftigen Gründe, um an einen geoffenbarten göttlichen Willen zu glauben, ebensowenig einen von zweckrationalen Überlegungen unabhängigen »Gerechtigkeitssinn« – und auch das Konstrukt eines Gesellschaftsvertrages stelle eine letztlich unsinnige Erfindung dar, setze dieser doch auf zirkuläre Weise voraus, was er erst begründen solle:

»It has been asserted by some, that justice arises from HUMAN CONVENTIONS, and proceeds from the voluntary choice, consent, or combination of mankind. If by *convention* be here meant a *promise* (which is the most usual sense of the word) nothing can be more absurd than this position. The observance of promises is itself one of the most considerable parts of justice; and we are not surely bound to keep our word, because we have given our word to keep it.«[29]

Woher aber kommt es dann, daß überhaupt irgendwelche Zusagen und Verträge gehalten werden, fremdes Eigentum als solches anerkannt wird usf.? Nun, *im* Staat aufgrund der Angst vor Sanktionen der exekutiven und judikativen Gewalt sowie vor solchen der Mitmenschen (mit einem bekannten Wortbrüchigen wird beispielsweise kaum noch jemand Geschäfte machen wollen). Im vor- oder außerstaatlichen Zustand aber dürfe gewöhnlich ein berechnender Sinn für gemeinsame Interessen unterstellt werden, ein Sozialkalkül solcherart, daß das Einräumen von Rechten gegenüber Mitmenschen einer Gewohnheit den Weg bereite, welche letztlich auch den ein Versprechen Gebenden selber zugute komme (sich also »bezahlt« macht). Sobald dieser eigene Nutzen allerdings nicht mehr vorausgesehen werden könne, falle auch die potentielle Verpflichtung fort, Versprechen zu halten, den Mitmenschen als ein Rechtssubjekt anzusehen usw. Dies zeigt sehr deutlich das folgende Gedankenexperiment von der möglichen Existenz einer Gattung zwar vernunftbegabter aber, im Vergleich mit den Menschen, machtloser Wesen:

»Were there a species of creatures, intermingled with men, which, though rational, were possessed of such inferior strength, both of body and mind, that they were incapable of all resistance, and could never, upon the highest provocation, make us feel the effects of their resentment; the necessary consequence, I think, is, that we should be bound, by the laws of humanity, to give gentle usage to these creatures, but should not, properly speaking, lie under any restraint of justice with regard to them, nor could they posses any right or property, exclusive of such arbitrary lords. Our intercourse with them could not be called society, which supposes a degree of equality; but absolute command on the one side, and servile obedience on the other. Whatever we covet, they must instantly resign: Our permissions is the only tenure, by which they hold their possessions: Our compassion and kindness the only check, by which they curb our lawless will: And as no inconvenience ever results from the exercise of a power, so firmly established in nature, the

[29] Green und Grose (Hg.), Bd. 4, S. 274 (›Enquiry Concerning the Principles of Morals‹, »Appendix« III).

restraints of justice and property, being totally *useless,* would never have place in so unequal a confederacy.«[30]

Die Menschlichkeit (»humanity«), von der hier die Rede ist, stellt bei genauerem Hinsehen lediglich ein allgemein verbreitetes Wohlwollen von Menschen gegenüber (relativ gleich »mächtigen«) Mitmenschen dar, steht jedoch mit keinem *Rechtsanspruch* in normativem Zusammenhang. Diese Deutung möge mittels des folgenden Zitats überprüft werden:

»The USE and TENDENCY of that virtue [Gerechtigkeit, S. B.] is to procure happiness and security, by preserving order in society: But where the society is ready to perish from extreme necessity, no greater evil can be dreaded from violence and injustice; and every man may now provide for himself by all the means, which prudence can dictate, or humanity permit.«[31]

Denkt man etwa an Kriegsgebiete, in denen die staatliche Ordnung zusammengebrochen war und vielleicht auch zur Zeit gerade wieder einmal ist, so müßte ein »Humeaner« einräumen, daß die bekriegten Menschen dort keinerlei *Recht* auf Leben, Unversehrtheit, menschenwürdige Behandlung, Eigentum usw. haben. Da die militärisch Überlegenen (also gewöhnlich die Angreifer) womöglich keinen Nutzen am Zustandekommen von Rechtskonventionen sehen, sind die Unterworfenen, nicht nur *de facto,* sondern auch *de iure,* auf das angeblich allgemeine, zwischenmenschliche Wohlwollen der Soldaten angewiesen: u. E. eine weitere inhumane und diesmal geradezu zynische Konsequenz der praktischen Philosophie David Humes.

3) Reids grundsätzliche Kritik an Berkeleys (und Humes) »way of ideas«

Thomas Reid hat lediglich zwei philosophische Werke veröffentlicht, die ›Inquiry into the Human Mind‹ (1764) und die ›Essays on the Intellectual and Active Powers of Man‹ (1785), aber beide enthalten eine kritische Auseinandersetzung mit der Philosophie George Berkeleys, von der er sagt, daß er sie (»the whole of Berkeley's system«)

---

30 A. a. O., S. 185 (›An Enquiry Concerning the Principles of Morals‹, Abschn. III, Teil I).

31 A. a. O., S. 182 (ebd.).

sich selbst dereinst zueigen gemacht und vertreten habe.[32] Es soll in diesem Abschnitt zunächst die allgemeinere Berkeley-Kritik des zweiten Werks, dann (im folgenden Abschnitt) die speziellere der ›Inquiry‹ betrachtet werden. Anders als Hume, scheut sich Reid weit weniger, seine philosophischen Gegner beim Namen zu nennen. Während somit das, was im vorausgehenden »Humes Berkeley-Kritik« genannt worden ist, notgedrungen ein gutes Stück interpretierender Rekonstruktion enthalten hat, kann die Darstellung von »Reids Berkeley-Kritik« direkter angegangen und wiedergegeben werden.

Der zweite der ›Essays‹ (»Of the Powers We Have by Means of Our External Senses«) enthält eine längere historisch-kritische Ausführung über das Schicksal der philosophischen Erkenntnislehre von Descartes bis Hume. Reid nennt diese Zeitspanne die Ära des »way of ideas«: Descartes sei auf die Ansicht verfallen, daß wir nicht die Dinge selbst wahrnähmen, sondern immer nur »Sinnesideen«, »ideae«, »ideas«. Die »ideengeschichtliche« Entwicklung dieser Lehre von Descartes über Locke und Berkeley zu Hume stelle (intern betrachtet) einen Fortschritt dar, da es gelungen sei, den Ansatz bei diesen flüchtigen Entitäten sukzessive von verschiedenen, anfänglich noch vorhandenen Widersprüchen und Inkonsequenzen zu entwirren und zu klären. Aus einer anderen Perspektive gesehen, stelle diese Entwicklung (welche konsequenterweise in dem vollständigen Skeptizismus David Humes ende) jedoch nicht weniger dar als eine Katastrophe für Philosophie und Religion. Denn Berkeley habe die Trias von Geistwesen, Ideen und Körperwesen (»spirits«, »ideas«, »material bodies«) konsequent auf den Dualismus von Geistwesen und ihren Ideen reduziert, als Kleriker aber immerhin noch eine gewisse Parteilichkeit zugunsten der »spirits« erkennbar werden lassen. Über Hume aber müsse gesagt werden:

---

[32] Reids Werke werden zitiert nach der Ausgabe von William Hamilton: Thomas Reid, Philosophical Works (Two Volumes), Edinburgh 1895 (Reprographischer Nachdruck Hildesheim 1967). Vgl. hier Bd. 1, S. 283 (›Intellectual Powers‹, Essay II, Abschnitt X). Später scheint Reid von einem Anhänger Berkeleys, wenigstens in *einer* philosophischen »Disziplin«, zu einem solchen Humes konvertiert zu sein; jedenfalls bezeichnet er sich in einem Brief an diesen als seinen »disciple in metaphysics«, wobei nicht auszuschließen ist, daß es sich bei dieser Reverenz zumindest auch um einen Akt kollegialer Höflichkeit handelte (vgl. a. a. O. Bd. 1, S. 91). Vgl. dazu auch: J. Greco, »Reid's Critique of Berkeley and Hume: What's the big idea?«, in: *Philosophy and Phenomenological Research*, 55/2 (279–296).

»Mr Hume shews no such partiality in favour of the world of spirits. He adopts the theory of ideas in its full extent; and in consequence, shews that there is neither matter nor mind in the universe; nothing but impressions and ideas. What we call a *body,* is only a bundle of sensations; and what we call the *mind* is only a bundle of thoughts, passions, and emotions, without any subject.«[33]

»Nothing but impressions and ideas« … Dies sei das zwar konsequente, aber offensichtlich, konterkariernd dazu, absurde Resultat am Ende des »way of ideas«, d. i. der nachcartesischen Bewußtseinsphilosophie. Auch Reid verwendet somit die konsequentialistische Methode, indem er sozusagen auf die (s. E. verdorbenen) Früchte sieht, die Descartes und seine Nachfolger hervorgebracht haben sollen. Berkeley – und auf ihn kommt es uns hier an – wird ohne viel Federlesens in diesen Hauptstrom der neuzeitlichen Philosophie eingeordnet: Sein spezifischer Beitrag zu dieser Entwicklung sei die Leugnung der Existenz von materiellen Körpern gewesen. Damit habe er sein Schärflein zum Bankrott der Philosophie beigetragen, welcher dann in den Ausführungen Humes offen zutage trete, da dieser Verfasser, »upon the principles he has borrowed from Locke and Berkeley, has, with great acuteness, reared a system of absolute scepticism, which leaves no rational ground to believe any one proposition rather than its contrary.«[34]

Wir befinden uns hier an der Quelle von zwei äußerst langlebigen und sehr »robusten« Mißverständnissen und Fehldeutungen der Werke der beiden größten englischsprachigen Philosophen des achtzehnten Jahrhunderts: die Charakterisierung Berkeleys als eines »subjektiven Idealisten« und die Humes als einem »radikalen Skeptiker«. James Beattie, der ergebene Adept Reids, hat diese in seinen ›Essays‹ (1776) – aus deren deutscher Übersetzung Kant leider einen beträchtlichen Teil seines Wissens über die beiden genannten Philosophen bezogen hat – kritiklos übernommen. Für Reid besteht nicht der gelindeste Zweifel daran, daß Humes »radikaler Skeptizismus« die eigene Verkehrtheit, ja Verrücktheit, gewissermaßen deutlich auf der Stirn geschrieben steht. Somit lautet die Frage nicht, *ob* es sich dabei um einen möglicherweise akzeptablen philosophischen Standpunkt handele, auch noch nicht einmal so sehr, *was* genau Hume eigentlich falsch gemacht oder gedacht habe – in erster Linie

---

33 Hamilton (Hg.), Bd. 1, S. 293 (›Essays‹ II, Abschnitt XII).
34 Hamilton (Hg.), S. 295 (›Essays‹ II, Abschn. XII).

lautet Reids verblüffte Frage, *wie* es nur so weit kommen konnte; »weit« will dabei heißen: zu diesem großen Abstand zwischen den Ansichten eines bedeutenden Philosophen und den allgemeinen (»gesunden«) Ansichten der Menschheit.

Zusammen mit diesem »Common sense«[35] will Reid in der Frage nach der menschlichen Erkenntnis und, allgemein, Geistestätigkeit drei irreduzible Komponenten unterschieden wissen:

»In perception, in remembrance, and in conception, or imagination, I distinguish three things – the mind that operates, the operation of the mind, and the object of that operation. That the object perceived is one thing, and the perception of that object another, I am as certain as I can be of anything. The same may be said of conception, of remembrance, of love and hatred, of desire and aversion. In all these, the act of the mind about its object is one thing, the object is another thing. There must be an object, real or imaginary, distinct from the operation of the mind about it.«[36]

Bezüglich des Vorgangs der Wahrnehmung sollten also die drei Faktoren »wahrnehmendes Subjekt«, »Akt der Wahrnehmung« und »wahrgenommenes Objekt« deutlich auseinander gehalten werden. Insbesondere dürfe man das mentale »akthafte« Geschehen des Wahrnehmens mit den daran beteiligten »ideas« weder mit den Objekten der Wahrnehmung (der angebliche Grundfehler Berkeleys) noch mit dem Subjekt der Wahrnehmung (der vermeintliche Grundirrtum Humes) gleichsetzen bzw. verwechseln. Bleiben wir bei der (erkennbar auf wenig genauer Lektüre beruhenden) Kritik an Berkeley, so stellt sich für Reid die Frage: »What evidence have I for this doctrine, that all the objects of my knowledge are ideas in my own mind?«[37] Dies sei, so führt er sinngemäß aus, die wahre Gretchenfrage an den irischen Philosophen. Denn für den Fall, daß dieses Prinzip als wahr nachgewiesen werden könne, gelte auch:

»But, supposing this principle to be true, Berkeley's system is impregnable. No demonstration can be more evident than his reasoning from it. Whatever is perceived is an idea, and an idea can only exist in a mind. It has no existence when it is not perceived; nor can there be anything like an idea, but an idea.«[38]

---

[35] Und ebenso hält es eine spätere deutsche Tradition von Brentano bis in die Gegenwart (von Kutschera) …

[36] Hamilton (Hg.), S. 292 (›Essays‹ II, Abschn. XI). Eine kritische Nachfrage an den zuletzt zitierten Satz könnte lauten: »Wie weiß man (Reid) das?»

[37] Hamilton (Hg.), S. 283 (›Essays‹ II, Abschn. X).

[38] Ebd.

Berkeley selbst habe dieses Prinzip, wonach wir von den Gegenständen des Wissens und Wahrnehmens immer nur in Form von Ideen in unserem Geist wüßten, nicht für begründungsbedürftig angesehen. Beweis: Schon im ersten Satz des Hauptteils der ›Principles‹ setze er es als evident voraus.

Dies trifft nun allerdings nicht zu. In diesem Paragraphen 1 knüpft er lediglich an den damals aktuellen Stand der anglophonen philosophischen Diskussion an, und diese Diskussion fand zu jener Zeit ganz selbstverständlich unter den von Lockes ›Essay‹ bestimmten thematischen und terminologischen Vorgaben und Vorzeichen statt. Schon in den ›Principles‹ – in reifer systematischer Form vollends im ersten der ›Three Dialogues‹ – hatte Berkeley nachweisen wollen, daß hinter das Descartes-Lockesche Reflexionsniveau nicht mehr zurückgegangen werden könne. Ein Ausweg aus den ihm selbst wohlbekannten Schwierigkeiten des »way of ideas« schien sich nur durch ein konsequentes Weiterdenken des erreichten subjektrelationalen Ansatzes zu eröffnen, ja diese vielen Probleme und Paradoxa galten ihm nur als ebensoviele Indizien dafür, daß lediglich das halbherzige Zaudern und Stehenbleiben auf dem schon richtig eingeschlagenen Wege diese hervorgebracht habe. Und in der Tat stellen sich *diese* Schwierigkeiten für den konsequent durchgeführten bewußtseins-philosophischen Ansatz, der auf die Leugnung der Existenz von »Materie« oder »Dingen an sich"hinaus läuft, dann nicht mehr. Möglicherweise stellen sich hier andere – aber in diesem Fall gilt es abzuwägen, welche reflexiv überwunden werden können und welche nicht. Die Schwierigkeiten des sogenannten »naiven Realismus« hat Berkeley für solange als vollkommen unüberwindbar angesehen, wie versucht wird, darin intern »herumzuverbessern«. Auch Hume ist ein Kritiker dieses naiven Realismus', wobei er allerdings (gewöhnlich) sehr eindeutig zwischen Perzeptionen (»Ideen«) und Wirklichkeiten unterscheidet, wobei er die Bedeutung des eidetischen Ansatzes wie folgt begründet:

»This very table, which we see white, and which we feel hard, is believed to exist, independent of our perception, and to be something external to our mind, which perceives it. Our presence bestows not being on it: Our absence does not annihilate it. It preserves its existence uniform and entire, independent of the situation of intelligent beings, who perceive or contemplate it.

But this universal and primary opinion of all men is soon destroyed by the slightest philosophy, which teaches us, that nothing can ever be present to the mind but an image or perception, and that the senses are only the inlets, through which these images are conveyed, without being able to produce any immediate intercourse between the mind and the object. The table, which we see, seems to diminish, as we remove farther from it: But the real table, which exists independent of us, suffers no alteration: It was, therefore, nothing but its image, which was present to the mind. These are the obvious dictates of reason; and no man, who reflects, ever doubted, that the existences, which we consider, when we say, *this house* and *that tree*, are nothing but perceptions in the mind, and fleeting copies or representations of other existences, which remain uniform and independent.«[39]

Soviel in aller hier gebotenen Kürze zum grundsätzlichen Vorschlag Reids, die Entwicklung der Philosophie seit Descartes sei wieder rückgängig zu machen, müsse sie doch als unbegründet gelten und führe sie darüber hinaus doch in, dem gesunden Menschenverstand unangenehme und unannehmbare Verwirrungen und Konsequenzen.[40] Im übrigen wäre rein philosophiehistorisch gegen Reid anzumerken, daß er Descartes implizit zuviel Ehre angedeihen läßt, wenn er ihn als den ersten bestimmt, der mit dem naiven Realismus gebrochen habe.[41] Andererseits muß (nochmals) eingeräumt werden, daß (selbstverständlich) auch Berkeleys Ansatz in verschiedene Schwierigkeiten führt. Wenigstens eine davon hat Reid scharfsichtig entdeckt und als erster auch klar ausgesprochen.

Reid räumt zuvor, einigermaßen überraschend, sogar noch ein, Berkeley schließe von seinen Voraussetzungen her konsequent auf einen göttlichen Geist, in dem die ganze Welt ihr Dasein habe. Für den schottischen Denker Reid (wie auch für den Iren Berkeley) ist die solipsistische »Welt«-Deutung offenbar schon aus Mentalitätsgründen absurd und indiskutabel. Er pflichtet Berkeley bei, daß es nicht darum gehen könne, die Existenz der Welt zu leugnen; aber ob Dinge denkbar seien, die ohne jeden Zusammenhang mit einem

39 Green und Grose (Hg.), Bd. 4, S. 124 (›Essay Concerning the Principles of Human Understanding‹, Abschn. XII).

40 Wie erinnerlich, sah Berkeley dies anders. Ihm zufolge führt die konsequent durchgeführte Bewußtseinsphilosophie zurück zum »Common sense«, den er allerdings als von religiösem Gedankengut (der Geist Gottes wirkt überall und ist sich aller Ereignisse bewußt) bereichert verstanden wissen wollte. Reids eigene Rückkehr zum Common sense ist übrigens lange nicht so konsequent, wie es manche seiner Äußerungen vermuten ließen (vgl. den *Vierten Teil* dieser Arbeit).

41 Deutliche Kritik am naiven Realismus gibt es schon bei Platon (vgl. P. Natorp, Platos Ideenlehre, a. a. O.), Aristoteles und in der aristotelischen Tradition, vgl. z. B. W. Welsch, Aisthesis. a. a. O., und K. Rahner, Geist in Welt. Zur Metaphysik der endlichen Erkenntnis bei Thomas von Aquin, München [2]1957.

»spirit« existierten, *das* müsse entschieden werden. Also: Die Wahrheit seines bewußtseinstheoretischen Prinzips vor der Hand einmal angenommen, habe Berkeley durchaus gute Gründe, in seinem System das für jeden Menschen unzweifelhaft existente Geistwesen Ich durch das Geistwesen Gott zu ergänzen. Aber warum müßten dann überdies noch andere (endliche) Geistwesen existieren? Darin liegt die besagte Schwierigkeit; denn die recht unangenehme Konsequenz von Berkeleys Philosophie bestünde nun darin, daß er in dieser oder mit dieser die Existenz von »other (human) minds« nicht nachweisen könne:

»The consequence I mean is this – that, although it [Berkeleys Philosophie] leaves us sufficient evidence of a supreme intelligent mind, it seems to take away all the evidence we have of other intelligent beings like ourselves. What I call a father, a brother, or a friend, is only a parcel of ideas in my own mind; and, being ideas in my mind, they cannot possibly have that relation to another mind which they have to mine, any more than the pain felt by me can be the individual pain felt by another. I can find no principle in Berkeley's system, which affords me even probable ground to conclude that there are other intelligent beings, like myself, in the relations of father, brother, friend, or fellow-citizen. I am left alone, as the only creature of God in the universe …«[42]

Zu diesem Problem führt Berkeley (wie bereits einmal erwähnt) gegen Ende der ›Principles‹ (Paragraph 148) aus, daß wir den Geist unserer Mitmenschen zwar nicht unmittelbar wahrnehmen könnten, wohl aber durch bestimmte »Ideenkomplexe« zu dem Glauben an die Existenz von »Fremdseelischem« angeleitet werden würden. Aber diese Auffassung bleibt doch intuitiv unbefriedigend, denn das Kind, welches der Mutter ins Gesicht sieht, fühlt sich sicherlich nicht nur »angeleitet« aus bestimmten Komplexen von Sinnesideen auf eine »mütterliche Seele« (bzw. »beseelte Mutter«) zu schließen; auch könnte innerhalb des radikal theistischen Rahmens der immaterialistischen Philosophie die Existenz von »Gott allein« wirklich für ausreichend erachtet werden. In diesem Punkt dürften Humes Ausführungen über »sympathy« und »fellow feeling« (davon gleich im folgenden Kapitel mehr) für eine, von der Sache her durchaus erforderte Ergänzung der Berkeleyschen Gedanken angesehen werden, deren Fehlen von Reid zurecht moniert worden ist.

---

[42] Hamilton (Hg.), Bd. 1, S. 285 (›Essays‹ II, Abschn. X).

4) Reids Kritik an Berkeleys Grundthese der ›New Theory of Vision‹

Reids ›Inquiry‹ enthält in dem Kapitel *Of Seeing* eine interessante und für seine eigene Epistemologie grundlegende Kritik an Berkeleys zentraler These der ›New Theory‹, d. i. der Behauptung von der völligen Disparatheit der Ideen des Tastsinns und des Gesichtssinns. Wie bekannt, stellt diese These die wahrnehmungstheoretische Grundlage für Berkeleys Nachweis einer göttlichen Vorsehung dar. (Niemand anderes als Gott selbst bezieht die beiden Ideenreihen aufeinander, um uns quasi-sprachlich mittels der visuellen Ideenreihe über die taktile – resp. über die lebenswichtigen materiellen Dinge – zu unterrichten.) Wir hatten diesbezüglich auch vermutet, daß Berkeley diesen Gedanken von der »visible language« selbst nur als theoretische »Zwischenstation« auf seinem Weg zu einer ganzherzigen immaterialistischen Philosophie bezogen haben könnte. Diese ist dann dadurch gekennzeichnet, daß *alle* Arten von Ideen ursprünglich in einer kosmischen Geistseele »lokalisiert« werden, womit den visuellen Ideen nicht länger ein Sonderstatus einzuräumen wäre.

Reid kritisiert Berkeleys zentrale – wie wir jetzt sagen wollen – »Übergangs«-these, indem er das Augenmerk seiner Leser auf die visuelle Form oder Gestalt richtet. Von dem irischen Philosophen sei ja der unmittelbare Gegenstand unseres Sehens als eine »Mannigfaltigkeit von Licht und Farben« bezeichnet worden, aber auch er werde schwerlich leugnen können (was er auch gar nicht versuchte), daß diese Mannigfaltigkeit *geformt* sei. Ich kann beispielsweise – so könnte Reids Argument illustriert werden –, mit einer Lichtquelle hinter mir, auf der hellen Wand vor mir den Schattenriß (m)einer menschlichen Gestalt erkennen. Diesem könnte ich dann beispielsweise mit einem Nagel entlang fahren und so die Schattengestalt in die Wand ritzen. Folge ich dann mit meinem Finger dem Riß in der Wand, so erhalte ich bestimmte »Tastideen«. Diese haben dann mit dem qualitativen »Inhalt« (Husserls »Füllen«) dessen, was da sichtbar wird – eine schwarze Farbe begrenzt von einer weißen – keinerlei notwendigen Zusammenhang: die Form davon, was da als mein Schattenriß erscheint, jedoch sehr wohl mit der Form dessen, was da als Schattenriß tastbar wird (die Abbildung der Kopfrundung etwa wäre nun sicht- und tastbar). Also: Weil die visuelle Ideenmannigfaltigkeit neben Licht und Farben auch Formen oder Gestalten enthält, gibt es, dieser letzteren wegen (entgegen Berkeley), *doch* notwendige

Verbindungen zwischen den Ideen des Gesichts und denen des Getasts.[43] (Damit wäre Berkeleys früher Okkasionalismus widerlegt, wonach es des Wirkens Gottes bedarf, um diese Verbindungen herzustellen.)

Kritik an Berkeleys Grundthese der ›New Theory of Vision‹ ist eine Sache; eine andere ist die Frage, was dann aus den optischen Spezialproblemen wird, die Berkeley nicht *ad libitum* erfunden, sondern als unbewältigte Fragen vorgefunden hatte und mittels seiner zentralen These, respektive Unterscheidung, wenigstens *prima facie* auch lösen konnte. Zu einer wirklich befriedigenden Kritik an der ›New Theory‹ müßte somit eine Lösung der optischen Fragen auf einer, zur Berkeleyschen alternativen Grundlage gehören. Diese Fragen waren der »Barrowsche Fall«, das »Molyneuxsche Problem«, die »Mondillusion« und das »umgekehrte Netzhautbild«. Allein zur letztgenannten Frage legt Reid einen wirklich eigenständigen Antwortversuch vor, der in dem ›Inquiry‹-Kapitel »Of Seeing« die *Abschnitte XI* und *XII* beherrscht.

Wie bereits Kepler entdeckte, werden die Gegenstände vor dem menschlichen Auge (enthält dieses doch eine Linse) auf dessen »Rückseite«, der Retina, umgekehrt (sowie seitenverkehrt) dargestellt. Zumindest unter der Voraussetzung der engen sensualistischen Grundannahme, daß wir nur das wahrnehmen, was wir leiblich empfinden, aber auch unter der eines weiter gefaßten Sensualismus', wonach unsere Wahrnehmungen mit unseren Körperempfindungen zuwenigst in einem notwendigem Zusammenhang stehen, scheint sich hier das Problem zu ergeben: warum sehen wir die Dinge »aufrecht«, obwohl diese sich auf dem Retinahäutchen »verkehrt herum abdrücken«?[44] Ergreife ich eine Schachfigur mit der Hand, dann neh-

[43] Vgl. ›New Theory‹, § 141–143; Berkeley versucht dort einem solchen Einwand zuvorzukommen (das sichtbare Quadrat habe mit dem tastbaren lediglich verschiedene unbedeutsame Bestandteile gemein, so auch das geschriebene Wort »adultery« mit dem gesprochenen) – aber vergeblich: Zwar entsprechen den acht Buchstaben acht Laute (ohne daß Buchstaben Lauten »ähnlich« seien oder derselben »Spezies« angehörten – und dasselbe soll auch für sichtbare und tastbare Dinge gelten), aber Buchstaben wie Laute sind *beides* künstliche Zeichen. Somit scheint Berkeleys Vergleich zu »hinken« – er könnte aber auch zum Ausgangspunkt für eine neue Deutung seines Standpunktes genommen werden (wie bereits ausgeführt).

[44] Für den »Sensualisten« sind Tastwahrnehmungen im wesentlichen Gefühle der Hautreizung (vor allem an den Handflächen), Geschmackswahrnehmungen ebensolche Gefühle der Hautreizungen (vor allem an Zunge und Gaumen), Geräuschwahrnehmun-

me ich sie »haptisch« doch sicherlich so wahr wie diese sich darin abdrückt.

Berkeleys Lösungsvorschlag[45] beginnt mit der Frage: »*Wem* erscheint die Schachfigur visuell umgekehrt?« Offensichtlich nicht mir, sondern jemandem, dem es mittels irgendwelcher (technischen) Hilfsmittel gelungen ist, auf meine Retina zu blicken. Ich sehe nicht meine Retina, sondern ich habe Ideen von Licht und Farben. Diese bilden ein Ganzes, welches mit dem ebenfalls in sich geschlossenen Ganzen des Tastsinns nur (so jedenfalls lautet Reids Interpretation von Berkeleys Theorie) durch Gewohnheit verbunden wird. Das sogenannte Netzhautbild ist weder das unmittelbare Objekt meiner Wahrnehmung noch überhaupt nur ein (bewußtes) »Bild«. Der Abdruck auf der Netzhaut gehört vielmehr dem physikalisch-taktilen Raum an (Berkeley scheint vor dem Hintergrund der Newtonschen Lichttheorie einen korpuskularen »Beschuß« der Retina durch die Objekte anzunehmen und davon auszugehen, daß der Abdruck davon wenigstens *prinzipiell* – viel feinere Tastorgane und Tastempfindungen vorausgesetzt – tastbar sein könnte[46]). Der Abdruck auf meiner Retina erscheint weder in meinem visuellen Bewußtsein noch – entgegen der ersten Vermutung – in dem der meinen Augenhintergrund beobachtenden Person. Deren visuelles Bewußtsein ist ebenfalls »eidetisch« und es wird geradeso wie meines vom Willen Gottes und nicht von den Gegenständen des taktil-physikalischen Raumes bestimmt. Dies nicht bedacht zu haben, ist der zweite Fehler, den die meinen Augenhintergrund beobachtende und sich verwundernde Person begeht (wobei der erste die Auffassung gewesen ist, ich würde unmittelbar meine eigene Retina betrachten): Beide Fehler summieren sich dann zu dem irregeleiteten Erstaunen auf, weshalb denn die Dinge nicht verkehrt herum gesehen werden. Der Aufweis dieser Fehler aber stellt zugleich Berkeleys Antwort auf das Problem der umgekehrten Netzhautbilder dar.

Diese Antwort ist immer wieder kraß mißverstanden worden – so auch von Reid. Aber dessen verfehlte Kritik enthält interessanterweise zumindest *implicite* eine alternative Antwort auf das Problem

---

gen das nämliche (vor allem in der Ohrmuschel und dem Trommelfell) usw. (Leibniz hat diesen Irrtum v. a. in seinen ›Nouveaux Essais‹ vernichtend bekämpft.)

[45] Vgl. ›New Theory‹, §§ 88–119 und ›New Theory … Vindicated‹, §§ 50–57.

[46] Berkeley nennt den physischen oder »physikalischen« Abdruck auf der Netzhaut, um ihn vom bewußten »Bild« zu unterscheiden, »Abbild« (vgl. ›New Theory … Vindicated‹, § 51).

des umgekehrten Netzhautbildes, die, ungeachtet ihrer gewissermaßen unrühmlichen Entstehungsgeschichte, in mancher Hinsicht (wenigstens zunächst einmal) attraktiver erscheinen dürfte, als Berkeleys eigener Vorschlag. Reid bemängelt, daß die »Gewohnheit« kein ausreichendes Prinzip für die Erklärung der Tatsache der so wunderbaren Harmonie zwischen Gesichts- und Tastideen abgibt (wobei er – indem er den okkasionalistischen Hintergrund der frühen ›New Theory‹ einfach nicht zur Kenntnis nimmt und stattdessen Erinnerungen an seine Hume-Lektüre einfließen läßt – unwissentlich mit Berkeley ganz einer Meinung ist). Weiterhin betont er »kritisch« (aber auch diesbezüglich unwissentlich wiederum ganz im Sinne des Kritisierten), wie unsinnig doch die Ansicht sei, wir würden unsere eigene Netzhaut sehen:

»The pictures on the *retina* are formed by the rays of light; and, whether we suppose, with some, that their impulse upon the *retina* causes some vibration of the fibres of the optic nerve, or, with others, that it gives motion to some subtile fluid contained in the nerve, neither that vibration nor this motion can resemble the visible object which is presented to the mind. Nor is there any probability that the mind perceives the pictures upon the *retina*. These pictures are no more objects of our perception, than the brain is, or the optic nerve. No man ever saw the pictures in his own eye […]«[47]

Und der Herausgeber Hamilton kommentiert hierzu: »This would require a second eye behind the *retina*.« Zweifelsohne sind Kritik wie Kommentar ganz richtig – nur weisen sie den kleinen Schönheitsfehler auf, daß sie eben nicht Berkeley treffen. Reid fährt mit der Feststellung, es sei überhaupt nicht einsichtig, weswegen zwischen dem Gegenstand als dem Objekt der Wahrnehmung und dem Geist stets ein »image« (damit meint er, wie der Umtext zeigt, ohne Unterschied die *species* der Scholastiker, die *ideae* Descartes' und die *ideas* der britischen Empiristen einschließlich Berkeley) »zwischengeschaltet« werden müsse. Auch mit einem solchen »image« bleibe doch der ganze Vorgang weiterhin ein Rätsel, und genauso gut können wir auf diesen »way of ideas« verzichten, um statt dessen einen unmittelbaren Zusammenhang zwischen materiellen Objekten und geistigen Subjekten anzunehmen. Besonders beim Sehen seien wir uns überhaupt keiner Sehempfindungen auf der Netzhaut bewußt – ebensowenig wie wir etwas empfänden, wenn

[47] Hamilton (Hg.), S. 156 (Kap. 6, Abschn. XII).

wir uns ein (Ab-)Bild auf ein Stück unserer Körperhaut projizierten. Die Bilder auf der Netzhaut dürften somit keinesfalls als »Ideen« ausgegeben werden und wir können eine direkte Theorie der (visuellen) Wahrnehmung annehmen, worin zwischen das Subjekt und das Objekt der Wahrnehmung zwar ein Akt, Prozeß oder Vorgang der Wahrnehmung »zwischengeschaltet« ist – aber keinesfalls eine Empfindung, auch keine Idee, kein »image« oder dergleichen mehr, wodurch wir nur eingesperrt würden in den Käfig unseres eigenen Bewußtseins. -Ein zunächst einmal – wie gesagt – attraktiver Vorschlag (er erinnert an moderne direkt-realistische Wahrnehmungstheorien etwa von G. Ryle oder R. Chisholm) und sicherlich naheliegender als Berkeleys metaphysisch so aufwendig erscheinender Okkasionalismus. Aber es sei auch nochmals betont, daß Berkeleys wirkliche Lehre (auch dieses frühe) von Reids Kritik überhaupt nicht betroffen ist. (Schon gar nicht seine spätere, die der Reidschen systematisch sogar sehr nahesteht.) »Ideen« sind bei ihm vor allem nicht mit bloßen (subjektiven) Empfindungen identisch, obwohl er auch solche manchmal »ideas« nennt. Ideen genießen im Denken Berkeleys eine transsubjektive (sei es »summarische«, sei es »archetypische« Daseinsweise.)

(Exkurs)

Oben ist von krassen Mißverständnissen hinsichtlich Berkeleys wahrer Antwort auf das »problem of inverted images« gesprochen worden. Zum Beleg dieses Verdikts seien abschließend noch einige wenige Indizien nachgereicht.

Der Aufsatz von Gary Thrane, »Berkeley's ›Proper Object of Vision‹«[48], beginnt mit folgender Ausführung:

»In this paper I give an exegesis of Berkeley's doctrine of the ›proper object of vision‹. This conception is, of course, a central part of his theory of vision. The principal exegetical difficulty here surround the relation of the proper object of vision to the pattern of light on the retina. There are three relatively well known positions on this issue. In the nineteenth century it was usually held that (1) Berkeley's proper object of vision was the pattern of light on the retina and (2) that this was a reasonable thesis. A second, more recent posi-

[48] Ursprünglich im *Journal of the History of Ideas*, Nr. 38 (1977), S. 243–260; wieder abgedruckt in dem Sammelband von W. E. Creery, George Berkeley. Critical Assessments, Bd. 1, London 1991, S. 278–298.

tion, is that Berkeley indeed thought (1) that we see the pattern of light on the retina but (2) that this is absurd (D. M. Armstrong). And, finally, it has been held (Colin Turbayne) that, (1) since it is absurd to hold that we see the pattern on the retina, (2) Berkeley could not have meant that the proper object of vision is the retinal pattern. I shall urge that Berkeley does indeed hold that the proper object of vision is the pattern of light on the retina.«[49]

Die richtige Position ist eindeutig die von Colin Turbayne, nur ist selbstredend die Begründung falsch (sofern es denn wirklich seine Begründung sein sollte[50]), da es sicherlich schlecht auszuschließen ist, daß auch »ein Berkeley« einmal etwas Absurdes angenommen haben könnte. Die richtige und denkbar einfache Begründung dafür, daß Berkeley nicht annahm, der eigentliche Gegenstand der Wahrnehmung sei das »retinale Muster« (»retinal pattern«), lautet: *Er sagt dies explizit selbst* und zwar nicht nur in erwünschbarer Deutlichkeit, sondern überdies gleich zweimal, je einmal in jedem seiner beiden Traktate über das Sehen; So ist in der ›New Theory‹ zu lesen:

»It hath been shewn there is no resemblance between the ideas of sight and things tangible. It hath likewise been demonstraded that the proper objects of sight do not exist without the mind. Whence it clearly follows that the pictures painted on the bottom of the eye are not the pictures of external objects.«[51]

Daß Berkeley mit den letztgenannten »pictures of external objects« die unmittelbaren Objekte des Sehens, also die »ideas« meint, geht aus dem sich anschließenden Satz hervor, wo von »colours« die Rede ist, »which constitute the visible man, *or* picture of a man« (unsere Hervorhebung). Damit kann der gerade zitierte Satz nur so verstanden werden: »Whence it clearly follows that the pictures painted on the bottom of the eye [d. h. die »retinalen Muster«] are *not* the pictures of the external objects«, d. h. die sichtbaren Farben, die »Ideen« und eigentlichen Gegenstände der Wahrnehmung externer Gegenstände. In der ›New Theory … Vindicated‹, Paragraph 50, findet sich die dazu parallele Ausführung:

»The pictures, so called, being formed by the radiour pencils […] are not so truly pictures [Bilder] as images [Abbilder], or figures, or projections, tangi-

[49] A. a. O., S. 278.

[50] Vgl. Colin Turbayne, »Berkeley and Molyneux on Retinal Images«, in: *Journal of the History of Ideas,* Nr. 16 (1955), S. 339–355; wieder abgedruckt in Creery (Hg.) a. a. O., S. 159–170.

[51] Ayers (Hg.), S. 43 (›New Theory‹, § 117).

ble figures projected by tangible rays on a tangible retina, which are so far from being the proper objects of sight that they are not at all perceived thereby, being by nature altogether of the tangible kind, and apprehended by the imagination alone, when we suppose them actually taken in by the eye. These tangible images on the retina have some resemblance unto the tangible objects from which the rays go forth; and in respect of those objects I grant they are inverted. *But then I deny that they are, or can be, the proper immedidiate objects of sight*. This, indeed, is vulgarly supposed by the writers of optics: but it is a vulgar error.«[52]

»I deny that they [retinal patterns] are, or can be, the proper immediate objects of sight«: deutlicher hätte es Berkeley überhaupt nicht sagen können. Aber noch ein weiterer, »zitatgestützter« Grund spricht eindeutig gegen die These seiner Identifizierung von Abbildern auf der Netzhaut mit den »proper objects of vision«: Die Oberfläche der Netzhaut ist eine (gekrümmte) Fläche, »a plane«, in der ›New Theory‹, Paragraph 158, ist aber zu lesen: »Planes are no more the immediate object of sight than solids. What we strictly see are not solids, nor yet planes variously coloured: they are only diversity of colours.«[53] Solche Zitate, die wohl deutlich genug für sich sprechen dürften, lassen den (Turbayneschen) Rekurs auf die Absurditätsthese (s. o.) redundant erscheinen.

Dennoch besteht der (Reidsche) Absurditätsvorwurf, für sich selbst betrachtet, sicherlich ganz zurecht. In der Gegenwart ist er in einer bündigen und eindrucksvollen Formulierung von David Armstrong wiederholt worden:

»The inverted retinal image, he [Berkeley, S. B.] might have said, is simply an accompaniment or condition of seeing, it is not what is seen. It has the same sort of importance and status in vision as the optic nerve being in good condition, or our eyelids being open. The fact that the image is inverted no more proves that what we see is inverted, than does the fact that the optic nerve is grey prove that all we see must be grey.«[54]

Sieht man nach, was Armstrong, Thrane und anderen überhaupt erst zu der Auffassung Anlaß gab, Berkeley habe die retinalen Abbilder für die unmittelbaren Gegenstände des Gesichtssinn erachtet, so wird man nur zwei (Schein-)Gründe entdecken: Einmal dessen eigene An-

---

[52] Ayers (Hg.), S. 244; unsere Hervorhebung.

[53] Ayers (Hg.), S. 54.

[54] D. M. Armstrong, Berkeley's Theory of Vision, Melbourne 1960, S. 51. Reids bereits ganz ähnlich lautende Erkenntnis wird von Armstrong nicht erwähnt.

deutungen in diese Richtung, vor allem in ›New Theory‹ Paragraph 2 sowie Paragraph 88: Ein Nachlesen der Texte sollte jedoch ergeben, daß der Philosoph hier gar nicht von seiner eigenen ›New Theory‹ spricht, sondern von der anerkannten Lehre seiner Zeit, in welcher besonders William Molyneux' ›Dioptrica nova‹ (1692) eine autoritative Rolle zugekommen war und worin auch die in Frage stehende Identifizierung vorgenommen wird. Der andere Scheingrund lautet, daß Berkeley »so viele Umstände« mit dem »Knoten über verkehrte Netzhautbilder« mache (»Why Berkeley makes such heavy weather of this ›knot‹, as he calls it?«) – so Armstrong;[55] »But, if this is so [d. h. wenn Berkeley selbst die bewußte Identifizierung gar nicht vorgenommen hätte], it is hard to see why retinal inversion is a problem for Berkeley. And, Berkeley set great store by his solution of this ›knot‹« – so Thrane[56]. Die Antwort hierauf lautet, wiederum einfach genug, daß der junge Berkeley zeigen will, wie allein *sein* Erklärungsansatz einer strikten Trennung des Bereichs der Tastideen von dem der Gesichtsideen diesen (in der Literatur vorgefundenen) »Knoten« aufzulösen vermag. Aus demselben Grund will er sich auch mit dem bloßen Hinweis auf die »Absurdität« der bewußten Identifikation keinesfalls zufrieden geben.

An solchen mit Reid einsetzenden Beispielen für Fehlinterpretationen kann besonders verdeutlichen, daß von einem »Fortschritt« in der angelsächsischen Philosophiegeschichte des achtzehnten Jahrhundert kaum – oder doch zumindest nicht generell – die Rede sein sollte. Probleme und Sachverhalte werden zwar gelegentlich von den jeweils »Nachgeborenen« klarer gesehen und deutlicher dargestellt als von den »Vorgängern«. Vielfach gehen bereits gewonnene Einsichten aber auch verloren, manchmal wird nicht einmal mehr das Reflexionsniveau der Früheren erreicht: Auch dies war angesichts der Kritik Humes und Reids an Berkeley feststellbar. Den vielleicht größten Verlust bedeutete es jedoch, daß Berkeleys späterer organischer Naturbegriff nur mehr in fragmentarischer Form (Hume) bzw. so gut wie gar nicht mehr (Reid) weiter tradiert worden ist. (Der »Verdacht« so mancher Geistesgeschichtler erhärtet sich: Die Ge-

[55] D. M. Armstrong, »Berkeleys *New Theory of Vision*«, in: Creery (Hg.), Bd. 1, S. 171.
[56] G. Thrane, »Berkeley's Proper Object of Vision«, in: Creery (Hg.), Bd. 1, S. 297, Anm. 35.

schichte der Ideen ist in hohem Grade eine Geschichte der Mißverständnisse der Ideen …, und, wenn es einmal gut ging, eine solche der schöpferisch-produktiven Mißverständnisse).[57]

[57] Hume ist es diesbezüglich nicht besser als Berkeley ergangen – beständig mißverstanden zu werden, lag im Geschick beider großen Denker. So notierte bereits Kant über den von ihm bewunderten schottischen Philosophen: »Allein das der Metaphysik von je her ungünstige Schicksal wollte, daß er von keinem verstanden wurde. Man kann es, ohne eine gewisse Pein zu empfinden, nicht ansehen, wie so ganz und gar seine Gegner Reid, Oswald, Beattie, und zuletzt noch Priestley, den Punkt seiner Aufgabe verfehlten, und, indem sie immer das als zugestanden annahmen, was er eben bezweifelte, dagegen aber mit Heftigkeit und mehrenteils mit großer Unbescheidenheit, dasjenige bewiesen, was ihm niemals zu bezweifeln in den Sinn gekommen war, seinen Wink zur Verbesserung so verkannten, daß alles in dem alten Zustande blieb, als ob nichts geschehen wäre« (›Prolegomena‹, A 10). Mißverstanden indessen wurde Hume selbst noch von Kant (wie v. a. die Hume-Monographie N. Kemp Smiths eindeutig ergeben hat.)

Zweites Kapitel:

David Hume über Sympathie und die Grundlagen des moralischen Handelns

0) Vorbemerkungen

Mit gewissem Recht könnte die Philosophie David Humes als systematische Entfaltung des berühmten *homo mensura*-Satzes von Protagoras angesehen werden.[1] Die *menschliche Natur* stellt nicht nur den einen gemeinsamen inhaltlichen und methodischen Bezugspunkt aller Wissenschaft dar, es sind auch alle spezifischen Resultate dieser Wissenschaften von diesem Ausgangspunkt bestimmt, wobei (wenigstens vom jüngeren Hume) selbst der Mathematik kein Sonderstatus eingeräumt wird. Aus diesem Grunde kann auch das Ziel einer philosophisch haltbaren Fundierung und Reform dieser Wissenschaften nur auf dem Wege einer *Kritik der menschlichen Natur* erreicht werden.

›A Treatise of Human Nature‹ (1739/40) stellt den Versuch einer solchen umfassenden Kritik dar und zwar »nach der empirischen Methode«. Diese sollte nicht gleich mit der experimentellen identifiziert werden, gibt es doch auch Erfahrungswissenschaften, welche, wie die Astronomie – wenigstens bis in die jüngste Vergangenheit hinein – ohne Experimente haben auskommen müssen. Was bleibt, sind Beobachtung und Verallgemeinerung, und diese stehen auch dem *moral philosopher* Humescher couleur zu Gebote. Die ›Abhandlung‹ ist deswegen zwar untertitelt: »An Attempt to introduce the experimental Method of Reasoning into Moral Subjects« (»moral« in der bekannten weiten Bedeutung der »moral sciences«, die viele unserer

[1] Vorausgesetzt, Protagoras meinte die allgemeine menschliche Natur, nicht (so die »radikal-relativistische« These) die eines jeden individuellen Menschen. Schon vor Hume bemerkte Pascal: »Hätte der Mensch zuerst sich selbst studiert, so hätte er durchaus erkannt, daß er unfähig ist, über sich selbst hinauszugelangen.« (›Pensées‹, a. a. O., Fr. 72) Noch vor ihm schrieb Bacon: »Alle Wahrnehmungen der Sinne wie des Geistes geschehen nach dem Maß der Natur des Menschen, nicht nach dem des Universums.« (›Novum Organon‹, a. a. O., §41)

deutschen »Geisteswissenschaften« abdeckt); »experimental Method« bedeutet jedoch im Unterschied zum heutigen Verständnis nicht viel mehr als »Methode der Erfahrung«, näherhin der »Beobachtung«.[2] In seiner »Introduction« scheut sich Hume nicht, bei seinen Lesern hohe Erwartungen in bezug auf seine neue Wissenschaft von der menschlichen Natur zu erwecken, und mit beachtlichem Selbstbewußtsein verkündet der noch nicht dreißigjährige Philosoph:

»There is no question of importance, whose decision is not compriz'd in the science of man; and there is none, which can be decided with any certainty, before we become acquainted with that science. In pretending, therefore, to explain the principles of human nature, we in effect propose a compleat system of the sciences, built on a foundation almost entirely new, and the only one upon which they can stand with any security.«[3]

Dieser Einleitung folgen drei Bücher, deren erstes »Of the Understanding« betitelt ist. Es beginnt mit der unter der Bezeichnung »Hume's fork« bekannt gewordenen Einteilung aller Perzeptionen des menschlichen Geistes in Eindrücke (»impressions«) und Vorstellungen (»ideas«), wobei beide Arten von Bewußtseinselementen in einfacher oder komplexer Form auftreten könnten. Dieses Schema scheint erschöpfend, und nur zu oft ist Hume dahingehend (miß-)verstanden worden, als habe er sich mit dieser sinnkritischen Grundlage ein Instrumentarium geschaffen, mit welchem er alle hochwachsenden Wissensansprüche und insbesondere alle Aussagen über Gegenstände der Metaphysik auf ein ihm genehmes, bescheidenes Maß »zurechtstutzen« könne. Demgegenüber vermochte Norman Kemp Smith in seiner schon mehrfach erwähnten Studie ›The Philosophy of David Hume‹ nachzuweisen, daß besagtes einleitendes Schema eben nur einleitend und somit nicht notwendigerweise auch schon erschöpfend ist. Hume gesteht vielmehr auch einigen solchen Entitäten Existenz – und, im Zusammenhang damit, den diese bezeichnenden Begriffen Bedeutung – zu, welche weder als »impressions« noch als darauf rückführbare »fainter images of these«, d. h. als »ideas«, bezeichnet werden können. Diese Feststellung gilt sowohl für den

[2] Dazu N. Kemp Smith: »For Hume, the term ›experimental‹ is virtually equivalent to the term ›empirical‹, but is a stronger term, carrying with it the suggestion of a deliberate collecting of observations, sufficient in number and more especially in variety, to serve as a reliable basis for generalisation.« (The Philosophy of David Hume, a. a. O., S. 62).

[3] Greene und Grose (Hg.), Bd.1, S. 307.

Bereich der »relations of ideas« als auch für den der »matters of fact«. Ein prominentes Beispiel für eine Relation, die weder »impression« noch »idea« und die – wiederum entgegen einem gängigen Hume-Verständnis – dennoch von Hume für real gehalten, ja gar »cement of the universe« genannt wird, sei die Kausalbeziehung.[4] Ein Beispiel im *matters of fact*-Bereich stellt das »Fremdseelische« vor, der Bewußtseinsbereich des Mitmenschen, der eben nicht unmittelbar in Form von Sinneseindrücken erfahrbar, nichtsdestoweniger aber intelligibel ist. Beide Beispiele haben nun vor allem dies gemein, daß es uns nicht frei steht, entweder an Kausalität oder an »other minds« zu glauben oder nicht zu glauben: *Wir können an beidem gar nicht zweifeln,* dies jedoch nicht, weil dem etwa unüberwindbare Vernunftgründe entgegen stünden – es ist vielmehr unsere menschliche *Natur,* die uns hier keine andere Wahl läßt. Unsere Natur wirkt dabei entweder unmittelbar als quasi-instinktive Überzeugung (»belief«) oder zumindest als (Mit-)Ursache für die Herausbildung einer festen Gewohnheit. – Aber dies alles kann hier nur antizipierend angedeutet, und nicht näher ausgeführt, geschweige denn begründet werden.[5] Dennoch hat diese Thematik bereits zu Beginn unseres *Dritten Teils* ihren sinnvollen und begründbaren Ort, soll doch damit einerseits weitverbreiteten Fehldeutungen gleich anfangs entschieden entgegengetreten und andererseits ein angemessenes (d. i. wiederum ein prinzipiell realistisches) Verständnis der Humeschen Philosophie angebahnt und vorbereitet werden.

Aber darüber hinaus vermögen diese Bemerkungen erwünschbarerweise auch noch ein klärendes Licht zurück auf die wesentlichen Differenzen zwischen der Philosophie Humes und derjenigen Berkeleys zu werfen. Es haben diese Differenzen nämlich, was bislang noch unerwähnt geblieben ist, nicht zuletzt auch mit semantischen Grundannahmen zu tun. Und bei interessanten grundsätzlichen Gemeinsamkeiten gibt es zwischen den diesbezüglichen Auffassungen der beiden Philosophen eben auch folgenschwere Differenzen.

Bevor diese zu bestimmen sind, möge allerdings noch hier eine allgemeine kritische Bemerkung eingeflochten werden: Eine nüchterne Betrachtung beider Philosophien im Zusammenhang mit deren

---

[4] Vgl. dazu auch J. Mackie, The Cement of the Universe. A Study of Causation, Oxford 1974.

[5] Ich darf an dieser Stelle nochmals auf meinen Hume-Artikel in *Philosophia naturalis* verweisen.

semantischen Grundlagen wird sich des Eindrucks kaum erwehren können, daß diese Grundlagen, wenigstens teilweise, auf Vorentscheidungen beruhen, welche einer wirklich tragfähigen Rechtfertigung ermangeln. Der bekannte Vorwurf Herders an Kant, er habe es versäumt, seine Philosophie durch eine Kritik der Sprache zu vervollständigen, kann, vielleicht mit größerem Recht, auch auf die zwei »Vorläufer« ausgedehnt werden. Da diese die Frage nach der sprachlichen Bedeutung jeweils nur kursorisch verfolgen, widerfährt es ihnen, daß sie Opfer ihrer vermeintlich selbstverständlichen semantischen Vorverständnisse ja, Vorurteile, werden. Einen deutlichen Hinweis auf diesen Sachverhalt enthält schon der jeweilige Ort, an welchem die bedeutungstheoretischen Diskussionen stattfindet: Bei Berkeley ist dieser die relativ kurze »Introduction« zu dem Hauptwerk ›Principles‹ und bei Hume die noch kürzere »*Section* I« in »*Buch* I« seines Hauptwerks ›Treatise‹. Auch die (beispielsweise Donald Davidson's »principle of charity« folgende) »sympathetische« Lektüre des jeweils folgenden Hauptteils der Texte ist wenig geeignet, den Verdacht zu zerstreuen, daß diese Vorentscheidungen darin höchstens unzureichende Begründung finden. Sie werden – ansatzweise – epistemologisch gerechtfertigt, bestimmen aber *vice versa* sicherlich ihrerseits in zu hohem Maße die Erkenntnislehre und, über diese vermittelt und hinweg, auch Ontologie und Metaphysik.

Nach dieser kommende Kritik vorbereitenden Anmerkung nun zu den besagten bedeutungstheoretischen Differenzen. Bei Berkeley gilt ein (kategorematisches – s.u.) Wort dann als bedeutungsvoll, wenn es -

1. als Sprachzeichen für ein bewußtseinsrelatives Element (eine »idea«) fungiert *oder*
2. als sprachliche Bezeichnung auf einen Begriff (»notion«) rekurriert (über den Akt einer Reflexion des Geistes auf sich selbst) *oder*
3. als tragendes Element einer positiven und »lebensdienlichen« Wissenschaft dient (einschließlich Mathematik und biblischer Theologie).

Wie auf Berkeley, so läßt sich auch auf Hume die einfache aristotelisch-scholastische Zweiteilung aller nichtnamentlichen sprachlichen Ausdrücke in selbständige »kategorematische« und unselbständige, bloß relational-verknüpfende »synkategorematische« klärend anwenden und wie bei jenem läßt sich in bezug auf erstere bei dem Jüngeren ebenfalls eine Dreiteilung ausfindig machen (nicht ausdrücklich, wohl aber inhaltlich): Bedeutung haben heißt nun –

1. als Sprachzeichen für ein Bewußtseinselement (»perception«: »impression« oder »idea«) fungieren *oder*
2. als sprachliche Bezeichnung auf einen quasi-instinktiven Glaubensgegenstand (»belief«) bzw. auf einen Gegenstand einer quasi-instinktiv fundierten Gewohnheit (»habit«) rekurrieren *oder*
3. als tragendes Element einer positiven Wissenschaft »of relations of ideas« oder »of matters of fact« dienen (ausschließlich Metaphysik und Philosophischer Theologie): Dieser letztgenannte »Bedeutungsträger« (ein Beispiel wären die Atome) scheint von Hume einige Male zugestanden zu werden, ohne daß er jedoch explizit Anerkennung erfahren würde:[6]

Insgesamt muß vorerst offen bleiben, inwieweit (2) und (3) geeignet sind, den durch (1) bedingten (eventuell »sterilen«) »Immanenzcharakter« der Humeschen Philosophie »aufzusprengen«.

1) »Passions« und »sympathies« als Grundlagen des menschlichen Handelns in der ›Treatise‹

Gerade aktuell erlebte »passions« (Affekte und Leidenschaften) gehören zu den »impressions« und erinnerte oder bloß vorgestellte zu den »ideas«. »Sympathy« ist selbst keine eigene »passion«, sondern die Art und Weise wie eine »passion« – man könnte sagen – »gefärbt« ist (s. u.); das Verantwortliche für den Grad an Lebhaftigkeit also, mit welchem ein allgemeines und latentes Zusammengehörigkeitsgefühl mit einem bestimmten Bewußtseinsinhalt bzw. dessen vermeintlichem Gegenstand erfahren wird. Sympathie hat den »belief« zu ihrer Voraussetzung, daß ihr Gegenstand auch wirklich existiert, weist aber im Humeschen System darüber hinaus auch strukturelle Ähnlichkeiten mit diesem »belief« selbst auf: denn auch diese quasi-instinktiven, unveränderbaren Überzeugungen (z. B. von der Wirklichkeit von »other minds«) sind weder »impressions« noch »ideas«, wohl aber ihrerseits deren unauflösliche »Färbungen« im gerade angedeuteten Sinne.[7]

---

[6] Humes Stellung zum Atomismus ist nicht einfach an- oder wiederzugeben: Sie scheint sich im Laufe seines Lebens gewandelt zu haben. Jedenfalls ist weder seine erste (›Treatise‹) noch seine letzte Veröffentlichung (›Dialogues‹) »atomistisch«.

[7] Vgl. N. Kemp Smith, a. a. O., S. 170 ff. Hier stellt sich allerdings eine Frage hinsichtlich des Gegenstands des »belief«: Ist dieser nun eine (»gefärbte«) »perception« (so sieht es zunächst aus) oder mehr als bloß eine solche »immanente« Realität (so erscheint es,

Der Grundsatz der Humeschen Handlungstheorie, wie sie besonders im *Zweiten Buch* der ›Abhandlung‹ (›Treatise‹) entwickelt wird, ist nun sehr einfach formulierbar: Die wirkliche Grundlage jeder menschlichen Handlung ist eine »passion« (einschließlich der »emotions«) – *und niemals die Vernunft.*[8] Das Prinzip von Humes (deskriptiver) Morallehre[9] lautet: Grundlage jeder menschlichen, landläufig »moralisch« genannten Handlung ist eine »calm passion« in Verbindung mit »sympathy«. »Calm« (ruhig) im Unterschied zu »violent« (heftig) ist ein Affekt dann, wenn er durch Schönheit und Häßlichkeit initiiert wird. »Schön« und »häßlich« nennt Hume jedoch nicht nur äußere Gegenstände oder künstlerische Kompositionen, sondern auch Handlungen.[10] Hier, in der Belegung moralischer Handlungen mit ästhetischen Kategorien, zeigt sich der Einfluß Shaftesburys auf Hume besonders deutlich.[11]

Aus der Engführung von Ethik und Ästhetik in der Humeschen (Moral-)Philosophie ergibt sich für den Leser allerdings eine willkommene Verständnishilfe. Humes Ethik ist imgrunde, wie ansatzweise vielleicht auch schon deutlich geworden sein dürfte, ziemlich komplex: Als Endziel der ›Treatise‹ stützt sie sich zudem auf umfangreiche handlungstheoretische (Buch *II*) und epistemologisch-ontologische (Buch I) Vorüberlegungen – da ist es dann nicht so einfach, ihren Kern offenzulegen bzw. Humes ursprüngliche moralphilosophischen Einsichten (?) zu rekonstruieren. Erschwerend kommt noch

---

wenn man etwa an das Beispiel der materiellen Außenwelt denkt, deren Existenz wir nach Hume ja nicht bezweifeln können, obwohl sie uns nur im Seinsmodus der Perzeptionen, d.h. der Eindrücke und Vorstellungen, zugänglich ist. Wir wollen diese Anfrage an Hume hier nicht weiter verfolgen und es (vorläufig) bei dem kritischen Bedenken belassen, es sei hier etwas Wichtiges nicht hinreichend geklärt worden.

[8] Die Vernunft dient den Leidenschaften und wird damit selbst zu einem Mittel unter anderen; dazu H. Jonas: »Im Fortfall der Schöpfung schwand das ›Bild‹ zusammen mit dem Original; und die Vernunft war zu einem Mittel unter Mitteln reduziert worden, das nach seiner instrumentalen Leistungsfähigkeit im Kampf ums Dasein beurteilt wird: als rein formale Fertigkeit in Fortsetzung tierischer List setzt sie keine Ziele, sondern dient Zielen, ist nicht selbst Maßstab, sondern wird an Maßstäben gemessen, die außerhalb ihrer Rechtsprechung liegen. […] Gebrauch der Vernunft als eines Mittels ist mit jedem Zweck vereinbar, so irrational er sei.« (Das Prinzip Leben, a.a.O., S. 86f.)

[9] Wie dargestellt, glaubt Hume nicht an »Willensfreiheit«, weswegen er (im Einklang damit) auch von einer präskriptiven Ethik nichts wissen will.

[10] Vgl. Green und Grose (Hg.), Bd. 2, S. 76 (›Treatise‹, Buch II., Teil I, Abschn. I).

[11] Vgl. evtl. nochmals Shaftesbury, Charakteristicks of Men, Manners, Opinions, Times. In: Works in Three Volumes, o.O. 1711, insb. Bd. II: An Inquiry Concerning Virtue and Merit; The Moralists.

hinzu, daß Hume nach der Veröffentlichung der ›Treatise‹ zum Teil gravierende Veränderungen an seiner Moralphilosophie vorgenommen hat, die dann in seine ›Enquiry Concerning the Principles of Morals‹ (1751) Eingang fanden. All diese Umstände lassen es als einen verständnisdienlichen und interpretatorischen Glücksfall erscheinen, daß Humes ästhetische Theorie – von der wir mit Zuversicht vermuten dürfen, sie werfe auf die ethische das gewünschte bündelnde und klärende Licht – prägnant formuliert und in nur einem einzigen schmalen Essay überliefert ist.

Der Aufsatz »Of the Standard of Taste«[12] stellt die interessante Frage, ob es einen Unterschied zwischen der Sphäre des physiologischen und des künstlerischen Geschmacks gibt, d. h. ob das für den kulinarischen Bereich scheinbar zweifellos gültige »De gustibus non est disputandum« auch auf den künstlerisch-ästhetischen angewendet werden dürfe. Eine Analyse des Textes ergibt, daß Hume imgrunde drei mögliche Antworten diskutiert, die die »subjektivistische«, die »objektivistische« und die (originär) »Humesche« genannt werden können. Erstere behauptet, daß sich auch über den Wert von Kunstwerken nicht sinnvoll streiten lasse, »schön« sei eben, was dem einzelnen gefalle, d. h. die bestimmte aber undefinierbare »calm passion« des ästhetischen Wohlgefallens bei ihm erwecke. Dieser Antwort diametral entgegengesetzt ist die objektivistische, wonach es in den Kunstwerken selbst Schönheit in ihren verschiedenen Formen und Graden gebe; seien nicht die Werke Miltons, so Hume, denen Ogilbys (wer auch immer das gewesen sein mag) ganz objektiv deutlich überlegen?

Der schottische Philosoph versucht einen vermittelnden, dritten Standpunkt in dieser Frage einzunehmen und verweist dabei auf den »höchsten« physiologischen Sinn und dessen eigentümliche Gegenstände, auf das Auge und die Farben. Wer an Gelbsucht leide oder einen Defekt an seiem Sehorgan aufweise, werde sich ja wohl (während dieser Zeit) sinnvollerweise kein Urteil über Farben anmaßen. Welche Farbe ein Gegenstand habe, entscheiden zurecht jene, die gesunde Augen ihr eigen nennen. Hier gibt es keine Gleichberechtigung aller Disputierenden, und ebensowenig dürfe eine solche in der Diskussion ästhetischer Fragen eingeräumt werden. Aus dieser Zurückweisung des (radikalen) Subjektivismus ergibt sich aber für Hume nur *prima facie* die Überlegenheit des Objektivismus. *Secun-*

[12] In: Green und Grose (Hg.), Bd. 3, S. 266–284.

da facie sei sichtbare Farbe gar keine objektive Eigenschaft der materiellen Gegenstände, sie sei eine bloße »sekundäre Qualität« im Bewußtsein derjenigen Beobachter, deren Natur es mit sich bringe, für die Erfahrung von Farbeindrücken disponiert zu sein.

Ebensowenig stellt – und hierin besteht die Humesche Antwort auf die zentrale Frage der Ästhetik – die Schönheit einfach eine objektive Eigenschaft des »schön« genannten Naturobjekts, v.a. aber Kunstwerks dar. »Schönheit« gibt es vielmehr nur im Bewußtsein desjenigen Betrachters, der mit einer gewissen Naturanlage, dem *ästhetischen Sinn,* ausgestattet ist. Dieser Sinn ist, nicht anders als der Sehsinn, bei verschiedenen Menschen unterschiedlich entwickelt und bei einigen nur beklagenswert defizitär ausgeprägt. Der Schönheits-Sinn kann überdies durch Übung und Erfahrung weitergebildet werden. In der Gesellschaft tun sich die Menschen mit ausgeprägter ästhetischer Sensibilität durch ihr gesundes Urteil und ihre überlegenen geistigen Fähigkeiten hervor: ihnen soll man in Fragen des Geschmacks folgen.[13]

Die Transponierung dieser ästhetischen Theorie in den Umkreis der ethischen liegt nun auf der Hand. Hume selbst gibt in dem gerade zusammengefaßten Aufsatz Hinweise auf die Rechtmäßigkeit eines solchen Vorgehens. So zieht er etwa eine Parallele zwischen der beständigen Hochschätzung, derer sich die Werke von Terenz und Vergil erfreuen und jener völker- und epochenübergreifenden Hochachtung der Menschen vor gewissen (zum historischen Wissen gewordenen) Taten und Werken der Gerechtigkeit, Menschlichkeit, Großherzigkeit, Klugheit und Wahrhaftigkeit. Zwar sei in Rechnung zu stellen, daß, werde auch Gerechtigkeit immer gelobt, so doch unter der Bezeichnung »Gerechtigkeit« möglicherweise von Homer nicht unbedingt dasselbe verstanden werde wie beispielsweise von Fénélon, – dennoch bleibe es wahr, daß einige Handlungen auf die gleichbleibende Natur des Menschen auch einen gleichbleibend anderen Eindruck hinterließen als andere. Und wirklich nimmt Hume –

[13] Diese auf die Gesellschaft und, genauer, eine Gesellschaft von Experten, rekurrierende, Humes ästhetische Theorie abschließende, kriteriologische These (»Was sind die Kriterien, anhand derer ich Schönheit verläßlich erkennen kann?«) verweist schon auf zukünftige Entwicklungen; so insbesondere auf den amerikanischen Pragmatismus. (Meine eigenen Erfahrungen, z.B. im Zusammenhang mit Vernissagen, sind ganz anderer Art: Die wirklichen Kunstkenner halten sich gewöhnlich mit ihren Urteilen zurück, während die Besucher mit nur angemaßtem Kunstverstand durch ihr sicheres Urteilen und Auftreten aus der Menge hervor»leuchten«.

hierin eben ganz in der Tradition Shaftesburys und Hutchesons stehend – neben einem ästhetischen auch noch einen *moralischen Sinn* als Grundkomponenten der menschlichen Natur an.[14] Dieser »moral sense« steht für ihn offensichtlich mit dem Vermögen der »sympathy« in engem Zusammenhang, wenn auch die Weise dieses Zusammenhangs aus seinen Schriften nicht unbedingt klar wird. Hinsichtlich der moralischen Bewertung von Handlungen anderer könnte Hume sogar von einem Zusammenfall (bzw. einer diesbezüglichen Identität) von »moral sense« und »sympathy« ausgegangen sein: Insofern jemand sagen kann, daß er *Sympathie* für Motiv und Weise der Ausführung einer in Erfahrung gebrachten Handlung empfinde, kann er auch von der Zustimmung seines *moralischen Sinns* zu dieser Handlung sprechen.

Weit wichtiger als solche Details der Humeschen Moralphilosophie ist in diesem Zusammenhang die Herausarbeitung ihres naturalistischen Kerns. Denn Humes Position jenseits von Subjektivismus und Objektivismus[15] kann am treffendsten als »naturalistisch« charakterisiert werden, will er doch sagen, daß es in der Natur des Menschen (aller Menschen) liegt, gewisse ästhetische, moralische (sowie die Farbe betreffende) Urteile fällen zu *müssen*. Diese Urteile seien damit objektiver als der persönliche (auch der temporäre, kulturelle, gesellschaftsspezifische, klassenspezifische, altersspezifische usw.) Geschmack, dabei doch weniger objektiv als wirkliche oder »primäre« Eigenschaften von Dingen. Die antiobjektivistische Argumentation fällt leichter ins Auge als die antisubjektivistische, findet sie sich doch an hervorgehobener Stelle, nämlich in den einleitenden ersten beiden Abschnitten des *Dritten Buchs* (›Treatise *III*‹: »Of Morals«), wo sich u. a. auch diese bekannte Formulierung nachlesen läßt: »Vice and virtue […] may be compared to sounds, colours, heat and cold, which […] are not qualities of objects, but perceptions in the mind.«[16] Obwohl weniger augenfällig, ist die antisubjektivistische Argumenta-

[14] Vgl. dazu z. B. Greene und Grose (Hg.), Bd. 2, S. 246 ff. (Buch III; Teil I, Abschn. II).

[15] Nur zu oft wurde Hume nicht nur als radikaler Skeptiker in der Erkenntnislehre, sondern auch als radikaler Subjektivist in der Morallehre beurteilt – um nicht zu sagen »abgeurteilt« – und dies auch noch nach den unumgehbaren Forschungen Kemp Smiths. Aber Berkeleys Ruf mußte, weitgehend unberührt von den Forschungen Luces und Jessops, ein vergleichbares Schicksal leiden.

[16] Vgl. die von Mackie gesammelten Textstellen vergleichbaren Inhalts in: John Mackie, Hume's Moral Theory, London 1980, S. 64 f.

tion doch *da* und, vor allem im Zusammenhang mit Humes (in der ›Treatise‹) zentraler Theorie der Sympathie, auch prominent.

Dessen Handlungstheorie ist antirationalistisch, zugleich aber antihedonistisch. Die reine Vernunft kann (oder könnte, falls es sie denn gäbe) dieser Theorie zufolge keine Handlung hervorrufen. Nur verleiblichte Affekte kommen als mögliche Anlässe für menschliches wie für tierisches Handeln und Tun in Frage.[17] Der Vernunft eignet dabei lediglich die untergeordnete Rolle einer »Sklavin der Affekte«:

»We speak not strictly and philosophically when we talk of the combat of passion and of reason. Reason is, and ought only to be the slave of the passions, and can never pretend to any other office than to serve and obey them.[18]

In ›Treatise *III*‹ wird diese berühmt-berüchtigte Doktrin, von der Hume selbst bemerkt, sie könne ein wenig ungewohnt (»somewhat extraordinary«) erscheinen, allerdings ein Stück weit abgeschwächt: »Reason and judgment may, indeed, be the mediate cause of an action, by prompting or by directing a passion …«[19] Von einer »Sklavin« würde man das nicht unbedingt erwartet haben, aber dieser Zusatz scheint doch wiederum nichts Wesentliches am Grundgefüge seiner Theorie zu ändern.[20]

»Actions« setzen somit »passions« voraus, und wie einige Gegenstände in der Welt, eben die sogenannten *schönen*, als ästhetisch wertvoll beurteilt werden, da sie mit einem »ästhetischen Sinn« auf natürliche und angenehme Weise harmonieren, so gibt es einige Handlungen, eben die sogenannten *guten*, die man gewöhnlich moralisch wertvoll nennt, da sie einem natürlichen »moralischen Sinn« angenehm erscheinen. In diesem durchaus mechanisch wirkenden Vorgang wird nun der »Sympathie« eine grundlegende und bedeutsame Funktion zugedacht. Denn insgesamt wollen Humes Untersuchungen nicht weniger sein als eine naturwissenschaftliche Erklä-

---

[17] Vergleichbar damit und – wie stets – sehr prägnant F. Nietzsche: »Unter jedem Gedanken steht ein Affekt.« (KGW, VIII, 1, S. 22)

[18] Green und Grose (Hg.), Bd. 2, S. 195 (›Treatise‹ II, Teil III, Abschn. III).

[19] A. a. O., S. 241 (›Treatise‹ II, Teil I, Abschn. I).

[20] Leider! So ist man versucht, auszurufen. Denn das »ought only to be« in »Reason is and ought only to be the slave of the passions« ist doch, entgegen der deskriptivistischen Auffassung Humes, wonach solche Moralvorschriften sinnlos sind, präskriptiv und so etwas wie Humes »kategorischer Imperativ«. Es sei dem Leser oder der Leserin überlassen, zu entscheiden, ob Hume nicht besser hätte so etwas schreiben sollen wie : »Reason is and ought always to be the companion of the conscience«?

rung der Phänomene der menschlichen Verhaltensweisen des moralischen Urteilens: Warum zollen Menschen (vordergründig) menschlichen Handlungen und (letztlich) menschlichen Personen Lob und Tadel – wie kam und kommt es zu diesem erstaunlichen, auf die menschliche *species* beschränkten Phänomen? Wir haben die empiristische und schon vor Hume bekannte Antwort vernommen: Es kommt dazu aufgrund eines Vermögens der menschlichen Natur, dem »moralischen Sinn«. Damit ist für Hume – und ganz zurecht, man denke an Molières berühmten Witz über den medizinischen Begriff einer *vis dormitiva* – höchstens eine Teilantwort oder vielmehr nur die (antiintellektualistische) Richtung angegeben, in welcher eine wirklich aufschlußgebende Antwort gesucht werden muß. Denn wie »funktioniert« dieses Vermögen, diese »moralischer Sinn« genannte Naturanlage?

Humes Antwortversuch, wie er sich u. a. aus einer Analyse von ›Treatise *II*‹, *(Erster Teil, Elfter Abschnitt)* ergibt, ist sinngemäß dieser: Im Bewußtsein eines jeden Menschen ist jederzeit ein lebhafter Eindruck von ihm selbst mitgegeben. Dieser Eindruck wäre bildlich etwa wie ein helles und heißes Feuer vorstellbar. Wenn ein solcher Mensch nun beispielsweise einen weinenden oder lachenden Menschen wahrnimmt, führt er bestimmte Impressionen an den lebhaften Eindruck von sich selbst oder seiner selbst heran. Dadurch werden Erinnerungsideen geweckt (im Beispiel bleibend: an eigenes Weinen oder Lachen) und ins »Feuer des Selbstbewußtseins« gehalten, darin sie mit den Impressionen von außen sozusagen partiell verschmelzen. Diese teilweise Amalgamierung kann auf zwei verschiedene Weisen beschrieben werden, entweder als Erhellung, Erwärmung oder Färbung der eigenen Erinnerungsideen durch die im Feuer des Ich leuchtenden, erwärmenden oder färbenden Eindrücke oder, umgekehrt, als Modifikation (Erhellung …) der fremdverursachten Eindrücke durch die im Feuer des Ich leuchtenden … eigenen Erinnerungsideen bzw. Gedächtnisvorstellungen. »Sympathy« könnte damit eine jedem Menschen eignende Neigung und Fähigkeit genannt werden, die Gefühle anderer (und, über diese vermittelt, dann auch deren Gedanken, Motive usw.) zu internalisieren und zwar durch Färbung der Sinneseindrücke vom anderen durch eigene (»ältere«) Bewußtseinselemente (oder umgekehrt) bzw. deren ansatzweise Gleichsetzung. Eine vollkommene Identifizierung oder »Verschmelzung« tritt bei »sympathy« allerdings nicht ein – oder jedenfalls nur *sehr* ausnahmsweise wird das Mitgefühl etwa mit den starken Zahnschmerzen eines Freundes sogar zu eigenen Zahnschmerzen führen (Hume führt einen solchen Fall nicht an).

»Sympathy« ist eben deswegen (ungeachtet einiger irreführender Textstellen in der ›Treatise‹), selbst kein Gefühl und damit auch kein Affekt. So, im expliziten Anschluß an Kemp Smith, dann ganz richtig auch Barry Stroud:

»Sympathy is to be understood as a disposition we have to feel what others are feeling; it is not a particular feeling itself. If, as Hume sometimes suggests, it were a particular feeling we get when contemplating others, then the appeal to sympathy would not explain what he wants it to explain. For one thing, if another person feels pain and I consequently feel that special feeling that is sympathy, then I do not feel what he feels after all – his feeling is not being transmitted to me. He feels pain, but I feel sympathy. Furthermore, I am said to be upset when I know someone else is feeling pain, and pleased when I know someone is feeling pleasure. Both are examples of what Hume calls sympathy. But clearly my feelings or reactions are quite different in the two cases, as they must be if they are to explain the very different ways I might act in the different situations. So it cannot be that sympathy is a particular feeling. If it were, its presence could not explain why I approve of some things and disapprove of others.«[21]

Diese Theorie der »Sympathie« (in Humes Sinn, dessen Differenz zu der Bedeutung des deutschen Wortes nun deutlich geworden sein wird[22]) stellt sicherlich eine erfreuliche Ergänzung zu Berkeleys unbefriedigender Minimaltheorie des »Fremdseelischen« dar. Dennoch darf sie, trotz ihrer Bedeutung für die Geschichte der philosophischen Erschließung des Bereichs der Intersubjektivität, in systematischer Hinsicht nicht ganz kritiklos hingenommen werden. Besonders fällt auf, daß der Sympathiebegriff bei Hume seine kosmologische Fundierung verliert und zu einem nur noch sozialen Phänomen – wie ich zu sagen versucht bin – degeneriert. Weiter: Auch in dieser Lehre bleibt das *prima vista* Seltsame bestehen, daß ich vom anderen lediglich Sinneseindrücke habe, wenn auch »gefärbte«. Damit hängt das Problem aus Anmerkung 7 dieses Kapitels zusammen, was denn nun eigentlich der Gegenstand des »belief«, z. B. an eine materielle, nichtwahrnehmbare und deswegen auch nichtvorstellbare Außenwelt, sei.

---

[21] B. Stroud, Hume (Reihe: »The Arguments of the philosophers«), London 1977, S. 197.

[22] Auch zu dem deutschen »Mitgefühl«, das eben ein »Gefühl« ist und damit ein »Affekt«. Anders allerdings Mackie: »Sympathy is *Mitgefühl* not *Mitleid* …« (a. a. O., S. 120).

Hume kennt keine »notions« (und im Zusammenhang damit auch nicht das, was Brentano und Husserl später »intentionale Objekte« nennen werden). Es hat nun allerdings den Anschein als würde sowohl die Sache wie auch die Humesche Argumentation einen solchen Begriff »Außenwelt« oder auch ein solches intentionales Objekt *Außenwelt* fordern. In der Tat scheinen Humes »ideas« als »faint images of impressions«[23] diese auf solche Weise gestellte Aufgabe nicht hinreichend erfüllen zu können.[24]

Daß mit dieser Konzeption der »ideas« auch sonst einiges im Dunkeln (bzw. Argen) liegt, ist oft festgestellt worden. Und diese Feststellung scheint wohl richtig, die Begründung dafür aber nicht selten falsch. Ein Beispiel für eine solche Begründung ist die folgende (übersetzte) Passage aus Henri Bergsons ›Matière et Mémoire‹ (1896):

»… wenn man die Erinnerung für eine schwächere Wahrnehmung hält, verkennt man den Wesensunterschied zwischen Vergangenheit und Gegenwart und verzichtet darauf, die Phänomene des Wiedererkennes und den Mechanismus des Unbewußten überhaupt zu verstehen. Und umgekehrt muß man, da man aus der Erinnerung eine abgeschwächte Wahrnehmung gemacht hat, die Wahrnehmung notwendigerweise für eine gesteigerte Erinnerung halten.«[25]

Hume sagt aber gar nicht, daß die Erinnerung eine abgeschwächte Wahrnehmung sei – in diesem Fall würde wirklich die seltsame Ansicht folgen, daß eine immer schwächer werdende, sagen wir, Schmerzperzeption in eine Schmerzerinnerung übergehen würde –, er sagt, die Erinnerung sei eine schwaches *Bild* (z. B.) einer Wahrnehmung: und dies ist erkennbar etwas anderes.

2) Bewußtsein ohne Selbstbewußtsein

»No quality of human nature is more remarkable, both in itself and in its consequences, than that propensity we have to sympathize with others, and to receive by communication their inclinations and sentiments, however different from, or even contrary to our own. This is not only conspicuous in

---

[23] Green und Grose (Hg.), Bd. 1, S. 311 (›Treatise‹ I, Teil I, Abschn. I).

[24] Vgl. dazu evtl. nochmals die »Vorbemerkungen« zu diesem Kapitel.

[25] H. Bergson, Materie und Gedächtnis, Hamburg 1991, S. 55. Daß Bergson dabei an Hume denkt, wird bei der erweiterten Wiederaufnahme der Kritik S. 128 ff. deutlich.

children, who implicitly embrace every opinion propos'd to them; but also in men of the greatest judgment and understanding, who find it very difficult to follow their own reason or inclination, in opposition to that of their friends and daily companions.«[26]

Diese »bemerkenswerte« Qualität der menschlichen Natur, die Sympathie, wodurch unsere Gefühle durch die Gefühle anderer »gefärbt« werden, was einen weitgehenden Gleichklang der Affekte und bestimmte daraus resultierende Handlungen, z. B. der Barmherzigkeit, hervorruft, stellt sich in der ›Treatise‹ als die wahre Quelle der moralischen Handlungen und Urteile heraus. Es steht diese Qualität nun aber, wie gesehen, in einem unaufhebbaren funktionalen Zusammenhang mit der Perzeption des je eigenen Ich:

»'Tis evident, that the idea, or rather impression of ourselves is always intimately present with us, and that our consciousness gives us so lively a conception of our own person, that 'tis not possible to imagine, that any thing can in this particular go beyond it. Whatever object, therefore, is related to ourselves must be conceived with a like vivacity of conception […]«[27]

Wir hatten bei der Erklärung des Mechanismus' der Translation von »idea« zu »impression« des leichteren Verständnisses halber den Ich-Eindruck als Feuer beschrieben, welches den Bereich des Bewußtseins erhellt. In diese »Flamme« gehalten, findet der Prozeß der »Färbung« bis hin zur partiellen »Verschmelzung« (»Einswerdung«) statt. – Offensichtlich muß diese psycho-mechanistische Theorie ganz in sich zusammenbrechen, sobald die Idee von einem im Inneren des Bewußtsein »hell strahlenden« Ich-Eindruck als philosophische Illusion verworfen wird. Genau dies geschieht aber – und ganz erstaunlicherweise sogar *vor* der Sympathie-Lehre des ›Treatise *II*‹, in ›Treatise *I*‹, *Teil IV, Sektionen 5* und *6*. Kemp Smith bemerkt in diesem Zusammenhang sehr treffend, »To a reader […] no statement can be more surprising«[28], wobei er sich dabei auf die zuletzt zitierte Aussage von dem Ich als lebhaftem Eindruck im Bewußtsein bezieht, wie sie *nach* diesen beiden Abschnitten getroffen wird.

Dieser gründliche Kenner der neuzeitlichen Philosophie sieht darin ein weiteres Indiz für seine wohlerwogene These, daß Hume – entgegen der Anordnung der Bücher in der ›Treatise‹ – *zuerst* die

---

[26] Green und Grose (Hg.), Bd. 2, S. 111 (›Treatise‹ II, Teil I, Abschn. XI).
[27] A. a. O., S. 112.
[28] Kemp Smith, a. a. O., S. 171.

praktische und *dann* erst die theoretische Philosophie (des *Ersten Buchs*) ausgearbeitet hat. Das würde bedeuten, daß Hume zunächst die Existenz einer »self impression« für wirklich, ja selbstverständlich, angenommen, später aber massive Zweifel an dieser Annahme entwickelt habe. Aus irgendeinem Grund muß er es dann vorgezogen haben, den Widerspruch zwischen Buch *I* und Buch *II* inclusive *III* stehen zu lassen, als diese letzteren einer Revision und Umarbeitung zu unterziehen, welche – der zentralen Bedeutung der Sympathielehre wegen – wohl sehr radikal und umfassend hätte ausfallen müssen. Nach der (später selbstkritisch als verfrüht bezeichneten) Veröffentlichung der ›Treatise‹ ist es dann auch wirklich zu einer solchen Umarbeitung gekommen.[29]

Humes Kritik an der Annahme, es gebe einen Ich-Eindruck oder eine Ich-Vorstellung, läuft für ihn auf nichts Geringeres als auf einen Angriff auf die ganze klassische Geistmetaphysik hinaus. Denn, so wird argumentiert, ohne eine »perception of a self« sei die ganze Rede von »geistigen Substanzen« ohne empirisches (bzw. »experimentelles«) Fundament, weswegen sie somit gleichsam »in der Luft« hänge. Freilich muß diese These für unzulänglich ausgewiesen gelten, wenn (davon mehr im nächsten Kapitel) gleichzeitig die Rede von einer bewußtseinstranszendenten »Außenwelt« – zusammen mit dem Glauben an eine solche – gutgeheißen wird: obwohl auch davon keine »perception« existiert oder auch nur existieren kann. Die vielen gegenwärtigen Kritiker Berkeleys, welche (v.a. im Anschluß an Reid und Peirce) dem Bischof Inkonsequenz vorgeworfen haben, da er zusammen mit den materiellen Substanzen nicht auch die geistigen verabschiedet habe, und im Gegenzug Hume auf Kosten Berkeleys ob dessen Konsequenz Lob zollten, mögen also diese Kritik besser nochmals überdenken. Denn wenn für Hume ein »belief« an eine materielle Außenwelt akzeptabel und sogar einzig richtig ist, warum sollte dann konsequenterweise nicht auch ein solcher (quasi-)instinktiver »Glaube« an das Ich gutgeheißen oder doch wenigstens eingeräumt werden können? Daß Hume einmal von »Außenwelt« und andere Male dagegen von »materiellen Substanzen« spricht, kann seine Inkonsequenz verdunkeln, hebt sie jedoch in keinster Weise auf. So liegt der Schluß nahe, daß sich nicht Berkeley lediglich aufgrund eines »ideologischen« (will sagen: religiösen) Vorurteils *für* die geistigen Substanzen entschieden habe, wohl aber

[29] Diese wird Gegenstand des folgenden Abschnitts sein.

Hume wegen eines solchen *gegen* diese. Genauer gesagt, hätte Hume sich trotz seiner rationalen Argumente gegen die Postulierung spiritueller Substanzen dennoch für einen irrationalen »belief« an diese aussprechen können, zumal wir alle sicherlich ebenso fest glauben, ein zeitlich konstantes »Ich« zu sein wie wir von der von unserem Bewußtsein unabhängig existierenden Außenwelt (sowie von »other minds«) überzeugt sind.

Der Abschnitt »Of the Immateriality of the Soul«, in welchem diese Argumente ausgeführt werden, beginnt mit einer herausfordernden Aufforderung an jene Philosophen, die von immateriellen Substanzen sprechen, zu erklären, was sie eigentlich damit meinten, wenn sie Begriffe wie »Substanz« und »Inhärenz« gebrauchten. (Die Vorgehensweise erinnert sehr an Berkeleys ›Principles‹, Paragraph 16.) Wie sei die Relation von spiritueller Substanz und ihren Perzeptionen zu erklären? Und *diese* Kritik, auch an die Adresse des irischen »Vorläufers«, wird nicht ganz zu unrecht erhoben. Berkeley konnte ebenfalls nicht erklären, wie spirituelle Substanz und Perzeptionen (seine »ideas«) zusammenhängen, wenn er auch zum Beweis des faktischen Bestehens dieser Relation auf die je persönliche, innere Erfahrung eines jeden Lesers appellieren zu können glaubte: Es wisse eben jeder Mensch aus Selbstanschauung, daß er nicht mit seinen Vorstellungen identisch sei, so schwierig es auch sei, die Art der Verbindung von Ich und Vorstellung philosophisch zu bestimmen. Berkeley hatte schon vor Hume mit dem Gedanken einer »Bündeltheorie des Ich« gespielt[30], diese Idee aber später verworfen.[31]

Bei Hume finden sich kurioserweise, und ohne daß er Berkeleys privates Philosophisches Tagebuch (›Philosophical Commentaries‹: diese sind erst 1870 veröffentlicht worden) gekannt haben konnte, ganz ähnliche Gedankengänge. Diese werden im genannten Abschnitt »Of Personal Identity« als das Resultat der vorhergehenden Kritik an dem Begriff der spirituellen Substanz mit großer Be-

---

[30] ›Phil. Com.‹, § 154: »By Soul is meant onely a Complex idea made up of existence, willing and perception«.

Später, § 580: »Mind is a congeries of Perceptions. Take away Perceptions and you take away the Mind put the Perceptions and you put the mind.« Schließlich auch § 849: »The Spirit, the mind, is neither a Volition nor an idea.«

[31] Aufgrund von Selbstreflexion ebenso wie aufgrund systematischer, die Kohärenz seiner philosophischen Lehre betreffender Erwägungen. Vielleicht auch ein wenig aufgrund eines religiösen Vorurteils, sicherlich aber nicht ausschließlich deswegen (wie eben so oft zu lesen ist).

stimmtheit, und verbunden mit einem ironischen Seitenhieb gegen »gewisse Metaphysiker«, ausgesprochen:

»But setting aside some metaphysicians of this kind, I may venture to affirm of the rest of mankind, that they are nothing but a bundle or collection of different perceptions, which succeed each other with an inconceivable rapidity, and are in a perpetuel flux and movement. Our eyes cannot turn in their sockets without varying our perceptions. Our thought is still more variable than our sight; and all our other senses and faculties contribute to this change; nor is there any single power of the soul, which remains unalterably the same, perhaps for one moment.«[32]

In einem Anhang räumt Hume dann Probleme dieser These ein, ohne sie deswegen allerdings – und hier unterscheidet er sich von Berkeley – ganz fallenzulassen.

Das Hauptargument Humes gegen die spirituellen Substanzen knüpft an seine, an dieser Stelle seltsam unspezifiziert vorgetragene *impression-idea*-Lehre an und lautet:

»As every idea is deriv'd from a precedent impression, had we any idea of the substance of our minds, we must also have an impression of it; which is very difficult, if not impossible, to be conceiv'd. For how can an impression represent a substance, otherwise than by resembling it? And how can an impression resemble a substance, since, according to this [spiritual, S. B.] philosophy, it is not a substance, and has none of the peculiar qualities or characteristics of a substance?«[33]

Dieser Anknüpfungspunkt hält augenscheinlich nicht sehr fest. Denn es könnte ja sein, daß wir *Gründe* haben, um auf ein Ich zu schließen (auch für den Fall der Ermangelung eines Ich-Eindrucks). Ähnliche Schlüsse auf verborgene Ursachen, Kräfte oder Agentien enthält auch schon die Newtonsche Physik, deren Vorbild Humes »Empirie«

---

[32] Green und Grose (Hg.), Bd. 1, S. 534 (›Treatise‹ I, Teil IV, Abschn. VI). Da die Seele nichts anderes ist als die sich ständig verändernden Perzeptionen eines Organismus, hört mit dem Vergehen der Perzeptionen im Tode auch die Seele zu existieren auf. Der Gedanke Humes wird später bei F. Nietzsche wiederkehren: »Das Subjekt ist nur eine Fiktion: es gibt das *ego* gar nicht, von dem geredet wird, wenn man den Egoismus tadelt.« (Werke in drei Bänden, hg. von K. Schlechta, Bd. 3, München 1966, S. 534) Er findet sich desgleichen bei William James: »My final conclusion, then, about the substantial Soul is that it explains nothing and garantees nothing. Its sucessive thoughts are the only intelligible and verifiable things about it, and definitely to ascertain the correlations of these with brain-processes is as much as psychology can empirically do.« (Ders., The Principles of Psychology, Bd. 1, Cambridge/Mass. 1981, S. 331 f.)

[33] A. a. O., S. 517 (›Treatise‹ I, Teil IV, Abschn. V).

zweifellos folgen will. (In seiner ›History of England‹ schreibt er etwa über den verehrten Mann: »In Newton this island may boast of having produced the greatest and rarest genius that ever rose for the ornament and instruction of the species«.Kap. *1, xxi*). Aber auch wenn man Hume zugute halten wollte, daß er selbst in seiner berühmten Kritik der traditionellen (realistischen) Kausalitätsauffassung, den Glauben an solche »unbekannten Agentien« als unberechtigt entlarvt und damit einen bedeutenden Schritt über Newton hinaus getan habe, bleiben doch noch wenigstens drei kritische Nachfragen an Hume offen.

Erstens, ob es denn sinnvoll ist, dasjenige, das vorstellt, unter der Menge dessen, das vorgestellt wird, zu suchen. Zweitens (wie es im Falle der Richtigkeit der »Bündeltheorie des Ich« schwerlich erklärt werden kann), wie es denkbar ist, daß jeder gewöhnliche Mensch von sich als von einem Ich denkt und spricht, ohne sich dabei mit einer oder mehreren (eventuell gleichzeitigen) seiner Perzeptionen zu verwechseln? Drittens, was es ist, das das Bündel zusammen hält – denn irgend etwas muß es doch wohl zusammen halten und von anderen Perzeptionen (z. B. solchen der »other minds«) absondern, sonst wäre die Rede von einem (von anderen unterscheidbaren) »Bündel« sinnlos. Als möglicher Kandidat für die Erklärung des Zusammenhalts kommt im Zuge des Humeschen Gedankengangs auf keinen Fall ein individuelles (personales) Prinzip in Frage, sondern höchstens allgemeine »Assoziationsgesetze«. Infolge des Mangels eines von Hume angegebenen Individuations-Prinzips für Perzeptionen könnte »Person« A dieselbe Perzeption wie »Person« B haben, infolge derselben Ordnung der Perzeptionen durch allgemeine Perzeptionsgesetze A weiter auch dasselbe Perzeptionsbündel wie B – womit nun allerdings »Person« A mit »Person« B *identisch* wäre …

Die Bündeltheorie ist – ganz unabhängig von allen, im engeren Sinne, metaphysischen Überlegungen etwa zur Unsterblichkeit und auch unter Absehung aller juristischen Überlegungen etwa zur Identität des Straftäters mit der erst später vor Gericht stehenden selben (nach Hume wäre das letzte Wort mit einem Fragezeichen zu versehen) Person und sogar unabhängig von all den damit verknüpften moralischen Bedenken – schon auf den ersten Blick so befremdend und auf den zweiten solche absurden Konsequenzen zeitigend, daß ein längeres Verweilen bei ihr vernünftigerweise nicht geraten scheint. Demgegenüber stellt bereits Berkeleys (Grundgedanken Schopenhauers antizipierende) Identifizierung des Ich mit einem individuell bestimmten Willen (im Unterschied einerseits zu »dem« göttlichen Willen und andererseits mit einem bestimmten Willensakt (»volition«) immerhin eine ernster zu nehmende Alternative dar.

Auf das Hauptargument Humes gegen die philosophische Rede von geistigen Substanzen (: »wir haben von diesen keine Perzeptionen«) folgen noch weitere, wenn allerdings auch nicht sehr viel überzeugendere Argumente, die von kritischen »Seitenhieben« begleitet werden. Da eine Substanz von einer Perzeption wesentlich verschieden sein solle – so lautet eine dieser Überlegungen (sie wurde schon angesprochen) – könne man gar keine Vorstellung (»idea«) von einer Substanz haben, müsse doch das Abgebildete dem Abgebildeten ähnlich sein: Unterschlagen wird hierbei offensichtlich menschliche Vermögen einer geistigen Repräsentation in Form eines *Begriffs*. Schon der Herausgeber der deutschen Ausgabe der ›Treatise‹, der Philosoph Theodor Lipps, merkt dazu in einer Fußnote an: »›Bewußtsein‹ ist nicht nur Wahrnehmung oder Vorstellung, sondern auch Denken.«[34] Weiterhin weist Hume (wohl mit versteckter Satire) darauf hin, daß das Akzeptieren von geistigen Substanzen ungewollt dem Spinozismus (und damit dem philosophischen Schreckgespenst der Zeit) mit seiner Lehre von der einen göttlichen Substanz in die Hände spiele.

Interessanter ist da wohl der in diesem Zusammenhang ebenfalls aufgeworfene Problembereich der Beziehung zwischen Körper und Geist. Einige Perzeptionen, z. B. die, welche durch das Auge in die angeblich existierende Seelensubstanz gelangten, seien ausgedehnt: Wie aber könne Unausgedehntes Ausgedehntes aufnehmen und in sich enthalten? Diese kritische Frage ist vor dem Hintergrund einer cartesischen Seelenlehre offensichtlich berechtigt, wird doch hier das »unausgedehnt Seelische« nach dem mathematischen Modell des »unausgedehnten Punktes« (welcher vorgestellt immer noch räumlich lokalisierbar und damit nicht gänzlich unräumlich ist[35]) gedacht. Hume fügt seiner Kritik am Begriff der spirituellen Substanz noch den Gedanken hinzu, daß es, ebenso wie es unverständlich sei,

---

[34] Th. Lipps (Hg.), David Hume, Ein Traktat über die menschliche Natur, Buch I (Über den Verstand), Hamburg [3]1989, S. 314, Anm. 310.

[35] Vgl. dazu bereits Platon, der bemerkt, mit der Behauptung: »Alles Seiende müsse notwendig an einer Stelle sich befinden und einen Raum einnehmen«, würden wir uns »Träumereien überlassen« (Timaios, 52 b), Auch Kant nennt in seiner Habilitationsschrift (›De mundo sensibilis …‹, §27) die Aussage »Alles, was ist, ist irgendwo und irgendwann« ein »erschlichenes Axiom« und einen »unechten Grundsatz«.

auf welche Weise ausgedehnte Perzeptionen örtlich mit unausgedehnten Seelensubstanzen verbunden sein könnten, geradeso unfaßbar sei, wie unausgedehnte Perzeptionen mit einem – und nun folgt die Kritik an der Gegenthese – körperlich ausgedehnten Verstandesvermögen verknüpft sein sollten:

»To pronounce, then, the final decision upon the whole; the question concerning the substance of the soul is absolutely unintelligible: All our perceptions are not susceptible of a local union, either with what is extended or unextended; there being some of them of the one kind, and some of the other […]«[36]

Genaues Hinsehen zeige jedoch, daß die »materialistische« Gegenposition zu der These von den spirituellen Substanzen, die Ansicht also, der zufolge »matter in motion« Perzeptionen hervorbringen könne, doch die noch vergleichsweise plausiblere sei. Denn bedeutet »Verursachung« nicht mehr (Hume bezieht sich hier auf eine Regularitätstheorie der Kausalität, die im letzten gar nicht seine eigene ist!)[37] als regelmäßig beobachtbare Aufeinanderfolge beliebiger »Objekte« verschiedenster Art, dann könne möglicherweise auch die Aufeinanderfolge von Gehirnprozessen und Perzeptionen als eine kausale bezeichnet werden. Der weitere Wortlaut des gerade unterbrochenen Zitats ist: »And as the constant conjunction of objects constitutes the very essence of cause and effect, matter and motion may often be regarded as the causes of thought, as far as we have any notion of that relation.« Nachzufragen wäre hier freilich, ob wir zunächst einmal eine Vorstellung (so muß Humes Ausdruck »notion« übersetzt werden)[38] von Materie haben? Hume, der *hier* als strenger Empirist argumentiert, scheint dies leugnen zu müssen, denn mittels welchen Sinnes und in Abbildung welcher »impression« könnten wir zu einer solchen Vorstellung gelangen? Entweder fällt Hume bei dieser Gelegenheit also (wie des öfteren) in einen (mit Kant gesprochen) »transzendenten« Materialismus zurück oder er muß so verstanden werden, als würde er mit »matter« (und »motion«) nicht die der Wahrnehmung entzogene (atomare) Materie, sondern den prinzipiell wahrnehmbaren Körper und genauerhin das (prinzipiell wahrnehmbare) Gehirn meinen. In diesem Fall bestünde die Gegenthese zur These von der Kausalrelation zwischen Perzeption und spirituel-

[36] Green und Grose, Bd. 1, S. 532 (Buch I, Teil IV, Abschn. V).

[37] Die eigene ist eine naturalistische, wonach der »belief« an Kausalität eine unumstößliche, naturgegebene (gewissermaßen »instinktive«) Überzeugung darstellt.

[38] Vgl. auch Th. Lipps (Hg.), a. a. O., S. 324.

ler Substanz nicht (wie offensichtlich zunächst zu vermuten) in der These von einer Kausalrelation zwischen Perzeption und materieller Substanz; die wirkliche Gegenthese wäre vielmehr die Postulierung eines Kausalzusammenhangs zwischen zwei perzipierbaren Faktoren: dem (von wem eigentlich?) wahrnehmbaren Gehirn von Person A und einer anderen, damit regelmäßig verbundenen Wahrnehmung (Perzeption) von Person A selbst. Humes Text scheint mir keine Entscheidung zwischen diesen beiden Lesarten zu erlauben. -Und diese Ansicht, daß Kausalität nichts anderes sei als eine (regelmäßige) Folge von Perzeptionen, ist sicherlich nicht weniger befremdend und kontraintuitiv als die oben erörterte Auffassung vom Ich als einem *Bündel von Perzeptionen*. (Es darf wohl vermutet werden, daß – sollte Hume seine alternative Theorie des Geistes wirklich auf diese Kausalitätsauffassung gegründet haben – dieser Grund nicht sehr gut halten wird.)

3) »Benevolence« und »utility« als Grundlagen des moralischen Handelns und Urteilens

Mit der Leugnung des Ich als erfahrbarem (substantiellen) Einheitspunkt des Bewußtseins ist die für die Moralphilosophie des ›Treatise‹ zentrale Sympathielehre klar desavouiert. Hume selbst hat in einer seinen ›Essays and Treatises on Several Subjects‹ vorangestellten Bekanntmachung erklärt, daß es ein Fehler gewesen sei, seine philosophischen Anschauungen so früh – in der ›Treatise‹ (1739/40) – veröffentlicht zu haben, und daß er wünsche, es würden in Zukunft nur noch die zum Besseren veränderten Ausführungen als Darstellung seiner philosophischen Ansichten und Grundsätze betrachtet werden.[39] Diese Ausführungen in dem Sammelwerk ›Essays and Treatises‹ enthielten unter dem Titel einer ›Enquiry Concerning the Principles of Morals‹ auch die neue Version von Humes Moralphilosophie.[40] Daß sich die Neufassung von der Version in Buch *III* der ›Treatise‹ über bloße Äußerlichkeiten wie Straffung, Vereinheitli-

---

[39] Eine deutsche Übersetzung dieser Bekanntmachung in: David Hume, Eine Untersuchung über den menschlichen Verstand, hg. von H. Herring, Stuttgart [2]1982, S. 14.

[40] Auch sie liegt in deutscher Üb. vor: David Hume, Untersuchung über die Prinzipien der Moral, hg. von C. Winckler, Hamburg [2]1972, vgl. auch S. XIV (»Einleitung des Herausgebers«).

chung der Kapitellängen, Vermehrung der Beispiele usw. hinaus auch inhaltlich nicht unwesentlich unterscheidet, hat im Anschluß an L. A. Selby-Bigge, dem Herausgeber einer weitverbreiteten englischen Auswahlausgabe der Humeschen Werke, unlängst wieder John Mackie betont.[41] Tatsächlich muß dieser Auffassung, auch wenn sie der der meisten übrigen Beurteiler widerspricht, zugestimmt werden: die folgenden Beobachtungen mögen dies bestätigen. Humes Überlegungen zu der Problematik einer Erkenntnis des moralisch Guten und Schlechten verbleiben aber in jedem Fall rein »immanentistisch«, d.h. im empirisch-menschlichen Bereich und ohne Bezugnahme auf einen solchen allgemeiner und notwendiger Geltungen. Es wird sich auch zeigen müssen, ob sich damit die eigentlich moralischen Phänomene, das spezifisch sittlich Bedeutungsvolle, überhaupt in den Blick bekommen lassen oder ob Hume nicht vielmehr im »Vorhof des Tempels« der Moral, im Bezirk des oftmals bloß *sogenannten* Ethischen, stehen bleibt.

In besagter moralphilosophischer ›Enquiry‹ (1751) tritt an den systematischen Ort, da der Autor der ›Treatise‹ gewöhnlich den Ausdruck »sympathy« verwendet hatte, nun das Wort »benevolence«, also »Wohlwollen« (manchmal noch in Verbindung mit »humanity« – »Menschlichkeit«, »Menschenliebe«):

»Have we any difficulty to comprehend the force of humanity and benevolence? Or to conceive, that the very aspect of happiness, joy, prosperity, gives pleasure; that of pain, suffering, sorrow, communicates uneasiness? The human countenance, says HORACE, borrows smiles or tears from the human countenance. Reduce a person to solitude, and he loses all enjoyment, except either of the sensual or speculative kind; and that because the movements of his heart are not forwarded by correspondent movements in his fellow-creatures. The signs of sorrow and mourning, though arbitrary, affect us with melancholy; but the natural symptoms, tears and cries and groans, never fail to infuse compassion and uneasiness.«[42]

Eine einfache Analyse der Passagen über die »benevolence« ergibt, daß diese schlicht als Empfindung aufgefaßt wird. Eine solche gilt nun einfach als nicht weiter problematisiertes *factum brutum* der menschlichen Natur, und damit wird auf jede psychomechanische Theorie zur Erklärung der Tatsache des sympathetischen oder moralisch lobenswerten Empfindens verzichtet. Gegen Hobbes, Mandevil-

[41] Vgl. J. Mackie, Hume's Moral Theory, London 1980, insb. Kap. IX »Conclusions«.
[42] Green und Grose (Hg.), Bd. 4, S. 208 (›Essay‹, Abschn. V, Teil II).

le und andere Vertreter einer »interessierten« egoistischen Reflexionsmoral (worin »eigeninteresselosem« bzw. »selbstlosem« Handeln versteckter Eigennutz und indirekter Egoismus unterstellt wird[43]) werden einfach mehrere *Beispiele* zum »Beweis« des Vorhandenseins eines echten Wohlwollens in der menschlichen Natur angeführt.[44] Das Substitut für die »Sympathie«, das »Wohlwollen« wird selbst zu einer »passion«, genauer zu einem »natural sentiment« erklärt und als *Ursprung* des moralischen Handelns ausgegeben. Zum *Kriterium* für die moralische Beurteilung von Handlungen sieht man im weiteren Verlauf des Buches allerdings nicht die (auf empirischem Wege auch sicherlich schwer erkennbare) Selbstlosigkeit, sondern die Nützlichkeit (»utility«) erhoben.

Damit folgt Hume nun im wesentlichen den Spuren Lockes, dessen im großen und ganzen utilitaristischen Ansatz er in der ›Treatise‹ offenbar noch bewußt vermieden hatte, da er ihm zu sehr in die intellektualistisch-rationalistische Richtung moralphilosophischen Denkens zu führen schien. Nun, selbst zum beredten Fürsprecher des Nutzens werdend, nimmt er diese Gefahr für die Reinheit seiner naturalistisch-sentimentalistischen Lehre billigend in Kauf:

»When we recommend even an animal or a plant as *useful* and *beneficial,* we give it an applause and recommendation suited to its nature. As, on the other hand, reflection on the baneful influence of any of these inferior beings always inspires us with the sentiment of aversion. The eye is pleased with the prospect of corn-fields and loaded vineyards; horses grazing, and flocks pasturing: But flies the view of briars and brambles, affording shelter to wolves and serpents […]

Can anything stronger be said in praise of a profession, such as merchandize or manufacture, than to observe the advantages which it procures to society? And is not a monk and inquisitor enraged when we treat his order as useless or pernicious to mankind? The historian exults in displaying the benefit arising from his labours. The writer of romance alleviates or denies the bad consequences ascribed to his manner of composition. In general, what praise is implied in the simple epithet *useful!* What reproach in the contrary!«[45]

Dabei ist sich Hume, im Unterschied zu vielen anderen »Utilitaristen«, allerdings vollkommen klar darüber, daß »Nutzen« selbst kein

[43] »Triste chose que d'analyser le cœur humain pour y trouver l'égoisme.« (G. Flaubert, Correspondance, a. a. O., S. 700).

[44] Vgl. Green und Grose (Hg.), Bd. 4, S. 270 (›Essay‹, »Appendix II«).

[45] A. a. O., S. 177 (›Essay‹, Abschn. II, Teil I).

Ziel oder Zweck sein kann.[46] »Das Nützliche ist das Gute« oder »nützlich ist gut« sind nämlich doppelt ergänzungsbedürftige Aussagen: (1) nützlich – in welcher Hinsicht? (2) nützlich – für wen? Humes Ergänzungen lauten: (1) nützlich hinsichtlich des Wohlbefindens und (2) für mich, meine Mitmenschen, das staatliche Gemeinwesen oder auch die ganze Menschheit. Humes oberste Tugend des »Wohlwollens« bedeutet damit, daß man das Wohl(befinden) des anderen will, wobei aber durchaus auch das Verfolgen des eigenen »wellbeing« moralisch wertvoll sei. Vereinzelt ist auch von der »happiness of mankind« die Rede,[47] welche als letztes Ziel alles Handelns anzusehen sei[48]. Dieses Ziel werde jedoch nicht von der Vernunft, sondern von einem »moral sentiment« vorgegeben, könne doch die Vernunft selbst niemals handlungsverursachend wirken. Unter dieser Perspektive betrachtet, würden alle diejenigen Handlungen als »gut« beurteilt werden müssen, welche der Verwirklichung dieses Zieles nützen oder den Weg bereiten. Da jeder Mitmensch ebenso wie ich selbst (so schmeichle ich mir wenigstens) der Menschheit angehören, wird auch jedes Beglücken irgendeines Menschen – aber eben auch ein solches meiner selbst – moralisch genannt werden müssen (zurecht?). – Das letztlich ungelöste Verhältnis zwischen »sympathy« und »moral sense«, wie es sich aus der Lektüre der ›Treatise‹ ergab, wird damit (denkbar einfach) neu gefaßt, indem das moralische Gefühl des Wohlwollens an die Stelle beider tritt, womit sich freilich implizit und stillschweigend die moral sense-Theorie grußlos verabschiedet bzw. abschiedlos »verflüchtigt«: kann doch ein (moralischer) Sinn allenfalls etwas fühlen bzw. ein Gefühl *haben*, niemals aber selbst ein Gefühl *sein*.

Fallen gelassen wird aber auch noch von einer anderen Vorgabe der Shaftesburyschen Tradition, nämlich von der Rede über die (sittliche) »Schönheit« moralischer Handlungen. Die Verabschiedung vollzieht sich in diesem Punkt auf eine insofern elegante (»raffinierte«) Weise, als dabei die Oberfläche dieser Rede gar nicht angekratzt zu werden braucht: Schönheit wird nämlich selbst auf Nützlichkeit oder Zweckmäßigkeit zurückgeführt. David Hume als Adolf Loos *avant la lettre:*

[46] Vgl. a. a. O., S. 259 (›Essay‹, »Appendix I«).
[47] Vgl. ebd.
[48] Vgl. Aldous Huxleys ›Brave new World‹ … (div. Ausgaben).

»A machine, a piece of furniture, a vestment, a house well contrived for use and conveniency, is so far beautiful, and is contemplated with pleasure and approbation. An experienced eye is here sensible to many excellencies, which escape persons ignorant and uninstructed.«[49]

Falls nun das moralisch Gute lediglich in einem nützlichen Beitrag zur Förderung des Wohlbefindens oder des Glücks der Menschen bestehen soll, dann ist damit unvermeidlich eine Ausweitung der »moralischen Sphäre« verbunden. So will Hume denn auch – im Anschluß an die »ethischen Deduktionen der Alten« – ganz allgemein die *persönliche Schätzbarkeit* eines Menschen, zu der auch Tapferkeit, Mäßigkeit, gesunder Verstand, gute Erziehung und »Kinderstube«, Anstand usw. gezählt würden, in den Umkreis der »moralischen Tugenden« hineingenommen wissen. Konsequenterweise hält er es deswegen auch für einen Fehler neuzeitlicher Ethiker, die Freiwilligkeit oder Unfreiwilligkeit von Handlungen wichtig zu nehmen; ein Beispiel für seine diesbezüglichen Konfundierungen ist:

»A blemish, a fault, a vice, a crime; these expressions seem to denote different degrees of censure and disapprobation; which are, however, all of them, at the bottom, pretty nearly of the same kind or species.«[50]

Soweit die Darlegung der Theorie und nun zur Kritik.[51] Zunächst wäre ganz grundsätzlich zu bemerken bzw. zu bedauern, daß Humes Fallenlassen der Sympathielehre die geistesgeschichtlichen Ausläufer der Weltseelenlehre noch um ein weiteres Reststück beschneidet. Aber auch systematische, inhaltliche Reserve erscheint angebracht: Da Hume mittels seiner theoretischen Ausführungen das moralische

---

[49] A. a. O., S. 177 (›Essay‹, Abschn. II, Teil II). Von dem Architekten Loos stammt das Wort: »Ornament ist Verbrechen.« Die m. E. beste Beurteilung der Loos'schen Stillehre findet sich in dem kurzen Aufsatz »Ornamente (Der Fall Loos)« von Hermann Broch, in: Ders. Philosophische Kritik 1. Frankfurt/Main 1977, S. 32 f.

[50] A. a. O., S. 287 (›Essay‹, »Appendix IV«).

[51] Dies kann nur in einer Auswahl-Kritik bestehen, denn eine Reihe von anderen Einwänden wäre denkbar, z. B. hinsichtlich Humes Leugnung des freien Willens zugunsten eines durchgehenden Determinismus: Es könnte eingewendet werden, daß die bloße Feststellung von kausaler Determination schon die Möglichkeit eines freien Eingriffs in den kausalen Geschehensablauf voraussetzt: Denn nur mit Hilfe einer solchen Interpolation könnten wahre Kausalverbindungen von bloßen Aufeinanderfolgen in der Zeit unterschieden werden (vgl. dazu die Literatur zur sog. »interventionistischen Kausalitätstheorie«, z. B. G. H. von Wright, Causality and Determination, New York 1974; J. Habermas, Erkenntnis und Interesse, Frankfurt/Main 1968; H. J. Schneider, »Die Asymmetrie der Kausalrelation«, in: J. Mittelstraß [Hg.], Vernünftiges Denken, Berlin 1978, S. 217–234).

Verhalten und Urteilen der Menschen nicht verändern will und nach eigener Veranschlagung auch gar nicht verändern kann, dürfen diese Ausführungen daran gemessen werden, inwieweit sie das in Frage stehende allgemeine Verhalten und Urteilen zumindest richtig beschreiben bzw. nach »Newtonscher Methode« erklären. Die Erklärung reicht in der ›Enquiry‹ nicht weiter als bis zu der These, ein allgemeinmenschliches Gefühl des Wohlwollens entdeckt zu haben, das mit einer Art von Naturtrieb verbunden ist (welcher eben auf das Wohlbefinden und Glück der Mitmenschen gerichtet sei). Obwohl innerhalb einer konsequent naturalistischen Philosophie augenscheinlich weiter gefragt werden müßte (was vor Hume v. a. Hobbes bereits getan hat), wie eine solche Instanz der »Selbstlosigkeit« vor dem Hintergrund des biologischen Grundgesetzes der Selbsterhaltung denkbar sei, begnügt sich Hume (wie vor ihm beispielsweise schon Cumberland) mit deren faktischer Konstatierung.

Weit bedenklicher aber dürfte noch sein, daß bereits Humes *Beschreibungen* moralischer Phänomene nicht stimmen: Wird doch in Wirklichkeit bei der Beurteilung moralischen Verhaltens sehr wohl die Frage nach der Freiwilligkeit oder Unfreiwilligkeit gestellt. Und weil die Bezugnahme auf den Willen des Beurteilten gemeinhin sogar eine entscheidende Rolle für dessen moralische Bewertung spielt, werden seine geistigen Anlagen keinesfalls allesamt gleich gewertet. Sein gesunder Verstand mag Lob erhalten und desgleichen seine Güte – aber, wie dem Philosophen entgangen zu sein scheint, durchaus auf sehr verschiedene Weise. Humes Begriff der Tugend ist somit viel zu weit gefaßt.

In diesem Zusammenhang ist vielleicht auch ein kurzer kritischer Blick auf seine Einteilung der Tugenden in »natürliche« und »künstliche« angebracht. Sein wichtigstes Beispiel für künstliche Tugenden, deren Entstehung nicht auf einen Naturtrieb, sondern auf ein Nutzenkalkül im Zusammenhang mit dem gelingenden Leben in einem Gemeinwesen zurückgeführt wird, ist zweifellos die *Gerechtigkeit*. Erinnert sei daran, daß demgegenüber bereits Adam Smith die Natürlichkeit des Revanche-Verhaltens, wie es sogar schon im Tierreich beobachtbar sei, geltend gemacht hat.[52] Ein solches Vergeltungsstreben hätte, ganz besonders im naturalistischen Kontext der Humeschen Philosophie sehr einfach als Ursprung der Tugend

---

[52] Vgl. A. Smith, Theory of Moral Sentiments (1759, div. Ausgaben). Mehr dazu im *Vierten Teil, Zweites Kapitel.*

der Gerechtigkeit aufgewiesen werden können. Demgegenüber wird diese hier auf die berechnende Einsicht ihrer »Zweckmäßigkeit« zurückgeführt – ein Zentralbegriff seiner Moralphilosophie, der ebenfalls nicht ohne weiteres sollte passieren dürfen. Denn so wenig wie »Zweckmäßigkeit« eine erschöpfende Definition von »Schönheit« bereitstellt, vermag dieser Begriff zur Definition des ethisch Guten Wesentliches beizutragen. Wo von Schönheit in einem eigentlichen und höheren Sinn die Rede ist – also etwa von der Schönheit von Landschaften oder sogar Kunstwerken im Unterschied zu der von bloßen Gegenständen des Gebrauchs – würde der Hinweis auf deren Zweckmäßigkeit nicht nur unpassend, sondern nachgerade peinlich wirken.[53] Analoges ist auch für höherstehende moralische Taten der Fall. Wenn beispielsweise jemand im vollen Bewußtsein, dabei wohl selbst sein Leben zu verlieren, in einen reißenden Fluß springt um möglicherweise einen schon unter Wasser geratenen Mitmenschen doch noch retten zu können, dann ist das nicht »zweckmäßig« – wohl aber, »umgekehrt proportional zum berechenbaren Nutzen«, geradezu heldenhaft moralisch.

Die Grenzen des »Utilitarismus« als ethischer Theorie sind von berufener Seite hinlänglich aufgewiesen und verdeutlicht worden – und das Nämliche ist über die Schwächen des Eudämonismus zu sagen.[54] Anstatt einer Wiederholung dieser kritischen Einwände – die letztlich auf den Vorwurf der Verkennung der eigentlich moralisch-sittlichen Sphäre hinauslaufen – empfiehlt sich die abschließende Erörterung einer anderen, in unserem Zusammenhang grundsätzlichen Frage: Liegt es vielleicht bereits im Wesen des empirischen Ansatzes, diese Sphäre (und im Verbund damit auch die originär religiöse) verfehlen zu *müssen?*

---

[53] Hume meint offensichtlich nicht Kants »Zweckmäßigkeit ohne Zweck«.

[54] Hume vertritt ja gewissermaßen den Utilitarismus hinsichtlich der Frage der moralischen Mittel und den Eudämonismus hinsichtlich des moralischen Zwecks. Beide Positionen werden innerhalb der deutschen Philosophie verschiedentlich näher erläutert und eindrucksvoll kritisiert, so z. B. von N. Hartmann, Ethik, Berlin 1962[4] sowie von F. von Kutschera, Grundlagen der Ethik, Berlin 1982. Einen der wichtigsten Einwände gegen den Utilitarismus hat bereits Adalbert Stifter vorweggenommen: »Wer Gutes tut, weil das Gegenteil dem menschlichen Geschlecht schädlich ist, der steht auf der Leiter der sittlichen Wesen schon ziemlich tief. Dieser müßte zur Sünde greifen, sobald sie dem menschlichen Geschlecht oder ihm Nutzen bringt.« (›Der Nachsommer‹ [1857], München 1987, S. 17)

4) Zur Kritik der Humeschen Moralphilosophie

Erfahrbar ist prinzipiell allenfalls immer nur was *ist*, niemals was *sein soll*. Bei allem was ist, läßt sich deswegen immer noch fragen, ob es auch sein soll, d. h. ob es auch (im eigentlich ethischen Sinne) *gut ist*.[55] Dies gilt auch für alle Antworten, die Hume mit dem Begriff des Guten in Verbindung bringt: das Faktum der quasi-instinktiven »Sympathie«, das des quasi-instinktiven Wohlwollens und das des Nutzens, sowohl des eigenen wie des fremden und allgemeinen. All dies soll gut sein, da es zum Glück der Menschen beiträgt. Aber nicht jedes Glück ist ethisch wünschbar. Das Glück (i. S. v. Glücksgefühl) des monomanen Vergewaltigers oder Kinderschänders zu befördern, wird schwerlich einschränkungslos moralisch gut genannt werden können – keinesfalls aber dann, wenn der Verbrecher als Verbrecher (und nicht als hilfsbedürftiger Mensch) Zielobjekt des Handelns ist. So erscheint allein die Förderung des Glücks der *Glückswürdigen* als moralisch geboten. (Die religiös bedeutungsvolle Frage, ob dafür überhaupt ein lebendes Beispiel unter den Menschen aufgefunden werden könnte, oder ob nicht alle Menschen der Gnade bedürftige »Sünder« sind, hier ausgeklammert bleiben.) Der (ursprünglich Kantische) Begriff der Glückswürdigkeit beschließt allerdings eine deutliche moralische Komponente in sich, womit er als *definiens* für (moralisch) »gut« offensichtlich nicht geeignet ist. Darin liegt ein weiterer Hinweis darauf, daß ein moralisches (Sollens-)Prädikat nicht durch ein natürliches (Seins-)Prädikat ersetzt oder erklärt (bzw. damit identifiziert) werden kann.

Nun könnte hier, im Blick auf Hume, der Einwand erhoben werden, daß dieser sich dergleichen gar nicht zuschulden kommen lasse. Es läge ihm fern, präskriptive und deskriptive Aussagen (deduktiv) miteinander zu verknüpfen oder gar zu identifizieren (»Hume's law«) und auch in seiner Moralphilosophie würde er rein wissenschaftlich verfahren, d. h. auf Wertungen des menschlichen Verhaltens geradeso verzichten wie auf ethische Forderungen. Nicht: »Was ist gut (ethisch gefordert)?«, sei seine Frage, sondern: »Was nennen die Menschen ›gut‹ und aus welchen Gründen sowie mittels welcher Indizien?« – Es verdeutlichte jedoch bereits, daß Hume diesen »rein wissenschaftlichen« Ansatz zwar proklamiert, keineswags aber strikt durchhält. In der moralphilosophischen ›Enquiry‹ stimmt der schot-

---

[55] Vgl. z. B. G. E. Moore, Principia Ethica (1903), div. Ausg., insbesondere Kap. 1.

tische Philosoph selbst in das allgemeine Lob des Nutzens und Wohlwollens ein, und auch schon in der »wissenschaftlich strengeren« ›Abhandlung‹ finden sich präskriptive Elemente (»Reason is and ought only to be the slave of the passions«). Aber vielleicht liegt der erwünschte tiefere Sinn und der letzte Zweck von Humes Moralphilosophie (im Sinne der Aufklärung) in einer Befreiung des Lesers von unnötigen Bedenken und Gewissensvorwürfen: »Tu, was du ohnehin nicht ändern kannst, und tu es ruhig, ohne schlechtes Gewissen – *folge deiner (unverdorbenen) Natur, d. h. deinen Instinkten!*«

In diesem Fall käme allerdings eine Überlegung von C. S. Lewis zum Tragen. Dieser weist zunächst ganz zurecht darauf hin, daß es *verschiedene* Instinkte im Menschen gebe, die sich deswegen auch oftmals im Konflikt miteinander befänden. Allerdings gelte noch grundsätzlicher, daß der moralphilosophische Verweis auf die Instinkte unausweichlich in Aporien ende:

»In reality we have not advanced one step. I will not insist on the point that Instinct is a name for we know not what (to say that migratory birds find their way by Instinct is only to say that we do not know how migratory birds find their way), for I think it is here [in ethics, S. B.] used in a fairly definite sense, to mean an unreflective or spontaneous impulse widely felt by the members of the given species. In what way does Instinct, thus conceived, help us to find ›real‹ values? Is it maintained that we *must* obey Instinct, that we cannot do otherwise? But if so, why are [… Buchs on naturalistic ethics, S. B.] written? Why this stream of exhortation to drive us where we cannot help going? Why such praise for those who have submitted to the inevitable? … It looks very much as if the Innovator [in ethics, S. B.] would have to say not that we must obey instinct, nor that it will satisfy us to do so, but that we *ought* to obey instinct … But why ought we to obey instinct? Is there another instinct of a higher order directing us to do so, and a third of a still higher order directing us to obey *it?* – an infinite regress of instincts?«[56]

Man könnte Hume aber auch im Anschluß an Henri Bergson zum Vorwurf machen, er habe es versäumt, zwei Ursprünge der Moral zu unterscheiden: einen »interessierten« und einen interesselosen. Diesen verschiedenen Ursprüngen, die Bergson als biologisch-soziologischer bzw. mystischer Natur bezeichnet, entsprächen auch zwei verschiedene Formen von Moralität, die »geschlossene«, welche sich aus dem Bannkreis eines Interesses letztlich nicht lösen könne und die »offene« die nicht mehr (auf Hobbessche oder Humesche Weise)

---

[56] C. S. Lewis, The Abolition of Man, London [6]1967, S. 26 f.

»wissenschaftlich« erklärbar sei. So stelle (wider den ersten Augenschein) die folgende Begriffstrias *keine* stetige Steigerung dar: Familienliebe, Vaterlandsliebe, Menschheitsliebe.

»Schon auf den ersten Blick erkennt das Bewußtsein zwischen den beiden ersten Gefühlen und dem dritten einen Unterschied der Art. Jene beiden bedeuten ein Wählen und daher auch ein Verwerfen; sie können zum Kampf herausfordern; sie schließen den Haß nicht aus. Diese dagegen ist nur Liebe. Jene beiden lassen sich geradewegs auf dem Objekt nieder, das sie anzieht. Diese dagegen gibt nicht einem Reiz seines Objektes nach; es hat nicht darauf hingezielt; es wollte viel höher hinaus und hat die Menschheit nur dadurch erreicht, daß es über sie hinwegging.«[57]

Nur indem diese »mystische« Liebe ein höheres als ein weltimmanentes Ziel anvisierte, konnte sie interesselos alle Menschen umfassen. Die Mystiker und großen Religionsstifter hätten dieses *höhere Leben* intuitiv erfahren und das Wissen darum an ihre Jünger weiter gegeben.[58] Dies sei die zweite Quelle der Moral, der Ursprung des Ethischen im eigentlichen, höheren Sinn des Wortes. Eine phänomenologische Analyse unseres moralischen Bewußtseins ergebe, daß es nach eigenem und, weltimmanenet betrachtet, unbegreiflichem Maße messe.

Bergson nennt dafür zwei Beispiele. Das Töten eines Menschen (insbesondere im Kampf) oder auch, so hätte er hinzufügen können, die Versklavung eines ganzen Volkes, vermag weniger Gewissens-

[57] Vgl. H. Bergson, Die beiden Quellen der Moral und der Religion, Freiburg i. Br. 1980, S. 18 (in franz. Orginal: ›Les deux sources de la morale et de la réligion‹, 1932, in: Œuvres, Paris ²1963, S. 994)

[58] Der gewöhnlich sich im Vordergrund des Interesses befindliche menschliche Verstand ist nach Bergson dazu da, mit körperlichen Dingen umzugehen und die Materie zu denken. »Wir werden sehen, daß der menschliche Intellekt sich zu Hause fühlt, solange man ihn unter den leblosen Gegenständen beläßt, wo unsere Tat ihren Stützpunkt und unsere Arbeit ihre Werkzeuge findet; daß also unsere Begriffe nach dem Bild fester Körper geformt sind, daß unsere Logik vorzüglich die Logik fester Körper ist, und daß eben deshalb unser Intellekt seine Triumphe in der Geometrie feiert, wo die Verwandtschaft von logischem Denken und lebloser Materie offenbar wird …« (H. Bergson, Schöpferische Entwicklung, üb. von G. Kantorowicz, Jena 1921, S. 1: ähnlich hatte sich schon Kepler geäußert). Daneben bzw an den Rändern dieser »instrumentellen Vernunft« (Horkheimer) gibt es jedoch auch noch einen intuitiven Verstand, der sympathetisch wahrnimmt und offen für alles Lebendige ist (auch für den »élan vital«): geöffnet auch hin zum göttlichen Leben. (Ein solches intuitives Vernunftvermögen ist freilich bezeichnend für alle [Neo-]Romantiker, so z. B. auch für Jacobi, Schelling und Coleridge.)

qualen zu verursachen als eine vorübergehende Enttäuschung eines Kindes, etwa infolge einer Lüge oder ungerechten Behandlung:

»Das Vertrauen einer unschuldigen Seele zu täuschen, die sich dem Leben öffnet, ist eine der größten Untaten für das Gewissen, das keinen Sinn für Proportionen zu haben scheint, gerade weil es seine Skala, seine Meßinstrumente und -methoden nicht von der Gesellschaft entlehnt. Aber diese Art von Gewissen ist nicht die, die am häufigsten in Erscheinung tritt.«[59]

Im zweiten Beispiel bezieht sich der Philosoph auf ein Gedankenexperiment, welches seines (und unseres) Erachtens besonders deutlich veranschaulicht, daß das moralische Bewußtsein mehr ist als eine bloße Funktion eines psychologischen Mechanismus biologisch-soziologisch-nutzenkalkulatorischen Ursprungs und Ausmaßes:

»Was würden wir tun, wenn wir erführen, um des Wohles der Gesamtheit, sogar um der Existenz der Menschheit willen gebe es irgendwo einen Menschen, einen Unschuldigen, der zu ewigen Qualen verurteilt ist? Wir würden es vielleicht zulassen, unter der Voraussetzung, daß ein Zaubertrank es uns vergessen ließe und wir nie mehr davon erführen; aber wenn wir es wissen müßten, daran denken, uns sagen, daß dieser Mensch schreckliche Qualen erdulden muß, damit wir existieren können, daß das eine Grundbedingung der Existenz im Allgemeinen ist, o nein, dann lieber hinnehmen, daß nichts mehr existiert! Lieber den ganzen Planeten zugrunde gehen lassen!«[60]

Auch der »praktischen Vernunft« Kants, dem (auf eine bestimte Weise verstandenen) Willen, eignet das Vermögen, das Handeln frei von allen empirischen Bestimmungsgründen (Trieben, Leidenschaften, Nutzenerwägungen etc.) gestalten zu können. Diese Selbstbestimmung ist dann frei (ein Beispiel für »Autonomie«), wenn sie selbst gegebenen Verhaltens- oder Lebensregeln im Gehorsam folgt, wobei diese »Maximen« dem »Kategorischen Imperativ« unterworfen sein

---

[59] Bergson, a. a. O., S. 11 (»Œuvres«, S. 988). Vgl. evtl. auch F. M. Dostojewski, Der Idiot, Erster Teil, Kap. IV, gegen Anfang.

[60] A. a. O., S. 72 (»Œuvres«, S. 1039). In diesem Punkt würde Jonas allerdings widersprechen. Der unbedingte Imperativ seiner Verantwortungsethik lautet: »Handle so, daß die Wirkungen deiner Handlung verträglich sind mit der Permanenz echten menschlichen Lebens [nur menschlichen? S. B.] auf Erden.« (Das Prinzip Verantwortung, a. a. O., S. 36) Ob in dieser Frage Bergson oder Jonas richtig urteilt, möchte ich nicht zu entscheiden haben. (Auch ist nicht klar, ob die Realisierung der Bergsonschen Gedankenexperiments ein »echtes Leben« überhaupt noch zulassen würde.)

müssen, d. h. sie müssen als Grundlagen einer allgemeinen Gesetzgebung dienen können.[61] Otfried Höffe über Kant:

> »Moralität als Autonomie heißt, sich seine Bedürfnisse und gesellschaftlichen Abhängigkeiten eingestehen, sie sogar bejahen und sie doch nicht als letzten Bestimmungsgrund des Lebens zuzulassen. Autonomie bedeutet, mehr als ein bloßes Bedürfnis- und Gesellschaftswesen zu sein und in dem Mehr – hier liegt Kants Provokation – zu seinem eigentlichen Selbst zu finden, dem moralischen Wesen, der reinen praktischen Vernunft.«[62]

Wie Bergson unterscheidet somit auch Kant zwei Formen von Moralität, eine »materiale« (durch erfahrbare Inhalte bestimmte) der (möglicherweise versteckten) »interessierten« Selbstliebe und die wahre, bloß »formal« (d. i. durch die bloße Form einer allgemein für alle Vernunftwesen geltenden Forderung »Du sollst …!«) bestimmte der unbedingten Achtung und Liebe für das Moralgesetz und die damit kompatiblen, selbst erwählten Maximen. Wie bei Bergson transzendiert der Mensch damit auch für Kant den Bereich des empirisch Erfahrbaren (hinein in den »noumenalen« der »Dinge an sich« bzw. des Leibnizschen »Geisterreichs«). So gesehen, würde Humes empirischer Ansatz in der Moralphilosophie seinem Gegenstandsbereich eben *grundsätzlich* nicht gerecht werden können.

Auf diese Weise würde weiterhin Berkeleys theologisch, also durch göttliche Gesetzgebung, begründete Ethik der Humeschen insofern überlegen sein, als hier ein transempirischer Bereich in die Betrachtung mit einbezogen wird. Das göttliche Gebotensein reicht über alle »materialen« Bestimmungsgründe (Erwartung von Lust, Glück, Vorteil, Nutzen etc.) für menschliches Handeln hinaus, und es ist auch nach Kant einwandfrei, wenn etwa die Zehn Gebote oder die Seligpreisungen der Bergpredigt als persönliche Handlungsmaximen angenommen würden. Nur müssen stets – und also auch hier – zwei Bedingungen erfüllt sein: Diese Zueignung und Akzeptanz muß *erstens* in Freiheit geschehen und *zweitens* in der ungeheuchelten persönlichen Überzeugung, daß alle diese Maximen als Grundlagen einer allgemeinen Gesetzgebung dienen könnten, d. h. daß sie vernunftgemäß (nämlich: universalisierbar) sind.

Berkeleys Moralphilosophie ist nicht sonderlich »differenziert« oder »ausgereift« und diesbezüglich der Humeschen deutlich unter-

---

[61] Vgl. Kant, Kritik der praktischen Vernunft (div. Ausg.), A 54.

[62] O. Höffe, Immanuel Kant (Reihe: Große Denker), München ³1992, S. 200.

legen (was nicht ausschließt, daß sie der Wirklichkeit des Ethischen, der moralphilosophischen Wahrheit, dennoch grundsätzlich näher kommen könnte). Es wäre möglich, daß Berkeley dies gar nicht so eindeutig gemeint hat, aber vor allem der ›Alciphron‹ legt die Ansicht nahe, seine theonome Moralbegründung sei näherhin »voluntaristisch« (im Sinne der scotistischen Tradition) zu verstehen: Die göttlichen Gebote sind deswegen bindend, *weil es der Wille Gottes ist*, daß sie eingehalten werden. Müßte Berkeley auf diese Weise verstanden werden (und dem ist wohl so), dann würde er in diesem Punkte nicht nur Cudworth widersprochen haben, sondern auch Kant:

> »Eine Maxime ist für Kant nicht deshalb vernünftig, weil sie Gott in souveräner Macht gebietet, sondern Gott gebietet sie, weil sie und er selbst vernünftig sind. Auch wenn es empirisch gesehen manchmal umgekehrt sein mag, systematisch betrachtet folgt die Moralität nicht aus dem Glauben, sondern geht ihm voran.«[63]

Dem könnte noch folgende Feststellung angefügt werden: Kant ist *nicht* der »Alleszermalmer« (M. Mendelsohn) im Reiche der Metaphysik. Bekanntlich hat er das Dasein Gottes und die Unsterblichkeit der Seele für unabdingbare Postulate der reinen praktischen Vernunft erachtet.[64] Und sogar einem – im weiteren Sinne – »mystischen« Weltbild[65] war er weit weniger feindlich gesonnen als viele, z.B. auch Bergson, (wohl u.a. auch verführt durch Kants Ironie gegenüber den »Enthusiasten« und »Schwärmern«) glaubten.

Bergson kritisiert Kant in seinen ›Deux sources‹ ganz unzureichend (und, was die Tiefenstrukturen des Transzendentalen Idealismus anbelangt, sogar gänzlich verfehlt) als einen Vertreter der letztlich soziologisch fundierten, »geschlossenen« Moral – wobei er wiederum von der populären Darstellung des Königsberger Philosophen als einem Ideologen preußischer Pflichterfüllung in die Irre geleitet worden sein könnte. In Wahrheit hat Kants Pflichtbegriff so gut wie gar nichts mit preußischem Beamtenethos und friderizianischer Untertanentreue zu tun – ist er doch eminent meta-politisch und meta-physisch. Letzteres ist in ihrem tragenden Grund auch schon Kants theoretische »kritische« Philosophie und deren zentrale Lehre von der Idealität der erfahrbaren Wirklichkeit sowie der damit verbundenen »Unerkennbarkeit der Dinge an sich«. Dadurch wird dem

[63] Höffe, a.a.O., S. 202. [64] Vgl. Kritik der praktischen Vernunft, A 219ff.

[65] W. James spricht, allerdings in einem eindeutig despektierlichen Sinne, von Kants »mythologischem Weltbild«: Vgl. seine ›Principles of Psychology‹, a.a.O., Bd. 2, S. 905.

moralischen Glauben an die Freiheit und Würde des Menschen ein weites Tor geöffnet,[66] damit wird aber auch der menschliche Erkenntnisanspruch auf das wohl gehörige Maß (menschliche Erkenntnis, auch naturwissenschaftliche, als Erkenntnis »endlicher Vernunftwesen«) zurechtgestutzt.

Um sich Kants wahren Überzeugungen anzunähern, ist ein, das veröffentlichte Werk ergänzender Blick in die Hörer-Nachschriften seiner Metaphysik-Vorlesungen (aus der »kritischen« Zeit) kaum umgänglich. Diese Vorlesungen (z.B. »Metaphysik Mrongovius«), welche den Neukantianern kaum bis gar nicht zugänglich gewesen sind, verdeutlichen, daß Kant die *Dinge an sich* als die wahren (noumenalen und sehr an Leibniz' und Lotzes Monaden erinnernde) Realitäten aufgefaßt hat und deren Gesamtheit als »Reich Gottes« jenseits von Raum- und Zeit (letztere sind lediglich Formen der Anschauung endlicher Vernunftwesen[67]) verstanden wissen wollte.

---

[66] »Ich mußte also das *Wissen* aufheben, um zum *Glauben* Platz zu bekommen, und der Dogmatism der Metaphysik, d.i. das Vorurteil, in ihr ohne Kritik der reinen Vernunft fortzukommen, ist die wahre Quelle alles der Moralität widerstreitenden Unglaubens, der jederzeit gar sehr dogmatisch ist.« (Kritik der reinen Vernunft, Vorrede zur zweiten Auflage, B XXX). Selbstverständlich handelt es sich bei diesem Glauben primär um einen solchen an das humanistische Menschenbild (an die Freiheit, Würde und Unsterblichkeit der Person), aber im Gegensatz zu den meisten französischen (und vielen englischen) Aufklärern ist Kant kein erklärter Gegner des Christentums gewesen. Imgrunde war er, obwohl oft Gegenteiliges verlautet, noch nicht einmal ein Feind der christlichen Liebesethik. Allerdings will er allgemein die rein emotional verstandene Liebe nicht als alleinige Grundlage moralischen Handelns gelten lassen, wobei er im Besonderen die gewöhnliche Auffassung, wonach die gute Handlung aus der Liebe hervor geht, umkehrt: »Wenn es also heißt: du sollst deinen Nächsten *lieben* als [wie] dich selbst, so heißt das nicht: du sollst unmittelbar (zuerst) lieben [was nach Kant nicht geboten werden kann] und vermittelst dieser Liebe (nachher) wohltun, sondern: *tue* deinem Nächsten *wohl,* und dieses Wohltun wird Menschenliebe (als Fertigkeit der Neigung zum Wohltun überhaupt) in dir bewirken!« (Kant, Die Metaphysik der Sitten, II [Tugendlehre], A 40f.) Was Kants praktisch begründeten Unsterblichkeitsglauben anbelangt, so findet sich ein erwägenswertes pragmatisches Analogon dazu bei Kemp Smith: »Is not the believer in immortality the more likely to be the effective worker, even for terrestrial ends? Is not a certain degree of detachment the supreme condition of effective action; or at least is not the alternation between whole-hearted absorption in social activity and […] retirement into the self as secures it against all fanatical insistence upon the programme in hand, the only healthful attitude? Other things being equal, is not the necessary degree of detachment more likely to be achieved in and through the belief in immortality than is its absence?« (Ders., The Credibility of Divine Existence, a.a.O., S. 373)

[67] Die Dinge an sich sind ganz unbekannt und zwar das (jeweilige) Objekt an sich ebenso wie das (jeweilige) Subjekt an sich. L. Honnefelder: »Wie Scotus […] geht Kant davon

Nach dem (leiblichen) Tode wird sich die Seele in diesem Reich wiederfinden – entweder mit Gott ganz vereint, d.i. »im Himmel« oder von Gott ganz getrennt, d.i. »in der Hölle«. – Dazu abschließend noch einige wenige (auch wenig bekannte) aber eindeutige Zitate, die mit dem neukantianischen (aber auch mit dem Prauss'schen) Kantverständnis kaum vereinbar scheinen:

»Gott erkennt die Dinge an sich selbst, denn seine Erkenntniß Kraft bringt die Dinge hervor. Wir erkennen nur die Erscheinungen, d.i. die Art wie wir [von den Dingen an sich, S. B.] affiziert werden, und Dinge müssen uns affizieren, sonst wissen wir gar nichts davon. – Raum und Zeit sind nichts als [Formen der] Vorstellungen der Dinge, und jetzt haben wir einen Schlüssel zu vielen Aufgaben.«[68]

»Der Influx physicus ist qualitas occulta, denn durch das Wort wird nichts erkannt. Der Begriff vom Raum leistet im mundo sensibilis das, was die göttliche Allgegenwart im mundo Noumenon, und man kann ihn daher gleichsam ein Phaenomenon der göttlichen Allgegenwart nennen. Vielleicht hat uns Gott dadurch seine Allgegenwart sinnlich zu erkennen geben wollen. Newton nannte es das sensorium der göttlichen Allgegenwart.«[69]

---

aus, daß das Seiende in seinem eigentlichen, *maximalen* Sinn, und zwar sowohl das individuelle, vollbestimmte, aktuell existierende Seiende unserer Selbsterfahrung als auch das unsere Welterfahrung übersteigende Seiende, so wie es an sich ist, nur in Form einer *intellektuellen* Anschauung zu erkennen ist, die dem menschlichen Erkenntnisvermögen *nicht* zu Gebote steht [...] Da der *sinnlichen* Anschauung, über die wir verfügen, nur das akzidentelle, flüchtige, kontingente Hier und Jetzt gegeben ist, beschränkt sich unsere Erkenntnis auf das, was durch den auf die sinnliche Anschauung bezogenen *Begriff* erkannt werden kann.« (Ders., Scientia transcendens. Die formale Bestimmung der Seiendheit und Realität in der Metaphysik des Mittelalters und der Neuzeit [Duns Scotus – Suarez – Wolff – Kant – Pierce], Hamburg 1990)

[68] Metaphysic vorgetragen von Prof. Immanuel Kant, nachgeschrieben von C. C. Mrongovius (1783), in: Kants gesammelte Schriften (»Akademie-Ausgabe«), XXXIX (4. Abt., 6. Bd.), Berlin 1983, S. 833f. Es wäre im übrigen nicht zu begreifen, warum Kant nicht nur *bezweifelte*, *ob* die »Dinge an sich« räumlich und zeitlich existieren (was unter streng kritischen Gesichtspunkten allenfalls erlaubt wäre), sondern weswegen er stets explizit *leugnete*, daß räumliche und zeitliche Aspekte an diesen »Dingen« Anteil haben, falls er nicht davon ausgegangen wäre, diese seien eben das, was Gott (und die »seligen Geister«) »da« erkennen, wo wir als verleiblichte Geistwesen lediglich unsere (dürftigen) »Erscheinungen« wahrnehmen. Der *intellectus divinus* und der *mundus intelligibilis* können eben auch nach Kants Dafürhalten nur jenseits von Raum und Zeit gedacht werden.

[69] A.a.O., S. 866. Hier kommt Kant dem christlichen Verständnis sehr nahe, ohne es freilich ganz zu erreichen. (Es bräuchte lediglich von dem Bewußtsein der göttlichen Allgegenwart zu dem des freudigen, vertrauensvollen und liebenden Bewußtseins dieser Gegenwart fortgeschritten zu werden.) Rudolf Hermann Lotze bemerkt zu dem sitt-

»Es fängt die Seele sodann [nach dem Tode des Menschen, S. B.] an, die Dinge anders anzuschauen, als sie es in der Verknüpfung mit dem Leibe gewohnt gewesen ist. Schon itzt finden wir uns in der Intelligiblen Welt, und jeder Mensch kann sich nach Beschaffenheit seiner Denkungs Art entweder zur Gesellschaft der Seeligen oder der Verdammten zählen. [...] Wir sind uns itzt durch die [praktische] Vernunft schon als in einem intelligiblen Reiche befindlich bewußt; nach dem Tode werden wir das anschauen und erkennen und dann sind wir in einer ganz andern Welt, die aber nur der Form nach verändert ist, wo wir nehmlich die Dinge erkennen, wie sie an sich selbst sind.«[70]

Die reine (praktische) Vernunft fordert und macht uns bewußt, daß es »hinter« dieser Welt der Erscheinungen eine »intelligible« wahre Welt geben soll (und für den Menschen als sittlich handelndes Wesen auch gibt), deren Werthaftigkeit wir, so ließe sich ergänzen, in unserer Welt der Erscheinungen vereinzelt bereits »durch- und aufscheinen« sehen. Diese Auffassung wird keineswegs zu einer »Ablehnung« oder Geringschätzung des sichtbaren Kosmos führen. Ganz im Gegenteil wird dieser Kosmos durch das wache Erspüren und »Verkosten« einer unbedingten und unveränderlichen Werthaftigkeit in und an ihm selbst spürbar als »kostbar« und sogar als verehrungswürdig erfahren. Ganz anders dort, wo sich der Mensch mit seinen Bedürfnissen und Begierden selbst zum Maß aller Dinge aufwirft und objektive Wertfülle zu subjektiven Projektionen in einen an sich wertfreien Bereich erklärt. *Hier* findet eine Herabwürdigung der erfahrbaren Welt statt, die dem intuitiven (»unverdorbenen«) Welt-Verhältnis der Menschen widerstrebt, der Mentalität des Naturausbeutens und -zerstörens jedoch hilfreich und förderlich ent-

---

lich-religiösen Pathos Kants: »Diesem Arbeiten im Dienste unpersönlicher Gesetze [...] sucht das christliche Gefühl zu entgehen; nur in dem Wohlgefallen, welches Gott an dem Gethanen hat, liegt ihm das endliche Gut, um deswillen alle sittliche Arbeit Wert hat. Ist die Liebe das höchste Gebot, so gehört zu ihm die Ergänzung, daß es auch um der Liebe willen ausgeführt werde. [...] nur die Liebe zu dem lebendigen Gott, die Sehnsucht [...] von ihm gebilligt zu werden, ist der Grund der christlichen Sittlichkeit, und nie wird die Wissenschaft einen klareren und das Leben einen sicheren finden.« (›Mikrokosmus‹. 3. Bd., a. a. O., S. 357 f.)

[70] A. a. O., S 919 f. Wie beispielsweise Paul Natorp stets behauptet hat, steht Kant dem Platonismus (es ließe sich hinzufügen: dem christlichen) ziemlich nahe. Im Unterschied zu Platon selbst und den »Platonikern« (einschließlich Leibniz und Wolff) glaubt Kant freilich nicht, daß uns die reine theoretische Vernunft (diese platonisch als Gegensatz zu den Sinnen verstanden) mit der wahren Welt der Dinge an sich in Verbindung setzen kann: besser sei es dagegen mit unserer reinen praktischen Vernunft bestellt.

gegen kommt. Wo der Mensch von der Einsicht der großen religiösen Denker von Augustinus über Leibniz bis Kierkegaard, wonach er aus Endlichkeit und Unendlichkeit, aus Notwendigkeit und Freiheit, zusammengesetzt, d. h. vergängliche Schöpfung eines Unvergänglichen ist, nichts mehr wissen will, wo er sich los sagt von dem »noumenalen« Anteil an ihm, der als solcher unabdingbar hinein gehört in sein menschliches Wesen, und wo deswegen der transzendente Halt ebenso verloren wird wie der von der Religion her bezogene Glaube, geschaffen und bereits damit schon auch gerechtfertigt zu sein, da muß die Welt zwangsläufig zu einem Schlachtfeld werden, darin jeder um sein Daseinsrecht kämpft und jeder in die Spanne seines Daseins hineinzuziehen trachtet was ihm nur immer erreichbar ist: Eine der Wurzeln der industriellen Naturausbeutung liegt im Religionsverlust oder – allgemeiner und zutreffender – im Versanden der Sehnsucht nach dem ganz Anderen, dem wesentlich Besseren, d.i. in einem allgemeinen Eschatologieverlust, der zurecht als eine »Ideologie der Ideologielosigkeit« bezeichnet worden ist. Der Kern dieses die »wahre Welt« hinter den »Erscheinungen« ebenso wie alle Hoffnung auf zukünftiges Heil negierenden, dürftig-prosaischen Denkens liegt in einer materialistisch-kapitalistischen Denkweise, die sich ein neues Dogma auf die Fahnen geschrieben hat. Nach Peter Strasser besteht es darin, –

> daß der freie Markt die Metaphysik der Geschichte ersetzt. Technik und Ökonomie sind trans-eschatologische Gewalten, die auf keinen historischen ›Ort der Erfüllung‹, auf keine ›Vollendung der Geschichte‹ mehr zusteuern. Ihr Ziel ist vielmehr die Steigerung jener Quantitäten und Intensitäten, deren die individualistische Moderne bedarf, um Lebenssinn erzeugen zu können. Es geht darum, den sozialen Glückspool, die ›pleasurable states of consciousness‹ auf einem Level zu halten, der die kollektive Neigung zur Apathie oder zum Amoklauf niedrig hält.«[71]

Der Kern unserer modischen Antiideologien ist damit gut getroffen und in erfrischend klaren Worten ausgesprochen worden. Daß diese Antiideologien das geistig-moralische Rüstzeug für einen Weg aus der ökologischen Krise zu liefern vermögen, erscheint damit freilich nur noch unwahrscheinlicher.

---

[71] P. Strasser, »Das Ende der Geschichte und die Ideologie danach«, in: *Information Philosophie* 3 (1998), S. 7–16 (Zitat auf S. 16).

Drittes Kapitel:

David Humes Kritik der Rationalen Theologie

0) Vorbemerkungen

Da Hume kein eigenes Werk zur Naturphilosophie verfaßt hat, muß man sich in der Absicht, sein Naturverständnis zu erschließen, unter seinen anders betitelten Werken umsehen. Diese Umschau ergibt, daß der Philosoph in seinem religionsphilosophischen Hauptwerk, den ›Dialogues Concerning Natural Religion‹ (posthum 1779), außer mit Fragen der Rationalen Thologie auch mit solchen des wahren Welt- und Naturbildes besonders angelegentlich befaßt ist. Besagtes Werk wird zwar oftmals sehr verkürzt als (vorgeblich vernichtende) Auseinandersetzung mit dem »argument from design« bzw. dem »teleologischen Gottesbeweis« gelesen und rezipiert, enthält aber weit mehr. In Wirklichkeit ist Cleanthes, der Verteidiger dieses Beweises, – und zwar nach Humes eigener Auffassung[1] – bereits am Ende des *Dritten Dialogs* widerlegt. Die restlichen neun Dialoge spielen zwar leitmotivartig immer wieder einmal auf das Design-Argument und dessen behauptete Schwächen an, behandeln aber in Wahrheit unter dieser Oberfläche auch manch andere bedeutende Themen der Philosophie im allgemeinen und der Philosophischen oder Rationalen Theologie[2] im besonderen. So ergibt sich eine ziemlich umfassende, wenn auch nicht vollständige Bestandsaufnahme und Abrechnung mit der Religion der Gelehrten und Philosophen (vorwiegend des achtzehnten Jahrhunderts) – es ergeben sich aber darüber hinaus auch interessante Einblicke in Humes eigene kosmologische und naturphilosophische Auffassungen.

---

[1] Vgl. den »Letter to Gilbert Elliot (10. 3. 1751)« in: J. Y. T. Greig (Hg.), The Letters of David Hume, Oxford ²1969, Bd. I, S. 157. Eine kommentierte Ausgabe der ›Dialoge‹ bringt: N. Pike (Hg.) David Hume. Dialogues concerning Natural Religion, Indianapolis 1970.

[2] Welche dies sind, geht aus den Überschriften unserer Abschnitte in diesem und dem folgenden Kapitel hervor.

Die »Dialoge« sind genau genommen »Trialoge« und enthalten die Ansichten der drei Gesprächspartner Cleanthes, Philo und Demea.[3] Cleanthes vertritt einen aufgeklärten, rationalistischen Deismus, Demea einen traditionsbewußten, irrationalistischen Theismus[4] und Philo einen skeptischen »Minimal-Pantheismus« (wie zu zeigen sein wird). Ein gewisser Pamphilus[5], Zögling und beinahe so etwas wie ein Adoptivsohn des Cleanthes, berichtet das Gespräch der drei Philosophen brieflich einem Bekannten und ergreift dabei (erwartungsgemäß) die Partei des verehrten Lehrers und väterlichen Freundes.[6]

Äußerlich betrachtet, wird Philo von Hume deutlich mehr Raum für Äußerungen und Ausführungen eingeräumt als seinen beiden Diskussionspartnern zusammen genommen und – von einer bezeichnenden Ausnahme (wir kommen darauf zurück) abgesehen – ist *er* niemals um sowohl scharfsinnige wie originelle Antworten verlegen. Cleanthes muß mehrmals eingestehen, nicht weiterzuwissen und Demea verläßt nach dem *Elften Dialog* »geschlagen« und reichlich frustriert die Gesprächsrunde. Da, bei inhaltlicher Betrachtung, Philo eine Vielzahl von Thesen, Positionen und Argumenten vertritt, welche man unschwer in anderen Schriften Humes als dessen eigene wiederfinden kann, kommt der Vermutung, daß der Verfasser der ›Dialoge‹ besonders aus seinem Mund sprechen wollte, eine besonders große Ausgangswahrscheinlichkeit zu. »Beide«, die historische

---

[3] Vorbild für Hume war hier und im allgemeinen offensichtlich Ciceros ›De natura deorum‹. Wer vergleichen möchte: Cleanthes entspricht Balbus, dem Stoiker und Philo Cotta, dem Skeptiker. Humes Demea kommt in den ›Dialogen‹ nur eine untergeordnete Rolle zu. Bei Cicero gibt es an seiner statt noch einen Vellius, den Epikureer, welcher aber vergleichsweise ernster genommen wird. Näheres dazu in den beiden Aufsätzen von J. V. Price: »Empirical Theists in Cicero und Hume«, in: *Texas Studies in Literature and Language* 5, 1963, S. 255–264, sowie: Ders., »Sceptics in Cicero and Hume«, in: *Journal of the History of Ideas* 25, 1964, S. 97–106; mehr zu dieser Thematik im nächsten Kap., Abschn. 4.

[4] Dieser gleicht auffallend dem Malebranches: »Man muß sie[die »Ketzer«] vielmehr zwingen, ihrem eigenen Geist zu mißtrauen, indem man sie seine Schwäche, seine Beschränkung und sein Mißverhältnis gegenüber unseren Geheimnissen fühlen läßt: und wenn der Stolz ihres Geistes niedergeschlagen ist, dann wird es leicht sein, sie in die Ansichten der Kirche einzuführen …« (›Von der Erforschung der Wahrheit‹, 3. Buch, hg. von A. Klemmt, a. a. O., S. 19)

[5] Ein historischer Pamphilus ist Verfasser einer ›Apologie des Origenes‹ (vgl. PG, Bd. 17), also ein religiös gesinnter und als Kirchenlehrer bekannter Mann.

[6] Woraus offensichtlich keinesfalls geschlossen werden sollte, daß auch *Hume* ganz besonders mit den Ansichten des Cleanthes einverstanden gewesen wäre.

Gestalt nicht anders als seine Kunstfigur, übernehmen in akademischen Fragen wie z. B. solchen der Philosophischen Theologie sehr gerne die Rolle des Skeptikers, der beisoielsweise mit besonderer Vorliebe alle »rechtgläubigen« Überzeugungen erschüttern will. Beide machen aber auch vor der Position des radikalen Atheismus und Materialismus (»Es gibt keinen Gott, alles Existierende besteht aus Materie«) halt, um demgegenüber ihre Überzeugung von der Existenz eines ersten, nichtmateriellen Prinzips des Universums auszudrücken. (Alle drei Gesprächspartner der ›Dialoge‹ kommen zu Beginn des *Zweiten Dialogs* oder *Teils* darin überein, daß sie vernünftigerweise nicht über das Dasein, sondern »bloß« über das Wesen der Gottheit – als einem »erstem Prinzip« des Universums – diskutieren wollen.[7]) Es ist wieder Norman Kemp Smith, der bislang am eindringlichsten und überzeugendsten für die Gleichsetzung Philos mit Hume argumentiert hat. Zunächst wird eingeräumt:

»One fundamental point may be taken as agreed. Hume's own teaching is not presented through any one of the characters; it is developed in and through the argument as a whole, something of his own beliefs being put into the mouths of all three. But this takes us only a very little way towards a solution of our problem. Each protagonist, though incidentally saying much that one or both of the other participants may approve, stands for positions which exclude one another. Such common ground as they may share is certainly Humes own. But when they differ, and they do so very radically, where does Hume himself come in? Does he then agree with Cleanthes against Philo, or with Philo against Cleanthes?«[8]

Zwei Seiten später wird in der Identifizierungsfrage eine erfreulich eindeutige Position bezogen:

»I shall contend that Philo, from start to finish, represents Hume; and that Cleanthes can be regarded as Hume's mouthpiece only in those passages in which he is explicitly agreeing with Philo, or in those other passages in which, while refuting Demea, he is also being used to prepare the way for one or other of Philo's independent conclusions.«

Wir sind der Ansicht, daß der argumentative Bau des mit geradezu detektivischem Spürsinn ermittelnden Kemp Smith, bei welchem er zur Untermauerung seiner These kunstvoll Indiz auf Indiz getürmt

[7] Wiederum im Anschluß an Ciceros ›De *natura* deorum‹; dessen ungeachtet, werden zumindest in einem Dialog, dem *Achten* über die »epikureische Hypothese«, radikal materialistische Ansichten ernsthaft diskutiert.

[8] N. Kemp Smith, Hume's Dialogues Concerning Natural Religion, Oxford 1935, S. 74.

hat, wenigstens in seinen Grundfesten bis heute noch nicht erschüttert werden konnte. Und das Entsprechende gilt für seinen Umsturz aller scheinbaren Gegengründe, also aller vorgeblichen Hinweise auf eine Selbstidentifikation Humes mit Cleanthes (eine Identifizierung Humes mit Demea ist, wie bald verdeutlichen wird, aus leicht begreiflichen Gründen noch nie versucht worden). Diese Gegenthese wurde unseres Wissens allerdings seit Kemp Smiths ›Hume's Dialogues‹ (1935) auch nie mehr ernsthaft vertreten. Was man allenfalls noch vereinzelt anzweifelte, ist entweder die sogenannte Voraussetzung Kemp Smiths, daß sich Hume *überhaupt* mit einem der drei von ihm vorgestellten Philosophen identifizieren wollte oder aber die besondere Begründung bestimmter Indizien oder Argumente in Kemp Smiths spezilleren Ausführungen. In seiner kenntnisreichen Untersuchung dieser »Vorwürfe« gelangte J. C. A. Gaskin allerdings zu dem Schluß, Kemp Smith könne gegen all diese Kritikversuche mit guten Gründen verteidigt werden.[9] Von 1974 an hat dann Stanley Tweyman zahlreiche und z. T. vielbeachtete Arbeiten zur Humeschen Philosophie (Schwerpunkt: Religionsphilosophie in den ›Dialogues‹) vorgelegt[10], in denen er, grundsätzlich – aber in einigen Punkten durchaus kritisch – an Kemp Smith anknüpfend, zu interessanten weiterführenden Interpretationen gelangt. Diese erscheinen auch unserwähnenswert und so werden wir am gegebenen Ort darauf zurück kommen.

Damit ist der interpretatorische Zugang, auf welchem eine Annäherung an die ›Dialogues‹ (Humes letztem und auch reifstem Werk) vorgenommen werden soll, um darin Humes ureigene Ansichten über Gott und die Welt (Natur) ausfindig zu machen, hoffentlich hinreichend deutlich bezeichnet: *Diesbezüglich* scheint uns eine weitgehende Orientierung an den kaum widerlegbaren Resultaten der Kemp Smithschen Forschungen sinnvoll sowie naheliegend. Eines aber ist die Interpretation, ein anderes die Evaluation. Kemp Smith hält Philo-Humes Kritik an den »traditionellen Argumenten« der Philosophischen Theologie für vernichtend[11], wir nicht.

---

[9] Vgl. dazu den rezeptionsgeschichtlichen Überblick und die Diskussion des Autors in: Gaskin, Hume's Philosophy of Religion, London 1978, Kap. 10,i »Hume and Philo« (hier auch weitere Literaturangaben).

[10] St. Tweyman, Reason and Conduct in Hume and his Predecessors, The Hague 1974. Für spätere Arbeiten vgl. die *Bibliography*, Kennwort »Tweyman, S.« in: Ders. (Hg.), David Hume, Dialogues Concerning Natural Religion in *focus*, London 1991.

[11] Vgl. Kemp Smith, a. a. O., S. 38 und 96.

1) Der »teleologische Gottesbeweis« I (›Dialogues‹ *I* und *II*)

Der *Erste Teil* der ›Dialoge‹ dient weitgehend der Einführung und Charakterisierung der Protagonisten und ist für die inhaltliche Auseinandersetzung mit der »Natürlichen Theologie« nur von bedingtem Interesse. Da er allerdings für die Interpretation des Humeschen Spätwerks nicht ohne Relevanz sein dürfte, erscheinen einige Bemerkungen dazu angebracht. Philo wird als ein Philosoph vorgestellt, der die Religion auf den Skeptizismus gründen will. Daraus ergibt sich eine zunächst naheliegend erscheinende Allianz mit dem »rechtgläubigen« Mystiker Demea gegen den Verteidiger einer Rationaltheologie, Cleanthes, dem vorgeworfen wird, »unfromm« an göttliche Geheimnisse zu rühren und seinen teleologisch »bewiesenen« Schöpfergott anthropomorphistisch nach menschlichem Bilde zu modeln. (Der Verlauf der Diskussion wird oder soll zumindest ergeben, daß der Gottgläubige immer zwischen Mystik und Anthropomorphismus wie zwischen Scylla und Charybdis steht). Cleanthes glaubt nicht an die Möglichkeit eines ernsthaften und radikalen Skeptizismus' und stellt fest, daß auch Skeptiker ihre Häuser durch die Türen und nicht durch die Fenster verließen, also offensichtlich keinesfalls die Auffassungen bezweifelten, wonach Körper Schwere haben und durch Fall Schaden nehmen können. Philo räumt zunächst einmal die Begrenzung seiner skeptischen Haltung auf »spekulative« akademische Fragen ein um dann sogar noch einen Schritt weiterzugehen: Auch in »Handel, Moral, Politik oder Ästhetik« dürfe man sich der Führung des allgemeinen Menschenverstandes und der Erfahrung getrost anvertrauen:

»To whatever length any one may push his speculative principles of scepticism, he must act, I own, and live, and converse like other men …«[12]

»So long as we confine our speculations to trade, or morals, or politics, or criticism, we make appeals, every moment, to common sense and experience, which strengthen our philosophical conclusions, and remove (at least, in part) the suspicion, which we so justly entertain with regard to every reasoning, that is very subtile and refined. But in theological reasonings, we have not this advantage; while at the same time we are employed upon objects, which, we must be sensible, are too large for our grasp, and of all others, require most to be familiarised to our apprehension. We are like foreigners in a strange

[12] Green und Grose (Hg.), David Hume: The Philosophical Works in 4 Volumes, Bd. 2, a. a. O., S. 384.

country, to whom every thing must seem suspicious, and who are in danger every moment of transgressing against the laws and customs of the people, with whom they live and converse. We know not how far we ought to trust our vulgar methods of reasoning in such a subject; since, even in common life and in that province, which is peculiarly appropriated to them, we cannot account for them, and are entireley guided by a kind of instinct or necessity in employing them.«[13]

So ist Philo der Ansicht, daß das Gebiet der Religion einem fremden Land gleiche, in welchem »instinct«, »common sense« und »experience« nur unter Vorbehalten vertraut werden dürfe. Warum Religion so etwas »Exotisches« sein sollte, wird nicht erklärt, sondern eher als offensichtlich vorausgesetzt (womit der Standpunkt des distanzierten Blicks des Intellektuellen im Europa der Aufklärung selbst unhinterfragt bleibt: Für sehr viele Menschen auf der Welt ist immer noch *Religionslosigkeit* bei Individuen und in Gesellschaften ein Grund des Staunens). Cleanthes wendet ein, daß es auch für die Grundlage der Religion einen Erfahrungsbeweis gibt und Philo macht sich darüber lustig, daß sich »die Religiösen« auch in wissenschaftlichen Zeiten dem Zeitgeist anzupassen verstünden und sogar selbst wissenschaftlich zu werden versuchten. In diesem Zusammenhang läßt er die geistesgeschichtlich fragwürdige Bemerkung fallen – man denke etwa nur an Augustins Skeptiker-Kritik (v. a. in ›Contra academicos‹) –, daß alle Gemeinplätze der antiken akademischen Skepsis »von den Kirchenvätern übernommen und danach in jeder Schule und jeder Kanzel der Christenheit vorgetragen«[14] worden seien.

Wie bereits erwähnt, beginnt die eigentliche inhaltliche Auseinandersetzung mit der Philosophischen Theologie erst mit dem *Zweiten* der ›Dialoge‹, welcher mit einer kurzen Ausführung Demeas einsetzt: Nicht das Dasein, nur die Natur Gottes stünde in Frage, aber gleich nach der Gottlosigkeit, die sein Dasein leugne, käme die Verwegenheit, die in sein Wesen Einblick zu gewinnen strebe. Darauf antwortet Philo:

»But surely, where reasonable men treat these subjects, the question can never be concerning the *Being*, but only the *Nature* of the Deity. The former truth, as you well observe, is unquestionable and self-evident. Nothing exists without a cause; and the original cause of this universe (whatever it be) we call GOD; and piously ascribe to him every species of perfection. Whoever

[13] A. a. O., S. 384 f.
[14] A. a. O., S. 388 (unsere Üb.).

scruples this fundamental truth, deserves every punishment, which can be inflicted among philosophers, to wit, the greatest ridicule, contempt and disapprobation.But as all perfection is entirely relative, we ought never to imagine, that we comprehend the attributes of this divine Being, or to suppose, that his perfections have any analogy or likeness to the perfections of a human creature.«[15]

Zunächst nochmals »Interpretatorisches«: Dieser Text könnte als Hinweis auf die Falschheit der Kemp Smithschen Identifikationsthese aufgefaßt werden. Denn während *Hume* im *11. Abschnitt* der ›Enquiry Concerning Human Understanding‹ die Auffassung entwikkelt, man könne angesichts eines singulären Dinges oder Ereignisses – wie dem Universum – berechtigterweise nicht nach dessen Ursache fragen[16], wird nun durch *Philo* verkündet: Nichts existiert ohne Ursache, und die ursprüngliche Ursache dieses Universums nennen wir Gott. Aber Kemp Smith könnte hier einwenden, daß Philo hier nicht im Ernst spreche, vielmehr seinen Spott mit Demea treibe, dem er sich selbst zuvor als (falschen) Verbündeten gegen Cleanthes angeboten hat. Dies geht *erstens* aus dem Anfang der ironischen Antwort des Cleanthes auf Philo und Demea hervor[17], *zweitens* aus dem Um-

---

[15] A. a. O., S. 391.

[16] Dieser bereits erwähnte Gedanke wird von W. Stegmüller so erläutert: »Hume hat […] die wichtige Entdeckung gemacht, *daß die Kausalrelation eine Relation besonderer Art ist* […]. In den meisten alltäglichen Situationen, wo wir das Bestehen einer Relation R zwischen zwei Einzelobjekten oder -ereignissen *a* und *b* behaupten, genügt es, *diesen individuellen Fall* zu untersuchen. Nicht so bei der Kausalrelation. Wenn ich etwa sage, daß der Berg *a höher* sei *als* der Berg *b* oder daß der Käse *im* Kühlschrank liege, so läßt sich eine derartige Behauptung durch das Studium dieses Einzelfalles endgültig beantworten. In einer singulären Kausalbehauptung hingegen wird *die Existenz* von Gesetzen vorausgesetzt, ohne deren Gültigkeit die vorliegende Kausalbeziehung unrichtig wäre.« (›Probleme und Resultate der Wissenschaftstheorie und Analytischen Philosophie‹, Bd. I, »Wissenschaftliche Erklärung und Begründung«, Studienausgabe Teil 3, Berlin 1969, S. 440.) Aus der (vorgeblichen) Untrennbarkeit von Kausal- und Gesetzesaussagen folgt für Hume im Falle der völligen Unkenntnis des betreffenden Gesetzes (wie im Fall der Entstehung von Welten) die Unerlaubtheit oder Sinnlosigkeit der betreffende Ursachenfrage. (Was dann auch für die Frage nach der Ursache menschlicher Handlungen gelten würde.)

[17] »Not to lose any time in circumlocutions, said CLEANTHES […], much less in replying to the pious declamations of PHILO; I shall briefly explain […]« (a. a. O., S. 392). Was den Einwand von der Singularität des Universums betrifft, so hat Richard Swinburne folgendes dazu angemerkt: »Möglicherweise könnte man ihn dadurch umgehen, indem man sich das Universum als aus zwei Teilen zusammengesetzt denkt, die eine unendliche Ebene voneinander trennt, dann Aussagen über jeden dieser Teile macht und sie dann zusammenfaßt. Doch bedarf es noch nicht einmal einer solche List. Denn der

stand, daß das »kosmologische« Argument (Kant) aus einer ersten Ursache im *Neunten Dialog* von Cleanthes und Philo bestritten werden wird.

Inhaltlich wäre über die These von der *uniqueness of the universe* und dem daraus abgeleiteten »Ursachen-Frageverbot« abschließend noch zu bemerken, daß die hiermit verbundene Regularitätstheorie der Kausalität prinzipiell (und besonders im Blick auf menschliches Handeln) sehr fragwürdig erscheint, und daß nicht nur Metaphysiker, sondern ebenso Physiker nach dem Anfang und der oder den Ursache(n) des Universums forschen. Ein kausalitätstheoretisch begründetes Frageverbot wirkt eben schon *prima facie* wenig überzeugend – jedenfalls weniger als *diese* Spitze gegen die Philosophische Theologie: »Die ursprüngliche Ursache des Universums [...] nennen wir Gott und schreiben ihr ehrfurchtsvoll [will besagen, »aufgrund von subjektiven Empfindungen und nicht objektiver Gründe wegen«, S. B.] jede Art von Vollkommenheit zu [...] Da jedoch alle Vollkommenheit völlig relativ ist ...« -Sagt jemand, Gott ist vollkommen, so meint er damit gewöhnlich, etwas Bestimmtes über Gott auszusagen; aber Hume-Philo bezweifelt, daß sich dies wirklich so verhält. Je komplexer der Funktionsbereich einer Sache ist, desto unklarer wird die Prädizierung dieser Sache bzw. des ihr entsprechenden Nomens mit dem Adjektiv »vollkommen«. Der Begriff eines »vollkommenen Anglermessers« läßt sich noch ziemlich leicht erklären (es ist oder wäre stabil, rostresistent, biegsam, gleichbleibend scharf und läßt oder ließe sich gleichermaßen gut zum Betäuben, schnellen Töten, Säubern und Schuppen von Fischen gebrauchen); schwieriger wird es beispielsweise schon beim Begriff eines »vollkommenen Autos« (auch es sollte sicherlich ebenfalls stabil und rostfrei sein, aber muß es eine Limousine sein, ein Cabriolet, ein Caravan – oder gar ein LKW?); noch viel schwieriger wird es schließlich beim Begriff des »vollkommenen Menschen« (männlich

---

Einwand ist deswegen völlig verfehlt, weil er übersieht, daß es Einzigkeit immer nur relativ zur Art einer Beschreibung gibt. Jeder Gegenstand ist in seiner Art einzig bei einer bestimmten Beschreibung, wenn man etwa Beschreibungen zuläßt, die Ortsangaben enthalten. So ist mein Schreibtisch der einzige seiner Art in Raum 91 in Keele Hall der Keele University.« (›Die Existenz Gottes‹, Stuttgart 1987, S. 153.) Diese Behauptung der Beschreibungsrelativität von Singularitäten klingt allerdings sehr »nominalistisch« und ist damit den entsprechenden Einwänden ausgesetzt. Auch öffnet sie dem Einwand Humes von der Relativität von Vollkommenheitszuschreibungen (davon gleich anschließend mehr) und anderen relativistischen Argumenten Tür und Tor.

oder weiblich? weiß oder farbig? usw.) und letztendlich scheinbar aussichtslos beim Begriff des »vollkommenen Wesens« ... Aber trotz allem schließen weder die allgemeine Schwierigkeit der Relativität noch die davon ableitbare besondere der Funktionsrelativität (dadurch die allgemeine besonders deutlich wird) aus, daß, ihrer ungeachtet, »vollkommenes Wesen« mehr besagt als »Wesen« einfachhin: Ein vollkommenes Wesen kann nicht ohne intellektuelle, moralische etc. Qualitäten sein, und so trifft es möglicherweise zu, daß, wenn immer Gott ein vollkommenes Wesen genannt wird, nichts sonderlich deutliches, geschweige denn eindeutiges, über ihn ausgesagt ist – aber es ist andererseits auch nicht *nichts* über ihn gesagt worden. Obwohl er vermutlich »unendlich« ist und »erhaben« muß er nicht »unendlich erhaben« sein über unseren Begriff.[18]

Folgender Gedanke wird nun von Philo mit großer Zuversicht als ein die Möglichkeit des gesamten Unterfangens einer Rationalen Theologie entscheidender ausgesprochen: »Our ideas reach no farther than our experience: We have no experience of divine attributes and operations: I need not conclude my syllogism.«[19] Die Zeiten haben sich geändert. Gegenwärtig würde wohl noch nicht einmal der »härteste« Wissenschaftspositivist behaupten wollen, daß empirisches Wissen notwendigerweise so mit Vorstellungen unterlegt sein müsse, daß etwa jeder Eigenschaft oder Operation eines mikrophysikalischen »Teilchens« eine Vorstellung von jeder solchen Eigenschaft oder »Operation« korrespondieren müsse. Die Physik scheint mittlerweile unanschaulicher geworden zu sein, als es die Metaphysik je gewesen ist; sie hat sich *sehr* weit von der Erfahrungsbasis entfernt. Cleanthes, der auf den gerade genannten Gedanken Philos offensichtlich nichts zu erwidern weiß (er wird übrigens sehr oft von seinem skeptischen Freund »mundtot« geredet), beginnt eilig ein neues Thema – dasjenige, wofür die ›Dialoge‹ am berühmtesten geworden sind:

»I shall briefly explain how I conceive this matter. Look round the world: contemplate the whole and every part of it: You will find it to be nothing

[18] Vgl. Philo, a.a.O., S. 391. Wie bislang niemand überzeugender als Kant gelehrt hat, ist und bleibt die Rationale Theologie selbstverständlich ein prekäres Unterfangen: Sind die Kategorien unseres Denkens und Sprechens doch auf den Umgang mit Gegenständen der Erfahrung hin ausgerichtet und angelegt. Aber daß uns *jeder* Zugang zum transzendenten Bereich verwehrt ist, hat selbst Kant nicht behaupten wollen.
[19] Ebd.

but one great machine, subdivided into an infinite number of lesser machines, which again admit of subdivisions, to a degree beyond what human senses and faculties can trace and explain. All these various machines, and even their most minute parts, are adjusted to each other with an accuracy, which ravishes into admiration all men, who have ever contemplated them. The curious adapting of means to ends, throughout all nature, resembles exactly, though it much exceeds, the productions of human contrivance; of human designs, thought, wisdom, and intelligence. Since therefore the effects resemble each other, we are led to infer, by all the rules of analogy, that the causes also resemble; and that the Author of Nature is somewhat similar to the mind of man; though possessed of much larger faculties, proportioned to the grandeur of the work, which he has executed. By this argument *a posteriori*, and by this argument alone, do we prove at once the existence of a Deity, and his similarity to human mind and intelligence.«[20]

Cleanthes bestimmt hier nicht bloß die Tatsache (irgendeiner) Ordnung oder Geordnetheit der ganzen Natur und ihrer Bestandteile zum Ausgangspunkt seines Schlusses, sondern sozusagen eine bestimmte, höhere oder doch (wenigstens für den menschlichen Betrachter) noch bewundernswertere Form von bloßer Ordnung schlechthin – nämlich die von Zwecken und Mitteln. Diese Ordnung soll, ohne zu weitgehendes Einlassen auf spezifisch aristotelisches Gedankengut (Entelechien etc.), hier eine »teleologische« genannt werden. Damit ist auch noch nicht *per se* bereits Intentionalität als ein notwendiger Bestimmungsgrund von Teleologie mitbehauptet (auch für Cleanthes nicht[21]), sicherlich aber Funktionalität, wie sie als ein Strukturmoment von (zumindest organischer) Naturgegenständlichkeit überhaupt wohl kaum geleugnet werden kann (so ist beispielsweise die Schwimmhaut zwischen den Zehen von Enten dem Wasserleben dieser Vögel funktional-teleologisch angepaßt). Diese Art von teleologischer Ordnung wird offenbar nach Ansicht des Cleanthes (und auch m. E.) nicht nachträglich vom Menschengeist in die Natur hineinprojiziert – sie ist allem Anschein nach sogar eine biologische Voraussetzung von menschlichem Geist und von Leben überhaupt. Auch kann gar nicht wirklich bezweifelt werden,

---

[20] A. a. O., S. 392. Der Kosmos als »one great machine«: Es wird sich ergeben, daß Hume-Philo gerade diesem Vergleich nicht zustimmen kann; die Natur ist für ihn mehr als eine Maschine – wie sich auch schon in seiner sympathetischen, vertrauensvollen Hinwendung zu ihr in seiner Moralphilosophie gezeigt hat.

[21] Wohl aber beispielsweise für N. Hartmann, vgl. sein ›Teleologisches Denken‹, Berlin ²1966, insb. S. 66 ff.

daß diese Teleologie einer Erklärung bedarf. Cleanthes hält mit der ganz überwiegenden Mehrheit der Denker des achtzehnten Jahrhunderts[22] dafür, die natürlichste (d. i. ungezwungenste und naheliegendste) Erklärung ergebe sich mittels eines Analogieschlusses: der funktionale Zusammenhang des Weltganzen und irgendwie auch aller relativ selbständigen Weltbestandteile ähnelt einer menschlichen Maschine. Ähnliche Wirkungen legen den Gedanken an ähnliche Ursachen nahe, und so muß der Urheber der Natur auch dem Geist der Menschen, insbesondere dem des Ingenieurs, einigermaßen ähnlich sein.

Gegen diesen Schluß wird Philo eine ganze Batterie von kritischen Einwürfen entzünden, und man wird ihm als erstes gleich vorweg einräumen müssen, daß es sich bei diesem Analogieschluß um keinen strengen Beweisgang handeln kann.[23] Beweise im strengen Sinne des Wortes kann es ohnehin nur in axiomatisierten Formalwissenschaften wie Mathematik und Logik geben, während schon in der Physik Beweise bekanntlich niemals endgültig sind. Wir könnten Philo sogar helfen und seine Kritikpunkte zusätzlich noch durch eigene ergänzen. Ein Beispiel: Philo betont vielfach die große Unähnlichkeit zwischen dem Universum und jedem menschlichen Artefakt, wobei er damit natürlich auf die großen Unterschiede zwischen den »Ursachen« hinaus will. Er hätte aber auch darauf verweisen können, daß sogar sehr ähnliche Wirkungen sehr verschiedene Ursachen oder Entstehungsgeschichten haben können, man denke z. B. an echte und synthetische Diamanten.

Insgesamt läßt sich feststellen, daß der Gottesglaube der meisten Philosophen, Wissenschaftler und Gelehrten des »aufgeklärten« Jahrhunderts nur noch wie an einem seidenen Faden hing. Aller Offenbarung, Tradition, religiösen Erfahrung weitgehend entfremdet, diente das Argument von der Ordnung (und v. a. das von der besonders eindrucksvollen, zweckmäßig-funktionalen »Harmonie« in der

---

[22] Nicht nur in Großbritannien, sondern auch auf dem Kontinent ist das »*Design*-Argument« in dieser Zeit *en vogue*. Das eindrucksvollste Dokument kommt aus Deutschland: Die vier Folio-Bände umfassende ›Physica sacra‹ (Augsburg, 1731) von Johannes Jakob Schleuchzer (1672–1733), illustriert mit über 800 Tafeln von den besten Kupferstechern des Reiches (vgl. R. Löw, Die neuen Gottesbeweise, Augsburg 1994, S. 60).

[23] Schon Thomas von Aquin hat ein ähnliches Argument als bloßen »Weg« (zur Überzeugung von der bloßen Existenz – nicht von der »Art« dieser Existenz! – Gottes) bezeichnet: Vgl. den fünften der »quinque viae« in STh, I, qu. 2, a. 3. (Thomas allerdings verwendet die Maschinen-Analogie nicht.)

belebten Natur) als ein Rettungsanker vor dem als ausgesprochen unheimlich und bedrohlich empfundenen Atheismus. In dieser bedrängten Situation ist dann dem rettenden Faden etwas zuviel Gewicht zugemutet worden: Hume hat dies zwar einerseits gezeigt,[24] aber andererseits steht er selbst noch so unter dem Eindruck einer übertriebenen Hochschätzung des »argument from design«, daß er – ungeachtet seiner »skeptischen Religionsbegründung – meinen konnte, mit diesem »Faden« den Lebensnerv der (»philosophischen«) Religion und des (rational verantwortbaren) Gottesglaubens selbst durchtrennt zu haben. Weder vor noch nach den Zeiten Humes haben religiös empfindende Menschen jemals wieder diesem oder irgend einem anderen einzelnen Argument so hohe Bedeutung für ihren Glauben eingeräumt. Wer deswegen heute die ›Dialoge‹ mit Gewinn bedenken mag, ist gut beraten, sie nicht ausschließlich als »Kritik des teleologischen Gottesbeweises« zu lesen, sondern die vielen anderen darin enthaltenen Gedanken über Natürliche Theologie – und über Naturphilosophie bzw. Philosophische Kosmologie – geradeso wichtig zu nehmen.

Wenn Philo in seiner ersten Antwort auf Cleanthes' zitierten Beweis auf die Unähnlichkeit zwischen dem Universum und einem Haus (ein ohnehin merkwürdig gewähltes Beispiel für eine Maschine …) verweist, ist damit für ihn sicherlich noch nicht viel gewonnen. Und dies auch noch nicht, wenn er diese triviale Beobachtung an folgenden philosophischen Grundsatz knüpft: »Whereever you depart, in the least, from the similarity of the cases, you diminish proportionably the evidence.«[25] In diesem Zusammenhang hat einst schon Kant seinem schottischen Zeitgenossen einen verfehlten Begriff davon, was »Analogie« in der philosophischen Terminologie bedeute, bescheinigt. Hume gebrauche das Wort so, als bezeichne es eine »unvollkommene Ähnlichkeit zweier Dinge«, wo damit doch eine »vollkommene Ähnlichkeit zweier Verhältnisse zwischen ganz unähnlichen Dingen« gemeint sei.[26] Das heißt, unbeschadet der behauptbaren Unähnlichkeit zwischen Universum und Maschine, könne das Verhältnis, welches zwischen Gott und dem Universum

[24] Auf seine Weise geschieht dies freilich schon bei Spinoza: vgl. dazu beispielsweise Leo Strauss, Die Religionskritik Spinozas, neu hg. von H. Maier (als: Leo Strauss, Gesammelte Schriften, Bd. 1), Stuttgart 1996.

[25] Green und Grose (Hg.), a. a. O., S. 393.

[26] Vgl. I. Kant, Prolegomena, § 57 und 58 (Zitat: § 58, erster Satz), div. Ausgaben.

besteht, demjenigen zwischen dem Maschinisten und seiner Maschine vollkommen ähnlich sein. (Kant scheint diesen Gedanken manchenorts sogar für unvermeidlich zu halten, wir werden aber – im Einklang mit seinen späteren Andeutungen in der ›Kritik der Urteilskraft‹ – sehen, daß er das nicht ist, denn das Verhältnis von Universum und Gott kann auch – und vielleicht mit größerem Recht – nach dem »organischen« Modell von Leib und Seele gedacht werden.)

Auf einen erschrockenen Einwurf Demeas hin[27], beginnt Philo mit einer paraphrasierenden, ergänzenden und abwägenden Verteidigung des Cleanthesschen Arguments – das daraufhin bemerkenswerterweise eine sehr »Humesche Färbung« erhält:

»Now, according to this method of reasoning, DEMEA, it follows (and is, indeed, tacitly allowed by CLEANTHES himself) that order, arrangement, or the adjustment of final causes is not, of itself, any proof of design; but only so far as it has been experienced to proceed from that principle. For ought we can know *a priori, matter may contain the source or spring of order originally, within itself, as well as mind does;* and there is no more difficulty in conceiving, that the several elements, from an internal unknown cause, may fall into the most exquisite arrangement, than to conceive that their ideas, in the great, universal mind, from a like internal, unknown cause, fall into that arrangement. The equal possibility of both these suppositions is allowed. But by experience we find, (according to CLEANTHES) that there is a difference between them. Throw several pieces of steel together, without shape or form; they will never arrange themselves so as to compose a watch: Stone, and mortar, and wood, without an architect, never erect a house. But the ideas in a human mind, we see, by an unknown, inexplicable oeconomy, arrange themselves so as to form the plan of a watch or house. Experience, therefore, proves, that there is an original principle of order in mind, not in matter. From similar effects we infer similar causes. The adjustment of means to ends is alike in the universe, as in a machine of human contrivance. The causes, therefore, must be resembling.«[28]

Wenn aber die Ordnung und das Zusammenwirken von Zweckursachen an und für sich noch kein Beweis von Plan bzw. Absicht oder Geist sind, dann folgt daraus weiter – worauf erstmals Thomas

---

[27] »Good God! cried DEMEA, interrupting him, where are we? Zealous defenders of religion allow, that the proofs of a Deity fall short of perfect evidence! And you, PHILO, on whose assistance I depended, in proving the adorable mysteriousness of the Divine Nature, do you assent to all these extravagant opinions of CLEANTHES?« (A.a.O., S. 393f.)

[28] A.a.O., S. 394f.; unsere Hervorhebung.

Reid verwiesen hat[29] –, daß auch ein »zweckmäßiges« Verhalten eines menschlichen Leibes niemals einen Beweis für das Dasein einer vernünftigen Seele in diesem Körper liefern könne. Aber was vermöchte dann überhaupt jemals einen solchen »Beweis« zu liefern? (Hier stehen wir wieder einmal vor dem intrikaten Problem eines zweifelsfreien Nachweises der Existenz von »other minds«, welches wir allerdings tunlichst nicht weiter verfolgen wollen.) Kommen wir Philo an diesem Punkt ein Stück weit entgegen, indem wir vorderhand einräumen: Weder Ordnung noch zweckmäßig erscheinendes Verhalten liefern ausreichende Hinweise auf das Vorliegen von Intentionen oder Geist. Nun machen wir aber zusätzlich die Erfahrung, daß sich materielle Gegenstände im Raum nicht von alleine ordnen, »Ideen« im Geist aber sehr wohl.[30] Und aus diesem Grunde, so fährt Philo fort, führt Cleanthes die Ordnung im materiellen Universum auf eine geistige Ordnung (eine Ordnung von Ideen im Geiste Gottes) zurück.

Daß sich die Ideen im Geist *von selbst* ordnen sollten, ist allerdings eine ungewöhnliche Vorstellung – man kann hinzufügen: der empiristischen Assoziationspsychologie. Gewöhnlich würden wir sagen, daß *wir selbst* Ordnung in unsere Ideen bringen, und daß dies nichts ist, was uns so einfach geschieht oder widerfährt. Dementsprechend wird im traditionellen Theismus dann auch Gott nicht einfach als geistiges Ordnungsprinzip verstanden, sondern als ein absolutes Wesen, das die geschöpfliche Ordnung geplant und willentlich hervorgebracht hat. (Philo will vielleicht schon hier auf die These von Gott als einem bloßen – nichtpersonalen – »geistigen Prinzip« hinaus.)

Nun hat Philo das Argument seines Freundes Cleanthes zu Demeas leichterem Verständnis erklärt und sogar selbst ein Stück weit verteidigt. Auf die Rekonstruktion folgt die Destruktion. Ein Gedanke oder eine Absicht bleibe trotz allem nur *eine* tätige Ursache im Universum, nicht anders als »Hitze oder Kälte, Anziehung oder Abstoßung und hundert andere, die in unsere tägliche Beobachtung fal-

---

[29] Vgl. Reid, Essays on the Intellectual Powers of Man, Essay VI, Kap VI, in: Hamilton (Hg.), a. a. O., Bd. I, S. 461.

[30] Vorstellungen von der »Selbstorganisation« des materiellen Universums sind gegenwärtig sehr populär, haben aber auch ihre – besonders philosophischen – Schwierigkeiten. Wir werden auf diese, der Sophienlehre irgendwie sehr nahe kommende Vorstellung noch zu sprechen kommen.

len«.[31] Den oder die Gedanken für das Entstehen des Ganzen verantwortlich zu machen, hieße für Angehörige der menschlichen Spezies ziemlich parteiisch zu sein. Das alte, zumindest bis auf Aristoteles zurückreichende Argument von den Gedanken, die *Gründe,* keine *Ursachen* haben (und damit von allem anderen im Universum grundsätzlich verschieden sind – von all diesen läßt sich immer weiter nach Ursachen fragen) bleibt wieder unerwähnt. Statt dessen werden Gedanken zusammen mit Hitze und Abstoßung als gleichwertige Erklärungshypothesen und gleichrangige Kandidaten für das erste Prinzip des Universums gehandelt. Philos auf diese und ähnliche Weise vorgetragene Kritik findet in den folgenden Sätzen ihren vollkommensten summarischen Ausdruck:

»Admirable conclusion! Stone, wood, brick, iron, brass, have not, at this time, in this minute globe of earth, an order or arrangement without human art and contrivance: therefore the universe could not originally attain its order and arrangement, without something similar to human art. But is a part of nature a rule for another part very wide of the former? Is it a rule for the whole? Is a very small part a rule for the universe? Is nature in one situation, a certain rule for nature in another situation, vastly different from the former?«[32]

Hume-Philo bezweifelt hier außer der Sonderstellung der menschlichen (geistig-vernünftigen) Erfindung auch die räumliche und zeitliche Einheit des Universums. Wissenschaftler verfügen jedoch mittlerweile über gute Gründe für die Annahme eines einzigen raumzeitlichen Ursprungs, der ca. 13 Milliarden Jahre zurückliegt und die Idee der Einheit des Kosmos zu gewährleisten scheint. Aber auch unabhängig von naturwissenschaftlichen Entdeckungen ist die universelle Gültigkeit der Naturgesetze schon ein methodisch unverzichtbares Postulat empirischer Forschung im allgemeinen und physikalischer Kosmologie im besonderen. Sicherlich sind die »situations« wie sie in dieser Zeit in diesem Planetensystem und wie sie zur Zeit des (physikalisch gesprochen) »Urknalls« bzw. der (theologisch gesprochen) »Schöpfung« bestanden haben, »vastly different« – und zwar beweisbar verschieden. Aber Voraussetzung dieses Beweisgangs ist gerade die Konstanz der Naturgesetze und -konstanten sowie die der vier Grundkräfte. (Der Rest des *Zweiten Dialogs* bzw. *Zweiten*

[31] Green und Grose (Hg.), a. a. O., S. 396.
[32] A. a. O., S. 397 f.

Teils[33] – enthält wieder die von Gaskin sogenannte »unique cause objection«, die wir bereits abschließend dargestellt haben.)

2) Der »teleologische Gottesbeweis« II (›Dialogues‹ *III*)

In einer Phase des *Dritten Dialogs* – und nur hier – geschieht das Erstaunliche, daß Philo um eine Antwort verlegen ist. Wie kommt es dazu? Cleanthes hatte zuvor überraschend seine Taktik geändert und nicht länger die theoretische Schlüssigkeit des teleologischen Gottesbeweises behaupten wollen – er meint nun, der (jeder) Blick in die Natur würde die Vorstellung eines Bildners oder Künstlers »unmittelbar« und »mit der Stärke einer sinnlichen Wahrnehmung« hervorrufen. Und wie es Schönheiten in der Literatur gebe, die den Regeln der Ästhetik nicht entsprächen und dennoch unsere Anteilnahme gewönnen und unsere Phantasie erregten, so gebe es auch Wahrheiten in der Philosophie, die uns auch gegen die Bedenken der Logiker zu überzeugen vermöchten. Welche spitzfindigen philosophischen oder sophistischen Einwände auch immer erhoben werden mögen, die Menschen verbänden eine geordnete Welt dennoch weiterhin mit dem Gedanken an eine planvolle Absicht: Und sicherlich hätten sie damit auch ganz recht. Oder – so läßt sich die Rede Cleanthes' noch ergänzen – hat nicht Hume-Philo selbst in seiner ›Treatise of Human Nature‹, etwa im Zusammenhang mit dem Außenwelt-Glauben, ganz ähnlich argumentiert? Obwohl er dort ausführte, daß die »Verdoppelung« der Welt in eine solche der wechselnden Perzeptionen und eine weitere der (zumindest relativ) permanenten materiellen Teilchen (Atome) oder Dinge praktisch überflüssig und theoretisch zumindest unausweisbar – wenn nicht gar widersprüchlich – sei, hatte er sich doch nicht für die »Außenwelt-Skepsis« erklärt, sondern stattdessen betont: Wir können (und sollen auch) gar nicht anders, als unseren quasi-instinktiven *natural beliefs* Folge zu leisten. Die skeptischen Zweifelsgründe werden von den Kausalkräften der menschlichen Natur sozusagen einfach überrollt.

---

[33] Titel und Gliederung von Humes Buch wollen, es soll dies hier einmal angemerkt werden, nicht so recht zusammenpassen: »*Dialogues* Concerning Natural Religion« lassen auf mehrere Dialoge schließen, »Part I« bis »Part XII« dagegen auf verschiedene Teile eines einzigen.

Aber wenn es denn so ist, *daß dort, wo die Natur spricht, die Vernunft schweigen muß*, warum dann Philos philosophischen Bedenken und »Spitzfindigkeiten« weiter Gehör schenken? Die Anatomie des Auges etwa macht eine so kunstvolle Anordnung und Abgestimmtheit der verschiedenen Teile aufeinander offenbar, daß sich die Vorstellung einer intelligenten Ursache mit zwingender Macht einstellt. Warum hier auf den Skeptiker hören, dort aber nicht? Der folgende Satz des Cleanthes stellt einen guten Kommentar zu so mancher Ausführung Humes dar (und zu seinem »skeptischen Naturalismus« im allgemeinen):

»The declared profession of every reasonable sceptic is only to reject abstruse, remote and refined arguments; to adhere to common sense and the plain instincts of nature; and to assent, where-ever any reasons strike him with so full a force, that he cannot, without the greatest violence, prevent it.«[34]

Wir wissen nicht genau, warum Hume die weitgehende Parallelität der Fälle »Außenwelt-Glaube« und »Schöpfer-Glaube« nicht zu einem Gutheißen beider bewogen hat, vermuten aber, daß hierbei auch persönliche Gründe und Erfahrungen eine gewisse Rolle spielten.[35] Bekanntlich erhofften Hamann und vor allem Jacobi eine »glaubensphilosophische« Auswertung Humescher »philosophy of (natural) belief«[36] – Hume selbst eben nicht. Es wird noch deutlich werden, daß sein Minimal-(Pan-)Theismus imgrunde gar keinen Schöpfer- oder Schöpfungsbegriff enthält.

(Kurzer Exkurs)

Cleanthes' Beispiel vom überaus kunstvollen Bau des Auges ist sicherlich immer noch eindrucksvoll – d. h. auch noch für einen modernen Leser, der durchaus schon etwas von Darwin und der Evolution vernommen haben darf. So machte etwa auch Bergson auf die Unvollständigkeit der zwei Erklärungsprinzipien der Evolutionslehre,

---

[34] Green und Grose (Hg.), a. a. O., S. 402.

[35] Vgl. die Kapitel über Humes Kindheit und Jugend im streng calvinistischen Schottland des 18. Jahrhunderts, wie es auf religiösem Gebiet der Fanatiker John Knox (Beiname: »the killer of joy«) geformt hatte, in: G. Streminger, a. a. O.

[36] Vgl., neben div. Schriften Johann Georg Hamanns, v. a. Friedrich Heinrich Jacobi, David Hume über den Glauben, oder: Idealismus und Realismus. Ein Gespräch (1787, danach div. Ausg.) und R. Lüthe, »Misunderstanding Hume. Remarks on German Ways of Interpreting his Philosophy«, in: V. Hope (Hg.), Philosophers of the Scottish Enlightenment, Edinburgh 1984, S. 105–215.

Mutation und Selektion, aufmerksam. Es sei bereits das »primitivste« Auge, z.B. einer Kammuschel, aus vielen verschiedenen Elementen zusammengesetzt. Die zufällige Mutation eines einzigen Elements (wie etwa der Netzhaut) in Isolation von anderen (wie Hornhaut und Linse), würde das Sehen nicht nur nicht verbessern, sondern verschlechtern (oder sogar verunmöglichen):

»Ob der feine Bau der Netzhaut sich noch so vollkommen entwickle, dieser Fortschritt wird den Sehakt nicht fördern, ja ihn stören, wenn sich nicht die Sehzentren und verschiedene Teile des Sehorgans selbst gleichzeitig entwikkeln. Sind aber die Variationen zufällig, dann ist es nur allzu evident, daß sie sich nicht untereinander dahin verständigen werden, derartig gleichzeitig in allen Teilen des Organs aufzutreten, um dieses in Ausübung seiner Funktion fortfahren zu lassen. Darwin hat das sehr wohl gewußt, und hier liegt einer der Gründe, aus denen er die Unmerklichkeit der Variation annahm. Die zufällig an einem Punkt des Sehapparats aufspringende Abweichung stört, als sehr geringfügige, das Funktionieren des Organs nicht und kann deshalb gewissermaßen *warten*, bis ergänzende Variationen sich hinzugesellen und das Leben zu höherem Grad der Vollkommenheit emporführen. Sei dem so! Aber wenn die unmerkliche Variation das Auge auch nicht im Funktionieren stört,so nützt sie ihm doch bis zur Entstehung jener ergänzenden Variationen auch nichts; wie also kann sie sich dann durch Wirkung der Auslese erhalten?«[37]

Die Antwort auf dieses Problem der synchronen Mutation (»Synmutation«) dürfte sicherlich nicht leicht zu finden sein, und wir wollen ihr auch gar nicht weiter nachfolgen, sondern, diesen Exkurs abschließend, besser gleich zu den ›Dialogen‹ zurück kehren:

Warum hält Hume nicht auch den Schöpfer-Glauben für einen *natural belief?* Bevor wir, im Anschluß an eine scharfsinnige Untersuchung Gaskins, eine (vorläufige) Antwort wagen, muß die Argumentation des Cleanthes, mit der er Philo im *Dritten Dialog* so empfindlich in die Enge treibt (nämlich bei Humes eigenen Thesen »packt«) noch etwas genauer betrachtet werden. Um nachzuweisen, daß Philos skeptische Bedenken gegen das *Design*-Argument übertrieben spitzfindig sind, ersinnt er zwei phantasiereiche Beispiele[38]

---

[37] H. Bergson, Schöpferische Entwicklung, Jena 1921 (Erstv. 1907), S. 70f.

[38] Ob sie wirklich beide von ihm selbst stammen ist unklar, da Demea in seiner – anstelle des sprachlosen Philo gelieferten – Antwort das Bücherbeispiel »familiar« (also: »vertraut«) nennt (a.a.O., S. 404): Ein ähnliches Beispiel wie das von den wachsenden Büchern findet sich jedenfalls in ›De natura deorum‹ (Flöten wachsen auf Bäumen: In der lateinisch-deutschen Ausgabe von U. Blank-Sangmeister, Stuttgart 1995, S. 136f.).

für eindeutig mit Plan und Absicht verknüpfte Phänomene, an welche man lächerlicherweise dieselben Zweifel knüpfen könne, welche Philo gegen Ende des *Zweiten Dialogs* mit seiner »unique-cause-objection« erhoben habe.

Wir könnten *erstens* annehmen, aus den Wolken erschalle eine artikulierte Stimme, übermenschlich laut und melodisch, die jedes Volk zur gleichen Zeit in der eigenen Sprache höre und welche etwas einem göttlichen Wesen Würdiges verkünde. *Müssen* wir dann nicht eine intelligente Absicht hinter dieser Stimme vermuten? Und könnte Philo nicht auch hier wieder seine intellektuellen Kritteleien vom Zaun brechen und behaupten, der Fall sei einmalig usw. usf.? Wir könnten *zweitens* annehmen, Bücher würden nicht geschrieben, sondern entstünden wie Pflanzen oder Tiere durch Abstammung bzw. Fortpflanzung. »Suppose therefore, that you enter into your library, thus peopled by natural volumes, containing the most refined reason and most exquisite beauty: could you possibly open one of them, and doubt, that its original cause bore the strongest analogy to mind and intelligence?«[39] Das heißt, obwohl wir voraussetzungsgemäß nur natürliche Fortpflanzung wahrnehmen, würden wir doch als gewiß annehmen, daß die ursprüngliche Ursache bzw. der Initiator dieser genetischen Folge irgendwie vernunftbegabt gewesen sein muß.

Das zweite Beispiel erscheint interessanter als das erste, und zwar aus einem einfachen Grund. Zu dem gerade angeführten ersten ließe sich nämlich mit gewisser Berechtigung sagen, daß das Erschallen einer Stimme, die ohne alle »Stimmwerkzeuge« oder vergleichbar kunstvolle materielle Mittel hervorgebracht wird und dann die Luft auch noch auf solche Weise erschüttert, daß verschiedene Ohren simultan verschiedene Sprachlaute »empfangen«, einfach »intrinsisch« unmöglich sei. Demgegenüber bereitet die Vorstellung von wachsenden Büchern zumindest keine vergleichbar großen Schwierigkeiten. Pflanzenblätter (nicht zuletzt auch solche der Papyrusstaude) zeigen oft interessante und phantasiebelebende, fortlaufende Maserungen, deren manche durchaus an (eventuell arabische) Schriftbilder erinnern und ein büschelhafter Ansatz solcher Blätter kommt (mit etwas gutem Willen) dem Anblick eines Buches immerhin ziemlich nahe. Überdies sind (v.a. im Anschluß an die Signaturenlehren verschiedener Renaissance-Philosophen, z.B. Paracelsus')

---

[39] A.a.O., S. 402.

viele deutsche Romantiker der Auffassung gewesen, daß solche »Naturzeichen«, wie sie etwa Flechten an Baumstämme »schreiben«, einen geheimen tiefen Sinn enthalten.[40] Cleanthes' Idee ist es nun allerdings nicht, daß ein solcher geheimer Sinn den Gedanken an einen intelligenten Autor unvermeidlich macht. Er will vielmehr sagen, daß die höchst komplizierte und sinnreiche Struktur und Organisation (auf der sichtbaren Ebene, der biologischen Ebene der Zellen, der molekularen und chemischen Ebene sowie letztlich auf der mikrophysikalischen) der Gedankenstruktur in einem Buch weit überlegen scheint. Nun würde aber bei Büchern ganz selbstverständlich davon ausgegangen, daß sie intelligente Wesen zu Urhebern haben, und deswegen wäre es inkonsequent, an der augenscheinlich sogar noch besser begründeten, analogen Annahme zweifeln zu wollen: Ein sezierender Feinschnitt durch eine Pflanze oder ein Tier »zeige« (vorgängig zu Syllogismen) einfach *mehr* und nicht etwa *weniger* Ordnung bzw. »Geist« als das Aufschlagen einer Buchseite.

Kemp Smith hat dieses Argument erstaunlicherweise (aber ganz im Einklang mit seiner »Pro-Philo-Linie« der Sympathie und Argumentation) für ganz unbrauchbar befunden: Damit etwas ein Buch ist, muß es aus Absicht (»project«) hervorgegangen sein; ist dagegen etwas durch Fortpflanzung (»propagation«) entstanden, dann kann es eben nicht Buch genannt werden. Irgendein Mittelwesen ist undenkbar. – Cleanthes bringe geschickt einmal den »project« –, dann wieder den »propagation«-Gedanken ins Spiel: zur Verwirrung des Lesers, dem dadurch leicht die Tatsache entgehen könne, daß Organismen

[40] So beginnt etwa der Anfang von Novalis' Romanfragment ›Die Lehrlinge zu Sais‹ (um 1798) mit den Sätzen: »Mannigfache Wegen gehen die Menschen. Wer sie verfolgt und vergleicht, wird wunderliche Figuren entstehen sehen; Figuren, die zu jener großen Chiffrenschrift zu gehören scheinen, die man überall, auf Flügeln, Eierschalen, in Wolken, im Schnee, in Krystallen und in Steinbildungen, auf gefrierenden Wassern, im Innern und Äußern der Gebirge, der Pflanzen [...] erblickt« (div. Ausgaben). Ähnlich E. T. A. Hoffmann in seinen ›Kreisleriana‹ (1814): »So oft das Pförtchen in der Gartenmauer nicht verschlossen war, schlüpfte ich hinaus zu meinem lieben Stein, an dessen Moosen und Kräutern, die die seltsamsten Figuren bildeten, ich mich nicht satt sehen konnte. Oft glaubte ich die Zeichen zu verstehen, und es war mir, als sähe ich allerlei abenteuerliche Geschichten, wie sie die Mutter mir erzählt hatte, darauf abgebildet mit Erklärungen dazu« (div. Ausgaben, Kap. »Johannes Kreislers Lehrbrief«). Worauf die Romantik-Forschung u. E. noch nicht gekommen ist: Dieser Gedanke ist nicht nur in Paracelsus', Böhmes' etc. Werken, sondern auch in G. Berkeleys Lehre von den visuellen Ideen als Schriftzeichen Gottes in der Natur vorgebildet. Ob Novalis Berkeleys Schriften gekannt hat, ist uns unbekannt. (Zweifellos kannte aber Hoffmann Novalis' Werke.)

(oder Elemente von solchen, wie Augen) überhaupt nicht von »außen« organisiert würden, sondern sich vielmehr von »innen« selbst organisieren würden:

»The organic is not only organized; it is self-organizing. Organisms are self-developing, selfmaintaining, self-regulating, self-propagating. Their ›form‹, that is to say, is as native and natural to them as is the ›matter‹ of which they are composed. In an artificial product, on the other hand, the form, so far from being native to it, depends for its existence on an external artificer. This difference may not be so striking when the objects are simple and made out of one single material; it is ›selfevident and undeniable‹ in proportion as the objects are complexly articulated. The adult organism – to employ terms not used by Hume – comes into being through the *differentiation* of the previously homogeneous; artificial objects come into being through the *external fitting together* of bodies antecedently shaped and formed.«[41]

Hierzu scheint sowohl eine interpretatorische als auch eine inhaltliche Bemerkung angebracht. Erstere findet sich bereits bei Tweyman[42]: Cleanthes unterscheidet eine unmittelbare von einer ursprünglichen Ursache der wachsenden Bücher und er richtet dann, im Gegensatz zu Kemp Smith, sein Augenmerk auf die ursprüngliche »aus Absicht« (Kemp Smith auf die unmittelbare »aus Fortpflanzung«). Im Unterschied zu dem schottischen Gelehrten unserer postdarwinschen Zeit stimmt Cleanthes offensichtlich nicht der Ansicht bei, es bedürften die Vermögen der Fortpflanzung und der Selbstorganisation keiner weitergehenden Erklärungen mehr. Und damit ist auch schon die inhaltliche Fragestellung tangiert. Denn Kemp Smith macht eine Voraussetzung, die zumindest als diskussionsbedürftig gelten sollte. Er scheint darin behaupten zu wollen, daß wir immer dort, wo wir ein Stück »organisierter« anorganischer Materie finden (z. B. eine Marmorstatue), die Frage nach dem intelligenten Ursprung berechtigterweise stellen dürfen – nicht aber angesichts einer Ansammlung »organisierter« bzw. organischer Materie (also z. B. beim Anblick einer Blume oder eines Menschen). An dieser Stelle soll nur erinnert werden, daß dieser Gedanke offensichtlich nicht selbstverständlich wahr ist (noch nicht einmal, wovon Kemp Smith hier aber gar nichts erwähnt, vor dem antezipierten Hintergrund der in sich vollendeten Evolutionstheorie). Ihm steht die möglicherweise

[41] Kemp Smith, a. a. O., S. 128 f.

[42] Vgl. St. Tweyman, David Hume. Dialogues Concerning Natural Religion *in focus*, London 1991, S. 18 ff.

sogar naheliegendere Auffassung entgegen, derzufolge es seltsam wäre, bei dem weniger komplizierten Gebilde, nicht aber bei dem weit komplizierteren, nach einer »Intelligenz im Hintergrund« fragen zu dürfen. Und solange diese Nachfrage nicht sinnlos ist (und solange die Evolutionstheorie – wie es faktisch der Fall ist: Stichwort »Synmutation« – noch Fragen offen läßt), darf auch Cleanthes' Beispiel nicht als unsinnig gelten (auf welchen Vorwurf die Kritik von Kemp Smith ja letztlich hinausläuft).

Hume selbst hat das Gewicht der Beispiele des Cleanthes anerkannt, indem er wie beiläufig die in Wahrheit sehr tief blicken lassende Bemerkung einstreut, »that Philo was a little embarrassed and confounded: But while he hesitated in delivering an answer, luckily fo him, DEMEA broke in upon the discours, and saved his countenance.«[43] Hier haben wir einen der dramatischen Höhepunkte der ›Dialoge‹: Hume kann seine Selbstkritik nicht hinreichend beantworten und räumt dies, dem aufmerksamen Leser gegenüber, selbst ein! Demea weist im Anschluß zwar darauf hin, daß irgendwie ein gefühlsmäßiger Unterschied zwischen der Lektüre eines Buches und der Betrachtung des inneren Aufbaus eines Naturobjekts bestehe. Denn nur in der Auseinandersetzung mit dem Buch dringe ich ein in den Geist und die Absicht des Verfassers, werde ich für eine Zeit gleichsam er selbst; während dies beim Lesen im »Buch der Natur« niemals geschieht – dieses Buch bleibt mir (vor allem emotional) letztlich fremd und unbegreiflich. Das sei auch nicht weiter verwunderlich, da alle Empfindungen des menschlichen Geistes auf den spezifischen Zustand des Menschen und seiner Hervorbringungen bezogen sind.

Demeas Ausführungen, entbehren sie auch nicht eines gewissen Eigenwertes, führen doch insgesamt von der Hauptfrage des *Dritten Dialogs* ab. Diese lautet: Müßte Hume – auf der Grundlage seiner eigenen naturalistischen Erkenntnistheorie – den sich so unmittelbar aufdrängenden Glauben an einen intelligenten Schöpfer nicht ebenfalls in die dem rationalen Zweifel entzogenen, quasi-instinktiven *natural beliefs* einordnen? Wie Gaskin in einer (zumindest *prima facie*) sehr überzeugenden Analyse des Problems nachgewiesen hat[44], lautet die Antwort grundsätzlich *nein*. Ein »skepsisresistenter« *natural belief*, so will der Forscher aufzeigen, muß (gemäß Humes Aus-

[43] Green und Grose (Hg.), a. a. O., S. 404.
[44] Vgl. Gaskin, a. a. O., S. 132–140.

führungen in der ›Treatise‹) mindestens folgende vier Bedingungen erfüllen: (1) Die in Frage stehende Überzeugung ist eine solche des »naiven Common sense«, (2) es gibt für sie – in einem strengeren philosophischen Sinn – keine rationale Rechtfertigung, (3) niemand in der Welt kann ohne diese Überzeugung handeln, (4) infolge von (3) ist sie unter Menschen universell verbreitet. Alle vier Anforderungen träfen auf den Glauben an eine wahrnehmungstranszendente Außenwelt zu und desgleichen auf den an Kausalzusammenhänge in der Natur, während zumindest (3) auf den Glauben an einen göttlichen Schöpfer nicht angewendet werden könne: Auch der Atheist handelt. Damit befindet sich die schwer bestreitbare Beobachtung im Einklang, wonach nicht alle Menschen und Völker an einen (Schöpfer-)Gott glauben.[45] (Dennoch – was Gaskin unterschlägt – räumt Hume bzw. Philo dem sich beim Anblick des »Kunstwerks der Natur« unmittelbar aufdrängenden Gedanken an eine schöpferische Intelligenz zu Beginn des *XII. Teils* schließlich doch noch großes Gewicht ein; davon mehr im letzten Abschnitt des folgenden Kapitels.)

3) Der »apriorische Gottesbeweis« (›Dialogues‹ *IX*)

Da wir uns Humes »Pantheismus« kontinuierlich annähern wollen, muß die Reihenfolge der ›Dialoge‹ ein wenig umgestellt werden. Eine Einbuße an innerer Konsistenz und argumentativer Kraft des Buches ist damit nicht verbunden. Auch bilden gerade die nun vorgezogenen *Dialoge VIII* und *IX*, die mit der »epikureischen Hypothese« sowie dem »apriorischen Gottesbeweis« befaßt sind, kleine, weitgehend selbständige Einheiten innerhalb des Ganzen. Die »epikureische Hypothese« zielt bereits ziemlich eindeutig in Richtung Pantheismus – ihre Besprechung wird eine gute Überleitung zu unserem letzten, »synthetischen« Kapitel gewährleisten.

Demea nennt den apriorischen Gottesbeweis, auf den er sich im *Neunten Dialog* stützen möchte, »den gewöhnlichen«. Damit ist nun

---

[45] Vgl. Hume selbst in der ›Natural History of Religion‹: »The belief of invisible, intelligent power has been very generally diffused over the human race, in all places and in all ages; but is has neither perhaps been so universal as to admit of no exception, nor has it been, in any degree, uniform in the ideas, which it has suggested« (Green und Grose, Hg., Bd. 4, S. 310, »Introduction«).

(besonders gegenwärtig, also mehr als zwei Jahrhunderte später) nicht viel geholfen. Einen konkreten Hinweis auf eine Erhellung bildet eine Anmerkung, die schlicht »Dr. Clarke« lautet. Ein genauerer Vergleich des Demeaschen Beweises mit dem des Samuel Clarke in seiner Schrift ›A Demonstration of the Being and Attributes of God‹ (1705)[46] ergibt tatsächlich sehr weitgehende Übereinstimmungen. Die Lektüre dieser Schrift läßt auch einen nachhaltigen Einfluß John Lockes auf Clarkes Darstellung erkennen. Zur Erinnerung: Der Gottesbeweis Lockes befindet sich im *Vierten Buch* seines berühmten ›Essay‹ (1690), worin er den Hauptteil des *X. Kapitels* ausmacht. Hume hat in seinem letzten »Interview« mit James Boswell (diesem zufolge) von sich gesagt, »he [Hume] never had entertained any belief in Religion since he began to read Locke and Clarke«.[47] Es ist bemerkenswert, daß gerade diese beiden Philosophen, die doch beide Gottesbeweise formuliert und vertreten haben, Hume aus seinem Kindheitsglauben sozusagen herausargumentiert haben sollen. Dies konnte jedoch deswegen umso leichter geschehen, da sie sich gleichermaßen weder scheuten, »gefährliche« Fragen zu stellen, noch gewisse Schwächen ihrer Apologien selbst offen einzugestehen.

Die Grundgedanken von Lockes Gottesbeweis sind (wie aus unserem *Ersten Teil* bekannt), diese: Es läßt sich nicht bezweifeln, daß es *etwas* gibt (z.B. das eigene Dasein); was es gibt, kann nicht »aus nichts« entstanden sein; weiterhin hat *etwas* ewig bestanden, denn hätte es nur irgendwann einmal (eventuell nur den Bruchteil einer Sekunde lang) nichts gegeben, so daraufhin unabdingbar ür alle Ewigkeit nichts mehr; dieses so als ewiges erkennbar werdende Sein muß zugleich das mächtigste und die Quelle alles anderen Seins sein; es kann außerdem nicht ohne Wissen, d.i. rein materiell, gedacht werden, denn reine Materie vermag kein Denken zu erzeugen (wie es zumindest zu meinem eigenen, mir unbezweifelbaren Dasein hinzugehört). Der angemessene Name für dieses ewige, mächtigste und intelligenteste Wesen lautet »Gott«. -Leibniz hat in seinem Manuskript ›Sur l'essai de l'entendement de Monsieur Locke‹ (1696: den späteren, *posthum* im Jahre 1765 veröffentlichten ›Nouveaux Essais

[46] Faksimile Neudruck: Stuttgart-Bad Cannstadt 1964 (zusammen mit ›A Discourse Concerning the Unchangeable Obligations of Natural Religion von 1706). Samuel Clarke, der Freund Newtons, war wie dieser spürbar von den Cambridge Platonikern beeinflußt.

[47] Vgl. Kemp Smith, a.a.O., S. 97.

sur l'entendement humain‹) diesen Beweis mit bei ihm gewohntem Scharfsinn kritisiert:

»Wenn es jemals nichts gegeben hätte, so würde es immer nichts gegeben haben, da das Nichts kein Seiendes hervorbringen kann; wir würden also selbst nicht sein, was gegen die erste Erfahrungswahrheit streitet. Aber die Folge zeigt sofort, daß, wenn Sie sagen, es sei etwas von aller Ewigkeit her dagewesen, Sie darunter ein ewiges Ding verstehen. Auf Grund dessen, was Sie bis dahin vorgebracht haben, folgt indessen nicht, daß darum, weil immer irgend etwas bestanden hat, auch immer eine bestimmte Sache bestanden habe, d. h. daß es ein ewiges Wesen gibt. Denn manche Gegner werden sagen, daß *ich* durch andere Dinge hervorgebracht worden sei, und diese Dinge wieder durch andere. Ferner werden manche, wenngleich sie ewige Wesen (wie z. B. die Epikureer ihre Atome) annehmen, sich darum noch nicht für verbunden halten, *ein* ewiges Wesen zuzugestehen, welches allein die Quelle aller übrigen wäre.«[48]

Diese Kritik ist sicherlich gerechtfertigt, und es hat sogar den (historisch gesehen, falschen) Anschein, daß Clarke, der den Lockeschen Beweis in groben Zügen übernimmt, ihr begegnen will. Auf: »Something has existed from eternity«, folgt bei ihm: »There has existed from Eternity Some one Unchangeable and Independent Being«. Aber um eine »infinite Succession […] of merely *Dependent* Beings« könne es sich dabei nicht gehandelt haben, denn es muß immer etwas geben, das »Self-existent« ist, und damit etwas, »that is Necessarily existing«. Und wenn, wie es tatsächlich der Fall ist, zusätzlich auch noch eine bestimmte Reihenfolge von untergeordneten Ursachen und Wirkungen von Beginn der Welt an besteht, so ist diese doch noch einmal abhängig von einer »Absolute Necessity«: »It is, I say, *to exist by an Absolute Necessity in the Nature of the Things it self.* And this Necessity must be *Antecedent;* not indeed in time, to the existence of the Being it self.«[49]

Nun hatte schon Locke in dem ›Essay‹ (*Zweites Buch, Kapitel XXXI,* also nicht in dem Abschnitt über den Gottesbeweis) eingeräumt: »Denn wir Menschen kennen die reale Wesenheit der Substanzen nicht«. Daraus folgt allerdings, daß das Vermögen des Denkens auch aus der materiellen Substanz stammen könnte, ist uns diese doch letztlich ganz unbekannt (gerade wie die geistige). Diese

[48] G. W. Leibniz, Neue Abhandlungen über den menschlichen Verstand, hg. und üb. von E. Cassirer, Hamburg ^{4}1971, S. 521.
[49] Clarke, a. a. O., S. 28.

Schwierigkeit spricht Clarke, im Zusammenhang mit dem Gottesbeweis, dann ebenfalls an: »Now that the Self-Existent Being, is not [...] a blind and unintelligent Necessity, but in the most proper Sense an Understanding and really Active Being: cannot indeed be Demonstrated strictly and properly *a priori;* because we know not wherein Intelligence consists«.[50]

Demeas Gottesbeweis stellt, insgesamt gesehen, so etwas wie ein Amalgam aus Thomas' zweitem und drittem Weg[51] dar – und zwar in dem neuen Gewand, das Locke und Clarke diesen Gedanken angemessen haben. Thomas, der in weiser Zurückhaltung eben nur von »Wegen« zur Erkenntnis Gottes spricht, und, im Unterschied zu Locke und Clarke, nur seine Existenz, nicht jedoch auch sein Wesen rational nachweisen wollte, hatte doch wenigstens *gewisse* Hoffnungen an seine »quinque viae« geknüpft. Wir wollen untersuchen, ob es Hume gelingt, solche *gänzlich* zunichte zu machen. Dies wäre v. a. sicherlich dann der Fall, wenn hinsichtlich des (ersten) Ursprungs und des (kontingenten) Charakters des Universums gar keine sinnvollen metaphysischen Fragen mehr offen blieben. (Daß dem nicht so ist, räumt sogar Kant ein.)

Demeas Nachweis eines notwendigen Wesens, das den Grund seines Daseins in sich selbst trägt, und von dem alle anderen Wesenheiten wie von einer einzigen Quelle abhängig sind, wird dort, wo er sich von den Locke-Clarkeschen Vorlagen entfernt, indirekt durch die detaillierte Kritik von Cleanthes und Philo erkennbar. Daher empfiehlt es sich, statt mit einer weiteren Zusammenfassung (nun auch noch von Demeas Wortlaut dieses Beweises) der Ökonomie halber gleich mit den ihren Angriffsgegenstand implizit offen legenden Einwänden zu beginnen. Cleanthes:

»I shall begin with observing, that there is an evident absurdity in pretending to demonstrate a matter of fact, or to prove it by any arguments *a priori*. Nothing is demonstrable, unless the contrary implies a contradiction. *Nothing, that is distinctly conceivable, implies a contradiction*. Whatever we conceive as existent, we can also conceive as non-existent. There is no being, therefore, whose non-existence implies a contradiction. Consequently there ist no being, whose existence is demonstrable. I propose this argument as entirely decisive, and am willing to rest the whole controversy upon it.[52]

---

50 A. a. O., S. 102 f.

51 Vgl. Summa theologiae, I, 1, cap 2, art. 3 (div. Ausgaben).

52 Green und Grose (Hg.), Bd. 2, S. 432.

Die (von mir) hervorgehobene These ist sehr kühn und Demea (der Verteidiger des »apriorischen« Arguments) hätte unschwer Kapital aus ihr schlagen können. Es gibt durchaus etwas, so hätte seine Antwort zu lauten vermocht, das klar vorgestellt sein und dennoch einen Widerspruch enthalten kann. »Cleanthes existiert nicht« kann nicht nur ich (Demea) mir klar vorstellen, auch Philo, Pamphilus usw. können dies. Und doch enthält die »Vorstellung« (bzw. die Aussage) von Cleanthes' Nichtexistenz einen Widerspruch, nämlich dann, wenn Cleanthes selbst sie sich vorstellen bzw. sie äußern möchte. Cleanthes kann sich nicht ohne Widerspruch vorstellen, noch sagen, daß *er* nicht existiere. Somit ist nicht jede negative Existenzaussage widerspruchsfrei. Und so ist es auch noch nicht *vollkommen* ausgemacht, daß die Aussage »Gott existiert nicht« *keinesfalls* einen Widerspruch enthält.

Anselms ›Proslogion‹ (um 1078) und Descartes ›Meditationes‹ (1641) werden solange eine Inspirationsquelle erster Ordnung bleiben, wie es überhaupt denkende Menschen gibt – und werden wohl auch niemals für »endgültig widerlegt« gelten können. Hier eine kurze Zusammenfassung der rationaltheologischen Hauptgedanken Descartes' in den ›Meditationen‹[53]: Jeder Mensch erfährt sich als zweifelndes Wesen, aber an (fast) allem zweifeln könnend, kann er (zweifelnd) nicht daran zweifeln, daß er zweifelt – und damit denkt. Ohne zu denken, könnte er nicht zweifeln; aber ohne den impliziten Gedanken eines vollkommenen Wesens könnte er sich nicht als zweifelndes, also unvollkommenes Wesen erkannt haben.[54] So ist die Idee Gottes die ursprüngliche Bedingung der Möglichkeit seines ihm selbst bewußten Zweifels. Die Idee der Vollkommenheit wird (angeblich) selbst als in sich vollständig, vollkommen klar und bestimmt erfahren, was *erstens* die Frage aufwirft, wie ein unvollkommenes Wesen – wie es der Mensch ist – diese hervorgebracht haben sollte und was *zweitens* zur Frage überleitet, ob nicht auch der Gegenstand dieser Idee für vollkommen erachtet werden müsse? Angesichts dieser zweiten Frage ergibt sich aus weiterer Reflexion, daß sie falsch gestellt ist. Denn ein vollkommenes und damit nicht nichtexistierend

---

[53] Div. Ausgaben; zu Anselm vgl. Migne, J. P. (Hg.), Patrologia Latina, Bde. 158 und 159.

[54] Es gäbe sonach einen sachlichen Grund um Gott Vollkommenheit zuzuschreiben; und in der Tat kann ja die Aufgabe der Rationalen Theologie nicht darin bestehen – wie es Whitehead einmal sehr pointiert zum Ausdruck brachte – Gott »metaphysische Komplimente zu machen«. (Vgl. A. N. Whitehead, Science and the Modern World, Cambridge 1953, S. 222)

gedacht werden könnendes (notwendiges) Wesen kann im Unterschied zu allen anderen, bei denen Sein und Idee (bzw. Wesen) unterschieden sind, nicht als getrennt von seiner Idee angesehen werden (was bei dieser Frage stillschweigend vorausgesetzt wurde). Daher bin ich, erfasse ich nur die wahre Idee Gottes als die des vollkommenen Wesens auf adäquate Weise, schon irgendwie bei Gott selbst (mit meinem Geist bei seinem geistigen Sein). Dieser Sachverhalt zeigt sich darin – er wird *dadurch* nicht bewiesen, sondern lediglich offenbar –, daß ich den Satz »Gott (das vollkommene Wesen) existiert nicht« gar nicht widerspruchslos aussprechen kann. Existenz gehört zwar nicht zu den Eigenschaften von Dingen, wohl aber zu ihren Vollkommenheiten (man könnte argumentieren, die realisierte Idee eines Gemäldes habe der unrealisierten eine *Vollkommenheit* voraus). Es kommt dabei alles auf die Einsicht an, daß die Idee Gottes keine Vorstellung ist wie andere auch (z. B. die einer »goldenen Insel«) – hat sich diese Einsicht eingestellt, dann wird man über die Gedanken Anselms und Descartes nicht so einfach hinweggehen können.[55]

Im Bewußtsein der Unabgeschlossenheit der Diskussion des »ontologischen« Beweises, muß die Aussage des Cleanthes als unzureichend gerechtfertigt erscheinen: »The words, therefore, *necessary existence,* have no meaning; or, which is the same thing, none that is

[55] U. E. hat (anders als Leibniz) selbst Kant das »ontologische« Argument immer noch zu leicht genommen (vgl. ›Kritik der reinen Vernunft‹, A 592–603). Eine sehr interessante weiterführende Lektüre stellt Charles Hartshorne, Anselm's Discovery. A Re-Examination of the Ontological Proof for God, La Salle/Ill. 1965, dar. U. E. ist die Behauptung am problematischsten, daß wir eine klare und deutliche (positive) Idee von Vollkommenheit bzw. von einem vollkommenen Wesen haben oder haben können. (Descartes war offensichtlich selbst fest überzeugt davon, im »Besitz« einer solchen Idee zu sein.) Da Gott schwerlich anders definiert werden kann als das allervollkommenste Wesen, ist der Begriff eines solchen Wesens nicht beliebig erdacht – was aber Schopenhauers Kritik in Frage stellt: »Beim Lichte und unbefangen betrachtet ist nun dieser berühmte ontologische Beweis wirklich eine allerliebste Schnurre. Da denkt nämlich Einer, bei irgendeiner Gelegenheit, sich einen Begriff aus, den er aus allerlei Prädikaten zusammengesetzt, dabei jedoch Sorge trägt, daß unter diesen, entweder blank und baar, oder aber, welches anständiger ist, in ein anderes Prädikat, z. B. *perfectio, immensitas,* oder so etwas, eingewickelt, auch das Prädikat der Realität oder Existenz sei. [...] Demgemäß holt nun Jener aus seinem beliebig erdachten Begriff auch das Prädikat der Realität, oder Existenz, heraus: und darum soll ein dem Begriff entsprechender Gegenstand, unabhängig von demselben, in der Wirklichkeit existieren!« (Schopenhauer, Über die vierfache Wurzel des Satzes vom zureichenden Grunde, a. a. O. Bd. 5, S. 23)

consistent.«[56] Zumindest könnte doch (mit Locke und Clarke) gesagt werden, daß irgend etwas bislang immer existiert haben muß – sonst würde jetzt überhaupt nichts existieren. Und es kann weiter immerhin zur Diskussion gestellt werden, ob irgend etwas notwendig existiert – ja, es scheint dieser Gedanke einer notwendigen Existenz sogar die Bedingung für den Gedanken der kontingenten Existenz aller Dinge im Universum zu sein, welcher letztere Cleanthes so selbstverständlich und problemlos vorkommt. (Ähnlich wie der Gedanke der kausalen Determiniertheit wohl den einer freien Intervention voraussetzt: könnte sonst doch scheinbar nicht zwischen bloßem *post hoc* und *propter hoc* unterschieden werden.) Cleanthes fährt jedoch so fort:

»But farther; why may not the material universe be the necessarily-existent Being, according to this pretended explication of necessity? We dare not affirm that we know all the qualitites of matter; and for aught we can determine, it may contain some qualities, which, were they known, would make its non-existence appear as great a contradiction as that twice two is five. I find only one argument employed to prove, that the material world is not the necessarily-existent Being; and this argument is derived from the contingency both of the matter and the form of the world. ›Any particle of matter,‹ 'tis said, ›may be *conceived* to be annihilated; and any form may be *conceived* to be altered. Such an annihilation or alteration, therefore, is not impossible.‹ But it seems a great partiality not to perceive, that the same argument extends equally to the Deity, so far as we have any conception of him; and that the mind can at least imagine him to be non-existent, or his attributes to be altered. It must be some unknown, inconceivable qualities, which can make his non-existence appear impossible, or his attributes unalterable: And no reason can be assigned, why these qualities may not belong to matter. As they are altogether unknown and inconceivable, they can never be proved incompatible with it.«[57]

Es geht aber imgrunde gar nicht um unbekannte *Eigenschaften* Gottes (oder der Materie), welche seine (ihre) Nicht-Existenz eventuell unmöglich machen. Keine Eigenschaft im gewöhnlichen Sinne dieses Wortes kann dem, dessen (deren) Eigenschaft sie ist, notwendige Existenz verleihen. Wie Kant in dem Theologie-Kapitel der »Transzendentalen Dialektik« zurecht ausführt, ist nicht einmal »Sein« selbst – geschweige denn »notwendiges Sein« – ein »reales Prädikat«[58]. Dies

[56] A. a. O., S. 432.

[57] A. a. O., S. 432 f.

[58] ›Kritik der reinen Vernunft‹, A 598: Kant hätte aber nachweisen sollen, daß »Dasein«

läßt sich auch intuitiv sehr gut einsehen, wenn man versucht, das (Da-)Sein eines Dinges in eine Reihe mit seinen anderen Eigenschaften zu stellen: Dieser Apfel ist rot, knackig, süß, daseiend (existent). Spürbar gehört die letzte Bestimmung, obwohl der grammatikalischen Form nach ebenfalls adjektivisch, in diese Aufzählung nicht hinein. Die Idee des materiellen Universums ist offensichtlich nicht identisch mit der eines vollkommenen Wesens. Letztere Idee erlaubt z. B. keine Trennung von Wesen (»Begriff«) und Sein, die des materiellen Universums sehr wohl. Auch wissen wir mittlerweile, daß Materie verstrahlen kann. (»Strahlentod« des materiellen Universums am Ende der Zeiten, wogegen ein vollkommenes Wesen sicherlich nicht als vergänglich aufgefaßt werden darf.)

Cleanthes bringt dann noch zwei weitere Kritikpunkte in das Gespräch ein, deren erster erfreulich leicht zu beantworten ist. Er lautet: »How can any thing, that exists from eternity, have a cause, since that relation implies a priority in time and a beginning of existence?«[59] Aber daß das Universum von Ewigkeit her existiert, ist ja alles andere als ausgemacht. In Wirklichkeit widerspricht diese antike Annahme dem gegenwärtigen kosmogonischen Standardmodell, wonach das Alter des – dieses – Universums circa 13 Milliarden Jahre ausmacht, wobei wir allerdings nicht wissen, was vorher war (oder ob die Frage nach einem »vorher« überhaupt einen Sinn ergibt[60]). Außerdem ist die Auffassung, das Universum sei »verursacht« worden, schon grundsätzlich reichlich problematisch: Und zwar ganz unabhängig von der »unique-cause-objection«.[61] Die gewöhnliche Rede von einer »Verursachung« setzt wohl ein räumliches, sicherlich jedoch ein zeitliches Verhältnis voraus. Irgendwie münden hier Raum und Zeit an der »Planckschen Zeitmauer« von 10^{-43} Sekunden in eine

---

keine *Vollkommenheit* ist – dies wäre für eine angemessene Kritik des »ontologischen« Gottesbeweises erfordert gewesen (was hier alles nur angedeutet werden kann).

[59] A. a. O., S. 433.

[60] Sie ergäbe z. B. dann keinen Sinn, wenn auch die Zeit ein Ergebnis des »Urknalls« und seiner Entwicklung wäre (so etwa St. Hawking).

[61] So schon Thomas: »Sed tamen aliter est de Verbo [Dei, S. B.] agente et causante omnia, et aliter de aliis agentibus. Nam alia agentia operantur ut extrinsecus existentia: cum enim non agant nisi movendo et alterando aliquo modo quantum ad ea quae sunt extrinseca rei, ut extrinseca operantur. Deus vero operatur in omnibus ut interius agens, quia agit creando. Creare autem est dare esse rei creatae. Cum ergo esse sit intimum cuilibet rei, Deus, qui operando dat esse, operatur in rebus ut intimus agens. In mundo ergo erat ut dans esse mundo.« (›Super Evangelium S. Joannis Lectura‹, Caput I, Lectio V, div. Ausgaben).

unzeitliche und unräumliche – also vielleicht sogar »ewige« – »Form« von ungeheurer Energie: soweit die »naturwissenschaftliche« Betrachtungsweise.

Aber auch gemäß der theologischen ist die Rede von Gott als erster Ursache des Universums, so überhaupt, nur mit gewichtigen Qualifikationen statthaft. Denn hier wäre nicht einfachhin Gott die Erstursache, sondern, genauer betrachtet, sein freier Entschluß, eine raum-zeitlich-materielle Welt zu schaffen. Diesem aber liegen (bei personaler Deutung) Gründe und keine weiteren Ursachen voraus. Andernfalls kann der Eindruck entstehen, es wäre sinnvoll, auch noch nach der Ursache Gottes zu fragen usf. Schopenhauer, tiefer noch als Kant von Humes ›Dialogen‹ beeindruckt, hält eine solche Konsequenz sogar für unvermeidlich:

»Eine erste Ursache ist gerade und genau so undenkbar, wie die Stelle, wo der Raum ein Ende hat, oder der Augenblick, da die Zeit einen Anfang nahm. Denn jede Ursache ist eine *Veränderung,* bei der man nach der ihr vorhergegangenen Veränderung, durch die *sie* herbeigeführt worden, nothwendig fragen muß, und so *in infinitum, in infinitum!* […] Das Gesetz der Kausalität ist also nicht so gefällig, sich brauchen zu lassen, wie ein Fiaker, den man, angekommen wo man hingewollt, nach Hause schickt. Vielmehr gleicht es dem, von Goethes Zauberlehrlingen belebten Besen, der, einmal in Aktivität gesetzt, gar nicht wieder aufhört zu laufen.«[62]

Cleanthes' letzter Kritikpunkt besteht in der Behauptung, daß für den Fall eines zeitlich unendlichen materiellen Universums, wobei jeder Zustand des Universums durch den vorher gehenden verursacht wird, keine Frage als Erklärungsdefizit offen bleibt. Die Erklärung der Existenz der ganzen Reihe (als Antwort auf die Frage: »Warum gibt es überhaupt ein unendliches materielles Universum und nicht vielmehr nichts?«) stelle sich nicht, da »die Vereinigung dieser Teile zu einem Ganzen, gleichwie die Vereinigung mehrerer verschiedener Grafschaften zu einem Königreich […], lediglich durch eine willkürliche Handlung des Geistes zustande gebracht wird und keinen Einfluß auf die Natur der Dinge hat.«[63] Aber diese Auffassung, die schon hinsichtlich des Königreichs nicht so recht überzeugt (wo ein Königreich geschaffen wurde, werden sich die historischen Wirkungen dieser Tat einstellen, und zwar ganz »real« in Raum und Zeit), ist bezüglich des Universums ganz kontraintuitiv. Denn *erstens*

---

[62] A. Schopenhauer, Über die vierfache Wurzel …, a. a. O., S. 53.

[63] A. a. O., S. 433; unsere Üb.

existiert dieses, aller Wahrscheinlichkeit nach, nicht seit Ewigkeit, und *zweitens*, selbst wenn es so wäre, bliebe die Tatsache eines solchen Universums ein berechtigter Grund des Staunens und der Verwunderung und zwar ganz unabhängig davon, ob sich jeder Zustand desselben kausal auf einen unmittelbar vorhergehenden zurückführen ließe oder nicht.[64]

Nun ergreift Philo das Wort und schließt einen, dem Cleanthesschen ähnlichen Einwand an: Gelänge es uns, in das innerste Wesen der Materie einzudringen, so würde sich vielleicht herausstellen, daß die Bewegungen der materiellen Dinge ganz unmöglich anders sein können, als wir sie tatsächlich erfahren. Anstatt die Ordnung in der materiellen Welt anzustaunen, sähen wir dann deutlich, daß diese gänzlich unvermeidbar bzw. absolut notwendig ist: »So dangerous is it to introduce this idea of necessity into the present question! and so naturally does it afford an inference directly opposite to the religious hypothesis!«[65] – Auch hier muß erwidert werden, daß, selbst für den Fall, daß die Physik einen vollständigen Determinismus in der körperlichen Natur bewiesen hätte (nachdem die Quantenmechanik zur physikalischen Grundtheorie geworden ist, spricht allerdings einiges für die gegenteilige These), es immer noch nicht unsinnig gewesen wäre, die naturgesetzliche Ordnung nochmals zu einem Gegenstand des Nachfragens zu machen. »Warum gibt es diese (zufallsfreie) naturgesetzliche Ordnung?«, läßt sich genauso fragen wie »Warum gibt es diese (raum-zeitliche) materielle Welt?«. Ein *Frageverbot* wäre in beiden Fällen rational unbegründbar, wenn möglicherweise auch einer derzeit sehr weit verbreiteten antimetaphysischen und antireligiösen Emotion zuträglich. Eine naturwissenschaftliche Erklärung ist (gemäß dem bekannten Hempel-Oppenheim-Schema) eine Erklärung aus Antezedensbedingungen und (Natur-) Gesetzen: Damit kann eine erste Ausgangsbedingung ebenso wenig selbst Gegenstand einer naturwissenschaftlichen Erklärung sein wie die (oder zumindest die fundamentalen) Naturgesetze.

---

[64] F. von Kutschera macht zu dem zuletzt genannten Argument diese logische Bemerkung: »Gegen das Argument […] hat man oft eingewendet, eine Erklärung dafür, daß genau die Objekte aus M entstanden sind, sei schon damit gegeben, daß man für jedes Objekt aus M erklären kann, warum es entstanden ist. Das ist aber offenbar falsch: »Aus ›Für jedes Objekt x aus M gibt es eine Erklärung für das Entstehen von x‹ folgt nicht, ›es gibt eine Erklärung für die Tatsache, daß alle (oder genau die) Objekte aus M entstanden sind‹« (Ders., Vernunft und Glaube, Berlin 1990, S. 28)

[65] A. a. O., S. 434.

4) Die »epikureische Hypothese« (›Dialogues‹ *VIII*)

Hume hat sich mehrfach mit epikureischer Philosophie befaßt: bereits vor der Niederschrift des *Achten Dialogs* in dem *Elften Abschnitt* der ›Untersuchung über den menschlichen Verstand‹ (wo er, geschickte Vorkehrung gegen mögliche religiöse Zensur trffend) einen Epikureer als »Gesprächspartner« und »Freund« einführt) und in der kleinen Skizze »Der Epikureer«, wo er diesen philosophischen Typus mit gewisser, wenn auch nicht uneingeschränkter Sympathie charakterisiert. Diese geht jedoch stellenweise auch wieder so weit, daß sich der Gedanke, es handle sich um eine Selbstbeschreibung, einstellen kann; so insbesondere anläßlich der Kritik des Epikureers an jeder »unnatürlichen« Ethik, die – wie die stoische – Glückseligkeit infolge von Vernünftigkeit und Tugendhaftigkeit verspricht:

»You pretend to make me happy by reason, and by rules of art. You must, then, create me anew by rules of art. For on my original frame and structure does my happiness depend. But you want power to effect this; and skill too, I am afraid: Nor can I entertain a less opinion of nature's wisdom than of yours. And let her conduct the machine, which she has so wisely framed. I find, that I should only spoil it by my tampering.«[66]

»The Epicurean« ist nur einer von vier zusammengehörenden Texten, deren drei übrige (»The Stoic«, »The Platonist«, »The Sceptic«) die Aussagen und Standpunkte des Epikureers dann allerdings weitgehend relativieren. Insgesamt soll sicherlich der Eindruck erweckt werden, daß im Letzten keine theoretische Entscheidung über die Wahrheit dieser vier philosophischen Positionen herbeigeführt werden kann. Es müsse vielmehr jeder Mensch selbst zu erkennen trachten, welchen Charakter er habe und welche Neigungen bei ihm besonders ausgeprägt seien, um die Philosophie zu wählen, die am besten zu ihm »paßt«.[67] Dieser Einsicht kommt der »Skeptiker« am nächsten, dem auch sicher nicht von ungefähr der größte Raum zur Selbstdarstellung eingeräumt wird (dieser philosophische Zweifler vertritt überdies auch inhaltlich die – relativ zu den anderen philoso-

---

[66] Green und Grose (Hg.), Bd. 3, S. 198.

[67] Vgl. J. G. Fichtes bekanntes Wort aus ›Erste Einleitung in die Wissenschaftslehre (1797), §5 div. Ausg.): »Was für eine Philosophie man wähle, hängt sonach davon ab, was man für ein Mensch ist.« (Die Aussage gleicht der Humeschen, ist aber offenbar anders gemeint: Humes Aussage bezieht sich auf die natürliche charakterliche Anlage, Fichtes auf die freie Stellungnahme zur unbedingten sittlichen Forderung.)

phischen Charakteren – meisten *der* Thesen, die aus Humes übrigen Werken als dessen eigene bekannt sind[68]). In seiner Anweisung zum glücklichen Leben unterscheidet sich der Skeptiker nicht wesentlich vom Epikureer (dagegen werden beide sehr deutlich von den Stoikern und Platonikern abgegrenzt), allerdings hat der Skeptiker diesem gegenüber den Akzent eher auf die sozialen Freuden gelegt:

»To be happy, the *passion* must neither be too violent nor too remiss. In the first case, the mind is in a perpetual hurry and tumult; in the second, it sinks into a disagreeable indolence and lethargy.

To be happy, the passion must be benign and social; not rough or fierce. The affections of the latter kind are not near so agreeable to the feeling, as those of the former. Who will compare rancour and animosity, envy and revenge, to friendship, benignity, clemency, and gratitude?«[69]

Es wird sich ergeben, daß – wie in der Ethik, so auch in der Metaphysik – Humes eigene Auffassungen den epikureischen nahekommen, ohne wirklich jemals mit ihnen kongruent zu sein.

Wie Kemp Smith aufweisen konnte[70], hatte Hume gute Kenntnisse von Pierre Bayles ›Dictionnaire Historique et Critique‹ (engl. Erstausgabe 1738) sowie von dessen übrigen Schriften. In dem Artikel »Epicure« des seinerzeit berühmten Wörterbuchs[71] findet sich u. a. die Feststellung, daß dieser mit den anderen »Alten« die Ewigkeit der Materie annahm, dabei aber, konsequenter als diese, auch bestritten habe, Zeus oder die Götter könnten diese regieren. Denn was man nicht geschaffen habe, sondern vorfinde, könne man auch nicht beeinflussen(?). Die Materie sei somit auch von keinem göttlichen Geist geordnet worden, d. h. sich selbst überlassen bleibend, muß die jetzige Ordnung und Regelmäßigkeit aus *Zufall* hervorgebracht worden sein.

Wie wir wissen, hat Hume selbst nicht an (objektiven) Zufall

[68] Ein Beispiel: »The passion alone, arising from the original structure and formation of human nature, bestows a value on the most insignificant object.« (A. a. O., Bd. 3, S. 216). Indessen fehlt eine Charakterisierung des »Naturalisten«, welche m. E. einer Selbstbeschreibung Humes noch näher kommen hätte müssen als die des »Skeptikers«.

[69] A. a. O., S. 220.

[70] Vgl. etwa seinen Vergleich zwischen Humes ›Early Memoranda‹ und dem Strato-Artikel im ›Dictionnaire‹ Pierre Bayles in: ›Humes's Dialogues‹, a. a. O., S. 45 f. und 101–109; ebenso: Ders., The Philosophy of David Hume, a. a. O., S. 506–516.

[71] Vgl. P. Bayle, Dictionnaire, Nouvelle Édition, Paris 1820–1824, Tome VI (DR–F), S. 166–202.

geglaubt,[72] und so kann er schon von daher diesen epikureischen Thesen zumindest nicht gänzlich beipflichten. In den ›Dialogen‹ nennt er die »epikureische Hypothese« gar das »most absurd system, that has yet been proposed«[73], aber dieser starke Ausdruck gehört mit großer Wahrscheinlichkeit zu seinem komplexen Verschleierungsmanoever zur Vertuschung des eigenen »Minimal-Pantheismus« und »Beinahe-Atheismus«. In der folgenden Rede gibt sich Philo dann auch spürbar Mühe, den Eindruck der Absurdität der epikureischen Kosmogonie sehr weitgehend zu zerstreuen.

Die großen Vorteile dieser Kosmogonie lägen darin, daß weder zur Erklärung der Existenz von Materie noch von Bewegung noch von Ordnung eine *erste Ursache* ins Spiel gebracht werden müsse, und damit etwas, das kaum sinnvoll erscheine (und dennoch wenigstens teilweise unentbehrlich ist: Philo gibt am Ende der ›Dialogues‹ die Existenz eines »ersten ordnenden Prinzips« zu!): »Kaum sinnvoll«, da nicht einsichtig wird, wie man jemals in der Reihe der Ursachen bei einer ersten sollte stehen bleiben können. -In Vergessenheit geraten sind die scholastischen Konzeptionen, wonach Gott keine äußere, »anstoßende« Ursache, sondern eine innere, »sein-verleihende« ist: und damit kein Glied in der Ursachenkette, wohl aber der, der diese ganze erst ins Sein »hebt«. Unter diesen Vorzeichen des Vergessens muß die ältere epikureische Hypothese wieder interessant werden, welche zunächst durch den Hinweis darauf eine Verteidigung erfährt, daß vor der Erfahrung jedes Ereignis prinzipiell gleich gut denkbar sei. Dieser Hinweis zielt auf den Gedanken ab, daß wir keine Erfahrung von der Entstehung (oder Nichtentstehung)

---

[72] Vgl. z.B. die Aussage zu Beginn des *Sechsten Abschnitts* (»Of Probabilitiy«) der ›Enquiry Concerning Human Understanding‹: »Though there be no such thing as *Chance* in the world; our ignorance of the real cause of any event has the same influence on the understanding, and begets a like species of belief or opinion.« (Green und Grose, Hg., Bd. 4, S. 47).

[73] A. a. O., S. 426. »Epikureische« Weltentstehungsspekulationen, die gänzlich auf »design« und schöpferische Intelligenz verzichten wollen, kannte bereits Thomas von Aquin, der von Philosophen spricht, die behauptet hätten: »Zu Beginn der Weltentstehung seien die vier Elemente zusammengetreten, um die Naturdinge ins Dasein zu rufen, und es seien viele und mannigfaltige Bildungen von Naturdingen entstanden. Bei einigen von diesen Dingen sei nun alles so zweckmäßig zusammengetroffen, als ob sie für den Zweck gemacht worden wären, und nur diese Bildungen hätten sich erhalten, weil sie eine zur Erhaltung geeignete Beschaffenheit hatten, nicht von Seiten eines zwecksetzenden oder zielstrebigen Agens …« (zit. nach: Die Philosophie des Thomas von Aquin, hg. von E. Rolfes, a. a. O., S. 47)

von Materie haben und somit auch nicht wissen können, ob sie nicht vielleicht natürlicherweise ewig existiert. Aber Bewegung sehen wir doch entstehen? Ja, und oftmals sogar ohne die Verbindung mit einem Willensakt. Aber wenn schon die Materie, einer plausiblen Vermutung gemäß, seit Ewigkeit besteht, –

»why may not motion have been propagated by impulse through all eternity, and the same stock of it, or nearly the same, be still upheld in the universe? As much is lost by the composition of motion, as much is gained by its resolution. And whatever the causes are, the fact is certain, that matter is, and always has been in continual agitation, as far as human experience or tradition reaches. There is not probably, at present, in the whole universe, one particle of matter at absolute rest.

And this very consideration too, continued PHILO, which we have stumbled on in the course of the argument, suggests a new hypothesis of cosmogony, that is not absolutely absurd and improbable. Is there a system, an order, an oeconomy of things, by which matter can preserve that perpetual agitation, which seems essential to it, and yet maintain a constancy in the forms, which it produces? There certainly is such an oeconomy: for this is actually the case with the present world. The continual motion of matter, therefore, in less than infinite transpositions, must produce this oeconomy or order; and by its very nature, that order, when once established, supports itself, for many ages, if not to eternity. But where-ever matter is so poized, arranged, and adjusted as to continue in perpetuel motion, and yet preserve a constancy in the forms, its situation must, of necessity, have all the same appearance of art and contrivance, which we observe at present.«[74]

Soweit Philos erste Version der epikureischen Hypothese. Eine ihrer Schwächen liegt in dem Umstand, daß ganz dunkel und unverständlich bleibt, wo die enorme Kraft herkommen soll, welche diesen ungeheuren »Materiehaufen« pausenlos durcheinander wirbelt und, nach einem einmal zufällig erreichten relativ stabilen Zustand, weiterhin (für immer) geregelt fortbewegt. Philo sieht das Problem und ist, um nicht zu viele Entitäten unerklärt und seit Ewigkeit existieren zu lassen, auch gleich zu einer geringen Modifikation bzw. näheren Erläuterung seiner Darstellung bereit: In der Materie selbst existiere eine gleichursprüngliche *Kraft*, diese sei gänzlich »blind« und »ungeleitet«. Bei genügend langer Zeit, in welcher alle möglichen Zustände und Lagen der endlich großen Materieansammlung »durchgespielt« würden, muß mit einem geordnet aussehenden Universum gerechnet werden, wobei wir uns gegenwärtig in einer solchen Phase

[74] A. a. O., S. 426 f.

befänden. Ja, wir könnten uns in gar keinem anderen als einem geordneten Kosmos befinden und brauchten diesen folgerichtig auch nicht zu bestaunen.

Es trifft zu, daß eine zufällige Entstehung von Ordnung nicht gänzlich unmöglich ist, aber nicht alles, was widerspruchsfrei denkbar erscheint, ist deswegen auch schon ausreichend wahr-scheinlich oder plausibel. Das Maß der Ordnung im Kosmos ist, um ein Weniges zu sagen, *sehr* groß – ja, so unvorstellbar groß, daß die Wahrscheinlichkeit für eine Zufallsentstehung dieser Ordnung (umgekehrt proportional) unvorstellbar klein zu werden droht. Die Befürworter des teleologischen Arguments haben wohl auch niemals behauptet, die epikureische Hypothese würde keine *logische* Möglichkeit darstellen, d. h. sie haben ihr Argument nicht mit einem apriorischen verwechselt. Und so gesehen ist Hume-Philos Entdekkung einer solchen Möglichkeit (die er bezeichnenderweise selbst nicht für sehr wahrscheinlich hält) philosophisch betrachtet nicht gerade spektakulär. Hier kommt also alles auf den (sich einer näheren Schätzung sicherlich prinzipiell entziehenden) Grad der Wahrscheinlichkeit einer Entstehung dieses Maßes an Ordnung aus reinem Zufall und blinder Kraft an. Wo wir Menschen leben und u. a. leidlich geordnete Gedanken über die erfahrbare Ordnung fassen, muß allerdings ein gewisses Maß an Ordnung erreicht und realisiert sein. Das aber bedeutet keinesfalls, daß wir uns über diese Ordnung nicht zu verwundern bräuchten. Denn wir können uns schließlich auch darüber zurecht wundern und über die Tatsache staunen, daß wir überhaupt existieren. Nur wenn die Aussage über die Existenz von Menschen (als komplex »geordnete« Entitäten) eine notwendige Wahrheit wäre (was selbstverständlich nicht der Fall ist), könnten auch die Bedingungen dafür (z. B. eine geordnete Welt) als notwendig erachtet werden – und damit als sinnvollerweise nicht weiter erstaunlich.

Cleanthes werweist in seiner Antwort auf Philo auch auf den sehr hohen Ordnungsfaktor in der erfahrbaren Welt, aber (von Hume sicherlich nicht unbeabsichtigt) auf eine leicht lächerlich wirkende, naiv anthropozentrische Art und Weise. Ein Beispiel: »If no camels had been created for the use of a man in the sandy deserts of AFRICA and ARABIA, would the world have been dissolved?«[75] Kant gibt auf einen ähnlichen Gedanken hin zu bedenken: Soviel

[75] A. a. O., S. 429. Cleanthes meint also, daß die Existenz von Kamelen nicht notwendig

solche Tiere Wüstenbewohnern auch nutzen mögen, »man sieht nicht, warum überhaupt Menschen dort leben müssen.«[76] Und zum weiteren Nachweis der Naivität *dieser* (anthropozentrischen) Form von Teleologie, fügt er später noch hinzu:

»Man könnte auch, mit dem Ritter Linné, den dem Scheine nach umgekehrten Weg gehen, und sagen: Die gewächsfressenden Tiere sind da, um den üppigen Wuchs des Pflanzenreichs, *wodurch* viele Spezies derselben erstickt werden würden, zu mäßigen; die Raubtiere, *um der* Gefräßigkeit jener Grenzen zu setzen; endlich der Mensch, damit, indem er diese verfolgt und vermindert, ein gewisses Gleichgewicht unter den hervorbringenden und den zerstörenden Kräften der Natur gestiftet werde.«[77]

Kant will jedoch mit dieser anthropozentrischen nicht jede Form von Teleologie desavouiert wissen. Dieser naive Finalismus mag selbst einen gewissen Sinn für den alltäglichen (»lebensweltlichen«) Umgang mit der Natur haben, ihm eigne aber insgesamt nur »subjektive«, nicht »objektive« Realität. (Eingeschränkte) objektive Realität (»als ob«) käme allein der inneren Zweckmäßigkeit oder Teleologie von Organismen (Kant: »organisierten Wesen«) zu. Diese seien keine bloßen Maschinen, sondern besäßen in sich bildende Kräfte zur Selbstorganisation, und sie allein verfügten über das Vermögen, sich zu sich selbst wechselseitig als Ursache und Wirkung zu verhalten. Organismen unterscheiden sich damit nach Kant wesentlich von allen anderen Naturgebilden, und nur sie, also nicht die »äußere« (von außen herangetragene), subjektive oder anthropozentrische »Teleologie«, könnten eine quasi-objektive teleologische Naturbetrachtung, in welcher Natur zum Nutzen der Naturforschung angesehen wird *als ob* sie selbst ein einziger Organismus wäre, begründen:

»Organisierte Wesen sind […] die einzigen in der Natur, welche, wenn man sie auch für sich und ohne ein Verhältnis auf andere Dinge betrachtet, doch nur als Zwecke derselben möglich gedacht werden müssen, und die also zuerst dem Begriffe eines *Zwecks*, der nicht ein praktischer sondern Zweck *der Natur* ist, objektive Realität, und dadurch für die Naturwissenschaft den

aber doch wirklich sei – darüberhinaus aber (ein Hinweis auf Gottes vorsehende Güte) nützlich für Wüstenbewohner.

[76] I. Kant, Kritik der Urteilskraft, Berlin 1790, B 283 f.; div. Ausg.

[77] A. a. O., B 383 (Kant, wie deutlich geworden sein wird, spricht hier über die These, Pflanzen und Tiere seien nur für den Menschen da).

Grund zu einer Teleologie, d.i. einer Beurteilungsart ihrer Objekte nach einem besondern Prinzip, verschaffen.«[78]

Hume hat diese Unterscheidung von äußerlich herangetragener und im Innern der Organismen selbst entdeckter Teleologie nicht vorgenommen (was ihn nicht daran hindert, die Hypothese vom gesamten Kosmos als Organismus dennoch sehr zu schätzen). Vielleicht vermied er die Kantische Differenzierung sogar zurecht, denn die Reinterpretation selbst noch von organischer Teleologie als bloßer Schein-Teleologie scheint wenigstens nicht ausgeschlossen.

Das übliche Beispiel ist hier der Heizkörper, der sich von selbst einschaltet, wenn eine bestimmte Abkühlung im Zimmer eingetreten ist, um sich dann wieder auszuschalten, wenn eine bestimmte höhere Zimmertemperatur erreicht wird. Dies ermöglicht eine teleologische Frage (»Wozu schaltet er sich ein/aus?«) und eine entsprechende teleologische Antwort (»Um eine bestimmte, angenehme Zimmertemperatur aufrechtzuerhalten«). Ein Blick auf den Mechanismus des Thermostats bereitet dieser Schein- oder Quasi-Teleologie«[79] jedoch ein rasches Ende, bietet sich doch eine einfache kausal-mechanische Erklärung an (ein temperaturempfindlicher Metallfaden zieht sich zusammen und dehnt sich aus, um auf diese Weise einen Stromkreis zu schließen bzw. zu unterbrechen). Es ist nun denkbar, daß sich alle Teleologie in der Natur als solche Schein-Teleologie erweisen könnte, wie dies einige Philosophen auch annehmen.[80]

Hier ließe sich jedoch einwenden, daß damit zwar der Eindruck von Wechselwirkungen erklärt werden kann, keineswegs aber der von Selbstorganisation.[81] Diese bliebe trotz Thermostat geradeso ein Rätsel wie Stoffwechsel, Fortpflanzung oder etwa auch die Regeneration von verlorenen Gliedmaßen (der Schwanz der Eidechse … keine Maschine kann so etwas) und die (mittels eines Bergson-Zitats bereits angesprochene) »Feinabstimmung« der Bedingungen zu einem

[78] A.a.O., B 295.

[79] Vgl. G. H. von Wright, Erklären und Verstehen, Frankfurt/Main [3]1991 (Erstv. 1971, aus dem Engl. üb. von G. Grewendorf und G. Meggle), insb. Kap. 2 und 3.

[80] Vgl. z.B. W. Stegmüller, »Teleologie, Funktionalanalyse und Selbstregulation« (Kap. 8), in: Probleme und Resultate der Wisssenschaftstheorie und Analytischen Philosophie, Bd. I, Berlin 1969, S. 518–623. Vgl. auch die gesamte Spezialwissenschaft der sog. Kybernetik.

[81] Vgl. dazu evtl. nochmals R. Löw, Philosophie des Lebendigen, Frankfurt/Main 1980 sowie R. Spaemann und R. Löw, Die Frage Wozu?, München [3]1991 (Erstv. 1981).

»Evolutionssprung«, die Synmutation. Auch einige Naturwissenschaftler haben den Eindruck gewonnen sowie beherzt weiter vermittelt, als wäre die »Kraft«, die da in der Materie wirkt, wenigstens nicht völlig »blind«[82]: Und so erhält Philos (geringfügig modifizierte) Hypothese, diese rätselhafte Energie im Kosmos oder des Kosmos könne den relativ zielgerichteten (wenn auch kaum intentional-bewußten) Kräften ähneln, welche in Pflanzen- und Tierkörpern wirksam seien, in unserer Zeit durchaus neue Aktualität. Es wird sich ergeben, daß diese Hypothese auch Humes eigene ist. Sie unterscheidet sich von der »epikureischen« dadurch, daß sie ein zufälliges bzw. *gänzlich* blindes Wirken im Kosmos – bzw. des Kosmos – angesichts der geradezu »übergroßen« Ordnung in der Natur und insbesondere in den Organismen (man denke nur an die Struktur des menschlichen Gehirns) für sehr unplausibel hält.

Die *epikureische Hypothese* zielt an der, für Hume, plausibelsten Annahme einer »entfernten Ähnlichkeit« jener Kraft mit menschlicher Intelligenz[83] letztlich ebenso vorbei wie die anthropomorph-theistische des Cleanthes – wenn auch in entgegengesetzter, nämlich diesmal atheistischer Richtung. Damit bleibt dem Interpreten als »eigentlicher Zielpunkt« Humes nur noch ein solcher in pantheistischer Richtung übrig.

---

[82] Vgl. I. Prigogine, der sogar einen »Dialog mit der Natur« für möglich hält und darüber hinaus auch fordert, in: Ders. und I. Stenghers, Dialog mit der Natur. Neue Wege wissenschaftlichen Denkens, München 1981.

[83] Vgl. ›Dialogues‹ XII, a.a.O., S. 467.

Viertes Kapitel:

David Hume über die Natur als Organismus

0) Vorbemerkungen

Unbeschadet der enormen Unterschiede zwischen der Philosophie David Humes und der George Berkeleys, teilen sich beide Konzeptionen einen einzigen negativen Gedanken als ihren gemeinsamen metaphysischen »Kern«: Die Natur ist keine Maschine. Sie ist eher so etwas wie der beseelte »Leib« Gottes, d. h. das Verhältnis Gottes bzw. des schöpferischen, gestaltenden und bewegenden Prinzips zum Kosmos ist nicht das eines Ingenieurs zu seinem Artefakt (eines Uhrmachers zur Uhr), sondern gleicht vielmehr dem eines menschlichen Geistes zu seinem beseelten Leib (so Berkeley) bzw. dem einer Tier- oder Pflanzenseele zu ihrem Leib oder Körper (so Hume). Will man – wie es ohne weiteres möglich scheint – diesen »organismischen« Gedanken »Pantheismus« (oder »Panentheismus«) nennen und weiterhin einräumen, daß es eine große Bandbreite an »Pantheismen« gibt, dann befinden sich Berkeley und Hume zwar an den äußersten Enden dieses Spektrums – der erste nahe am theistischen, der zweite nahe am atheistischen –, nichtsdestoweniger wären sie beide in diesem Sinne »Pan(en)theisten«. Weiterhin sind beide *Realisten,* insofern als sie nämlich gleichermaßen von der Existenz einer Wirklichkeit oder Welt, deren Dasein von jedem menschlichen Bewußtsein ganz unabhängig ist, überzeugt sind. Hinsichtlich der Frage nach der Beschaffenheit dieser (materiellen) Welt gehen ihre Auffassungen allerdings wieder weit auseinander: Hume hält, wenigstens zeitweise (so in der ›Enquiry Concerning Human Understanding‹), den atomistischen Mechanismus für die immerhin noch wahrscheinlichste Hypothese, Berkeley hält, wenigstens zeitweise, die Hypothese von keimhaft angelegten Ideen im quasigöttlichen »Äther« für die plausibelste Ansicht. Wie diese nicht gerade leicht verständliche »immaterialistische« Hypothese Berkeleys näherhin gedacht werden soll, haben wir bereits zu verstehen gesucht. Auf welche Weise Humes realistische und zeitweilig atomistische Weltsicht mit einem im Inneren dieser Welt selbst ordnenden, entfernt geistigen Prinzip widerspruchslos und womöglich auch »spannungsfrei« zusammen gedacht werden kann, dürfte – so überhaupt – ebenfalls nicht ohne weiteres verständlich und begreiflich zu machen sein.

Humes Realismus geht auch aus der sehr grundsätzlichen theologiekritischen Bemerkung im *Achten Dialog* hervor, die bislang noch unerwähnt blieben; Philo sagt hier zu Cleanthes: »In all instances which we have ever seen, ideas are copied from real objects, and are ectypal, not archetypal, to express myself in learned terms: You reverse this order, and give thought the precedence.«[1] Der Deist Cleanthes, der die Welt aus dem Ratschluß und den Ideen Gottes hervorgehensehen will, drehe die in allen Erfahrungsbeispielen vorgefundene Ordnung auf eine bedenkliche Weise einfach um; denn – so lautet ja auch die Grundthese des erkenntnistheoretischen Realismus! – Ideen oder Vorstellungen sind von wirklichen (»realen«) Gegenständen kopiert und nicht *vice versa*. Nun könnte man natürlich mit den Idealisten und Transzendental-Philosophen einwenden, daß den eigenen Vorstellungen das epistemologische Primat gebührt, davon die sogenannten realen Dinge nur abgeleitet werden (womöglich sogar zu Unrecht, da – so z. B. Fichte und einige Neukantianer –, genauer besehen, auch das Ding an sich immer nur als *ens rationis* und damit im Bewußtsein begegne). Aber es soll Hume »auf seinem eigenen Boden« begegnet werden, dem Realismus, der bei ihm die Gestalt des Naturalismus' angenommen hat. Aber selbst in diesem Fall brauchen wir ihm noch nicht beizustimmen, daß die Ideen *immer* den realen Gegenständen folgen, ist doch wenigstens bei allen *schöpferischen* Tätigkeiten des Menschen die Reihenfolge umgekehrt (zunächst sind die Ideen da, dann erst, beispielsweise beim Maler, das – vorher so nie gesehene – Gemälde).

Aber Philo fährt, noch immer an Cleanthes gewendet, mit einem philosophisch ernster zu nehmenden Gedanken fort (womit auf das implizite Bekenntnis zum Realismus ein ebensolcher Verweis auf den Pantheismus folgt):

»In all instances which we have ever seen, thought has no influence upon matter, except where that matter is so conjoined with it, as to have an equal reciprocal influence upon it. No animal can move immediately any thing but the members of its own body; and indeed, the equality of action and reaction

[1] Green und Grose (Hg.), David Hume, The Philosophical Works, Bd. 2, S. 429 f.

seems to be an universal law of Nature: But your theory implies a contradiction to this experience.«[2]

Der Widerspruch zu allen Beispielen aus der Erfahrung liegt darin, daß Cleanthes glaubt, ein reiner, körperloser Geist würde Wirkungen auf die körperliche Welt ausüben. Nun scheint der Ausdruck »Widerspruch« zwar zu stark gewählt zu sein (ein schwarzer Schwan, würde ich einen solchen irgendwo – z. B. in Australien oder auch in einem Tiergarten – sehen, wäre weniger ein *Widerspruch* als vielmehr eine, wenn auch überraschende *Ergänzung* meiner bisherigen Erfahrung), dennoch gilt: Hier wird durchaus ein echtes Problem einer jeden auf Erfahrung gründen wollenden Natürlichen Theologie (in der Art der Cleanthesschen, aber auch der thomanischen) angesprochen. Jede Intelligenz (jeder Geist), von welcher (von welchem) wir »Erfahrung« haben, ist *verleiblicht*. Dürfen wir wirklich davon ausgehen, daß es sich dabei um eine bloß kontingente Bedingung von Intelligenzen handelt? Zwar ist es nicht widerspruchsvoll, Gott als reinen Geist zu denken; ihn irgendwie verleiblicht zu denken, steht jedoch bruchloser oder harmonischer im Einklang mit allen unseren bisherigen Erfahrungen. Wir haben keinen Hinweis darauf, daß ein solcher Gedanke auch am Grunde von Berkeleys Pantheismus liegt; am Grunde des Humeschen kommt ihm jedoch ein bedeutender Stellenwert zu (wir werden im dritten und vierten Abschnitt näher auf dieses Problem des traditionellen Theismus – aber auch Deismus – zu sprechen kommen).

Aber noch einen weiteren Gedanken kann man auf diesem »Grunde« entdecken, nämlich das für Humes (scheinbar nicht für Berkeleys, dessen sanguinischem Temperament es fern lag) Philosophieren so bedeutsame, sogenannte Theodizee-Problem: Wenn diese Welt wirklich die bewußte Schöpfung eines vollkommenen und somit auch guten Gottes ist: *unde malo?* – woher und warum dann die vielen Übel in der Welt? Der sich an die Frage anknüpfende Gedanke ist, daß diese diversen Übel unter pantheistischer Perspektive viel leichter verständlich scheinen. Denn wenn sich Gott zur Welt nicht auf die Weise eines souveränen und guten Schöpfers zu seinem Werk verhält, sondern eher wie eine Pflanzen- oder Tierseele zum Pflanzen- oder Tierkörper, dann erscheinen die offensichtlichen (?) Unvollkommenheiten in dieser Welt auf einmal ganz zwanglos erklär-

[2] A. a. O., S. 430.

bar. Was mit einer solchen »Seele« gemeint ist, braucht nämlich nichts anderes zu sein als ein die Entwicklung und das Fortleben eines Organismus'[3] regulierendes oder ordnendes Prinzip des Lebens, das nur eine sehr entfernte Ähnlichkeit mit planender Vernunft bzw. dem daraus hervorgehenden intelligenten Verhalten zu haben braucht. Insbesondere könnte eine solche Seele – oder ein solches Prinzip – moralisch völlig indifferent sein (über die Theodizee-Problematik und Philos oder auch Humes Schlußfolgerungen daraus mehr in den folgenden ersten beiden Abschnitten).

Schließlich bliebe diesem Kapitel noch die Aufgabe einer Klärung der grundsätzlichen Frage, inwieweit Philo in den ›Dialogues‹ Humes eigene Ansichten zur Sprache bringt bzw. wie Philos Ausführungen dessen bereits vorgestellte Philosophie möglicherweise ergänzen oder sogar systematisch »abrunden« könnten.

1) Das Theodizee-Problem I (›Dialogues‹ *X*)

Die *Dialoge X* und *XI* behandeln die Frage, wie die These von Gottes Allmacht und Allgüte mit der Erfahrung des »Elends und der Verderbtheit des Menschen«[4] in Übereinstimmung gebracht werden kann. Philo behauptet *erstens,* daß eine »Harmonisierung« zwar ziemlich aussichtslos erscheint, eventuell aber immerhin nicht gänzlich unmöglich ist; *zweitens,* daß keine auf empirischer Grundlage errichtete Rationaltheologie jemals hoffen dürfe, die (All-)Güte Gottes (im herkömmlichen, lebensweltlichen Sinn des Wortes »Güte«)

---

[3] Es soll nochmals darauf verwiesen werden, daß der Begriff »Organismus« in seiner Anwendung auf den gesamten Kosmos selbstverständlich in einem denkbar weiten Sinne verstanden werden muß. Ihm soll dabei v. a. eine negative Bedeutung zukommen – in Kontraposition zu »Mechanismus« –, wogegen die positive Bedeutung nicht zu eng an dem speziell biologischen Organismusbegriff (einschließlich der Komponenten Stoffwechsel, Fortpflanzung etc.) orientiert werden darf, was offensichtlichen Unsinn ergeben würde. Positive Bedeutungskomponenten wären: Einheit und Ganzheit, immantes Ordnungsprinzip, Wechselwirkung aller Bestandteile, evtl. auch noch Wachstum, Zusammensetzung aus abgeschlossenen Lebendigen Einheiten und ähnliches mehr. Ganz in diesem Sinne bemerkt auch Philo-Hume über das Universum: »A continuel circulation of matter in it produces no disorder: a continuel waste in every part is incessantly repaired: the closest sympathy is perceiced throughout the entire system: and each part or member, in performing its proper offices, operates both to its own preservation and to that of the whole.« (Green und Grose, Hg., S. 416)

[4] Vgl. a. a. O., S. 435 und 441.

aus der Natur zu beweisen. Wir werden Philo beide Punkte zugestehen, aber mit Hilfe Kants bestreiten, daß sie *diese* katastrophalen Konsequenzen für einen begründeten Gottesglauben haben, von denen Philo (resp. Hume) annimmt, sie würden sich unweigerlich daraus ergeben müssen.

Die Verderbtheit (»malum quod homo facit«) und das Elend (»quod patitur«) des Menschen sind der Gegenstand einer langen Klage, die Philo und Demea über den größten Teil des *X. Dialogs* hinweg in einer Art tragischem Wechselgesang führen. Der scheinbare Einklang zwischen den beiden (dem »Skeptiker« und dem »Mystiker«) bestärkt Demea nochmals in seiner Annahme, in Philo einen Gesinnungsfreund und Verbündeten gegen Cleanthes (den »Deisten«) gefunden zu haben. Nur umso schmerzlicher wird dann die Erkenntnis sein, daß sich Philo mit dieser »heiligen Allianz« die ganze Zeit nur über ihn (Demea) lustig machen wollte – eine Erkenntnis, die am Schluß des folgenden, *XI. Dialogs* dazu führen wird, daß der gekränkte Demea »unter dem einen oder anderen Vorwand« die Gesellschaft verläßt.

Zu Beginn des *X. Dialogs* erklärt er noch mit großer Zuversicht seine irrationalistische Glaubens-»begründung«:

> »It is my opinion […], that each man feels, in a manner, the truth of religion within his own breast; and from a consciousness of his imbecility and misery, rather than from any reasoning, is led to seek protection from that Being, on whom he and all nature is dependent. So anxious or so tedious are even the best scenes of life, that futurity is still the object of all our hopes and fears. We incessantly look forward, and endeavour, by prayers, adoration, and sacrifice, to appease those unknown powers, whom we find, by experience, so able to afflict and oppress us. Wretched creatures that we are! what resource for us amidst the innumerable ills of life, did not Religion suggest some methods of atonement, and appease those terrors, with which we are incessantly agitated and tormented?«[5]

Philo pflichtet ihm bei, daß es die Betrachtung der »misery and wikkedness of men« sei, welche allein die Menschen zur Religion führten (womit die bereits erwähnte – an antike Vorgaben anknüpfende – Aussage der ›Natural History of Religion‹ im Einklang steht, wonach die Furcht die Götter »geschaffen« habe). Die Gelehrten und die »Menge« seien in *dieser* Frage sogar einmal einer Meinung: daß das allgemeine menschliche Elend eine nicht zu leug-

---

[5] A.a.O., S. 434f.

nende Tatsache darstelle – einzig Leibniz habe dies bestritten(!).[6] Sogar die Dichter – und sie besonders beredt (klangvolle und geradezu erschütternde Beispiele werden zitiert) – hätten in die allgemeine Klage über die *conditio humana* eingestimmt. Unter bezeichnender Engführung von Mensch und Tier, wird diese *conditio* dann auch durch Philo eindrucksvoll zur Sprache gebracht:

»And why should man […] pretend to an exemption from the lot of all other animals? The whole earth, believe me, PHILO, is cursed and polluted. A perpetual war is kindled amongst all living creatures. Necessity, hunger, want, stimulate the strong and courageous: Fear, anxiety, terror, agitate the weak and infirm. The first entrance into life gives anguish to the new-born infant and to its wretched parent: Weakness, impotence, distress, attend each stage of that life: and 'tis at last finished in agony and horror.«[7]

Die natürlichen Bedingungen seiner Existenz seien aber dabei nicht einmal das Schlimmste. Der Mensch ist selbst der größte Feind des Menschen und die von ihm verursachten sogenannten moralischen Übel – »oppression, injustice, contempt, contumely, violence, sedition, war, calumny, treachery, fraud«[8] – wiegen sogar noch schwerer und schmerzlicher als die ohnehin gnadenlosen Bedingungen der Natur. -Obwohl er solchermaßen an wirklichen »Feinden« mehr als genug habe, schaffe er sich auch noch eingebildete Feinde, die »Dämonen seiner Phantasie« (Hume meint den Gott bzw. die Götter der von ihm verachteten »Volksreligionen«). Sie erfüllten das Gemüt des Menschen mit abergläubigem Schrecken und zerstören seine Freuden und Genüsse aufgrund des seltsamen Wahns, daß diese in ihren (der Dämonen) Augen Verbrechen bedeuteten. Die ganze Klage läuft schließlich auf Folgerungen hinaus, deren es »im ganzen Umkreis menschlichen Wissens keine gewisseren, untrüglicheren« gebe:

»And is it possible, CLEANTHES, said PHILO, that after all these reflections [über die Übel in der Welt], and infinitely more, which might be suggested, you can still persevere in your Anthropomorphism, and assert the moral at-

---

[6] In Wahrheit leugnet der Verfasser der ›Theodicee‹ (1710) natürlich nicht die *Tatsache*, daß es menschliches Elend gibt, sondern die (mögliche) *Folgerung* daraus, wonach wir Menschen somit nicht in der »besten aller möglichen Welten« leben (würden). Zu dieser gehört übrigens auch das unsichtbare Reich Gottes in Einheit mit dem der reinen Geister. -Vielleicht war Humes Leibniz-Kenntnis beeinflußt oder gar vermittelt durch Voltaires Leibniz-Parodie in seinem Roman ›Candide‹ (deutsch in: Ders., Sämtliche Romane und Erzählungen, üb. von L. Ronte und W. Widmer, München 1993, S. 176–287).

[7] A. a. O., S. 436.

[8] A. a. O., S. 437.

tributes of the Deity, his justice, benevolence, mercy, and rectitude, to be of the same nature with these virtues in human creatures? His power we allow infinite: whatever he wills is executed: but neither man nor any other animal are happy: therefore he does not will their happiness. His wisdom is infinite: he is never mistaken in chusing the means to any end: but the course of nature tends not to human or animal felicity: therefore it is not established for that purpose. Through the whole compass of human knowledge, there are no inferences more certain and infallible than these.«[9]

Wenn wir inhaltliche Bemerkungen erst einmal zurückstellen, so muß auffallen, mit welch großer Bestimmtheit sich Philo nun äußert. Spielte er zuvor, bei der Diskussion des Design-Arguments, oftmals den Part des Pyrrhoneers, der es unternahm, vorgeschlagenen Thesen ähnlich wahrscheinliche, »konkurrierende« an die Seite zu stellen, ohne selbst (zumindest nicht in erwünschter Deutlichkeit) Stellung zu beziehen, so tritt er nun auf einmal sehr entschieden für eine bestimmte These ein. Dieser Umschwung in seiner Argumentationsmethode vom Bezweifeln zum Beurteilen eines Sachverhalts (hier: die Übel in der Welt unterbinden jeden gültigen Schluß von dieser auf die Existenz eines allwissenden, allmächtigen und allgütigen Gottes) wird von Philo selbst thematisiert:

»Here, CLEANTHES, I find myself at ease in my argument. Here I triumph. Formerly, when we argued concerning the natural attributes of intelligence and design, I needed all my sceptical and metaphysical subtilty to elude your grasp. In many views of the universe, and of its parts, particularly the latter, the beauty and fitness of final causes strike us with such irresistible force, that all objections appear (what I believe they really are) mere cavils and sophisms; nor can we then imagine how it was ever possible for us to repose any weight on them. But there is no view of human life or of the condition of mankind, from which, without the greatest violence, we can infer the moral attributes, or learn that infinite benevolence, conjoined with infinite power and infinite wisdom, which we must discover by the eyes of faith alone.«[10]

Hier werden Philos »frommen« (vorgeblich offenbarungsgläubigen) Ausführungen im *XII. Teil,* welcher sicherlich (wie oft zu lesen ist) keinen *völligen* Umschwung in seinen bisherigen inhaltlichen Auffassungen enthält, bereits vorbereitet. Aber stellen wir diesen Punkt zurück, um erst über Philos Methodenwechsel ins Klare zu kommen.

---

[9] A. a. O., S. 439 f.
[10] A. a. O., S. 443.

Diesbezüglich hat Stanley Tweyman einige interessante Beobachtungen gemacht – die sich im folgenden allerdings auch als einschränkungsbedürftig erweisen werden. Vieles in den ›Dialogen‹ zeige, daß Philo sich bei seinen Argumentationen nicht gern auf einen eigenen Standpunkt festlegen lassen möchte: »However, this does not establish that Philo is a Pyrrhonian throughout the *Dialogues* […]«[11] Insbesondere seine Auseinandersetzung mit Cleanthes' These, die Güte Gottes sei aus der Erfahrung seiner Schöpfung ableitbar, werde nicht durch eine oder mehrere konkurrierende oder alternative Erklärungen relativiert (etwa auf diese Weise: »Die Hinweise auf eine gewisse Güte in der Schöpfung könnten auch so und so – ohne einen guten Gott zu bemühen – erklärbar sein«), sondern jeder erfahrungsgestützte Schluß auf Gottes Güte werde kategorisch geleugnet. An die Stelle der pyrrhonischen Methode trete die naturwissenschaftliche: Ein hypothetisch-deduktives (Gedanken-)Experiment zeigt, daß in dem hypothetisch angenommenen Fall, ein allmächtiger, allwissender und allgütiger Gott habe die Welt geschaffen, diese Schöpfung anders beschaffen sein müßte als die uns bekannte. (Philo bemerkt in diesem Zusammenhang, daß kein intelligentes Wesen, das aus einer anderen Welt in die unserer käme, unseren Kosmos für das Werk eines solchen – traditionell theistisch oder deistisch verstandenen – Gottes halten würde.) Die Tatsache der vielen Übel in der Welt sei mit Cleanthes' Gottesbegriff schwer vereinbar und keinesfalls könne es einen gültigen Erfahrungsschluß auf diesen (als allgütig angesehenen) Gott geben. Eine wissenschaftlich verfahren wollende, d. h. auf Erfahrungen und Schlüsse gegründete Natürliche Theologie müsse die traditionelle monotheistische Gottesvorstellung ablehnen und sich die Hypothese zueigen machen, daß Gott als das »erste Prinzip des Universums« (dieses sei ansonsten, was es wolle) sich gegenüber dem Glück seiner Geschöpfe *gleichgültig* verhalten habe. (Kann eigentlich ein unbewußt wirkendes Prinzip der Ordnung sinnvollerweise »gleichgültig« genannt werden?) Bis hierher sind wir mit Tweymans Textexpositionen weitgehend einverstanden – und dies gilt auch noch für die erste Hälfte des folgenden Zitats (aber nur noch mit deutlichen Einschränkungen für die zweite):

»We are now able to understand why there is a fundamental methodological difference between the first eight sections of the *Dialogues,* in which the in-

[11] St. Tweyman, David Hume. Dialogues Concerning Natural Religion *in focus,* a. a. O., S. 189.

telligence hypothesis is discussed, and Parts 10 and 11, in which the moral attributes of the Deity are discussed. In the first eight sections, Philo argues against Cleanthes' hypothesis by advancing his own hypotheses. His effort to advance hypotheses must be assessed in light of the fact that (by his own admission) all such hypotheses are based on insufficient data, and, therefore, non is, strictly speaking, acceptable.

Their use is not to establish truths about the nature of God, but to establish the conclusion which we find at the end of Part 8, that ›A total suspense of judgment is here our only reasonable resource.‹ The design of the world is compatible with, and could have arisen from, an indefinite number of designing principles. On the other hand, we have seen that in dealing with Cleanthes' hypotheses in Parts 10 and 11 we are able to proceed more scientifically, and, in this manner, eliminate all but one of the hypotheses which can be introduced to explain the design of the world.«[12]

Daß die verschiedenen Hypothesen, die von Philo (bis einschließlich *Teil VIII*) zur Erklärung der Ordnung in der Welt aufgestellt werden, *überhaupt nichts* zur Wahrheitsfindung über die Natur beitragen sollten, ist von vorneherein nicht zu erwarten und auch *a posteriori* wenig plausibel; insbesondere hält diese (etwas Richtiges thematisierende aber weit überspitzte) These einer genaueren Textprüfung keinesfalls stand. Der einzige Beleg, den Tweyman in der v. a. erwünschten Form eines Zitatnachweises anführt (Philo: »A total suspense of judgement is here our only reasonable resource«), vermag nicht zu leisten, was er soll. Denn diese Aussage ist Bestandteil einer umfassenderen, die von Philo später ausdrücklich zurückgenommen wird und welche lautet:

»A total suspense of judgment is here our only reasonable resource. And if every attack, as is commonly observed, and no defence, among Theologians, is successful; how complete must be *his* [the Sceptics] victory, who remains always, with all mankind, on the offensive, and has himself no fixed station or abiding city, which he is ever, on any occasion, obliged to defend?«[13]

Hinsichtlich der Möglichkeit einer Urteilsenthaltung über diese Frage, sagt Philo im *XII. Dialog:* »So little […] do I esteem this suspense of judgement in the present case to be possible, that […]«[14] Die Behauptung Tweymans, daß Hume in den ersten acht Dialogen auf überhaupt kein positives Ergebnis hinaus will, wäre somit schon auf

[12] Tweyman, a.a.O., S. 194.
[13] Green und Grose, a.a.O., S. 430.
[14] A.a.O., S. 457.

hermeneutischer Ebene besehen wenigglaubhaft. Sie stellt sich aber auch nach der Textüberprüfung als kaum haltbar heraus. Tweyman fährt indessen nach dem oben zitierten Text wie folgt fort:

»Scientific investigations never yield certainty. Accordingly, when Philo argues for the indifference of the Deity, he emphasizes that this positions ›seems by far the most probable‹. What cannot be doubted is that Philo is more satisfied with his arguments in Parts 10 and 11, than he is which those in the first eight sections.«[15]

Dies (»Philo is more satisfied with …«) will auch uns so erscheinen. Aber das schließt keinesfalls aus (es setzt es im Gegenteil sogar implizit voraus), daß Philo auch in den *Teilen I* bis *VIII* wenigstens zu einem gewissen positiven Resultat gelangen konnte. Wir werden noch geltend zu machen versuchen, daß dieses Resultat lautet: Es ist die pantheistische Vorstellung einer Weltseele, welche mit noch relativ größter subjektiver Wahrscheinlichkeit für die Ordnung in der Welt »verantwortlich« gemacht werden kann.

Nach diesem Vorgriff zurück in den *Elften Dialog:* Philo und Demea haben die vielen verschiedenen Übel, unter denen Menschen in dieser Welt leiden müssen, beschrieben und jener hat die Konsequenzen daraus für die Rationale Theologie gezogen; danach ist ein empirischer Schluß auf Gottes Güte vollkommen unmöglich und diese Güte selbst sehr unwahrscheinlich. Gegen dieses Resultat werden, über den ganzen Dialog verteilt, jedoch auch einige Einwände vorgebracht, die sich zum Teil Philo selbst stellt, die aber auch von Demea und Cleanthes ersonnen werden:

Wenn die Menschen wirklich so unglücklich wären, so lautet einer davon, warum halten sie überhaupt an ihrem Leben fest? Philos pessimistische Antwort besteht in der Vermutung, es sei die abergläubische Angst vor dem Zustand des Todes, nicht der Reiz am Zustand des Lebens, welche die Menschen ihr Dasein fortführten oder -fristeten lasse.[16] Aber u. E. ist es zumindest fraglich, ob Menschen Selbstmord verüben würden, wenn sie sicher wüßten, daß ihnen nach dem Tode keine Höllen- oder andere Schrecken bevorstünden. Viele Menschen (vornehmlich in den hoch industrialisierten Ländern) glauben mittlerweile nicht mehr an ein jenseitiges Geschick und noch weniger Zeitgenossen an ein jenseitiges Schreckensdasein und den-

[15] Tweyman, a. a. O., S. 194 f.
[16] Green und Grose (Hg.), a. a. O., S. 438.

noch halten sie mit all ihrer Kraft an ihrem Leben fest – gewöhnlich auch im Unglück und Leid, nicht selten unter Krankheit und großen Schmerzen. Ist darin nicht vielleicht doch ein Hinweis darauf enthalten, daß sie ihr Leben (ungeachtet aller, freilich häufig verlautender Klagen) letztlich doch als sehr wertvoll und damit eben für »lebenswert« erachten? In dieselbe Richtung deutet wohl auch die beinahe täglich vernehmbare Klage über die »so schnell vergehende« Zeit und die Kürze dieses Lebens. Philo kann darauf nichts anderes als das Offensichtliche erwidern (bzw. er vermag dies nur zu wiederholen), daß die Menschen, welche sich sowohl über das Leben als auch über dessen Kürze beklagen, in einen Widerspruch geraten.[17] Aber den tieferen Grund dieses offensichtlichen Widerspruchs hätte es zu beleuchten gegolten. Ein anderer Einwand, den sich Philo selbst macht, lautet: es sei nur »Verzärtelung«, welche einige Menschen die Unbill des Lebens so sehr betonen ließe. In diesem Sinn ergänzt dann auch Cleanthes:

»Your [Philo's and Demea's] representations are exaggerated: Your melancholy views mostly fictitious: Your inferences contrary to fact and experience. Health is more common than sickness: Pleasure than pain: Happiness than misery. And for one vexation, which we meet with, we attain, upon computation, a hundred enjoyments.«[18]

Philo widerspricht mit dem Gedanken, daß diese unterstellte »Verzärtelung« in Wahrheit nichts anderes ist, als eine überdurchschnittliche Empfindsamkeit und ein gesteigertes, intensiveres Erleben. Wie er es an anderer Stelle, nämlich in dem Aufsatz ›Of Essay Writing‹, niedergeschrieben hat, schätzt er unter den Schriftstellern und ihren Kritikern ausschließlich »those of sound Understandings and delicate Affections.«[19] Über das »schöne Geschlecht« (»the Fair Sex«) – und wohl auch, charmant komplimentierend, an dieses gerichtet – erklärt er, *er* würde eben dieses zum absoluten Monarchen im Reiche der Literatur küren: »I shou'd resign into their fair Hands the sovereign Authority over the Republic of letters.«[20] Das heißt, Hume – hier ganz Kavalier und ganz zuhause in seinem »Zeitalter der Empfindsamkeit« – hat (wie auch Philo) gegen ein sogenanntes »zartes Gemüt« nicht das geringste einzuwenden. - Offenbar geben aber

[17] A.a.O., S. 439.
[18] A.a.O., S. 442.
[19] Green und Grose (Hg.), Bd. 4, S. 369.
[20] Ebd.

»für und wider« eines solchen Gemüts keinen passenden Gegenstand einer philosophischen Auseinandersetzung ab, weswegen man wohl am besten beraten ist, diese Sache auf sich beruhen zu lassen.

Auch klingt der Einwand des Demea ohnehin weit diskussionswürdiger:

»Have not all pious divines and preachers, who have indulged their rhetoric on so fertile a subject; have they not easily, I say, given a solution of any difficulties, which may attend it? This world is but a point in comparison of the universe: this life but a moment in comparison of eternity. The present evil phenomena, therefore, are rectified in other regions, and in some future period of existence. And the eyes of men, being then opended to larger views of things, see the whole connection of general laws; and trace, with adoration, the benevolence and rectitude of the Deity, through all the mazes and intricacies of his providence.«[21]

Cleanthes lehnt diese Erwägungen unter stillschweigender Zustimmung Philos als eine bloße Zusammenstellung willkürlicher Annahmen ab. Eine Hypothese könne (mithilfe von Verstandesregeln) nur aus den vorliegenden Erscheinungen bewiesen werden – und in unserer »Erschei-nungswelt«, so soll der Leser diesen Gedanken ergänzen, gibt es keine eindeutigen oder unvermischten Spuren des Wohlwollens und der Gerechtigkeit der Gottheit; damit aber auch keinerlei Hinweise auf ein zukünftiges göttliches Richteramt.

Aber selbst wenn dem so wäre (und dies ist offensichtlich keine klar belegbare Prämisse), so bliebe noch immer zumindest *ein* anderer Zugang zur Begründung des Glaubens an ein jenseitiges göttliches Richteramt offen: derjenige Kants über die sogenannte praktische Vernunft. (Es mögen hier unsere Ausführungen zu diesem interessanten und uns sehr wichtig erscheinenden Thema nochmals kurz aufgegriffen und ergänzt werden:) Demnach »besteht« die *Vernunft* des Menschen – im weitesten Sinne dieses Wortes – nicht nur aus immanenten Verstandesregeln, sondern auch aus Vernunftideen. Wie jenen apriorische Gültigkeit für das Erkenntnisvermögen eignet, so haben diese apriorische Gültigkeit für das Begehrungsvermögen; d.h. Gott, Freiheit und Unsterblichkeit *sollen* in Zusammenhang mit dem Gerechtigkeitspostulat unter der Bezeichnung eines »höchsten Guts« (Glückseligkeit nach Maßgabe der Glückswürdigkeit) als wirk-

[21] Green und Grose (Hg.), Vo. 2, S. 441. (Dies war auch die – einzige – Antwort Berkeleys.) Die kürzest-mögliche Zusammenfassung dieses eschatologischen Theodizee-Gedankens macht den Titel einer Shakespeare-Komödie aus: »All's well that Ends Well« …

lich gedacht werden. Da das Denken auch eine Form des Handelns ist, und da weiterhin alles Handeln unter einem unbedingten moralischen Gesetz zu stehenhat, gilt dieses Gesetz auch für das Denken. Sprach Platon von der Idee des Guten, der sich alles unterordnen müsse, so bezeichnet Kant einen damit vergleichbaren Gedanken mit dem Wort eines »Primats der praktischen vor der theoretischen Vernunft«[22]. Der idealische Endzweck des Menschen, so Kant, besteht eben nicht allein in dessen Glückseligkeit (wobei er mit diesem Begriff wohl auch, wenn nicht ganz besonders, an die aristotelische »eudaimonia« denkt), sondern in dieser, verbunden mit der Würdigkeit, glücklich zu sein. Diesen »Zustand« allein könne der Mensch vor seinem Gewissen als seinen »idealischen Endzweck« bzw. als das höchste Gut verantworten. Allerdings sehen wir dergleichen in dieser (irdischen) Welt kaum jemals realisiert, denn »die Natur« achtet nicht im geringsten darauf, daß der Würdigkeit eines Menschen, glücklich zu sein, das Glück tatsächlich auch folge:

»Betrug, Gewalttätigkeit und Neid werden immer um ihn im Schwange gehen, ob er gleich selbst redlich, friedfertig und wohlwollend ist; und die Rechtschaffenen, die er außer sich noch antrifft, werden, unangesehen aller ihrer Würdigkeit glücklich zu sein, dennoch durch die Natur, die darauf nicht achtet, allen Übeln des Mangels, der Krankheiten und des unzeitigen Todes, gleich den übrigen Tieren der Erde, unterworfen sein und es auch immer bleiben, bis ein weites Grab sie insgesamt (redlich oder unredlich, das gilt hier gleichviel) verschlingt, und sie, die da glauben konnten, Endzweck der Schöpfung zu sein, in den Schlund des zwecklosen Chaos der Materie zurück wirft, aus dem sie gezogen waren. – Den Zweck also, den dieser [jeder] Wohlgesinnte in Befolgung der moralischen Gesetze vor Augen hatte und haben sollte, müßte er allerdings, als unmöglich, aufgeben; oder will er auch hierin dem Rufe seiner sittlichen inneren Bestimmung anhänglich bleiben, und die Achtung, welche das sittliche Gesetz ihm unmittelbar zum Gehorchen einflößt, nicht durch die Nichtigkeit des einzigen ihrer hohen Forderung angemessenen idealischen Endzwecks schwächen (welches ohne einen der moralischen Gesinnung widerfahrenden Abbruch nicht geschehen kann): so muß er, welches er auch gar wohl tun kann, indem es an sich wenigstens nicht widersprechend ist, in praktischer Absicht, d. i. um sich wenigstens von der Möglichkeit des ihm moralisch vorgeschriebenen Endzwecks einen Begriff zu machen, das Dasein eines *moralischen* Welturhebers, d. i. Gottes, annehmen.«[23]

---

[22] Vgl. dazu z. B. P. Natorp, Platos Ideenlehre. Eine Einführung in den Idealismus, (Neuauflage:) Hamburg 1994.

[23] I. Kant, Kritik der Urteilskraft, A 422 f., div. Ausg.

Damit der Mensch seinen, vom eigenen Gewissen vorgegebenen, idealischen Endzweck nicht aus den Augen verliere oder damit sich dieser ihm nicht durch Unrechtserfahrungen verdunkele, soll der Mensch also an ein göttliches Richteramt (und damit einschlußweise selbstverständlich auch an Gott) glauben – oder dies doch zumindest versuchen. Eine solche Begründung des Gottesglaubens durch »praktische Vernunft« ist Hume freilich nicht in den Sinn gekommen. Sie beruht bei Kant (neben der Idee der Willensfreiheit in Verbindung mit der übernatürlichen »Menschheit«, d.i. dem noumenalen Wesen des Menschen) auf der Voraussetzung, daß die Existenz eines gerechten Gottes – auch angesichts der Übel in der Welt – zumindest denkmöglich ist. Eine solche Möglichkeit wird nun auch von Hume-Philo eingeräumt; als ausreichend für den theistischen Glauben erscheint sie ihm jedoch nicht:

»I will allow, that pain or misery in man is *compatible* with infinite power and goodness in the Deity, even in your sense of these attributes: What are you advanced by all these concessions? A mere possible compatibility is not sufficient. You must *prove* these pure, unmixt, and uncontrollable attributes from the present mixed and confused phenomena, and from these alone. A hopeful undertaking!«[24]

2) Das Theodizee-Problem II (›Dialogues‹ *XI*)

Hume spricht im im zuletzt zitierten Text von »vermischten und verworrenen Erscheinungen« (in der Natur bzw. Schöpfung), die keinen Schluß auf die (All-)Güte des Schöpfers erlauben. Im *Elften Teil* betont er allerdings noch einmal, daß er die Verträglichkeit dieser Erscheinungen mit der Rede von Gottes Güte zumindest nicht gänzlich leugnen wolle (»the consistence is not absolutely denied«[25]). Dies ist bemerkenswert, denn es bedeutet nicht weniger, als daß Hume von einer eindeutig atheistischen Argumentationsmethode bewußt Abstand nimmt. Es wird von ihm nicht behauptet, die Übel in der Welt würden die Existenz eines gütigen Schöpfergottes eindeutig widerlegen und er versucht beachtenswerterweise auch nicht die Nichtexistenz (dieses) Gottes aus einem bestimmten unheimlichen Phänomen herzuleiten: dem des »radikal Bösen«.

---

[24] Green und Grose (Hg.), Bd. 2, S. 443.

[25] A.a.O., S. 446.

(Kurzer Exkurs:)

Nikolai Hartmann bestimmt mit vielen anderen dieses radikal Böse als das Tun des Bösen um seiner selbst willen und nennt Goethes Mephisto als ein Beispiel eines solchen Charakters, der »stets das Böse will« (und stets das Gute schafft).[26] Und Wilhelm Windelband notiert über die Probleme der Theodizee:

»Bis zu einem gewissen Punkt können sie [diese Probleme] ja umgangen werden. Die Zwecklosigkeit und Unzweckmäßigkeit zahlreicher Naturgebilde, die ethische Indifferenz des Naturlaufs, die Grausamkeit des Tierlebens, die schlimmeren Greuel und das tiefere Elend der Menschheit, – das alles (das sog. physische Übel) kann noch als unvermeidliche Nebenwirkung oder unerläßliches Mittel der Vorsehung angesehen, freilich niemals eingesehen oder erwiesen werden. Für die empirische Beobachtung ist das Dysteleologische ebenso Tatsache wie das Teleologische, ist in der Welt ebenso Unordnung, Unzweckmäßigkeit und Häßlichkeit wie das Gegenteil; eine Statistik des Mehr oder Minder von beiden ist sinnlos und unmöglich, und so ist rein theoretisch nicht abzusehen, weshalb das eine mehr als das andere zur inhaltlichen Begriffsbestimmung des Weltgrundes herangezogen werden sollte. Aber wenigstens der Möglichkeit nach sind diese Schwierigkeiten für das religiöse Bewußtsein noch zu umgehen, wenn es sich einmal überzeugt hat, in Gott das allmächtige und unerforschliche Normalbewußtsein [Norm gebende Bewußtsein; S. B.] zu verehren. Dann kann man mit dem Hinweis auf die Grenzen der menschlichen Erkenntnis und auf die Dunkelheit der Wege der Vorsehung oder mit […] Analogien aus dem menschlichen Leben sich dem Druck jener Fragen zu entziehen suchen. Das aber, worum die Theodizee nie herumkommen kann, ist die Realität des [radikal] Bösen und damit des Normwidrigen überhaupt. Sie steht mit der absoluten Substantialität und Kausalität der Gottheit in völlig unvereinbarem Widerspruche. Das kann nur einfach festgestellt werden als die letzte religiöse Tatsache, über die der Mensch nicht hinauskommen kann: denn von diesem notwendigen Widerspruche läßt sich auch nicht das Geringste abdingen.«[27]

Das radikal Böse als der Wille zum Bösen (oder eben das Tun des Bösen um des Bösen willen) wäre – würde es diesen Willen denn geben – nicht so sehr ein »vermischtes Phänomen« als vielmehr eine der angenommenen Güte Gottes (bzw. der allgemeinen Norm der Welt, man denke auch an das thomanische »omne ens est bonum«)

---

[26] Vgl. N. Hartmann, Einführung in die Philosophie, Osnabrück o. J. (7. Auflage), S. 165 f.

[27] W. Windelband: »Das Heilige«, in: Präludien. Aufsätze und Reden zur Philosophie und ihrer Geschichte, Bd. II, Tübingen [8]1921, S. 315 f.

direkt widersprechende Erscheinung. Es soll hier nur nochmals – und zwar in interpretatorischer Absicht – festgestellt werden, daß Hume diesen sich anbietenden Einwand gegen den Theismus (»Es gibt das radikal Böse«) *nicht* aufgreift und damit eine wohl in atheistische Richtung führen müssende Wendung seiner Argumentation vermeidet – die damit weiterhin klar »auf pantheistischem Kurs« bleibt).[28]

Der *Elfte Dialog* beginnt mit einer Verteidigungsrede des Cleanthes. Dieser hatte ja behauptet, das *bonum* würde das *malum* in der Welt bei weitem überwiegen: Auf eine Qual kämen an die hundert geschätzte Freuden. Er mußte sich allerdings auch davon überzeugen lassen, daß selbst in diesem Falle noch nicht auf einen *absolut* guten Schöpfer geschlossen werden dürfe.

»I SCRUPLE not to allow […], that I have been apt to suspect the frequent repetition of the word, *infinite,* which we meet with in all theological writers, to savour more of panegyric than of philosophy, and that any purposes of reasoning, and even of religion, would be better served, were we to rest contented with more accurate and more moderate expressions. The terms, *admirable, excellent, superlatively great, wise,* and *holy;* these sufficiently fill the imaginations of men; and any thing beyond, besides that it leads into absurdities, has no influence on the affections or sentiments. Thus, in the present subject, if we abandon all human analogy, as seems your intention, DEMEA, I am afraid we abandon all religion, and retain no conception of the great object of our adoration. If we preserve human analogy, we must for ever find it impossible to reconcile any mixture of evil in the universe with infinite attributes; much less can we ever prove the latter from the former. But supposing the Author of Nature to be finitely perfect, though far exceeding mankind; a satisfactory account may then be given of natural and moral evil, and every untoward phenomenon be explained and adjusted.«[29]

Auch diese Gedanken Cleanthes', wegzukommen von den Unendlichkeitsprädikaten (»allgültig«, »allmächtig« usw.) um sich statt derer mit endlichen (»bewunderungswürdig«, »vortrefflich« usw.) zu bescheiden, sind eigentlich ganz im Sinne Humes bzw. Philos (d.h. im Sinne des »pantheistischen Kurses«). Zwar hält dieser vor der Hand an den Unendlichkeits- oder Vollkommenheitszuschreibungen fest (wie übrigens auch durchgehend Spinoza in seiner ›Ethik‹[30]),

[28] Vgl. inhaltlich dazu eventuell nochmals meine ›Kleine Theodizee‹, Regensburg 1996, insb. das *Dritte Kapitel.*

[29] Green und Grose (Hg.), Bd. 2, S. 444.

[30] Vgl. B. Spinoza, Die Ethik, nach geometrischer Methode dargestellt, (üb. von Otto Baensch), Hamburg [8]1994.

aber indem er zugleich betont, sie nicht im gewöhnlichen »anthropomorphen« Sinn zu verstehen, läuft dies auch seiner Ansicht nach auf eine durch Worte verbrämte Aushöhlung der »All-»Zuschreibungen hinaus. Cleanthes' zitierte Ausführung ist dabei, näher besehen, auch nicht gerade eindeutig, denn sie kann (hinsichtlich des »rechtgläubigen«, traditionellen Theismus) sozusagen »unorthodox« oder »orthodox« verstanden werden. Im ersten Fall liefe sie auf die Behauptung hinaus, Gott sei nicht in dem Maße vollkommen wie dies denkbar wäre; im zweiten würde es nur bedeuten, daß das göttliche Handeln, wie das Handeln grundsätzlich aller Wesen, zumindest bestimmten »logisch« notwendigen Bedingungen unterworfen sein müsse. So könne etwa auch Gott keinen eckigen Kreis gestalten. Dies bedeutet allerdings keine Beschränkung seiner (All-)Macht, weil der Ausdruck »eckiger Kreis« sinnlos ist – womit hier also gar keine echte Aufgabe vorliegt bzw. gelöst werden kann.

(Nochmaliger kurzer Exkurs)

Weniger leicht einsichtig ist dies etwa bei dem »Paradox mit dem Stein«[31]: Kann ein allmächtiges Wesen, so lautet die Frage, einen Stein schaffen, der so schwer ist, daß »es« ihn nicht anzuheben vermag? Falls nicht, ist »es« offenkundig nicht allmächtig, wenn ja, auch nicht (weil es dann etwas gibt, das dieses Wesen nicht kann, nämlich besagten Stein anzuheben). -Die Antwort wird hier lauten müssen[32], daß ein allmächtiges Wesen einen solchen Stein schaffen könnte (und somit in seiner Allmacht nicht beschränkt ist). Würde es den Stein schaffen wollen und dann auch wirklich schaffen, hätte es sich allerdings wissentlich und freiwillig beschränkt, d. h. es wäre *danach nicht mehr* allmächtig.[33] Es scheint allerdings nicht besonders fair, in diesem Fall über den Verlust der Allmacht zu spotten;[34] und noch weniger angemessen wäre es, gar zu sagen: »Dieses Wesen ist *nie* allmächtig gewesen« – oder – »Es kann (also) kein allmächtiges Wesen geben«. Daß ein allmächtiges Wesen dann, *nachdem* es auf die Allmacht verzichtet hat, nicht mehr allmächtig ist, muß als eine in der

[31] Vgl. zu all dem: R. Swinburne, The Coherence of Theism, Oxford [2]1986 (Erstv. 1977), insb. Kap. 9 (»Omnipotent«).

[32] Es ist nicht diejenige Swinburnes (vgl. vorige Anm.).

[33] Ungefähr so wie, nach christlichem Glauben, Gott freiwillig Mensch geworden ist.

[34] Man denke an den Spott der Soldaten unter dem Kreuz (»Bist du der Sohn Gottes, so steige herab« etc.).

Natur der Sache gründende, *analytische* Notwendigkeit (nicht anders als die »Unfähigkeit« des Allmächtigen, einen quadratischen Kreis zu schaffen) bezeichnet werden.

Obwohl Cleanthes im Anschluß an seine zuletzt zitierte Rede von einer Beschränkung Gottes durch Notwendigkeit (»limited by necessity«) spricht, legen seine diesbezüglichen, darauf folgenden Ausführungen doch die Vermutung nahe, daß er die oben (im Vergleich mit den Scholastikern, besonders mit Thomas von Aquin) »unorthodox« genannte Auffassung vertritt. Trotz grundsätzlicher Zustimmung[35], gibt Philo zu bedenken, daß ein Lob des (nicht allmächtigen) Schöpfers dennoch nicht angebracht sei. Denn der Mängel, so fährt er fort, welche diese Welt aufweist, wären einfach zu viele: und müsse ein beschränkter – allzu beschränkter – Baumeister nicht vielmehr getadelt als gelobt werden?

»Did I show you a house or palace, where there was not one apartment convenient or agreeable; where the windows, doors, fires, passages, stairs, and the whole oeconomy of the building were the source of noise, confusion, fatigue, darkness, and the extremes of heat and cold; you would certainly blame the contrivance, without any farther examination. The architect would in vain display his subtilty, and prove to you, that if this door or that window were altered, greater ills would ensue. What he says, may be strictly true: The alteration of one particular, while the other parts of the building remain, may only augment the inconveniencies. But still you would assert in general, that, if the architect had had skill and good intentions, he might have formed such a plan of the whole, and might have adjusted the parts in such a manner, as would have remedied all or most of these inconveniencies.«[36]

Aber dies ist eben die Frage, ob der »Baumeister« wirklich eine bessere Welt als unsere vertraute hätte entwerfen und ausführen können: Falls er dazu – vielleicht sogar aus (im weiten obigen Sinne) »logischen« Gründen – nicht imstande gewesen wäre, erschiene ein Tadel unangebracht (wenn vielleicht auch nicht auf der Grundlage der spezifisch Humeschen Ethik). Hume-Philos Bejahung dieser Frage erscheint kühn. Sie läuft selbstverständlich auf die These hinaus, daß besagter Welt-Baumeister nicht über die »entsprechende Geschicklichkeit und/oder den guten Willen« verfügt habe, eine bessere

---

[35] Im Verlauf des *XI. Dialogs* wird Philo selbst einen Standpunkt beziehen, der dem des Cleanthes sehr nahe kommt: »One would imagine, that this grand production had not received the last hand of the maker; so little finished is every part and so coarse are the strokes, with which it is executed« (Green und Grose, Hg., a. a. O., S. 450).

[36] A. a. O., S. 445.

Welt zu schaffen, *weil er nicht besser konnte und wollte.* (Gegen Ende des *XI. Teils* wird sich noch deutlicher herausstellen: bei diesem »er« handelt es sich aller Wahrscheinlichkeit nach um ein »es«, nämlich um so etwas wie ein großes belebendes Prinzip in einer »blinden« Natur).

Philo legt dann tatsächlich vier Vorschläge vor, wie der (hypothetisch einmal angenommene) Schöpfer die Welt hätte *besser* gestalten können. Auf diesen vier Fehlern, die alle nicht unvermeidlich gewesen seien, beruhten sämtliche oder doch der größte Teil der Übel in dieser Welt. *Keines* dieser Übel (bzw. der Umstände, davon es abhängt) erscheine der menschlichen Vernunft notwendig oder unvermeidlich.[37]

Ein auf traditionell monotheistische Weise aufgefaßter Schöpfer hätte, *erstens*, ganz auf den Schmerz als auf ein Element der Ökonomie der lebendigen Schöpfung verzichten können. Alle lebendigen Wesen könnten sich beständig in einem Zustand der Lust befinden. Sollte es bestimmte, durch das Gebot der Selbsterhaltung bedingte, biologische Bedürfnisse geben müssen (z. B. das Stillen von Hunger und Durst), dann hätte auch eine gefühlte Verminderung der Lust die Befriedigung dieser Bedürfnisse gewährleisten können. Denn: »Men pursue pleasure as eagerly as they avoid pain; at least, might have been so constituted. It seems, therefore, plainly possible to carry on the business of life without any pain.«[38]

Es ließe sich hier einwenden, daß zumindest in bestimmten Situationen allein Schmerzen geeignet scheinen, das Überleben zu gewährleisten. Falls jemand bei der Berührung eines schlecht isolierten Starkstromkabels lediglich ein graduelles Nachlassen seiner beständigen Lust bemerken würde, bekäme ihm dies weniger gut. Auch ist es allgemein schwer vorstellbar, wie es möglich sein sollte, daß Menschen auf eine graduelle Abschwächung ihrer Lustempfindungen ebenso heftig und prompt reagieren, wie auf eine plötzliche

---

[37] »None of them appear to human reason, in the least degree, necessary or unavoidable« (Green und Grose, Hg., S. 446): Diese Aussage wird nachher skeptisch relativiert: »Shall we say, that these [four] circumstances are not necessary, and that they might easily have been altered in the contrivance of the universe? This decision seems too presumptuous for creatures, so blind and ignorant« (a. a. O., S. 451). Allerdings dürfe wenigstens so viel gesagt werden: Eine Welt, die solche Fehler enthält, ist nicht geeignet, die Basis für einen Schluß auf die Existenz eines allmächtigen, allwissenden und – v. a. – allgütigen Gottes zu bilden.

[38] A. a. O., S. 447.

Schmerzempfindung. Und wenn irgendwelche anders strukturierte Wesen solche raschen Reaktionen zeigen sollten, dann stünde zu befürchten, daß sie den Wechsel der Empfindungen subjektiv als geradeso deutlich unangenehm empfinden, wie der gewöhnliche Mensch seine Schmerzen. Und so hat es den Anschein, als ließe sich nur schwerlich beides gleichzeitig haben: die angenehme, ohne begleitenden Schrecken erfahrene Reduzierung des Lustgefühls auf eine etwas niedrigere Stufe und die prompte Reaktion. Aber bei genauerem Hinsehen ist eine solche Debatte, wie sie Hume hier entfacht hat, überhaupt nicht klar entscheidbar bzw. mit irgend einem bestimmten Resultat abzuschließen. Denn Hume-Philo wäre es möglich zu erwidern, daß der Schöpfer eine Welt für endliche Wesen geschaffen haben könnte, in der es einen plötzlichen Tod (oder nur durch schnelles Reagieren abwendbare körperliche Schädigungen) eben nicht gibt. In einer solchen Welt würde das Sterben (oder das leibliche Schadennehmen) immer ziemlich lange dauern, damit auch ein langsam reagierender Organismus noch seine präventiven Maßnahmen zur Anwendung bringen kann. *Dagegen* würde wieder sprechen, daß ein unvermeidlich langsames Sterben (Erkranken) wohl auch unangenehmen Folgen mit sich bringen müßte – »müßte?« – usw. usf.

Die grundlegende kritische Rückfrage an Humes ersten Weltverbesserunsgvorschlag betrifft jedoch seine, dabei stillschweigend unterstellte Voraussetzung, daß eine Welt, die mehr Lust enthält, auch automatisch »besser« sei als eine vergleichbar andere. Ihm kommt nicht in den Sinn, daß es Werte geben könnte, die bedeutender und für Menschen und ihre Entwicklung hin zu einem »wahren Menschsein« (ihrer »Personwerdung«) wichtiger sein könnten, z. B. – mit Kant – überhaupt erst würdig zu werden für Glück. Solche Werte könnten wieder andere voraussetzen, die – zusammen mit den Rahmenbedingungen innerhalb welcher sie allein realisierbar sind (etwa Willensfreiheit) – insgesamt gesehen, aller Einsicht nach mit einem allgemein menschlichen, beständigen Zustand der Lust einfach nicht vereinbar wären. Zu diesen Rahmenbedingungen dürfte des Menschen Fleiß gehören, eine zumindest auch charakterlich (bzw. genetisch) angelegte Eigenart,für deren weitere Fortentwicklung ein permanent lustvolles Wohlbefinden nicht gerade dienlich sein dürfte (von Humes späterer Überbewertung gerade dieser Tugend beizeiten mehr).

Bleiben wir zunächst bei der Willensfreiheit: Der Mensch

könnte nach Philos Dafürhalten so beschaffen sein, daß er die Lust ebenso eifrig verfolgt wie er den Schmerz vermeidet. Das liefe aber letztlich auf den Vorschlag hinaus, den Menschen noch mehr zum Sklaven seiner Lust zu machen als dies ohnehin schon der Fall ist. (Für die Freiheit als der hauptsächlichen Bedingung zur Erlangung mit Recht sogenannter höherer, nichthedonistischer Werte, wäre die Folge schlichtweg verheerend.) Aber, wie man sich erinnern wird: Hume leugnet die Freiheit (weitgehend). So findet sich in *Section VIII* der ›Enquiry Concerning Human Understanding‹ die nachgerade erfreulich eindeutige Aussage: »No contingency any where in the universe; no indifference; no liberty. While we act, we are, at the same time, acted upon.«[39] Was übrig bleibt, ist der unbestreitbare Rest an bloßer Handlungsfreiheit: »By liberty, then, we can only mean *a power of acting or not acting, according to the determinations of the will;* that is, if we chuse to remain at rest, we may; if we chuse to move, we also may.«[40] Unser Wählen ist durch unseren Charakter in Einheit mit den, die Menschheit konstant leitenden (grundsätzlich transhistorisch gleich bleibenden) Motiven bestimmt. Hume hält diese Freiheitskonzeption für unstrittig und knüpft die Bemerkung an, »that all mankind have ever agreed in the doctrine of liberty as well as in that of necessity, and that the whole dispute, in this respect also, has been hitherto merely verbal.«[41] Ein ganz ähnliches Fazit wird Philo auch in der Diskussion um die Gottesfrage formulieren: Es wird hier kaum mehr an Göttlichkeit »im« Universum übrig bleiben als dort an Freiheit »im« Menschen. Denn, wenn er dies auch kaum einmal aus- oder auch nur anspricht, so orientiert sich, wie Berkeley und die Renaissance-Tradition, auch Hume in seiner Kosmos-Konzeption an dem Mikrokosmos-Modell des Menschen. Zunächst wird die Wirklichkeit eines freien Geistes im Menschen (weitgehendst) geleugnet, daraufhin die eines solchen Geistes im Kosmos.

Was wir gerade gegen Humes ersten Verbesserungsvorschlag einwandten, daß er die menschliche (Willens-)Freiheit zerstöre, um damit auch dem Streben nach nichthedonistischen Werten – ein-

[39] Green und Grose (Hg.), Bd. 4, S. 81. Die überwiegende Mehrzahl aller Physiker seit der Zeit von Bohr und Heisenberg würde dem Anfang des Zitats nicht mehr beipflichten. (Das Zitat verdeutlicht aber die große Problematik der These Wolfgang Stegmüllers u. v. a., wonach Hume die Notwendigkeit naturgesetzlich-kausaler Abläufe geleugnet haben soll.)

[40] A. a. O., S. 78.

[41] A. a. O., S. 77.

schlußweise dem nach Wahrheit! – die Voraussetzung zu entziehen, nennt Gaskin in ›Hume's Philosophy of Religion‹ die »Free Will Defence«. Er hält nicht gerade viel von ihr und referiert zur Begründung seiner diesbezüglichen Skepsis ein ihn überzeugt habendes Argument von Anthony Flew:[42]

»It will be noticed that in effect Hume debars talk about freedom of the will and directs us to talk instead about freedom of actions. The point is underlined in a footnote [to ›Enquiry‹ VIII]: 'We feel, that our actions are subject to our will, on most occasions; and imagine we feel, that the will itself is subject to nothing [...]. But the will just *is* our character with its motives, store of information etc.

Flew's attack on the Free Will Defence begins by defining a free action as an action which follows from the character of the agent and is free from external constraint [...]. He then points out that acting freely in this sense is not merely compatible with being caused to act in the way in which one does act but actually presupposes that our actions are causally related to our characters. If they were not so related our actions would be random not free. But this being so it would seem that god could have made us in such a way that we always freely choose to do the right thing. Hence the Free Will Defence is broken-backed [...]«[43]

Die Ähnlichkeit zwischen Humes und Flews Freiheitskonzeptionen ist in der Tat so groß, daß auch beiden dieselbe Kritik nicht erspart bleiben kann. Diese lautet zunächst einmal: Wer alltagssprachlich von einer freien Entscheidung spricht, meint gewöhnlich nicht eine Entscheidung, die in kausal-zwingender Verbindung mit einem Charakter steht. Wer sagt, er habe sich frei zu etwas entschieden, denkt dabei an mehr als an bloße Handlungsfreiheit, d. h. er intendiert etwas anderes als nur einen Hinweise darauf, daß er nicht in Ketten lag oder den Dolch an der Kehle spürte. (Er meint mehr als daß er als die Maschine »frei« funktionieren konnte, die er nun einmal ist.) Er versteht darunter eher dies, daß er von innen heraus sein zukünftiges Tun und Wollen *selbst* festgelegt hat. Dabei kann es auch geschehen, daß er (ebenso wie die ihm nahe stehenden Menschen) das Gefühl hat (haben), er sei »über sich – seinen bisherigen, empirischen (empirisch erfahrbaren) Charakter hinausgewachsen«. Die Alternative: »Entweder ist seine Entscheidung aus seinem angeborenen (und/ oder auf andere Weise determinierten) Charakter hervorgegangen

---

[42] Vgl. A. Flew, »Divine Omnipotence and Human Freedom«, in: Ders. und A. MacIntyre, New Essays in Philosophical Theology, London 1955.

[43] Gaskin, a. a. O., S. 55.

oder sie ist ein Produkt des Zufalls«, wirkt gezwungen und wird den Phänomenen der Erfahrung bzw. (Selbsterfahrung) nicht gerecht. Eine dritte Möglichkeit scheint sowohl möglich als auch gefordert; eine solche, die im Einklang mit den Phänomenen als auch mit dem »impliziten Wissen« die Entscheidung auf einen Grund zurückführt, der weder determiniert noch zufällig ist: eine Art »Zentrum freier Aktivität«, welches Berkeley »geistige Substanz« genannt hat und das auch oft mit dem Begriff einer Person gemeint wird. Und wenn diese lebendige geistige Substanz (oder Person) in uns empirischen Wesen wirklich und wirkend ist und wir selbst im Innersten nichts anderes *sind* als eine solche Substanz, dann ist es einfach nicht wahr, was Flew sagt, »that god could have made us in such a way that we always freely choose to do the right thing.« Zwar hätte Gott uns so »machen« können, daß wir immer das Richtige wählen und tun (womit allerdings alle moralischen – und die damit verbundenen physischen – Übel aus der Welt verschwinden würden), aber keinesfalls so, daß wir immer *frei* »das Richtige« wollen und tun. Es führt somit kein Weg daran vorbei: Eine Welt, in der alle Lebewesen mit Notwendigkeit das Gute tun müssen, ist zwar eine Welt, in der es zumindest keine moralischen Übel gibt, aber es wäre unausweichlich auch eine Welt ohne (Willens-)Freiheit, und damit ohne eine solche im gewöhnlichen umgangssprachlichen Sinn dieses Wortes.

Philos *zweiter* Verbesserungsvorschlag hängt ebenfalls mit dem Freiheitsproblem zusammen. Viel physisches Übel tritt infolge *der* besonderen Welteinrichtung ins Dasein, welche in einer universellen naturgesetzlichen Ordnung besteht. Ein »sehr vollkommenes Wesen« könnte alles durch seine besonderen Willensakte bestimmen und somit alle Übel von vorneherein unterbinden. Philo denkt wohl an Situationen wie diese: Zwar ist es für die Menschen gut, daß trokkenes Laub und Holz brennbar sind, aber es ist schlecht, wenn wegen einer achtlos weggeworfenen Zigarette ein schöner Herbstwald Feuer fängt; warum jedoch wird der Waldbrand dann nicht durch einen besonderen Willensakt des göttlichen Wesens – also durch ein Wunder (an das ein vernunftgeleiteter Mensch, der ›Enquiry‹ zufolge, allerdings niemals glauben dürfe …) – verhindert? Hume sieht selbst ein, daß bei einem solchen ständigen Wunderwirken »niemand mehr von seiner Vernunft Gebrauch machen könnte«, und er hätte noch ergänzen sollen: »auch könnte (und würde) niemand mehr etwas moralisch Gutes tun«. Dies deswegen, weil ihn – die wahrscheinlichere Alternative – entweder Gott zuvor kommen würde oder weil er nur ein klein wenig abzuwarten bräuchte, bis ihm Gott selbst die jeweilige »lästige Pflicht« abnimmt. Im übrigen wird der mögliche Verlust des Vernunftgebrauchs von Hume bezeichnenderweise nicht besonders hoch veranschlagt: Gott kann uns dafür ja mittels anderer, zu unseren Gunsten wirkender Willensakte entschädigen. Wer dies nicht einräumen wolle, müsse doch wenigstens den großen Nutzen einiger unaufdringlich-dezent durchgeführter Eingriffe in den Weltverlauf einsehen:

»Some small touches, given to CALIGULA'S brain in his infancy, might have converted him into a TRAJAN: one wave, a little higher than the rest, by burying CAESAR and his fortune in the bottom of the ocean, might have restored liberty to a considerable part of mankind. There may, for aught we know, be good reasons, why Providence interposes not in this manner; but they are unknown to us: and though the mere supposition, that such reasons exist, may be sufficient to *save* the conclusion concerning the divine attributes, yet sureley it can never be sufficient to *establish* that conclusion.«[44]

Dieser Vorschlag läuft darauf hinaus, daß Gott die wichtigsten Entscheidungen selbst bestimmt und uns dadurch zumindest die Möglichkeit entzieht, in großem Ausmaß Schlechtes zu tun. Dadurch wären die Menschen allenfalls teilweise und lediglich in Bereichen von untergeordneter Bedeutung für ihr irdisches Geschick verantwortlich. Vielleicht erschiene es aber, gerade wegen der damit verbundenen Härten, schmeichelhafter für den Menschen, wenn Gott ihm die »heroische« Alternative zugedacht hätte, derzufolge er seine Geschöpfe (und erklärten Ebenbilder) in die völlige Selbständigkeit und Eigenverantwortung entlassen muß. -Philos zweiter Vorschlag, wonach ein weitgehend vollkommenes göttliches Wesen alles oder wenigstens einiges durch besondere Willensakte bestimmen sollte um den Menschen von all den mit einer allgemeinen naturgesetzlichen Ordnung verbundenen Härten zu verschonen, könnte ab-

[44] Green und Grose (Hg.), Bd. 2, S. 448. Vgl. damit Pascals ›Pensées‹, die Hume gut gekannt haben dürfte: »Cromwell war im Zuge, die Christenheit völlig zugrunde zu richten; die Familie des Königs war verloren, die seinige mächtig für immer, wäre nicht ein kleiner Splitter gewesen, der sich in seiner Harnröhre festsetzte. Selbst Rom zitterte schon vor ihm; da aber dieser winzige Splitter sich dort festsetzt, starb er, wurde seine Familie erniedrigt und der König kampflos wieder eingesetzt« (Fr. 176 – nach der üblichen Zählung von L. Brunschvicg –, üb. von W. Wasmuth). Gegenstandpunkte zu einer Reihe von Gedanken Pascals formulierte auch Voltaire in dem 25. Brief seiner ›Briefe aus England‹, in dtsch. hg. von R. von Bitter, Zürich 1994, S. 159–197.

schließend auch mit einem Gedanken Richard Swinburnes beantwortet werden:

»Gott wäre ihnen zu nahe, als daß sie [die Menschen] noch in der Lage wären, eigenständig zu entscheiden. Wenn Gott dem Menschen die Möglichkeit geben will, sowohl Wissen zu erwerben als auch sein Geschick selbst zu bestimmen, kann er es nur, indem er ihm die Möglichkeit gibt, Wissen auf normale induktive Weise zu erwerben. Ein Leben in Gottes Nähe ist zweifellos etwas Gutes; dennoch hat Gott Grund, diesen Zustand dem Menschen erst als Ergebnis freier Selbstbestimmung zu gewähren (z. B. in einem anderen Leben nach Bewährung in diesem). Es spricht einiges dafür, daß dem Menschen etwas so Wichtiges nicht ohne seine freie Wahl von Gott gegeben wird.«[45]

Philos Formulierung des *dritten*, für die Übel in der Welt verantwortlichen und mutmaßlich vermeidbaren Umstands offenbart zunächst noch einmal den realistischen (hier: atomistisch-mechanistischen) Hintergrund seiner Überlegungen:

»If every thing in the universe be conducted by general laws, and if animals be rendered susceptible of pain, it scarcely seems possible but some ill must arise in the various shocks of matter, and the various concurrence and opposition of general laws: But this ill would be very rare, were it not for the *third* circumstance, which I proposed to mention, *viz.* the great frugality, with which all powers and faculties are distributed to every particular being.«[46]

Diese große Sparsamkeit verweise eher auf einen harten Herrn als auf einen gütigen Vater. Philo verdeutlicht in der Folge, was er von einem solchen Vater erwartet hätte: Nicht, daß er den Menschen mit den Flügeln des Adlers, dem Verstand eines Engels usw. ausgestattet haben sollte – denn dies würde in der Tat ein ganz anderes Wesen als den Menschen ergeben haben: Eine größere Neigung zu Fleiß und Arbeit, ein anhaltenderer Hang zu Geschäftigkeit wären durchaus ausreichend gewesen. Schon mit einer deutlicheren Veranlagung zur"industry«, der »allerwertvollsten Kraft« im Menschen, versehen, wäre es um dessen Geschick weit besser gestellt. Denn: »Almost all the moral, as well as natural evils of human life arise from idleness.«[47] – Hier ist wohl noch ein ansehnlicher Rest calvinistischer

[45] R. Swinburne, Die Existenz Gottes, Stuttgart 1987 (Erstv. 1979), üb. von Rudolf Ginters, S. 290 f. Diese Bemerkung dürfte auch für die Bewertung der Berkeleysche Philosophie, insofern sie okkasionalistische Tendenzen aufweist, von einigem Interesse sein.

[46] Green und Grose (Hg.), Bd. 2, S. 448.

[47] Green und Grose (Hg.), a. a. O., S. 449.

Lehre in Hume lebendig geblieben (auch an die methodistische fühlt man sich erinnert). Kann man diesem beipflichten? Sicherlich hat der Fleiß von Individuen sowie ganzen Generationen der nachfolgenden Menschheit viel Segen (allerdings bekanntlich auch einige große Probleme) beschert – aber immer nur der richtig gesteuerte, will besagen der Fleiß in Verbindung mit moralisch guten Eigenschaften (nicht bereits der Fleiß als solcher oder als »Primärtugend«). Dazu John Hick: »If all men were endowed with, let us say, twice as much industry and perseverance as at present, this would mean not only that good men would work twice as hard for good ends but also that evil men would work twice as hard for evil ends.«[48]

Der *vierte* und letzte, die Übel verursachende Umstand liegt – so Philo – in dem ungenauen Funktionieren der »großen Maschine Natur«[49]: Für sich genommen durchaus nützliche Winde wüchsen zu katastrophalen Stürmen heran, die Liebe bis zum Wahnsinn usw. Viele Phänomene in der Natur durchbrächen die Grenzen des Nützlichen und Angenehmen, um damit eine große Zahl von Menschen in Verderben und Elend zu stürzen. Auch hierauf könnte wieder entgegnet werden, daß Gott seine Geschöpfe vielleicht nicht in eine vollkommen geordnete, berechenbare und gefahrlose »Kuscheltierwelt« hineinversetzen wollte und statt dessen die (von ihm, aber mehr noch von uns aus besehen) »heroische« Alternative gewählt hat. Die Schwere der uns damit gestellten Aufgabe entspräche dann dem hohen Grad an dem uns von Gott gezollten Respekt – womit der Schluß auf einen »harten Herrn« sicherlich nicht mehr so ohne weiteres gültig wäre. Indirekt wird dies auch von Philo zugestanden, der – wie schon angesprochen – nach der Erläuterung seiner vier Verbesserungsvorschläge bemerkt, daß er nicht wirklich behaupten wolle, es seien die vier leiderzeugenden Umstände keinesfalls notwendig gewesen oder sie hätten in dem Weltplan *leicht* abgeändert werden können; hiernach fährt er fort:

»This decision seems too presumptuous for creatures, so blind and ignorant. Let us be more modest in our conclusions. Let us allow, that, if the goodness of the Deity (I mean a goodness like the human) could be established on any

[48] Womit schließlich alles beim alten bliebe: Vgl. J. Hick, Evil and the God of Love, London 1966, S. 365. Auch scheint es hier zumindest eine Spannung zum ersten Weltverbesserungsvorschlag zu geben, denn beständige Lust wird der Tugend des Fleißes kaum förderlich sein.

[49] Vgl. Green und Grose (Hg.), S. 450.

tolerable reasons *a priori*, these phenomena, however untoward, would not be sufficient to subvert that principle; but might easily, in some unknown manner, be reconcilable to it.«[50]

Auf den befreienden Gedanken, daß das hier eingeforderte Argument *a priori* ein solches aus der praktischen Vernunft, bzw. ein »moralischer Gottesbeweis« sein könnte, ist eben erst Kant gekommen.

Für unser interpretatorisches Vorhaben ist nun aber das Verbleibende von größtem Interesse. Philos Resümee ist nämlich *nicht* das der Deisten (: der Weltbaumeister kümmert sich nicht um seine Geschöpfe[51]), sondern das der Pantheisten: die Natur ist überhaupt keine nach einem vorhergehenden Plane gestaltete Schöpfung – sie gleicht eher einem blinden Mechanismus, der von einem belebenden Prinzip durchsetzt ist: »a blind Nature, impregnated by a great vivifying principle, and pouring forth from her lap […] her maimed and abortive children!«[52] Anstelle von Schöpfung spricht Philo also von einer Art Emanation aus einer belebten und ihrerseits belebenden, aber blinden Natur, welcher Vorgang wenigstens von ferne an Zeugung oder an das Wachstum von Pflanzen erinnert.

Die Diskussion wird mit der Feststellung fortgeführt, daß auch das manichäische System dieser, sich dem unparteiischen Beobachter aufdrängenden Vorstellung – entgegen einer vielleicht naheliegenden Vermutung – auch nicht gewachsen ist. Zwar sei dieser Dualismus eines guten und bösen Prinzips eher imstande die in unserer Welt erfahrbare »befremdliche Mischung« von Gut und Übel zu erklären als der klassische Monotheismus: »But, if we consider, on the other hand, the perfect uniformity and agreement of the parts of the universe, we shall not discover in it any marks of the combat of a malevolent with a benevolent being.«[53] Die hier zum wiederholten Male sicherlich zurecht behauptete Einheit der Natur spreche gegen einen kosmologischen Dualismus (wie auch gegen einen Polytheismus), und so stelle sich die wahre Konklusion ein: »The true conclu-

[50] Green und Grose (Hg.), S. 451.

[51] So vergleicht etwa Voltaire seinen »deistischen« Gott, der seine Sonnen und Planeten in das Weltall entläßt, mit einem Sultan: »Was schert es dich, ob es Unglück gibt oder nicht? […] Wenn Seine Hoheit, der Sultan, ein Schiff nach Ägypten sendet, macht er sich dann Sorgen darüber, ob sich die Mäuse darauf wohl fühlen oder nicht?« (›Candide‹, 30. Kapitel, in: Sämtliche Romane und Erzählungen, a. a. O., S. 284.

[52] Green und Grose (Hg.), S. 452. Offenbar bleibt hier schwer einsichtig wie ein blinder (wohl atomarer) Mechanismus durch ein Lebensprinzip »befruchtet« sein könne.

[53] Ebd.

sion is, that the original source of all things is entirely indifferent to all these principles [gleichgültig gegenüber gut und böse], and has no more regard to good above ill than to heat above cold, or to drought about moisture, or to light above heavy.«[54] Die ursprüngliche Quelle aller Dinge ist *jenseits von gut und böse,* besteht in einem lebenspendenden Prinzip in einer blinden, vernunftlosen (in nichtphilosophischen Kontexten mit einigem Recht als mechanisch angenommenen) Natur … – »Halt! Halt!« ruft Demea, der endlich zu begreifen beginnt, was ihm Cleanthes gleich auch noch eigens bestätigen wird:

»Your friend PHILO, from the beginning has been amusing himself at both our expence; and it must be confessed, that the injudicious reasoning of our vulgar theology has given him but too just a handle of ridicule. The total infirmity of human reason, the absolute incomprehensibility of the Divine Nature, the great and universal misery and still greater wickedness of men; these are strange topics surely to be so fondly cherished by orthodox divines and doctors.«[55]

Den letzten, zwölften *Dialog* werden Philo und Cleanthes alleine führen.

3) Die Weltseele und andere Hypothesen (›Dialogues‹ *IV* bis *VII*)

Die *Dialoge IV* bis *VIII* stellen Alternativen zu Cleanthes' deistischer Erklärung der universellen Ordnung vor. Philo beschreibt und diskutiert der Reihe nach die Hypothese der Selbstorganisation der Materie *(IV)*, die These des Polytheismus *(V)*, die Weltseelen-Lehre (*VI* und *VII*) sowie die – bereits besprochene – epikureische Hypothese *(VIII)*. Letztere schießt nach Philos eigener Aussage in antitheistischer Richtung über das vernünftigerweise vertretbare Maß hinaus: Daß die kosmische Ordnung aus Zufall entstanden ist, hält Philo für *extrem* unwahrscheinlich und wir wissen, daß der schottische Denker selbst »Zufall« für ein leeres Wort hielt, dem in der Wirklichkeit nichts entspricht. So scheint die vorhergehende Alternative das Ziel zu sein, auf welches Philo-Hume schon in den *Dialogen IV* und *V*

[54] Ebd.

[55] A. a. O., S. 453.

bewußt zusteuert, d.h. die Weltseelen-Lehre, deren Darstellung dann auch gleich zwei Dialoge gewidmet sind.

Solche Bemerkungen könnten den Eindruck erwecken, hier werde ein Text »überinterpretiert«, aber es ist bekannt, daß Hume sein letztes Werk über Jahre hinweg überaus kunstvoll arrangiert hat. So schreibt er etwa kurz vor seinem Tode an seinen Freund Adam Smith: »On revising them [the *Dialogues*] I find that nothing can be more cautiously and more artfully written.«[56] Hume verwickelt den Leser, über das Ziel der Darstellung der eigenen Religionsphilosophie hinaus, in ein mit Bedacht und Scharfsinn konstruiertes Versteckspiel, in deren Mittelpunkt die unausgesprochene aber omnipräsente Frage steht: Was ist eigentlich sein, Humes *eigener* Standpunkt auf dem Gebiete der Philosophischen Theologie? Wir dürfen annehmen, daß Hume sein »Spiel« mit dem Leser so gestaltet hat, wie auch gute Detektivgeschichten gestaltet sind, nämlich: Es gibt genau eine Lösung, auf die der aufmerksame Leser auch selbst kommen kann. Aber während diese bei Detektivgeschichten dem Leser gewöhnlich am Schluß mitgeteilt wird, nahm Hume seine Antwort mit in sein Grab.

Die These des *Vierten Dialogs* über die Selbstorganisation der Materie ist bekanntermaßen gegenwärtig sehr aktuell. Besonders im Anschluß an die Forschungen der Nobelpreisträger Manfred Eigen, Hermann Haken, Ilya Prigogine u.a. wird mit verstärktem Interesse und großem Scharfsinn über einen möglichen Ursprung des Lebens aus der Selbstorganisation von Molekülen geforscht, geschrieben und gesprochen.[57] Und wenn sich Moleküle von sich aus zu lebenden Zellen organisieren können, dann erscheint auch die Ordnung der nichtbelebten, atomaren Welt als eine selbstorganisierte denkbar. Freilich bleiben bei einem solchen Ansatz philosophisch schwerwiegende Fragen offen: Was ist das eigentlich für ein (die einzelnen Elementar-»Teilchen« gezielt übergreifendes) »Selbst«, das sich da organisiert? Wie kann es einerseits schon da sein und sich andererseits

---

[56] In: Kemp Smith, Hume's Dialogues …, a.a.O., S. 115; (Brief vom 15. Aug. 1776).

[57] Vgl. z.B. K. W. Kratky und Friedrich Wallner (Hg.), Grundprinzipien der Selbstorganisation, Darmstadt 1990. Vornehmlich kritisch zu dem Konzept einer Selbstorganisation der Natur äußert sich Ch. Kummer in seiner interessanten Arbeit: Evolution als Höherentwicklung des Bewußtseins. Über die intentionalen Voraussetzungen der materiellen Selbstorganisation, Freiburg/Br. 1987

erst organisieren müssen? Und wie ist diese Selbstorganisation vereinbar mit dem *Zweiten Hauptsatz der Thermodynamik* (Zunahme der Entropie – nicht der Ordnung – in sich selbst überlassenen, geschlossenen Systemen)? Und setzt nicht eine einmal angenommene Selbstorganisation der Materie vielleicht doch wieder ein geistiges Selbst (und allein eine solche Einheit scheint die Bezeichnung eines »Selbst« im eigentlichen Sinne zu verdienen) voraus, das die Materie erst dahin bringen kann, sich »selbst« zu organisieren? Denn zwar gibt es Maschinen, die andere Maschinen »organisieren« (z. B. in der Kraftfahrzeugindustrie), aber diese sind ihrerseits noch einmal »organisiert« worden – vom menschlichen Geist. -Dies sind Fragen, die keine endgültigen (noch nicht einmal unausgesprochene, implizite) Antworten enthalten wollen. Vielleicht ist ja »Selbstorganistion der Materie« wirklich die plausibelste Antwort der theoretischen Vernunft auf das Problem der universellen Ordnung (sogar noch in vermeintlichen oder tatsächlichen sogenannten chaotischen Bereichen oder partiellen Zuständen) der Welt. Die aufgeworfenen Probleme wollen nur darauf hinweisen, daß die damit verbundenen Fragestellungen auch heute noch nicht der Vergangenheit angehören ja, daß sie womöglich noch nicht einmal so weit gediehen sind, auch nur richtig verständlich zu sein. Auch könnte sich ergeben, daß das Konzept einer materiellen Selbstorganisation dasjenige eines übernatürlichen (göttlichen) Geistes nicht so sehr überflüssig macht als vielmehr voraus setzt. Denn selbst wenn es gelingen sollte, die mikro- und makrokosmische Ordnung mittels Selbstorganisation verständlich sowie wissenschaftlich und philosophisch plausibel zu machen, bliebe immer noch zumindest dies rätselhaft, warum *überhaupt etwas* existiert: Materie, die sich selbst organisiert und Geistwesen, die sich darüber ihre Gedanken machen; d. h. selbst dann wäre der Begriff eines vollkommenen und notwendig existierenden Gottes noch nicht evidentermaßen überflüssig. Hiergegen erhebt allerdings John Mackie folgenden Einwand:

»Denn zugestandenermaßen hat der Naturalist keine Antwort auf Leibniz' Frage, weshalb es überhaupt eine Welt gibt; doch in gleicher Weise steht der Theist, wenn ihm einmal die Täuschung des ontologischen Arguments aufgegangen ist, vor der Frage, weshalb es überhaupt einen Gott gibt. Wie groß die Ausgangsunwahrscheinlichkeit der nackten, unerklärten Tatsache, daß es eine Welt gibt, auch sein mag, weitaus unwahrscheinlicher ist immer noch die theistische Behauptung, es gebe als nackte, unerklärte Tatsache einen Gott, der die Macht habe, eine Welt zu erschaffen.

Am Ende können wir demnach dem Laplaceschen Ausspruch über Gott zustimmen: Wir bedürfen dieser Hypothese nicht.«[58]

Dies ist eine Feststellung, so recht nach dem Vorbild Humes im *Vierten Dialog* getroffen, auf welchen wir nun zurück kommen. Philo: »Es wäre deshalb besser, über diese materielle Welt überhaupt nicht hinauszusehen.«[59] Wie gelangte Philo zu dieser Schlußfolgerung? Eingeleitet wird sie durch Demeas (hier allerdings sehr an Hume selbst erinnernde) Charakterisierung der menschlichen Seele als »a composition of various faculties, passions, sentiments, ideas«[60] – einer Charakterisierung also, welche die wesentliche Einheit aller seelischen Inhalte außer acht läßt. Denn wessen auch immer ich mir bewußt bin, *ich* bin es doch, der sich dessen bewußt ist. Alles »Seelische« weist einen notwendigen Bezug zu einem »Einheitspunkt des (jeweiligen) Bewußtseins« auf. In diesem »Ich-Zentrum« hängt der gesamte Bewußtseinsbereich zusammen, weswegen die menschliche Seele (hier nicht unterschieden gedacht vom menschlichen Geist) auch wesentlich Einheit (Monade) ist. Sie ist in höherem Grade eine Einheit als ein bloß lebendiges Wesen, z. B. ein Baum, welcher selbst wiederum eine höhere Form der Einheit darstellt als beispielsweise ein Wiesenstück. Diese – intuitiv wohl einsichtige – Verschiedengradigkeit der Einheit, aus der eventuell sogar eine höchste Einheit, das höchste Sein des göttlichen Geistes, extrapoliert werden könnte[61], findet bei Hume keinerlei Berücksichtigung. Er stellt geistige und materielle Einheiten ohne viele Umstände als zwei verschiedene Arten von »Systemen« dar, die wir gleichermaßen in geordnetem Zustand vorfinden. Manchmal würden wir beide aber auch als ungeordnet erfahren: »We have also experience of particular systems of thought and of matter, which have no order; of the first, in madness; of the second, in corruption [hier: Verwesung].«[62] Außerdem hätten wir Erfahrung von Ideen, die von selbst (bzw. durch Assoziationsgesetze geregelt) bestimmte Ordnungen annähmen, ohne daß wir die Ursache dazu anzugeben wüßten: »But, I am sure, we have a

[58] J. Mackie, am Schluß seines Buches ›Das Wunder des Theismus‹, üb. von R. Ginters, Stuttgart 1985 (Erstv. 1982), S. 400.

[59] Vgl. in: Green und Grose (Hg.), Bd. 2, S. 409.

[60] A. a. O., S. 406.

[61] Vgl. den vierten der »quinque viae« des Thomas von Aquin, in: Summa Theologiae, I, I, cap. 2, art. 3; ebenso S. contra Gentiles IV, 11.

[62] Green und Grose (Hg.), a. a. O., S. 409.

much larger experience of matter, which does the same; as, in all instances of generation and vegetation, where the accurate analysis exceeds all human comprehension.«[63]

Geistige und materielle Einheiten seien somit nicht wesentlich unterschieden, und es gebe sogar eine größere Anzahl von Erfahrungen für die Selbstorganisation der letzteren (Zeugung und Wachstum – Phänomene, die allerdings bei sogenannten rein materiellen, anorganischen Einheiten nicht beobachtbar sind). Dann stelle sich jedoch die Frage, warum wir als Theisten (oder Deisten) überhaupt versuchten, die reale Ordnung auf eine ideale im Geist Gottes zurückzuführen? Denn, zum einen, ließe sich auch noch bei der Ordnung der Ideen im Geist Gottes nach deren Ursache fragen (denn warum bei dieser stehen bleiben?) und, zum anderen, stelle sich eben die Frage, (vgl. Mackie) warum wir nicht einfach bei der materiellen Welt und ihrer Ordnung stehen bleiben könnten oder sogar sollten?

»Why not stop at the material world? How can we satisfy ourselves without going on *in infinitum?* And after all, what satisfaction is there in that infinite progression? Let us remember the story of the INDIAN philosopher and his elephant. It was never more applicable than to the present subject. If the material world rests upon a similar ideal world, this ideal world must rest upon some other; and so on, without end. It were better, therefore, never to look beyond the present material world. By supposing it to contain the principle of its order within itself, we really assert it to be God; and the sooner we arrive at that divine Being, so much the better.«[64]

Der letzte Satz bedeutet einen wichtigen Schritt auf Philos Weg in den Pantheismus. Er erfolgte jedoch um den Preis der Nichtbeachtung des Unterschieds zwischen geistigen und materiellen Einheiten. Daß die ersteren höhere Formen von Einheiten darstellen als die letzteren, kann ansatzweise sogar auf der Grundlage einer Maxime der Naturforschung gezeigt werden, welche Hume-Philo selbst vertritt: *»That Nature does nothing in vain.«*[65] Falls die (materielle) Natur wirklich nichts umsonst tut, sie sich aber selbst organisieren kann,

[63] Ebd.

[64] A. a. O., S. 408. Vgl. auch: I. Kant, Kritik der Urteilskraft, A 367 f. (div. Ausg.).

[65] Green und Grose, a. a. O., S. 455 (»Part XII«, Anfang, Humes Hervorhebung); dazu Kant: »Das Prinzip der Vernunft ist ihr als nur subjektiv, d. i. als Maxime zuständig: Alles in der Welt ist irgend wozu gut; nichts ist in ihr umsonst; und man ist durch das Beispiel, das die Natur an ihren organischen Produkten gibt, berechtigt, ja berufen, von ihr und ihren Gesetzen nichts, als was im Ganzen zweckmäßig ist, zu erwarten.« (Kritik der Urteilskraft, A 297)

warum, so stellt sich hier die Frage, bringt sie dann den menschlichen Geist als neues Organisationsprinzip hervor? (Ob sie das überhaupt kann, wäre, wie gesagt, eine weitere berechtigte Frage.) *Daß* sie ihn hervorgebracht hat, dürfte auch für Hume (der sich ja selbst bewußt ist, ausgesprochen »geistreich« zu philosophieren ...) nicht in Zweifel stehen. Aber führt diese Tatsache in Verbindung mit der zitierten Maxime nicht auch unweigerlich zu dem Ergebnis, wonach der (menschliche) Geist dem materiellen Ordnungsprinzip überlegen ist? Und wird dann nicht indirekt auch der theistischen gegenüber der pantheistischen Hypothese der Vorzug eingeräumt – ist doch die Ordnung in der Welt sicherlich von solch überwältigendem Ausmaß, daß es im Falle einer geforderten Entweder-oder-Entscheidung, nur vernünftig erscheint, sie auf das überlegene, *d.i. das geistige* Ordnungsprinzip zurückzuführen?

Gerade diese ungeheure Ordnung, wie sie in der Neuzeit auch Mikroskop u.ä.m. nachgewiesen haben, bildet die Einleitung zum fünften Gespräch. Diese Ordnung scheint ja zunächst einmal für die Ansicht des Cleanthes zu sprechen. Aber da dessen Theismus die, angeblich geradezu wahrnehmbare, enge Analogie zwischen einer Uhr und dem Weltsystem behauptet, kann Philo den Einwand erheben, es sei der Kosmos durch dieses »Übermaß« an Ordnung menschlichen Maschinen wie Uhren auf eine andere, nämlich rein quantitative Weise wiederum übermäßig *unähnlich*. Schon in der Antike, so Philo, eignete dem Argument, ein einziges personal-geistiges Wesen könne nicht alle so eindrucksvollen Aspekte des Kosmos selbst bewirkt haben, einige Überzeugungskraft.[66] In diesem Überwältigen der (vorgeblich) erreichten Leistung liege immerhin ein deutlicher Hinweis darauf, daß das göttliche Prinzip einem menschlichen Geist *nicht* sehr ähnlich sein könne. - Aber wie großartig diese sogenannte Schöpfung einerseits auch sein möge, sie bliebe dabei doch andererseits »endlich« und nichts Endliches vermöge, rein logisch betrachtet, einen *unendlichen* Schöpfer zu beweisen.

»Many worlds might have been botched and bungled, throughout an eternity, ere this system was struck out: much labour lost: many fruitless trials made: and a slow, but continued improvement carried on during infinite ages in the art of world-making. In such subjects, who can determine, where the truth; nay, who can conjecture where the probability, lies; amidst a great number of

[66] Er zitiert zustimmend Lukrez, De natura rerum, II 1095–1099, einen Text, in dem interessanterweise in Vers 1098 vom »ätherischen Feuer« die Rede ist.

hypotheses which may be proposed, and a still greater numer which may be imagined?

And what shadow of an argument, continued PHILO, can you produce, from your hypothesis, to prove the unity of the Deity? A great number of men join in building a house or ship, in rearing a city, in framing a commonwealth: why may not several deities combine in contriving and framing a world? This is only so much greater similarity to human affairs.«[67]

Hier wäre anzumerken, daß die Hypothese von den vielen »verpfuschten« Welten, bis diese eine endlich (einigermaßen) gelang, vollkommen »spekulativ« (im pejorativen Sinn) ist und nicht das geringste Indiz für sich hat.

Die polytheistische Hypothese ist zwar etwas weniger weit hergeholt, stimmt aber mit der erfahrbaren Einheit des Kosmos kaum überein, wie Philo bereits in seiner Beurteilung des manichäischen Dualismus' bereits festgestellt hat. Hinzu kommt, daß es eine bewährte und allseits akzeptierte wissenschaftliche Methode ist, bei solchen konkurrienden Hypothesen, die beide wahr sein könnten, die einfachere zu wählen. Philo-Hume hat auch dies imgrunde schon anerkannt, wenn er sich zu der (mittlerweile allerdings zweifelhaft gewordenen[68]) Maxime, die Natur tue nichts umsonst, bekennt. Diese pragmatische Simplizitätserwägung sollte nun auch in den Bereich der Natürlichen Theologie übertragbar sein, wo die Hypothese von einem Gott die größere Ausgangswahrscheinlichkeit gegenüber der von zehn (?), hundert (?) usw. Göttern hat. Die Wahl einer jeden anderen Zahl als der ersten und grundlegenden, der Eins erschiene nicht nur vollkommen willkürlich, sie würde die Ausgangshypothese auch ganz unnötig verkomplizieren (»Warum zehn Götter und nicht …?«). Daran ändert auch der Umstand nichts, daß »bedeutende Werke« wie z. B. der Bau eines großen Gebäudes oder Schiffes in der menschlichen Gesellschaft gewöhnlich von mehreren Personen zu-

---

[67] Green und Grose (Hg.), S. 413. Der seltsame Gedanke von der »verpfuschten Welten« scheint talmudische Wurzeln zu haben: »Sechsundzwanzig Versuche gingen der gegenwärtigen Schöpfung vorauf, und sie waren alle zum Scheitern verurteilt. Die Welt des Menschen ist mitten aus dem Chaos der zurückgebliebenen Trümmer hervorgegangen.« (Zit. nach Prigogine und Stenghers, a. a. O., S. 294)

[68] Vgl. z. B. R. Wesson, Die unberechenbare Ordnung. Chaos, Zufall und Auslese in der Natur, München o. J., Kap. 5 (»Die widersprüchliche Natur«). Dieses Kapitel ist sehr wohl geeignet der alten Sohienlehre oder dem Begriff einer *natura ludens* neue Aktualität zu verleihen.

sammen geleistet werden. Denn unter der Voraussetzung, daß es eine Gesellschaft gibt, ist eben dies zu erwarten (liegt *darin* die einfachste Hypothese). Außerdem wurden sogar unter Menschen die »größten Werke« (Kunstwerke, revolutionäre wissenschaftliche Theorien u. ä.) gewöhnlich von Einzelnen geschaffen.[69] Im ganzen gesehen, war Hume selbst sicherlich kein Polytheist, obgleich er gelegentlich auch eine gewisse Sympathie für diese Lehre zur Schau stellte.[70] So meint Philo schon im *V. Teil*, die These von den vielen verpfuschten Welten und die polytheistische Überzeugung gehörten zu den »ausschweifendsten Hypothesen der Einbildungskraft«[71], wobei in dieselbe Richtung zielende, und ähnlich abschätzige Äußerungen am Schluß des *X.* und zu Beginn des *XII.* Teils wiederkehren.[72] Aber ebenso wie Philo den zunächst als recht vernünftig vorgestellten Polytheismus kurz darauf bereits widerruft, wird er auch seine zitierte Auffassung, man könne die wahrscheinlichste Hypothese zur Erklärung der Ordnung in der Welt noch nicht einmal vermutungsweise bestimmen, bald wieder fallen lassen.

Dies geschieht im *Sechsten Dialog*, darin (wie auch im *Siebenten*) der folgende Gedanke besprochen wird: »The world […] is an animal, and the Deity is the Soul of the world, actuating it, and actuated by it.«[73] Dieses Weltverständnis sei von fast allen Theisten des Altertums vertreten worden, deren Lieblingsvorstellung darin bestanden habe, *die Welt als den Leib Gottes anzusehen*, und – so fügt er hinzu:

---

[69] Schießlich wäre auch dies zu bedenken: Zehn endliche Intelligenzen ergeben keine zehnfache Intelligenz (und auch keinen IQ von ca. 1000) – andernfalls hätten Lehrer keinen leichten Stand, wären Fußballstadien Brutstätten des Geistes. … Geistige Entitäten (ebenso wie Qualitäten) lassen sich eben nicht so leichthin mathematisch verrechnen. Dies gilt sogar schon auf der Ebene der Schmerzen, also auf der der »leibnächsten« geistigen Entitäten – vgl. z. B. Henri Bergson über den Unfug der Rede von »doppelt so starken Schmerzen« (derselbe Schmerz verdoppelt sich nicht, sondern nimmt eine andere Qualität an), in: Ders. Zeit und Freiheit, mit einem Nachwort von K. P. Romanos, Hamburg 1994, Kap. 1.

[70] Vgl. seine ›Natural History of Religion‹ in Green und Grose, Hg., Bd. 4, S. 307–363, isb. die zweite Hälfte (»Comparisons«). In seinem Essay »The Sceptic« kommt er sogar dem genannten Simplizitätsargument (gegen den Polytheismus) nahe, wenn er schreibt, das Kopernikanische System sei »schöner« als das Ptolemäische (vgl. Green und Grose, Hg., Bd. 3, S. 218 f.).

[71] Vgl. Green und Grose (Hg.), Bd. 2, S. 414.

[72] Vgl. a. a. O., S. 443 und S. 456 f.

[73] A. a. O., S. 416.

»And it must be confessed, that as the universe resembles more a human body than it does the works of human art and contrivance; if our limited analogy could ever, with any propriety, be extended to the whole of nature, *the inference seems juster in favour of the ancient than the modern theory.*«[74]

Besonders in dem Punkt empfehle sie sich gegenüber der Lehre von der Unabhängigkeit Gottes von der Welt, als ja nichts mehr »im Widerspruch« mit der alltäglichen Erfahrung stünde denn eine rein geistige Substanz, ein Geist ohne Leib.[75] Obwohl Hume vorsichtig genug ist, den Ausdruck »Pantheismus« zu vermeiden – der Spinozismusverdacht liegt oder hängt zu seiner Zeit wie ein Damoklesschwert in der Luft – scheint hier etwas dieser Lehre zumindest sehr nahe kommendes gemeint zu sein. Philo nennt diese Auffassung »eine neue Art von Anthropomorphismus« und bezeichnet sie weiter als »eine Theorie, die keinen erheblichen Schwierigkeiten ausgesetzt zu sein scheint.«[76] Sogar dem Cleanthes wird ein gewisses Lob dieser Doktrin in den Mund gelegt: »This theory, I own, replied CLEANTHES, has never before occured to me, though [it is] a pretty natural one.«[77]

Dann kommen dem im Verständnis zunehmnden Cleanthes doch noch zwei Bedenken in den Sinn: Es fänden sich im Universum, dem vorgeblichen Leib Gottes, *erstens* weder Sinnesorgane, noch ein bestimmter Sitz des Denkens oder ein ebensolcher Ausgangspunkt von Bewegung – womit dieser Kosmos eher einem Pflanzen- als einem Tierkörper gleiche. Diesen Gedanken läßt Philo unbeantwortet, was als Zustimmung deutbar sein dürfte. Die (pantheistische) Lehre scheine *zweitens* die Ewigkeit der Welt vorauszusetzen. Hierauf wird geantwortet, daß nichts gegen diese Ewigkeit spreche.[78] (Zuvor ist allerdings auch von Philo die Endlichkeit der Welt behaup-

---

[74] Ebd.; (unsere Hervorhebung). Nach Aristoteles verhält sich das Tierreich zum Pflanzenreich wie dieses zum Reich der materiellen Körper, womit dieses eine Art Vorstufe zu jener Pflanzensphäre (und damit keine bloße Maschine) wäre: Ähnlich argumentiert auch Hume in dem *Sechsten Dialog*.

[75] Einen *Widerspruch* zur Erfahrung finden wir hier sicherlich nicht; noch ist klar, daß der Bereich des Erfahrbaren deckungsgleich sein müßte mit dem des Wirklichen.

[76] A. a. O., S. 417.

[77] Ebd.

[78] Anders Kant in der »Thesis« seiner Ersten (»Kosmologischen«) Antinomie: »Denn, man nehme an, die Welt habe der Zeit nach keinen Anfang: so ist bis zu jedem gegebenen Zeitpunkte eine Ewigkeit abgelaufen, und mithin eine unendliche Reihe auf einander folgender Zustände der Dinge in der Welt verflossen. Nun besteht aber eben darin

tet worden.) Die Materie mag ihrer ewigen Dauer wegen vielen und großen Umwälzungen unterworfen gewesen sein, was auch eine kontinuierliche Höherentwicklung des Menschengeschlechts verhindert haben könnte.[79] Denn immerhin fänden sich Beweise dafür, daß jeder Teil der Erdkugel schon einmal ganz mit Wasser bedeckt gewesen sei. (Hume bezieht sich auf Funde von versteinerten Fischen und Schalentieren in europäischen Gebirgen, die zu seiner Zeit Aufsehen erregt hatten.[80]) Insgesamt sei kein Weltsystem akzeptabler als dieses – von uns so genannte – pantheistische:

»And were I obliged to defend any particular system of this nature (which I never willingly should do) *I esteem none more plausible, than that which ascribes an eternal, inherent principle of order to the world;* though attended with great and continual revolutions and alterations. *This at once solves all difficulties;* and if the solution, by being so general, is not entirely complete and satisfactory, it is, at least, a theory, that we must, sooner or later, have recourse to, whatever system we embrace.«[81]

Diese Worte scheinen uns doch eine ziemlich eindeutige Festlegung auf den Pantheismus zu beinhalten – freilich unter einem allgemeinen skeptischen Vorbehalt. Philo fügt noch hinzu, daß dieses »annehmbarste Weltsystem« hinsichtlich der Notwendigkeit alles Geschehens genauso eindeutig sei wie der deistische Weltmachinismus:

»Chance has no place, on any hypothesis, sceptical [meint hier »pantheistic«] or religious [»deistic«]. Every thing is surely governed, by steady, inviolable laws. And here the inmost essence of things laid open to us, we should then discover a scene, of which, at present, we can have no idea. Instead of admi-

---

die Unendlichkeit einer Reihe, daß sie durch sukzessive Synthesis niemals vollendet sein kann. Also ist eine unendliche verflosseneWeltreihe unmöglich …« (KrV, A 427)

[79] Für die Endlichkeit der Welt spricht nach Cleanthes die historisch belegte, späte Einführung von Wein, Kirschbäumen etc. nach Europa. Obwohl dieses Argument als »neu« bezeichnet wird, findet es sich in Wahrheit schon bei Thomas von Aquin: »Es liegt klar am Tage, daß manche Künste und Besiedelungen von Ländern zu bestimmten [erkennbaren] Zeiten angefangen haben. Das wäre aber nicht der Fall, wenn die Welt immer gewesen wäre.« Sogar der Gegeneinwand Humes hierzu war Thomas bereits bekannt, denn er bemerkt, »daß die Verteidiger der Ewigkeit der Welt annehmen, eine Gegend sei ungezählte Male aus einer unbewohnbaren in eine bewohnbare verwandelt worden, und umgekehrt, und in gleicher Weise behaupten sie, daß die Künste wegen verschiedener Verderbnisse unendlich oft erfunden worden und wieder verloren gegangen sind.« (Die Schriften des Thomas von Aquin, hg. von E. Rolfes, a. a. O., S. 172 und 175)

[80] Man deutete sie anfänglich als sensationelle Bestätigung des mosaischen Berichts von der die ganze Erde bedeckt habenden Sintflut.

[81] A. a. O., S. 419; (unsere Hervorhebung).

ring the order of natural beings, we should clearly see that it was absolutely impossible for them, in the smallest article, ever to admit of any other disposition.«[82]

Dies sind eindeutig Vorstellungen, die zusammen mit dem Sprachrohr des Autors, Philo, auch jener selbst vertreten hat.

Im *Siebten Teil* wird die pantheistische Weltseelen-Lehre noch etwas weiter elaboriert. Nachdem sie Demea zuliebe (der sie noch nicht verstanden hat) einleitend ein zweites Mal dargestellt wurde[83], vergleicht Philo die Weltentstehung mit dem aus einem Keim hervorgegangenen Baum oder Tier. Er räumt ein, daß uns zwar die Wirkungen, z. B. von Wachstum, aus der Erfahrung bekannt seien, nicht aber die Prinzipien, hier also das, was Wachstum eigentlich sei und wie es erklärt werden könne. »In diesem kleinen Winkel der Welt« gebe es vier solcher letztlich unbekannten Prinzipien, aus denen wir Ordnung hervortreten sähen: Vernunft, Instinkt, Zeugung und Wachstum.[84] Es mag noch andere geben; wenn wir jedoch genötigt wären, uns für eine der genannten Hypothesen zu entscheiden, nach welcher sollten wir greifen? Philo gibt die Antwort: »Is there any other rule than the greater similarity of the objects compared? And does not a plant or an animal, which springs from vegetation or generation, bear a stronger resemblance to the world, than does any artificial machine, which arises from reason and design?«[85]

Cleanthes würde nicht zulassen können, daß man ihn nach der Ursache der Ideen im Geist Gottes frage und ebensowenig könne er, Philo, die Ursache oder das Prinzip des Wachstums (bzw. die Art der Vereinigung dieses Prinzips mit der Materie) benennen. Demea erfährt des weiteren die Erklärung gegeben: »These questions we have agreed to forbear on both sides [...] Judging by our limited and imperfect experience, generation has some privileges above reason: For we see every day the latter arise from the former, never the former from the latter.«[86] Vernunft erfahren wir aus dem Wachstum (von Kindern) hervorgehend (»hervorgehend«? – erfahren wir es nicht

---

[82] A. a. O., S. 420.

[83] »The world plainly resembles more an animal or a vegetable, than it does a watch or a knitting-loom. Its cause, therefore, it is more probable, resembles the cause of the former. The cause of the former is generation or vegetation.« (A. a. O., S. 421).

[84] Vgl. a. a. O., S. 422.

[85] Ebd.

[86] A. a. O., S. 424.

eher als mit dem Wachstum verknüpft bzw. zeitlich damit verbunden?), niemals umgekehrt.

Es gilt noch einem (diesmal ungewohnt klugen) Einwand Demeas Rechnung zu tragen:

»But methinks […], if the world had a vegetative quality, and could sow the seeds of new worlds into the infinite chaos, this power would be still an additional argument for design in its author. For whence could arise so wonderful a faculty but from design? Or how can order spring from any thing, which perceives not that order which it bestows?«[87]

Philo antwortet darauf: Die Erfahrung zeigt viele Beispiele von Ordnung, die aus nichtdenkenden Ursachen entspringen. Behaupten, daß alle diese Ordnung zuletzt doch aus Absicht hervorgehen müsse, hieße ungerechtfertigt vorwegzunehmen, was eben infrage stehe. Nur ein Argument a priori (z. B. »Ordnung kann letztlich nur etwas hervorbringen, das von der Ordnung weiß«) könnte hier weiterhelfen, aber ein unzweifelhaft gültiges Argument dieser Art ist nicht in Sicht. -Ist dem so? Wenn das Vorhandensein der Verknüpfungen von Mitteln und Zwecken eingeräumt wird (und das tut auch Philo[88]), dann stellt sich doch berechtigterweise die Frage, ob eine bloße Weltseele zur Erklärung dieser Verknüpfungen hinreicht oder ob nicht vielmehr (wenigstens ergänzend dazu) eine Intelligenz als *explanans* gefordert ist. Eine solche kritische Anfrage an die pantheistische Weltseelen-Lehre muß sich nicht unbedingt auf ein vorgeblich apriorisches Wissen berufen. Sie kann sich auch auf ein bloßes Plausibilitätsargument beziehen, indem sie nachfragt, ob beispielsweise das von Galen beschriebene, und von Philo erwähnte, komplizierte Zusammenspiel von sechshundert verschiedenen Muskeln des menschlichen Köpers miteinander und mit den verschiedenen Nerven, Venen, Arterien usw. sinnvollerweise einer solchen »Weltseele« allein bzw. einer bloß »subjektiven« – aber nicht verständigen – Einheit der Natur zugetraut werden kann? Immerhin hält Kant – was immer Gewicht haben sollte – eine verneinende Antwort für die richtige:

»Der Spinozism leistet aber das nicht, was er will. Er will einen Erklärungs-

[87] A. a. O., S. 423.

[88] Vgl. z. B. den *Zwölften Dialog*, gegen Anfang: »It is with pleasure I hear GALEN reason concerning the structure of the human body …« (Green und Grose, Hg., S. 455 f.). Vgl. auch ›De natura deorum‹, a. a. O., S. 155.

grund der Zweckverknüpfung (die er nicht leugnet) der Dinge der Natur angeben, und nennt bloß die Einheit des Subjekts, dem sie alle inhärieren. Aber, wenn man ihm auch diese Art zu existieren für die Weltwesen einräumt, so ist doch jene ontologische Einheit darum noch nicht sofort *Zweckeinheit,* und macht diese keinesweges begreiflich. Die letztere ist nämlich eine ganz besondere Art derselben, die aus der Verknüpfung der Dinge (Weltwesen) in einem Subjekte (dem Urwesen) gar nicht folgt, sondern durchaus die Beziehung auf eine *Ursache,* die Verstand hat, bei sich führt, und selbst, wenn man alle diese Dinge in einem einfachen Subjekte vereinigte, doch niemals eine Zweckbeziehung darstellt: wofern man unter ihnen nicht erstliche innere *Wirkungen* der Substanz, als einer *Ursache,* zweitens eben derselben, als Ursache *durch ihren Verstand,* denkt.«[89]

Kants Einwand gegen den »Spinozism« erscheint ebenso einsichtig wie naheliegend. Nicolai Hartmann hat dann einen ähnlichen in ›Teleologisches Denken‹ formuliert. Er bemerkt, daß der Pantheismus mit seinem Abbau der Persönlichkeit Gottes, bei gleichzeitiger – von Hartmann kritisierter – Beibehaltung des Gedankens einer teleologischen Weltordnung, auf den Begriff einer »unbewußten Vernunft« in der Natur hinauslaufe und merkt dazu an:

»›Unbewußte Vernunft‹ ist ein in sich widersprechender Begriff, weil die teleologische Weltauffassung ja gerade darin besteht, daß man ein Urwesen annimmt, welches die allein dem Bewußtsein mögliche Setzung von Zwekken, Wahl der Mittel und Verwirklichung der Zwecke durch die gewählten Mittel vollzieht.

Es hilft nichts, daß man sich dieser Kalamität gegenüber auf die Autorität sehr großer Denker beruft, die solcher Halbheit das Wort geredet haben. In der Philosophie ist mit Autorität nichts zu erreichen; und von jeher war es gerade die Autorität, gegen die sich das kritische Denken gewandt hat. Alle Systeme, die einen ›verbesserten‹ Gottesbegriff zugrundegelegt haben, die also ihrerseits schon sehr kritisch vorzugehen meinten, wenn sie die naive Menschenähnlichkeit Gottes – Bewußtsein, Wille, Zorn, Rache, Güte und Gnade – preisgaben, haben das erfahren müssen. Ein personal gedachter Gott ist im Hinblick auf die vorsehende, leitende und bildende Funktion, die ihm beigelegt wird, wenigstens folgerichtig gedacht; ein impersonaler Gott, eine

---

[89] I. Kant, Kritik der Urteilskraft, A 321 f. (div. Augs.). Kant deutet andererseits auch wieder Sympathie für eine »pantheistische« Betrachtung der Natur (»als ob« sie ein beseeltes Wesen wäre) an. Beides muß sich nicht widersprechen, denn es könnte ja sein (wie wir dies selbst vermuten), daß die Weltseele eine (Erst-)Schöpfung Gottes und damit eine »Verbindung »von Theismus und Pantheismus – mit deutlicher Betonung auf ersterem – die gesuchte richtige und allgemeine naturphilosophische Einsicht darstellt.

›unbewußte Intelligenz‹ – also ein im kategorialen Sinne unter menschlich gedachtes Absolutes – ist im Hinblick auf diese Funktion jedenfalls nicht folgerichtig gedacht, auch wenn es noch so sehr als übermenschlich proklamiert wurde. Es ist nicht tragfähig, weil es den Widerspruch in sich trägt.«[90]

Beide Einwände münden in den Gedanken, daß einer Weltseele bzw. unbewußten kosmischen Vernunft (allein) das hohe Maß an Ordnung und Zweckmäßigkeit, wie es z. B. der Aufbau des menschlichen Auges oder auch der menschlichen Muskulatur scheinbar unwiderlegbar dartun, vernünftigerweise nicht zuzutrauen ist. Was kann Hume-Philo hier erwidern? Warum hat er, da ihm doch ein so naheliegender Einwand sicherlich nicht entgehen konnte, seine Hypothese von der unbewußten Vernunft nicht aufgegeben?

In einem (vor 1741 entstandenen) »Early Memoranda« bezeichneten Manuskript von Humes Hand (es befindet sich in der Bibliothek der Royal Society of Edinburgh) wird u. a. auf einen Text von Pierre Bayle über »Stratos Atheimus« verwiesen,[91] welcher von Kemp Smith in ›Hume's Dialogues‹ als *Appendix B* in englischer Übersetzung wiedergegeben wird. Bayles Ausführungen weisen eine auffällige Verwandtschaft mit einigen Argumenten Humes auf, wie sie besonders in seinem *Vierten Dialog* vorgetragen werden: »The difficulties which men encounter on adopting an hypothesis do not cause them to abandon it if they see […] that these difficulties are no more their own than their antagonist's.«[92] Bayle fährt mit der Feststellung fort, daß die theistischen Antagonisten Stratos letztlich ebenfalls vor das Problem gestellt sind, Ordnung bzw. deren Entstehung irgendwann als *factum brutum* hinnehmen zu müssen. Als solche Antagonisten werden namentlich die Stoiker und die Platoniker genannt. Bei jenen sei Gott ein lebendiges, alle Materie durchdringendes Feuer, welches aus einer Einheit von sich rastlos bewegendenden Partikeln bestehe. Aber woher kommt die Ordnung dieser (in ihrer Gesamtheit göttlichen) Partikel? Muß denn ein zweiter Gott als Schöpfer dieses Göttlichen angenommen werden – und so *ad infinitum?* Für den Platoniker, der die Ordnung der Welt nicht auf ein göttliches Feuer, sondern auf einen göttlichen Geist zurückführen will, stellt sich ein sehr vergleichbares Problem: Woher die Ordnung in den (ewigen) Ideen dieses Geistes? Muß nicht auch diese Ideenwelt

[90] N. Hartmann, Teleologisches Denken, a. a. O., S. 37 f.

[91] P. Bayle, Continuation des pensées diverses (1705), § C VI.

[92] N. Kemp Smith, a. a. O., S. 103.

wieder auf eine weitere usw. zurückgeführt werden? -Ganz ähnlich Philo: »Have we not the same reason to trace that ideal world into another ideal world, or new intelligent principle?«[93] Bayles Strato gibt die nämliche Antwort wie Humes Philo (und später Mackie): Vor dem Hintergrund des drohenden unendlichen Regresses ist es am vernünftigsten, gleich bei dieser wahrnehmbaren, realen Welt und einem mit ihr unauflösbar verbundenen, unbewußt wirkenden Bewegungs- und Ordnungsprinzip stehenzubleiben.

Kritisch anzumerken wäre hier allenfalls auch noch, daß Ordnung ein wesentlicher Bestandteil alles Geistigen, nicht aber ein solcher alles Materiellen zu sein scheint. Damit kommt man zwar einerseits um die Anerkennung einer Ordnung als einer »letztgegebenen« Tatsache nicht herum – andererseits ist das damit dargebrachte *sacrificium intellectus* nicht ungebührlich groß, denn ein ungeordneter Geist wäre fast so etwas wie eine unausgedehnte Farbe, d.h. etwas letztlich Unvorstellbares – die wirren Reden eines Wahnsinnigen verweisen ja gerade auf die Zerrüttung seines Geistes – wenn zugegebenermaßen auch keine *contradictio in adjecto*. Eine chaotische materielle Welt ist demgegenüber leichter vorstellbar, worüber schon die griechische Mythologie belehrt, welche eine solche (im Einklang mit vielen griechischen Philosophen) an den Ursrung aller späteren kosmischen Geschichte verlegte.

4) Philos Stratonismus und Humes ciceronische Maske

Würde man ihn zur Verteidigung eines bestimmten philosophischen Systems der Natur drängen, so Philo im *VI. Dialog*, so schätze er keines für wahrscheinlicher (plausibler) ein als dasjenige, welches der Welt ein ewiges, inhärentes Ordnungsprinzip zuschreibe.[94] Kurz zuvor traf er die Feststellung, daß das Universum mehr einem menschlichen Leib als einem Werk menschlicher Kunst ähnele: eine Aussage, welche, auf verschiedentlich variierte Weise, im *VII. Dialog* wiederholt wird.[95] Die beiden Dialoge über die Theodizee-Problema-

[93] Green und Grose, Bd. 2, S. 408.

[94] Vgl. Green und Grose, Bd. 2, S. 419.

[95] Damit muß Hume in dieser Hinsicht – nicht anders als Berkeley – in die »Böhme-Tradition« eingeordnet werden: »Denn der H. Geist gehet von der heiligen Trinität aus, und herrschet in dem ganzen Leibe GOttes, das ist, in der ganzen Natur. Gleich wie der Geist eines Menschen in dem ganzen Leibe in allen Adern herrschet und erfüllet den

tik enden mit einem Resümee Philos, demzufolge das Weltganze die Vorstellung einer blinden aber durch ein mächtiges belebendes Prinzip befruchteten Natur hervorrufe. Von vier Hypothesen mit Bezug auf die ersten Ursachen des Weltalls,[96] wird diejenige, welche annimmt, es würden diese weder Güte noch Bosheit besitzen, als »weitaus am wahrscheinlichsten« bezeichnet. -Wenn wir zunächst einmal (in heuristischer Absicht) weiter von der einfachen These »Philo ist Hume« ausgehen, läßt sich Humes »Pantheismus« (»Die Welt ist keine bloße »blinde« Maschine – auch keine von einem, ihr transzendenten, göttlichen Prinzip hervorgebrachte –, sondern enthält unabtrennbar von ihr, nämlich in sich selbst eines oder mehrere immaterielle ordnende und belebende, also beseelende Prinzipien«) als für »wahrscheinlich« gehaltene Hintergrundannahme auch in seinen übrigen Werken ausfindig machen. Ein solcher, mit skeptischem Vorbehalt angenommener, pantheistischer Naturalismus liegt seiner Kritik der Volksreligion[97] geradeso zugrunde wie seiner auf »natural beliefs« rekurrierenden Erkenntnislehre und seiner ursprünglichen, auf »passions« und »sympathies« gründenden Morallehre. Von hier aus ließe sich der ganze Umkreis des Humeschen Denkens unter einen einzigen Gesichtspunkt bringen, ordnen und aus einer letzten Intention heraus begreiflich machen.[98]

Und um nochmals zu erinnern: Diese ursprüngliche metaphysische Intuition Humes ist von derjenigen Berkeleys nicht wesentlich, sondern nur der darauf folgenden Rationalisierung nach unterschieden. Beide lehnen das Maschinen-Modell der Natur ab und glauben in der sichtbaren Natur selbst ein belebendes, beseelendes Prinzip ausmachen zu können, welches von Berkeley allerdings weitgehend theistisch, von Hume dagegen weitgehend atheistisch aufgefaßt wird. Der »weltseelengläubige« Renaissance-Charakter dieses Denkens, der sich unter Vermittlung Newtons, Cudworths und Mores

---

ganzen Menschen, also auch der H. Geist erfüllet die ganze Natur …« (J. Böhme, Aurora, a. a. O., S. 31 f.)

[96] Vgl. Green und Grose, a. a. O., S. 452.

[97] Vgl. dazu evtl. meinen Artikel »David Hume: Kritiker der Volksreligion«, in: *Wissenschaft und Weisheit* 61/1 (im Druck).

[98] Daß jeder eigenständigen – der näheren Betrachtung werten – Philosophie ein einziger Gesichtspunkt oder eine ursprüngliche Intuition zugrunde liegt, behauptet mit beachtenswerten Argumenten H. Bergson in »L'intuition philosophique«, dtsch. »Die philosophische Intuition«, in: Ders., Denken und schöpferisches Werden, hg. von F. Kottje, Hamburg 1993. S. 126–148 (urspr. Vortrag von 1911).

über die Vermittlung der Elisabethaner[99] und des Böhme-Kreises bis auf Bruno, Telesio, Ficino und Pico zurückführen läßt, geht bei Reid sowie – in aller Deutlichkeit – bei Priestley und den anderen »Ideologen der Industriellen Revolution« verloren. Am »Vorabend« dieser »Revolution« ist der Gedanke einer beseelten Natur, die englische Industrialisierung erleichternd, wenn nicht gar fördernd, teils vergessen (A. Smith) teils bewußt verdrängt (Priestley, Bentham u. a.) worden.

Obwohl zweifellos auch Spinoza in die pan(en)theistische Tradition der Philosophen Ficino, Bruno, Cudworth u. a. hineingehört, hat man diesen großen Philosophen lange Zeit (und während des ganzen achtzehnten Jahrhunderts) – mit einem bekannten Wort, zunächst Lessings, dann Hegels – »wie einen toten Hund« behandelt. Der Begriff »Spinozismus« wurde beinahe ein Synonym für den Begriff »Atheismus«, und es ist bekannt, welchen Aufruhr noch gegen Ende diese Säkulums Jakobis Behauptung, Lessing sei »Spinozist« gewesen, erregen konnte.[100] Auch Hume bekennt sich nirgendwo in seinem Werk zu Spinoza, ja »whenever Hume mentions Spinoza he does so in order to condemn him«[101]. Spinoza und Hobbes galten, über ihren theoretischen Atheismus hinaus, auch noch als Immoralisten, weswegen es lange Zeit geradezu ehrenrührig schien, sich zu einem von ihnen zu bekennen oder sich auch nur näher mit solchen

---

[99] Vgl. hierzu die Schriften von F. B. Yates und davon insb. ›Die okkulte Philosophie im Elisabethanischen Zeitalter‹ (Amsterdam 1991; engl. Erstv. 1979). Yates betont die Bedeutung der »okkulten« (v. a. hermetischen und kabbalistischen) Tradition im Denken während des Zeitalters der Renaissance. So wäre besonders das Werk ›De harmonia mundi‹ (1525) des venezianischen Franziskanermönchs Francesco Giorgi (1466–1540) bis in die hohe Literatur (Edmund Spenser, John Dee, William Shakespeare) und Wissenschaft (Galilei, Bacon) hinein wirksam gewesen.

[100] Auch A. O. Lovejoy spricht von »jenem Schreckgespenst, der Metaphysik Spinozas« (in der deutschen Ausgabe von ›The Great Chain of Being‹, »Die große Kette der Wesen«, Frankfurt/Main 1993, S. 213).

[101] So. J. C. A. Gaskin, a. a. O., S. 91; er fügt noch hinzu: »I have never been able to decide if this is because Hume genuinely disliked Spinoza's ›absurd‹ [Hume] metaphysics or because he thought it prudent to identify himself on occasions with those who condemn Spinoza's ›atheism‹.« Es besteht auch noch die Möglichkeit, daß Hume in seiner negativen Beurteilung Spinozas von einem seiner Hauptgewährsleute, Pierre Bayle, abhängig blieb, der in dem Spinoza-Artikel seines ›Dictionnaire‹ dessen System ebenfalls (wörtlich) als »absurd« verwirft (in der engl. Ausgabe: »the most absurd and monstrous hypothesis that can be imagined«). Vgl. dazu auch den »Appendix zu Chapter XXIII« in: Kemp Smith, The Philosophy of David Hume, a. a. O., S. 506–516.

Personen befaßt zu haben. (Dies geht auch aus Humes Umgang mit Hobbes bzw. dessen Namen hervor.)

So ist es nicht Spinoza (oder Bruno – über den beinahe vergleichbares zu sagen wäre), an den unser Philosoph anknüpfen will, sondern eine Reihe von antiken Autoren wird als Ausgangspunkt sowie Berufungsinstanz gewählt: und zwar unter durchaus »sprechender« Umgehung der beiden größten unter diesen, Platon und Aristoteles. Denn beide sind nicht nur bereits von dem ungeliebten Christentum »vereinnahmt« (und sozusagen »getauft«) worden – sie (v. a. der Erstgenannte) lassen sich seinen naturalistischen Grundüberzeugungen auch kaum angleichen. Die akademischen Skeptiker, v. a. Arkesilaos und Karneades einschließlich Philo(n) von Larisa[102] und dessen persönlicher Schüler (seit 88 v. Chr.) Cicero, stehen demgegenüber bei Hume sehr hoch im Kurs, desgleichen aber auch (besonders mit ihrer Moralphilosophie und der damit verbundenen Sympathie- und Weltseelen-Lehre) die Stoiker und eben – so schon die These Kemp Smiths – Strato aus Lampsakos (geb. 269/268 v. Chr.), »unorthodoxer« Aristoteliker, Schüler und Nachfolger Theophrasts in dem Amt eines Leiters des Peripatos.

Kemp Smiths These ließe sich noch ergänzen. Er hatte sich auf Humes Kenntnis zweier Schriften Bayles (›Pensées diverses‹ von 1682 und v. a. ›Continuation des pensées diverses‹ von 1705) bezogen, darin u. a. ausgeführt wird, daß Stratos Ansichten besser als alle anderen religionskritischen Ansätze zur Widerlegung des Theismus geeignet seien. Denn obwohl dieser nicht bestritten habe, daß es so etwas wie »a first being, a supreme God, a first principle« geben würde, habe er dieses mit der Natur selbst identifiziert.[103] (Warum Bayle diesen Gedanken bei Strato schätzt und lobt, bei Spinoza aber schroff zurückweist, bliebe in Unkenntnis der Spinoza-Phobie des achtzehnten Jahrhunderts ganz unerklärlich). Hume kannte nun nicht nur diese beiden Bayleschen Schriften, sondern auch Cudworths ›True Intellectual System‹. Dies geht aus den ›Early Memoranda‹ hervor, darin er sich namentlich – außer auf Bayle – auch auf Ralph Cudworth, Jean-Baptiste Dubos, François Fénelon und William

[102] Vgl. dazu z. B. F. Ricken, Antike Skeptiker, München 1994 (insb. Kap. II »Die Akademische Skepsis«). Ricken erwähnt S. 68 Philons Nähe zu den Stoikern. Auch Humes *Philo* kommt im *XII. Dialog* dem Stoiker Cleanthes sehr entgegen.

[103] Vgl. Kemp Smith, Hume's Dialogues, a. a. O., S. 101 (vgl. evtl. nochmals den ganzen »Appendix B: Bayle on Strato's ›Atheism‹«).

King bezieht.[104] Schon auf dem Titelblatt des Cudworthschen Werks werden den drei angeblich bedeutendsten Theisten (Aristoteles, Sokrates -nämlich der Platonische – und Pythagoras) die drei damals, zumindest im Cambridger Kreis, namhaftesten Atheisten (Strato, Epikur und Anaximander) gegenüber gestellt. Erwartungsgemäß wird dann in dem Werk selbst der »Stratonismus« auch außerordentlich ernst genommen.

Cudworth will näherhin beweisen, »that Strato was an Atheist, and that of a different form from Democritus, he attributing an energetic nature, but without sense and animality, to all matter.«[105] Es handle sich dabei um eine Form des Atheismus, »which supposes the universe, though not to be an animal, yet a kind of plant or vegetable, having one plastic nature in it, devoid of understanding and sense, which disposes and orders the whole.«[106] »Strato's deity therefore was a certain living and active, but senseless nature.«[107] Aus dieser Gott-Natur würde dieser »cosmo-plastic atheism« jeden Zufall ausschließen, »subjecting all things to the regular and orderly fate of one plastic or plantal nature, ruling over the whole.«[108]

Unsere These lautet somit, daß Hume diese naturphilosophische Konzeption Stratos, die er sowohl von Bayle als auch von Cudworth mit großer Achtung und mit viel Respekt behandelt vorfindet (im Unterschied zu Namen und Andenken Spinozas), schon früh in seinem intellektuellen Werdegang als sehr plausibel und sinnvoll eingeschätzt hat. Dabei ist er grundsätzlich auch in seinem Spätwerk ›Dialogues‹ nicht von ihr abgerückt. Diese naturphilosophische Position widerspricht seinem Skeptizismus nicht, da er sicherlich niemals dachte, sie »dogmatisch« zu behaupten und darin im Gegenteil immer »nur« die noch relativ wahrscheinlichste Auffassung über ein an sich sehr dunkles Forschungsgebiet erblickt hat. Im übrigen tendiert der Skeptizismus von Anfang an hin zum Naturalismus[109],

---

[104] Vgl. dazu G. Streminger, a. a. O., S. 118, der in diesem Zusammenhang einer Besprechung der ›Early Memoranda‹ ebenfalls bemerkt: »In Cudworths ›The True Intellectual System of the Universe‹ konnte Hume […] wichtige religionskritische Argumente finden, die vom Verfasser minuziös aufgelistet werden.«

[105] Cudworth, a. a. O., Bd. 1, S. 141.

[106] A. a. O., S. 143. »Plastic nature«! Die Gefahr einer Verwechslung von Stratos Standpunkt mit dem eigenen war somit beachtlich.

[107] A. a. O., S. 148.

[108] A. a. O., S. 194.

[109] »Die verschiedenen Formen des antiken Skeptizismus teilen die Tendenz zur Entintellektualisierung des Lebens. Sie suchen nach den primitiven Verhaltensweisen, Re-

wobei der Stratonismus eine Form von naturalistischer Philosophie darstellt. Humes *vorbehaltlicher Stratonismus*, welcher wohl von Anbeginn seines Philosophierens an mit dem mehr im Vordergrund seiner Verlautbarungen stehenden Skeptizismus verknüpft war, stellt den gemeinsamen Grund dar, auf welchem Hume dem Stoizismus – bzw. Philo dem Cleanthes – mit einer gewissen Sympathie begegnen konnte. Und so gesehen ist die mit vielfacher Verwunderung und sogar Verwirrung zur Kenntnis genommene »Verbrüderung« Philos mit Cleanthes im *XII. Dialog* gar nicht mehr so erstaunlich. Wir werden nun dieses und die verbleibenden beiden Rätsel des letzten Dialogs noch vollständig aufzulösen suchen.

Die drei Rätsel des letzten Dialogs lauten:

(1) »Wie kann Philo nur (S. 455 ff.) Cleanthes darin zustimmen, daß man einen ersten intelligenten Urheber der Natur annehmen müsse und daß es die Wissenschaften sind, die uns zu diesem Schluß führten?«

(2) »Wie kann Philo nur (S. 467) behaupten, daß der philosophische Skeptizismus den ersten und wesentlichen Schritt hin zu einem gesunden, gläubigen Christentum (einer »Volksreligion«!) darstellt und diesen Schritt zusammen mit dessen Ziel dem Zögling Pamphilus auch noch empfehlen?«

(3) »Wie kann Hume nur (S. 468) die ›Dialoge‹ mit dem in den Mund des Pamphilus' gelegten Urteil schließen, »that PHILO's principles are more probable than DEMEA's; but that those of CLEANTHES approach still nearer to the truth«?

Die beiden letzten Fragen sind einfacher zu beantworten als die erste. Unser Lösungsvorschlag lautet: Hume spricht an dieser Stelle mit den »vulgar«, denkt (und lacht) aber mit den »learned«. Er kann bei den letzteren die Kenntnis von Ciceros ›De natura deorum‹ voraussetzen (oder er glaubt diese zumindest voraussetzen zu können) – damit aber auch dies, daß die Gebildeten oder Eingeweihten durchschauen werden, daß er in diesen letzten Sätzen so etwas wie einen kleinen Humanistenscherz inszeniert. Lachend setzt er sich sozusagen die Maske Ciceros auf[110], der ein großer Befürworter der überlie-

aktionen oder Naturtatsachen, die unserer Lebenswelt zugrunde liegen.« (F. Ricken, a. a. O., S. 161.)

[110] Zuerst wird man sicherlich an Cicero denken, in zweiter Linie aber vielleicht auch an das Vorbild, dem Hume, der Historiker, in seiner ›History of England‹ nacheifern wollte (vgl. dazu R. Lüthe, David Hume. Historiker und Philosoph, a. a. O.): Tacitus. Über dessen Einstellung zur Religion bemerkt der große amerikanische Kulturhistoriker Will

ferten römischen Volksreligion gewesen ist, welcher er (im Unterschied zu Hume – vgl. z. B. auch diesen Dialog selbst) eine bedeutende staatstragende Funktion zutraute. Von den Gebildeten und damit auch Eingeweihten verabschiedet er sich mit einem Augenzwinkern durch die fast wörtliche Übernahme der Schlußrede aus ›De natura deorum‹, darin der Berichterstatter (Cicero selbst, bei Hume Pamphilus) sich zugunsten des Stoikers (Ciceros Balbus bzw. Humes Cleanthes) ausspricht.

Warum dieser Schlußscherz? Vielleicht ohne einen weiteren Grund als der für Hume typischen Freude an Ironie, sicherlich nicht oder wenigstens nicht in erster Linie, um sich selbst vor den Angriffen der »frommen Zeloten« zu schützen (er hatte die ›Dialoge‹ ja – wenn auch nicht von Anfang an – als posthume Veröffentlichung geplant), denkbarerweise aber auch um seine Freunde und den schließlichen Herausgeber (seinen gleichnamigen Neffen) vor möglichem Ungemach oder Schaden zu bewahren.[111] Insgesamt dürfte, unserer Ausführungen über Humes skeptischen Naturalismus sowie Humes agressiver Kritik der Volksreligion eingedenk, unstrittig sein, daß die vorgeblich vernunftbegründete philosophische Theologie (jüdisch-christlicher Monotheismus) ebenso wie das Christentum als »Volksreligion« von ihm nicht wirklich für wahr gehalten, geschweige denn empfohlen und angepriesen werden.

Kehren wir also zum ersten und hauptsächlichen Rätsel, dem erstaunlichen Schulterschluß Philos mit Cleanthes zurück. Hume-Philos (wir sahen bis jetzt noch keinen ernstzunehmenden Grund, von dieser Identifizierung abzuweichen) Vorliebe für den »Stratonismus« ist bereits dargestellt worden, das Vorliegen einer gewissen systematischen Nähe dieser Konzeption zum Stoizismus fand auch

---

Durant: »In Glaubensdingen ist er von einer vorsichtigen Doppeldeutigkeit, und er meint, es sei gescheiter, die einheimische Religion hinzunehmen, als den Versuch zu machen, sie durch Wissen zu ersetzen.« (Ders., Cäsar und Christus. Eine Kulturgeschichte Roms und des Christentums von den Anfängen bis zum Jahre 325 n. Chr., Bern [3]1953 S. 468)

[111] Daß er seinem scheinbar etwas ängstlichen Verleger William Strahan (der es nach dem Tode Humes unterließ, seine letzte Schrift zu veröffentlichen, weswegen 1779 David Hume d. J. – was d. Ä. wohl vorausgesehen hatte – die Initiative ergreifen mußte) in der Frage nach dem wahren »Helden« der ›Dialoge‹ keinen reinen Wein einschenkte (vgl. den Brief Humes an Strahan vom 8. Juni 1776; dazu evtl. auch den Brief vom 10. März 1751 an Sir Gilbert Elliot: beide in J. Y. T. Greig, Hg., The Letters of David Hume, Oxford 1932) sollte nicht weiter verwundern (und keineswegs zu der These verführen, Cleanthes sei eben doch dieser gesuchte »Held«).

bereits Erwähnung. Eine Vertiefung dieser Einsicht setzt freilich eine gewisse Kenntnis der stoischen Naturphilosophie voraus. Ein Kenner derselben, Wolfgang Weinkauf charakterisiert sie wie folgt:

> »An den Anfang der Welt setzt die Stoa zwei Prinzipien. Alles Existierende ist aus Stoff (Hyle) und Geist (Logos) hervorgegangen und besteht auch aus ihnen. Der Stoff (die Materie) wird verstanden als das Passive oder Leidende, mit dem etwas geschieht. Der Logos – den Begriff übernimmt Zenon [von Kition, Begründer der Stoa in Athen; S. B] von Heraklit – steht für das Tätige. Je nach Zusammenhang wird er als Vernunft, Geist, Seele oder Gottheit gedeutet. Als wirkendes Prinzip formt und gestaltet er den Stoff und realisiert sich als ›Logos spermatikos‹ durch die Welt. […] Jedoch wird nicht geklärt, auf welche Weise die Verbindung von Materie und Geist möglich ist.«[112]

Die kritische Bemerkung des letzten Satzes trifft wohl auch Stratos bzw. Humes Konzeptionen. Mit Blick auf diesen hatte sich bereits einmal die Frage erhoben, wie er wohl dachte, daß sein materialistisches und deterministisches Weltbild mit der Idee eines universellen belebenden Prinzips zu verbinden sei. Es hat sicherlich zunächst einmal den Anschein, als streiche Hume, je nach Bedarf, einmal diese und dann wieder jene andere Seite seiner Konzeption hervor: die *materielle* zur Erklärung der Regelmäßigkeit und Gesetzlichkeit alles (auch des geschichtlichen und zwischenmenschlichen) Geschehens und die immateriell-quasi-geistige zur Erklärung des Zustandekommens und Fortbestehens dieser Regelmäßigkeit sowie von Ordnung im allgemeinen. Dabei erscheint das seelische Prinzip einmal als unfrei, dann wieder als ordnungs*stiftende* also doch wohl zumindest ansatzweise freie Instanz. Wäre letzteres nicht der Fall, so bliebe unklar, warum Hume überhaupt eine solche – sei es – *vegetative* Weltseele in seine Naturphilosophie eingeführt haben sollte. Bewußte ökologische Ambitionen waren ihm grundsätzlich sicherlich ebenso fremd wie Berkeley und den vorhergehenden Weltseelen-Theoretikern (mit der möglichen Ausnahme Shaftesburys). Man könnte allenfalls darauf hinweisen, daß diese Denker durch den Einfluß, welchen sie ausübten, *unbewußt* oder *unterbewußt* zu einem naturfreundlichen resp. schonenden Umgang mit der Natur beigetragen haben oder haben könnten.[113] Dennoch werden wir das, was wir bereits mit Blick auf Berkeley (dessen Kritik abschließend) festgestellt haben, nun

[112] W. Weinkauf, Die Stoa, a.a.O., S. 54. Vgl. zur Ergänzung eventuell auch: M. Pohlenz, Die Stoa (I). Geschichte einer geistigen Bewegung, Göttingen 1992.

[113] Eine rein mechanisch konzipierte Natur kann selbstverständlich keine Vorbildfunk-

wiederholen können oder müssen: Humes Theorie »bricht« dort am deutlichsten »ein«, wo sie über die Freiheit handelt; aber vielleicht wäre es unfair, ihm deswegen einen zu großen Vorwurf zu machen, denn – wie ebenso schon einmal bemerkt und wie es wohl auch kaum als kontrovers gelten dürfte – hier scheitern so gut wie alle anderen Philosophischen Theorien geradeso.

Weinkauf fährt in seiner Charakterisierung stoischer Naturphilosophie fort:

»Beide Prinzipien sind als gemeinsame Gegebenheiten des Seins untrennbar miteinander verbunden, erst ihre Synthese gestaltet den Kosmos und seine Gesetze. Damit überwindet – philosophiegeschichtlich gesehen – die Stoa den platonischen Dualismus von Idee und Materie. Die Stoiker sind Materialisten, und das im ganz wörtlichen Sinne: Sie gehen davon aus, daß die Welt Materie ist. Aber im Gegensatz zum philosophischen Atomismus etwa eines Demokrit behaupten sie die Existenz einer von der Gottheit beseelten Materie, erklären also den Ursprung der Welt monistisch und gehen dabei im Grunde vom Monotheismus [in einer sehr weiten Bedeutung des Wortes; S. B.] aus. So wird auch verständlich, warum man vom Pantheismus der Stoa gesprochen hat.«[114]

Hieraus verdeutlicht nochmals, daß der »Theismus« der Stoiker vom »Atheismus« des Strato nicht wesentlich verschieden ist. Es ist genau diese philosophiehistorische Einsicht, welche Philo in den ›Dialogen‹ in eine systematische ummünzen möchte. Zieht man weiterhin in Betracht, daß Philo die ganze Zeit über weniger gegen den Cleanthesschen Theismus als vielmehr gegen dessen *Begründungen* des Theismus vorgegangen ist, sollte besagter »Schulterschluß« mit dem Stoiker noch etwas weniger überraschend erscheinen.[115]

---

tion erfüllen. Wo aber die Natur kein Vorbild mehr ist, gerät sie stets in Gefahr mißachtet und zerstört zu werden.

114 A. a. O., S. 54 f.

115 Es wäre außerdem zu erwägen, ob Hume nicht doch (nämlich entgegen Gaskins *prima facie* recht überzeugend begründetem Resultat, a. a. O., S. 138 und im Anschluß an Kemp Smith sowie R. J. Butlers »Natural Belief and the Enigma of Hume«, in: *Archiv für Geschichte der Philosophie* 42, 1960, S. 73–100) der Auffassung war, der Gedanke an die Existenz eines Welturhebers sei ein »natural belief«, welcher der vernünftigen Argumentation nicht bedürfe und der rationalen Kritik letztlich nicht zugänglich sei. (Vgl. auch die »Einleitung des Herausgebers«, G. Gawlick, zur deutschen Ausgabe der ›Dialogues‹: David Hume, Dialoge über natürliche Religion, Hamburg [5]1980, insb. S. XXVII f.) Das Problem spitzt sich auf die Frage zu, ob ein »natural belief« im Sinne Humes in der gesamten Menschheit verbreitet sein müsse, was etwa für den Außenwelt-, nicht aber für den Gottesglauben der Fall zu sein scheint. Kemp Smith äußert sich immerhin

Hinzu kommt auch noch die sowohl Stoikern als auch (einigen) Skeptikern gemeinsame Sympathie-Lehre. Nochmals Weinkauf: »Aufgrund der natürlichen Verbindung [alles Seienden] entsteht Kommunikation, gegenseitiges Bezogensein, ein ›Mitleiden‹ (Sympatheia) zwischen den Dingen und das Wissen, daß das einzelne Teil und teilhaftig des Ganzen ist.«[116] Weinkauf zitiert in diesem Zusammenhang Ciceros ›De divinatione‹, ein Werk, das auf einer Darstellung des Stoikers Poseidonios beruht:

»Die Stoiker haben ja viele Beispiele [für eine Verwandtschaft zwischen den Dingen] gesammelt. So sagt man, an den kürzesten Tagen vergrößere sich die Leber der Mäuse, der trockene Polei blühe gerade jetzt besonders, die angeschwollenen Samenkapseln würden zerplatzen, und die Samenkörner der Äpfel, die in ihrer Mitte eingeschlossen sind, wendeten sich auf die entgegengesetzte Seite. Auch tönten, wenn man die Saite eines Instruments anschlage, die anderen mit, und die Austern und die anderen Muscheln nähmen gleichzeitig mit dem Monde zu und ab. Außerdem glaubt man, die Bäume würden zur Winterszeit mit zunehmendem Mond am besten gefällt, weil sie dann ausgetrocknet wären.

Ich könnte noch von den Meeresengen und überhaupt von den Meeren sprechen, deren Wasserstand durch die Bewegung des Mondes beherrscht wird. Solche Dinge lassen sich zu Hunderten anführen, um die natürliche Verwandtschaft zwischen den Dingen, auch wenn sie weit voneinander entfernt sind, offenzulegen.«[117]

Ähnlich äußert sich der Stoiker Balbus in ›De natura deorum‹, wobei im Blick auf unsere Problematik auch die Erwiderung des Skeptikers Cotta von einigem Interesse ist:

»[Es] gefiel mir dein Vortrag über den harmonischen Einklang der Natur, von der du sagtest, sie bilde, gleichsam von verwandtschaftlichen Banden gehalten, ein zusammenhängendes Ganzes. Nicht einverstanden war ich hingegen mit deiner Behauptung, dies habe nur zustande kommen können, wenn die Natur von einem einzigen göttlichen Geist zusammengehalten würde. Sie verdankt jedoch ihren Zusammenhalt und ihre Dauer natürlichen, nicht göttlichen Kräften, und es gibt in ihr diese Art von Harmonie, welche die

---

über den Gottesglauben als Thema der Humeschen Philosophie klar genug: »In his eyes it is merely one more instance of the non-rational character of our natural beliefs, which arise independently of evidence and persist in despite of logical refutation.« (›The Credibility of Divine Existence‹, a. a. O., S. 385)

[116] A. a. O., S. 57.

[117] A. a. O., S. 161.

Griechen *sympátheia* nennen. Doch je größer diese von sich aus ist, desto weniger darf man sie als das Werk einer göttlichen Vernunft betrachten.«[118]

Diese Bemerkung des Stoikers weist ersichtlich eine starke »stratonische« Färbung auf. Unmittelbar zuvor hatte auch der Skeptiker Cotta bemerkt, Sprache, Rhythmus, Gesang seien Gaben der Natur, »die mit ihren Bewegungen und Veränderungen alles antreibt und in Gang setzt«.[119]

Somit erwiese sich auch die Sympathielehre als ein Stoa (bzw. Cleanthes) und Skepsis (bzw. Philo) verbindendes Moment. Dies sind ungenannte aber – wie Hume wohl annahm – den »eingeweihten« Gebildeten dennoch hinlänglich bekannte Voraussetzungen für die berühmte versöhnliche Rede Philos an Cleanthes, darin sein (Philos) »sense of religion« sowie der Glaube an einen »first intelligent Author« bekundet wird:

»I am confident, in whose eyes I appear a man of common sense, will never mistake my intentions. You, in particular, CLEANTHES, with whom I live in unreserved intimacy; you are sensible, that, notwithstanding the freedom of my conversation, and my love of singular arguments, no one has a deeper sense of religion impressed on his mind, or pays more profound adoration to the Divine Being, as he discovers himself to reason [also nicht den Verfassern der vorgeblich offenbarten Schriften, d.h. den Grundlagen der »Volksreligion«], in the inexplicable contrivance and artifice of Nature. A purpose, an intention, a design strikes everywhere the most careless, the most stupid thinker; and no man can be so hardened in absurd systems, as at all times to reject it. *That Nature does nothing in vain,* is a maxim established in all the schools, mereley from the contemplation of the works of Nature, without any religious purpose; and from a firm conviction of its truth, an anatomist, who had observed a new organ or canal, would never be satisfied, till he had also discovered its use and intention. One great foundation of the COPERNICAN system ist the maxim, *That Nature acts by the simplest methods, and chuses the most proper means to any end;* and astronomers often, without thinking of it, lay this strong foundation of piety and religion. The same thing is observable in other parts of philosophy: And thus all the sciences almost liead us insensibly to acknowledge a first intelligent Author; and their authority is often so much the greater, as they do not directly profess that intention.«[120]

---

118 Cicero, a.a.O., S. 301.

119 Ebd.

120 Green und Grose (Hg.), Bd. 2, S. 455. Bereits der Anfang des Zitats verdient (für sich genommen) Beachtung: Philo-Hume ist stolz auf seinen *Common sense* und bereits dieser verunmöglicht s.E. eine atheistische Position. Die These von der Natur, die nichts

Im Anschluß an diese persönliche Credo[121] beschreibt er – ähnlich wie Balbus in der *liber secundus* des ›De natura deorum‹ – seine Freude an dem hochkomplizierten Aufbau der menschlichen Anatomie – s. E. der wohl deutlichste Hinweis auf das Wirken einer Intelligenz im Universum.

Dann allerdings kommt es der Sache nach auch schnell wieder zu einer gewissen Rücknahme seiner Zugeständnisse an seinen Freund Cleanthes. Es bestünden auch erhebliche Differenzen zwischen den Werken der Natur und denen der menschlicher Kunst und wenn wir die Frage stellten, ob wir – trotz des gewaltigen Unterschiedes zwischen diesem Geist in der Natur und dem des Menschen – ersteren dennoch im eigentlichen Sinne Geist oder Intelligenz nennen können: »what is this but a mere verbal controversy?«[122] Vernünftige Menschen würden sich auf solche Wortstreitigkeiten, die nur den Ausdruck des richtigen Grades einer Eigenschaft betreffen, keinesfalls einlassen. So seien etwa auch Diskussionen darüber, welchen Grad von Schönheit Kleopatra besessen habe, ganz müßig:

»The disputants may here agree in their sense, and differ in the terms, or *vice versa;* yet never be able to define their terms, so as to enter into each other's meaning: Because the degrees of these qualities are not, like quantity or number, susceptible of any exact mensuration, which may be the standard in the

umsonst tut, findet sich bereits bei Aristoteles: ›De caelo‹ I, 4, 271a, 33 ff.; vgl. auch den Index Arist., 836b, 29 ff.

[121] Es trägt bei oberflächlicher Betrachtung die typischen Züge des aufgeklärten Deismus, wie sie etwa schon bei Molière und Voltaire nachzuweisen sind. Molières persönliches Glaubensideal findet sich im ›Tartüff‹ (I, 5) besonders prägnant geschildert. Über die wahrhaft religiösen Menschen heißt es dort: »Nie geben sie sich widerlichem Hochmut hin, mild und menschlich stets bleibt ihre Frömmigkeit. Sie mäkeln nicht an unserem Tun in einem fort, denn überheblich kommt solch Nörgeln ihnen vor. In selbstgerechtem Dünkel tadeln jene [die heuchlerischen »Tartüffs«] zwar, doch *sie* beschämen uns durch Tat und Vorbild nur. Bei ihnen findet auch der Argwohn keinen Raum, und andern gegenüber sind sie nachsichtsvoll. Kabalen und Intrigen gehen sie aus dem Weg und streben saubern Lebenswandel einzig an.« Voltaire bemerkt einmal (›Vernünftige Ratschläge zur Verteidigung des Christentums‹): »Kurz, ich bin überzeugt, man könne in unserem Jahrhundert keinen stärkeren Beweis von der Wahrheit unserer Religion geben, als durch ein Beispiel von Tugend. Menschenliebe ist besser als streiten. Eine gute Handlung überwiegt alle Einsicht in Dogmen.« Bei Hume wie bei Kant (und Leibniz) werden hinter dieser vordergründigen Reduktion der Religion auf die Moral auch wieder »naturreligiöse« Anklänge hörbar, die dem ganzen einen anderen Charakter verleihen. Diese sind in der ›Kritik der Urteilskraft‹ bzw. in den ›Dialogen‹ IV–VII besonders deutlich erkennbar.

[122] A. a. O., S. 457.

controversy. That the dispute concerning Theism is of this nature, and consequently is merley verbal, or perhaps, if possible, still more incurably ambiguous, will appear upon the slightest enquiry. I ask the Theist, if he does not allow, that there is a great and immeasurable, because incomprehensible, difference between the *human* and the *divine* mind: the more pious he is, the more readily will he assent to the affirmative, and the more will he be disposed to magnify the difference: He will even assert, that the difference is of a nature which cannot be too much magnified. I next turn to the Atheist, who, I assert, is only nominally so, and can never possibly be in earnest; and I ask him, whether, from the coherence and apparent sympathy in all the parts of this world, there be not a certain degree of analogy among all the operations of Nature, in every situation and in every age; whether the rotting of a turnip, the generation of an animal, and the structure of human thought be not energies that probably bear some remote analogy to each other: It is impossible he can deny it: He will readily acknowledge it.«[123]

Der Atheist müsse darüber hinaus einräumen, daß das Prinzip, welches die Ordnung im Weltall ursprünglich errichtete und noch immer aufrechterhält, auch gewisse Ähnlichkeiten mit anderen Verfahrensweisen der Natur und besonders mit dem menschlichen Geist aufweise. So erlaube der Atheist wenigstens eine entfernte Ähnlichkeit des ersten Prinzips mit dem Menschen, der Theist gestehe eine große Unterschiedenheit zu: *wo bleibt da der vernünftigerweise diskutierbare Streitpunkt?* Womit sich als Ergebnis dieser ganzen Untersuchung über die Natur Gottes (oder der Götter) eine ähnliche Einsicht wie bei der Kontroverse zwischen Deterministen und Indeterministen[124] ergibt – letztlich alles nur ein leerer Streit um Worte …

Ohne dieses Ergebnis noch einmal kritisch kommentieren zu wollen, abschließend noch eine letzte wirkungsgeschichtliche Bemerkung. Bei oberflächlicher Lektüre der ›Dialoge‹ mußte infolge des *XII. Dialogs* und besonders im Anschluß an die abschließende »Kür« des Cleanthes zum »Helden« des Buches (durch Pamphilus im letzten Satz) der Eindruck entstehen, auch Hume sei ein Anhänger des *Design*-Arguments bzw. des damit verbundenen mechanischen Naturmodells. Zwar habe er einige Einwände erhoben und mit dem alternativen organismischen Modell sozusagen ein wenig kokettiert – letztlich sei er aber doch zu Vernunft und *Common sense,* d. h. eben zur Maschinenvorstellung und zum *Designer-Gott* zurückgekehrt.

---

[123] A. a. O., S. 458.

[124] Vgl. evtl. das *Achte Kapitel* der ›Untersuchung über den menschlichen Verstand‹.

Die dezente ciceronische Maske ist eben leicht zu übersehen: und das nämliche gilt für Humes verborgenen Stratonismus. Mit Blick auf die weitere Entwicklung des philosophischen Naturverständnisses hin zu Neomaterialismus und Neomechanismus im zweiten Drittel des achtzehnten Jahrhunderts (und natürlich mit Blick auf den Umgang mit der Natur in der *Industrial Revolution*) mag man dies bedauern und statt dessen wünschen, ein so einflußreicher und seines Scharfsinns wegen (fast) allgemein bewunderter Philosoph wie Hume hätte seine wahren Ansichten und Sympathien für das organische Naturmodell – *nicht ganz so geschickt verborgen.*

Damit dürfte deutlich geworden sein, daß sowohl Berkeleys als auch Humes Naturbegriff im letzten »organisch« oder »organismisch« (»biologisch«) konzipiert ist, daß diese Tatsache aber schon bei Berkeley nicht einfach an der Oberfläche seiner Werke mühelos ablesbar (gewesen) ist, während sie bei Hume offenbar sogar ganz bewußt verschleiert wurde. Die Gründe dafür liegen vermutlich zu einem gewissen Grade in der Befürchtung beider Denker begründet (überraschenderweise gilt dies wohl auch für Hume) mit Schmähworten wie »Spinozist« oder »Pantheist« bedacht zu werden.[125] Jedenfalls ist das schon bei Berkeley recht verborgene antimechanistische Naturverständnis bei Hume ganz in den dunklen (aber realen, die verschiedenen Bestandteile seiner philosophischen Werke in einer – nun aufgedeckten – Tiefenstruktur verbindenden) Hintergrund seiner Ausführungen über die Welt, Gott und den Menschen geraten.

---

[125] Vielleicht lag das auch an den »Umtrieben« John Tolands (Verfasser von ›Christianity not Mysterious‹ von 1696), mit denen die »seriösen« britischen Philosophen der Zeit keinesfalls in Verbindung gebracht werden wollten. (Toland gründete eine eigene »Loge« mit Verhaltensregeln, geheimnisvollen Riten, eigenen Trinksprüchen – v. a. auf Sokrates – usw. Der Ausdruck »Pantheist« ist von ihm geprägt worden, das davon abgeleitete Wort »Pantheismus« von einem seiner Kritiker: »Der Begriff ›P.‹ [Pantheismus] wurde 1709 von dem niederländischen Theologen DE LA FAYE in einer gegen Toland gerichteten Streitschrift geprägt […] J. TOLAND hatte die Lehre der Pantheisten; von denen er erstmals 1705 spricht (»the Pantheists …, of which number I profess my self to be one' […]), in seinen ›Origines Judaicae‹ von 1705 auf die Formel gebracht, ›es gebe kein von der Materie und diesem Weltgebäude unterschiedenes, göttliches Wesen, und die Natur selbst, d. i. die Gesamtheit der Dinge, sei der einzige und höchste Gott‹.« (Historisches Wörterbuch der Philosophie, hg. von J. Ritter und K. Gründer, Bd. 7: P – Q, a. a. O., Lemma »Pantheismus«, S. 59.)

Vierter Teil:

Naturphilosophie und Philosophische Theologie nach David Hume

Erstes Kapitel:

Natur und Gott bei Thomas Reid und seinem Kritiker Joseph Priestley

0) Vorbemerkungen

Philos Stratonismus ist, wie wir sahen, in der Frage nach der Natur Gottes bzw. der Götter von Cleanthes' Stoizismus gar nicht so weit entfernt – weswegen sich beide auch im *XII. Dialog* so nahe kommen können. St. Toulmin und J. Goodfield charakterisieren die kosmologische Grundidee des Stoizismus wie folgt:

»In jedem geordneten System manifestiert sich eine Psyche; und jede Psyche wird von einem Pneuma getragen, das die Teile des Systems in ihrer Anordnung hält. Der Kosmos ist ein geordnetes System, in dem alle Dinge miteinander verknüpft sind. *Ergo* muß das Universum selbst eine Psyche haben; und diese ›Weltseele‹ muß von einem universalen Pneuma getragen werden, das alle Objekte des Himmels und der Erde in einem gemeinsamen Schicksal verbindet.«[1]

Die Autoren stellen diesem »Stoizismus« kontrapunktisch den »Atomismus« gegenüber (der alle organisierten Systeme auf die Eigenschaften ihrer verschiedenen Bestandteile und letztlich auf die von kleinsten unteilbaren Teilchen zurückführen will), um dann von einem »immerwährenden Streit zwischen Atomisten und Stoikern« zu sprechen.[2] Newton habe versucht, eine vermittelnde Position in diesem Streit einzunehmen: »Wie er wußte, war der Gedanke der ›Fernwirkung‹ den modernen [atomistischen] Philosophen etwas Hassenswertes, und er mußte damit rechnen, daß seine neuen ›Häresien‹ als reaktionär *gebrandmarkt* wurden – da sie den Glauben an verborgene Mächte und okkulte Eigenschaften […] wiederbeleb-

---

[1] St. Toulmin und J. Goodfield, Materie und Leben, München 1970 (engl. Erstv. 1966), S. 207.

[2] Ebd.

ten.«[3] In diesem Zusammenhang wird auch Newtons Interesse für Alchimie erwähnt sowie seine Ätherhypothese in den ›Optics‹ besprochen.

Während sich Berkeley dem Atomismus gegenüber schroff ablehnend verhielt, scheint auf seine Weise auch Hume eine *via media* zwischen diesem und dem Stoizismus (in der gerade vernommenen, sehr allgemeinen Bedeutung des Wortes) gesucht zu haben. Ohne Zweifel ist er ein großer Bewunderer und methodischer Nacheiferer Newtons auf dem eigenen Gebiet der »moral philosophy« gewesen.[4] Unsere Interpretation seiner Werke hat ergeben, daß darin einer rudimentären Form der Weltseelenlehre eine, dem flüchtigen Leser leicht entgehende, in systematischer wie auch historischer Hinsicht aber dennoch bedeutsame Rolle eignet. Wir halten es nicht für ausgeschlossen, daß sich mit Blick auf die Werke Newtons ein ähnliches Resultat erzielen ließe. Wirkungsgeschichtlich betrachtet, arbeitete Hume aber ohne jede Frage dem Neomechanismus des Zeitraums um die beginnende Industrielle Revolution fördernd und unterstützend entgegen.

Newtons unvergleichlicher Einfluß auf die britische Geistesgeschichte ist auch in Thomas Reids Schriften präsent. So werden bereits in der »Introduction« zur ›Inquiry into the Human Mind‹, Newtons bekannte *regulae philosophandi* aus den ›Principia‹ *(III. Buch)* als »maxims of common sense« – die wohl höchste Auszeichnung, die Reid zu vergeben hat – empfohlen.[5] Auch in der »Conclusion« wird Newton als einer der Überwinder des Analogiedenkens gewürdigt – zugleich erhebt sich aber auch der Vorwurf, selbst dieser überragende Geist sei noch von Analogien (und seiner »Liebe zur Einfachheit« von Erklärungsprinzipien) fehlgeleitet worden.[6] In dem »Letter to Lord Kames« vom 16. Dez. 1780 (also 16 Jahre nach der Erstveröffentlichung der ›Inquiry‹, zu einer Zeit, als

---

[3] Ebd.

[4] Vgl. z. B. N. Capaldi, David Hume, the Newtonian Philosopher, Boston 1975

[5] E. Cassirer betont die große Bedeutung der »Regulae« für die gesamte Epoche der Aufklärung: »Die zentrale Frage der *Methode* der Philosophie wird, statt durch Descartes' Discours de la Méthode, vielmehr durch den Rückgang auf *Newtons* ›Regulae philosophandi‹ zu entscheiden gesucht. Und diese Entscheidung drängt alsbald in eine völlig andere Richtung der Betrachtung. Denn Newtons Weg ist nicht der Weg der reinen Deduktion, sondern der Weg der Analyse.« (Ders., Die Philosophie der Aufklärung, a. a. O., S. 7.)

[6] Vgl. Hamilton (Hg.), Reid, Bd. I, S. 207 (›Inquiry‹, »Conclusion«). Wirklich spricht Newton im *Leitsatz III* über die »Analogie der Natur«: vgl. hierzu die aufschlußreichen

Reid selbst bereits ein in Großbritannien und Frankreich hochgeschätzter Philosoph gewesen ist), verkündet er ebenso selbstbewußt wie lapidar: »I have a great regard for his [Newtons] judgement; but where he differs from me, I think him wrong.«[7] Es wird hinzugefügt, daß dessen »queries and conjectures« zwar wertvoll seien, jedoch auch von Newton selbst nie als gewiß erachtet worden wären. Beide Kritikpunkte, die über die verfehlten Analogien und die über die rein spekulativ-hypothetischen »Queries« könnten mit einiger Plausibilität als ebensoviele Vorbehalte gegen die in den betreffenden Passagen der ›Optics‹ dominante Äther- bzw. Weltseelenlehre aufgefaßt werden.

Wir wollen diese Vermutung zunächst weiterverfolgen, indem wir uns etwas tiefer in Reids eigene Körperlehre und Naturphilosophie hinein versetzen. Dann soll sein bekanntester und interessantester Kritiker zu Wort kommen (»the celebrated Dr. Priestley«, wie Reid ihn selbst nennt[8]), um auch noch *seine* Naturauffassung wenigstens ansatzweise herauszuarbeiten. Reid (zusammen mit seinem Popularisator James Beattie), Priestley, Adam Smith und Jeremy Bentham sind die bedeutendsten und einflußreichsten englischsprachigen Philosophen zu Beginn der Industriellen Revolution gewesen. Die beiden Letztgenannten haben keine eigene Naturphilosophie entfaltet und sich auch sonst kaum (oder gar nicht) über Fragen der Naturauffassung geäußert, was uns – ihres großen zeit- und kulturgeschichtlichen Einflusses wegen – aber dennoch nicht von der Aufgabe einer kurzen Präsentation ihrer philosophischen Grundgedanken entbinden sollte. Vielleicht wäre noch erwähnenswert, daß Adam Smith seine ›Theory of Moral Sentiments‹ (1759) – zwar ganz im Sinne des mit ihm befreundeten und von ihm verehrten Hume – mit einem Kapitel über »Sympathy« beginnt, und daß jedoch in demselben Werk nur einmal, gleichsam nebenher und wie selbstverständlich, von der Natur – als von der »immense machine of the universe«[9] – die Rede ist. (Genaueres hierzu aber erst im folgenden Kapitel.)

Ausführungen von E. Dellian in der »Einleitung« der deutschen Principia-Ausgabe, a. a. O., S. XI ff.

[7] A. a. O., S. 59.

[8] A. a. O., S. 58.

[9] A. Smith, The Theory of Moral Sentiments, Indianapolis 1976, hg. von E. G. West, S. 385.

1) Thomas Reids Natur- und Körperlehre

Ähnlich wie Smith spricht auch Reid von der »grand machine of the material world«[10] – aber, im Unterschied zu jenem, unterzieht er die Frage, was eine materielle Welt oder auch nur ein materieller Gegenstand eigentlich sei, immerhin noch einer kurzen philosophischen Befragung. Im Zuge dieser Ausführungen verdeutlicht, daß der platonische Hintergrund der Renaissance-Philosophen, welcher auch noch derjenige Newtons gewesen ist[11], mittlerweile in ziemlich weite Ferne rückte – aber immerhindoch noch nicht ganz verschwunden scheint. Denn bei Reid wird eine, womöglich an Humes »natural beliefs« anknüpfende, empiristische Neufassung der *Ideae innatae*-Theorie erkennbar, welche als die wesentliche Voraussetzung seiner Körperlehre angesehen werden muß. Mit der Natur des menschlichen Geistes sind, Reids Ansicht nach, eine Reihe von Überzeugungen verknüpft (die »principles of common sense«), welche eine adäquate Erfassung u. a. der Natur der körperlichen Gegenstände gewährleisten. Wenn ich etwa einen Baum im klaren Tageslicht vor mir sehe, dann bin ich nicht nur im Besitz einer Reihe von visuellen »ideas« oder »impressions«, sondern zugleich im Griff einer dadurch »geweckten« Überzeugung, wonach dieser Baum wirklich (in der Natur und nicht nur in meinem Bewußtsein) Existenz hat. Reid jedoch will diese naturgegebenen Prinzipien der Erkenntnis bzw. Überzeugung als empirisch erkennbare – und vielleicht auch als ebenso entstandene – verstanden wissen; so behauptet wenigstens sein Interpret Keith Lehrer:

»*A priori* postulation of these *innate* principles of conception, conviction and evidence is unwarranted. Reid is an empiricist. We know from reflective introspection, which can be a precise form of observation, that we have certain conceptions and convictions. To argue against this it to argue against empirical fact.«[12]

---

[10] Hamilton (Hg.), Bd. I, S. 58 (Letter to Lord Kames, vom 16. 12. 1780).

[11] »Der platonische Hintergrund ist bei den herausragenden Naturphilosophen jener Zeit unübersehbar, bei Kepler und bei Galilei […] nicht weniger als bei Newton […], dessen enge Beziehung zu den Cambridger Neuplatonikern Ralph Cudworth und Henry More ebenso bekannt ist wie sein Interesse für die Lehren Jakob Böhmes« (Ed Dellian, »Einleitung« in: Ders., Hg., Isaac Newton, Mathematische Grundlagen der Naturphilosophie, Hamburg 1988, S. XI).

[12] K. Lehrer, Thomas Reid, (»The Arguments of the Philosophers«), ²1991, S. 8.

Lehrers Aussage ist nun allerdings zumindest präzisierungsbedürftig: Denn unbeschadet der Tatsache, daß Reid keine apriorische (nichtempirische) *Herleitung* der ersten Prinzipien kennt (im Unterschied dazu wäre hier vielleicht an Platons reflexiv-rationale Anamnesis im ›Menon‹ oder auch an Kants »metaphysische Deduktion« in der ›Kritik der reinen Vernunft‹ zu denken), scheint er doch eine apriorische *Geltung* derselben im Sinne eines unerschütterlichen und wohl auch »notwendigen und allgemein gültigen« (Kant) Wissensfundaments anzunehmen. Dies wird implizit auch von Lehrer (einem großen Bewunderer Reids, der seine Monographie mit dieser emphatischen Aussage über Reid beginnt: »the combination of soundness and creativity of this work in unexcelled«) eingeräumt, der die, an Berkeley erinnernde, große Bedeutung der antiskeptischen Zielrichtung der Reidschen »philosophy of common sense« unterstreicht:

»His [Reids] positive theory can be easily outlined. The antidote to scepticism and false philosophy is commitment to empiricism and the principles of common sense. These principles are *innate* principles of our constitution yielding conceptions and convictions of the operations of our own minds, of the minds of others, of the qualities of external objects, and of the laws of nature.«[13]

Diese *angeborenen* Prinzipien (sie sollen durch innere Erfahrung erkennbar, jedoch durch keinerlei andere falsifizierbar sein) bilden nach Reids Dafürhalten ein Ganzes,[14] das sich in den allgemeinen Ansichten der Menschheit, d. h. in einem Fundus von zu allen historischen Zeiten und geographischen Orten für selbstverständlich erachteten Grundüberzeugungen, wiederfinden läßt. Der Schwerpunkt der Reidschen Argumentation liegt jedoch nicht auf der ihm oftmals fälschlich unterstellten Behauptung, daß sich nicht alle Menschen immer irren könnten,[15] sondern auf der These, daß diese Prinzipien genauso mit der Natur des Menschen verbunden sind, wie dessen kritisches Vernunftvermögen. (Hierin ist Reids naturalistische Variante der Common Sense Philosophie von G. E. Moores pragmatisch-sozialer akzenthaft aber dennoch deutlich unterschieden). Reids *common sense* ist dabei auch von dem *sensus communis* der

---

[13] Ebd.

[14] »Philosophy has no other root but the Principles of Common Sense; it grows out of them, and draws its nourishmemt from them.« (in: Hamilton, Hg., Bd. 1, S. 101).

[15] In etwa gemäß Bob Marleys Wort: »You can fool some people sometimes but you can't fool all the people all the times«.

Scholastik nicht so weit entfernt. Der Thomas-Kenner Robert E. Brennan schreibt über diesen Begriff des Gemeinsinns:

»Während die Empfindung die eigentliche Tätigkeit der äußeren Sinne ist, gehört die Wahrnehmung dem Gemeinsinn […] an. Beim Sehen empfinden wir nur Farben, beim Hören nur Laute, beim Riechen nur Gerüche, beim Schmecken nur Schmeckbares, beim Tasten nur Tastbares. Der Gemeinsinn befähigt uns nun, einige oder sogar alle diese Empfindungen zu vereinigen und ihr gleichzeitiges Vorhandensein an einem und demselben Gegenstand durch einen einzigen Wahrnehmungsakt zu erkennen.«[16]

Brennan fügt hinzu, daß wir durch den *sensus communis*, einem Bestandteil unseres natürlichen Erkenntnisvermögens, auch erst ein Objektbewußtsein erhalten würden. Dies kommt nun Reids Konzeption wirklich bis zum Verwechseln nahe:

»It appears as evident that this connection between our sensations and the conception and belief of external existences cannot be produced by habit, experience, education, or any principle of human nature that hath been admitted by philosophers. At the same time, it is a fact that such sensations are invariably connected with the conception and belief of external existences. Hence, by all rules of just reasoning, we must conclude, that this connection is the effect of our constitution, and ought to be considered as an original principle of human nature, till we find some more general principle into which it may be resolved.«[17]

Ein solches »original principle of human nature« wird auch »a natural and original judgement« genannt,[18] und auf die naheliegende kritische Anfrage, was ein solches natürliches Urteil eigentlich sei, erfolgt die entwaffnende Antwort: »Every man knows what it is, but no man can define it.«[19]

---

[16] R. E. Brennan, Thomistische Psychologie, hg. von Th. K. Lieven, Graz 1957, S. 25.

[17] Hamilton (hg.), Bd. 1, S. 122 (›Inquiry‹, Kap. *V*, Abschn. *III*).

[18] Vgl. Hamilton (Hg.), S. 107 (›Inquiry‹, Kap. *V*, Abschn. *III*).

[19] Ebd. Hier besteht sicherlich auch eine Verbindung zu dem, was »protestantisches Einfachheitspathos« genannt werden könnte. Diese Pathos zeigt sich von Anbeginn des Protestantismus an, z. B. in Erasmus', Luthers etc. Ablehnung der »spitzfindigen« Scholastik, in den Schagwörtern »sola fides«, »sola gratia« und »sola scriptura« (»scriptura sacra sui ipsius interpres«), in der Einfachheit der Kirchenbauten (einschließlich des »Ikonoklasmus«), der Pastorenkleidung usw. usf. Es ist nicht zu erkennen, daß dieses Einfachheitspathos etwas mit dem »englischen Volkscharakter« zu tun haben sollte, denn vor der Trennung von Rom ist eine soche Einfachheit bei britischen Kuturprodukten nicht erkennbar (»Perpendicular-style« und Duns Scotus, der *doctor subtilis*, mögen als besonders prägnante Beispiele genügen).

Reid meint offenbar das schwer zu formulierende »Gefühl« oder die schwer zu unterdrückende »Überzeugung« (eines geht hier in das andere über), das oder die sich dort einstellen, wo ein Naturgegenstand wahrgenommen wird, und das *Realitätsgefühl* oder *-überzeugung* genannt werden könnte. Solche natürlichen (also zur Natur des menschlichen Erkenntnisvermögens gehörenden) Urteile gebe es nicht nur hinsichtlich der Realität von materiellen Naturobjekten, sondern auch bezüglich der Uniformität des Naturverlaufs (so die Grundidee von Reids »Begründung« der induktiven Forschung und seine »Lösung« des Induktionsproblems), ebenso bezüglich der Realität von *anderen* endlichen Geistwesen (Reids »Begründung« der – bzw. des Glaubens an – Intersubjektivität und seine »Lösung« des »problem of other minds«), bezüglich des Schlusses von wahrnehmbarer Ordnung auf eine nichtwahrnehmbare ordnende Intelligenz (Reids »Begründung« der Rationalen Theologie – darüber später mehr), usw. – Die beunruhigendsten und schwierigsten philosophischen Probleme seiner Zeit werden damit, sehr »elegant«, jeweils mit dem Hinweis auf *natürliche Urteile*, »immediately inspired by our constitution«[20], beantwortet.

Die Problematik dieser Antworten liegt nicht darin, daß sie falsch wären – denn das sind sie wohl gar nicht –, als vielmehr darin, daß Reid sie als philosophisch (befriedigende) Lösungen präsentiert. Es mag ja durchaus zutreffen, daß ich beim Anblick eines Baumes neben der »Sinnesidee« auch das damit verbundene Bewußtsein oder innere »Urteil« erfahre: »Dieser Baum existiert«, aber es dabei bewenden zu lassen, beweist höchstens einen wenig ausgebildeten philosophischen Eros bzw. beklagenswert geringes theoretisches Raffinement. Denn neben anderen denkbaren, stellen sich doch sofort zumindest diese beiden Nachfragen ein: Wie es zu diesem Urteil kommen konnte und ob es wohl auch wahr oder wenigstens rational begründbar sei? Reid scheint dagegen anzunehmen, der Hinweis auf eine ursprüngliche menschliche Natur stelle ebenso eine erschöpfende genetische Kausalerklärung dar wie zugleich einen hinreichenden axiologischen Gültigkeitsnachweis. Beides ist offenbar fraglich. Aber ist es wirklich so (wir kehren vom systematischen zum interpretatorischen Fragebereich zurück), daß Reid Verweise auf die (menschliche) Natur als befriedigende *Letzterklärungen* aufgefaßt hat?

Es muß zunächst einmal so aussehen, denn im Grunde enden

---

[20] A. a. O., S. 110 (Kap. *II*, Abschn. *IV*).

alle seine Erklärungen bei dem Wissensfundament der natürlichen Urteile – und das heißt schließlich, bei der (menschlichen) Natur bzw. bei der Natur des menschlichen Erkenntnisvermögens.[21] Bei genauerem Hinsehen wird aber deutlich, daß Reid von dieser »Natur« im Grunde nicht anders dachte als Newton von seiner »Gravitation«. Beide nehmen ihre jeweiligen »Schlagwörter« nur als Kürzel für die Behauptung eines empirisch feststellbaren, gesetzmäßigen Zusammenhangs, von dem sie annehmen, daß er selbst noch einmal einer Erklärung bedürfe, welche beide jedoch bewußt offen lassen. Newton:

»Die Schwere zur Sonne hin setzt sich aus den Schwerewirkungen zu den einzelnen Teilchen der Sonne hin zusammen, und mit wachsendem Abstand von der Sonne nimmt sie genau im quadratischen Verhältnis der Entfernungen ab bis zur Bahn des Saturn, wie aufgrund der Ruhe der Aphele der Planeten klar ist, und bis zu den äußersten Aphelen der Kometen, sofern jene Aphele ruhen. Eine theoretische Erklärung für diese Eigenschaften der Schwere habe ich aus den Naturerscheinungen noch nicht ableiten können, und bloße Hypothesen denke ich mir nicht aus.«[22]

Reid:

»How a sensation should instantly make us conceive and believe the existence of an external thing altogether unlike to it, I do not pretend to know, and when I say that the one suggests the other, I mean not to explain the manner of their connection, but to express a fact, which every one may be conscious of – namely, that, by a law of our nature, such a conception and belief constantly and immediately follow the sensation.«[23]

Über diese formal-argumentative Gemeinsamkeit hinaus, bestehen weitere Übereinstimmungen zwischen Newtons und Reids Naturkonzeptionen. Denn Newton wie auch Reid zufolge gibt es zwar wirkliche Kräfte in der materiellen Welt – wie schon des ersteren *Definition III* deutlich macht – aber in denselben ›Principia‹ (»Scholium generale«) wird auch von Gott gesagt, daß er diese (»alles«) »lenke« (wenn auch nicht, daß er alles »wirke«). In einem gewissen Unterschied zu dieser etwas vorsichtig-zögernden, wenn nicht gar

[21] »The sceptic asks me: Why do you believe the existence of the external object which you perceive? This believe, Sir, is none of my manufacture, it came from the mint of Nature.« (Hamilton, Hg., S. 183)

[22] I. Newton, Mathematische Grundlagen der Naturphilosophie, a.a.O., S. 230 (»Scholium generale«).

[23] Hamilton (Hg.), S. 131 (›Inquiry‹, Kap. *V.* Abschn. *VIII*).

unentschiedenen Position ist Reid hypothetischer »Monokausalist« und entschiedener wissenschaftstheoretischer »Instrumentalist« (in dem bereits kennen gelernten Berkeleyschen Sinn). Vor allem aber infolge seiner Ablehnung der Ätherlehre darf er jedoch keinesfalls als »ganzherziger« Newtonianer in der Naturphilosophie bezeichnet werden.

In seinem sechsten Brief an Lord Kames bemerkt der schottische Philosoph, er denke (i. S. v.: er glaube sich zu erinnern), er habe die Idee seiner Naturphilosophie ursprünglich von Newton bezogen. Dieser Briefwechsel zwischen den beiden Philosophen (Lord Kames, vor seiner Nobilitierung Henry Home, ein Verwandter Humes, Rechtsanwalt und zu seiner Zeit bekannter philosophischer »Freidenker«) erweist sich für unsere Frage nach Reids Naturverständnis besonders aufschlußreich.[24] Im zweiten Brief an Kames geht es um Priestley, im vierten um das *Design*-Argument und im sechsten um Newton und die richtige Deutung seiner Naturphilosophie (Physik). Reid, der Newton selbst für einen ausgesprochenen Instrumentalisten anzusehen scheint, spricht sich ebenfalls ganz unmißverständlich für eine nichtrealistische Auffassung der Physik aus. Der folgende Text ist geradezu beispielhaft für alle solche Wissenschaftsdeutungen:

> »By the cause of a phenomenon, nothing is meant but the law of nature, of which that phenomenon is an instance, or a necessary consequence. The cause of a body's falling to the ground is its gravity. But gravity is not an efficient cause, but a general law, that obtains in nature, of which law the fall of this body is a particular instance. The cause why a body projected moves in a parabola, is, that this motion is force and gravity united. But these are not efficient causes; they are only laws of nature. In natural philosophy, therefore, we seek only the general laws, according to which nature works, and these we call the causes of what is done according to them. But such laws cannot be the efficient cause of anything. They are only the rule according to which the efficient cause operates.«[25]

Die Suche nach »efficient causes« falle, so vereutlicht weiter, in den Bereich der Metaphysik bzw. deren Teildisziplin der Natürlichen Theologie. Zwar wäre es immerhin (prinzipiell) möglich, daß die metaphysisch richtige Antwort laute: Was in der Natur ursächlich wirkt,

[24] Vgl. Hamilton (Hg.), Bd. I, S. 50–61. Eine prägnante Kurz-Charakteristik Lord Kames' in : Streminger, a. a. O., S. 100 f.
[25] A. a. O., S. 57.

ist die Materie. Aber: »I never could see good reason to believe that matter has any active power at all.«[26] Hierfür werden zwei Gründe angeführt. Dem ersten zufolge ist die Allgegenwart von Finalursachen[27] mit der Annahme eines Wirkens der blinden und geistlosen Materie kaum vereinbar. Der zweite besagt, daß aktive Kraft nur jeweils »persönlich« an sich selbstfestgestellt werden kann, d. h. in Verbindung mit Denken und Bewußtsein (beide Erwägungen erinnern deutlich an Berkeley):

»I am not able to form any distinct conception of active power but such as I find in myself. I can only exert my active power by will, which supposes thought. It seems to me, that, if I was not conscious of activity in myself, I could never, from things I see about me, have had the conception or idea of active power, that is, the efficient cause of them; but, having got the notion of active power, from the consciousness of my own activity, and finding it a first principle, that every production requires active power of that kind I am acquainted with – that is, such as supposes thought and choice, and is exerted by will. But, if there is anything in an unthinking inanimate being that can be called active power, I know not what it is, and cannot reason about is.

If you conceive that the activity of matter is directed by thought and will in matter, every particle of matter must know the situation and distance of every other particle within the planetary system; but this, I am apt to think, is not your Lordship's opinion.«[28]

Dies alles erhärte – beweise aber nicht – die Vermutung, »that the Deity is the first efficient cause of all nature«.[29] Die Hypothese von »Plastic Powers or Plastic Natures« in der Natur (Cudworth und die Cambridge Platoniker) sei allerdings eine müßige Spekulation.

Was schon anläßlich der Darstellung von Berkeleys Instrumentalismus befürchtet werden konnte, gilt somit auch für die ähnlich (vielleicht sogar nach diesem Vorbild) konzipierte Wissenschaftstheorie Reids: Dieser Antirealismus ist in Gefahr, die Natur abzuwerten, welcher nur noch »Gelegenheitsursachen« (die aber eigentlich gar nicht wirken) zugetraut werden. Der wissenschaftstheoretische Instrumentalismus arbeitet, selbst noch in der Gestalt der radikalisierten monotheistischen Allwirksamkeitslehre, dem Mechanismus

[26] A. a. O., S. 59.

[27] »As to final causes, they stare us in the face wherever we cast our eyes […] – final causes, good final causes are seen plainly everywhere.« (A. a. O., S. 58)

[28] A. a. O., S. 59.

[29] A. a. O., S. 58

und monistischen Materialismus wirksam in die Hände.[30] Allerdings ist diesbezüglich für Reids Form des Instrumentalismus – gegenüber der Berkeleyschen (und auch der Malebranches) – alles noch viel »schlimmer« bestellt. Denn zum einen gibt es, wie nachgewiesen, bei Berkeley – nicht mehr bei Reid – einen lebendigen Äther als Weltseele, d. h. eine *natura naturans* als einen (den) wesentlichen, integralen Bestandteil der Natur. Zum anderen vertritt Berkeley, wenigstens in bezug auf die Qualitäten der materiellen Naturobjekte, einen eindeutigen *Realismus*. -Aber gilt das nicht auch für Reid? Hat nicht auch er behauptet, daß die Rose wirklich rot, d. h. daß Röte nicht lediglich eine Idee, sondern eine Dingeigenschaft sei? In der Tat wird Reid gewöhnlich ein solcher »direkter« – manches Mal auch ein »naiver« – Realismus (zumindest hinsichtlich sekundärer Qualitäten) nachgesagt (in am Tage liegender mutmaßlicher Übereinstimmung mit seinem Common sense-Verständnis und -lob): zurecht? Die Frage ist von einiger Bedeutung für das richtige Verständnis der Reidschen Philosophie, welches wiederum die Grundbedingung für deren richtige Einordnung in die britische Geistesgeschichte des achtzehnten Jahrhunderts darstellt.

Der *Chapter VI* der ›Inquiry‹ (betitelt: »Of seeing«) enthält Reids ausführlichste Auseinandersetzung mit dem Problem der sekundären Qualitäten. In Übereinstimmung mit seinen erkenntnistheoretischen Grundprinzipien[31] wird hier hinsichtlich der Farben zwischen dem Objekt und dem Subjekt der Wahrnehmung sowie der irgendwie dazwischen angesiedelten Wahrnehmungs- oder Sinnesidee unterschieden. Das Subjekt ist ein Geistwesen, d. h. für Reid es ist verbunden mit einem Erkenntnisvermögen, wozu außer Sinnen und Verstand auch bestimmte Verstandesgrundsätze oder »natural judgements« gehören. Einer dieser Grundsätze fordert die Realität des deutlich Wahrgenommenen, eine von dem Wahrnehmungssubjekt (und damit auch von der Wahrnehmungsidee) unabhängige Realität. Die Auswirkung dieses Grundsatzes sei auch in der Sprache nachweisbar: »The common language of mankind shews evidently, that we ought to distinguish between the colour of a body, which is conceived to be a fixed and permanent quality in the body, and the appearance of that colour to the eye, which may be varied a

[30] Auch dieser Zusammenhang findet sich – mit Blick auf Malebranche – sehr schlüssig heraus gearbeitet in: Josef Reiter, System und Praxis, a. a. O.
[31] Vgl. unser Kap. I, Abschn. 3 des *Dritten Teils*.

thousand ways.«[32] Unter dem Wort »Farbe« würden nun gewöhnlich nicht die sehr variablen Bewußtseinserscheinungen, sondern die ziemlich konstante Dingqualität verstanden werden. Dies ginge unter anderem schon daraus hervor, daß »alle Menschen, die nicht in moderner Philosophie unterrichtet wurden«, die Auffassung verträten, die Rose vor ihnen bliebe rot *auch nachdem sie ihre Augen geschlossen hätten;* und mehr noch: sie behielte auch dann noch ihre Farbe bei, wenn sie durch eine grüne Brille betrachtet werde – ebenso wie ein Mikroskop eine Guinee (leider) nicht in ein Zehn-Pfund-Stück vergrößere …

Soweit scheint Reid im Prinzip sicherlich ganz recht zu haben. Wobei der Fall der Farbe von dem der Größe allerdings doch unterschieden werden sollte. Dies verdeutlicht, wenn im selben Zusammenhang auch noch hinzugefügt wird: »Total darkness takes away all appearance, but makes not the least change in the colour of the body.«[33] Letzters könnte immerhin fraglich sein – und zwar als Aussage über die Sache selbst ebenso wie als Aussage über die allgemeine Ansicht hinsichtlich dieser Sache. Denn Licht ist ein unentbehrlicher, integraler Bestandteil von Farben, was auch dem *common sense* nicht ganz fremd sein dürfte. Erwägenswerterweise käme der Satz: »Nachts sind alle Kühe schwarz«[34], einem gewöhnlichen Menschen wahrscheinlich nicht vollkommen absurd oder lächerlich vor – was nach Reid, für den Fall eines Widerspruchs zum *common sense,* jedoch stets der Fall sein müßte. »We never«, so fährt dieser fort, »as far as I can judge, give the name of *colour* to the sensation, but to the quality only.«[35] Demgegenüber erscheint die Auffassung plausibler (die Reid auch andernorts zu vertreten scheint[36]), daß der »gesunde oder allgemeine Menschenverstand«, zwischen Farbe als Bewußtseinsinhalt (»Empfindung oder Idee«) und Farbe als Dingeigenschaft (»Qualität«) überhaupt nicht oder wenigstens nicht immer – jedenfalls nicht bewußt und deutlich – trennt. Und ist nicht die Farbe, z. B. einer Rose, – diese Frage könnte sich hier einstellen – ein komplexerer Gegenstand als die Größe (z. B. einer Münze) – resultiert doch die Farbe aus einem Zusammenwirken von Licht (bestimmter Art) und

[32] Hamilton (Hg.), Bd. I, S. 137.

[33] Ebd.

[34] Vgl. G. W. F. Hegel, Phänomenologie des Geistes, in: Werke in 20 Bdn., Bd. 3, Frankfurt/Main 1970, S. 22 (»Vorrede«).

[35] A. a. O., S. 138.

[36] Vgl. dazu evtl. die Fußnote Hamiltons zum zuletzt zitierten Satz.

der mikrophysikalischen Struktur einer materiellen Oberfläche (bestimmter Art), z. B. der Blütenblätter? Soviel ist richtig: Während die Oberfläche relativ konstant bleibt, ändert das (Sonnen-) Licht, bedingt durch die nie gleichbleibende Erdatmosphärenschicht (einschließlich Bewölkung etc.), welche der Lichtstrahl auf seinem Weg zur Rose durchdringen muß, fast ohne Unterlaß seine bestimmte elektromagnetische Konsistenz und im Einklang damit auch seine phänomenale Erscheinungsweise. Demgegenüber bleibt die Größe einer Metallmünze *relativ* konstant – wenn wir auch bedenken sollten, daß sie grundsätzlich ebenfalls, etwa von Temperaturverhältnissen, abhängig ist (welche Veränderungen sich aber gewöhnlich unserer Wahrnehmung entziehen). So gibt es wohl tatsächlich keinen Unterschied zwischen der Farbe und der Größe eines materiellen Gegenstandes, der *wesentlich* genannt werden sollte. Für *beide* Gegenstandsqualitäten ist die Umgebung des Gegenstandes von Bedeutung – nur daß wir dies bei der Farbe der Rose viel deutlicher bemerken als bei der Größe der Münze. Doch von diesem unwesentlichen Unterschied abgesehen, scheint Reid mit seiner prinzipiellen Gleichbehandlung von Farbe und Größe grundsätzlich immerhin im Recht zu sein. Aber – und dies wäre eine andere bzw. eigentlich erst unsere (interpretatorisch relevante) Frage – wenn er auch die Farbe als eine Qualität von materiellen Dingen *bezeichnet* – ist er deswegen auch schon (wie eben so oft vermutet wurde) »direkter« oder »naiver« (Farben-) Realist?

Ein solcher Realismus behauptet, daß die wahrgenommenen Farben, z. B. das Rot einer Rose, Eigenschaften der Dinge selbst, z. B. der Rosen, seien – wie diese u. a. schon längst vor dem erdgeschichtlichen Auftauchen des *homo sapiens* geblüht haben. Ein bekannter Vertreter dieses Realismus ist etwa Goethe gewesen, der sich nicht nur in der ›Farbenlehre‹, sondern auch in ›Wilhelm Meisters Wanderjahre‹ gegen die Reduzierung von Farben auf Korpuskel oder (elektromagnetische) Wellen, gegen die von Tönen auf Luftschwingungen usw. (wie immer durchaus eindrucksvoll) auf diese Weise erklärt:

»Der Mensch an sich selbst, insofern er sich seiner gesunden Sinne bedient, ist der größte und genaueste physikalische Apparat, den es geben kann; und das ist eben das größte Unheil der neuen Physik, daß man die Experimente gleichsam vom Menschen abgesondert hat, und bloß in dem, was künstliche Instrumente zeigen, die Natur erkennen, ja was sie leisten kann, dadurch beschränken und beweisen will. Ebenso ist es mit dem Berechnen. – Es ist vieles wahr was sich nicht berechnen läßt, sowie sehr vieles, was sich nicht bis zum entscheidenden Experiment bringen läßt. Dafür steht ja der Mensch so hoch, daß sich das sonst Undarstellbare in ihm darstellt. Was ist denn eine Saite und alle mechanische Teilung derselben gegen das Ohr des Musikers.«[37]

Wie schon einmal ausgeführt, hat schon vor Goethe Bischof Berkeley einen solchen Farben-Realismus zu begründen gesucht. Und nun sieht zunächst einmal es so aus, als gehöre auch der berühmteste Verteidiger des Common sense, Thomas Reid, dieser Tradition an. Dies umso mehr, als wir ihn schon als wissenschaftstheoretischen Nicht-Realisten erkannt haben und ein solcher Ansatz ja, geistesgeschichtlich betrachtet, gewöhnlich mit einem farbentheoretischen Realismus verbunden ist.[38] Hat also Reid *gesagt*, daß Farbe eine Eigenschaft von Körpern ist? Ja.[39] Hat er dies auch so *gemeint?* Mein Antwortvorschlag lautet: Nein.

Descartes, Malebranche, Locke u. a. hätten unwidersprechlich bewiesen, daß alle Empfindungen, die wir durch unsere Haut und Sinnesorgane erhalten, keinerlei Ähnlichkeiten mit irgendwelchen Bestandteilen oder Eigenschaften von materiellen Körpern aufweisen. Dem von der Nadel verursachten Schmerz gleiche nichts in dieser selbst, der Hitze-Empfindung nichts im Feuer … *ergo:* der Farbempfindung nichts in der Rose.[40] Reid zufolge sollte keinerlei Zweifel bestehen an einer »dissimilitude between the sensations of our minds, and the qualities or attributes of an insentient inert substance, such as we conceive matter to be.«[41] Die »empfundene« Farbe ist jeder Eigenschaft eines materiellen Körpers vollkommen unähnlich,

---

[37] J. W. von Goethe, Wilhelm Meisters Wanderjahre *oder* die Entsagenden, (»Aus Makariens Archiv«), div. Ausg.: Am ausführlichsten hat Goethe seinen Realismus im Blick auf die sogenannten sekundären Qualitäten bekanntlich in seiner ›Farbenlehre‹ (div. Ausg.) dargestellt.

[38] So etwa auch bei Husserl und bei den an ihn anknüpfenden Phänomenologen (sowie bei vielen Vertretern der neuthomistischen Philosophie): Vgl. etwa Husserls Kritik der Galileischen Wissenschaft als bloßer »techne« in ›Die Krisis der europäischen Wissenschaften und die Transzendentale Phänomenologie‹ (»Galileis Mathematisierung der Natur«); div. Ausg. Ein ähnlicher Standpunkt findet sich aber auch bei G. Ryle, Dilemmas, Cambridge [14]1985, insb. Kap. *V* (»The World of Science and the Everyday World«).

[39] Vgl. schon die Überschrift von »Of Seeing«, Abschn. *IV:* »That colour is a quality of bodies, not a sensation of the mind«.

[40] Vgl. A. a. O., S. 141. Eine wirklich angemessene Diskussion der Empfindungen müßte freilich zunächst zwischen physiologischen Körperempfindungen und Empfindungen als Elementen des Bewußtseins unterscheiden.

[41] Ebd.

d. h. die Rose, wie sie wirklich existiert (als materielles Objekt), enthält nichts, was der an ihr wahrnehm- oder empfindbaren Farbe irgendwie gleichen würde. Allein die Form der realen Blütenblätter ähnele der der wahrgenommenen Blütenblätter, vom »Inhalt« (Husserl: den »Füllen«) gelte dies in keinster Weise. (Man erinnere sich an Reids Berkeley-Kritik in unserem *Dritten Teil.*)

Aber liegt in dieser Argumentation Reids nicht ein greifbarer Widerspruch? Einmal wird be-hauptet, Farbe sei eine Qualität von Körpern, dann wieder, keine Farbe weise auch nur die geringste Ähnlichkeit mit einer Körpereigenschaft auf, sei mit diesen – als ein Bewußtseinsereignis – sozusagen auch »ontologisch« sinnvollerweise überhaupt nicht vergleichbar. Die Auflösung des in Wahrheit nur scheinbaren Widerspruchs ergibt eine genauere Betrachtung des Wortes »Farbe« in ›Of seeing‹: Reid versteht darunter nicht länger das, was die neuzeitlichen Philosophen (einschließlich Berkeley und Hume) vor ihm damit meinten, nämlich den wahrnehmbaren oder empfindbaren Inhalt visueller Gestalten. Diese (gemäß Reid nur fälschlich so genannte) »Farbe« gebe es wirklich nur im Bewußtsein. Aber niemand anderer als Philosophen mit ihrem beklagenswerten Hang zum Mißbrauch der Sprache, haben auch jemals die Farb*empfindung* »Farbe« genannt; »the word *colour*, as used by the vulgar, cannot signify an idea in the mind, but a quality of body.«[42] Reid will sich dem Sprachgebrauch der gewöhnlichen Leute (»vulgar«) anschließen[43] und mit ihnen unter der Bezeichnung »Farbe« grundsätzlich eine Qualität materieller Körper verstanden wissen. Ausnahmsweise gestattet er sich jedoch vereinzelt auch einmal, »Farbe« als Kürzel für »Farbempfindung« zu gebrauchen, wobei er eben von letzterer genau zu wissen glaubt, daß sie der gleichlautenden Qualität nicht im geringsten gleichen könne. Reid ist sich dieser zunächst einmal prekär anmutenden Konsequenz seines Vorgehens bewußt: Die gewöhnlichen Leute (d. h. alle Menschen mit Ausnahme der Philosophen der Descartes-Locke-Tradition) verstünden unter »Farbe« etwas, das von der wahrnehmbaren Röte einer Rose, Bläue eines Sees usw. völlig verschieden sei, nämlich die ganz unbekanne Ursache die-

[42] A. a. O., S. 138.

[43] Reid mit Blick auf Berkeley: »If it is a good rule, to think with philosophers and speak with the vulgar, it must be right to speak with the vulgar when we think with them [...]« (a. a. O., S. 139).

ser Bewußtseinsinhalte in den materiellen Dingen Rose, See usw. So erklärt er, daß –

»that one of the most remarkable paradoxes of modern philosophy, which hath been universally esteemed as a great discovery, is, in reality, when examined to the bottom, nothing else but an abuse of words [Hume winkt von ferne …]. The pardox I mean is, That colour is not a quality of bodies, but only an idea in the mind. We have shewn, that the word *colour*, as used by the vulgar, cannot signify an idea in the mind, but a permanent quality of body. We have shewn, that there is really a permanent quality of body, to which the common use of this word exactly agrees. Can any stronger proof be desired, that this quality is that to which the vulgar give the name of *colour?* If it should be said, that this quality, to which we give the name of *colour* is unknown to the vulgar, and, therefore, can have no name among them, I answer, it is, indeed, known only by its effects – that is, by its exciting a certain idea in us; but are there not numberless qualities of bodies which, notwithstanding, we find it neccessary to give names? Medicine alone might furnish us with a hundred instances of this kind. Do not the words *astringent, narcotic, epispastic, caustic,* and innumerable others, signify qualities of bodies, which are known only by their effects upon animal bodies? Why, then, should not the vulgar give name to a quality, whose effects are every moment perceived by their eyes?«[44]

Ein Unterschied zwischen »rot« und »astringierend« besteht jedoch, Reids apodiktischen Ausführungen zum Trotz, darin, daß wir von einer Medizin sagen können oder müssen, sie *wirke* »verstopfend«, von einer Rose jedoch, sie *sei* rot. Und wie so oft, scheint auch hier der sprachliche auf einen sachlichen Unterschied zu verweisen. Allgemeiner betrachtet ließe sich auch sehr wohl bezweifeln, ob »gewöhnliche« Leute unter Farben jemals Wirkungen verstanden haben – ganz zu schweigen von Wirkungen, deren Ursachen ihnen *überhaupt nicht ähnlich* sind. Ganz offensichtlich führt Reids Festhalten an der »new science«, bei gleichzeitig unternommener Verteidigung des Common sense, zu problematischen Denkfiguren oder -bewegungen, deren eine dieser in der Sache vorhandene, aber in der Ausführung Reids weitgehend verborgen gehaltene Übergang

---

[44] A. a. O., S. 138. Ganz ähnlich formulierte allerdings schon lange vor Reid G. W. Leibniz in seinen ›Bemerkungen zu den Kartesischen Prinzipien‹ (Anmerkungen zu ›Principia philosophiae‹, §§ 65–68) über das Farbige: Es sei »einleuchtend, daß es kein Gegenstand außer uns ist, dessen Erscheinung sich hier unserer Einbildung darstellt […] Indessen haben wir ganz recht, wenn wir sagen, Farbe und Wärme sei in den Dingen, solange wir nämlich darunter die Grundlagen dieser Phänomene verstehen.«

ist: Der Transfer von der Aussage: »Nach allgemeiner Ansicht sind Farben Eigenschaften von materiellen Dingen«; zu der Aussage: »Nach allgemeiner Ansicht sind Farben Wirkungen von materiellen Dingen«.

Insgesamt muß wohl Reids Begründung für seine These von der vollkommenen Disparatheit von Farbe als Dingeigenschaft (bzw. -wirkung) und Farbe als Empfindung für unzureichend gelten. Ist denn Farbe überhaupt – so ließe sich offenbar mit einigem Recht sagen – eine Empfindung in dem Sinne wie ein Schmerz dies ist? Gibt es nicht vielleicht zwischen Schmerzen, Wärme-Empfindungen, Geruchs-Empfindungen, Laut-Empfindungen (dabei mag man immer mehr versucht sein, das Wort »Empfindungen« in Anführungszeichen zu setzen) und Farb-Empfindungen bedeutsame Unterschiede, die mit einem Zuwachs an Intentionalität (oder Gerichtetheit auf eine objektive Außenwelt) zusammenhängen? Und hat Reid dies in einem anderen Zusammenhang nicht selbst (zuwenigst annähernd) eingeräumt, wenn er ausführt, daß sich beim Anblick eines Baumes das damit verbundene Urteil nicht vermeiden ließe, dieser gehöre einer vom eigenen Bewußtsein unabhängigen Außenwelt an?[45] Denn es scheint dieses »natural judgement« doch mit dem vollständigen, »lebendigen« visuellen Eindruck des Baumes verbunden zu sein und nicht nur mit dessen bloß visueller Gestalt (welche, wie bereits Berkeley überzeugend ausgeführt hat, ganz ohne eine sichtbare Farbe gar nicht wahrgenommen oder vorgestellt werden könnte).

Wir wollen bei den inhaltlichen Problemen der Reidschen Philosophie nicht zu lange verweilen (und auch nicht den Eindruck erwecken, das Zauberwort »Intentionalität« könne alle, das Wahrnehmungsproblem begleitenden Unruhegeister bannen), um statt dessen ein Fazit hinsichtlich seiner Naturlehre zu formulieren: Die Natur als ein eigenständiges Reich und damit auch als ein selbständiges Gegenstandsgebiet der Naturphilosophie ist weitgehend zwischen Gott bzw. der Natürlichen Theologie und dem Reich gesetzmäßig verbundener Erscheinungen bzw. der instrumentalistisch verstandenen Physik verloren gegangen. Und freilich teilt die Weltseele ihr Schicksal. Entgegen dem ersten Eindruck verbleibt jedoch auch die Körperlehre auf der von Descartes, Locke u.a. vorgezeichneten Spur der

[45] Vgl. die im Zusammenhang seines Grundsatzes: »Perception, as we here understand it, hath always an object distinct from the act, by which it is perceived«, (a.a.O., S. 183) erfolgten Erläuterungen.

»new science«, d.h. Farben etc. werden unverändert als Empfindungen gedeutet, während die angeblich zurecht als Farben usf. bezeichneten, ganz unbekannten Kausalkräfte (welche Farb- etc. -Empfindungen bewirken sollen) von den wahrnehmbaren Farben usw. ganz unterschieden wären. Aber da wahre Ursachen immer »verständig« sein müßten (und sich sogenannte Kausalrelationen bei genauer Betrachtung als bloße Aspekte finaler Zusammenhänge erwiesen), sind die – so muß Reid wohl verstanden werden – im letzten Satz genannten, völlig unbekannten Kausalkräfte eigentlich nur Gelegenheitsursachen, während ihm als die wahre Ursache bzw. Kraftquelle (abgesehen von geschöpflichen Geistwesen) allein Gott selbst gilt bzw. übrig bleibt.

Wie damit verdeutlicht, ist die Weltseelen-Lehre bzw. der Gedanke einer beseelten Natur in der Philosophie Reids so gut wie ganz *ad acta* gelegt worden: Obgleich Reid (ähnlich wie Newton) immerhin noch prinzipiell oder formal offen hält, worin die wahre Ursache der beobachtbaren Bewegungen und Veränderungen in der Natur eigentlich besteht. Zwar vermutet er selbst sehr bestimmt eine Tätigkeit Gottes, aber er behauptet nicht ausdrücklich (was auch mit seinem Instrumentalismus unvereinbar wäre), das Wirken einer Weltseele definitiv ausschließen zu können. Der Einfluß der Cambridge Platoniker ist davon ungeachtet aber dennoch so gut wie ganz verschwunden und selbst Newton ist nur noch als Physiker und »Instrumentalist«, und nicht länger als visionärer Naturphilosoph und spekulativer Anreger (»Queries«) präsent.

2) Joseph Priestley als Naturdenker und Kritiker Reids

Joseph Priestley (1733–1804), Chemiker (ruhmreicher Entdecker des Sauerstoffs), Physiker, Theologe, Philosoph, Historiker, politischer Schriftsteller und Agitator, Unitarier, Demokrat, »Radikaler« usw. übte vor allem durch seine zahlreichen Schriften – seit den vielbeachteten ›Institutes of Natural and Revealed Religion‹ (1772–1774) – eine beträchtliche Wirkung auf seine Zeitgenossen aus. Dies gilt besonders für dieEpoche der beginnenden Industriellen Revolution in den 70er und 80er Jahren des achtzehnten Jahrhunderts. Später wird sein Einfluß von Jeremy Bentham (1748–1832; Erstv. 1776 ›A Fragment on Governments‹) noch überboten werden, aber zunächst kämpft er längere Zeit mit Reid um die Ehre, als der führende und beachtetste englischsprachige Philosoph der Zeit zu gelten. Von daher wird auch der Frontalangriff auf den schottischen Denker und dessen Mitstreiter in der Schrift ›An Examination of Dr. Reid's Inquiry *etc.*‹ (1774) verständlich, deren Schärfe Priestley später selbst – nicht ohne Grund – bedauert hat.[46]

Darüber hinaus mag der scharfe Ton der ›Examination‹ seinen politisch-weltanschaulichen Hintergrund gehabt haben. Priestley war ein »Progressiver« und politischer Utopist, der das Heil der Menschen in einer, durch Gewerbefleiß und Wissenschaft immer weiter vorangetriebenen »Höherentwicklung« sah und schon deswegen der These von einem unveränderlichen, naturgegebenen *Common sense* wenig Sympathie entgegen bringen konnte. Aus ähnlichem Grund hatte schon Locke die »angeborenen Ideen« mit Mißmut betrachtet – und ihm sowie David Hartley[47] wollte sich Priestley (die Tradition Berkeley, Hume und Reid als vermeintliche Fehlentwicklung bewußt überspringend) besonders eng anschließen. Er dachte, er müsse die kritische und gesellschaftsverändernde Vernunft frei halten von jeder Fessel, auch wenn sich diese – wie Reids »common sense« – als »Wurzel« der Vernunft selbst ausgebe. -Unbedenklicher noch als Reid hatten Beattie und Oswald »instinktiv« gefühlte, naturgegebene und ewige Wahrheiten auch in den Gebieten der traditionellen Religion und Politik ausmachen wollen – womit sie auch die huldvolle Aufmerksamkeit der konservativen Georgianischen Regierung auf sich zu lenken vermochten. Gewisse Londoner Ereignisse mußten den auf radikale Reformen drängenden Unitarier und Demokraten Priestley dabei wohl ganz besonders verstimmt haben.[48]

---

[46] Vgl. J. T. Rutt (Hg.), The Theological and Miscellaneous Works of Joseph Priestley, Bd. III, »Preface by the editor«, S. III.

[47] David Hartley (1705–1757), Hauptwerk ›Observations on Man‹ (1749) war Arzt und Begründer eines auf Locke und seine eigene Theorie der Schwingungen von Gehirn-Fibern gegründeten, materialistischen Assoziationismus.

[48] »James Beattie had spent part of the summer and autumn of 1771 in London where he enjoyed a spectacular reception. His ›Essay on Truth‹ by then was well known, even to the King who told him he greatly admired it. Indeed, later Beattie was to be awarded an honorary doctorate from Oxford and an annual pension ot two hundred pounds from George III himself. While in London, he met the likes of Lord Mansfield, Dr. Johnson, and Edmund Burke, among others. One year later in September of 1772, Archbishop York suggested to him that he certainly ought to consider a ministry (though Beattie was not ordained) in the Church of England.« Jack Fruchtman, Common Sense and the Association of Ideas; the Reid – Priestley Controversy, in: M. Dalgarno und E. Matthews, (Hg.), The Philosophy of Thomas Reid, Dordrecht 1989, S. 426.

Ganz wie der in diesem Zusammenhang bekanntere Bentham ist auch Priestley bereits Vertreter einer eindeutig utilitarischen und näherhin am v. a. wirtschaftlichen Erfolg orientierten Ethik gewesen, was ihn, den rationalistischen Unitarier, zu einem (sonst schwer verständlichen) Schulterschluß mit den religiös »rückwärts-gewandten« Methodisten führte. Diese aber stellten einen der bedeutendsten Faktoren überhaupt auf dem Weg in die industrialisierte Gesellschaft dar.[49] John Wesley (1703–1791), der Begründer und erste Führer der Methodisten-Bewegung, verdammte das Nichtstun (»idleness«) als eine der schwersten Sünden überhaupt, und empfahl merkantile Geschäftigkeit als besten Schutz vor diesem beängstigendem Laster. In der Entwicklungslinie Anglikanismus, Calvinismus, Methodismus erlebten Wohlstand und Reichtum eine zunehmende Höherbewertung. Ursprünglich noch (in Abmilderung der franziskanischen Verachtung des Geldes bzw. Verherrlichung der Geistesfreiheit infolge selbstgewählter Armut) als schwer vermeidbarer Kompromiß mit der »Welt« geduldet, wird der Geldbesitz in der Geschichte der Neuzeit mehr und mehr zum Zeichen der Auserwählung und schließlich geradezu zum Inbegriff aller Güter bzw. zum höchsten Gut überhaupt. Wesley nennt das Geld »unspeakably precious« und das »precious talent which contains all the rest.«[50] Der dazu passende methodistische Leitspruch lautete: »Gain all you can.«[51] Priestley konnte damit ganz einverstanden sein, denn ein »politischer Radikaler« zu sein bedeutete in der zweiten Hälfte dieses Jahrhunderts nicht etwa ein Eintreten für Arbeiterschaft und Sozialismus (wie ein Jahrhundert später), sondern Befürwortung von Republikanismus, Liberalismus und Kapitalismus.

Priestley ist, in einer beachtensweten Kombination überdies auch noch »bekennender Materialist«. Diesen Materialismus versucht er zusätzlich mit einem unitarischen Deismus zu verbinden (Christus ist für ihn der größte aller Menschen und der bedeutendste Prophet, nicht aber zugleich Gott, der nur »Einer« sein könne). In seiner biblischen Theologie weist er alle »Verunreinigungen« durch die (platonische) Philosophie strikt zurück: Der Mensch sei vollständig aus »Staub« geschaffen und nach seinem Tode »gänzlich tot«.

[49] Vgl. W. Warner, The Wesleyan Movement in the Industrial Revolution, New York, 1967 (Erstv. 1930), insb. (über Priestley), S. 175.

[50] Vgl. *Works*, Bd. IV, S. 126 u. 139; Zit. nach Warner, a. a. O., S. 138.

[51] Vgl. Warner, a. a. O., S. 139.

Gott habe versprochen, den »fleischlich« verstorbenen Menschen auch wieder »fleischlich« aufzuerwecken. Die Lehre von einer (unsterblichen) Seele und die damit verbundene These von der Willensfreiheit, seien griechischen, also heidnischen und schon von daher unwürdigen Ursprungs.[52] Im Zuge seiner kritischen Auslassungen über Platon (und Cudworth) wird insbesondere auch die Weltseelen-Lehre als ganz unchristlich zurückgewiesen.[53] Die menschliche Seele aber sei eine bloße Funktion des menschlichen Gehirns, »the offspring of the earth«, wie dies ein zeitgenössischer Kritiker namens »Dr. (Richard) Price«, glücklich formuliert hat:

»If Dr. Priestley is right, my soul is literally the offspring of the earth; a composition of dust; incapable of all agency; a piece of machinery moved by mechanical springs, and chained to the foot of fate; all whose powers of thought, imagination, reflection, volition, and reason, are no more than a *result* from the arrangement and play of a set of atoms, all unthinking and senseless. – What can be more humiliating than this account? I cannot help feeling myself degraded by it unspeakably!«[54]

Derselbe, von Priestleys Materialismus spürbar wenig angetane Philosoph weist zurecht darauf hin, daß sich Priestley mit seiner Auffassung vom Wirken aktiver Kräfte in der Natur nicht so einfach auf die Autorität Newtons beziehen dürfe. Newton habe zwar Kräfte als in der materiellen Natur wirksam angesehen, dabei aber lediglich behaupten wollen, daß die »Fähigkeit, Widerstand zu leisten« der Materie »eingepflanzt« sei, d.h. Newton akzeptiere zwar materielle verursachende Kräfte, diese aber seien s.E. nur »träge« (passiv), nicht aktiv.[55] – Obwohl die *Definition V* der ›Principia‹ auf eine andere Fährte führen könne (und vielleicht auch Priestley auf eine solche geführt hat), gebe es tatsächlich eindeutige Äußerungen Newtons zur Bestätigung der Auffassung, daß er die Schwerkraft (und wohl auch die Zentripetalkräfte der *V. Definition*) nicht als innere Kräfte der Materie verstanden wissen wollte; der scharfsichtige Richard Price[56] fährt fort:

---

[52] Vgl. dazu neben den ›Institutes‹ besonders auch die ›History of Early Opinions Concerning Jesus Christ‹ (1786), in Rutt (Hg.), Bd. VI.

[53] Vgl. die ›History of Early Opinions‹, a.a.O., S. 152–204.

[54] In: Rutt (Hg.), Works, Bd. IV, S. 98.

[55] Vgl. die »Definition III« der ›Principia‹, dtsche. Ausgabe, a.a.O., S. 38. (Aktiv sei die mit dem Äther bzw. Geist Gottes verbundene Gravitationskraft.)

[56] Dieser ist auch der Verfasser einer sehr lesenswerten moralphilosophischen Unter-

»*Dr. Priestley* […] says, that *Newton* considered attraction and repulsion as ›powers inhering in and properly belonging to‹ *matter.* With great deference to Dr. Priestley's superior knowledge on this subject, I would observe, that I have never met withany assertion in Sir Isaac Newton's Works that can be fairly construed to imply this; and that it is scarcely possible that he should have used any expressions which will bear this interpretation, except when speaking loosely, and by way of accommodation to vulgar conceptions. I have quoted a passage from the letters that passed between him and Dr. Bentley, in which he says the contrary very strongly. In the same letters he says to Dr. Bentley, ›Pray don't ascribe the notion of innate gravity to me.‹ And, in an advertisement prefixed to his *Treatise on Optics,* he informs the public, that he had, in the second edition of this treatise, added a question concerning the cause of gravity, on purpose of bodies. And what he thought of the attraction or gravitation of matter he certainly thought likewise of its repulsion; and would have acknowledged concerning the repulsion of that aether which (merely in the way of conjecture and illustration) he has supposed to be the cause of gravitiy.«[57]

Die »vollständige Definition« von Materie lautet nach Priestleys Auffassung: »matter is an extended substance possessed of certain powers of attraction and repulsion.«[58] Sein Anknüpfen (über Hartley und Locke hinaus) an Thomas Hobbes (»no Atheist, but a sincere Christian, and a conscientious good man«[59]) ist offensichtlich. Im Unterschied zu Reid, hält Priestley die Materie somit durchaus nicht für eine fremdbewegte und an sich träge Masse. Sie gilt ihm vielmehr als eine, von Gott am ersten Tag der Schöpfung mit eigenen (Erhaltungs-)Kräften ausgestattete Substanz. Bedeutet dies aber nicht eine Aufwertung der Natur in Richtung auf ein *realistisches Naturverständnis?* – Wenden wir uns nun bei dem Versuch, diese Frage zu beantworten (und in der Hoffnung, danach in einem für unsere verfallsgeschichtliche Deutung nicht unwichtigen Punkt klarer zu sehen), der eingangs erwähnten Priestley-Reid-Kontroverse zu.

---

suchung: R. Price, A Review of the Principal Questions in Morals, hg. von D. D. Raphael, Oxford 1948.

[57] Rutt (Hg.), Bd. IV, S. 28. Mit diesem Äther ist Gott bei dem »Physiker« Newton lebendig im Kosmos präsent. Bei dem »Theologen« Priestley aber ist er abwesend, *deus absoncitus.*

[58] A. a. O., S. 23. »Attraction« und »repulsion« sind die einzigen Kräfte der Materie. Sie reichen genau hin, um den Mechanismus der Natur in Bewegung zu halten, bergen in sich aber keinerlei schöpferisches Potential (im Unterschied zur Kraft Gottes und des Äthers).

[59] A. a. O., S. 12.

Ein Jahr nach dem Erscheinen der ›Examination of Dr. Reid's Inquiry‹, schreibt Reid an Lord Kames, es sei mit Blick auf Priestley's Philosophie nicht einzusehen, warum die Staatsanwälte nicht auch wilde Tiere verfolgen sollten, da auch diese (ohne frei zu sein und von Menschen nur dem Grade nach unterschieden) »kriminell« (gewalttätig?) wären. Ferner würde aus dessen Lehren folgen, daß Gott (nämlich am Tage des *Jüngsten Gerichts*) mehrere Personen aus seinem (Reids) Gehirn bzw. deren materiellen Resten formen kann, wobei sich die Frage stelle »whether they will all be *me*.«[60] Ansonsten aber reagiert Reid auf Priestleys vehementen Angriffe mit vielfältig deutbarem Schweigen (geradeso wie Beattie und Oswald).

Priestleys Hauptvorwurf gegen die Common sense-Philosopie lautet, daß dieser »Sinn« eine überflüssige Erfindung sei, da alles durch ihn »Erklärte« auch (und besser, denn jener erkläre eigentlich nichts) mittels Assoziationzu erklären sei: »All the instinctive principles [...] were really acquired, and [...] all of them were nothing more than so many different cases of the old and well-known principle of *association of ideas*.«[61] Als ein typisches Beispiel für eine Erklärung mittels des Assoziationsprinzips (hier: Warum scheut ein Hund das Feuer?) wird folgende kleine Episode vorgestellt:

»Suppose a dog to have been pushed into a fire, and severely burned. Upon this, the idea of *fire* and the idea that has been left by the painful sensation of *burning* become intimately associated together; so that the idea of being pushed into the fire, and the idea of the pain that was the consequence of it are ever after inseparable.«[62]

Es ist nun allerdings schwer nachvollziehbar, wie solche Ideenverknüpfungen (wie sie gewiß bei Mensch und Tier vorkommen – auch Reid wollte das ja nicht in Abrede stellen) das sollen leisten können sollen, was von den »natural judgements« angenommen wurde: den begründeten Überschritt aus dem Reich der Ideen (oder des Bewußtseins) in die davon als unabhängig gedachte, wirkliche Welt. Denn der wirkliche Baum ist auch nach Priestley nicht wahrnehmbar, kann also nicht mit den visuellen Ideen eines Baumes »mechanisch« assoziiert werden; desgleichen die Seele »hinter« dem Gesicht und der Gestalt eines Mitmenschen, die generelle Uniformität des Naturver-

60 Hamilton (Hg.), Bd. 1, S. 52.
61 Rutt (Hg.), Bd. III, S. 33 (»Introduction« to ›An Examination‹).
62 A. a. O., S. 19.

laufs »hinter« den nur ausschnittsweise erfahrbaren Regularitäten, das *propter hoc* »hinter« dem *post hoc* usw.

Priestley fehlt ganz und gar das Problembewußtsein der britischen Philosophie der »nach-lockeschen« Ära, weswegen er auch niemals auf den Gedanken verfällt, daß Reids »natural judgements« auch anders denn politisch-weltanschaulich gedeutet werden können. Als hätten ein Berkeley und Hume nie gelebt und geschrieben, glaubt er sich selbstbewußt und sicher in seinem von Bacon über Hobbes und Locke bis Hartley sich dahinziehenden Strom empiristisch-materialistischer Philosophie einfließen und mittreiben lassen zu können. Dies ist der Hauptvorwurf, den man Priestley keinesfalls ersparen kann und vor dessen Hintergrund seine (zum Teil sogar sehr berechtigten) kritischen Anfragen an die spezifisch Reidschen Vorkehrungen gegen die von Berkeley und Hume entdeckten »Stromschnellen, Strudel und Untiefen« in diesem scheinbar so sicheren und ruhigen »Fluß«, vergleichsweise unbedeutend wirken. Die Berechtigung dieses Hauptvorwurfs ließe sich praktisch anhand jeder einzelnen Seite der ›Examination‹ nachweisen.[63]

Priestleys zentraler Einwand gegen den Common sense (er sei überflüssig und alle sogenannten instinktiv-gottgegebenen Urteile durch assoziative Verknüpfungen erklärbar), ist nicht der einzige »Schuß«, der sein Ziel klar verfehlt. Ein weiterer, wenn auch weniger wichtiger »Fehlschuß« liegt in folgendem Gedanken:

»Our author [Reid] argues largely, [...] in favour of the opinion of the vulgar, that colour is a quality of bodies. Of this he makes a great parade, as of some very serious business; but I shall not argue the matter seriously with him, because I take it for granted he has seen optical experiments, and therefore cannot possibly differ from me, except in words. I shall only observe with respect to the subject, that the vulgar are easily brought to acknowledge their mistake, and never fail to express their surprise, as at a real discovery, and what was utterly inconsistent with their former notions of the matter, when they are shewn pieces of white paper assuming all the colours of the rainbow by means of a prism, without any real change in the paper. This has convinced

[63] Ein Beispiel: In »Section V« der »Introduction« kommt er bei der Besprechung der Reidschen »Lösung« des Problems einer Außenwelt zu dem für ihn, nicht für Reid, peinlichen Resultat, »all that he says amounts to nothing more than this, that he cannot, in his own mind, seperate the belief of the existence of external objects from his sensations, as those of taste, touch, sight, etc.« (A.a.O., S. 41).

every person to whom I have ever shewed the experiment, that colour is in the *rays of light*, and not in the body.«[64]

Auch dieses Zitat belegt vortrefflich Priestleys völliges Verkennen der mit den Schriften von Berkeley und Hume gegebenen veränderten Problemlage. Denn im Anschluß an diese Denker will Reid mit seiner These von der Farbe als Eigenschaft von Körpern nicht gegen die Behauptung, Farbe sei *in den Lichtstrahlen*, sondern selbstverständlich gegen die Behauptung, Farbe sei (lediglich) *im Bewußtsein* Stellung beziehen. Dessen ungeachtet ist Priestley ohne jeden Zweifel ein äußerst scharfsinniger Mann und beachtlicher Denker; nur hatte er sich scheinbar in den Kopf gesetzt, von den »Tories« Berkeley, Hume (?) – dessen politischer Standpunkt ist bis heute umstritten[65], sicherlich war er jedoch allen radikalen Reformen abhold – und Reid nichts lernen zu wollen. »Sein« Mann war der erklärte »Whig« John Locke, dessen Empirismus, (vorsichtig-skeptischen) Materialismus und Assoziationismus man lediglich konsequent weiterentwikkeln mußte …

Abschließend noch drei Beispiele von gelungener Reid-Kritik: Da ist *erstens* der Vorwurf, Reids Philosopie würde selbst (ungewollt) einem universellen Skeptizismus[66] Vorschub leisten. Er habe zugegeben, daß die Vernunft des Menschen ganz außerstande sei, die Grundlagen des menschlichen Wissens zu erkennen und zu sichern. Deswegen würde er alles auf die Grundlage von nur gefühlsmäßig gewährleisteten »instinktiven Prinzipien« stellen. Damit sei durch ihn dem Skeptizismus und Irrationalismus der Weg geebnet worden. *Zweitens* sei er von dem Abgott des absolut gewissen Wissens in die Irre geleitet.Als er begriff, daß etwa die Existenz der Außenwelt (mittels Wahrnehmung und Verstand) nicht ohne jeden Zweifelsrest – d.i. auf die Weise von »Zwei und Zwei macht Vier«[67] – bewiesen werden könne, habe er anläßlich dieses Problems lieber gleich ganz auf Wahrnehmung und Verstand Verzicht geleistet. Statt dessen wäre es aber beispielsweise vernunftgemäß und ausreichend gewesen, die einfachste Hypothese über den Urspung unserer Ideen zu wäh-

---

[64] A.a.O., S. 62.

[65] Vgl., J. B. Stewart, The Moral and Political Philosophy of David Hume, Westport/Conn. 1963 und Duncan Forbes, Hume's Philosophical Politics, Cambridge 1975.

[66] A.a.O., S. 27.

[67] A.a.O., S. 47.

len.[68] *Drittens* hätten Reids Vorschläge im Bereich der Erkenntnistheorie und Anthropologie (»in this *microcosm* of man«[69]) zu einer kaum begrenzbaren Prinzipienvermehrung geführt (entgegen Newtons *Leitsatz I* des Philosophierens[70]):

»Should another genius arise, and discover as many new laws in the system of *matter*, as Dr. Reid has in the system of mind, we should be so bewildered and confounded as hardly to retain the use of those five senses about which our author has taken so much elaborate pains. But I hope our knowledge of this part of nature is too far advanced to suffer ourselves to be so much bewildered and puzzled, as it seems the inhabitants of Great Britain and Ireland have hitherto been, with the ingenious speculations of Dr. Reid.«[71]

Damit können wir nun zu unserer Frage zurückkehren, ob die Priestleysche Philosophie nicht vielleicht eine Aufwertung der Natur bedeute? Die Antwort wird lauten müssen, daß Priestley zufolge die Natur zwar etwas Reales und Substanzielles ist – womit die Frage (bei solch erster, oberflächlicher Betrachtung) bejaht werden müßte. In der Nachfrage, worin denn dieses Etwas nun eigentlich bestünde, ergibt sich jedoch das Enttäuschende, daß es sich bei dieser Natur lediglich um einen recht einfachen Mechanismus handelt, der irgendwann von einem deistisch verstandenen »Gott« so geschaffen worden sei, daß er sich auf vorgegebene Weise immer weiter bewegen (also nicht eigentlich: sich selbst entwickeln) muß und welcher mittels des ebenfalls relativ einfachen, auf Sinneserfahrung und Assoziation gegründeten, menschlichen Verstandes als das, was er ist, auch erkannt werden könne. Von lebendig wirkenden Kräften in der Natur kann dabei keine Rede sein, denn diese Weltmaschine war von Beginn an vollkommen determiniert (durch den ersten Anstoß und die Gesetze »attraction and repulsion«) – gerade so wie die darin lebenden und sterbenden (rein materiellen) Menschen. Auch die Neues bewirkende Kraft Gottes findet in Priestleys mechanischer Natur keine Heimstatt. Gott hat mit seinem »Maschinismus« den Menschen eine Art Warenhaus eingerichtet, worin sie sich zur Be-

---

[68] Vgl. ebd. Ist wirklich die Annahme einer raum-zeitlichen, materiellen Welt einfacher als »Berkeleys« Hypothese (in Priestleys Deutung) der Existenz eines uns alle Ideen vorspiegelnden Gottes? Jedenfalls hat Mackie in dieser Frage eine ganz ähnliche Strategie (»simplicity of hypotheses«) wie Priestley vorgeschlagen: vgl. Problems from Locke, a. a. O., S. 64 ff. über das »argument from simplicity«.

[69] A. a. O., S. 67.

[70] ›Principia‹, lib. III (dtsche. Ausg., a. a. O., S. 169).

[71] A. a. O., S. 67.

friedigung ihrer Bedürfnisse und Lüste zwanglos bedienen können (jede diesbezügliche Zurückhaltung wäre Ausdruck eines leibfeindlichen Platonismus', der schon die wahre biblische Religion weitgehend verdorben hat). Sehr schön kommt das neomaterialistische Naturverständnis in dieser, bereits einmal zitierten Frage zum Ausdruck:

»Who can help admiring the admirable simplicity of nature, and the wisdom of the great author of it, in this provision for the *growth of all our passions*, and propensities, just as they are wanted, and in the degree in which they are wanted through life?«[72]

Die Verdinglichung der Natur zu einem »Warenhaus« oder einer »Dienstleistungsmaschine« am Vorabend der Industriellen Revolution ist damit weitgehend abgeschlossen.

(Exkurs)

Jemand wie Alexis de Tocqueville[73] könnte behaupten, daß Priestley bei seiner Kritik der Common sense-Philosophie den vielleicht sogar wichtigsten Punkt vergessen habe: Die Verherrlichung dieses »Sinns« zulasten der Vernunft ist, wie wohl keine andere Philosophie, dazu geeignet, der Gefahr einer *Tyrannei der Mehrheit* im geistigen und politischen Leben Vorschub zu leisten sowie das Diktat der öffentlichen Meinung mit der Stimme des individuellen Gewissens zu vertauschen. Dazu der frühere Leiter der »Library of Congress« in Washington, Daniel J. Boorstin:

»The consequence [of this confusion, S. B.] has commonly been a tyranny of public opinion over personal faith and thought. This tyranny has been all the harder for us to perceive simply because it has been so willingly preferred to the travail of individual mind and conscience. Conformity and naive faith in matters of morals and behavior – together with a distrust of all metaphysics – have seemed to save that much more effort for inquiry and progress in scientific matters. While this tyranny of public opinion is of course preferable to more institutionalized or better enforced tyrannies, it must nevertheless be combated if the spirit of free inquiry which alone can reveal the perils of all tyrannies, is to be nourished. *Against these perils only the most vigorous*

[72] Rutt (Hg.), Bd. III, S. 188.

[73] Vgl. A. de Tocqueville, Über die Demokratie in Amerika (Erstv. in franz. 1853), div. Ausgaben (insb. Kap. 9 »Die Allmacht der Mehrheit und ihre Wirkungen«).

speculation, the broadest and most energetic search for foundations in metaphysics and theology of the tenets of behavior, can be an antidote.«[74]

Boorstin beschreibt in dieser profunden Studie (›The Lost World of Thomas Jefferson‹) auch den großen Einfluß Priestleys auf die »amerikanische Ideologie« des Jefferson-Kreises. Priestley, der 1794 in die Vereinigten Staaten übersiedelte, ist der »Lieblingsphilosoph« des »Gründervaters«, Präsidenten und jahrzehntelangen Haupts der *American Philosophical Society* gewesen. In dem *Vorwort* zum ersten Band der ›Transactions‹ dieser Gesellschaft ist zu lesen, daß rein spekulatives Wissen wenig nütze und daß sich die Mitglieder vielmehr solchen Forschungen widmen, welche die Verbesserung des Landes, seinen Interessen und seiner Prosperität dienten.[75] Die Wirkung dieses, seit der politischen Unabhängigkeit von der Gestalt Thomas Jeffersons dominierten Kreises war anhaltend und außerordentlich groß. Dabei ist es zunächst einmal Reid gewesen, der den Staatsmann am meisten beeindruckte.[76] Der Einfluß Reids auf die berühmte »Declaration of Independence« ist dann, wie auch schon einmal erwähnt, deutlich spürbar: »We hold these truths to be *self-evident* …«. Selbstevidente (synthetische) Wahrheiten gibt es – auch unter dieser Bezeichnung – in der ›Inquiry‹ in Fülle: es sind eben »die Wahrheiten des Commen sense«. (Dergleichen finden sich in Lockes ›Essay‹ nicht und die auch gegenwärtig immer wieder einmal anzutreffende ältere geistesgeschichtliche These, daß im Hintergrund der Unabhängigkeits-Erklärung die Lockesche Philosophie deutlich sichtbar wird, ist weitgehend falsch.)

Jeffersons Wechsel von Reidscher zu Priestleyscher Philosophie bleibt in seiner Gottesvorstellung jedoch unerkennbar. Diesbezüglich hatten sich Reid und Priestley auch selbst kaum von einander unterschieden. Beide vertreten sie den seinerzeit gewöhnlichen »aufgeklärten Deismus«, der sich (unbeeindruckt von Humes ›Dialogen‹) vor allem auf das *Design*-Argument stützt. Das große Ausmaß an erfahrbarer Ordnung in der Natur, so Reid in seinem vierten Brief an Lord Kames, macht die religionskritischen Hypothesen von zufällig wirkenden oder blind-drängenden Kräften in der Natur (als vor-

[74] D. J. Boorstin, The Lost World of Thomas Jefferson, Chicago ^{2}1981, S. - 112. Unsere Hervorhebung.

[75] Vgl. Boorstin, a. a. O., S. 11.

[76] »Jefferson and his circle unwittingly accomplished for American civilization something like what St. Augustine did for medieval Christendom.« (A. a. O., S. 8).

geblichen Ursachen dieser Ordnung) für rational denkende Beobachter gegenstandslos.[77] Das bekannte Argument wird im Sechsten der ›Essays on the Intellectual Powers of Man‹ (1785) nochmals aufgegriffen und mit dem Hinweis ergänzt, daß es sich bei dem Schluß von sinnlich erfahrbarer Ordnung auf einen sinnlich nicht erfahrbaren ordnenden Geist um ein Prinzip des *Common sense* handle: Es sei nämlich einerseits vollkommen gewiß und allgemein anerkannt, andererseits jedoch weder ein logisch gültiger Schluß noch allein aus Erfahrung induzierbar.[78] Wer es leugne, müsse konsequenterweise auch behaupten, daß er oder sie der oder die einzige Intelligenz im Weltall sei – könne man die der Mitmenschen doch weder wahrnehmen noch aus ihren (wahrnehmbaren) Handlungen (mögen diese so »geordnet« und intelligent erscheinen wie nur immer wünschbar) logisch stichhaltig erschließen.[79] Reid kommt in diesem Zusammenhang zwar wie im Vorübergehen auf Humes ›Dialoge‹ zu sprechen, mißt ihnen aber kein besonderes Gewicht bei. Dasselbe gilt auch für Priestley[80] und – im vermutbaren Anschluß daran – für Jefferson. Priestley hat keinen Zweifel daran, daß Anzeichen von Planung eine solche auch bewiesen und daß Ordnung letzten Endes nur aus einem Etwas hervorgehen könne, das dieses Ordnen auch begreife.[81]

Jefferson und die »Jeffersonians« glaubten sehr treuherzig, schlichtweg überall Anzeichen von Zweckmäßigkeit und damit den providentiellen »Finger der Gottheit« erkennen zu können, z. B. in der Alkalität des Meerwasser (es erspart den Seeleuten die Seife beim Waschen ihrer Wäsche) und in der Bitterkeit der meisten Arzneien

---

[77] Vgl. Hamilton (Hg.), Bd. I, S. 54.

[78] Vgl. a. a. O., S. 457–461 (in Kap. *VI*).

[79] »It seem, than, that a man who maintains that there is no force in the argument from final causes, must, if he will be consistent, see no evidence of the existence of any intelligible being but himself.« (A. a. O., S. 461.)

[80] Vgl. seinen *Letter IX* (»An Examination of Mr. Hume's Dialogues on Natural Religion«) seiner Schrift ›Letters to an Philosophical Unbeliever‹ (1780) in: Rutt (Hg.), Bd. IV, S. 367–378.

[81] Vgl. a. a. O., S. 373. Eine in diesem Zusammenhang typische Argumentation Priestleys lautet: »Now, if it be admitted that there are marks of design in the universe, as numberless fitnesses of things to things prove beyond all dispute, is it not a necessary concequence, that if it had cause at all, it must be one that is capable of design? Will any person say that an eye could have been construced by a being who had no knowledge of optics, who did not know the nature of light, or the laws of refraction? And must not the universe have had a cause, as well as any thing else, that is infinite and capable of comprehending itself?« (S. 369).

(sie verhindert zu häufigen Gebrauch, welcher die Wirksamkeit schwächen würde).[82] In dem Jefferson-Kreis ist die Natur zum einen das auf die Bedürfnisse und Wünsche des Menschen hin angelegte Warenhaus bzw. die von der Vorsehung den Menschen zur Verfügung gestellte Weltmaschine; sie ist zum anderen aber auch (und dies ist eine Ergänzung dieser Ansicht, welche die amerikanischen von den britischen Philosophien der Zeit unterscheidet) das noch nicht eroberte Land, das noch nicht gezähmte Tier, das es in dem »struggle with nature« erst noch ganz zu unterwerfen gilt.

Jefferson übernahm von Reid und Priestley die Vision von Gott als einem »Macher« und Gestalter; die Vorstellung eines kontemplativen Gottes (dem man sich dann auch nur durch Kontemplation annähern und angleichen konnte) wurde von ihm – so möglich – eher noch radikaler verabschiedet als bei seinen britischen Vorbildern. Hierzu finden sich in ›The Lost World of Thomas Jefferson‹ diese Bemerkungen:

»In the familiar passage in the Declaration of Independence, the Being who endowed men with their unalienable rights is described as ›their Creator‹, and throughout Jeffersonian thought recurs to this vision of God as the Supreme Maker. He was a Being of boundless energy and ingenuity who in six days had transformed the universal wilderness into an orderly, replete and selfgoverning cosmos. The Jeffersonian God was not the Omnipotent Sovereign of the Puritans nor the Omnipresent Essence of the Transcendentalists, but was essentially Architect and Builder. Though this conception was not original either to America or to the Jeffersonians, they surely had reasons of their own for admiring such a deity.

They had cast God in their own image. The talents which they called Godlike were those which men in eighteenthcentury America most wanted for themsselves. Seeing God not through an ancient revelation or tradition, but through the particular needs of their generation, the Jeffersonians had put God in the service of their earthly American task. In this they shaped a way of thinking, and foreshadowed the persistent tendency of men on this continent to confuse themselves with their deity.«[83]

Wer das »Machen« zum ersten göttlichen Attribut erklärt, hat dieses damit zugleich zum höchsten menschlichen Ideal erhoben: diese Erhebung ist zu ihrer Zeit ebenso neu wie zeitlos -das zeigt unsere ökologische Krise – falsch. Diese Ideologie des Machens erweist sich

[82] Vgl. Boorstin, a. a. O., S. 50 f.
[83] A. a. O., S. 29.

hier nicht zuletzt als das Resultat einer falschen Philosophie, welche dem hochkomplexen Phänomen der Natur in keinster Weise gerecht geworden ist oder auch gerecht werden kann. Die gegenwärtige Naturwissenschaft und ein besonneneres (v.a. von Leibniz und Kant angebahntes) Philosophieren führen zu derselben Einsicht in die Unhaltbarkeit des mechanistischen Naturmodells. Die Natur ist eben kein bloßes Ding, ist weit mehr als eine zuhandene Maschine für die Befriedigung der Bedürfnisse und Lüste der Menschen. Von dieser verkürzten Auffassung und dem damit verbundenen lebensgefährlichen Irrtum sollten wir uns endlich radikal verabschieden. Die Natur ist eher so etwas wie unsere, uns alle geboren habende und bis zur Stunde (noch) nährende »Mutter«, »die allezeit spielt vor Gott« (selbst aber auch auf ihre endgültige Erlösung wartet). Das organische – durch das theistische ergänzte – und nicht das mechanische (atheistische) Naturverständnis ist das richtige. Und selbst (was durchaus möglich zu sein scheint), wenn wir diese Thesen nicht hinreichend philosophisch und wissenschaftlich begründen könnten – so sollten wir doch besser ihnen zustimen als den entgegen gesetzten. Eine »dogmatische« Organismus-Konzeption der Natur, wie sie vor dem Zeitalter der »Neuen Wissenschaft« bestand, mag heute, vor dem Hintergrund neuen Wissens oder auch guten wissenschaftlichen Gewissens, nicht mehr möglich sein. Aber eine *kritische* im freien Anschluß an Kant, darin die Natur zumindest so betrachtet wird *als ob* sie beseelt oder organisch wäre, ist allemal noch möglich – und mehr noch: Ein solches Naturverständnis, gehört in dieser gegenwärtigen Überlebenskrise der Menschheit zweifellos zu den dringendsten Forderungen überhaupt.

Zweites Kapitel:

Zwei »Ideologen« der Industriellen Revolution: Adam Smith und Jeremy Bentham

0) Vorbemerkungen

Große Ereignisse kündigen sich an – in der Menschheitsgeschichte nicht anders als in der Naturgeschichte. Sensible Beobachter des jeweiligen Zeitgeschehens wie Heine und Bergson haben etwa den (bzw. die) »deutschen Krieg(e)« vorausgesehen, weit weniger Sensibilität genügt dem von der beginnenden Katastrophe aus zurückblikkenden Historiker, um in deren Vorfeld Warn- und Alarmzeichen wahrzunehmen. Für eine solche retrospektive »seismographische« Funktion erscheint die Kulturgeschichte und näherhin die Philosophiegeschichte besonders gut geeignet. Auch dies könnte oder sollte vorliegende Studie belegen. Der Industriellen Revolution in England liegt eine Mentalität zugrunde, die von allen großen Intellekuellen dieses Landes und dieser Zeit geteilt wird. Diese Mentalität oder »Ideologie«, die auch den Jefferson-Kreis maßgeblich bestimmt hat, ist von Daniel Boorstin meisterhaft beschrieben worden. Sehr vereinfacht aber sicherlich nicht unrichtig könnte sie als »Antiplatonismus« bezeichnet werden. Charakteristika dafür sind u. a.: Priorität der »techne« vor Theorie, Moral, Religion und Kunst, Priorität des Sozialen vor dem Bemühen um das eigene »Seelenheil«, der Naturwissenschaft vor der Metaphysik, des Gewerbefleißes vor der Muße, des Werdens vor dem Sein, der Forderung des Tages vor der des Lebens, des Konsums vor der Enthaltsamkeit – kurz, der Primat des sogenannten Realen vor dem sogenannten bloß Idealen. Man könnte die Auffassung vertreten, daß sich antiplatonistische Strömungen kaum je positiv auf die Menschheitsgeschichte ausgewirkt haben und dabei außer auf den z. T. massiven und aggressiven Antiplatonismus der »Ideologen« der Industriellen Revolution auch auf den der Marxisten, Nietzscheaner etc. verweisen. Aber dies hieße sicherlich, sich einer vorschnellen Generalisierung schuldig zu machen und es bedeutete wohl darüber hinaus auch eine Überbewertung der

Stimme der Philosophie im großen Spiel oder Konzert aller geschichtsbildenden Mächte[1]. Andererseits sind Philosophen bzw. ihre Ideen bei ihnen günstigen Rahmenbedingungen – also auch im »philosophischen Zeitalter« – (so Hume und Kant über ihr achtzehntes Jahrhundert) – sicherlich nicht ohne jeden Einfluß auf den Verlauf der geschichtlichen (einschließlich der polit-, kultur-, gesellschaftsgeschichtlichen) Ereignisse geblieben. Eine monokausale, etwa ausschließlich sozial-ökonomische Geschichtsauffassung (wie beispielsweise die marxistische) ist gewissermaßen apriorisch unglaubwürdig und wird wohl auch von ernsthaften Historikern kaum noch vertreten.

Priestleys Antiplatonismus liegt in allen seinen Schriften offen zutage.[2] Etwas weniger offenkundig (dennoch aber spürbar) ist der antiplatonische Impetus bei dem »Aristoteliker« Reid – und dasselbe gilt für zwei andere tonangebende Geister aus dem Großbritannien des späten achtzehnten Jahrhunderts, Adam Smith und Jeremy Bentham. Beide sind als Moralphilosophen berühmt und einflußreich, ersterer darüber hinaus bekanntlich auch – oder v. a. – als Nationalökonom. Beide knüpfen an verschiedene Gedanken Humes an, Smith eher an dessen Sympathie-, Bentham fast ausschließlich an dessen Nutzenlehre. In der Tat wollen die beiden ethischen Haupttendenzen aus Humes ›Enquiry Concerning the Principles of Morals‹, die emotivistische und die utilitaristische – und dies sicherlich aus der Natur der Sache heraus – nicht so recht zueinander finden. Die genannten Nachfolger greifen je einen der beiden Fäden heraus um damit jeweils eine einheitlichere Ethik zu entwickeln. Beide folgen jedoch Humes moralphilosophischen Grundanliegen, d. i. der Ersetzung der objektivistischen bzw. theologischen Ethikbegründung durch die (inter-)subjektivistische bzw. soziologische. Der damit weiter vorangetriebene Siegeszug der antiobjektivistischen (bzw. antiplatonischen) Moral – sei es sozial-emotivistischer, sei es sozial-utilitaristischer Provenienz – bedeutet einen weiteren Niedergang der im weitesten Sinne kosmologischen Denkweise und näherhin der objektivistischen Tradition des philosophischen Denkens in der Linie Cudworth, Wollaston, Clarke und Berkeley. Wiederum vereinfacht und pointiert,

[1] Ein Vorwurf, der besonders gegenüber Voltaire erhoben worden ist, dessen Wort »Gedanken regieren die Welt« Berühmtheit erlangte.

[2] Vgl. z. B. seine der platonischen Leib-Seelen-Lehre entgegengesetzten Auffassungen in seiner ›History of Early Opinions concerning Jesus Christ‹, in: Rutt (Hg.), Bd. VI.

aber hoffentlich wieder nicht gänzlich falsch ausgedrückt: Das faszinierte Starren auf die Gesellschaft, ihre Macht und ihr Wohl, läßt die *Natur* aus dem Blickfeld verschwinden.

1) Adam Smith über den »unparteiischen Zuschauer« und die »unsichtbare Hand«

Adam Smith (1723–1790) war Student und Schüler Hutchesons sowie ein großer Bewunderer und später auch ein enger Vertrauter Humes. Von Hutcheson übernimmt er die Feindschaft gegen die egoistische Reflexionsmoral, wie sie vor allem von Hobbes und dessen Anhängern bis hin zu Mandeville (welcher dessen Prinzip des moralischen Handelns, die »self-love«, weitgehend durch das der »vanity«, nämlich der persönlichen Eitelkeit, ersetzt hat) vertreten wurde, sowie darüber hinaus die antiintellektualistische ethische Grundeinstellung.[3] Was nun allerdings Hutchesons *ideé maîtresse* anbelangt, die Postulierung und moralphilosophische Hochschätzung eines »moral sense«, so verweigert Smith seinem Lehrer zumindest die ganzherzige Gefolgschaft. Der moralische Sinn sei, ebenso wie etwa auch der Gesichtssinn, eine Naturanlage, welche als solche auch defizitär ausgebildet sein könne. Hutchesons Theorie lese sich nun aber so, daß diese Defizienz selbst sinnvollerweise noch einmal in moralischen Kategorien beurteilt (beklagt) werden könne – was aber keinen Sinn mehr ergebe:

»Who ever thought of calling the sense of seeing black or white, the sense of hearing loud or low, or the sense of tasting sweet or bitter? And […] it is equally absurd to call our moral faculties virtuous or vicious, morally good or evil. These qualities belong to the objects of those faculties, not to the faculties themselves. If any man, therefore, was so absurdly constituted as to approve of cruelty and humanity as the most pitiful vices, such a constitution of mind might indeed be regarded as inconvenient […] but it could not, without the greatest absurdity, be denominated vicious or morally evil.«[4]

[3] Vgl. z. B. die Aussage: »Dr Hutcheson had been at great pains to prove that the principle of approbation was not founded on self-love. He had demonstrated too that it could not arise from any operation of reason.« (The Theory of Moral Sentiments, *VII, 3,* in: The Glasgow Edition of the Works and Correspondence of Adam Smith, Bd. 1, hg. von D. D. Raphael und A. L. Macfie, Oxford 1976, S. 321.)

[4] A. a. O., S. 323.

Man wird Smith hierin wohl Recht geben müssen und es fällt auch nicht schwer, diesen imgrunde linguistischen Ansatz seiner Kritik der Moral-sense-Theorie auch noch in einer anderen (nämlich soziologischen) Hinsicht zu ergänzen. Da es nicht undenkbar ist, daß sich eines Tages die Menschen, welche an einer visuellen Rot-Grün-Schwäche leiden, gegenüber den bis dato sogenannten Normalsichtigen in der Überzahl befinden werden, darf auch nicht ausgeschlossen werden, daß es irgendwann mehr »moralsinnig Defiziente« als diesbezüglich (bis dato) »Normale« gibt. Das hätte aber längerfristig sicherlich ebenso das starke Bezweifeln oder gar das Fallenlassen der vormaligen Unterscheidung von gut und böse wie das jener anderen von rot und grün zur Folge – welche Möglichkeit jedoch inkompatibel mit unseren moralischen Grundintuitionen sein dürfte. Und diese sollte der Ethiker grundsätzlich zu retten und zu erklären suchen, nicht aber so einfachhin verabschieden und verwerfen. (Auschwitz beispielsweise soll und wird hoffentlich auch immer ein Symbol für abgründigste moralische Verirrungen bleiben – ganz unabhängig von *irgendwelchen* zukünftigen Meinungsbildungen bzw. populationsstatistischen Erhebungen.)

Ungeachtet solch spezieller Kritik an Hutcheson, folgt Smith ihm in seinem geistigen Kampf gegen die intellektualistische oder rationalistische Ethik nach, welche in England in zwei weitgehend unterschiedlichen Strömungen Gestalt gewonnen hatte: der theistischen bzw. kosmologischen im Anschluß an Cudworth und der atheistischen bzw. politisch-soziologischen im Anschluß an Hobbes. Zwei Hauptvertreter dieser Richtungen im achtzehnten Jahrhundert sind einmal Berkeley als theistischer und zum anderen Mandeville als atheistischer Intellektualist. Jener bleibt in der ›Theory of Moral Sentiments‹ unerwähnt, aber Mandeville wird dahingehend kritisiert, daß er in alten asketischen Idealen verhaftet geblieben sei, weswegen ihm kurioserweise jede Art von »passion« als Laster und jede Form von Wohlstand als »luxury« erschienen wäre. Ausgehend von solchen unzeitgemäßen und undifferenzierten Annahmen habe er jedoch die Bedeutung von Laster und Luxus für das Gemeinwesen erkannt und auf dieser Grundlage sein berühmt-berüchtigtes Paradox (»private vices are public benefits«) formuliert.[5] Mandevilles rational erhellte Eitelkeit sei als Prinzip der Moralität alledings ebenso wenig tauglich wie Hobbes rational erhellte Eigenliebe. Dies zeige

[5] Vgl. a.a.O., S. 312f.

eben die Erfahrung (was freilich von manchem bezweifelt werden könnte). Besagte Erfahrung ist für Smith so wichtig, daß er sein Buch gerade mit dem Hinweis darauf einleitet; die ersten beiden Sätze der ›Theory‹ lauten:

»How selfish soever man may be supported, there are evidently some principles in his nature, which interest him in the fortune of others, and render their happiness necessary to him, though he derives nothing from it exept the pleasure of seeing it. Of this kind is pity or compassion, the emotion which we feel for the misery of others, when we see it, or are made to conceive it in a very lively manner. That we often derive sorrow from the sorrow of others, is a matter of fact too obvious to require any instances to prove it.«

Das Mitleid mit einem anderen ist eine empirische Tatsache, deren Zustandekommen die egoistische Reflexionsmoral aufgrund der weiteren einfachen Erfahrungsgegebenheit, daß ungeheucheltes Mitleid echtes Leid ist (wenn phänomenologisch besehen auch von anderer Art als das Leid des Bemitleideten), nicht erklären kann. Da Smith Humes ›Treatise‹ bereits in seiner Oxforder Studentenzeit gelesen hat[6], liegt der Gedanke eines Einflusses der dort entwickelten Sympathielehre auf seine ›Theorie der moralischen Gefühle‹ natürlich sehr nahe. Zweifelhaft aber bleibt folgende weitergehende Aussage Raphaels: »Smith folgte und verbesserte Hume in dessen Betonung der Rolle der Sympathie in der Ethik und fügte seinen eigenen, differenzierteren Begriff eines gedachten ›unparteiischen‹ Zuschauers hinzu, um das Gewissen zu erklären«.[7] Hierbei verwundert nicht nur, warum komparativisch von einem »differenzierteren« Begriff des unparteiischen Zuschauers gesprochen wird, wo sich doch ein solcher Begriff bei Hume *überhaupt nicht* findet; erstaunlich ist auch die fraglose Sicherheit, mit welcher hier schlichtweg eine Verbesserung Humes behauptet wird. Eher scheint doch eine Simplifizierung von desen differenziertem Sympathiebegriff vorzuliegen, welcher einen ganzen Automatismus der Einfühlung modellmäßig zu fassen versuchte, während der Jüngere unter Sympathie lediglich einen nicht weiter erläuterten Akt der Einbildungskraft versteht. So schreibt er über diese Sympathie (bzw. das sym-pathos, das Mit-leiden), welches sich anläßlich der Beobachtung eines gequälten Mitmenschen einstellen kann:

---

[6] Vgl. D. D. Raphael, Adam Smith, üb. von U. Rennert, Frankfurt/Main 1991, S. 19.

[7] Raphael, a. a. O., S. 14.

»By the imagination we place ourselves in his situation, we conceive ourselves enduring all the same torments, we enter as it were into his body, and become in some measure the same person with him, and thence form some idea of his sensations, and even feel something which, though weaker in degree, is not altogether unlike him.«[8]

Aber daß wir uns wirklich erst mittels eines Akts der Einbildungskraft an die Stelle und in die Lage des Leidenden versetzen müssen, um Mitleid zu empfinden (oder ob sich dieses nicht vielleicht doch unabhängig von Projektionen und gewissermaßen »automatisch« einstellt) kann füglich ebenso bezweifelt werden[9], wie die weitere Behauptung, wonach die Betrachtung fremder Schmerzen zu eigenen – »though weaker in degree« – und diesen ähnlichen Schmerzen (nicht: Leiden) führt.

Einen wirklichen Fortschritt gegenüber Humes Ethik stellt jedoch Smiths »impartial spectator« dar. Wie seine empiristischen Vorgänger (mit Ausnahme Joseph Butlers), so hatte auch Hume im wesentlichen unerklärt gelassen, worauf das Bewußtsein der Verpflichtung beruhe, welches mit moralischen Handlungen verknüpft ist. Dabei handelt es sich ja um einen Faktor, welcher moralische von ästhetischen und anderen »Gefühlen« deutlich unterscheidet. Hiermit hängt die ebenfalls erklärungsbedürftige Erfahrung zusammen, wonach eine Nichtbeachtung dieses Bewußtseins der Verpflichtung gewöhnlich eine Schuldempfindung zur Folge hat. Diese gewöhnlich unter dem Begriff eines Gewissens subsumierten Seelenphänomene will nun Smith mithilfe folgender Erklärung verständlich machen: In dem Grade, in welchem sich ein heranwachsender Mensch seiner Umwelt bewußt wird, gewinnt auch das Urteil der Mitmenschen über ihn und seine Verhaltensweisen sukzessive Bedeutung:

»We become anxious to know how far we deserve their censure or applause, and whether to them we must necessarily appear those agreable or disagreable creatures which they represent us. We begin, upon this account, to examine our own passions and conduct, and to consider how these must appear to them, by considering how they would appear to us if in their situation. We suppose ourselves the spectators of our own behaviour, and endeavour to imagine what effect it would, in this light, produce upon us. This is the only

---

[8] A. a. O., S. 9.

[9] Vgl. dazu M. Scheler, Wesen und Formen der Sympathie, Bern [6]1973: »Das Mitgefühl ist […] wesensmäßig ein ›*Leiden*‹, nicht ein spontaner Akt; ferner eine *Reaktion*, keine *Aktion*.« (S. 78).

looking-glass by which we can, in some measure, with the eyes of other people, scrutinize the propriety of our own conduct. If in this view it pleases us, we are tolerably satisfied.«[10]

In diesem Fall hätten wir ein gutes, im gegenteiligen ein schlechtes Gewissen. Diese Seelenphänomene seien somit wesentlich gesellschaftlich vermittelt:

»Were it possible that a human creature could grow up to manhood in some solitary place, without any communication with his own species, he could no more think of his own character, of the propriety or demerit of his own sentiments and conduct, of the beauty and deformity of his own mind, than of the beauty or deformity of his own face. [...] Bring him into society, and he is immediatly provided with the mirror which he wanted before.«[11]

Das Gewissen ist der internalisierte wertende Blick der Gesellschaft auf die eigenen Verhaltensweisen – eine Konzeption, die sicherlich an Freuds »Über-Ich« erinnern dürfte. Da jede Gesellschaft eine bedingte und kontingente Größe ist, bliebe freilich immer noch zu erklären, wie es von dort her zu dem Bewußtsein einer spezifisch moralischen – und das heißt unbedingten – Forderung kommen konnte. Obwohl Smith auf diese Schwierigkeit nicht eingeht, wäre sie vielleicht mit dem Hinweis darauf überwindbar, daß dem unreflektierten Bewußtsein die eigene Gesellschaft schon einmal wie eine absolute Größe oder Macht erscheinen kann. Schwerer dürfte aber jener Einwand wiegen, der auf die immer mögliche Diskrepanz zwischen den Forderungen des Gewissens und denen der Gesellschaft verweist, eine Diskrepanz, die, im Anschluß an die gleichnamige Tragödie des Sophokles, das Antigone-Problem genannt werden könnte.

Möglicherweise setzt auch die soziologische Erklärung des Gewissens (nicht anders als die psychoanalytische) sogar voraus, was sie verständlich zu machen vorgibt. Denn es wäre sicherlich moralisch falsch, unmoralischen Forderungen der Gesellschaft Folge zu leisten. Und eine solche, das ursprüngliche Gewissen überformende und verdrängende Folgeleistung würde auch allenfalls bei einer sittlich unreifen oder diesbezüglich fehlentwickelten Person zu einem positiven Gewissenszuspruch führen. Dieser Kritikansatz könnte unschwer zu einer prinzipiellen und generellen Kritik an der Sympathieethik aus-

[10] Smith, a.a.O., S. 112.
[11] A.a.O., S. 110.

geweitet werden.[12] Jedenfalls stellt die immer gegebene Möglichkeit einer moralischen Kritik an der Gesellschaft und deren Wertungsweisen (oder auch an dem eigenen Vater bzw. dem Ursprung des »Über-Ich«) jeden soziologischen (sowie psychologischen) Reduktionsversuch vor ernste Schwierigkeiten. Raphael, der große Kenner des Smithschen Werks, glaubt dessen Urheber gegen den Vorwurf, das Gewissen eines Menschen dränge doch manchmal dazu, daß er (dieser Mensch) entgegen dem allgemeinen Empfinden handeln solle, verteidigen zu können. Es gebe Hinweise darauf, daß Smith mit dem unparteiischen Zuschauer eigentlich den idealen Zuschauer bzw. eine internalisierte ideale Gesellschaft gemeint habe.[13] Aber selbst wenn die betreffenden Textpassagen der ›Theory of Moral Sentiments‹ eine solche »pragmatizistische« (an Peirce, Apel, Habermas u. a. erinnernde) Deutung erlaubte, so wäre doch in systematischer Hinsicht Entscheidendes noch immer nicht gewonnen. Denn unter einem idealen Zuschauer müßte doch wohl ein vollkommen objektiver, gerechter usf. zu verstehen sein, und das bedeutete, daß er nicht mit ethisch neutralen Prädikaten beschrieben werden könnte. Die Suche nach dem Ursprung unserer moralischen Wertungen, Gefühle oder Seelenphänomene hätte auf diese Weise in einen maliziösen Zirkel geführt.[14]

---

[12] So schreibt Scheler, a. a. O., S. 17: »Die Sympathieethik setzt dadurch, daß sie den sittlichen Wert nicht primär an dem *Sein* und den Verhaltensweisen der Personen, ihrem *Person-Sein* und Sosein, Handeln und Wollen usw. haften läßt, sondern aus dem Verhalten des *Zuschauers* erst ableiten will (oder dessen, der auf ein Erleben und Verhalten eines anderen gefühlsmäßig reagiert), immer im Grunde *voraus*, was sie ableiten will. Es ist sicher *nicht* sittlich wertvoll, z. B. mit der Freude, die einer am Schlechten hat, oder mit seinem Leiden am Guten, das er vor sich sieht, oder mit seinem Hasse, seiner Bosheit, seiner Schadensfreude zu sympathisieren […] Es ist klar, daß sittlich wertvoll nur die Mitfreude mit einer Freude sein kann, die selbst *in sich sittlich wertvoll* ist«. Kurz darauf (s. 18) kommt Scheler *expressis verbis* auf A. Smith zu sprechen:»Sicher besteht die Tatsache, daß wir häufig im eigenen Urteil über uns gleichsam durch die Ansteckung, die das Verhalten anderer auf uns ausübt, überwunden werden; daß sich *ihr* Wertbild von uns gleichsam dem unmittelbaren, im Fühlen des Eigenwertes gegebenen Wert vorschiebt – und ihn wie versteckt. So war es z. B., wenn gelegentlich der mittelalterlichen Hexenprozesse viele Hexen sich selbst der Hexerei für schuldig und sich gerecht zum Tode verurteilt fühlten. Aber ist nicht eben dies eine *Täuschung* des eigenen Gewissens, eine Überdeckung der ihm gegebenen Werte durch die *soziale Suggestion?* Nach Adam Smith müßte sich ein ungerecht Verurteilter, den alle Welt für schuldig hält, auch schuldig fühlen; ja er *wäre* hierdurch (von Irrtümern über Faktisches abgesehen) ›schuldig¡ Sicher ist dies nicht so.«

[13] Vgl. Raphael, a. a. O., S. 46.

[14] Eine scharfsinnige Kritik an Smiths Sympathieethik findet sich auch in Bergsons

Das Utilitätsprinzip spielt in Smiths Ethik, vielleicht überraschenderweise, nur eine vergleichsweise marginale Rolle. Ähnlich wie Hume erkennt auch er den unaufhebbar relationalen Charakter jedes Nutzenkalküls, was bei beiden zu der übereilt antirationalistischen These führt, daß die ethischen Zielvorgaben darum wohl *emotiven* Ursprungs sein müßten. Die Beschreibung (zu Beginn des *IV. Teils* der ›Theory‹) des unvermögenden jungen Mannes, der zum ersten Mal mit Reichtum und Luxus konfrontiert wird und sich in seiner Einbildung das Ideal eines Lebens in Wohlstand und Muße ausmalt, gehört zu dem intuitiv Überzeugendsten und zweifellos zu den Höhepunkten der Smithschen Moralphilosophie: Dieses Ideal wird zu dem, sein ganzes weiteres Leben bestimmenden, ausschließlichen Ziel des jungen »Emporkömmlings«, welchem er alles (auch das den wenig Begüterten mögliche) Wohlbefinden und einschlußweise auch alle Muße willig opfert: den erhofften Zustand des ökonomischen Reichtums in einen Zustand gänzlicher Sorgenfreiheit verklärend – und dieses Trugbild noch dazu ergänzend durch gesellschaftliches Ansehen, Würde und grenzenloses Glück, bleibt wirkliche Frude seinem wahren Leben fern. Gut ist für ihn all das, was der Annäherung an dieses säkularisierte himmlische Leben nützt. Aber mit solchen Einbildungen täusche uns die *Natur* (nicht etwa die kapitalistische Gesellschaft). Äußerst aufschlußreich für die Philosophie Smiths bzw. für die Ideologie der Industriellen Revolution im ganzen ist nun allerdings die Bewertung dieser, wie man erwarten sollte, höchst ärgerlichen Täuschung:

»And it is *well* that nature imposes upon us in this manner. It is this deception which rouses and keeps in continual motion the industry of mankind. It is this which first prompted them to cultivate the ground, to build houses, to found cities and commonwealths, and to invent and improve all the sciences and arts, which ennoble and embellish human life; *which have entirely changed the whole face of the globe,* have turned the rude forests of nature into agreable and fertile plains, and made the trackless and barren ocean a new fund of subsistence, and the great high road of communication to the different nations of the earth. The earth by these labours of mankind has been obliged to redouble her natural fertility, and to maintain a greater multitude of inhabitants.«[15]

Vorlesungen aus seiner Zeit in Clermont-Ferrand: ›Cours II‹, hg. von H. Hude und J.-L. Dumas, Paris 1992, S. 82–84.

[15] Smith, a. a. O., S. 183 f.; unsere Hervorhebungen.

Das in der Einbildung antizipierte Glück des materiellen Wohlstands führt zu einer wirklichen Kultivierung der rohen Natur und zum tatsächlichen Bevölkerungswachstum. Es kann auch vereinzelt einmal wirklich zu Wohlstand führen, und wo dies der Fall ist, haben die arm gebliebenen fast genauso viel davon wie die reich gewordenen. Denn das Auge der Reichen ist größer als ihr Bauch:

»The homely and vulgar proverb, that the eye is larger than the belly, never was more fully verified than with regard to him [dem reichen ›Landlord‹]. The capacity of his stomach bears no proportion to the immensity of his desires, and will receive no more than that of the meanest peasant. The rest he is obliged to distribute among those, who prepare, in the nicest manner [!], that little which he himself makes use of, among those who fit up the palace in which this little is to be consumed, among those who provide and keep in order all the different baubles and trinkets, which are employed in the oeconomy of greatness; all of whom thus derive from his luxury and caprice, that share of the necessaries of life, which they would in vain have expected from his humanity or his justice.«[16]

Die Reichen konsumieren nur wenig mehr als die Armen und ungeachtet ihrer Selbstsucht können sie nicht verhindern, daß letztere von ihnen schließlich profitieren werden. Hier – und nicht erst in ›The Wealth of Nations‹ – erscheint nun das berühmte Bild von der unsichtbaren Hand, welches liberale Denker und Wirtschaftspolitiker stets in Entzücken versetzte:

»They [the rich] are led by an invisible hand to make nearly the same distribution of the necessaries of life, which would have been made, had the earth been divided into equal portions among all its inhabitants, and thus without intending it, without knowing it, advance the interest of the society, and afford means to the multiplication of the species.«[17]

Wer sich das grausame Los der großen Zahl der Armen jener frühkapitalistischen Zeit vor Augen hält, wird nicht umhin können, den »verruchten Optimismus« (Voltaire über Leibniz' ›Theodicée‹), der aus den folgenden Zeilen des liberalen Nationalökonomen spricht, wie Hohn zu empfinden (obwohl der Text sicherlich nicht so gemeint war):

»When Providence [!] divided the earth among a few lordly masters, it neither forgot nor abandoned those who seemed to have been left out in the

---

16 A. a. O., S. 184.

17 A. a. O., S. 184 f. Vgl. auch in ›The Wealth of Nations‹, *Part IV, ii, 9.*

partition. These last too enjoy their share of all that it produces. In what constitutes the real happiness of human life, they are in no respect inferior to those who would seem so much above them. In ease of body and peace of mind, all the different ranks of life are nearly upon a level, and the beggar, who suns himself by the side of the highway, possesses that security which kings are fighting for.«[18]

Der kümmerliche Rest, der am Vorabend der Industriellen Revolution an religiösem Gedankengut noch übrig geblieben ist, wird unter der abstrakten Bezeichnung einer »Vorsehung« zur Rechtfertigung des sozialen Unrechts mißbraucht (wobei nicht zuletzt der Begriff einer Vorsehung selbst in Mißkredit und damit unglaubhaft bis zum Unerträglichen gemacht worden ist). Dieses Verfahren fügt sich bruchlos in das Gesamtbild, welches Smiths Sympathieethik vermittelt: In diesem fehlen alle echten Komponenten oder wenigstens – wie bei Hume – Spuren kosmologischen Denkens. Obwohl in der Sekundärliteratur immer wieder auf stoische Wurzeln der Smithschen Philosophie verwiesen wird, ist es doch sehr auffällig, wie hier, eben ganz anders als in der Stoa, im Neuplatonismus und in verwandten traditionellen Geistesströmungen, von jeder kosmischen Sympathie abstrahiert und auf jede Reminiszenz an die *anima mundi* verzichtet wird. Die gänzlich soziologisch konzipierte, strikt auf die menschliche Gattung begrenzte Sympathie fristet ein von allen weiteren natürlichen oder kosmischen Bezügen isoliertes, allenfalls noch das abstrakte Interesse des Ethikforschers herausforderndes Sonderdasein. Der naturalistisch-pantheistische Rahmen der Humeschen Sympathieethik ist demontiert und in einer bedenklichen Subreption durch einen nationalökonomischen ersetzt worden. Dieser gewährleistet den (vielleicht sogar gesuchten) bruchlosen Übergang zu einer rein mechanistisch verstandenen Natur bzw. Naturwissenschaft.[19]

Das Verhältnis der beiden Hauptwerke Smiths zueinander schien lange Zeit nicht so einfach verstehbar, geschweige denn inter-

[18] A. a. O., S. 185.

[19] In diesem Zusammenhang ist sicherlich nochmals eine Feststellung Schelers erwähnens- und erwägenswert: »Die Aufhebung der organologischen Weltansicht in jedem Verstande durch den Siegeszug der mechanischen Weltphilosophie und Naturwissenschaft macht alle Einsfühlung zu Täuschungen und zu Anthropomorphismus (bei Descartes auch schon in Tier und Pflanze), so daß schließlich nur eine neu entstehende Sympathieform übrigbleibt: die *Humanität* und die *allgemeine Menschenliebe* auf dem Boden eines wesentlich ›gesellschaftlichen‹ Daseins des Menschen (isoliert von Gott und Natur)«. A. a. O., S. 104.

pretatorisch näher bestimmbar zu sein.[20] Die neuere Forschung ist mit ihrer Leugnung eines von der älteren oftmals konstatierten »Bruchs« oder gar Widerspruchs zwischen der ›Theory‹ und der späteren Veröffentlichung ›An Inquiry into the Nature and Causes of the Wealth of Nations‹ (1776) sicherlich scharfsichtiger geworden. Der vormalige Irrtum erhob sich ja vornehmlich aus der Annahme, Smith habe zunächst (›Theory‹) in der Sympathie das bestimmende Handlungsmotiv gesehen – was aber nicht zutreffend ist, da hier das Interesse nicht dem Ursprung unserer Handlungen, sondern allein dem Ausgangspunkt unserer moralischen Wertungen gilt. Tatsächlich wird über jene Frage in der ›Theory‹ gar nichts behauptet, während in der ›Inquiry‹ als selbstverständlich unterstell tist, daß Eigennutz und Gewinnmaximierung die Haupttriebfedern unserer (wirtschaftlichen!) Aktionen darstellen.[21] Diese werden in der Art von – unser Verhalten bestimmenden – Naturdeterminanten eingeführt (wobei hier, nach Vaihingers nicht unbegründeter Auffassung, eine bewußte Fiktion vorliegen könnte[22]).

Der Einfluß Humes ist dabei in beiden Werken spürbar, und bei

---

[20] Vgl. Raphael, a. a. O., S. 102 ff., und : Ders., *Introduction* zu ›The Theory of Moral Sentiments‹, a. a. O., S. 20 ff.

[21] Die Bedeutung der Gewinnmaximierung für Smiths Zeitgenossen Benjamin Franklin, diesbezüglich sicherlich kein Einzelfall, geht aus folgendem Text des amerikanischen »Gründervaters« (›Advice to a Young Tradesman‹) deutlich hervor: »Bedenke, daß die Zeit *Geld* ist; wer täglich zehn Schillinge durch seine Arbeit erwerben könnte, und den halben Tag spazieren geht, oder auf seinem Zimmer faulenzt, der darf, auch wenn er nur sechs Pence für sein Vergnügen ausgibt, nicht dies allein berechnen, er hat nebendem noch fünf Schillinge ausgegeben oder vielmehr weggeworfen. […] Bedenke, daß Geld von einer *zeugungskräftigen und fruchtbaren* Natur ist. Geld kann Geld erzeugen, und die Sprößlinge können noch mehr erzeugen und so fort. Fünf Schillinge umgeschlagen sind sechs, wieder umgetrieben sieben Schillinge drei Pence und so fort, bis es hundert Pfund Sterling sind. Je mehr davon vorhanden ist, desto mehr erzeugt das Geld beim Umschlag, so daß der Nutzen schneller und immer schneller steigt. Wer ein Mutterschwein tötet, vernichtet dessen ganze Nachkommenschaft bis ins tausendste Glied. Wer ein Fünfschillingstück umbringt mordet alles, was damit hätte produziert werden können: ganze Kolonnen von Pfunden Sterling.« (zit. nach M. Weber, Die protestantische Ethik I, a. a. O., S. 40 f.; er schließt daran die Bemerkung an: »Eine Gesinnung, wie sie in den zitierten Ausführungen Benjamin Franklins zum Ausdruck kam und den Beifall eines ganzen Volkes fand, wäre im Altertum wie im Mittelalter […] als Ausdruck des schmutzigsten Geizes und einer schlechthin würdelosen Denkart proskribiert worden.« [S. 43])

[22] Vgl. H. Vaihinger, Die Philosophie des Als-Ob, a. a. O., S. 343 f.: »Der ganze Kunstgriff besteht darin, dass Smith alle wirtschaftlichen Handlungen der Gesellschaft betrachtet, *als ob* sie einzig und allein vom Egoismus diktiert wären: er sieht dabei ab von

genauerer Betrachtung ist er in dem späteren eher noch größer geworden. Beider Philosophen Betonung der »Sympathie« für das Verständnis moralischer Verhaltensweisen dient ja – infolge eines sehr verschiedenartigen Verständnisses dieses Begriffs – eher zur Verwischung und Verbergung der beträchtlichen Differenzen in ihren moralphilosophischen Auffassungen. So beurteilt Hume (beispielsweise im *Abschnitt II, 2* seiner ›Enquiry concerning the Principles of Morals‹) das Almosengeben aus Mitleid mit dem Notleidenden (seinem allgemeinen antichristlichen Impuls und näherhin den römischen Stoikern Seneca, Epiktet u. a. folgend) als eine Schwäche, welche Trägheit und Liederlichkeit fördere.[23] Auch solche Detailbeobachtungen vermögen zu zeigen, daß Humes Sympathiebegriff ein Kunstbegriff *sui generis* ist, der nicht dazu verführen sollte, seine

---

allen anderen Faktoren, z. B. Wohlwollen, Sittlichkeit, Gerechtigkeit, Billigkeit, Mitleiden, Gewohnheit, Sitten und Gebräuchen u. s. w. Auf diese Weise ist es ermöglicht, die Erscheinungen der menschlichen Verhältnis sein wirtschaftlicher Hinsicht auf wenige Grundgesetze zu reduzieren.« G. Ryle beschreibt das Problem eines Konfliktes bei der Charakterisierung von Menschen als »real« und »economic« men: »When Economics was entering its adolescence as a science, thinking people were apt to feel themselves torn between two rival accounts of Man. According to the new, tough-minded account presented by the economists, Man was a creature actuated only by considerations of gain and loss – or at least he was this in so far as he was enlightened. The conduct of his life, or at least of his rational life, was governed by the principles of Supply and Demand, Diminishing Returns, Gresham's law and a few others. But Man as thus depicted seemed to be disastrously different from Man as depicted by the preacher, the biographer, the wife or the man himself. Which, then, was the real man and which the dummy-man, the Economic Man or the Everyday Man?« (Dilemmas. The Tarner Lectures 1953, a. a. O., S. 69)

[23] Hume gibt sich damit einmal mehr als ein recht typischer Repräsentant dessen zu erkennen, was Sombart den »Bürgergeist« genannt hat: »Dieser Bürgergeist hat an sich weder mit der Vertragsidee noch mit dem Kapitalismus etwas zu tun. Er kann auch in Handwerker- oder Rentierkreisen herrschen. Aber indem er sich mit der Vertragsidee verquickt und mit Unternehmergeist verbindet, kommt eine neue, eigentümliche Prägung des kapitalistischen Geistes heraus, die sich ganz und gar von jener […] Spielart eines auf Erwerb gerichteten Abenteurer- und Freibeutergeistes unterscheidet und die den immer mehr zur Herrschaft gelangenden bürgerlich-kapitalistischen Geist ausmacht, der bis in unsere Tage geherrscht hat. […] Dieser Bürgergeist beherrscht seitdem alle Lehrbücher der Kaufmannschaft in katholischen und protestantischen Ländern und erlebt in dem Systeme der Lebensweisheit, das Benjamin Franklin aufgestellt hat, seine vielleicht höchst vollendete Ausbildung […] Aller bürgerlich gefärbte Geist wird zunächst (formal) dadurch gekennzeichnet, daß er methodisch, rational, zweckbedacht ist.« (W. Sombart, Der moderne Kapitalismus. Historisch-systematische Darstellung des gesamteuropäischen Wirtschaftslebens von seinen Anfängen bis zur Gegenwart, Zweiter Band, Erster Halbband, München [2]1917, S. 30)

Auffassungen in allzu große systematische Nähe zu denen Cudwoths oder Berkeleys (geschweige denn, denen Schopenhauers ...) zu bringen. Demgegenüber folgt der philosophierende Volkswirtschaftler Smith den betreffenden Humeschen Vorgaben viel getreuer.[24]

Obwohl beide Philosophen gewöhnlich größere Sympathien mit den Whigs als mit den Tories zeigen, teilen beide eine gewisse Skepsis gegenüber allen radikalen Neuerungen und politischen Experimenten.[25] Wie später Smith, so hielt aber auch schon Hume ein solcher Traditionalismus in bezug auf Regierungen und Regierungsformen reilich nicht davon ab, scharfe Kritik an der überkommenen, weitgehend merkantilistischen Wirtschaftspolitik zu üben. Deren Maxime von der Unvermeidbarkeit restriktiver staatlicher Handelskontrollen (besonders im Außenhandel) wird von beiden ebenso verworfen wie die allzu einfache axiomatische Gleichung: Reichtum (insbesondere auch von Nationen) sei identisch mit der vorhandenen und verfügbaren Geld- bzw. Goldmenge. Mittel- und längerfristig fördere der Freihandel den Wohlstand einer Nation weit besser als das ausgeklügeltste Beschränkungssystem. Die Warenmenge sei letztlich ebenfalls einträglicher als »totes Kapital«, wobei neben untergeordneten Faktoren der Bodenbeschaffenheit, de Rohstoffe, dem Zustand der Handelswegen etc. sich vor allem die Qualität der Arbeiter in dem Bruttosozialprodukt positiv zu Buche schlage.

»First things first« – gemäß diesem bewährten angelsächsischen Motto beginnt Smith jedes seiner beiden Hauptwerke: Die ›Theory‹ mit dem Kapitel »Of Sympathie« und die ›Inquiry‹ mit einem programmatischen Text, welcher die Überschrift »Of the Division of Labour« trägt. Wie das menschliche Bedürfnis nach Wohlstandsbildung (Mandeville hätte hier von einem Laster gesprochen, welches dem Gemeinwesen zur Prosperität verhelfe: imgrunde ist ja dessen

---

[24] Diese »Vorgaben« sind in deutscher Übersetzung zusammengestellt als »Teilband 2« von: David Hume, Politische und ökonomische Essays, hg. von U. Bermbach, üb. von S. Fischer, Hamburg 1988.

[25] So bemerkt etwa Hume zu Beginn seines Essays »Die Idee einer vollkommenen Republik«: »Mit Regierungsformen [und man ist versucht, hinzuzufügen: »und mit der Natur«] verhält es sich nicht so wie mit anderen künstlichen Gebilden, bei denen eine alte Maschine ausgemustert werden kann, wenn es eine andere genauere und bessere gibt, oder mit denen gefahrlos experimentiert werden kann, auch wenn der Erfolg zweifelhaft ist. Eine etablierte Regierung hat einen unendlichen Vorteil eben dadurch, daß sie etabliert ist, zumal der Großteil der Menschheit durch Autorität und nicht durch Vernunft regiert wird und keiner Sache Autorität zusteht, die sich nicht durch ihre Tradition empfiehlt.« (Politische und ökonomische Essays, a. a. O., S. 339).

Gedankengang von Smiths Idee der »unsichtbarer Hand« gar nicht so sehr unterschieden) von sich heraus, d. h. unabhängig von legislativen und anderen bewußt gesteuerten politischen Aktionen, die Wirtschaft fördere, so auch und in vielleicht noch höherem Maße die Arbeitsteilung: Diese aber müsse bewußt gepflegt und stets weiter differenziert werden. Wohl nicht ganz zu Unrecht hat Marx bei diesem Nachdruck auf die Notwendigkeit der Arbeitsteilung eine ideologische Wurzel für die Entfremdung des Industriearbeiters von seinem Arbeitsprodukt erkennen wollen. Im Unterschied zu ihm war Smith – nicht anders als Hume – jede Utopie von einem Himmelreich auf Erden ganz fremd. (Mit Blick auf diesen grundsätzlichen Realismus sollte er Marx aber wohl eher vorgezogen werden.) Was sich vielleicht störend als eine gewisse Phantasielosigkeit auf Seiten Smiths beweist, ist allenfalls der Umstand, daß er sich Arbeit nie anders denn als notwendige Mühe und Last vorstellen konnte.[26] (Tatsächlich scheint ihm auch die eigene Arbeit beträchtliche Mühe bereitet zu haben.[27]) Hierin läge nun *prima facie* ein *sehr* konservativer Grundzug seiner (nicht anders als Humes) Weltanschauung, da diese verengte Bewertung der Arbeit als Last eindeutig *antike* Wurzeln hat. Die neuzeitliche Höherschätzung der *vita activa*, wie sie besonders in den protestantischen Ländern erfolgte,[28] hat alledings diesbezüglich vielleicht nur scheinbar einen Bewertungswechsel bewirkt. In Wahrheit fand hinsichtlich der Gleichung »Arbeit ist Last« möglicherweise gar kein radikaler Wandel statt; was sich ereignete, war weithin lediglich das Hinzukommen einer neuen positiven Wertungskomponente in bezug auf den Vollbringer der Arbeit, den arbeitenden Menschen: Der sich der Mühsal der Arbeit unterziehende Mensch, der »industrious man«, gewinnt an Hochschätzung – nicht

---

[26] Dieses Unvermögen führt manchmal zu seltsamen Ergebnissen. Obwohl er zur Kenntnis nimmt, daß Jagd und Fischfang nun vielfach zum Vergnügen betrieben werden, hält Smith doch daran fest, daß sie früher, als diese Tätigkeiten ausschließlich berufsmäßig ausgeübt wordens seien, aus Zwang unternommen wurden. Den naheliegenden Gedanken, daß sie auch damals Freude bereitet haben könnten, äußert er nicht (vgl. ›An Inquiry into the Nature and Causes of the Wealth of Nations‹, hg. von W. B. Todd, Bd. 1 (= Works III), S. 117 f.

[27] So schreibt er 1785 an seinen Verleger Thomas Cadell: »I am a slow a very slow workman, I do and undo everything I write at least half a dozen times before I can tolerably be pleased with it.« (zit. bei C. R. Fay, Adam Smith and the Scotland of His Day, Cambridge 1956, S. 132).

[28] Vgl. dazu: H. Arendt, Vita activa, oder: Vom tätigen Leben, München [9]1979.

oder kaum einmal die Arbeit selbst.[29] In diesem Fall hätte sich an der antiken Bewertung der Arbeit – so überhaupt – nur wenig geändert.

Smith verknüpft mit seiner Hochschätzung der spezialisierten und auf Sachkenntnis beruhenden Arbeit eine Theorie der ökonomischen und sozialen Entwicklung: Vom Jäger führt die Entwicklung über den Hirten zum Ländereien- und Bauernstaat, darin sukzessive die Kultivierung des Bodens verbessert wird. »Höher« aber als dieser sei der moderne Tausch- und Handelsstaat.[30] Unschwer wird man hieraus entnehmen können, daß justament *die Entfernung von der Natur den Grad der Höhe der Kultur definiert*. Die Verfeinerung des Lebensstils galt im Übrigen auch Hume schon für ein erstrebenswertes Gut; was so weit führte, daß er den Luxus verteidigte[31] und barbarischen Alkoholrausch für moralisch verwerflicher (»abscheulicher«) hielt als den »kultivierten« Ehebruch[32]. Ohne im einzelnen Zustimmung zu signalisieren, teilt auch Smith, wenigstens im Prinzipiellen, diese Wertungen.

In diesem Zusammenhang ist auch seine Kritik der »Physiokraten« recht aufschlußreich *(4. Buch, Kap. 9)*. Diese Schule französischer Ökonomen, die sich um F. Quesnay, R. Turgot und andere Theoretiker gebildet hatte (und mit denen Smith während seines Aufenthalts in Paris selbst mehrfach diskutierte), sahen in dem Boden und seinen Erträgen die eigentliche Quelle des Wohlstandes eines Volkes. Eigentlich produktiv sei nur die Klasse der Grundeigentümer, Landwirte, Pächter und Landarbeiter, denen die unproduktive Klasse der Fabrikanten, Kaufleute, Handwerker und Fabrikarbeiter gegenüber stehe.[33] Hieraus ergebe sich die politische Pflicht

---

[29] »Die Neuzeit hat im siebzehnten Jahrhundert damit begonnen, theoretisch die Arbeit zu verherrlichen, und sie hat zu Beginn unseres Jahrhunderts damit geendet, die Gesellschaft im Ganzen in eine Arbeitsgesellschaft zu verwandeln. Die Erfüllung des uralten Traums trifft wie in der Erfüllung von Märchenwünschen auf eine Konstellation, in der der erträumte Segen sich als Fluch auswirkt. Denn es ist ja eine Arbeitsgesellschaft, die von den Fesseln der Arbeit befreit werden soll, und diese Gesellschaft kennt kaum noch vom Hörensagen die höheren und sinnvolleren Tätigkeiten, um deretwillen die Befreiung sich lohnen würde.« (H. Arendt, a. a. O., S. 12 f.)

[30] Dabei verhalte sich die (höhere) Wertigkeit umgekehrt proportional zur Verfügung über freie Zeit: Ein Hirte habe sehr viel davon, ein Bauer schon weniger, ein Kaufmann überhaupt keine Freizeit mehr (vgl. Buch V, Kap. 1, Teil 1).

[31] Vgl. seinen Essay »Über Verfeinerung in den Künsten«, in: Politische und ökonomische Essays, a. a. O., S. 191–204.

[32] Vgl. a. a. O., S. 194 f.

[33] Insbesondere wird bestritten, oder doch bezweifelt, daß Arbeit generell einen wert-

und Aufgabe, jene Klasse zu Lasten dieser zu fördern. Smith erkennt diese dichotomische Klasseneinteilung nicht an, seine Ausführungen verraten aber, daß er eher geneigt wäre, die gegenteilige Politik zu empfehlen. Seines Erachtens liegt der Reichtum eines Volkes weniger in dem Ertrag ihrer Äcker und Felder als in ihrer Arbeitskraft: »The annual labour of every nation is the fund which originally supplies it with all the necessaries and conveniences of life«,[34] und auch der Wert einer Geldmünze richte sich letztlich danach, welche Arbeitskraft damit eingetauscht werden könne. Hier entsteht der Eindruck, als wolle Smith die Abhängigkeit des Menschen von der Natur nicht so recht zugeben: Beinahe unabhängig von ihr – diese Vorstellungen werden von Smiths Ausführungen zumindest nahe gelegt – vermögen die Menschen durch eigene (Arbeits-)Kraft zu leben und den von ihm und den anderen »Ideologen der Industriellen Revolution« so hochgeschätzten Wohlstand zu schaffen.

2) Jeremy Benthams (sozial-)utilitaristischer Hedonismus

Zeitgleich mit der schlichten aber wie zeitlos gültigen Lyrik Matthias Claudius' in Deutschland (vgl. beispielsweise »Die Sterne«: »Ich sehe oft um Mitternacht, / wenn ich mein Werk getan / und niemand mehr im Hause wacht, / die Sterne am Himmel an /.../ Dann saget, unterm Himmelszelt, / Mein Herz mir in der Brust: / Es gibt was Bessers in der Welt / als all ihr Schmerz und Lust ...«), entsteht in England das sozialphilosophische und nationalökonomische Werk Jeremy Benthams (1748–1832), darin als Ziel alles menschlichen Handelns die Verringerung von Schmerz und die Erhöhung von Lust proklamiert wird. »Pains« und »misery« nach Kräften zu vermeiden, »pleasures« und »happiness« zu befördern: dies sei die Hauptaufgabe sowohl des Moralphilosophen[35] wie auch des Gesetzgebers.[36] Glück

schöpferischen Produktionsfaktor darstelle – eine Ansicht, der die Smithsche diametral entgegengesetzt ist.

[34] Inquiry, a.a.O., S. 10.

[35] Schon Voltaire schrieb einmal in seinen Briefen an Friedrich den Großen: »Das Wohl der Gesellschaft ist das einzige Maß des sittlich Guten und Bösen.«

[36] Vgl. J. Bentham, An Introduction to the Principles of Morals and Legislation, (Erstv. im Revolutionsjahr 1789, priv. Erstdruck aber bereits 1780, im folgenden kurz ›Introduction‹ genannt), in: John Bowring (Hg.), The Works of Jeremy Bentham, Bd. 1, New York 1962 (Repr.), S. 12–15. Die ersten Kapitel dieses Buches (welche auch in deutscher

(»happiness«) bestehe aus: »enjoyment of pleasures, security from pains.«[37] Um diese Erklärungen unbefriedigend zu befinden, muß man nicht gleich so weit gehen wie der schonungslose Witz Nietzsches: »Hat man sein *warum?* des Lebens, so verträgt man sich fast mit jedem *wie?* – Der Mensch strebt *nicht* nach Glück; nur der Engländer tut das.«[38] Benthams Glücksbegriff ist sicherlich nicht aristotelisch aber auch noch nicht einmal epikureisch (man vergleiche damit nur Epikurs berühmten Brief an Menoikeus[39]), sondern »aristippisch«, »kyrenaisch« oder eben »hedonistisch«. Das aus Lust oder Vergnügen (»pleasure«) bestehende Glück gelte es zu fördern, und zwar das »größte Glück der größten Zahl«. Eine Handlung sei dann moralisch gut, wenn sie die Tendenz aufweise, »to augment the happiness of the community«[40]. Um welche Gemeinschaft es sich hierbei handeln soll, wird nicht anders, denn bloß numerisch-formal bestimmt.[41] Das nämliche gilt zunächst auch für die Grundbegriffe »pain« und »pleasure«: »NATURE has placed mankind under the

---

Üb. vorliegen, vgl. Otfried Höffe, Hg., Strategien der Humanität, Freiburg 1975) enthalten die Grundlagen der Benthamschen Moral- und Sozialphilosophie. Die Werkausgabe von Benthams Freund J. Bowring (Edinburgh 1838–1843, in elf Bänden) ist oft kritisiert worden, z. B. von C. K. Odgen: »No more unattractive format could have been devised than those seven thousand pages of double-column small type, full of misprints, inadequately indexed, with the biographical material all jumbled together, the anti-ecclestiastical manifestoes deliberately omitted, and the manuscripts themselves covered haphazard or not at all.« (Ders., Jeremy Bentham. 1832- 2032, Bristol 1993, S. 45). Dennoch ist diese Ausgabe noch immer die bei weitem vollständigste, wenn sich auch in nicht ferner Zukunft ihre Ablösung abzeichnet. Die im Entstehen begriffene neue Werkausgabe ist auf 38 Bände veranschlagt: General editor J. H. Burns, The Collected Works of Jeremy Bentham, London 1970 ff.

37 Bowring, (Hg.), a. a. O., S. 35.

38 F. Nietzsche, Götzendämmerung (»Sprüche und Pfeile«, 12), div. Ausg. – von dem Engländer Bernard Williams selbstironisch, als Motto seines Essays »A Critique of Utilitarianism« zitiert (in: Utilitarianism – for and against, Cambridge 1973); vgl. auch K. Marx über Bentham: »Mit der naivsten Trockenheit unterstellt er den modernen Spießbürger, speziell den englischen Spießbürger, als den Normalmenschen.« (Das Kapital. Kritik der politischen Ökonomie, Bd. I, 1. Buch, Berlin (»Volksausgabe«), [8]1928, S. 546. (Nietzsches Wort hallt auch in Thomas Manns »Zauberberg« nach, darin einmal die Ansicht geäußert wird, dem Protagonisten dieses Romans wäre seine Not erspart geblieben, wenn ihm »über Sinn und Zweck des Lebensdienstes eine irgendwie befriedigende Auskunft zuteil geworden wäre.«)

39 U. a. abgedruckt in deutscher Üb. in: Karl Vorländer, Geschichte der Philosophie mit Quellentexten, Bd. 1 (Altertum), Reinbek bei Hamburg 1990, S. 288–292.

40 Bowring (Hg.), a. a. O., S. 2.

41 Community: »A ficticious *body*, composed of the individual persons«, bzw. »the sum of […] the several members who compose ist« (eBd.).

governance of two sovereign masters, *pain* and *pleasure*. It is for them alone to point out what we ought to do, as well as to determine what we shall do.«[42] Die Aussagen werden später nicht etwa durch Begriffsklärungen, sondern lediglich mittels Aufzählung verschiedener Arten des Vergnügens und der Schmerzen ergänzt.[43] Benthams Hedonismus ist jedoch als sozialer von dem kyrenaischen unterschieden. Der einzelne solle lernen, sein eigenes Streben dem allgemeinen Ziele oder Nutzen unterzuordnen[44] – womit ihm längerfristig betrachtet freilich auch selbst am besten gedient sei. So ist der (allgemeine) Nutzen (»utility«) neben dem Glück der zweite Schlüsselbegriff der Benthamschen Lehre. Der zweite i.S.v. zweitrangige deswegen, da es darin in erster Linie um das Glück (als Summe der zeitlichen, möglichst intensiven Vergnügenseinheiten) geht und der Nutzen nur relativ auf dieses (soziale oder – relativ – allgemeine) Glück hin veranschlagt wird. Benthams Utilitarismus stellt somit keine Nützlichkeitslehre in der Bedeutung eines zieloffenen Instrumentalismus oder Funktionalismus dar. Das Ziel steht vielmehr von Anfang an unumstößlich fest und »nützlich« heißt, ebendiesem Ziele, nämlich »dem Glück einer Gemeinschaft« dienlich sein:

»The principle of utility is the foundation of the present work: it will be proper therefore at the outset to give an explicit and determinate account of what is meant by it. By the principle […] of utility is meant that principle which approves or disapproves of every action whatsoever, according to the tendency which it appears to have to augment or diminish the happiness of the party

[42] A.a.O., S. 1: Mit diesen Sätzen beginnt Benthams ›Introduction‹.

[43] Vgl. S. 17–21. Das Vorgehen ist hier ähnlich radikal »individualistisch« bzw. arithmetisch wie bei der Klärung des Gemeinschaftsbegriffs.

[44] Benthams Denken ist ein durch und durch politisches. Ortega y Gasset geht soweit, das Nützlichkeitsdenken mit der Politik (bzw. dem politischen Denken) geradewegs zu identifizieren; so notiert er im Jahre 1916: »Seit einem halben Jahrhundert hat in Spanien und anderswo die Politik, d.h. die Unterordnung der Theorie unter die Nützlichkeit, den Geist überrannt […] Wird die Politik oder das Nützlichkeitsdenken innerhalb des geistigen Lebens auf den zweiten Platz verwiesen, so ist sie eine durchaus heilsame Kraft, die wir schwerlich entbehren können […] Errichtet die Politik aber ihren Thron in unserem Gewissen und regiert sie unser ganzes geistiges Leben, dann wird sie zu einer äußerst gefährlichen Krankheit. Das Warum ist klar. Solange wir das Nützliche eben als ein Nützliches betrachten, besteht kein Anlaß zu Einwänden. Wird aber das Nützlichkeitsstreben innerhalb unserer Persönlichkeit zur beherrschenden Haltung, so werden wir, wenn es darum geht, die Wahrheit zu finden, sie nur allzu leicht mit der Nützlichkeit verwechseln. Und aus Nützlichkeit Wahrheit machen ist eine Umschreibung für lügen.« (Ders., a.a.O., Bd. 1, Augsburg 1996, S. 11f.)

[später gewöhnlich: community] whose interest is in question: or, what is the same thing in other words, to promote or to oppose that happiness.«[45]

Die gewöhnliche Rede von Benthams (hedonistischem) Utilitarismus ist somit etwas irreführend; besser sollte von seinem (sozial-)utilitaristischen Hedonismus gesprochen werden.[46] Auf diese Weise fiele auch ein Licht auf die Stellung dieser Moralphilosophie zu der Humeschen (und Smithschen). Zweifellos spielt Nützlichkeit auch eine – wenn nicht sogar *die* – tonangebende Rolle in Humes ›Enquiry Concerning the Principles of Morals‹ (insbesondere in den zentralen Abschnitten V und VI) und so könnte man meinen, Bentham knüpfe unmittelbar an ihn (und eventuell auch an Smith) an. Dies ist jedoch kaum der Fall[47], denn er geht – wie auch sein Zeitgenosse Priestley – über Hume, Smith und Berkeley direkt zurück bis Locke, welcher in seinen Bemerkungen zur Moral ebenfalls einem hedonistischen Standpunkt das Wort geredet hat, wenn auch in einem, für Bentham mittlerweile obsolet gewordenen, theistischen Rahmen.

Von Locke und vielleicht auch von Hobbes übernimmt dieser auch die rationalistische Grundeinstellung, welche für jede utilitaristische Variante der Ethik unabdingbar ist. Hier gilt das Hauptaugenmerk des Ethikers bzw. des dieser Ethik gemäß Handelnden in den Handlungskonsequenzen, die ja nicht sinnlich, emotiv oder intuitiv,

---

45 A. a. O., S. 1.

46 Eine kurze Begriffsklärung: »Hedonismus« im philosophischen Sinne bedeutet – anders als im umgangssprachlichen – mehr als bloß eine Identifizierung des Guten mit dem *sinnlichen* (oder gar ausschließlich sexuellen) Genuß, nämlich eine Gleichsetzung mit individuellem Genuß prinzipiell jeglicher Art »im Augenblick« bzw. in der Gegenwart. Der Hedonismus kennt keine qualitativ höheren oder niederen Werte, da das Gute in der subjektiven Befriedigung nach je eigener »façon« besteht und so kann z. B. die Beschäftigung mit dem Kegelspiel ebenso wertvoll sein wie die mit Poesie: »Quantity of pleasure being equal, push-pin is as good as poetry« (Bentham, zit. nach John Stuart Mill, in: F. R. Leavis (Hg.), Mill on Bentham and Coleridge, London [4]1967, S. 95.

47 Bentham wurde von Hume nur wenig beeinflußt, lobt aber gelegentlich Humes Kritik der Theorie des Gesellschaftsvertrags und die utilitaristischen Tendenzen in seinem späteren moralphilosophischen Werk. Smith steht er von Beginn seiner literarischen Tätigkeit an sogar noch reservierter gegenüber; so gibt es eine gegen dessen Kritik der Wucherei gerichtete Streitschrift mit der klaren und radikalen Tendenz, dessen »Laissez-faire« noch weiter zu liberalisieren: ›Defence of Usury. Showing the Impolicy of the present legal Restraints on the terms of Pecuniary Bargains; in Letters to an Friend. To which is added, a letter to Adam Smith …‹ (in: Bowring, Hg., Bd. 3, S. 1–29). Die herkömmliche und verbreitete Auffassung, wonach Bentham in ökonomischer Hinsicht ein Befürworter des *Laissez-faire* ist, wurde allerdings infrage gestellt von J. Steintrager in: Bentham, New York 1977, insb. S. 64–76.

sondern – falls überhaupt – allein vermittels des Verstandes vorausgesehen werden können. In der Tat dürfte es im Einzelfall nicht gerade einfach sein, die Relation zwischen einer Handlung und dem größten Glück der größten Zahl richtig einzuschätzen, geschweige denn sicher zu erkennen. Dem menschlichen Verstand wird hier, in einem, dem Humeschen diesbezüglich geradezu entgegengesetzten Geist, tatsächlich einiges zugemutet. Dennoch sind Hume und die irrationalistischen Emotivisten nicht etwa Benthams Hauptgegner.

»A principle may be different from that of utility [seinem eigenen, S. B.] in two ways: 1. By being constantly opposed to it: this is the case with a principle which may be termed the principle of *asceticism* […]. 2. By being sometimes opposed to it, and sometimes not, as it may happen: this is the case with another, which may be termed the principle of *sympathy* and *antipathy*.«[48]

Sehen wir zu, wie Bentham seine beiden Gegner, die Vertreter einer (theologisch-)asketischen und die einer (emotiv-)sympathetischen Moral, näher charakterisiert und kritisiert. Es wird nicht schwer sein, daran abzuschätzen, wie weit sich die Philosophie zum damaligen Zeitpunkt bereits von jeder lebendigen Religion und von jedem echten (sympathetischen) Naturverständnis entfernt hat. -Benthams Moralprinzip erlaubt den Menschen kürzerfristige »pleasures« nach je eigener *façon*. Und auch längerfristige »happiness« als Summe dieser Vergnügen, wobei – letztlich im vernünftigen Selbstinteresse – das Wohlergehen der Gemeinschaft, d. h. »the greatest happiness of the greatest number«, dem eigenen Vergnügungsstreben eine dehnbare, weiche Grenze setzen sollte. »Weich« ist diese deswegen, weil ein allzu altruistisches Achten auf das Vergnügen der anderen bzw. des Gemeinwohls diesem selbst eher schaden denn nützen würde: »If every man were disposed to sacrifice his own enjoyments to the enjoyments of others, it is obvious the whole sum of enjoyment would be diminished, nay, destroyed. The result would not be the general happiness, but the general misery.«[49] Das »principle of ascetism« ist von dorther dieser hedonistischen Lehre nicht nur »constantly«, sondern – so ließe sich ergänzen – auch »*fundamentally* opposed«.[50]

---

[48] A. a. O., S. 4.

[49] Zit. nach J. H. Burton, Introduction to the Study of the Works of Jeremy Bentham, in: Bowring (Hg.), a. a. O., Bd. 1, S. 28.

[50] Wie schon Mandeville erkannte, ist ja wirklich jede asketische Moral oder Religion dem Bruttosozialprodukt eines Gemeinwesens abträglich. (Ich erlaube mir diesbezüglich ausnahmsweise eine kurze zeitkritische Nebenbemerkung: Vielleicht liegt eben

Dieser asketische Grundsatz bestehe in der Aufforderung, jedes Glück zu schmälern und alle Handlungen sittlich gutzuheißen, welche zu diesem Ergebnis beitragen (!).[51] Der Ausgangspunkt der asketischen Moralkonzeption scheint in den Träumereien gewisser übereilter »Spekulierer« (»speculators«) zu liegen, die bemerkt haben, daß gewisse Vergnügen, auf lange Sicht hin betrachtet, eher Schmerzen oder Mißbehagen hervorbringen. Daraus ist auf die Schlechtigkeit jedes Vergnügens geschlossen worden und zwar von der »philosophischen Partei« mit nur mangelhafter Konsequenz, von der »religiösen« mit immerhin wünschenswerter. Erstere »Partei« habe nur die gröberen Vergnügen verworfen und die Forderung gestellt, nicht diese solle man suchen, statt dessen aber: »the honourable, the glorious, the reputable, the becoming, the *honestum*, the *decorum*, it was to be called: in short, any thing but pleasure.«[52] Letztere müsse keine Zuflucht bei einer so künstlichen Einteilung in gröbere und feinere Vergnügen suchen. Sie argumentiere vielmehr wie folgt: Ein mit gewöhnlichem Wohlwollen versehenes (endliches) Wesen (wie beispielsweise Bentham selbst) freut sich, zu sehen, daß andere sich so glücklich machen wie sie es nur vermögen. Gott aber ist kein gewöhnliches, sondern ein unendlich wohlwollendes Wesen, deswegen hieße Gott zu gefallen, sich so unglücklich wie nur möglich zu machen … Beide Standpunkte glaubt Bentham damit zu widerlegen, indem er ihre versteckte Abhängigkeit von dem »utility-« oder »greatest-pleasure-principle« offen legt. Denn den Philosophen sei es nur um die öffentliche oder auch eigene Hochschätzung (also schließlich doch auch nur um ein Vergnügen) zu tun, den »Frommen« aber um die später kommende, vergnügliche Belohnung (»You are to know, that for every grain of pain it costs us now, we are to have a hundred grains of pleasure by and by«). Die Verlogenheit in ihrem Vergnügungsstreben aber habe beide Parteien bislang vereint:

---

hierin der wahre Grund, warum die sich ausschließlich aus Werbeeinnahmen finanzierenden privaten Fernsehsender in den vergangenen Jahren solche aggressiven Attacken gegen die Kirche geführt haben; bedroht die kirchliche Kritik der »konsumistischen« Lebenseinstellung doch gerade den Lebensnerv dieser Programme, darüber hinaus aber auch den vieler, mit Konsumgüterwerbung gespickter illustrierter und sonstiger Zeitschriften. Auch die sog. freie Presse ist eben nicht so frei, wie sie uns so gerne weis machen will. Neben den eigenen wirtschaftlichen Gesichtspunkten muß sie oft genug auch die Interessen ihrer Reklamekunden berücksichtigen.)

[51] Vgl. zu all dem das Kap. II in Benthams ›Introduction‹ (a. a. O., S. 4–13).

[52] Bowring (Hg.), a. a. O., S. 4.

»It was this conformity that made a kind of alliance between parties of a complexion otherwise so dissimilar: and disposed them to unite upon various occasions against the common enemy, the partizan of the principle of utility, whom they joined in branding with the odious name of Epicurean.«[53]

Im Anschluß daran geraten dann auch die irrationalistischen (emotivistischen) Moralphilosophen ins Feuer der vernichtenden Benthamschen Kritik.

»By the principle of sympathy and antipathy, I mean that principle which approves or disapproves of certain actions, not on account of their tending to augment the happiness, nor yet on account of their tending to diminish the happiness of the party whose interest is in question, but merely because a man finds himself disposed to approve or disapprove of them: holding up that approbation as a sufficient reason for itself, and disclaiming the necessity of looking out for any extrinsic ground.«[54]

Aber »to take counsel of your own feelings« sei ja allenfalls dem Namen nach ein eigenes Moralprinzip, in Wahrheit aber nur ein Vorwand für den Despotismus.[55] Denn nichts anderes werde hier gesagt, als daß es gut sei, in moralischen Belangen ebenso zu urteilen, wie (jeweils) *ich* es als richtig empfinde. Da Bentham einen universal verbreiteten moralischen Sinn oder eine universal-menschliche »Richtung« der Sympathie oder des Sympathieflusses nicht anerkennen will, muß ihm – und bei diesen Voraussetzungen zurecht – vor allem die Kriterienlosigkeit und Beliebigkeit des ethischen Emotivismus zu denken geben. Dieser, dem Despotismus vorarbeitenden, ethischen Anarchie sei (und ist) der abwägende Blick auf die Konsequenzen hinsichtlich Lust und Unlust bei den, von der infrage stehenden Handlung betroffenen Personen bei weitem vorzuziehen.

Es wäre Bentham gegenüber sicherlich unfair, ihm vorwerfen zu wollen, er habe allein den Menschen eine Stelle in seinem ethischen Kalkül eingeräumt. Die Pflichten gegenüber Gott waren ja schon einige Zeit ganz in Vergessenheit geraten und die gegenüber der Natur bedurften noch einiger Zeit bis zu ihrer Formulierung. Dennoch ist es auch für seine Zeit ungewöhnlich, *wie* abfällig er sich über Naturvölker äußert[56] und *wie* wenig er gewillt ist, ein universalmensch-

[53] Bowring (Hg.), a. a. O., S. 5.

[54] A. a. O., S. 8.

[55] »If not a despotism in pratice, a despotism however in disposition«, a. a. O., S. 9.

[56] »The occupations of a savage, when he has procured the necessaries of his physical wants – the only wants he knows – are soon described: the pursuit of vengeance – the

liches Naturrecht[57] oder allgemein verbindliche Menschenrechte[58] anzuerkennen. Tatsächlich scheint er für die ökonomisch ungenutzte Natur und ihre Bewohner keine großen Sympathien gehegt zu haben, was z. B. auch seine Aufforderung, Raubtiere auszurotten, deutlich bekundet:

»There are some animals whose value after death does not compensate for the damages they do: such are foxes, wolves, bears, all carnivorous beasts, the enemies of the species subjected to man. Far from perserving them, it is only desirable that they should be destroyed. One method is to give the property in them to the first occupant, without regard to the territorial proprietor.«[59]

Wie aus Benthams ›A Fragment on Ontology‹ hervorgeht, ist – wie manch' andere – auch seine Vorstellung von der Natur eine recht einfache (um nicht zu sagen simple). Dieses »Natur« benannte Etwas bestehe aus wahrnehmbaren und erschließbaren Entitäten einerseits sowie fiktiven andererseits. »Bodies are real entities«: Körper stellen darüber hinaus die paradigmatischen Entitäten überhaupt dar. Von Gott wird in diesem Zusammenhang überraschenderweise zwar ausgesagt, er sei eine reale Entität[60], dabei bleibt jedoch zumindest ganz unklar, welche Rolle dieser innerhalb der Benthamschen Ontologie eignen sollte. Die Sprache, so fährt der Philosoph fort, verführe zu der Auffassung, daß viele, in Wahrheit fiktive Wesenheiten – unabhängig von der Anwesenheit von Körpern – über eine *eigene* Existenz zu verfügen scheinen (z. B. Qualitäten, Raum, Zeit, Bewegung

---

pleasures of intoxication, if he possesses the means – sleep, or the most complete indolence: these are all his resources. Each of his inclinations is favourable to the development and action of every other: resentment finds easy access to an empty mind; idleness is the door of drunkenness, and drunkenness produces quarrels which nourish and multiply quarrels.« (Bowring, Hg., Bd. 1, ›Principles of Penal Low‹, a. a. O., S. 540).

57 »A great multitude of people are continually talking of the Law of Nature; and then they go on giving you their sentiments about what is right and what is wrong […] Instead of the phrase, Law of Nature, you have sometimes Law of Reason, Right Reason, Natural Justice, Natural Equity, Good Order. Any of them will do equally well […] they insist but feebly upon the being looked upon as so many positive standards of themselves, and seem content to be taken, upon occasion, for phrases expressive of the conformity of the thing in question to the proper standard, whatever they may be. On most occasions, however, it will be better to say *utility: utility* is clearer, as refering more explicitly to pain and pleasure.« (Bowring, Hg., Bd. I, ›Introduction‹, a. a. O., S. 8).

58 »Natural rights is simply nonsense« (Bowring, Hg., Bd. 3, ›Anarchical Fallacies‹, a. a. O., S. 501).

59 Bowring (Hg.), a. a. O., Bd. 8 (›Ontology‹), S. 202.

60 Vgl. a. a. O., S. 208.

usf. – »Natur« selbst), letztlich aber sei doch der Bereich des Realen mit dem des Körperlichen koextensiv.[61] Die Vorstellung einer vom Leib abgeschiedenen aber dennoch fort existierenden Seele wird ebenso bespöttelt[62] wie Berkeleys (angebliche) Leugnung der Körperwelt:

»Suppose the non-existence of corporeal substances, of any hard corporeal substance that stands opposite to you, make this supposition, and as soon as you have made it, pain, the perception of pain, will at once bear witness against you; and that by your punishment, your condign punishment. Suppose the non-existence of any inferential incorporeal substances, of any one of them, or of all of them, and the supposition made, act upon it accordingly, – be the supposition conformable or not conformable to the truth of the case, at any rate no such immediate counter-evidence, no such immediate punishment will follow.«[63]

Ein solcher, man darf hier wohl der Wahrheit gegenüber der Höflichkeit den Vorzug geben, einfältiger Gedanke ist durchaus nicht untypisch für Bentham. Bernard Williams hat diesen Sachverhalt, indem er denselben Vorwurf der Einfalt auf den gesamten Utilitarismus ausweitet, u. E. ausgesprochen treffend formuliert. Am Schluß seiner ›Critique of Utilitarism‹ schreibt er:

»Ein gemeinsames Element in der utilitaristischen Darstellung all dieser Belange ist nach meiner Ansicht die große Einfältigkeit des Utilitarismus. Das

---

[61] Obwohl dies *expressis verbis* bei Bentham nicht geschrieben steht, ist es doch wohl das, was er eigentlich meint. In der folgenden Aussage kommt er diesem eigentlich Gemeinten auch recht nahe: »No substance can exist but it must be itself *matter;* be of a certain determinate *form,* be or exist in a determinate *quantity;* and, where there but one substance in existence, all these attributes would belong to it« (a. a. O., ›Ontology‹, S. 201). Von der Natur selbst – als einer personifizierten Wesenheit – heißt es an anderer Stelle: »*Nature* is a sort of fictitious personage, without whose occasional assistance it is scarce possible (it must be confessed) either to write or speak. But, when brought upon the carpet, she should be brought on in her proper *costume* – nakedness.« (Bd. 8, ›Chrestomathia‹, S. 125).

[62] »*Custom* scarcely does, *fashion* certainly does not command us to believe in ghosts« (a. a. O., S. 196).

[63] A. a. O., S. 198; in der betreffenden Anmerkung wird auf »Bishop Berkeley« verwiesen. Die Grundidee dieser *Widerlegung* Berkeleys findet sich freilich schon in James Boswells berühmten ›Life of Dr. Johnson‹. Der Hinweis, daß eine subjektive Schmerzempfindung eine bewußtseinsunabhängige, objektive Außenwelt nicht zu beweisen vermag, sollte eigentlich als redundant erscheinen. Auch hieraus wird wieder deutlich, daß es nicht die besseren Argumente waren, welche die angelsächsischen Philosophen (über die Natur, aber nicht nur über sie) gegen Ende des 18. und im frühen 19. Jahrhundert anders denken ließen als zu Beginn dieses »philosophischen Säkulums«.

ist überhaupt nicht dasselbe wie ein Mangel an intellektueller Differenziertheit: der Utilitarismus kann sowohl in der Theorie wie in der Praxis erschreckend gut [!] technische Komplexität mit Einfältigkeit verbinden. Es ist auch nicht dasselbe wie Arglosigkeit, die man zumindest (mit etwas Mühe zwar und allenfalls im Privatleben) als eine Tugend ansehen kann. Einfältigkeit besteht darin, zu wenig Gedanken und Gefühle zu haben, um die Welt, wie sie ist, zu begreifen«.[64]

Ohne jeden Zweifel bedarf es für dieses Begreifen einer anderen naturphilosophischen oder auch ontologisch-metaphysischen Anstrengung als sie Bentham für seinen Text ›Ontology‹ aufgewendet und wohl auch als ausreichend erachtet hat.

Betrachten wir nun Benthams religionsphilosophische Ausführungen noch etwas genauer. In der einschlägigen Literatur wird, geradeso wie in den Darstellungen über das Leben Humes, immer wieder darauf verwiesen, wie sehr Bentham unter seiner engstirnigen religiösen Erziehung leiden mußte und welch frustrierende Erfahrungen ihm die Geistlichkeit seiner Zeit beschert hat.[65] So betrachtete er alle religiösen Phänomene stets aus dem Blickwinkel des distanzierten und gewöhnlich auch etwas verwunderten Beobachters. Gerne spricht er von »religious biases«, wobei zwischen »Neigungen« und »Vorurteilen« (»bias« kann beides bedeuten) kaum oder gar nicht unterschieden wird.[66] Die allgemein distanzierte Perspektive wendet sich oftmals in die besondere des politischen Beobachters,

---

[64] B. Williams, Kritik des Utilitarismus, hg. und üb. von W. R. Köhler, Frankfurt/Main 1979, S. 116.

[65] Z. B. J. Steintrager: »There is considerable evidence of the deep distress Bentham experienced as a result of his religious upbringing: his melancholy at reading Dodsley's *Preceptor* and the contributions to it of that ›gloomy moralist‹ Dr. Johnson; his shock at the infidelity and hypocrisy of ›religionists‹ at Oxford; above all the deep distress he experienced when he had to subscribe to the Thirty-Nine Articles of the Church of England. [...] As a consequence of these events, he developed a lifelong and deep-seated hostility to religion in general and towards the Church of England in particular. This hostility is significant because it is when he is discussing religion that Bentham shows most clearly his awareness of the blind, prejudice-ridden, irrational side of man. Religion was for him the great enemy of reason ...« (a. a. O., S. 17).

[66] Ein Beispiel (es wurde ausgewählt, weil sich damit vielleicht C. Merchants These erhärten läßt, daß die Abkehr von der beseelten Natur auch mit Frauenfeindlichkeit verbunden war): »The religious biases in the two sexes are not apt to be remarkably different: except that the female is rather more inclined than the male to superstition: that is, to observances not dictated by the principle of utility [... sicherlich eine interessante Definition von »Aberglaube«]. In general, her antipathetic, as well as sympathetic, are apt to be less conformable to the principle of utility than those of the male; owing

der sich über Nutzen und Nachteil der Religion für das Gemeinwesen Aufschluß zu geben sucht. Gewöhnlich unterscheidet Bentham dabei drei soziale Druckmittel, welche s. E. die öffentliche Ordnung aufrecht erhalten – und dies auch sollen: Staatsgewalt (Polizei und Gerichtsbarkeit), Sanktionen der Religionsgemeinschaft (z. B. Exkommunikation) und der bürgerlichen Gesellschaft (z. B. Meidung und Isolation des »asozialen« Menschen). Auf diese, den öffentlichen Nutzen im allgemeinen und die öffentliche Sicherheit im besonderen gewährende Funktion wird auch der Priester reduziert:

»Now to the priest: In him may be seen another of the monarch's corporeal instruments of whom delusion is the principally employed incorporeal instrument. Physical force belongs not to his province: intimidation, yes. But it is by delusion that the intimidation is produced.«[67]

»Political«, »religious« und »popular sanctions« halten zusammen die öffentliche Ordnung aufrecht[68]: »The happiness of the individuals, of whom a community is composed, that is, their pleasures and their security, is the end and the sole end which the legislator ought to have in view.«[69] In dieser beschränkten aber, gegenüber der langen platonischen Tradition, auch erstaunlich modernen, nämlich wertfreien Staatskonzeption (»law and order«, ergänzt durch »Brot und Spiele«) findet sich auch der religiöse Bereich wieder – und nur hier und ausschließlich in diesem Zusammenhang wird ihm überhaupt Aufmerksamkeit entgegen gebracht. Was aus diesem Bereich der Religion über den engen Sektor des staatspolitisch Rechtfertigbaren hinausreicht – also doch wohl alle eigentlich religiösen Inhalte und Phänomene – verfällt dem Verdikt der Superstition und gerät in das Schußfeld der recht aggressiven und oft beleidigenden Benthamschen »Kritik« (Bowring hat diese Schriften mit Bedacht und vielleicht auch zurecht nicht in die Werkausgabe aufgenommen).

Ebenso wie Bentham keinerlei ursprünglichen oder intuitiven Zugang zur Religion gefunden hat[70], so konnte er dergleichen auch

---

chiefly to some deficiency in point of knowledge, discernment, and comprehension.« (Bowring, Hg., Bd. 1, ›Introduction‹, S. 28).

[67] Bowring (Hg.), Bd. 9 (›The Constitutional Code‹), S. 135.

[68] Bowring (Hg.), vgl. Bd. 1 (›Introduction‹), S. 14.

[69] Ebd.

[70] Dies wird sogar von einem seiner bekanntesten Bewunderer, J. St. Mill, vermerkt (der kein ganz so feuriger »Benthamite« mehr gewesen ist wie noch sein Vater James Mill). Mit Blick auf Benthams Auffassung von der Entstehung der Religionen aus »Priesterbetrug« gibt er zu verstehen, daß Benthams großer zeitgenössischer Gegenspieler Cole-

zur Natur nicht finden. Die Humesche Tendenz radikalisierend, bemerkt er einmal – zwar beiläufig aber durchaus bezeichnend: »Unnatural, when it means any thing, means unfrequent.«[71] Dabei konnte ihm doch zumindest diese Tatsache gar nicht verborgen geblieben sein: Die Natur geriet zu seinen Lebzeiten immer mehr unter Druck und in ernsthafte Gefahr; so bemerkt ein Historiker:

»Bentham grew up in an era in which the natural sciences are making rapid strides, a fact of which he was deeply aware. The advancement of science was not merely theoretical. Theory was speedily transformed into those practical alterations which we now call collectively ›The Industrial Revolution‹. The Industrial Revolution, along with other complex factors, was having a devastating effect on England, as a green and pleasant land became dolted with satanic mills. The yeoman farmer was uprooted. The day laborer became a factory worker. Cities grew in size.«[72]

Wenn Bentham, als ein zweifellos wacher Beobachter seines Zeitgeschehens, dies alles aber *erstens* bemerkt haben mußte und wenn er *zweitens* kein Wort des Bedauerns über bzw. der Kritik an diesen Entwicklungen geäußert hat, dann bleibt nur die Schlußfolgerung übrig, daß er diese historische Tendenz befürwortete oder sich ihr gegenüber (sie, wie so vieles andere auch, großmütig tolerierend) doch zumindest gleichgültig verhielt.

Solche Kritik an Bentham läßt sich unschwer durch kritische Beobachtungen zu anderen seiner Lehrinhalte ergänzen. Es ist schon relativ früh erkannt worden, daß das darin fundamentale *greatest-happiness-principle* schon vor Bentham formuliert wurde, was er im Laufe seines späteren Leben auch selbst eingeräumt hat[73]. Im Er-

---

ridge in diesem Punkt größeres Verständnis gezeigt habe: »And as Bentham's short and easy method of referring all to the selfish interests of aristocracies, or priests, or lawyers or some other species of imposters, could not satisfy a man who saw so much farther into the complexities of the human intellect and feelings – he [Coleridge] considered the long or extensive prevalence of any opinion as a presumption that it was not altogether a fallacy; that, to it's first authors at least, it was the result of a struggle to express in words something which had a reality to them, though perhaps not so many of those who have since received the doctrine by more tradition. The long duration of a believe, he thought, is at least proof of an adaption in it to some portion or other of the human mind; and if, on digging down to the root, we do not find, as is generally the case, some truth, we shall find some natural want or requirement of human nature which the doctrine in question is fitted to satisfy.« (Mill, a. a. O., S. 100).

[71] Bowring (Hg.), a. a. O., S. 9.

[72] Steintrager, a. a. O., S. 13.

[73] Vgl. Bowring (Hg.), Bd. 10 (›Memories and Correspondence‹), S. 46 und S. 142. Vor

scheinungsjahr von Priestleys ›First Principles of Government‹, 1768, habe er dort über das oberste Regierungsziel gelesen: »the greatest sum of happiness in the community, the greatest happiness of the greatest number.«[74] Aber wenn auch die Idee nur eine geborgte ist, so bleibt Bentham doch das (eventuell zweifelhafte) Verdienst, diese Idee zur Grundlage einer ganzen Philosophie oder, vielleicht besser[75], einer reformatorischen, angewandten Ethik[76], Rechtslehre und Staatslehre gemacht und so, mit großer Beharrlichkeit, viele neue Konsequenzen daraus abgeleitet zu haben. Das »greatest-happiness-principle« wird dabei wenn auch nicht ausdrücklich, so doch *de facto*, wie ein Gedanke behandelt, der aus sich selbst heraus klar, unwidersprechlich und grundlegend ist. Aber auch wer gewillt wäre, eine solche Selbstevidenz einzuräumen, d. h. zuzugestehen, daß es grundsätzlich auch für ihn das Beste sei, wenn alle Menschen nach diesem Prinzip handelten, kann dennoch oft genug der berechtigten Ansicht sein, es könne ihm selbst gerade einmal mehr nützen, dieses Prinzip zu mißachten und allein egoistische oder unmoralische Ziele zu verfolgen. Ein solcher Utilitarist verfügte zwar über eine Antwort auf die berühmt-berüchtigte Frage »Why be moral?«, ermangelte aber einer solchen auf die weitergehende: »Why be *always* moral?« Benthams Imperativ erweist sich so als ein lediglich (sozial-)politischer – und dies ist auch das Maximum dessen, was eine auf Klugheit gegründete Verhaltensregel leisten kann. Eine plausible *Ethik* ist damit noch aber noch nicht erreicht, denn diese sollte die ausnahmslose

---

diesem Hintergrund erscheint der erste Satz in Steintragers ›Bentham‹ zumindest als ergänzungsbedürftig: »In 1768 Jeremy Bentham discovered the principle of utility, that the greatest happiness of the greatest number is the only proper measure of right and wrong and the only proper end of government.« (A. a. O., S. 11)

[74] Ähnlich formulierte auch Claude Adrien Helvétius in: ›De l'homme‹ (1772): … »le plus grand aventage public, c'est à dire, le plus grand plaisir et le plus grand bonheur du plus grand nombre des citoyens« (Œuvres d'Helvétius, Bd. III, S. 64)

[75] Mit irgendwie »tiefer« angelegten, philosophischen Problemstellungen hat er sich eigentlich nie befaßt. Shirley R. Letwin bemerkt in diesem Zusammenhang lakonisch: »About philosophical problems, of the sort that worried Hume, he refused to think« (Dies., The Pursuit of Certainty, Cambridge 1965, S. 140).

[76] Auch um eine eigentlich philosophische Grundlegung der Ethik hat er sich nicht bemüht. Beispielhaft wird diese Aussage bestätigt durch das Fehlen eines Lösungsvorschlages für eines der Hauptprobleme jeder philosophischen Bemühung um Morallphilosophie (auch der seiner Zeit, man denke nur an A. Smith), des Problems des Gewissens oder der moralischen Verpflichtung: »Conscience, this great fact in human nature escapes him. Nothing is more curious than the absence of recognition in any of his writings of the existence of conscience …« (Mill, a. a. O., S. 64).

(sowie, im Verein damit, unbedingte) Geltung eines Imperativs begründen können.[77] Sie sollte in diesem Zusammenhang (im Unterschied zur utilitaristischen Lehre) auch verbieten, daß in jedem einzelnen Fall unmoralisch gehandelt werde, auch dann, wenn dies das allgemeine Glück fördern sollte. (Außer durch unsere moralische Intuition darüber, daß das Ziel der allgemeinen »happiness« keinesfalls unmoralische Mittel »heilige«, werden wir dahingehend im übrigen auch schon von Paulus belehrt[78]. Diesem hat Bentham freilich wenig Sympathien entgegen gebracht[79].)

Wenig Verständnis zeigt der Meister des Utilitarismus auch für beinahe die gesamte klassische Literatur, wobei bezeichnenderweise Platon die heftigsten Schelten erfuhr.[80] Letwin notiert dazu:

> »There was [for Bentham] nothing in the celebrated philosophers but ›delusive falsehood, as many sheet anchors to error, corrobatives to obstinacy, provocatives to violence, bars to true instruction, masks to ignorance‹ [letter to Dumont, May 11, 1802]. The so-called classics derived their influence mainly from misunderstandings arising from their abundant use of elliptical, metaphorical, and fictional expressions. Occasionally Aristotle was exempted from the general condemnation, for his method was more nearly to Bentham's taste. Plato, on the other hand, was the worst of all – ›a whimsical, cracked-brained, but smooth-tongued journeyman [von Aristoteles!] who begat on her [philosophy] a race of Chimaeras‹ [Mss., University College, London, Portfolio 69, f. 61, S. 199].«[81]

Ohne Zweifel kann Benthams utilitaristischer Hedonismus als radikaler Antiplatonismus bezeichnet werden, vielleicht sogar als dessen radikalste Gestalt zwischen der Zeit Lamettries und Nietzsche. Denn schon Mill hat mit seiner Unterscheidung von wertvollen und wertlosen Arten des Vergnügens den quantitativen Hedonismus seines

---

[77] Vgl. dazu neuerdings z. B. N. Rescher, A System of Pragmatic Idealism. Bd. II (»The Validity of Values«), Princeton 1993, insb. S. 207 f.

[78] Vgl. Röm 3,8.

[79] Es gibt ein eigenes Pamphlet gegen Paulus, welches in Bowrings Werkausgabe fehlt und m. W. noch nicht veröffentlicht worden ist.

[80] Platonkritik ist bereits ein fester Zug im Denken Voltaires gewesen – ein Beipiel (in deutscher Üb.): »O Platon, der du so bewundert wirst! Ich fürchte, du hast uns nur Märchen erzählt und immer nur in Sophismen geredet. O Platon! Du hast mehr Unheil angerichtet als du glaubst. Wie denn? Wird man mich fragen, aber ich antworte nicht.« (»Chaîne des êtres creés«, in: Ders., Dictionnaire Philosophique [Œuvres complets, Bd. XXII], Paris 1879, S. 419)

[81] Letwin, a. a. O., S. 158.

Vorgängers wieder verlassen[82] und sich damit wieder ein Stück weit Platon angenähert. Bentham hatte ja keinen qualitativen Unterschied zwischen den »pleasures push-pin and poetry« anerkennen wollen und auch in seiner Analyse der Vergnügen und Leiden (»intensity«, »duration«, »certainty«, »propinquity«[83]) den Hinweis auf den Faktor des Wertes oder der Qualität füglich unterlassen. Statt dessen finden sich viele Gedanken darüber, wie ein Vergnügen meßbar zu machen sei, so daß auf diese Weise die Entscheidung zwischen verschiedenen Handlungsalternativen erleichert bzw. objektiviert werden kann.

Diese Auffassung von der Meßbarkeit und Metrisierbarkeit des Vergnügens ist nun offenbar bestens dazu geeignet, den Begriff des »pleasure« dahingehend zu modifizieren, daß darunter vornehmlich konsumierbare »Vergnügungseinheiten« verstanden werden. Das heißt, Benthams angewandte Ethik stellt – besonders in Einheit mit Smiths liberalistischer Nationalökonomie – einen geradewegs idealen Rahmen für die »konsumistische« Lebenseinstellung der kapitalistischen Industriegesellschaft dar. Diese aber – und nicht das um 1800 bereits jahrtausende alte Wort aus Gen 1, 28 – ist die eigentliche Ursache für unsere heutige ökologische Krise. Die gar nicht biblische und darüber hinaus auch antiplatonische Auffassung (»Laßt uns heute essen und trinken, denn morgen sind wir tot«), darin dieses Leben als »letzte Gelegenheit«[84] aufgefaßt wird, führte und führt immer noch zur Plünderung und fortschreitenden Zerstörung unseres Planeten. Nochmals seien die Fragen gestellt: Wie konnte man sich nur so weit von den historischen Fakten entfernen, und die Verantwortung dafür dem Judentum und Christentum (bzw. einem einzigen Bibelvers: »Macht euch die Erde untertan«) ankreiden?[85] Wie konnte man übersehen, daß die Ideologie, welche die Industrielle Revolution begleitete, mit dem traditionellen religiösen (und auch platonischen)

---

[82] Vgl. z. B. Mill, Der Utilitarismus, Zweites Kapitel: »Die Anerkennung der Tatsache, daß einige *Arten* der Freude wünschenswerter und wertvoller sind als andere, ist mit dem Nützlichkeitsprinzip durchaus vereinbar. Es wäre unsinnig anzunehmen, daß der Wert einer Freude ausschließlich von der Quantität abhängen sollte …« (üb. von Dieter Birnbacher, Stuttgart 1976, S. 15).

[83] Vgl. Bowring (Hg.), Bd. 1 (›Introduction‹), S. 16.

[84] Vgl. M. Gronemeyer, Das Leben als letzte Gelegenheit, Darmstadt 1993.

[85] Diesem Vers könnten einige andere gegenüber gestellt werden, die belegen, daß zumindest ein keimhaftes Naturschutzbewußtsein auch den Verfassern der Bibel nicht fremd gewesen ist, z. B. Dtn 20,19: »Wenn du eine Stadt längere Zeit hindurch belagerst, um sie anzugreifen und zu erobern, dann sollst du ihrem Baumbestand keinen Schaden

abendländischen Gedankengut, dazu asketische Moral und Jenseitsglaube gehören, radikal gebrochen hatte? (Solche Beobachtungen liegen sogar ganz an der Oberfläche der Geistesgeschichte des achtzehnten Jahrhunderts und sie sind insbesondere verhältnismäßig leichter zu entdecken als der damals erfolgende sukzessive »Abschied von der Anima mundi«.)

Aber auch die Verwerfung der Weltseelenlehre zeigte ihre Wirkungen. Die Welt der Natur, erst als Welt der Mechanik interpretiert, dann nach besten Kräften auch zu einer solchen zurecht gemacht, bleibt dabei das Befremdende, Unheimliche, Ängstigende. Von Bruno und der gesamten Renaissance noch in hymnischen Anreden gefeiert und verherrlicht, wird der unendliche, »all-lebende« Kosmos nach Galilei, mit Blick auf die erwünschte Naturbeherrschung, mehr und mehr in technischen Kategorien gedacht. Dabei mußte die Kluft zwischen *res extensa* und *res cogitans* unweigerlich wachsen und der Mensch sich im Maße dieser gewissermaßen abyssalen Bewegung immer vereinsamter vorkommen (Monod: wie ein »Zigeuner am Rande des Universums«). Hans Jonas:

> »Entfremdet von der Gemeinschaft des Seins in einem Ganzen, macht gerade sein [des neuzeitlichen Menschen] Bewußtsein ihn zum Fremden in der Welt und bezeugt in jedem Akt wahrer Reflexion ebendiese Fremdheit. Dies ist der Zustand des Menschen [gemeint: in der Neuzeit]. Dahin ist der Kosmos, mit dessen immanentem Logos mein eigener sich verwandt fühlen kann; dahin die Ordnung des Ganzen, worin der Mensch seinen Platz hat. Dieser Platz erscheint jetzt als nackter, unbegreiflicher Zufall. ›Ich staune‹ (so fährt Pascal in Fr. 205 fort), ›daß ich hier und nicht dort bin, keinen Grund gibt es, weshalb gerade hier und nicht dort, weshalb jetzt und nicht dann.‹ Den Grund des ›Hier‹ hatte es immer gegeben, solange der Kosmos des Menschen natürliches Heim war, d. h. solange die Welt als Kosmos verstanden war. Aber Pascal spricht von ›diesem versprengten Winkel der Welt‹, worin der Mensch ›sich als verirrt betrachte‹, von ›diesem engen Verlies, in dem er sich befindet – ich meine das Universum.‹«[86]

Der vom Kosmos oder der Natur entfremdete Mensch kann nun auf zwei entgegen gesetzte Weisen eine Wiederannäherung versuchen. *Einmal,* indem er die Vorstellung von einer Weltmechanik oder

---

zu fügen, indem du die Axt daran legst. Du darfst von den Bäumen essen, sie aber nicht fällen …«

[86] H. Jonas, Das Prinzip Leben, a. a. O., S. 349. Die Metapher vom Universum als einem engen Verlies findet sich auch bei Calderón in ›Das Leben ist Traum‹ und bei Hugo von Hofmannsthal (›Der Turm‹).

Weltmaschine als das erkennt, was sie eigentlich auch nur ist: nämlich eine Modellvorstellung, welcher eine Zeit lang eine förderliche Rolle für die Naturwissenschaften eignete, die in dieser Rolle aber mittlerweise ausgedient und aufgehört hat, dem wissenschaftlichen Denken zu dienen. (Heute dürfte das Modell der »Weltuhr« dem Fortschritt der Wissenschaften eher ab- als zuträglich sein.) Unter dem neuen, evolutionistischen Paradigma der universellen »organismischen« Selbstorganisation braucht sich der Mensch als verleiblichte Vernunft nicht mehr fremd zu fühlen. *Oder* der gegenwärtige Mensch versucht eine Naturannäherung, indem er die Vorstellung von der Weltmechanik als eine allgültige Wahrheit interpretiert, darunter er konsequenterweise auch sein eigenes Sein subsumieren muß. Denn auch dann, wenn der Mensch den sich aus seiner intuitiven Freiheitserfahrung erhebenden Anspruch aufgibt, Mensch zu sein (und immer mehr zu werden), um sich einzureden, er sei auch nur ein blindes Rädchen in der kosmischen Maschine, ist eine Art von Angleichung an diese Maschine erreicht. Diesen Weg hat die überwiegende Zahl der britischen Philosophen seit den Veröffentlichungen Humes gewählt; und so auch Bentham.

Benthams hedonistische Kalküle laufen letztlich auf die Abschaffung des Menschen, des spezifisch Humanen (durch diesen selbst) hinaus. Stets zu tun, was die utilitaristische Berechnung verlangt, das hieße nämlich (nach Williams), den Menschen –

> »von seinen Handlungen zu entfremden sowie von der in seinen Überzeugungen liegenden Quelle seiner Handlungen. Es hieße, ihn zu einer Maschine zu machen, die die in sie eingefütterten Pläne aller inklusive seiner eigenen zu einer optimierenden Entscheidung verarbeitet und ausspuckt. Und das hieße, das Maß nicht zu beachten, in dem *seine* Handlungen und *seine* Entscheidungen als die Handlungen und Entscheidungen angesehen werden müssen, die aus seinen Plänen und Einstellungen herrühren, mit denen er sich im höchsten Maße identifiziert. Es wäre folglich im wörtlichsten Sinn ein Angriff auf seine Integrität.«[87]

Ein solcher Angriff auf die menschliche Integrität, auf das wesenhafte Antlitz des Menschen als Menschen ist nach dem Tode Benthams sogar ganz konkret (dabei aber auch symbolhaft sichtbar geworden: an seinen eigenen sterblichen Überresten. Auch ein begabter Romancier hätte sich kein adäquateres und zugleich erschreckenderes Ende

[87] B. Williams, a. a. O., S. 81.

dieses Denkers ausmalen können als es sich tatsächlich zugetragen hat.[88]

In seinem letzten Lebensjahr machte sich Bentham einige Gedanken über den menschlichen Leichnam:

»Generally, in the present state of things, our dead relations are source of evil – and not of good: the fault is not theirs but ours. They are nuisances – and we make them so: they generate infections disease; they send forth the monster, Typhus, to destroy: – we may prevent this. Why do we not prevent it? They levy on us needless contributions: undertaker, lawyer, priest – all join in the depredation. To the [financially] relatively opulent, pride, vanity, and ostentation, present a compensation: but in the case of the poor, often are the savings of a family thrown into the grave,- relations left destitute, creditors defrauded.«[89]

Die befremdliche Frage, was man Nützliches mit dem Leichnam eines Verstorbenen anfangen könne, wird nun von Bentham gleich mit zwei Vorschlägen beantwortet: (1) Es wäre sinnvoll, diesen den Anatomen zum Sezieren zu überlassen. (2) Andere Leichname ließen sich sinnvollerweise zu Statuen ihrer selbst – »Auto-Icons« (so Benthams eigene Wortschöpfung) – konservieren.[90] Hierzu sollte der verstorbene Mensch von einem kunstreichen Konservator *zu seinem eigenen Bild* gestaltet werden (»become his own image, or Auto-Icon«). An bestimmten Tagen könnten diese »Auto-Icons« von ihren Verwandten ausgestellt werden, wobei es möglich wäre, eine Auswahl davon in einem eigenen Ruhmestempel zu sammeln. Für diese »Ikonen« berühmter Verstorbener bestünden aber auch im Theater sinnvolle Verwendungsmöglichkeiten. Dort sei z. B. die Aufführung von »Scenes in the Elysian Fields« wünschenswert, wobei die »Ikonen« mittels mechanischer Vorrichtungen an Schauspieler statt agieren könnten. Ein konkreter Vorschlag Benthams lautet, man möge berühmte verstorbene Denker über die Ersetzung der Sozialvertragstheorie durch das Prinzip des größten Glücks diskutieren lassen. Denkbarerweise in der Hoffnung auf solch späten Theaterruhm hat er selbst testamentarisch die Präparierung seiner sterblichen Hülle

---

[88] Vgl. für das folgende Odgen, a. a. O., Kap. 12 (»The Auto-Icon«).

[89] A. a. O., S. 119.

[90] Man ist hier schon sehr versucht, mit E. Friedell (der sich in diesem Punkt ganz ähnlich äußert wie Chesterton im ersten Kapitel seines schönen Buches ›Orthodoxy‹) zu sagen: »Der Irrsinnige ist nicht ein Mensch, der die Vernunft verloren hat; vielmehr ist er der Mensch, der alles verloren hat, nur nicht die Vernunft.« (Kulturgeschichte der Neuzeit, a. a. O., S. 462)

verfügt. Die Mumie befindet sich seit seinem Ableben im (von ihm selbst mitbegründeten, von Beginn der Gründung an konfessionell ungebundenen) University College in London.[91] Interessanterweise ist diese mit einem künstlichen Gesicht aus Wachs versehen. »Bentham« ist auf einem Stuhl sitzend dar- oder aufgestellt, auf einem Hocker rechts von »ihm« befindet sich sein grausig anzusehender, wirklicher Kopf – die Augen blicken starr und weit geöffnet ins Leere. Mit sicherlich unbewußter, aber geradezu schrecklicher Ironie ist sein wirkliches Antlitz durch ein künstliches (eine wächserne Maske) ersetzt worden, welche man auf den sitzenden Rumpf fügte.

Dieses »Kunst«-Werk eines Menschen, gestaltet nach seinem eigenen Bilde, sollte eigentlich ein recht eindrucksvolles Mahnmal für alle Zeitgenossen der technisch-industriellen Epoche darstellen, indem es auf die Gefährdung verweist, die darin liegt, daß der Mensch schuldhaft das eigene (mancher würde sagen: gottähnliche) Gesicht und Wesen verlieren könnte. Dabei wäre dieses zwar grausige, dabei aber tief symbolhaltige, weitgehend nichtintentional entstandene Werk darüber hinaus auch noch so – auf pessimistische Weise – interpretierbar: Hier manifestiert sich bildhaft das Thema vorliegenden Buches, der Abschied von der Anima mundi bzw. von der wahren Natur, welche ersetzt wird durch das seelenlose Gesicht der »gemachten Technik« (d.i. der wächsernen Gesichtsmaske), derweilen die wahre, vorgefundene, einstens lebendige (d.i. als lebendig empfundene) Natur aus entsetzten, wie sich im Zustand der Agonie befindlichen Augen (denen des mumifizierten Benthamschen Kopfes auf dem Hocker[92]) anklagend in die zukünftige ökologische Katastrophe starrt … – Aber mit einem solchen, allzu schwarzen Pessimismus soll vorliegende Arbeit nun doch nicht enden.

---

[91] Eine Photographie in Odgen, a.a.O., S. 119.

[92] Fast wäre man versucht, mit Heidegger zu sagen: auf dem »Gestell«.

Drittes Kapitel:

Samuel T. Coleridge und das Geistige in der Natur

0) Vorbemerkungen

Benthams mechanistisches Naturverständnis spiegelt eine ethische Forderung wider, welche durch ihren formelhaften Charakter ebenso wie durch ihr ständiges Wiederholtwerden beim Leser selbst einen mechanischen Eindruck hinterlassen kann. Denn ähnlich einfalls- oder »geistlos« wie der Mensch – das Individuum nicht anders als der Gesetzgeber – bei jeder Gelegenheit ganz einfach das größte Glück der größten Zahl anstreben soll, verhält sich nach Auffassung dieses »radikalen Philosophen« (so wurden Bentham und seine Anhänger zu ihrer Zeit genannt) auch die Natur im »Abspulen« ihrer Wirkungen gemäß den Gesetzen der Newtonschen Mechanik. -Die Beobachtung einer solchen Strukturanalogie oder eines solchen Parallelismus zwischen Grundzügen der Naturauffassung dieses Denkers einerseits und seinen ethischen Forderungen andererseits legt den Gedanken nahe, zwischen beidem – Naturbild und Moralphilosophie – könnte auch sonst ein häufiger oder gar allgemeiner Zusammenhang bestehen. Derselbe Gedanken ließe sich auch in die Form zweier Fragen kleiden: Eignet der Natur bzw. (genauer) dem, was darunter jeweils verstanden wird, nicht vielleicht auch bei *den* Philosophen eine gewisse, auf die präskriptiven Elemente der jeweiligen Ethik abfärbende Vorbildfunktion, die (im Unterschied zu Stoikern, Epikureern und anderen erklärten moralphilosophischen Naturalisten) diese Funktion (etwa durch das bekannte »vivere secundum naturam«) selbst nicht verbal und bewußt zum Ausdruck bringen? Oder: Gibt es in allen nichtgnostischen Philosophien (denn den gnostischen Lehren zufolge drückt sich in der Natur lediglich das Dämonische, Widergeistige und Widergöttliche aus, welches gerade nicht nachgeahmt werden soll) nicht vielleicht einen untergründigen Zusammenhang zwischen der Vorstellung, die man sich vom Wirken der Natur und jener, die man sich vom Wirkensollen des Menschen macht? In diesem Falle könnte – um auf Bentham zurückzukommen – auch von einer Widerspiegelung seines mechanistischen Naturverständnisses in seiner Moralphilosophie gesprochen werden.

Von einer gründlicheren Erforschung des Verhältnisses von Naturverständnis und ethischer Forderung bei konkreten Gestalten, aber wohl auch Schulen und Epochen der Philosophiegeschichte ließe sich durchaus ein vertieftes (kultur-)historisches Verständnis erhoffen. Zur Begründung einer solchen Hoffnung oder Erwartung mögen an dieser Stelle jedoch einige Andeutungen genügen. Bei Platon und im Platonismus reflektiert die veränderliche Natur die unveränderliche Ideenwelt, der Mensch aber wird zur Schau der Ideen aufgefordert (vgl. z. B. das *Siebente Buch* der ›Politeia‹). Bei Aristoteles und noch deutlicher bei Thomas von Aquin (vgl. z. B. die *Quinta via*, S Th *I,2,3* oder auch ScG *III,1,2*) strebt alles in der Natur einem (in der eigenen Form wesenhaft angelegten) Ziel zu und auch der Mensch wird dazu angehalten, sein spezifisches Lebensziel nicht aus den Augen zu verlieren (die Anbetung und Kontemplation Gottes, die die Auserwählten nach ihrem Tode auf vollkommene Weise – in der *visio beatifica* – fortsetzen werden). Demgegenüber wird in unserer gegenwärtigen Zeit eines dysteleologischen Naturverständnisses (vgl. paradigmatisch dazu z. B. die mittlerweile über hundert Essays von Stephen Jay Gould in der geistigen Nachfolge Jacques Monods) mit Vorliebe »zu einem Leben ohne Ziel« aufgefordert[1]. Ähnliche Zusammenhänge haben wir auch schon selbst angedeutet: Lockes Verbindung von mechanistischen und finalistischen Elementen in seinem Naturbegriff entspricht eine Verbindung von Hedonismus und theonom begründeter Moral in seiner Ethik, Shaftesburys naturphilosophischem Pantheismus ein moralphilosophischer Ästhetizismus und Sentimentalismus usf.

Ohne solche Andeutungen vertiefen zu wollen, soll doch besagte These an einer beispielhaften Gestalt noch ein Stück weiter verfolgt werden. Diese gesamte Studie einleitend, ist eine, unsere Themenwahl und Ausführungen leitende Überzeugung zur Sprache gekommen, die – wie bereits erwähnt – Voltaire in einem seiner

[1] So der Titel eines gerade erfolgreichen Buches des zeitgenössischen amerikanischen Schriftstellers J. Ogilvy (nicht zu verwechseln mit Humes »Ogilby«): Anleitung zu einem Leben ohne Ziel. Wege zur persönlichen Freiheit und Kreativität, üb. von A. Pott, Hamburg 1997. Auch viele Jugendreligionen und sog. esoterische Schriften preisen einen solchen (letztlich freilich verantwortungslosen) Lebensstil.

berühmten Aussprüche einmal so gefaßt hat: »Gedanken regieren die Welt«[2]. Um dieses Diktum der historischen Wirklichkeit noch weiter anzunähern, möchte es sich nun empfehlen, ihm einleitend noch ein »Auch« hinzuzufügen. In diesem Sinne lautete unsere Vermutung, daß die Industrielle Revolution *auch* von den großen, eben »maßgebenden« Philosophen und Intellektuellen dieser sowie der unmittelbar vorhergehenden Zeit beeinflußt und bestimmt worden ist. John Stuart Mill betont ganz ganz besonders den Einfluß zweier Denker auf seine (die frühindustrielle) Zeit:

»There are two men, recently deceased, to whom their country is indebted not only for the greater part of the important ideas which have been thrown into circulation among its thinking men in their time, but for a revolution in its general modes of thought and investigation. These men, dissimilar in almost all else, agreed in being closet-students – secluded in a peculiar degree, by circumstances and character, from the business and intercourse of the world: and both were, through a large portion of their lives, regarded by those who took the lead in opinion (when they happened to hear of them) with feelings akin to contempt. But they were destined to renew a lesson given to mankind by every age, and always disregarded – to show that speculative philosophy, which to the superficial appears a thing so remote from the business of life and the outward interests of men, is in reality the thing on earth which most influences them, and in the long run overbears every other influence save those which it must itself obey. The writers of whom we speak have never been read by the multitude; except for the more slight of their works, their readers have been few: but they have been the teachers of the teachers; there is hardly to be found in England an individual of any importance in the world of mind, who (whatever opinions he may have afterwards adopted) did not first learn to think from one of these two; and though their influences have but begun to diffuse themselves through these intermediate channels over society at large, there is already scarcely a publication of any consequence addressed to the educated classes, which, if these persons had not existed, would not have been different from what it is. These men are, Jeremy Bentham and Samuel Taylor Coleridge – the two great seminal minds of England in their age«.[3]

Samuel T. Coleridge (1772–1834), Dichter, Literaturkritiker und Philosoph, war im Bereich der Moralphilosophie der Verkünder einer radikal antiutilitaristischen Liebesethik,[4] welche auf verschiedene

[2] Vgl. Voltaire, Gedanken regieren die Welt, Zürich 1987.

[3] J. St. Mill, a. a. O., S. 39 f.

[4] Er war auch ein erklärter Feind des neuzeitlichen Aktivismus (der vereinseitigten »vita activa«), einer Lebensform, die – außer natürlich im amerikanischen Pragmatis-

Weise und in unterschiedlichen Gestalten große Bedeutung im England und (Nord-)Amerika des neunzehnten Jahrhunderts gewonnen hat. Unserer These eingedenk, vermuten wir, daß die religiös-romantische Neuorientierung in der Ethik bzw. in der ethischen Grundforderung auch bei Coleridge mit einem neuen Naturverständnis konform gehen wird (und *vice versa*).

In gewisser Weise »schießen« wir mit diesem Kapitel aber auch über das Ziel unserer Arbeit »hinaus«: Dieses bestand ja in einer Darstellung der wichtigsten Stationen auf dem Weg des langen Abschieds von der Anima mundi vor der »Industrial Revolution«. Deren zumindest vorläufige Endstation (sie wird allenfalls noch übertroffen durch die regelrechte Dämonisierung der Natur durch J. ST. Mill u. a.) ist nun mit dem Werk Benthams bereits erreicht worden. Das Werk Coleridges, des Dichter-Philosophen, stellt demgegenüber eine Wiederannäherung an die Weltseelenlehre im Geist der Romantik dar – eine Neubesinnung, die bislang allerdings nur ein schwaches Echo gezeitigt hat (etwa bei den »American Transcendentalists«), die es insbesondere nicht vermochte, dem mächtigen Zug der Zeit hin zur Industrialisierung Wirksames entgegenzusetzen, die es aber, zumindest in manchen ihrer Aspekte, durchaus verdient hätte, größeren Einfluß zu erzielen. Das Plädoyer für diese »Aspekte« wird dann auch beinahe bruchlos übergehen in die »Schlußbemerkungen« zu dieser ganzen langen Studie.

1) Coleridges Rückkehr aus der mechanischen Welt

Coleridge zählt zusammen mit seinem langjährigen engen Freund William Wordsworth zum Kern der ersten Generation des »romantic movement« in England. Seine frühe Schaffensphase steht noch ganz

---

mus – auch in dem Oxforder Philosophen R. J. Collingwood einen beredten Fürsprecher gefunden hat: »All thought exists for the sake of action. We try to understand ourselves and our world that we may learn how to live. The end of our self-knowledge is not the contemplation by enlightened intellects of their own mysterious nature, but the freer and more effectual self-revelation of that nature in a vigorous practical life. If thought were the mere discovery of interesting facts, its indulgence, in a world full of desperate evils and among men crushed beneath their burden of daily tasks too hard for their solitary strength, would be the act of a traitor: the philosopher would do better to follow the plough or clout shoes, to become a slum doctor or a police-court misionary, or hand himself over to a bacteriologist to be inoculated with tropical diseases.« (Ders., Speculum mentis, or: The Map of Knowledge, Oxford 1924, S. 1)

unter dem Eindruck der revolutionären Ereignisse in Frankreich. Zu dieser Zeit ist er erklärter Materialist und gleichermaßen Anhänger von Hartley und Priestley (so läßt er 1796 sogar seinen ersten Sohn auf den Namen »Hartley« taufen – seinen zweiten dann, 1798, *in memoriam* des zuvor neu schätzen gelernten irischen Denkers, auf den Namen »Berkeley«). In den letzten Jahren des ausgehenden Säkulums löst er sich sukzessive von seinen revolutionären und zeitweise kommunistischen Ideen und Idealen, um schließlich mit Wordsworth – nicht nach Frankreich, sondern nach Deutschland zu reisen. Das Ziel der Reise ist zugleich Programm. Es liegt in einem näheren Kennenlernen der seinerzeit neuesten deutschen Philosophie (Kant, Fichte, Schelling) und v.a. der deutschen Romantik. Die Rückkehr nach England im Juli 1799, im Anschluß an einen mehrmonatigen Aufenthalt, besiegelt zugleich Coleridges endgültige Abkehr von der vorher so bewunderten »mechanic philosophy«.

Bevor wir uns dieses romantische Zwischenspiel der britischen Geistesgeschichte, dessen philosophischer oder auch ideologischer Protagonist eben v.a. jener Coleridge gewesen ist, etwas näher betrachten, mag zuvor noch ein kurzer Blick auf die sich seinem Wirken anschließende Zeit geworfen werden. Diese wird intellektuell von den beiden – Vater und Sohn – Mills, von Spencer und dannin wachsenden Maße von Darwin und den Darwinisten beherrscht und sie weist, das Naturverständnis betreffend, einen die bisherige Naturangst noch überbietenden neuen Zug auf: den gnostischen.[5] Die (christliche) Gnosis leugnet, daß die materielle Welt eine Schöpfung des wahren und guten Gottes sei, den Jesus Christus verkündet hat (so etwa Marcion[6]). Die Natur ist vielmehr das Widergöttliche, Bedrohliche, »Gnadenlose«, das es – zunächst in der Gestalt des eigenen Leibes – zu überwinden gilt. Der wahre Gott ist der unbekannte Gott, der sich mit diesem Werk nicht beschmutzt und sich durch deren Hervorbringung nicht als Stümper desavouiert hat. Den fernen und fremden Gott, der reine sich verschenkende Liebe ist, hat zuerst Jesus Christus (bzw. Mani u.a.) verkündet und gelehrt, das Wissen um seine (Manis …) Existenz ist es, das den gnostischen Christen (Manichäer …) aus dieser dämonischen Natur erlösen kann. Wie diese

[5] Einer vornehmlich naturphilosophischen Gnosis in England entspricht eine vor allem geistphilosophische (»Erlösung durch Wissen«) in Deutschland – wie sich aus den Werken Hegels, Baaders, Schellings u.a. nachweisen ließe.

[6] Vgl. A. von Harnack, Marcion. Das Evangelium vom fremden Gott, Leipzig 1921.

Gnostiker, so blicken auch Mill, Spencer und Darwin ebenso einseitig wie gebannt auf die »Schattenseite« der Natur; eine verengte Blickweise, die sich in der Romantik zu formen und zu festigen begann und welche, v. a. im Anschluß an die Evolutionstheorie, nun zur einzig richtigen, nämlich *wissenschaftlichen* dekretiert wird. Mill versteht in dem Essay »Nature« aus seinen ›Three Essays on Religion‹[7] das klassische *naturam sequi* sehr vereinfacht so, als wäre hiermit gefordert worden, einfachhin »der« Natur zu folgen, wogegen damit doch auch – oder sogar in erster Linie – gemeint war, der *menschlichen* Natur zu folgen. Der Mensch aber war definiert als *animal rationale* und wenn ein Vernunftwesen seiner Natur i. S. v. seinem Wesen folgt, dann folgt es eben der Vernunft (und nicht etwa dem »Gesetz vom Fressen und Gefressenwerden«). Darüber hinaus glaubte man z. B. in der stoischen Morallehre auch in »der« Natur (gemäß dem Gedanken einer Analogie von Mikro- und Makrokosmos) etwas Seelenähnliches (eine *anima mundi*) sowie etwas Geistähnliches *(mens mundi, logos)* erkennen zu können (und dies sicher nicht ohne alle Gründe). Mill aber will nur (mit Hegels Wort) die »Macht des Negativen« in der Natur, gewissermaßen ihre Nachtseite, zur Kenntnis nehmen – die er überdies auch noch personifiziert und – unberührt von seiner sonstigen Kritik an diesem »Vorurteil unserer Art« – durchaus anthropomorph zeichnet, was dann zu folgendem Ausdruck von Naturangst und regelrechtem Natur*haß* führt:[8]

»In sober truth, nearly all the things which men are hanged or imprisoned for doing to one another, are nature's every day performances. Killing, the most criminal act recognized by human laws, Nature does once to every being that lives; and in a large proportion of cases, after protracted tortures such as only the greatest monsters whom we read of ever purposely inflicted on their living fellow-creatures. If, by an arbitrary reservation, we refuse to account anything murder but what abridges a certain term supposed to be allotted to human life, nature also does this to all but a small percentage of lives, and

[7] In deutscher Üb.: J. St. Mill, Drei Essays über Religion, a. a. O.

[8] In Deutschland hat dieser Naturhaß im Zeitraum der ersten Industrialisierungswelle ein gewisses Gegenbild in Schopenhauers – allerdings ambivalenter – Dämonisierung der Natur zu einem blinden, sich selbst wollenden Willen und vielleicht schon zuvor in der geringen Schätzung des Naturreichs, wie sie in verschiedenen Fichteschen Schriften zum Ausdruck kommt, z. B.: »Ich könnte mir gefallen lassen, daß diese Körperwelt außer mir in eine bloße Vorstellung verschwände, und in Schatten sich auflöste; an ihr hängt mein Sinn nicht.« (J. G. Fichte, Die Bestimmung des Menschen, Hamburg 1962, S. 337)

does it in all the modes, violent or insidious, in which the worst human beings take the lives of one another. Nature impales men, breaks them as if on the wheel, casts them to be devoured by wild beasts, burns them to death, crushes them with stones like the first christian martyr, starves them with hunger, freezes them with cold, poisons them by the quick or slow venom of her exhalations, and has hundreds of other hideous deaths in reserve, such as the ingenious cruelty of a Nabis or a Domitian never surpassed. All this, Nature does with the most supercilious disregard both of mercy and of justice.«[9]

Die mit der späteren Phase der Industriellen Revolution zeitgleiche Romantik wird somit gefolgt von einer gnostischen Phase, während der sich die allgemeine neuzeitliche Naturangst bis zum richtiggehenden Naturhaß modifiziert und steigert: Die Natur als gnadenlose Mörderin von Mensch und Tier … *Der denkbar größte Abstand zur Renaissance-Vorstellung von der Natur als einer gebärenden und nährenden (Leben schenkenden und erhaltenden Mutter) ist damit erreicht.* Zugleich aber auch die Zeitspanne (etwa von 1810–1860), in welcher das *gros* der englischen Bevölkerung am schwersten unter der »Industriekultur« zu leiden hatte. (Eine weitere bloß koinzidelle Synchronizität?)

Kehren wir zu Coleridge zurück, (näherhin zu seiner Hauptschaffensphase: im letzten Drittel seines Lebens kommen seine Kräfte – zunächst die poetischen, dann auch die philosophisch-kritischen – infolge seiner Opiumsucht[10] immer mehr zum Erliegen), so will uns sein Naturverständnis differenzierter und dabei auch realitätsnäher erscheinen. Dieses Verständnis könnte bei dem vielseitigen Autor auf verschiedenen Wegen erschlossen werden, wobei der geradeste wohl über sein berühmtestes Gedicht und Werk führen dürfte: »The Rime of the Ancient Mariner«[11]. Der Inhalt der »Rimes« ist (in freilich gestaffter Darstellung) dieser: Ein Hochzeitsgast wird von einem alten Seemann und Kapitän (dem »ancient mariner«) angesprochen und mehr oder weniger dazu gezwungen, sich dessen Geschichte anzuhören.

Bei einer lange zurückliegenden Ausfahrt geschah es, daß das

---

[9] J. St. Mill, Three Essays on Religion, in: Collected Works of John Stuart Mill, Bd. X, hg. von J. H. Robson, Toronto 1969, S. 385.

[10] Zeitgleich frönte auch der diesbezüglich bekannteste englische Opiumfreund seiner Sucht: Thomas De Quincey (1785–1859) – vgl. dessen ›Confessions of an English Opium-Eater‹ von 1822 (neu in der Reihe »Penguin Popular Classics«, London 1997).

[11] In: Samuel Taylor Coleridge (»The Oxford Authors«), hg. von H. J. Jackson, Oxford 1985, S. 46–65.

Schiff dieses »Mariners«, eines starken Sturmes wegen, in die Eiswüste der Antarktis getrieben wurde. Dort steckte es lange fest, bis – zum großen Erstaunen der Mannschaft – ein Albatros heranzog (»At lenght did cross an Albatros, / Through the fog it came; / As if it had been a Christian soul, / We hailed it in God's name.«). Das Eis spaltete sich nur wenig später, ein Südwind kam auf und bald war das Schiff wieder frei. Der große Vogel, der sich somit als gutes Omen erwiesen hatte, begleitet das Schiff noch einige Zeit, wird dann aber vom Mariner mit einer Armbrust erlegt. Die Besatzung murrt zunächst über diese seltsam unmotiviert wirkende Tat, beruhigt sich aber bald, da der gute Wind weiter anhält: Allerdings dauert es nicht mehr lange, und eine völlige Flaute beendet die Reise, womit die Seeleute erneut in eine sehr gefährliche Lage geraten (»Water, water, every where, / No any drop to drink. / The very deep did rot: O Christ! / That ever this should be! / Yea, slimy things did crawl with legs / Upon the slimy sea«). Im Anschluß an das Auftauchen »schleimiger« Tiere während der Meeresstille erscheint auch noch ein Geisterschiff, dessen unheimliche Besatzung über die Mannschaft Tod, für den Mariner »Leben-in-Tod« als Strafe verhängt. Bald darauf blicken die toten Augen der gestorbenen Matrosen den einzig Überlebenden an, der verzweifelt in eine Art Agonie fällt und selbst gedanken- und so gut wie bewußtlos in das von Seeschlangen und anderen »schleimigen Wesen« wimmelnde Wasser starrt.[12]

Da beginnt unvermittelt eine langsame Wandlung in ihm und er fängt an, die verborgene Schönheit dieser Meerestiere zu entdecken. Zu diesem unerwarteten und eigentlich noch nicht einmal selbst bewirkten Sinneswandel gesellt sich bald ein sympathetisches Gefühl der Verbundenheit und Liebe hinzu. (»A spring of love gushed from my heart, / And I blessed them unaware: / Sure my kind saint took pity on me, / […] The self-same moment I could pray«). Er findet nach einem Gebet auch endlich wieder gesunden Schlaf (»To Mary Queen the praise be given!«), ein erquickender Regen setzt ein und:

---

[12] Es wird dabei deutlich, daß sein Naturhaß (dieser ist wohl auch der Grund seines Vogelschusses) seine Wahrnehmungen »färbte« und verzerrte. Die Tatsache, daß die menschliche Psyche dessen Sinneswahrnehmungen zu beeinflussen vermag, war Dichtern freilich seit langem vertraut. So legt beispielsweise Cervantes' seinem Don Quijote die Worte in den Mund: »Die Furcht, die du fühlst, Sancho […] macht, daß du nicht recht siehst und hörst; denn eine der Wirkungen der Furcht ist es, die Sinne zu verwirren, so daß die Dinge nicht als das erscheinen, was sie sind.« (M. de Cercantes, Don Quijote, München 1979, S. 152)

»The upper air burst into life!«, engelsgleiche Geister bewegen das Schiff, während der vormals rachedurstige, nun so benannte »Polargeist« befreidet in sein Nordreich zurückkehrt. Das Schiff bewegt sich mit geradezu übernatürlicher Geschwindigkeit Richtung Norden, wo es aber kurz nach dem Erreichen der heimatlichen Gestade aus rätselhaft bleibender Ursache versinkt. Der Seemann allein wird von einem frommen Einsiedel mit einem Kahn ans Land gerettet, steht aber fortan unter dem inneren Zwang – wie es aus der letzten erklärenden Randglosse von Coleridges eigener Hang verlautet – »to teach, by his own example, love and reverence to all things that God made and loveth«. Von dem erstaunten Hochzeitsgast verabschiedet sich der Seeman mit den Worten:

»Farewell, farewell! But this I tell
To thee, thou Wedding-Guest!
He prayeth well, who loveth well
Both man and bird and beast.

He prayest best, who loveth best
All things both great and small;
For the dear God who loveth us,
He made and loveth all.«

Bei einem solchen, eine geradezu franziskanische Natur- oder Schöpfungsliebe empfehlenden Schlußakkord erscheint eine »naturreligiöse« und vielleicht sogar eine »umweltethische« Deutung des ganzen Gedichts legitim. Mensch, Vogel und Tier sollen geliebt werden, denn allein eine solche schöpfungsumgreifende Liebe vermag den Menschen aus seiner (Natur-)Angst und stillen Verzweiflung über seine (vermeintliche) Isolation zu lösen. Bei Betrachtung der Natur mit den Augen der Liebe, erscheint diese nicht länger als häßlich oder böse. Von dieser Perspektive aus mag auch der Albatros zuversichtlich als Weltseele gedeutet werden. (Der seine Schwingen ausbreitende Vogel ist ja seit ältester Zeit ein Zeichen für die *anima* gewesen.) Der Seefahrer, d.h. wohl der (jeder) Mensch auf seiner »Lebensreise«, »tötet« (»verabschiedet«) die Weltseele, er versucht sich von den Banden der Natur zu befreien, will heraustreten aus dem universellen Zusammenhang verborgener Sympathien und Kräfte, welchem er – als vermeinlich unter seiner geistigen Würde – mit Mißachtung und Gewalt (und eben vereinzelt sogar mit Haß) begegnet. Nur aus der von allein nicht »bewerkstelligbar« aufleuchtenden und Verbundenheit wie Liebe erweckenden Naturschönheit im Verein mit Religion (der fromme Eremit …) kann der Mensch gerettet werden. Für den solcherart Erlösten ist der vordem verschlossene Himmel offen und die ganze Natur mit Geist und Leben erfüllt. In dieser Welt müß sich der Mensch nicht länger als fremd und todgeweiht empfinden[13] – im Gegenteil scheinen ihn die Weltseele und andere himmlische Mächte zu führen, zu geleiten und zu beleben.

Noch in einem weiteren Werk hat Coleridge die Anima mundi in Gestalt eines großen Vogels besungen. In Glycines Lied seines letzten Dramas ›Zapolya‹ findet sich dieses wunderbare Bild:

»A sunny shaft did I behold,
From sky to earth it slanted:
And poised therein a bird so bold –
Sweet bird, thou wert enchanted!
He sank, he rose, he twinkled, he trolled
Within that shaft of sunny mist;
His eyes of fire, his beak of gold,
All else of amethyst!«[14]

In einem Lichtstrahl, d.i. einer Verbindung von Himmel und Erde, tummelt sich spielerisch ein überirdisch schöner Vogel – eine Vision, die an Solowjews Beschreibungen seines plötzlichen (wenn auch längst vorher schon geahnten) visuellen Gewahrwerdens der Weltseele in Gestalt einer überirdisch schönen Frau erinnert: aber durchaus auch ein wenig an Berkeleys »We see God«.

Dessen Einfluß verdrängte nach 1796 mehr und mehr die deutlichen Wirkungen, welche zuvor Hartleys Gedanken auf den jungen Poeten ausgeübt hatten.[15] Wie sein »ancient mariner«, so kehrte auch

---

[13] Vgl. dazu beispielsweise auch des Romantikers E. T. A. Hoffmanns Mythos in der *Dritten Vigilie* seiner Erzählung ›Der goldene Topf‹. Der Mensch erscheint hier infolge seines Denkens und Erkenntnisstrebens als von der übrigen Natur isoliert: »… dann wirst du wie ein entartetes Kind Vater und Mutter verlassen, du wirst deine Gespielen nicht mehr erkennen, du wirst größer und mächtiger sein wollen als Alles, was sich jetzt als deines Gleichen mit dir freut …« (Ders., Fantasiestücke in Callots Manier, in: Sämtliche Werke in sechs Bänden, hg. von H. Steinecke, Bd. 2/1, Frankfurt/Main 1993, S. 245.

[14] »Zapolya«, Zweiter Akt, Vers 66–73; zit. nach R. Lutz, S. T. Coleridge. Seine Dichtung als Ausdruck ethischen Bewußtseins, Bern 1951, S. 109f.

[15] 1794 schreibt Coleridge an Freund R. Southey: »I am complete necessitarian, and I understand the subject almost as well as Hartley himself, and believe the corporeality of thought, namely that it is motion.« (Coleridge, Letters, 1895, I, S. 113). 1796, während

der Dichter selbst etappenweise aus der toten Welt der Mechanik (der kosmischen Uhr oder Maschine) in die beseelte Welt zurück.[16] In »The Destiny of Nations« finden sich diesbezüglich folgende Verse:

»But properties are God: the naked mass
(If mass there be, fantastic guess or ghost)
Acts only by its inactivity.«

Man glaubte hier ein Echo des Priestleyschen (dynamischen) Materiebegriffs feststellen zu können[17], aber mit größerem Recht wird wohl eine Reminiszenz an Berkeleys Immaterialismus angenommen werden dürfen[18]. Rookmaaker vermutet, daß in besonderem Maße ›Siris‹ dem sittlich-religiösen Bedürfnis Coleridges entgegen kam, da hier, bei allem Pantheismus des Naturgefühls, die Idee der Personalität und Transzendenz Gottes dennoch nicht geopfert wird.[19]. Der niederländische Forscher erwähnt auch den tiefen Eindruck, den die Theorie der visuellen Sprache Gottes auf die Naturlyrik Coleridges gemacht habe. Allerdings verweist er in diesem Zusammenhang leider nicht auf die richtigen (i. S. v. diesbezüglich einschlägigen) Werke des irischen Philosophen.[20] Am deutlichsten hören wir

---

der Zeit des Gesinnungswandels, sagte er: »Bishop Taylor, old Baxter, David Hartley and the Bishop of Cloyne [= Berkeley] are my men« (zit. nach: John M. Muirhead, Coleridge as Philosopher, London 1930, S. 46). In den »Religious Musings« (1794) wurde Hartley so apostrophiert: »Wisest, he first who marked the ideal tribes / Up the fine fibres through the sentient brain«; daraufhin folgt: »So! Priestley there, patriot, and saint, and sage« … (Samuel Taylor Coleridge, [»The Oxford Authors«], a. a. O., S. 22. Coleridge war sich somit eine zeitlang nicht bewußt, daß seine naturmystische Lyrik von seinem Gutheißen der materialistischen Philosophie konterkariert wird.

[16] Eine ganz ähnliche Entwicklung, fort vom Materialismus Priestleys und hin zum Glauben an eine beseelte Natur, hat auch Thomas Carlyle (1795–1881) vollzogen. Zurückblickend auf die abgelegten Überzeugungen seiner Jugendzeit, notierte er in seinen späteren Jahren: »To me the Universe was all void of Life, of Purpose, of Volition, even of Hostility: it was a huge, dead, immeasurable Steam-engine, rolling on, on its dead indifference, to grind me limb from limb.« (Zit. nach: Albert C. Baugh, Hg., A Literary History of England, London 1948, S. 1310)

[17] Vgl. H. Piper, »The Pantheistic Sources of Coleridge's Early Poetry«, in: *Journal of the History of Ideas,* 20 (1959), (47–59), S. 50.

[18] Vgl. H. R. Rookmaaker, Towards a Romantic Conception of Nature, a. a. O., S. 5.

[19] Rookmaaker, a. a. O., S. 49 f. und S. 87.

[20] »In his *Treatise Concerning the Principles of Human Nature* (1710) and the *Three Dialogues* (1713), Berkeley erects the philosophical structure which Coleridge to a large extent adopted in such poems as ›This Lime-Tree Bower My Prison‹. Nature is described as God's language to man …« (Rookmaaker, S. 85). In diesen Werken fehlen jedoch Hinweise oder Ausführungen über die Theorie der visuellen Sprache.

die Stimme Berkeleys wohl aus den folgenden Versen des Gedichts »Frost at Midnight« heraus:

»The lovely shapes and sounds intelligible
Of that eternal language, which thy God
Utters, who from eternity does teach
Himself in all, and all things in himself.
Great universal Teacher!...«[21]

Berkeley könnte mit seiner, den Romantikern kongenialen *Visual-language*-Lehre einen bedeutsamen Beitrag zu dieser Bewegung geleistet haben. Aber seine Anregungen waren sicherlich nicht die einzigen, welche von dem lebhaften und etwas eklektischen Geist Coleridges, diesem Vordenker und – zusammen mit Wordsworth – auch frühem Vorkämpfer der englischen romantischen Schule, aufgegriffen und modifiziert worden sind.

In chronologischer Hinsicht über Berkeley hinaus, sind auch Anlehnungen an Cudworth, Böhme und die Renaissance-Dichtung (Rabelais, Shakespeare, Milton etc.) nachweisbar. -So existiert z.B. eine eigene Monographie über die beträchtliche Bedeutung, welche das Denken der Cambridge-Platoniker (neben demjenigen Kants) für den geistigen Werdegang Cudworths hatte.[22] In dieser fundierten Studie wird u.a. auch der Nachweis zu führen gesucht, daß Kants Gestalt des Idealismus (besonders die seiner theoretischen Philosophie) weitreichende Ähnlichkeiten mit einigen zentralen Lehren Cudworths und Mores aufweist.[23] Damit wird unserer vormaligen

[21] In: Coleridge (»The Oxford Authors«), a.a.O., S. 88. Coleridge wendet sich in diesem Gedicht an eines seiner Kinder (meiner Vermutung nach an den kleinen Berkeley).

[22] Vgl. Claud Howard, Coleridge's Idealism. A Study of its Relationship to Kant and to the Cambridge Platonists, Folcroft/PA 1969.

[23] Diese betreffen insbesondere den Apriorismus der Kategorienlehre und die damit verbundene Auffassung von der (form-)schöpferischen Aktivität des menschlichen Geistes (dem Ebenbild des göttlichen). Howard knüpft hier an eine These A. O. Lovejoys an, die in der Radikalität ihrer Aussage aber sicherlich zu weit gehen dürfe. Der Begründer der ideengeschichtlichen Forschung behauptet nämlich, daß die »Kantian doctrine was destitute of any radical originality; that none of the more general and fundamental contentions of the *Kritik der reinen Vernunft* were particularly novel or revolutionary at the time of their original promulgation; and that the principal developments in post-Kantian philosophy, even in the ostensibly Kantian schools, were not dependent upon the interposition of the ingenious complexities of the critical system, but were clearly present in germ, sometimes in even fairly full-blown forms, in the writings of Kants predecessors or contemporaries«, nämlich den »English Platonists« (Ders., Essays Philological and Psychological, S. 266, zit. nach Howard, a.a.O., S. 13).

Vermutung einer untergründigen Verbindung von der platonisierenden italienischen Renaissance (insbesondere in Florenz) über Cambridge bis hin zu Königsberg neue Nahrung gegeben. Dasselbe gilt für die einstige Annahme eines nachhaltigen Einflusses Böhmeschen Gedankenguts auf die britische Geistesgeschichte. Denn auch Coleridge besaß Böhmes Werke in der weit verbreiteten ›Law's English Version of the Works of Jacob Boehme‹.[24] Und in den bereits zitierten Versen Coleridges von den (visuell erfahrbaren) »lovely shapes and [auditiv erfahrbaren] sounds intelligible / Of that eternal language, which thy God / Utters …« korrelieren und überschneiden sich ja Berkeleysches und Böhmesches Gedankengut.

»Den allgemeinen Naturprozeß beschreibt Böhme als sinnlich wahrnehmbare Kommunikation aller Dinge untereinander. Die Natur wird zur großen, den Menschen mitumfassenden Sprachgemeinschaft. Als Strukturmodell fungieren dabei Musikinstrumente, die über einen Resonanzkörper, der das innere Wesen (›Essenz‹) zum Ausdruck bringt, verfügen, sich stimmen lassen (eine ›Signatur‹ haben) und auf die Zuhörenden physische und psychische Wirkungen (›Hall‹) ausüben. Dem gläubigen Menschen offenbart sich die Natur als Gleichnis des göttlichen Wesens.«[25]

Der Gedanke, alle endlichen Geschöpfe seien wie Musikinstrumente und glichen genauerhin Aeolsharfen, über welche der Wind hinwegstreicht, um auf diese Weise das latente innere Tönen aus ihnen hervorzulocken, findet sich schon in dem recht frühen Gedicht »The Eolian Harps«. Es stammt noch aus der Zeit, in der Hartleys deterministische Philosophie und passivistische Vorstellung vom menschlichen Geist (Assoziationstheorie) in Coleridges Denken prävalent gewesen sind:

»And what if all of the animated nature
Be but organic harps diversly framed,
That tremble into thought, as o'er them sweeps
Plastic and vast, one intellectual breeze,
At once the Soul of each, and God of All?«[26]

---

[24] Vgl. J. H. Muirhead, Coleridge as Philosopher, London 1930, S. 271.

[25] G. Schiemann, Was ist Natur? Klassische Texte zur Naturphilosophie, München 1996 (»Einführung«), S. 25. Auch Margarete Horch (Das Naturgefühl bei S. T. Coleridge, Marburg: Diss. 1932, S. 89) bemerkt zu Coleridge: »Er war ein eifriger Anhänger von Jakob Böhmes Naturphilosophie«.

[26] In: Coleridge (»The Oxford Authors«), S. 28 f. Ein Gedanke, der an Averroes erinnert – in anderer Hinsicht aber auch an Böhme: »Für Böhme sind nun alle Dinge realisierte Worte, so wie die ganze Schöpfung Gottes ausgesprochenes Wort ist. Was Böhme damit

Die übrigen Elemente des Gedichts sind wenig typisch für den späteren Coleridge und seinen romantischen Naturbegriff, wogegen sie noch manche Elemente und Züge der Naturlyrik des achtzehnten Jahrhunderts aufweisen. Diese englische Naturpoesie (Thomson, Akenside, Cowper u. a.) ist augenfällig optimistisch: Ordnung, Schönheit und Erhabenheit der Naturphänomene sind ebensoviele Hinweise auf Gottes Dasein und Meisterschaft. Die Natur birgt in sich heilende Kräfte und nur die Sündhaftigkeit und Unreinheit des menschlichen Herzens werden dafür verantwortlich gemacht, falls diese Kräfte einmal nicht wirksam werden sollten. So wird alles »Negative« in der Natur entweder dem sie betrachtenden Menschen angelastet oder – als lediglich »angenehmes Grauen« bewirkend – verharmlost (vgl. die Schauer-Romantik im Zeitalter der Empfindsamkeit.[27]). Freilich ragt der Sentimentalismus bereits hinein in die eigentliche Romantik, darin der Künstler den Rezipienten oft genug (auch!) mit der ganzen Macht des Negativen in der Natur konfrontiert (vgl. den »Ancient Mariner«), genauso wie auch umgekehrt Coleridges Anima mundi ihre Vorläufer in der Lyrik des achtzehnten Jahrhunderts hat. So ist etwa bei Cowper die Natur bereits etwas anderes als nur ein passives Geschöpf und Werkzeug Gottes, mehr als nur willenloser Spiegel für den Abglanz seiner Herrlichkeit. Sie ist auch hier bereits *natura naturans*, der überdies ganz der neckische, spielerische Charme der Kultur des Rokoko zueigen ist:

---

von der ganzen übrigen europäischen Philosophie unterscheidet, ist, daß sein Modell für den Dingbegriff das Musikinstrument ist. Ein Ding ist wesentlich durch die Differenz von innen und außen bestimmt und die sie vermittelnde Äußerung. Es hat ein inneres Wesen und eine äußere Signatur. Diese Signatur wirkt wie die Stimmung eines Instruments. Zwar restringiert sie seine möglichen Äußerungen, und insofern kann man sagen, daß die Essenz niemals als solche offenbar wird. Andererseits würde es aber ohne Artikulation nur zu einem diffusen Verströmen, nicht aber zu einer bestimmten Äußerung der Essenz kommen. Schließlich muß man sagen, daß, wie ein Instrument angeschlagen oder angeblasen werden muß, so auch jedes Ding oder Lebewesen angeregt werden muß zur Äußerung. Diese Anregung kann bei irdischen Kreaturen von der Sonne ausgehen oder vom Element Feuer, letzten Endes ist es immer Gott, der auf der ganzen Schöpfung wie auf einer großen Orgel spielt.« (G. Böhme, Hg., »Klassiker der Naturphilosophie. Von den Vorsokratikern bis zur Kopenhagener Schule, München 1989, S. 167)

[27] Vgl. dazu C. Zelle, Angenehmes Grauen. Literaturhistorische Beiträge zur Ästhetik im achtzehnten Jahrhundert, Hamburg 1987.

»Nature, throwing wide
Her veil opaque, discloses with a smile
The author of her beauties, who, retir'd
Behind his own creation, works unseen
By the impure, and hears his power denied.«[28]

Auch Coleridges großer Weggefährte William Wordsworth war noch beunruhigt oder sogar erschrocken über die (*prima facie* an Mills Auffassung gemahnende) »gnadenlose« Naturschilderung des »Ancient Mariner«. Hatte Coleridge darin nicht eigentlich die Ansicht vertreten, die Natur an sich bestünde – ohne die »rosa Brille« der Liebe betrachtet – aus Eis-, Wasser- oder Mineralienwüsten, darin allenfalls einmal ekelerregende schleimige Wesen ihr Unwesen treiben? Wordsworth mißfielen die pessimistischen Aspekte und Tendenzen in der Ballade vom alten Seemann und er versuchte denselben Stoff in seinem »Peter Bell« anders, besser (nämlich optimistischer) zu gestalten.[29]

Dem »Helden« des Gedichts wird darin eine eindeutige Individualität verliehen, er ist nicht länger der »Jedermann« des konturenlosen Seefahrers, also des (neuzeitlichen) Menschen als solchen. Peters Schuld wird, zusammen mit den zu ihr hinführenden Motiven, weit deutlicher spezifiziert und die »Moral der Geschichte« klarer ausgesprochen. (Die freundschaftliche Kontroverse zwischen den beiden Dichterfreunden erinnert in manchem an die bekannte Auseinandersetzung zwischen Goethe und Schiller über die Qualitäten und Schwächen des ›Wilhelm Meister‹.) Und was für »Peter Bell« im besonderen gilt, kann auch für des Urhebers Werk als ganzes gesagt werden. Das diesem zugrunde liegende Naturverständnis steht dem Optimismus der Empfindsamkeit grundsätzlich näher als dasjenige Coleridges, welches in manchen Zügen schon ahnungsvollauf den »Gnostizismus« und die Dämonisierung der Natur kommender Generationen voraus weist.

Ein so scharfsinniger und zugleich feinfühliger (allerdings selbst auch sehr pessimistischer) Beobachter, wie es Aldous Huxley stets gewesen ist, hat diesen unrealistischen, »verbrämenden« Aspekt des Wordsworthschen Naturverständnisses bemerkt und (wie so vieles andere mehr) mit spitzer Feder aufgespießt:

---

[28] W. Cowper, The Task, *V, 2*, zit. nach Rookmaaker, a. a. O., S. 21. (Auch schon Heraklit zufolge liebt es die Natur, sich zu verbergen.)
[29] Vgl. Rookmaaker, S. 89–93.

»The Wordsworthian adoration of Nature has two principal defects. The first [...] is that it is only possible in a country where Nature has been nearly or quite enslaved to man. The second is that it is only possible for those who are prepared to falsify their immediate intuitions of Nature. For Nature, even in the temperate zone, is always alien and unknown, and occasionally diabolic [...] [Wordsworth] will not admit that a yellow primrose is simply a yellow primrose – beautiful, but essentially strange, having its own alien life apart. He wants it to possess some sort of soul, to exist humanly, not simply flowerily. [...] Our direct intuitions of Nature tell us that the world is bottomlessly strange; alien, even when it is kind and beautiful; having innumerable modes of being that are not our modes; always mysteriously not personal, not conscious, not moral; often hostile and sinister; sometimes even unimaginably, because inhumanly, evil. [...]

A voyage through the tropics would have cured [Wordsworth] of his too easy and comfortable pantheism. A few months in the jungle would have convinced him that the diversity and utter strangeness of Nature are at least as real and significant as its intellectually discovered unity. Nor would he have felt as certain, in the damp and stifling darkness, among the leeches and the malevolently tangled rattans, of the divinely anglican character of that fundamental unity. He would have learned once more to treat Nature naturally, as he treated it in his youth; to react to it spontaneously, loving where love was the appropriate emotion, fearing, hating, fighting whenever Nature presented itself to his intuition as being, not merely strange, but hostile, inhumanly evil. [...] Europe is so well gardened that it resembles a work of art. [...] Man has re-created Europe in his own image. Its tamed and temperate Nature confirmed Wordsworth in his philosophizings.«[30]

Die an Mill gemahnenden aber abgemilderten »gnostischen« Einseitigkeiten einmal abgerechnet (»hostile, inhumanly evil ...«) hat Huxley hier doch auch manches Richtige zum (stilistisch geschliffenen) Ausdruck gebracht. Aber es dürfte auch schon deutlich geworden sein, daß seine Vorwürfe nicht so ohne weiteres auf Coleridges Naturverständnis übertragbar sind. Diesem wollen wir nun abschließend noch ein Stück weit näher kommen, welcher Versuch durchaus mit einigen apologetischen Bemerkungen durchsetzt sein wird: Kommt doch sein Naturverständnis dem Verständnis immerhin nahe, welches wir für das sachlich-theoretisch und umweltethisch-praktisch richtige erachten.[31]

---

[30] A. Huxley, Do What You Will, London 1929, S. 116.

[31] Ein solches Verständnis kommt auch in folgendem Text Schelers sehr gut zum Ausdruck: »Wir müssen wieder lernen, in die Natur gleich Goethe, Novalis, Schopenhauer wie in den ›Busen eines Freunds‹ zu schauen und die ›wissenschaftliche‹, für Technik

2) Coleridges Naturverständnis und abschließende Bemerkungen

Versuchen wir nun abschließend noch einmal von der ethischen Grundforderung eines Philosophen auf dessen Naturbegriff zu schließen. Coleridges Ethik ist durch eine unnachgiebige Haltung gegenüber der interessierten Reflexionsmoral (die französischen Moralisten prägten für deren Grundlage die elegante Formel: »Amour de moi-même, mais bien calculé«) gekennzeichnet, welche er u. a. mit Cudworth und Kant teilt.[32] An diesem kritisiert er jedoch dessen vorgebliches Absehen von allen Konsequenzen einer Handlung[33] sowie dessen Behauptung, es habe die Liebe, die eine Handlung begleitet, nichts mit deren moralischem Wert zu tun. In diesem Zusammenhang bestreitet der Dichterphilosoph auch die These von dem rein emotionalen (»pathologischen«) Charakter der Liebe, welche s. E. durchaus mit dem Willen eines Menschen in unterstützender Verbindung stehen könne.[34] Vielleicht ließe sich seine ethische Grundforderung – oder zumindest ein bedeutsames Element derselben – ohne allzu groben Fehlgriff in die Formel fassen: »Amour de

---

und Industrie höchst notwendige formalmechanische Naturbetrachtung beschränken auf die fachwissenschaftliche ›künstliche‹ Verhaltungsweise des Physikers, Chemikers usw. Die *Bildung* des Menschen (auch jene seines Gemütes) hat jeder ›fachwissenschaftlichen‹ Haltung zur Natur als einem zu beherrschenden Gegner vorherzugehen […] Der ungeheure Irrtum, es sei alle kosmovitale Einsfühlung nur projizierende ›Ein-fühlung‹ von spezifischen Menschengefühlen in Tier, Pflanze, Anorganisches, d. h. bloßer ›Anthropomorphismus‹ – also prinzipiell eine Täuschung über das Wirkliche –, ist resolut und vollständig abzuschütteln. Vielmehr ist der Mensch als ›Mikrokosmos‹ ein Wesen, das – indem es Wirkliches aller Wesensarten des Seienden in sich trägt – auch selber *kosmomorph* ist und als kosmomorphes Wesen auch Quellen des *Erkennens* für alles besitzt, was das Wesen des Kosmos enthält […] Fehlt aber diese Einsfühlung des Menschen mit der ganzen Natur, so wird auch der Mensch in einer Art und Form aus seiner großen ewigen Mutter, der Natur, herausgerissen, wie es seinem Wesen nicht entspricht.« (Wesen und Formen der Sympathie, a. a. O., S. 113 f.)

32 Vgl. dazu das Kap. VI (»Coleridge's moral philosophy in its relation to Kant and the Platonists«) in: Howard, a. a. O., insb. S. 81.

33 In Wirklichkeit gebietet der Kategorische Imperativ in seinem Gebot, auf das zu erwartende Ergebnis der Universalisierung der eigenen Handlungsmaxime (nicht: der konkreten Handlung, wie es der sozialutilitaristische Universalisierungsgedanke fordert) zu achten, durchaus *auch* eine konsequenzenbewußte Handlungsweise.

34 Vgl. das Kap. V (»Moral Philosophy«) in: Muirhead, a. a. O., insb. Abschnitt 7 (»Love the Fulfilling of the Law«). (Der Vorwurf an Kant, er habe ein falsches, passivistisch-pathologisches Verständnis von Liebe gehegt, ist bereits kurz besprochen und berichtigt worden.)

l'autre, mais bien voulu et calculé«. Seine Kritik des Utilitarismus betrifft somit nicht (oder nicht hauptsächlich) das konsequentialistische Element, sondern allein das hedonistische.[35] Der Mensch soll seine Liebe durchaus auch von seiner Vernunft leiten und führen lassen. Dies würde nun folgenden Schluß auf Coleridges Naturverständnis als Hypothese nahelegen: Die Natur ist in ihrem Innersten Liebe, die ihrerseits vom göttlichen *logos* »bewegt« und »geleitet« wird.

Bereits der »Old Mariner« enthielt – wenigstens bei Zugrundelegung des (bei Romantikern aber allgemein sehr geschätzten) empedokleischen »Gleiches wird (nur) durch Gleiches erkannt« – einen deutlichen Hinweis auf Coleridges Überzeugung von einem verborgenen Liebeswirken in der Natur. Diesem Indiz ließen sich unschwer weitere hinzufügen, deren sprechendste wohl das Gedicht »Answer to a Child's Question« sein dürfte:

»Do you ask what the birds say? The sparrow, the dove,
The linnet and thrush say ›I love and I love!‹
In the winter they're silent – the wind is so strong;
What it says, I don't know, but it sings a loud song.
But green leaves, and blossoms, and sunny warm weather,
And singing, and loving – all come back together.
But the lark is so brimful of gladness and love,
The green fields below him, the blue sky above,
That he sings, and he sings; and for ever sings he –
›I love my Love, and my Love loves me!‹«[36]

---

[35] M. Morgan erläutert unter dem Lemma »Coleridge, Samuel Taylor« (in: »The Encyclopedia of Philosophy«, a.a.O., Bd. II, S. 137) den Coleridgeschen Standpunkt recht prägnant: »Then, avoiding the error J. S. Mill was soon to make, Coleridge distinguishes between things that are good because they are desired, and things that are or ought to be desired because they are good. This leads him to conclude that »good« cannot be defined simply in terms of pleasure or happiness. Against the Benthamite view that the agent's motive has nothing to do with the morality of his action, Coleridge makes two points, partly logical and partly psychological. The utilitarian position cannot generally hold, he says, because it follows from it that I could do a morally right act by sheer chance. But such complete lack of inward, conscious participation on my part could never be a sufficient criterion for my acting morally. The utilitarian principle therefore confounds morality with law. Moreover, it is no defense here to say that the principle was put forward as a criterion for judging the morality of the action and not that of the agent, because this last distinction is ›merely logical, not real and vital‹. Acts cannot be dissociated from an agent any more than ideas from a mind«. Vgl. dazu auch Coleridges Tragödie *Remorse*, II,2.

[36] In: Coleridge (»The Oxford Authors«), a.a.O., S. 120.

Handelt es sich bei dieser Auskunft an ein (sein) Kind – und der Adressat muß in diesem Kontext durchaus beachtet werden – nun aber nicht doch um ein »schöngefärbtes« Bild der Natur? Treffen die scharfen Pfeile von Huxleys Wordsworth-Kritik schließlich nicht doch auch den Freund des erfolgreich Angegriffenen? Lassen sich denn die uns so »primitiv« oder »roh« erscheinenden sogenannten *Gesetze der Wildnis* (»Das Überleben des Stärkeren«, »Das Fressen und Gefressenwerden« usw.) mit der Vorstellung eines Liebeswirkens in der Natur vereinen? Dies sieht zunächst einmal nach einer ziemlich schwierigen Aufgabe aus, der wir uns aber keinesfalls überheben wollen oder dürfen.

Es gehört mit zu Coleridges Grundaxiomen seiner Naturphilosophie, daß es etwas Geistiges *sowie* etwas Seelisches in der Natur gibt. Beide Aspekte werden von ihm allerdings nicht immer (deutlich) auseinander gehalten – und es ist ja auch ganz sinnvoll, sie zwar als unterschieden zu betrachten, keinesfalls aber deswegen auch als getrennt. Der Kosmos gilt dem englischen Romantiker – s. E. ganz wie den von ihm so apostrophierten »hebräischen Dichtern« (der Psalmen, des Hohen Lieds und anderer lyrischer Texte der Bibel)[37] – als ein beseelter Organismus, der im und durch den Geist Gottes lebt. Berkeleys Vorstellung vom Kosmos als beseeltem Leib des göttlichen Geistes, aber vielleicht auch Humes Behauptung der Undenkbarkeit eines leibfreien Geistes winken von ferne … »Nature has her proper interest; & he will know what, who beliefs and feels, that every Thing has a Life of it's own, & that we are all *one Life*«.[38] Der Dichter empfinde (und vollbringe zugleich) die geistig-organische Einheit des Ganzen (»When he by secret sympathy might make / The whole one self!«[39]) und er habe v. a. Anteil an der »plastic power, that interfused / Roll[s] through the grosser and material mass / In organizing surge.«[40] In einer anderen Wendung erscheint die belebte und beseelte Natur in einer naturmystischen Vision wie ein Tempel, den sich Gott zur eigenen Freude selbst errichtet hat:

---

[37] »In the Hebrew Poets each Thing has a Life of it's own, & yet they are all one Life. In God they move & live, & have their Being – not had, as the cold System of Newtonian Theology represents / but *have.*« (Collected Letters of Samuel Taylor Coleridge, hg. von E. L. Griggs, Oxford 1956 ff.; Bd. II, S. 866.

[38] Zit. nach Rookmaaker, a. a. O., S. 122.

[39] »Religious Musings«, in: Coleridge (»The Oxford Authors«), a. a. O., S. 17.

[40] A. a. O., S. 23.

»It seem'd like Omnipresence! God, me thought,
Had built him there a Temple: the whole World
Was imag'd in its vast circumference:
No *wish* profan'd my overwhelmed heart.
Best hour! It was a luxury,- to be!«[41]

Die Bilder wechseln, doch das Grundmotiv einer beseelten Natur als »Ort« des göttlichen Geistes und Wirkens bleibt. Und dieses Grundmotiv teilt Coleridge mit der gesamten, bei Franziskus[42], Bonaventura und Petrarca beginnenden, (neo-)platonischen Renaissance-Tradition[43], die über die Florentiner und Cambridger Platoniker, über Böhme und Kants Kritik der Urteilskraft, weiter zu Schelling bis hin zu Bergson, Scheler und Kemp Smith und weiter hinein in die Gegenwart (z. B. zu dem Werk Hans Jonas') führt. Diese Traditionslinie, die Coleridge mit der mechanischen kontrastiert und die »dynamische« nennt, hat aus innerer Notwendigkeit heraus stets mit dem »Negativen« in der Natur gerungen, ein Ringen, welches mit dem Werk Kants in eine neue Phase getreten ist[44]. Der von der deutschen Kultur seiner Zeit sehr beeindruckte englische Dichter hat sich dieser neuen Phase bzw. »idealistischen« Wendung angeschlossen und es soll nun in diesem Zusammenhang kurz skizziert werden, worin diese besteht und was es damit auf sich hat.

---

[41] »Reflections on Having Left a Place of Retirement«, (»The Oxford Authors«), a. a. O., S. 30.

[42] Coleridges Dichtung zeigt nicht selten ausgeprägte Züge franziskanischer Freude sowie des franziskanischen Reinheitsideals, so z. B. in »Dejection: An Ode« (»Joy, virtuous Lady! Joy that ne'er was given / Save to the pure, and in their purest hour / Life and Life's effluence, cloud at once and shower / Joy, Lady! is the spirit and the power, / Which wedding Nature to us gives in dower ...« (in: »The Oxford Authors«, S. 115; vgl. dort auch »The Nightingale«).

[43] »Will man die Bezeichnung eines ›Schlüssels‹ der älteren Romantik überhaupt anwenden, so gebührt sie einem Denker des Altertums, Plotin.« (P. F. Reiff, »Plotin und die deutsche Romantik«, in: *Euphorion* 19 (1912), (591–612), S. 591.

[44] Kants eigene Antwort auf das Problem des Negativen, wie es schon im Titel seiner Schrift »Über das Misslingen aller philosophischen Versuche in der Theodizee« zum Ausdruck gelangt, ähnelt dem klugen Bescheid des Johannes Chrysostomus (344–407): »Willst du also nicht aufhören, Menschenkind, müßige Untersuchungen anzustellen? Sie sind in der Tat müßig. Willst du nicht aufhören, ohne Grund zu grübeln? Es gibt keine größere Weisheit als das Geständnis der Unwissenheit in diesen Dingen. Wer ehrlich zugibt, nichts davon zu verstehen, ist der weiseste von allen; wer es dagegen zu ergrübeln versucht, ist der größte Tor. Das Wissenwollen ist nicht immer ein Zeichen von Weisheit, sondern mitunter ein Zeichen von Torheit.« (Homilien zum Epheserbrief 19,4, Griech: PG 62, 1862, S. 132).

Kant bezweifelt nicht, daß es eine ganz unabhängig vom menschlichen Geist existierende Welt gibt, glaubt aber, mittels seines transzendentalphilosophischen Rekurses auf die Bedingungen der Möglichkeit von menschlicher (endlicher, rezeptiver) Erfahrung, nachweisen zu können, daß die erfahrbare Welt oder Natur unabdingbar eine Welt der Erscheinungen für ein menschliches (endliches, rezeptives) Bewußtsein ist – aber eben nicht mehr. Das will besagen, ein objektives Wissen von dem An-sich-Sein der Dinge ist uns aufgrund der unhintergehbaren Aktivität unseres Geistes oder Erkenntnisvermögens – Erkennen könne in keinem passiven Aufnehmen bestehen (ein Spiegel, eine Camera obscura oder ein Computer erkennen nicht) – für immer verwehrt.[45] Naturwissenschaft sei keine wahre Metaphysik und liefere bestenfalls Erkenntnisse über die v.a. kausal geordnete Gesamtheit von Erscheinungen; Metaphysik auf der Grundlage der »theoretischen Vernunft« müsse abdanken zugunsten einer neuen Metaphysik auf der Grundlage der »praktischen Vernunft«.

Coleridge folgt dieser »praktischen Wende« Kants und notiert weitgehend in dessen Sinne:

»The question then concerning our faith in the existence of a God, not only as the ground of the universe by his essence, but as its maker and judge by his wisdom and holy will, appeared to stand thus. The sciential reason, whose

[45] Obwohl die Dinge an sich nicht *erkennbar* sind, können und müssen sie jedoch sogar (als existierend, als das »Gemüt« affizierend usf.) *gedacht* werden. Darin liegt kein Widerspruch, wie Jacobi und viele andere meinten. So beispielsweise – und zunächst einmal sehr überzeugend –, John McTaggart: »Agnosticism says that we can know nothing whatever of the reality behind the phenomena. And, in saying this, it contradicts itself. For it asserts that such a reality exists, and that it stands in certain relations to the phenomena. Thus we do know something about it, and it is therefore not the case that we can know nothing about it.« Ders., Some Dogmas of Religion, London 1906, S. 98.) V.a. gegen Ende des *Ersten Teils* der ›Prolegomena‹ verwehrt sich Kant gegen solche Mißverständnisse, wobei er in diesem Zusammenhang auch seine prinzipiell realistische Grundeinstellung betont. Der herkömmliche (fälschlich mit Berkeley, dessen Standpunkt in Wahrheit dem Kantischen sehr nahe kommt, assoziierte »unkritische«, »vortranszendentale« Idealismus bestehe »in der Behauptung, daß es keine andere als denkende Wesen gebe, die übrige Dinge, die wir in der Anschauung wahrzunehmen glauben, wären nur Vorstellungen in den denkenden Wesen, denen in der Tat kein außerhalb diesen befindlicher Gegenstand korrespondierete. Ich dagegen sage: es sind uns Dinge als außer uns befindliche Gegenstände unserer Sinne gegeben, allein von dem, was sie an sich selbst sein mögen, wissen wir nichts, sondern kennen nur ihre Erscheinungen, d.i. die Vorstellungen, die sie in uns wirken, indem sie unsere Sinne affizieren.« (A.a.O. A 63f.)

objects are purely theoretical, remains neutral, as long as its name and semblance are not usurped by the opponents of the doctrine. But it then becomes an effective ally by exposing the false show of demonstration, or by evincing the equal demonstrability of the contrary from premisses equally logical. The understanding meantime suggests, the analogy of experience facilitates, the belief. Nature excites and recalls it, as by a perpetual revelation. Our feelings almost necessitate it; and the law of conscience peremtorily commands it. The arguments, that at all apply to it, are in its favour; and there is nothing against it, but its own sublimity. It could not be intellectually more evident without becoming morally less effective; without counteracting its own end by sacrificing the life of faith to the cold mechanism of a worthless because compulsory assent. The belief of a God and a future state (if a passive acquiescence may be flattered with the name of belief) does not indeed always beget a good heart; but a good heart so naturally begets the belief, that the very few exceptions must be regarded as strange anomalies from strange and unfortunate circumstances.«[46]

Diese Wende ist von größter Bedeutung für die Frage nach Coleridges wahrem Naturverständnis. Denn die Frage der traditionellen (theoretischen) *metaphysica specialis,* was denn eigentlich die Natur der Natur sei, wird dem Boden dieser (wenigstens nach Kant) Pseudo-Wissenschaft weitgehend entzogen und an eine andere und annahmegemäß übergeordnete Instanz, an die der kritischen Metaphysik auf praktisch-sittlicher Grundlage, weiter gereicht. Coleridge allerdings nennt diese Disziplin und ihre Grundlage anders, nämlich eine »philosophy of reason«, die er von einer solchen »of the understanding« klar unterschieden wissen will.

Mit der auf seine Weise gefaßten Unterscheidung von Vernunft und Verstand folgt der romantische Denker, genauer besehen, freilich eher Schelling denn Kant, mit welchem Jüngeren er, zusammen mit dem dazu gehörigen Vokabular, auch seine epistemologischen Grundlagen, weitgehendst teilt.[47] Für Schelling (zumindest um die Zeit seines »Identitätssystems«) gibt es nur ein letztes Prinzip des

[46] Coleridge (»The Oxford Authors«), a. a. O., S. 260 f. (vgl. auch S. 258).

[47] Das nämliche gilt für Coleridges resp. Schellings prozessuale Ontologie, wie sie insb. in Schellings Naturphilosophie und »spekulativer Physik« zum Ausdruck kommt. Coleridge: »I am persuaded […] that the dogmatism of the corpuscular school, though it still exerts an influence on men's notions and phrases, has received a mortal blow from the increasingly *dynamic* spirit of the physical sciences now highest in public estimation. And it may safely be predicted that the results will extend beyond the intention of those who are gradually effecting this revolution.« (›Aids to Reflexion‹, Conclusion, in: »The Oxford Authors«, a. a. O., S. 683): Eigentlich unnötig zu bemerken, daß diese Prophezei-

Wissens wie des Seins, das absolute Subjekt-Objekt. Von hier aus erscheinen sowohl Idealismus wie auch Realismus (»Dogmatismus«) als Einseitigkeiten; und ganz in diesem Sinne schreibt auch Coleridge:

»An object is inconceivable without a subject as its antithesis. *Omne perceptum percipientem supponit*. But neither can the principle be found in a subject as a subject, contradistinguished from an object: for *unicuique percipienti aliquid objicitur perceptum*. It is to be found therefore neither in object or subject taken separately, and consequently, as no other third is conceivable, it must be found in that which is neither subject nor object exclusively, but which is the identity of both.«[48]

Das Vermögen zur Erkenntnis oder besser, zum Gewahrwerden dieses Absoluten ist die Vernunft (»reason«) im Unterschied zum Verstand (»understanding«). Vernunft ist das Vermögen der kontemplativen Versenkung und reinen Schau (»theoria«), welches uns bereits bei Berkeley und, deutlicher noch, bei Schopenhauer begegnet ist.[49] Es macht dabei wenig Sinn, über das Dasein oder Nichtsein eines solchen Intuitionsvermögens zu diskutieren, welches sich (mit Schelling gesprochen) schlecht »andemonstrieren« ließe. Es ist aber anzunehmen, daß jemand, der (wie Berkeley, Coleridge, Schelling, Schopenhauer, Solowjew usf.) solche (natur-)mystischen Erfahrungen erlebt hat (oder erlebt zu haben glaubt), sich diese *post factum* nicht wird ausreden lassen. Freilich sollte der (oder die) Glückliche dann auf der Hut sein, sich von der Freude um das Wissen von diesem Vermögen zur Umdeutung desselben zu einer magischen oder divinatorischen Fähigkeit verleiten zu lassen. Eine solche Verführung liegt hier immer nahe und sie endet gewöhnlich in einer ganz uner-

---

ung im Darwinismus bzw. der Evolutionstheorie bald darauf schon Wirklichkeit geworden ist.

48 »Biographia literaria«, Kap. XII, Thesis V, in: Coleridge (»The Oxford Authors«), S. 297.

49 Auch bei Schelling ist zu lesen (»Darlegung des wahren Verhältnisses der Naturphilosophie zu der verbesserten Fichteschen Lehre«, Ausg. Tübingen 1806, S. 65): »Das wirkliche Sein des Lebendigen kann allerdings nicht bemerkt werden in jenem tölpischen oder auch hochmütigen Wegfahren über die Dinge; es gehört dazu der Zug innerer Liebe und Verwandtschaft deines eigenen Geistes mit dem Lebendigen der Natur, die stille, nach der Tiefe dringende Gelassenheit des Geistes, damit das bloß sinnliche Anschauen zu einem sinnigen werde.« C. Howard notiert über den Begriff »reason«: »Reason is the divine essence present in man as his highest faculty, and therefore it is the organ of the super-sensuous for both Coleridge and the Platonists.« (Coleridge's Idealism, Folcroft/PA. [2]1964, S. 37)

freulichen, gefährlichen Abwertung des diskursiven und analytischen Verstandes und seiner Resultate. Dem gegenüber sollte zumindest darin Konsens zwischen Theoria-Gläubigen und -Ungläubigen bestehen, daß solche Erfahrungen nicht erzwungen und damit auch nicht methodisch verwertet werden können, daß ihr Inhalt sehr schwer beschreibbar und von daher auch kaum diskursiv-wissenschaftlich auswertbar ist, und (last, but not least) daß diese Erfahrungen die Verstandeskenntnisse vielleicht *erweitern* – diesen aber niemals *widersprechen* können.[50] Weder die Gefahr des Mißbrauchs, die in der Behauptung eines kontemplativen oder intuitiven Vernunftvermögens liegt noch die Unabdingbarkeit, diese Behauptung mit klaren Einschränkungen zu versehen, vermögen allerdings die mögliche Wahrheit dieser Behauptung aus der Welt zu schaffen.

Mit Coleridges Unterscheidung von »reason« und »understanding« ist eine weitere verbunden, die einen nun nahe liegenden Einwand beantworten soll: die von »imagination« (»Einbildungskraft«) und »fancy« (»Phantasie«). Dieser Einwand besagt, daß unter der Annahme, jede Wahrnehmung setze einen Wahrnehmenden bzw.

[50] Über solche, geboten erscheinende Restriktionen setzt sich Coleridge leider manches Mal hinweg, und diesbezüglich (nicht aber in allen Fällen seiner Verwendung der Unterscheidung von Verstand und Vernunft) ist Carlyles Sarkasmus durchaus am Platz, wenn er von Coleridge bemerkt, er habe etwas ganz besonderes entdeckt, nämlich »the sublime secret of believing by the reason what the understanding had been obliged to fling out as incredible« (zit. nach Howard, a. a. O., S. 101). Vergleichbar ist damit auch Schopenhauers ironische Bemerkung im Blick auf Schelling: »Hat der alte Königsberger Krittler die Vernunft kritisirt und ihr die Flügel beschnitten; -gut! So erfinden wir eine *neue* Vernunft, von der bis dahin noch kein Mensch etwas gehört hatte [Schopenhauer unterschlägt hier die Platonische theoria, auf welche er sich bei seinen naturmystischen Ausführungen selbst bezogen hat], eine Vernunft, welche nicht denkt, sondern unmittelbar *anschaut,* Ideen (ein vornehmes Wort, zum Mystifiziren geschaffen [ein im zuvor genannten Zusammenhang von ihm selbst verwendetes Wort]) anschaut, leibhaftig; oder auch sie *vernimmt,* unmittelbar vernimmt was du und die Andern erst beweisen wollten; oder, – bei Denen nämlich, welche nur wenig zugestehn, aber auch mit wenig vorlieb nehmen, – es *ahndet.* Früh eingeimpfte Volksbegriffe geben wir so für unmittelbare Eingebungen dieser unserer neuen Vernunft, d. h. eigentlich für Eingebungen von oben, aus. Die alte, auskritisirte Vernunft aber, die degradiren wir, nennen sie *Verstand.*« (Über die vierfache Wurzel …, a. a. O., S. 55) Allerdings hat auch schon für Aristoteles »Vernunft« etwas mit »Vernehmen« zu tun: »Denn die Vernunft ist das aufnehmende Vermögen für das Intelligible und das Wesen.« (Metaphysik, XII. Buch, Kap. 7, 1072b). Im Anschluß an ihn und v. a. an Thomas von Aquin formulierte dann Jacques Maritain: »Die Vernunft ist das Vermögen für das Wirkliche.« (Antimodern. Die Vernunft in der modernen Philosophie und Wissenschaft und in der aristotelisch-thomistischen Erkenntnisordnung, Augsburg 1930, S. 19)

jedes (erkennbare) Objekt ein Subjekt voraus, die Folgerung zumindest wahrscheinlich werde, dieses Subjektive liege (ausschließlich) in dem wahrnehmenden Menschen, womit das Geistige, das da angeblich in der Natur erfahrbar werde, nichts weiter sei als eine Spiegelung des menschlichen Geistes; das Seelische aber bloß eine mehr oder weniger unbewußte Projektion der Gefühle des Betrachters in der Natur. Tatsächlich kann man einem Großteil der Naturlyrik des achtzehnten Jahrhunderts gerade dies vorwerfen, sie habe menschliche Gedanken und Gefühle in das Buch der Natur »hinein gelesen«. Ist also das, was die Landschaften und Naturszenen kontemplierende, »schauende Vernunft« dort als Geistiges und Seelisches »durchscheinen« zu sehen glaubt, lediglich die Spiegelung oder der Reflex ihres eigenen Wesens? Coleridge antwortet: Das (eigene) ist *auch* da – in gewissen sozusagen »gesegneten« Momenten ist es aber zumindest nicht *allein* da. Dann erscheint auch ein Licht von der anderen Seite. *Der* schöpferisch-gestaltende Geist in der Natur leuchtet auf oder scheint hindurch, welcher von Coleridge mit dem gleichen Wort bezeichnet wird, wie auch der Genius des Künstlers: »imagination«[51]. »Fancy« steht in Verbindung mit dem menschlich-natürlichen Verstand und bestimmt (oder »konstituiert«) die Erfahrung der Natur, »imagination« steht in Verbindung mit der den menschlichen Bereich transzendierenden Vernunft und zugleich mit dem vernommenen Innersten der Natur. Aufgrund dieser Teilhabe (im platonischen Sinn) des wahren Künstlers an der Imagination der Natur ist (für Coleridge nicht anders als beispielsweise auch für Goethe) jedes wahre Kunstwerk immer auch ein »Naturprodukt«.

Und wie es zwei Arten von Erkenntnisvermögen sowie zwei Arten von Vorstellungsvermögen gibt so auch zwei Arten von Liebe: die sentimentale (»hingerissene«), »rosarot« malende (Kant: »pathologische«) und die mit der Willenskraft verbundene, die sich mit dem kraftvollen Streben und Drängen der *natura naturans* vereint. Diese Liebe ist, so läßt sich wohl im Sinne Coleridges hinzufügen, der innerste Grund der selbsttranszendierenden Dynamik in der Natur (die sich mit einem neueren Wort als »Evolution« zu erkennen gibt) und von welchem Grund (von der Warte der theoretischen Vernunft aus) vielleicht doch zurecht angenommen werden kann bzw. (von der Warte der praktischen Vernunft aus) *soll*, daß er sogar mit den »Ge-

---

[51] »The imagination is an essential part of the structure of the universe; it is dynamic, vital.« (Y. McKenzie, Organic Unity in Coleridge, Berkeley 1971, S. 28).

setzen der Wildnis« grundsätzlich vereinbar ist oder doch sein könnte.

(Abschließende Bemerkungen)

Solowjew verweist in seiner »Philosophie der Geschlechtsliebe[52] darauf, daß wahre zwischenmenschliche Liebe (d.h. das Gegenteil der imgrunde verlogenen, den anderen nur benutzenden Selbstliebe) nicht blind, sondern im Gegenteil sehend mache. Nur der Liebende könne das eigentliche, tiefste Wesen des Geliebten erkennen. Eine solchermaßen aufrechte, moralisch integere sowie intuitiv hellsichtige *Natur*liebe täte ebenfalls not, die verlogene und nur gespielte fügt Mensch wie Natur nur Schaden zu, indem letztere dadurch zur bloßen Staffage für Seufzer, Sightseeing und Sportaktionen herabgewürdigt wird. Sie vermag insbesondere auch Shaftesburys »test by ridicule« nicht zu bestehen.[53]

Wirkliche und mitwirkende Liebe, auch echte Naturliebe, hütet sich jedoch vor (deifizierender) Überschätzung und Überbewertung geradeso wie vor Unterbewertung und Mißachtung (oder sogar vor der »Dämonisierung) des bzw. der Geliebten. Sich selbst zurücknehmend und »arm« machend, öffnet sie sich für den anderen und, diesen annehmend, erkennt sie dessen eigene Armut und Bedürftigkeit. (Dies ist der wahre Kern in Schopenhauers Mitleidsmoral: In jeder echten Liebe findet sich zumindest ein wenig Mitleid – Sym-pathie – mit dem Geliebten). Aber weil eine solche zugleich starke und arme Liebe niemals gedacht hatte, in dem anderen göttliche Fülle zu finden, erschrickt sie auch über diesen Mangel nicht. Die echte Liebe erkennt die Vollendungsbedürftigkeit des Geliebten, antwortet auf sie nach bester Kraft, überläßt die Vollendung aber zuletzt Gott, der erhofften wahren und vervollkommnenden Fülle in aktualer Vollkommenheit:

---

52 Vgl. »Der Sinn der Geschlechtsliebe«, in: Deutsche Gesamtausgabe der Werke von Wladimir Solowjew, hg. von W. Szylanski, 7. Bd., Freiburg/Br.1953, S. 191–272.

53 Vgl. z.B. Heinrich Heine: »Philister in Sonntagsröcklein / Spazieren durch Wald und Flur, / Sie jauchzen, sie hüpfen wie Böcklein, / Begrüßen die schöne Natur. / Betrachten mit blinzelnden Augen, / Wie alles romantisch blüht: / Mit langen Ohren saugen / Sie ein der Spatzen Lied« usf. Noch gelungener und schöner sind wohl allenfalls die folgenden Verse, darin der falschen Naturromantik mit einem einzigen Buchstaben (dem »e«) ein Dolchstoß versetzt wird: »Das Fräulein stand am Meere / Und seufzte lang und bang, / Es rührte sie so sehre / Der Sonnenuntergang« usf.

»Die Schöpfung ist der Vergänglichkeit unterworfen, nicht aus eigenem Willen, sondern durch den, der sie unterworfen hat; aber zugleich gab er ihr Hoffnung: Auch die Schöpfung soll von der Sklaverei und Verlorenheit befreit werden zur Freiheit und Herrlichkeit der Kinder Gottes. Denn wir wissen, daß die gesamte Schöpfung bis zum heutigen Tag seufzt und in Geburtswehen liegt.« (Paulus[54])

»Bruder Leo, hörst du nicht das erdenweite Gemurmel der gesamten Schöpfung, die in ihren Tiefen das Oster-Alleluja übt?« (Franziskus von Assisi[55])

»Die Schöpfung ist noch nicht zu End, ehe denn der Mai der Natur anbricht und die güldene Welt.« [56]

»Es ist mir recht innig klar geworden und ans Herz gedrungen, daß wir Kinder der Natur sind, daß wir unserer ersten Geburt nach zu ihr gehören und uns nie ganz von ihr lossagen können, daß, wenn sie nicht zu Gott gehört, auch wir nicht zu ihm gehören können und wenn sie nicht Eins werden kann mit Gott, auch unsere Vereinigung mit ihm entweder unvollkommen oder gar unmöglich seyn muß.« (W. F. J. Schelling[57])

Ein solches wahrhaft christliches Naturverständnis, das neben dem Schöpfungsgedanken auch Elemente der Mutter- und Geschwisterliebe (»Sophienliebe«) in dem Bewußtsein, einer erlösungsbedürftigen Schicksalsgemeinschaft anzugehören, in sich vereinigt, kann schließlich vielleicht sogar den Gedanken an die »Gesetze der Wildnis« ertragen. Es scheint damit, d.h. nicht zuletzt infolge der Aner-

---

54 Röm 8, 20–22. Ein wichtiger Punkt für jeden, der sich über das wahre biblische Naturverständnis Rechenschaft geben will. - Hierin liegt auch ein Fingerzeig für eine mögliche Erklärung des Naturschönen: Dieses ist der Vor-Schein der neuen – oder besser – vervollkommneten Schöpfung in der bestehenden und noch »unerlösten« …

55 In der beinahe schon kongenial zu nennenden Darstellung von Eligius Leclerc: Weisheit eines Armen. Franziskus gründet seinen Orden, Werl 1983, S. 52. Ganz im Sinne Paulus' und Franziskus' hat auch Wladimir Solowjew über die Natur gedacht; ein Beispiel (es ist eine Anmerkung zu Gen 3, 23 über das Gebot für den Menschen, die Erde zu bestellen): »Die Erde bebauen heißt nicht, sie zu mißbrauchen, sie auszusaugen und zu zerstören, sondern es heißt, sie zu verbessern und ihr größere Kraft und Seinsfülle zu geben. Und so dürfen nicht nur unsere Nächsten, sondern es darf auch die materielle Natur nicht nur ein bloß passives und gleichgültiges Werkzeug der ökonomischen Produktion oder Ausbeutung sein. […] Ihre im Verhältnis zur Gottheit und zur Menschheit untergeordnete Stellung macht sie nicht rechtlos: sie hat ein Recht auf unsere Hilfe, ihre Umwandlung und Erhöhung.« (Die Rechtfertigung des Guten, Deutsche Gesamtausgabe, 5. Bd. a. a. O., S. 498)

56 Paracelsus, zit. nach: H. Schipperges (Hg.), Kosmos Anthropos. Entwürfe zu einer Philosophie des Leibes, Stuttgart 1981, S. 37.

57 Zit. nach G. Siewerth, Der Mensch und sein Leib, Einsiedeln 1953, S. 81.

kennung des Erlösungsmysteriums (davon der aufgeklärte Deismus ja ganz absehen wollte), durchaus mit der Akzeptanz eines Grundzugs der Evolutionstheorie vereinbar. Der Glaube an die Beseeltheit des Kosmos würde dann zumindest dies bedeuten: Der Welt liegt eine (oder liegen viele: Leibniz, Berkeley u.a.) transmaterielle Einheit (Einheiten) zugrunde, die den »Keim« (die »Keime«) für Leben und Bewußtsein von Anfang an in sich enthält (enthalten) und welche auch imstande ist (sind), den göttlichen, heiligen Geist am »Jüngsten Tage« in sich aufzunehmen um damit verwandelt zu werden in das von Monotheisten erwartete und ersehnte »Gottesreich«.

Wie steht es aber (so unsere letzte, über das Thema »Rückkehr zur *anima mundi* bei Coleridge hinausführende Frage) mit jenem anderen Grundzug der Evolutionstheorie, ihrer Abweisung allen teleologischen Denkens? (Ist diese radikale Dysteleologie nicht gänzlich unvereinbar mit der gerade ausgedrückten Hoffnung?) Gleich zu Beginn mag freimütig eingeräumt werden, daß die Gestalt von (an vorgegebenen Bau- und Ingenieursplänen orientierter) Teleologie, wie sie mit dem deistischen Maschinenmodell des Kosmos verbunden war, für immer verloren ist.[58] Sie hatte ja auch nur bei oberflächlicher Betrachtung etwas mit der traditionellen religiösen Vorstellung eines lebendigen (und wirkenden) Gottes zu tun. Im Unterschied etwa zur Sophienlehre des Alten Testaments, zu den Logos-Spekulationen im Anschluß an das Johannes-Evangelium oder zu der trinitarischen Theologie vieler Kirchenväter war diese Vorstellung dem Eigenwert der Natur keineswegs gerecht geworden. Letzt-

[58] Eduard von Hartmann bestimmt diesen allzumenschlichen Zweckbegriff so: »Ein Zweck [in diesem Sinne] ist für mich ein von mir vorgestellter und gewollter zukünftiger Vorgang, dessen Verwirklichung ich nicht direct, sondern nur durch causale Zwischenglieder (Mittel) herbeizuführen im Stande bin. Wenn ich den zukünftigen Vorgang nicht *vorstelle*, so existiert er für mich jetzt nicht, sondern er ist mir gleichgültig oder zuwider; wenn ich ihn *direct* verwirklichen kann, so fällt das causale Zwischenglied, das Mittel fort, und damit verschwindet auch der Begriff Zweck […] So haben wir eine dreifache Causalität unter den vier Gliedern: Wollen des Zwecks, Wollen des Mittels, Verwirklichung des Mittels, Verwirklichung des Zwecks.« (Philosophie des Unbewußten. Versuch einer Weltanschauung, Hildesheim 1989, S. 25; vgl. hierzu evtl auch die ganz ähnliche, Teleologie einfachhin mit konkreter und bewußter Zwecksetzung identifizierende Kategorialanalyse der Finalität seines Namensvetters Nicolai Hartmann in dessen Buch ›Teleologisches Denken‹, Berlin 1966 und die Kritik dieses auch u.a. ganz unaristotelischen Teleologieverständnisses in: R. Spaemann und R. Löw, Die Frage Wozu? a.a.O.) Hartmanns Vorwurf des Anthropomorphismus kann aus seinem Mund vielleicht gerade noch akzeptiert werden, keinesfalls jedoch aus dem eines Naturalisten. Denn für diesen gibt es ja gerade keine spezifische »morphe« des »anthropos«.

gültig die Evolutionstheorie, aber schon zuvor die organismische Naturauffassung, wie sie in der Neuzeit im Anschluß an Leibniz' Monadologie und Kants letzte Kritik wieder vertretbar erschien und noch immer erscheint[59], haben die Vorstellung verabschiedet, die mutmaßliche Teleologie in der Natur könne auf die Weise des zweckmäßigen Handelns in der Lebenswelt des Menschen gedeutet werden.[60] In der Tat gleicht Naturteleologie weder sonderlich der Zweckmäßigkeit der Maschine noch der des menschlichen Verhaltens. Aber von hier zu der Behauptung, in der Natur herrschten ausschließlich (»blinder«) Zufall und (ebensolche) Notwendigkeit, ist es auch ein großer Schritt, der dringend begründungsbedürftig zu sein scheint – begegnen doch sogar in unserer Lebenswelt Beispiele und Formen von Teleologie, die sich der Disjunktion »entweder maschinenhafte Finalität oder finales, geplantes Verhalten« entziehen: die »ganzheitliche«, »selbstregulative« oder »innere« (Kant) Zweckmäßigkeit eines Organismus, die »Zweckmäßigkeit ohne Zweck« (Kant) eines Kunstwerks, die nicht planbaren Intuitionen folgende, aber dennoch weder zufällige noch determinierende Schaffensweise des Künstlers usf. wären allesamt nahe liegende Beispiele. All dies könnten Weisen der Teleologie sein, die dem Wirken der Natur bzw. der Naturprozesse *per analogiam* näher kommen als die Zufallsziehungen eines Lotteriespiels oder die Notwendigkeit einer syllogistischen Deduktion. Man sollte also glauben, daß jemand, der das Gegenteil behauptet, sich verpflichtet fühlen würde, gute Gründe für seine These zu nennen. Dies ist jedoch erstaunlicherweise kaum einmal der Fall, wobei allenfalls noch mehr verwundern sollte, daß sich die *scientific community* davon offensichtlich kaum beunruhigen läßt.

So bezeichnet beispielsweise die Mehrheit der Biologen die Hypothese von der totalen Dysteleologie der Natur einfach entweder als selbstverständlich oder als ein (oder das) *Postulat* objektiver Forschung; in diesem Sinne schreibt etwa Jacques Monod in seinem äußerst einflußreichen Buch ›Zufall und Notwendigkeit‹:

---

[59] Sie steht nicht nur im Hintergrund von Goethes Naturauffassung, sondern auch hinter Alexander von Humboldts ›Kosmos. Entwurf einer physischen Weltbeschreibung‹ (Stuttgart 1845): »Was mir den Hauptantrieb gewährte, war das Bestreben, die Erscheinungen der körperlichen Dinge in ihrem allgemeinen Zusammenhang, die Natur als ein durch innere Kräfte bewegtes und belebtes Ganze aufzufassen«. (S. 6)

[60] »Bekannt wurde ein Slogan des Botanikers Otto Renner: »Die Natur zielt nicht, sie spielt«. (H. Frauenknecht, Urknall, Urzeugung und Schöpfung, Wiesbaden 1976, S. 148)

»Grundpfeiler der wissenschaftlichen Methode ist das Postulat der Objektivität der Natur. Das bedeutet die *systematische* Absage an jede Erwägung, es könne zu einer ›wahren‹ Erkenntnis führen, wenn man die Erscheinungen durch eine Endursache, d. h. durch ein ›Projekt‹, deutet. Die Entdeckung dieses Grundsatzes läßt sich genau datieren. Galilei und Descartes haben mit der Formulierung des Trägheitsprinzips nicht nur die Mechanik, sondern auch die Erkenntnistheorie der modernen Wissenschaft begründet und damit die aristotelische Physik und Kosmologie außer Kraft gesetzt. Den Vorläufern von Descartes hat es gewiß weder an Verstand, noch an Logik, noch an Erfahrung oder gar am Einfall gemangelt, Verstand, Logik und Erfahrung systematisch miteinander zu konfrontieren. Doch nur auf diesen Grundlagen konnte die Wissenschaft, so wie wir sie heute verstehen, sich nicht konstituieren. Dazu brauchte man noch die strenge Zensur der Objektivitätsforderung. Diese ist ein reines, für immer unbeweisbares Postulat, denn es ist offensichtlich unmöglich, ein Experiment zu ersinnen, durch das man die *Nicht-Existenz* eines Projekts, eines irgendwo in der Natur angestrebten Zieles beweisen könnte.

Aber das Objektivitätspostulat ist mit der Wissenschaft gleichzusetzen. Es hat ihre außerordentliche Entwicklung seit dreihundert Jahren angeführt. Sich seiner – und sei es nur provisorisch oder in einem begrenzten Bereich – zu entledigen, ist unmöglich, ohne daß man auch den Bereich der Wissenschaft verläßt.

Die Objektivität selbst zwingt uns aber, den teleonomischen Charakter der Lebewesen anzuerkennen und zuzugeben, daß sie in ihren Strukturen und Leistungen ein Projekt verwirklichen und verfolgen. Hier ist also, zumindest scheinbar, ein tiefer erkenntnistheoretischer Widerspruch. Das zentrale Problem der Biologie ist eben dieser Widerspruch, der als ein nur scheinbarer aufzulösen oder, wenn es sich wirklich so verhält, als grundsätzlich unlösbar zu beweisen ist.«[61]

Ein Postulat ist im herkömmlichen wissenschaftlichen und philosophischen Sprachgebrauch eine Forderung, die aus erfolgversprechenden, methodischen Gründen eines strengen Beweises entbehrt, wobei häufig eine praktisch-sittliche Forderung nach Anerkennung eines theoretisch unbeweisbaren Satzes gemeint ist. Von einer ethischen (Auf-)Forderung kann nun im zitierten Text offenbar keine Rede sein. Im Gegenteil hat das »Objektivitätspostulat« (ist nicht bereits die Bezeichnung für dieses antiteleologische Prinzip irreführend?)

---

[61] J. Monod, Zufall und Notwendigkeit. Philosophische Fragen der modernen Biologie, TB- Neuauflage München 1996, S. 36 f. Neuere Vertreter der radikalen Dysteleologie wären z. B. Stephen Jay Gould und Franz Wuketits – vgl. z. B. dessen programmatischen Aufsatz »The philosophy of evolution and the myth of progress«, in: *Ludus vitalis,* 5/3 (1997), S. 5–17.

ethisch eher prekäre Konsequenzen. Denn da – im biologischen Sinne – auch der Mensch ein »Naturwesen« ist, dürften auch seine Verhaltensweisen nichtteleologisch erklärt werden müssen, was ihn allerdings seiner Verantwortung beraubte. Schlimmer noch: Auch (z. B. Monods) Gedanken müßten konsequenterweise dem dysteleologischen, alles umfassenden Bereich zugeordnet werden, was ihnen jedoch den Anspruch auf Beachtung entzöge. Mit »Postulat« wird somit eher eine ethisch neutrale Forderung gemeint sein, welche irgendeinen Erfolg verspricht, wobei zumindest dieser Erwartung die Zweckmäßigkeit nicht abgeleugnet werden kann: Irgendwo kommt man letztlich, auch bei der unbarmherzigsten Dekretierung von ausnahmsloser Dysteleologie, um die Akzeptanz von Zwecken nicht herum, müßte doch andernfalls die Zwecklosigkeit auch dieses Dekrets konzediert werden. Unter dem Erfolg, den man sich verspricht, dürfte wohl eine Förderung der Naturwissenschaften, die (gewöhnlich über den Umweg der Technik) dem Wohle des Menschen zuträglich ist, verstanden werden. In den Wissenschaften feindlich gesonnenen Zeiten ist eine solche Förderung sicherlich sinnvoll und einst vielleicht sogar sittlich wertvoll gewesen. Aber diese Zeiten sind vorbei, ursprüngliche Animismen gehören der Vergangenheit an,[62] sie haben in der modernen Gesellschaft ihre Reputation verloren und werden lediglich noch in esoterischen Zirkeln weiter gepflegt bzw. mühsam »reanimiert«. Vergangen sind weitgehendst auch cartesischer Dualismus sowie postcartesianischer Idealismus. Und da auch der Schöpfungsglaube täglich abnimmt und im Bewußtsein der weitaus meisten »Gebildeten« durch das »naturwissenschaftliche Weltbild« ersetzt wird, dürfte die sich materialistisch verstehende Naturwissenschaft eigentlich keinen nennenswerten äußeren Gefahren mehr begegnen. (»Äußeren« deswegen, weil, wie bekannt, ihre harte

[62] So urteilt auch Coleridge: »The hypothesis of hylozoism […] is the death of all rational physiology, and indeed of all physical science; for that requires a limitation of terms, and cannot consist with the arbitrary power of multiplying attributes by occult qualities. Besides, it answers no purpose; unless indeed a difficulty can be solved by multiplying it, or that we can aquire a clearer notion of the soul, by being told that we have a million souls, and that every atom of our body has a soul of ist own. […] There is a sediment indeed at the bottom of the vessel, but all water above it is clear and transparent. The hylozoist only shakes it up, and renders the whole turpid.« (»The Oxford Authors«, a. a. O., S. 50) Ein solchermaßen kritische Grundeinstellung erinnert an Kant und könnte von dort her bezogen worden sein: »The writings of the illustrious sage of Königsberg, the founder of the critical philosophy, more than any other work, at once invigorated and disciplined my understanding.« (»The Oxford Authers«, a. a. O., S. 232)

materialistische Schale wachsendem *inneren* Druck ausgesetzt ist: die Regale der Buchhandlungen sind gegenwärtig reichlich gefüllt mit Darstellungen, die diese Entwicklung, v. a. anhand der Geschichte der Physik in unserem zu Ende gehenden Jahrhundert, zu schildern versuchen.)

Obwohl somit die Naturwissenschaft (sei es in einer materialistischen, sei es – wie zu erhoffen wäre – in einer postmaterialistischen Gestalt) gesichert scheint, gilt dies auf unserem Planeten doch für ihren Gegenstand, die Natur, weit weniger. Hier gälte es nun umzudenken und beispielsweise die Frage aufzuwerfen, ob es unter dieser Perspektive weiterhin sinnvoll sein kann, an der Vorstellung, die Natur sei eine leblose Maschine – nun: mit eingebautem Zufallsgenerator –, weiterhin unbeirrt festzuhalten. Muß dies nicht den neuzeitlichen Menschen in seiner typischen Angst vor diesem indifferenten, toten Moloch nur noch bestärken? Ist die ganze Vorstellung durch die Hereinnahme eines Zufallsgenerators nicht lediglich in verstärktem Maße paranoid geworden, indem das einzige noch relativ beruhigende an der mechanistischen Konzeption, der Faktor der Vorhersehbarkeit und Verläßlichkeit, sukzessive zersetzt wird? (Einstein scheint dies auch so empfunden zu haben, wie seine unnachgiebige Opposition gegen die Kopenhagener Deutung der Quantenmechanik verdeutlicht.) Monod führt zur Begründung des postulatorischen Charakters der radikalen Dysteleologie den Gedanken an, daß diese niemals bewiesen werden könne. (Dasselbe gilt freilich auch für die teleologische Gegenthese, die aber auf den Sonderstatus eines Postulats verzichten muß.) Hinter Zufall und Notwendigkeit bliebe ein *telos* stets widerspruchsfrei und erfahrungskonform vorstellbar. Damit wird eigentlich eingeräumt, daß – wollte man »Naturwissenschaft« als »Wissenschaft auf der Grundlage von Beobachtung (Dysteleologie kann offensichtlich niemals beobachtet werden) und Experiment« definieren – die Naturwissenschaft als solche in der Frage nach der Teleologie zu schweigen habe.

Die Frage nach der Teleologie ist in Wahrheit auch eine metaphysische. Für eine Metaphysik auf praktisch-sittlicher Grundlage muß die Antwort sicherlich (aus Gründen der traditionellen Ethik aber auch der Umweltethik) »proteleologisch« entschieden werden.[63] Hans Jonas meint, daß sich darüber hinaus gute Gründe auf dem

[63] Was eben nicht bedeuten muß, daß die Natur feste, nach deren Erreichen ein für alle mal gleich bleibende Ziele verfolgt. Es scheint keine Homöostasen der Natur zu geben –

Gebiet der theoretischen Metaphysik oder Naturphilosophie für eine gleichlautende Antwort angeben lassen.[64] Einer der vielen ist schnell genannt:

»Wie die Subjektivität in gewissem Sinne eine Oberflächenerscheinung der Natur ist – die sichtbare Spitze eines viel größeren Eisberges – spricht sie für das stumme Innere mit. Oder: die Frucht verrät etwas von Wurzel und Stamm, aus denen sie erwuchs. Da die Subjektivität wirkmächtigen Zweck zeigt, ja ganz und gar daraus lebt, muß das stumme Innere, das durch sie erst zu Wort kommt, der Stoff also, in nichtsubjektiver Form schon Zweck, oder ein Analogon davon, in sich bergen.«[65]

So besehen – und diese Sichtweise legt sich vor dem Hintergrund der universellen Evolution durchaus nahe[66] – wäre es die postulatorische dysteleologische Metaphysik (im Verein mit der radikalen Verpönung jeglichen Anthropomorphismus'), die den Menschen aus der übrigen Natur ausgrenzt. Eine solche Ausgrenzung kann nur als ein theoretisch falsches[67] und praktisch gefährliches Bewußtsein bezeichnet werden. Im Menschen kommt vielmehr zum Vorschein, was in der ganzen übrigen Natur latent und der Möglichkeit nach bereits angelegt erscheint.[68] Jeder denkende Mensch kann aber für sich selbst realisieren, daß er ein Ursprung oder Prinzip von freien Bewegungen oder Gedanken ist. Es dürfte kaum eine Gewißheit geben, die den Grad der Gewißheit, in freier Entscheidung beispiels-

was nach Pico, Sartre (die menschliche Existenz ist dessen Wesen »vorläufig«) und anderen ja auch für den Menschen gelten soll.

[64] Vgl. H. Jonas, Das Prinzip Leben, a. a. O., insb. Kap. 2–5.

[65] H. Jonas, Das Prinzip Verantwortung, a. a. O., S. 139. Bereits bei Aristoteles verhält sich die materielle Welt zur Pflanzenwelt wie diese zum Tierreich.

[66] Auch bereits für Coleridge: »In the objects of nature are presented, as in a mirror, all the possible elements, steps, and processes of intellect antecedent to consciousness, and therefore to the full development of the intelligible act.« (Coleridge, Biographia Literaria, hg. von John Shaweross, 2. Bd., Oxford 1907, S. 257)

[67] Diese Aussage schließt nicht aus, daß der Mensch, unter dem Blickwinkel seiner Freiheit und Geistigkeit betrachtet, die Natur, der er angehört, in gewisser Weise zu transzendieren vermag. Allerdings setzt auch dies noch einmal das Vorhandensein einer latenten Geistigkeit und Freiheit in dieser Natur selbst voraus. (Vgl. das folgende Zitat Schelers, eines Philosophen, der Jonas in mancher Hinsicht beeinflußt zu haben scheint.)

[68] Es gälte also, die einseitige naturalistische Rede von der Naturförmigkeit des Menschen durch die von der latenten Menschenförmigkeit der Natur zu ergänzen. Anders allerdings Nietzsche: »Meine Aufgabe: die Entmenschung der Natur und dann die Vernatürlichung des Menschen …« (Kritische Gesamtausgabe, hg. von G. Colli und M. Montinari, Bd. V,2, New York, 1967 ff., S. 423)

weise entweder den Zeige- oder den Mittelfinger zu bewegen, an die eigene Mutter oder an den Vater zu denken, übersteigt. Die vielen – falls es einmal so unverblümt ausgedrückt werden darf – Sophismen, die gegen dieses unmittelbare Freiheitsbewußtsein vorgebracht worden sind, werden eigentlich nur im Zusammenhang des allgemeinen naturdeterministischen Rahmens verständlich, der das neuzeitliche Denken umschlossen und eingeschlossen hat. Max Scheler schreibt dazu (im möglichen Anschluß an Schiller[69]):

»Mit Recht wird von deterministischer Seite an der Idee Anstoß genommen, es sei das gesamte All determiniert und nur dem menschlichen Willen komme Freiheit zu. Eine solche Annahme wäre in der Tat unbegreiflich. Es ist aber die Frage, ob nicht in allen Verwirklichungen eine analoge, wenn auch verminderte Freiheit vorhanden ist. Die Idee eines eindeutigen Determinismus wäre dann nur eine ideale Grenze, die nie und nirgends erreicht ist; und die – als Idee – nur die Leitung hätte für unsere Begriffsbildung und Selektion der Tatsachen.«[70]

Gerade in unserer Zeit der an Ansehen und Einfluß gewinnenden »autopoietischen« Selbstorganisations- und Chaostheorien scheinen uns dies recht bedenkenswerte Worte zu sein. So besehen wäre aber auch das Phänomen der nur statistisch vorhersagbaren quantenphysikalischen Prozesse ein wichtiger Hinweis auf einen das Reich der Natur durchdringenden Stufenbau von, im bewußten Tun und Denken des Menschen gipfelnden Indeterminations- oder Freiheitsspielräumen.[71] Ganz problemlos würden sich in ein solches Bild auch die faszinierenden Beobachtungen von nichtmenschlicher Intelligenz und nichtmenschlichem Gedächtnis einfügen, die in jüngster Zeit ebenfalls viel diskutiert werden.[72] Aber sollten alle solche Beobach-

[69] »Leben und Freiheit im größten möglichen Umfang ist das Gepräge der göttlichen Schöpfung.« (F. Schiller, Philosophische Briefe [»Theosophie des Julius«], in: National-Ausgabe, Bd. XX, S. 129)

[70] M. Scheler, Zur Phänomenologie und Metaphysik der Freiheit, in: Schriften aus dem Nachlaß Bd. 1 (= Gesammelte Werke, Bd. 10), hg. von M. Scheler, Bern 1957, S. 164. Demgegenüber findet sich bei Fichte folgende (wenig plausible) These: »Einer Freiheit außer mir kann ich mir überhaupt gar nicht unmittelbar bewußt werden, denn die Freiheit an sich ist der letzte Erklärungsgrund alles Bewußtseins und kann daher gar nicht in das Gebiet des Bewußtseins gehören.« (Ausgew. Werke in 6 Bdn., Bd. 1, Darmstadt 1962, S. 233).

[71] Dieser Gedanke findet sich ziemlich ingeniös ausgeführt in der gewissermaßen »monadischen« Atomtheorie Germa Webers – vgl. deren Schrift: Kritik des quantitativen Weltbildes. Wege zu einem 4-dimenssionalen Naturverständnis, Wilhelmshaven o. J.

[72] Auf populäre Weise werden diese Beobachtungen z. B. dargestellt von H. von Dit-

tungen und Gründe (die freilich noch leicht vermehrbar wären) in theoretischer Hinsicht immer noch nicht ausreichen, um die Annahme von etwas Geistigem oder Seelischem in der Natur für gerechtfertigt erscheinen zu lassen, könnte darüber hinaus (es sei dies ein letztes Mal wiederholt), außer auf naturmystische Erfahrungen, v. a. auf die umweltethisch so bedeutsame Postulierung einer uns »geneigten« Anima mundi oder *natura naturans* verwiesen werden; dazu nochmals Kant:

»Wir können es als eine Gunst, die die Natur für uns gehabt hat, betrachten, daß sie über das Nützliche noch Schönheit und Reize so reichlich austeilete, und sie deshalb lieben, so wie, ihrer Unermeßlichkeit wegen, mit Achtung betrachten, und uns selbst in dieser Betrachtung veredelt fühlen: gerade als ob die Natur ganz eigentlich in dieser Absicht ihre herrliche Bühne aufgeschlagen und ausgeschmückt habe.«[73]

Günstlinge der Natur sind wir letztlich – was bei aller Betonung unserer Einheit mit der Natur nie vergessen werden darf – aufgrund unserer Geistigkeit, die eine Betrachtung dieser Natur überhaupt erst ermöglicht. Aber diese Selbstachtung sollte nie zu deren, der Natur, Lasten ausschlagen[74], in welcher selbst (eventuell sie transzendierenden) Geist wirken sehen zu wollen, wir gut beraten wären. Denn das zerrissene Band zwischen Mensch und Natur hat heute auf dem Planeten Terra in eine für beide lebensgefährliche Situation geführt. Nach Hans Jonas' Auffassung entsteht eigentlich erst hieraus der moderne, alles bedrohende Nihilismus – zugleich damit aber auch die vornehmste Aufgabe für die Philosophie der Gegenwart:

»Der Bruch zwischen Mensch und totalem Sein ist am Grunde der Nihilismus. Die logische Fragwürdigkeit des Bruches, d. h. eines Dualismus ohne Metaphysik [...] macht seine Tatsache nicht weniger wirklich, noch seine Alternative annehmbarer: Der gebannte Blick auf das isolierte Selbst, zu dem er

---

furth, Der Geist fiel nicht vom Himmel, München [14]1997, und: Ders., Wir sind nicht nur von dieser Welt, München [11]1997; von R. Sheldrake, Das Gedächtnis der Natur, München 1996 und von R. Wesson, Die unberechenbare Ordnung, a. a. O.

[73] I. Kant, Kritik der Urteilskraft, B 303 f. »Wir können es uns als Ehre anrechnen, Teil dieser wundervollen Gemeinschaft des Lebens zu sein.« (R. Wesson, a. a. O., S. 363) »Nur ein wahrlich wundervolles Universum konnte das Wunder des Geistes hervorbringen, der über seine Welt und sich selbst nachzusinnen vermag.« (A. a. O., S. 362)

[74] Wie z. B. bei R. Bultmann: »Die Geschöpflichkeit des Menschen bedeutet [...] auch nicht sein Eingefügtsein in die Natur und das Naturgeschehen; der Mensch ist nicht als kosmisches Wesen der Welt eingeordnet, sondern steht ihr gegenüber.« (R. Bultmann, Das Urchristentum im Rahmen der antiken Religionen, Stuttgart 1962, S. 14)

den Menschen verurteilt, mag sich eintauschen wollen gegen einen monistischen Naturalismus, der mit dem Bruch zugleich die Idee des Menschen als Menschen beseitigen würde. Zwischen dieser Scylla und jener Charybdis, ihrer Zwillingsschwester, schwankt der moderne Geist. Ob ihm ein dritter Weg offensteht, einer, der die dualistische Entfremdung vermeidet und doch genug von der dualistischen Einsicht bewahrt, um die Menschlichkeit des Menschen zu erhalten – dies herauszufinden ist Sache der Philosophie.«[75]

Von einem Ende der Philosophie, wie es die vielleicht einflußreichsten Philosophen dieses nun selbst zu Ende gehenden, wohl in mancher Hinsicht zu viel aufs Spiel gesetzt habenden zwanzigsten Jahrhunderts, Wittgenstein und Heidegger, verkündeten, kann und sollte also nicht länger mehr die Rede sein. Eine drängende und überaus wichtige Aufgabe ist gestellt und ihre Lösung wird, wenn überhaupt, nur auf einer epistemologischen Grundlage erfolgen können, die ihrerseits die Skylla und Charybdis von naivem »Materie-Realismus« und sterilem »Bewußtseins-Idealismus« zu umschiffen versteht.[76] »Tu res agitur!« (Horaz). Aber selbst wenn eine so begründete Philosophie unglücklicherweise nicht herauszufinden vermöchte, was zu entdecken zur Wahrung des unverstellten Antlitzes sowohl des Menschen wie auch – *per analogiam* – der Natur so befriedigend und bedeutsam wäre, ist die Überwindung des (ansonsten in die Katastro-

---

[75] H. Jonas, Das Prinzip Leben, a. a. O., S. 172. Besagter Bruch geht sehr deutlich aus der folgenden beispielhaften Satzprägung Flauberts hervor: »Il faut se créer un autre monde, en dehors de la nature«. (Lettres de Flaubert, hg. von Ch. Carlut, a. a. O., S. 679)

[76] Die vielleicht größten Philosophen aller Zeiten, Platon, Leibniz und Kant, haben diese Navigationskunst beherrscht, weswegen uns ihre Werke (unter vielen anderen Gründen) noch immer als erstrangige »Seekarten« oder »Lotsenschiffe« dienen konnten und können. Kritische Anmerkungen über den »Bewußtseins-Idealismus« erübrigen sich in einer Zeit, da er so gut wie alle seine Adepten verloren zu haben scheint. Sehr einsichtsvoll äußert sich jedoch Robert Wesson über den heute zur herrschenden Weltanschauung der Gebildeten avancierten »Materie-Realismus«: »Es liegt etwas von Selbsthaß im materialistischen Ansatz. Er wertet das Wesen des Geistes sowie die Leistungen der Phantasie und des Charakters ab. Mit Geringschätzung blickt er auf den Reichtum und die Wunder der Natur. Er erweckt den Anschein, als ob man über ihre Geheimnisse des Daseins, des Lebens und des Universums nicht weiter nachzudenken bräuchte. Wenn einer der Idee verhaftet ist, daß der Zufall (ein Gott, den man nicht lieben kann) uns erschaffen hat und daß wir den Amöben in Wirklichkeit nicht überlegen sind […], dann ist er letztlich nicht bereit, sich der Verantwortung, welche ihm durch Intelligenz und Macht aufgebürdet sind, zu stellen.« (Wesson, a. a. O., S. 362) Überzeugende Kritik am herrschenden Materialismus bieten auch D. L. Schindler, Beyond Mechanism, Lanham 1986, G. Weber, Kritik des quantitativen Weltbildes, a. a. O., und v. a. F. von Kutschera, Die falsche Objektivität, Berlin 1993.

phe führen werdenden) Bruches zwischen Mensch und Sein dessen ungeachtet immer noch in die persönliche Verantwortung eines jeden Menschen als einem praktischen – will besagen moralischen und handelnd tätigen – Wesen gestellt. Vielleicht kann die Aufgabe ja doch (was Philosophen immer nur ungern wahrhaben wollen) ohne umfassende Theorie gelöst werden (sicherlich noch eher als ohne jedes Gespür für »Unantastbarkeit«, »Heiligkeit«, d. i. ohne – im weitesten aber deswegen nicht auch notwendigerweise flachsten Sinne – Religion); und ganz besonders dann, wenn die Zeit drängt, können Entscheidung und Handeln da, wo es gilt, sich vor der eingebrochenen Dämmerung und zunehmenden Dunkelheit zu schützen, nicht immer auf die Eule der Minerva warten.

Literaturverzeichnis

Bei mehreren vom Verlag genannten Erscheinungsorten wird, wie schon in den Fußnoten, stets nur der erste genannt. Verlagsnamen sollten in wissenschaftlichen Arbeiten m. E. besser überhaupt nicht erscheinen. Die Angabe der Seitenzahlen bei Zeitschriftenartikeln oder Beiträgen zu Sammelbänden dürfte sich, nach erfolgter Angabe aller übrigen Erkennungsdaten, eigentlich als überflüssig erweisen: Dennoch sind die entsprechenden Zahlen in den Fußnoten des vorangegangenen Haupttextes angeführt worden – sie werden jedoch im folgenden nicht nochmals wiederholt.

1) Primärtexte George Berkeleys und David Humes

a) Berkeley, George, Philosophical Works Including the Works on Vision, hg. von Michael R. Ayers, London [5]1985.

Ders., – Bishop of Cloyne, The Works in 9 Volumes, hg. von Aston A. Luce und Thomas E. Jessop, London [2]1964.

Ders., Philosophisches Tagebuch (»Philosophical Commentaries«), hg. und üb. von Wolfgang Breidert, Hamburg 1987.

Ders., Versuch über eine neue Theorie des Sehens – und – Die Theorie des Sehens oder der visuellen Sprache verteidigt und erklärt, hg. und üb. von Wolfgang Breidert, Hamburg 1987.

Ders., Eine Abhandlung über die Prinzipien der menschlichen Erkenntnis, hg. von Alfred Klemmt, üb. von Friedrich Überweg, Hamburg [3]1979.

Ders., Drei Dialoge zwischen Hylas und Philonous, hg. von Wolfgang Breidert, üb. von Raoul Richter, Hamburg [4]1991.

Ders., Alciphron, hg. und üb. von Luise und Friedrich Raab, Leipzig 1915.

b) Hume, David, The Philosophical Works in 4 Volumes, hg. von Thomas Hill Green und Thomas Hodge Grose, London 1886 (Repr. Aalen 1992).

Ders., Ein Traktat über die menschliche Natur in 2 Bänden, hg. von Theodor Lipps und Reinhard Brandt, üb. von Th. Lipps, Hamburg [3]1985.

Ders., Eine Untersuchung über den menschlichen Verstand, hg. von Raoul Richter, Hamburg [2]1973.

Ders., Eine Untersuchung über die Prinzipien der Moral, hg. und üb. von Carl Winckler [2]1972.

Ders., Die Naturgeschichte der Religion. Über Aberglaube und Schwärmerei. Über die Unsterblichkeit der Seele. Über Selbstmord, hg. und üb. von Lothar Kreimendahl, Hamburg 1984.
Ders., Dialoge über natürliche Religion, hg. und neu bearb. von Günter Gawlick, üb. von Friedrich Paulsen, Hamburg [5]1980.
Ders., Vom schwachen Trost der Philosophie. Essays, hg. und üb. von Jens Kulenkampff, Göttingen 1990.
Ders., The Letters of –, hg. von J. Y. T. Greig, Oxford [2]1969.

2) Sonstige Primärtexte: Literatur bis ca. 1800 (Beginn des industriellen Zeitalters in England)

Agrippa von Nettesheim, Heinrich C., Magische Werke (Geheime Wiss.), Berlin [4]1921 (enthält: »De occulta philosophia«).
Anselmus Cantuariensis, Monologion. Die Vernunft und das Dasein Gottes, hg. von Rudolf Allers, Köln 1966 (enthält: »Proslogion«).
Ders., Proslogion, lat./dtsch. Ausgabe, üb. von P. Franciskus Salesius Schmitt O.S.B., Stuttgart-Bad Cannstadt 1993.
Aristoteles, Da anima, hg. von Robert Drews Hicks, Amsterdam 1965, deutsch: »Von der Seele«, in:
Ders., Philosophische Schriften (in 6 Bänden), Bd. 6, üb. von Hans Günter Jekl, Darmstadt, 1995.
Ders., De caelo, hg. von D. J. Allen, Oxford 1936.
Ders., Über den Himmel, in: Aristoteles. Die Lehrschriften, hg., üb. und erläutert von Paul Gohlke, Bd. 6, Paderborn 1958.
Index Aristotelicus, hg. von Paul Bonitz, Graz [2]1955.
Arnold, Gottfried, Das Geheimnis der göttlichen Sophia, Leipzig 1700 (Repr. Stuttgart 1963).
Augustinus, Aurelius, Confessiones / Bekenntnisse, lat./dtsch., üb. und hg. von Josef Bernhart, München [3]1966.
Aurelius, Marcus, Zu dir selbst, Auswahl und Einführung von Ulrich Hommes, Regensburg 1990.
Ders., Selbstbetrachtungen, üb. und eingel. von Wilhelm Capelle, Stuttgart 1973.
Bacon, Francis, Novum Organum / Neues Organon, lat./dtsch. (in 2 Bdn.), hg. von Wolfgang Krohn, Hamburg 1990.
Bayle, Pierre, Dictionnaire. Nouvelle Édition, Paris 1820–1824.
Ders., Pensées diverses, Paris 1700.
Ders., Continuation des pensées diverses, Paris 1705.
Beattie, James, An Essay on the Nature and the Immutability of Truth, Edinburgh 1776 (Repr. Hildesheim 1975).
Bentham, Jeremy, The Works of –, hg. von John Bowring, New York [2]1962, darin:
Ders. An Introduction to the Principles of Morals and Legislation: Bd. 1
Ders., Principles of Penal Law: Bd. 1
Ders., Anarchical Fallacies: Bd. 1
Ders., Defence of Usury: Bd. 3
Ders., Chrestomathia: Bd. 8

Ders. The Constitutional Code: Bd. 9
Ders., Memories and Correspondence: Bd. 10.
Boehme, Jacob, Aurora, oder: Morgenröthe im Aufgang (1612), Repr. der Ausgabe von 1730 (Sämtliche Schriften in 11 Bdn.), hg. von Will Erich Peuckert, Bd. 1, Stuttgart [1955.
Ders., Ausgewählte Schriften, hg. von G. Stenzel, o. O., o. J.
Boethius, Trost der Philosophie, üb. von Ernst Gegenschatz und Olof Gigon, Zürich 1991.
Boyle, Robert, The Works (in 6 Bdn.) hg. von Thomas Birch, London 1772 (Repr. Hildesheim 1965/1966).
Bruno, Giordano, Von der Ursache, dem Prinzip und dem Einen, hg. von Paul Richard Blum, üb. von Adolf Lasson, eingel. von Werner Beierwaltes, Hamburg [6]1982.
Butler, Joseph, The Analogy of Religion. Natural and revealed, London 1887[3].
Ders. Five Sermons, hg. von Stephen L. Darwall, Indianapolis 1983.
Calderón de la Barca, Pedro, El gran teatro del mundo / Das große Welttheater, span./dtsch., üb. und hg. von Gerhard Poppenberg, Stuttgart 1988.
Campanella, Tomaso, De rerum natura et magica, Frankfurt/Main 1610.
Chrysostomus, Johannes, Homiliae XXIV in Epistolam ad Ephesios, in: Patrologiae Patrum Graecorum, hg. von J.-G. Migne, Bd. 62, Paris 1862.
Cicero, Marcus Tullius, De natura deorum / Über das Wesen der Götter, lat./dtsch., hg. und üb. von Ursula Blank-Sangmeister, Stuttgart 1995.
Clarke, Samuel, Der Briefwechsel mit G. W. Leibniz von 1715/1716, hg. und üb. von Ed Dellian, Hamburg 1990.
Ders., A Demonstration of the Being and Attributes of God, London 1705 (Repr. Stuttgart-Bad Cannstatt 1964).
Ders., A Discourse Concerning the Unchangeable Obligations of Natural Religion, London 1706 (Repr. Stuttgart-Bad Cannstatt 1964).
Coleridge, Samuel Taylor, Selected Works (Reihe: The Oxford Authors), hg. von H. J. Jackson, Oxford 1985.
Ders., The Collected Letters of –, hg. von E. L. Griggs, Oxford 1956 ff.
Ders., Biographia Literaria, hg. von John Shaweross (2 Bde.), Oxford 1907.
Cudworth, Ralph, The True Intellectual System of the Universe (in 3 Bdn.), London 1678 (neu mit einer Einleitung hg. von G. A. J. Rogers, Bristol 1995).
Descartes, René, Œuvres de –, hg. von Charles Adam et Paul Tannery, Paris 1964 ff.
Ders., Von der Methode des richtigen Vernunftgebrauchs und der wissenschaftlichen Forschung, üb. von Lüder Gäbe, Hamburg [2]1978.
Ders., Meditationen über die Grundlagen der Philosophie mit sämtlichen Einwänden und Erwiderungen, üb. und hg. von Artur Buchenau, Hamburg [2]1972.
Ders., Die Prinzipien der Philosophie, üb. und mit Anm. versehen von Artur Buchenau, Hamburg [8]1992.
Empiricus, Sextus, Grundriß der pyrrhonischen Skepsis, eingel. und üb. von Malte Hossenfelder, Frankfurt/Main 1985.
Epiktet, Handbüchlein der Moral und Unterredungen, hg. von Heinrich Schmidt, Stuttgart 1966.
Galilei, Galileo, Schriften – Briefe – Dokumente, in zwei Bänden, hg. von Anna Mudry, Berlin o. J.
Gassendi, Pierre (Petrus), Opera omnia (in 6 Bdn.), Lyon 1685 (Repr. Stuttgart-Bad Cannstadt 1964).
Giorgi, Francesco, De harmonia mundi, Venedig 1525.

Hartley, David, Observations on Man, London 1749 (Repr. Hildesheim 1967).
Helvetius, Claude Adrien, Œuvres complètes, hg. vonYvon Belaval, Paris 1795 (Repr. Stuttgart-Bad Cannstadt 1964).
Herder, Johann Gottfried, Sämtliche Werke, hg. von Bernhard Suphan, Hildesheim 1967.
Hobbes, Thomas, Vom Menschen. Vom Bürger, hg. von Günther Gawlick, Hamburg 1959.
Ders., Leviathan, oder: Stoff, Form und Gewalt eines bürgerlichen und kirchlichen Staates, üb. von Walter Euchner, hg. und eingel. von Iring Fetscher, Frankfurt/Main 1976.
Ders., The English Works of –, hg. von William Molesworth, London 1839–45 (Repr. Aalen 1962).
Ders., Opera latina, hg. von W. Molesworth, London 1839–45 (Repr. Aalen 1961).
Hutcheson, Francis, A System of Moral Philosophy, London 1755 (Repr. New York 1968).
Ders., Über den Ursprung unserer Ideen von Schönheit und Tugend, hg. und üb. von Wolfgang Leibhold, Hamburg 1986.
Ders., Erläuterungen zum moralischen Sinn, hg. und üb. von Joachim Buhl, Stuttgart 1984.
Jakobi, Friedrich Heinrich, David Hume über den Glauben oder Idealismus und Realismus: Ein Gespräch, in: Werke, Bd. 2, Leipzig 1815 (Repr. Darmstadt 1968).
Jefferson, Thomas, Writings, in einem Band, hg. von Merill D. Peterson, New York 1984.
Kant, Immanuel, Werke (in 10 Bdn.), hg. von Wilhelm Weischedel, Darmstadt [4]1975, darin:
Ders., De mundi sensibilis atque intelligibilis forma et principiis: Bd. 5.
Ders., Kritik der reinen Vernunft: Bde. 3 und 4.
Ders., Prolegomena zu einer jeden künftigen Metaphysik: Bd. 5.
Ders., Kritik der praktischen Vernunft: Bd. 6.
Ders., Kritik der Urteilskraft: Bd. 8.
Ders., Metaphysic, nachgeschrieben von C. C. Mrongovius (1783), in: »Akademie-Ausgabe«, Bd. XXXIX (4. Abt., 6. Bd. 1,2), Berlin 1983.
Kepler, Johannes, Gesammelte Werke (Ausg. der Bayr. Akademie der Wissenschaften), München 1928 ff.
Ders., Mysterium cosmographicum / Das Weltgeheimnis, üb. und eingel. von Max Casper, Augsburg 1923.
Ders., Weltharmonik, üb. und hg. von Max Casper, München 1939.
Leibniz, G. W., Neue Abhandlungen über den menschlichen Verstand, üb., eingel. und hg. von Ernst Cassirer, Hamburg [4]1971.
Ders. Bemerkungen zu den kartesischen Prinzipien, in: Hauptschriften zur Grundlegung der Philosophie, Bd. 1, üb. von A. Buchenau, hg. von Ernst Cassirer, Hamburg 1966 [4].
Ders., Specimen dynamicum, in: Hauptschriften zur Grundlegung der Philosophie, Bd. 1, üb. von A. Buchenau, hg. von Ernst Cassirer, Hamburg [4]1966.
Ders., Die Theodizee, üb. von Artur Buchenau, eingel. von Morris Stockhammer, Hamburg [2]1968.
Ders., Sämtliche Schriften und Briefe, hg. von der Deutschen Akademie der Wissenschaften zu Berlin, Berlin 1970 ff.

Leland, John, A View of the Principal Deistical Writers that Have Appeared in England in the Last and Present Century, London 1755[2].

Locke, John, An Essay Concerning Human Understanding, hg. von John Yolton, London [5]1990.

Ders., Works in 10 Volumes, London 1823 (Repr. Aalen 1963).

Lukrez, (Lucretius Carus, Titus), Von der Natur, lat. / dtsch., hg. und üb. von Hermann Diels, München [2]1993.

Ders., De rerum natura / Welt aus Atomen, lat./dtsch., üb. und hg. von Karl Büchner, Stuttgart 1994.

Malebranche, Nicholas, Recherche de la vérité (Bücher I-VI und Eclaircissements), in: »Œuvres de Malebranche« (Bde. I-III), hg. von Geneviève Rodis-Lewis, Paris 1962–1964.

Ders., Von der Erforschung der Wahrheit, Drittes Buch, üb. und hg. von Alfred Klemmt, Hamburg 1968.

Mandeville, Bernard, Fable of the Bees or Privat Vices, Publick Benefits, London 1714. (Deutsch: Die Bienenfabel, hg. und eingeleitet von Walter Euchner, Frankfurt/Main 1968).

Ders., Die Bienenfabel (Reihe: Die Bibliothek des 18. Jahrhunderts), üb. von Helmut Findeisen, mit einem Nachwort von Günter Walch, München 1988.

Molière, Komödien, üb. von Gustav Fabricius und Walter Widmer, mit einem Nachwort von Victor Klemperer, München 1993.

More, Henry, Philosophical Writings of –, hg. von Flora Isabel MacKinnon, New York [2]1969.

Newton, Isaak, Opera quae extant omnia, (in 5 Bdn.) – »Opticks« in Bd. 4 – hg. von Samuel Horsley, London 1779–1785 (Repr. Stuttgart – Bad Cannstatt 1964).

Ders., Mathematische Grundlagen der Naturphilosophie, hg., eingeleitet und üb. von Ed Dellian, Hamburg 1988.

Pamphilus, Apologia S. Pamphilii pro Origene, in: Patrologiae Patrum Graecorum, hg. von J.-G. Migne, Bd. 17, Paris 1857.

Pascal, Blaise, Pensées. Über die Religion und einige andere Gegenstände, hg. und üb. von Ewald Wasmuth, Heidelberg [8]1978.

Philo (von Alexandrien), Werke in deutscher Übersetzung, hg. von Leopold Cohn u. a., Berlin [2]1962.

Pico della Mirandola, Giambattista, Über die Würde des Menschen, hg. von Herbert Werner Rüssel, Zürich 1988.

Ders., Über die Würde des Menschen / De dignitate hominis, hg. und eingel. von August Beck, 1990.

Platon, Sämtliche Werke (in 7 Bdn.), hg. und üb. von Otto Apelt (in Verb. mit Kurt Hildebrandt u. a.), Neuaufl. Hamburg 1993.

Ders., Timaios, in: Platon. Sämtliche Werke (in 6 Bdn.), hg. von Walter F. Otto u. a., üb. von Friedrich Schleiermacher und a. a., Bd. 5, Hamburg 1959.

Plotin, Schriften, üb. von Richard Harder (in 5 Bdn. und einem Index-Band), Hamburg 1956–1971.

Ders., Auswahl, hg. und üb. von Richard Harder, Frankfurt/Main 1958.

Pope, Alexander, An Essay on Man (in: »The Twickenham Edition of the Poems of Alexander Pope«), Bd. 3, 1, hg. von Maynard March, London [2]1993.

Price, Richard, A Review of the Principal Questions in Morals, neu hg. von D. D. Raphael, Oxford 1948.

Priestley, Joseph, The Theological and Miscellaneous Works (in 25 Bdn.), hg. von John Towill Rutt, o. O. 1831 ff. (Repr. New York 1972), darin:

Ders., Institutes of Natural and Revealed Religion (1772–1774): Bd. 2.

Ders., An Examination of Dr. Reid's Inquiry into the Human Mind (1774): Bd. 3.

Ders., Introductory Essays to Hartley's Theorie of the Human Mind (1775): Bd. 3.

Ders., A Free Discussion of the Doctrines of Materialism and Philosophical Necessity in a Correspondance Between Dr. Price and Dr. Priestley (1778): Bd. 3.

Ders., A History of Early Opinions Concerning Jesus Christ (1786): Bd. 4.

Reid, Thomas, Philosophical Works (in 2 Bdn.), hg. und mit Anm. versehen von William Hamilton, Edinburgh 1895 (Repr. Hildesheim 1967), darin:

Ders., An Inquiry into the Human Mind (1764): Bd. 1.

Ders., Letters: Bd. 1.

Ders., Essays on the Intellectual Powers of Man (1785): Bd. 1.

Ders., Essays on the Active Powers of Man (1785): Bd. 2.

Schleuchzer, Johannes Jakob, Physica sacra, Augsburg 1731.

Smith, Adam, Theory of Moral Sentiments, neu hg. von D. D. Raphael und A. C. MacFie (The Glasgow Edition in 6 Volumes, Vol. 1), Oxford 1976.

Ders., Der Wohlstand der Nationen, üb. und hg. von Horst Claus Recktenwald, München [6]1993.

Seneca, Lucius Annäus, Philosophische Schriften (in 4 Bdn.), hg. und üb. von Otto Apelt, Hamburg 1993.

Shaftesbury, »Charakteristicks of Men, Manners, Opinions, Times« in: Works in three Volumes, Bd. 2, London 1711 (Repr. Hildesheim 1978).

Ders., Anthony Ashley Cooper, Third Earl of Shaftesbury, Standard Edition / Sämt. Werke, ausgew. Briefe und nachgel. Schriften, engl./dtsch., hg. und komm. von Gerd Hemmerich und Wolfgang Benda, Hildesheim o. J.

Ders., Ein Brief über den Enthusiasmus. Die Moralisten, üb. von Max Frischeisen-Köhler und hg. von Wolfgang Schrader, Hamburg 1980.

Spinoza, Baruch de –, Opera (in 4 Bdn.), hg, von Carl Gebhardt, Heidelberg 1924.

Ders., Die Ethik, nach geometrischer Methode dargestellt, üb. von Otto Baensch, eingel. von Rudolf Schottlaender, Hamburg [8]1994.

Thomas von Aquin, Opera omnia iussu Leonis XIII edita cura et studio Fratrum Praedicatorum, Rom 1882 ff.

Ders., Die theologische Summe (Summa theologiae), deutsch wiedergegeben von Ceslaus Maria Schneider, Regensburg 1886 ff.

Ders., Summe gegen die Heiden, hg. und üb. von Karl Albert u. a., Darmstadt [2]1987.

Ders., Super Evangelium S. Joannis Lectura, hg. von Raffaele Cai, Taurini [5]1952.

Ders., Die Schriften des –, (Auswahl), hg. von Eugen Rolfes, Hamburg 1977.

Tindal, Matthew, Christianity as old as the Creation, London 1730 (Repr. Stuttgart-Bad Cannstadt 1967).

Toland, John, Christianity not Mysterious, London 1696 (Repr. Stuttgart-Bad Cannstadt 1964; mit einer Einleitung von Günter Gawlick).

Ders., Origines Judaicae, London 1705.

Voltaire, François Marie, Sämtliche Romane und Erzählungen in einem Band, mit einem Nachwort von Fritz Schalck, München 1993 (enthält: »Candide«).

Ders., Gedanken regieren die Welt. Eine Auswahl aus dem Gesamtwerk, hg. von Wolfgang Kraus, Zürich 1987.

Ders., Dictionnaire philosophique, édition revue et corrigé, Paris 1967.

Ders., Lettres philosophiques ou anglaises, mit einer Einführung von Raymond Naves, Paris 1964.
Ders., Briefe aus England, üb. von Rudolf von Bitter, Zürich 1994.

3) Sekundärtexte (Literatur ab ca.1800)

Adler, Mortimer, Aristotle for Everybody, New York [8]1989.
Alexander, Peter, Ideas, Qualities and Corpuscles. Locke and Boyle on the External World, Cambridge 1985.
Allers, R. »Microcosmus. From Anaximandros to Paracelsus« in: *Traditio* 2 (1994).
Arendt, Hanna, Vita activa, oder: Vom tätigen Leben, München [9]1997.
Armstrong, David M., Berkeley's Theory of Vision, Melbourne 1960.
Ders., »Berkeley's New Theory of Vision«, in: Walter E. Creery (Hg.), George Berkeley. Critical Assessments, Vol. 1, London 1991.
Austen, Jane, Die Romane, üb. von Ursula und Christian Grawe, Stuttgart 1984.
Baugh, Albert C., (Hg), A Literary History of England, London 1948.
Baumgartner, Hans-Michael, »Metaphysik der Natur aus der Perspektive spekulativer und kritischer Philosophie«, in: Natur als Gegenstand der Wissenschaften, hg. von Ludger Honnefelder, Freiburg/Br. 1992.
Barth, Karl, Die Kirchliche Dogmatik, Dritter Band, (»Die Lehre von der Schöpfung«), Zollikon-Zürich 1950.
Beauchamp, Tom L. und Rosenberg, Alexander (Hg.), Hume and the Problem of Causation, New York 1981.
Bennett, Jonathan, Locke, Berkeley, Hume: Central Themes, Oxford 1971.
Bergson, Henri, Œuvres, hg. von Henri Gouhier and Andre Robinet, Paris [2]1963.
Ders., Materie und Gedächtnis. Eine Abhandlung über die Beziehung zwischen Körper und Geist, üb. von Julius Frankenberger, eingel. von Erik Oger, Hamburg 1991.
Ders., Denken und schöpferisches Werden. Aufsätze und Vorträge, üb. von Leonore Kottje, Nachwort von Konstantinos Romanòs.
Ders., Schöpferische Entwicklung, üb. von Gertrud Kantorowicz, Jena 1921.
Ders., Die beiden Quellen der Moral und der Religion, Olten 1980 (neu: üb. von Eugen Lerch, Frankfurt/Main, 1992).
Ders., Leçons à Clermont-Ferrand: Cours II, hg. von Henri Hude und Jean-Louis Dumas, Paris 1992.
Blumenberg, Hans, Die Genesis der Kopernikanischen Welt, Frankfurt/Main 1981.
Boehme, Gernot, Natur, Leib, Sprache, Delft 1986.
Ders., (Hg.), Klassiker der Naturphilosophie. Von den Vorsokratikern bis zur Kopenhagener Schule, München 1989.
Ders., Idee und Kosmos. Platons Zeitlehre – Ein Einführung in seine theoretische Philosophie, Frankfurt/Main 1996.
Bonk, Sigmund, Immaterialismus: Darstellung und Verteidigung von George Berkeleys Gottesbeweis und immaterialistischem Weltbild, München: Diss. 1990.
Ders., Kleine Theodizee, Regensburg 1996.
Ders., »George Berkeleys Nachweis einer göttlichen Vorsehung«, in: *Neue Zeitschrift für Systematische Theologie und Religionsphilosophie* 39 (1997).
Ders., »Hans Vaihingers fiktionalistischer Pragmatismus: Eine kritische Erinnerung«,

in: The Role of Pragmatics in Contemporary Philosophy, hg. von Paul Weingartner, Gerhard Schurz und Georg Dorn, Wien 1997.

Ders., »Kausalität, Induktion und Außenwelt: David Humes skeptischer Naturalismus«, in: *Philosophia naturalis,* 35/2 (1998).

Ders., »George Berkeleys Theorie der Zeit: A total disaster?«, in: *Studia leibnitiana* 29/2 (1997).

Ders., »We see God«. George Berkeley's Philosophical Theology. Frankfurt/Main 1997.

Ders., »Von Vorurteil zum Vorausurteil. Die Metamorphose der Baconschen Idolenlehre am Vorabend der Französischen Revolution«, in: *Prima philosophia,* 11/2 (1998).

Ders., »David Hume: Kritiker der Volksreligion«, in: *Wissenschaft und Weisheit* 61/1, S 265–286.

Boorstin, Daniel J., The Lost World of Thomas Jefferson, Chicago ^{2}1981.

Bracken, Harry M., Berkeley, London 1974.

Bradley, Francis A., Appearance and Reality. A Metaphysical Essay, Oxford ^{9}1930.

Brennan, Robert E., Thomistische Psychologie, hg. und üb. von Theodor Karl Lieven, Graz 1957.

Broch, Hermann, Philosophische Kritik I, Frankfurt/Main 1977 (darin: »Ornamente. Der Fall Loos«).

Brook, Richard J., Berkeley's Philosophy of Science, Den Haag 1973.

Brykman, Geneviève, Berkeley et le voile des mots, Paris 1993.

Büchele, Herwig, Eine Welt oder keine Welt, Innsbruck 1996.

Burckhardt, Jacob, Weltgeschichtliche Betrachtungen, Stuttgart 1963.

Butler, R. J., »Natural Belief and the Enigma of Hume«, in: *Archiv für Geschichte der Philosophie,* Nr. 42 (1960).

Capaldi, Nicholas, David Hume, the Newtonian Philosopher, Boston 1975.

Caponigri, Robert A., Philosophy from the Renaissance to the Romantic Age (in: A History of Western Philosophy, in 5 Bdn.), Bd. 3, Notre Dame 1963. [1968.

Carlut, Charles (Hg.), La correspondance de Flaubert. Étude et repértoire critique, Paris

Carnap, Rudolf, Einführung in die Philosophie der Naturwissenschaften, Frankfurt/Main 1986.

Carrier, Martin, »Passive Materie und bewegende Kraft: Newtons Philosophie der Natur«, in: Lothar Schäfer und Elisabeth Ströker (Hg.), Naturauffassungen in Philosophie, Wissenschaft und Technik, Bd. 2 (Renaissance und frühe Neuzeit), Freiburg/Breisgau 1994.

Cassirer, Ernst, Die platonische Renaissance in England und die Schule von Cambridge, Leipzig 1932 (in engl.: The Platonic Renaissance in England, Austin/Texas 1953).

Ders., Die Philosophie der Aufklärung, neu hg. und eingel. von Gerald Hartung, Hamburg 1998.

Chardin, Pierre Teilhard de –, Frühe Schriften, Freiburg/Br. 1968.

Cipolla, Carlo M. (Hg.), Europäische Wirtschaftsgeschichte, Bd. 3 (»Die Industrielle Revolution«), Stuttgart 1976.

Collingwood, R. J. Speculum mentis, or: The Map of Knowledge, Oxford 1924.

Conrad-Martius, Hedwig, Die Zeit, München 1954.

Craemer-Ruegenburg, Ingrid, Die Naturphilosophie des Aristoteles, Freiburg/Br. 1980.

Crombie, B. A. C., Von Augustinus bis Galilei. Die Emanzipation der Naturwissenschaft, Köln 1964.

Daniels, Norman, Thomas Reid's Inquiry. The Geometry of the Visibles and the Case for Realism, New York 1974.
Davies, Paul and Brown, J. R. (Hg.), Der Geist im Atom, Basel 1988.
Deichgräber, Karl, Natura varie ludens. Ein Nachtrag zum griechischen Naturgegriff, Wiesbaden 1954.
Dijksterhuis, Eduard J., Die Mechanisierung des Weltbildes, Berlin 1956.
Ditfurth, Hoimar von –, Die Wirklichkeit des Homo sapiens, München [2]1997.
Ders., Wir sind nicht nur von dieser Welt, München [11]1997.
Dostojewskij, Fjodor M., Der Idiot, üb. von Arthur Luther, Nachwort von Werner Bergengruen, München [10]1988.
Duhem, Pierre, Ziel und Struktur der physikalischen Theorien, üb. von Friedrich Adler, hg. von Lothar Schäfer, Hamburg 1978.
Durant, Will, Cäsar und Christus. Eine Kulturgeschichte Roms und des Christentums von den Anfängen bis zum Jahre 325 n. Chr., Bern [3]1953.
Eccles, John, Wie das Selbst sein Gehirn steuert, üb. von Malte Heim, München 1996.
Edwards, Paul (Hg.), The Encyclopedia of Philosophy (in 8 Bn.), New York 1967.
Engfer, Hans-Jürgen, Empirismus versus Rationalismus. Paderborn 1996.
Faivre, A. und Tristan, F., Sophia et l'âme du monde Paris 1983.
Fau, Martina, Berkeleys Theorie der visuellen Sprache Gottes, Frankfurt/Main 1993.
Fechner, Gustav, Die Tagesansicht gegenüber der Nachtansicht (in: »Die deutsche Bibliothek«), Erstv. 1879, o.O. 1918.
Fichte, Johann G., Erste Einleitung in die Wissenschaftslehre (Fichtes sämtliche Werke), hg. von Immanuel Hermann Fichte, Bd. 1, Berlin 1845, (Repr. Berlin 1965).
Ders., Grundlage der gesammten Wissenschaftslehre (Ausgewählte Werke in 6 Bdn.), hg. von Fritz Medicus, Bd. 1, Darmstadt 1960.
Ders., Die Bestimmung des Menschen (Ausg. Werke in 6 Bdn.), hg. von F. Medicus, Bd. 3, Darmstadt 1960.
Ders., Gesamtausgabe der Bayerischen Akademie der Wissenschaften (Reinhard Lauth, Hans Jacob u.a.), Stuttgart-Bad-Cannstadt 1964 ff.
Flew, Anthony, »Divine Omnipotence and Human Freedom«, in: Ders. und Alasdair MacIntyre, New Essays in Philosophical Theology, London [8]1972.
Ders., »Compatibilism, Free Will and God«, in: *Philosophy* 48 (1973).
Føllesdahl, Dagfinn (u.a.), Rationale Argumentation. Ein Grundkurs in Argumentations- und Wissenschaftstheorie, Berlin 1988.
Forbes, Duncan, Hume's Philosophical Politics, Cambridge 1975.
Frauenknecht, Hans, Urknall, Urzeugung und Schöpfung, Wiesbaden 1976.
Frege, Gottlob, »Der Gedanke«, in: Ders., Logische Untersuchungen, hg. von Günther Patzig, Göttingen [2]1976.
Friedell, Egon, Kulturgeschichte der Neuzeit, München [2]1989.
Fruchtmann, Jack, »Common Sense and the Association of Ideas. The Reid-Priestley Controversy«, in: The Philosophy of Thomas Reid, hg. von Melvin Dalgarno und Eric Matthews, Dordrecht 1989.
Galling, Kurt, (Hg.), Religion in Geschichte und Gegenwart, Bd. 5, Tübingen 1961.
Gallois, André, »Berkeley's Master Argument«, in: *Philosophical Review* 83 (1974).
Gaskin, J. C. A., Hume's Philosophy of Religion, London 1978.
Gasset, Ortega y –, Gesammelte Werke, Augsburg [2]1996.
Georg, Siegfried, Der Naturbegriff bei Shaftesbury, Frankfurt/Main:Diss. 1962.
George, Albert J., The Causes of the Industrial Revolution, London 1967.

George, Dorothy, London Life in the Eighteenth Century, London [2]1966.
Goethe, Johann Wolfgang von –, Wilhelm Meisters Wanderjahre (in: Münchner Ausgabe, hg. von Gonthier-Louis Fink u. a.), Bd. 17, hg. von Karl Richter u. a., München 1991.
Gilson, Etienne, From Aristotle to Darwin and Back Again. A Journey in Final Causality, Species and Evolution, üb. von John Lyon, Notre Dame 1984.
Ders., »Pourquoi saint Thomas a critiqué saint Augustin?«, in: *Archives d'histoire doctrinale et litteraire du moyen age* 1926 f.
Gloy, Karen, Das Verständnis der Natur (in 2 Bdn.: »Die Geschichte des wissenschaftlichen Denkens« und »Die Geschichte des ganzheitlichen Denkens«), München 1995 f.
Greco, John, »Reid's Critique of Berkeley and Hume: What's the Big Idea?«, in: *Philosophy and Phenomenological Research* 55 (1994).
Gredt, Joseph, Die aristotelisch-thomistische Philosophie, Erster Band: Logik und Naturphilosophie, Freiburg/Breisgau 1935.
Gregory, Tullio, Anima mundi, Firenze 1955.
Gribbin, John, Auf der Suche nach Schrödingers Katze: Quantenphysik und Wirklichkeit, München [5]1993.
Gronemayer, Marianne, Das Leben als letzte Gelegenheit, Darmstadt 1993.
Guitton, Jean (u. a.), Gott und die Wissenschaft. Auf dem Weg zum Metarealismus, München [2]1993.
Haeffner, Gerd, »Der Mensch – geschaffener Schöpfer«, in: Paulus Gordan (Hg.), Im Anfang schuf Gott Himmel und Erde, Graz 1991.
Hammond, J. L. und Hammond, Barbara, The Town Laborer: 1760–1832, London 1917.
Dies., The Village Laborer, London [2]1978.
Hardy, Thomas, The Return of the Native (Reihe: Penguin Classics«), London 1985 (darin: »General Prefix to the Wessex Edition of Thomas Hardy's Works«).
Harnack, Adolf von –, Marcion. Das Evangelium vom fremden Gott, Leipzig 1921.
Harrison, John und Laslett, Peter, The Library of John Locke, Oxford [2]1971.
Hartmann, Nicolai, Einführung in die Philosophie, Osnabrück o. J.[7].
Ders., Ethik, Berlin [2]1962.
Ders., Teleologisches Denken, Berlin [2]1966.
Hartshorne, Charles, Anselm's Discovery: A Re-Examination of the Ontological Proof for God, La Salle/Illinois 1965.
Hazlitt, William, Table-Talk, hg. von C. MacDonald-MacLean, London 1965.
Heelan, Patrick, A., Space Perception and the Philosophy of Science, Berkeley 1983.
Heeß, Manfred, Blaise Pascal. Wissenschaftliches Denken und christlicher Glaube, München 1977.
Hegel, G. W. F., Phänomenologie des Geistes, »Theorie-Werkausgabe« (in 20 Bänden), Frankfurt/Main 1970.
Ders., Vorlesungen über die Geschichte der Philosophie 3, »Theorie-Werkausgabe«, Bd. 20, Frankfurt/Main 1971.
Heidegger, Martin, »Die Frage nach der Technik«, in: Jahrbuch *»Die Künste im technischen Zeitalter«* 3 (München) 1954.
Hick, John, Evil and the God of Love, London 1966.
Hicks, G. D., Berkeley, New York [2]1968.
Hildebrandt, Dietrich von –, Moralia (Gesammelte Werke, hg. von der Dietrich von Hildebrandt Gesellschaft), Bd. 9, Regensburg 1980.

Hill, Christopher, Reformation to Industrial Revolution. A Social and Economic History of Britain., London [3]1969.

Hoffmann, E. T. A., Fantasiestücke in Callot's Manier (Band 2,1 der Sämtlichen Werke in sechs Bänden), hg. von Hartmut Steinecke u. a., Frankfurt/Main 1993 (enthält: »Kreisleriana« und »Der goldene Topf«).

Höffe, Otfried, Strategien der Humanität. Zur Ethik öffentlicher Entscheidungsprozesse, Freiburg/Br. 1975.

Ders, Immanuel Kant (Reihe: Große Denker), München [3]1992.

Hope, V., Philosophers of the Scottish Enlightenment, Edinburgh 1984.

Horch, Margarete, Das Naturgefühl bei S. T. Coleridge, Marburg: Diss. 1932.

Howald, Ernst (Hg.), Die Anfänge der abendländischen Philosophie. Fragmente und Lehrberichte der Vorsokratiker, Zürich 1949.

Howard, Claud, Coleridge's Idealism. A Study of its Relationship to Kant and the Cambridge Platonists, Folcroft/PA [2]1969.

Humboldt, Alexander von –, Kosmos. Entwurf einer physischen Weltbeschreibung, Stuttgart 1845.

Husserl, Edmund, Gesammelte Schriften (in 9 Bdn.), hg. von Elisabeth Ströker, Hamburg 1992, darin:

Ders., Prolegomena zur reinen Logik, (Logische Untersuchungen, Erster Band): Bd. 2.

Ders., Untersuchungen zur Phänomenologie und Theorie der Erkenntnis, (Logische Untersuchungen, Zweiter Band, I. Teil): Bd. 3.

Ders., Erste Philosophie: Bd. 6.

Ders., Die Krisis der europäischen Wissenschaften und die Transzendentale Phänemonologie: Bd. 8.

Ders. Cartesianische Meditationen: Bd. 8.

Hutin, Serge, Les disciples anglais de Jakob Böhme, Paris 1960.

Huxley, Aldous, Do What You Will, London 1929.

Ders., Schöne neue Welt – und – Wiedersehen mit der schönen neuen Welt, üb. von Herbert E. Herlitschka, München [5]1992.

James, William, The Will to Believe and other Essays, hg. von Frederick H. Burckhardt u. a., London 1896.

Ders., The Principles of Psychology (in 3 Bdn.), Bd. 1, hg. von Frederick H. Burckhardt, Cambridge/Mass. 1981.

Jammer, Max, The Concept of Force, Cambridge/Mass. 1957.

Jonas, Hans, Gnosis und spätantiker Geist, Göttingen [2]1964.

Ders., Das Prinzip Verantwortung. Versuch einer Ethik für die technologische Zivilisation, Frankfurt/Main 1984.

Ders., Philosophische Untersuchungen und metaphysische Vermutungen, Frankfurt/Main 1994.

Ders., Das Prinzip Leben. Ansätze zu einer philosophischen Biologie, Frankfurt/Main 1997.

Jones, R., Ancients and Modernes. A Study of the Rise of the Scientific Movement in Seventeenth-Century-England, St. Louis 1961.

Kästner, Erhardt, Die Stundentrommel vom heiligen Berg Athos, Frankfurt/Main [2]1974.

Kaulbach, Friedrich, Ästhetische Welterkenntnis bei Kant, Würzburg 1984.

Ders., Die Metaphysik des Raumes bei Leibniz und Kant, Köln 1960.

Ders., Immanuel Kant, Berlin [2]1982.

Kemp-Smith, Norman, Hume's Dialogues Concerning Natural Religion, Oxford 1935.
Ders., The Philosophy of David Hume, London [5]1966.
Ders., New Studies in the Philosophy of Descartes. Descartes as a Pioneer, London 1966.
Ders., The Credibility of Divine Existence. The Collected Papers of Norman Kemp Smith, hg. von Alexander J. D. Porteous und George E. Davie, New York 1967.
Kondylis, Panajotis, Die Aufklärung im Rahmen des neuzeitlichen Rationalismus, Stuttgart [2]1986.
Koyré, Alexandre, Newtonian Studies, Chicago 1968.
Ders., Von der geschlossenen Welt zum unendlichen Universum, Frankfurt/Main 1969.
Kratky, Karl W. und Wallner, Friedrich (Hg.), Grundprinzipien der Selbstorganisation, Darmstadt 1990.
Kulenkampff, Arend, George Berkeley (Reihe: Große Denker), München 1987.
Kulenkampff, Jens, David Hume (Reihe: Große Denker), München 1989.
Kummer, Christian, Evolution als Höherentwicklung des Bewußtseins. Über die intentionalen Voraussetzungen der materiellen Selbstorganisation, Freiburg/Br. 1987.
Kutschera, Franz von –, Grundlagen der Ethik, Berlin 1982.
Ders., Vernunft und Glaube, Berlin 1990.
Ders., Die falsche Objektivität (Reihe: Philosophie und Wissenschaft), Berlin 1993.
Leavis, F. R. (Hg.), Mill on Bentham and Coleridge, London [4]1967.
Leclerc, Eligius, Weisheit eines Armen. Franziskus gründet seinen Orden, Werl 1983.
Lauth, Reinhard, Theorie des philosophischen Arguments, Berlin 1979.
Lehrer, Keith, Thomas Reid (Reihe: The Arguments of the Philosophers«), London 1989.
Lenin, W. I., Materialismus und Empiriokritizismus. Kritische Bemerkungen über eine reaktionäre Philosophie, üb. von Frida Rubiner, Moskau 1947.
Lenoble, Robert, Histoire de l'ideé de nature, Paris 1969.
Letwin, Shirley S., The Pursuit of Certainty, Cambridge 1965.
Lewis, C. S., The Abolition of Man, London [6]1967.
Löw, Reinhard, Philosophie des Lebendigen. Der Begriff des Organischen bei Kant, sein Grund und seine Aktualität, Frankfurt/Main 1980.
Ders., Die neuen Gottesbeweise, Augsburg 1994.
Lohfink, Norbert, »Macht euch die Erde untertan«, in: *Orientierung* 38 (1974).
Lohmann, Michael (Hg.), Gefährdete Zukunft, München 1970.
Lovejoy, Arthur, The Great Chain of Being, Cambridge/Mass. [2]1966 (dtsch.: Die große Kette der Wesen, Frankfurt/Main 1993).
Lotze, Hermann, Mikrokosmus. Ideen zur Naturgeschichte und Geschichte der Menschheit (in 3 Bdn.), Leipzig 1888 [4].
Lubac, Henri de –, Über die Wege Gottes, Freiburg/Br. 1958.
Luce, Aston A., Berkeley's Immaterialism, London 1934.
Ders., Sense without Matter or Direct Perception, Edinburgh [2]1973.
Ders., Berkeley and Malebranche. A Study in the Origins of Berkeley's Thought, Oxford 1967.
Ders., The Dialectics of Immaterialism, London 1968.
Lüthe, Rudolf, »Misunderstanding Hume. Remarks on German Ways of Interpreting his Philosophy«, in: Hope, V. (Hg.), Philosophers of the Scottish Enlightenment, Edinburgh 1984, S. 105–115.

Ders., David Hume – Historiker und Philosoph, Freiburg 1991.
Luneburg, Rudolf, Mathematische Analysis of Binocular Vision, Princeton 1947.
Lutz, Rudolf, S. T. Coleridge. Seine Dichtung als Ausdruck ethischen Bewußtseins, Bern 1951.
Mach, Ernst, Die Mechanik, Darmstadt 1963.
Mackie, John, The Cement of Universe. A Study of Causation, Oxford 1974.
Ders., Hume's Moral Theory, London 1980.
Ders., Problems from Locke, Oxford [3]1984.
Ders., Das Wunder des Theismus, Stuttgart 1985.
Maritain, Jacques, Antimodern. Die Vernunft in der modernen Philosophie und Wissenschaft und in der aristotelisch-thomistischen Erkenntnisordnung, Augsburg 1930.
Marx, Karl, Das Kapital. Kritik der politischen Ökonomie, (»Volksausgabe«), Bd. 1, Berlin [8]1928.
Mayer, Julius, Alban Stolz, Freiburg/Br. 1921.
Mason, Stephen F., Geschichte der Naturwissenschaften, üb. von B. Sticker, Stuttgart 1991.
McKenzie, Yorden, Organic Unity in Coleridge, Berkeley 1971.
McLeod, Christine, Inventing the Industrial Revolution, Cambridge 1988.
Meadows, D., u. a., Die Grenzen des Wachstums. Bericht des Club of Rome zur Lage der Menschheit, Stuttgart 1972.
Meixner, Uwe, Ereignis und Substanz. Die Metaphysik von Realität und Realisation, Paderborn 1997.
Merchant, Carolyn, Der Tod der Natur. Ökologie, Frauen und neuzeitliches Naturwissen, München [2]1994.
Michotte, A., The Perception of Causality, London 1963.
Mittelstraß, Jürgen und Riedel Manfred, Vernünftiges Denken. Studien zur praktischen Philosophie und Wissenschaftstheorie, Berlin 1978.
Mintz, S. I., The Hunting of Leviathan, Cambridge 1962.
Moffit, Robert C., England on the Eve of the Industrial Revolution, London 1963.
Moloney, M. F., John Donne. His Flight from Mediaevalism, New York 1965.
Moncrief, Lewis W., »The Cultural Bases for Our Environmental Crisis«, in: *Science* 170 (1970).
Monnerjahn, Engelbert, Giovanni Pico della Mirandola, Wiesbaden 1960.
Monod, Jacques, Zufall und Notwendigkeit. Philosophische Fragen der modernen Biologie, München 1971 (neu als TB: München 1996).
Monroe, Hector, The Ambivalence of Bernard Mandeville, Oxford 1975.
Moore, George E., Some Main Problems of Philosophy, London [5]1969.
Ders., Principia Ethica, hg. und üb. von Burkhard Wisser, Stuttgart 1984.
Moscovici, Serge, Essai sur l'histoire humaine de la nature, Paris 1977.
Müller, M. F., »Shaftesbury and Plotinus«, in: *Germanisch-Romanische Monatsschrift* 7 (1915–1919).
Muirhead, John, Coleridge as a Philosopher, London 1930.
Natorp, Paul, Platos Ideenlehre. Eine Einführung in den Idealismus, Leipzig 1921 (neu: Hamburg 1994).
Ders., Allgemeine Psychologie nach kritischer Methode, Amsterdam [2]1965.
Nietzsche, Friedrich, Werke in 3 Bdn., hg. von Karl Schlechta, München 1966.
Novalis, Werke in einem Band, hg. von Hans-Joachim Mähl, München 1982 (enthält: »Die Jünglinge zu Sais«).

Odgen, Paul, Jeremy Bentham. 1832–2032, Bristol [2]1993.
Ogilby, James, Anleitung zu einem Leben ohne Ziel. Wege zur persönlichen Freiheit und Kreativität, üb. von Anni Pott, Hamburg 1997.
Olscamp, Paul, The Moral Philosophy of Berkeley, The Hague 1970.
Otto, Rudolf, Das Heilige, München [34]1956.
Pawson, Eric, The Early Industrial Revolution. Britain in the Eightteenth Century, London 1979.
Peirce, Charles, S., Schriften (in 2 Bdn.), hg. von Karl-Otto Apel, Frankfurt/Main 1967.
Piaget, Jean, Das Erwachen der Intelligenz beim Kinde, in: Gesammelte Werke in 10 Bdn. (Studienausgabe), Bd. 1, Stuttgart [3]1991.
Pike, Nelson (Hg. und Kommentator), David Hume. Dialogues concerning Natural Religion, Indianapolis 1970.
Piper, H., »The Pantheistic Sources of Coleridge's Early Poetry«, in: *Journal of the History of Ideas* 20 (1959).
Pitcher, George, Berkeley (Reihe: The Arguments of the Philosophers), London [2]1984.
Pohlenz, Max, Die Stoa (I) – Geschichte einer geistigen Bewegung, Göttingen 1992.
Popper, Karl, »A Note on Berkeley as a Precursor of Mach«, in: *The Britisch Journal for the Philosophy of Science,* Nr. 4 (1954).
Price, J. V., »Empirical Theists in Cicero and Hume«, in: *Texas Studies in Literature and Language,* 5 (1963).
Ders., »Sceptics in Cicero and Hume«, in: *Journal of the History of Ideas,* Nr. 25 (1965).
Prigogine, Ilya und Stenghers, Isabelle, Dialog mit der Natur. Neue Wege wissenschaftlichen Denkens, München 1981.
Quincey, Thomas de –, Confessions of an English Opium Eater, London 1822 (neu in der Reihe »Penguin Popular Classics«, London 1997).
Prior, A. N., »Berkeley in Logical Form«, in: *Theoria,* 21 (1955).
Proust, Marcel, In Swanns Welt (»Auf der Suche nach der verlorenen Zeit 1), Frankfurt/Main 1981.
Rahner, Karl, Geist in Welt. Zur Metaphysik der endlichen Erkenntnis bei Thomas von Aquin, München [2]1957.
Ders., Grundkurs der Glaubens, Freiburg/Br. 1976.
Raphael, D. D., Adam Smith, üb. von Udo Rennert, Frankfurt/Main 1991.
Reichenbach, Hans, Philosophie der Raum-Zeit-Lehre (Gesammelte Werke), Bd. 2, Braunschweig 1977.
Reiff, P. F. »Plotin und die deutsche Romantik«, in: *Euphorion* 19 (1912)
Reiter, Josef, System und Praxis. Zur kritischen Analyse der Denkformen neuzeitlicher Metaphysik im Werk von Malebranche (Reihe: Symposion), Freiburg/Br. 1972.
Rescher, Nicholas, Induktion. Zur Rechtfertigung induktiven Schließens, München 1987.
Ders., A System of Pragmatic Idealism. Bd. 2 (»The Validity of Values«), Princton 1993.
Ricken, Friedo, Antike Skeptiker (Reihe: Große Denker), München 1994.
Ritter, Joachim, Karlfried Gründer u. a. (Hg.), Historisches Wörterbuch der Philosophie, Darmstadt 1971, ff.
Rock, Irvin, Wahrnehmung. Vom visuellen Reiz zum Sehen und Erkennen, Heidelberg 1985.

Rogers, R. Ancients and Moderns. A Study of the Rise of the Scientific Movement in Seventeenth-Century-England, St. Louis/Wash. 1961.

Rookmaker, Jr., Henderik R., Towards a Romantic Conception of Nature. Coleridge's Poetry up to 1803, Amsterdam 1984.

Röd, Wolfgang, Die Philosophie der Neuzeit (2). Von Newton bis Rousseau (Geschichte der Philosophie 8), München 1984.

Rosenberger, Ferdinand, Isaac Newton und seine physikalischen Prinzipien, Leipzig 1895.

Russell, Bertrand, Denker des Abendlandes. Eine Geschichte der Philosophie, üb. von Karóly Földes-Papp, Bindlach 1996.

Ryle, Gilbert, Dilemmas. The Tarner Lectures 1953, Cambridge [12]1985.

Sandkühler, Hans-Jörg u. a., (Hg.), Europäische Enzyklopädie zu Philosophie und Wissenschaften (in 4 Bdn.), Hamburg 1990.

Scheler, Max, Wesen und Formen der Sympathie (Gesammelte Werke, hg. von Maria Scheler u. a.), Bd. 7, Bern 1973.

Ders. Zur Phänomenologie und Metaphysik der Freiheit (Schriften aus dem Nachlaß), Bd. 1 (entspr. Ges. W. Bd. 10), Bern 1957.

Schelling, F. W. J., Darlegung des wahren Verhältnisses der Naturphilosophie zu der verbesserten Fichteschen Lehre, Tübingen 1806.

Schilling, Kurt, Geschichte der Philosophie (in 2 Bdn.). Die Neuzeit, München 1944.

Schindler, David, Beyond Mechanism, Lanham 1986.

Schipflinger, Thomas, Sophia-Maria. Eine ganzheitliche Vision der Schöpfung, München 1988.

Schipperges, Heinrich, Kosmos Anthropos, Entwürfe zu einer Philosophie des Leibes, Stuttgart 1981.

Schlette, Heinz Robert, Weltseele. Geschichte und Hermeneutik, Frankfurt/Main 1993.

Schmitz, Hermann, Der Ursprung des Gegenstandes. Von Parmenides bis Demokrit, Bonn 1988.

Schneider, Hans J., »Die Asymmetrie der Kausalreaktion«, in: Jürgen Mittelstraß und Manfred Riedel (Hg.), Vernünftiges Denken. Studien zu praktischen Philosophie und Wissenschaftstheorie, Berlin 1978.

Schneider, Pierre, Matisse, München 1984.

Schobinger, Jean-Pierre (Hg.), Die Philosophie des 17. Jahrhunderts, Bd. 3, Basel 1988.

Schönberger, Rolf, Die Transformation des klassischen Seinsverständnisses. Studien zur Vorgeschichte des neuzeitlichen Seinsbegriffs im Mittelalter (Reihe: Quellen und Studien zur Philosophie), Berlin 1986.

Ders., »Die Existenz des Nichtigen«, in: Die Wirklichkeit des Bösen, hg. von Friedrich Hermanni und Peter Koslowski, München 1997.

Schopenhauer, Arthur, Werke (in zehn Bänden: »Zürcher Ausgabe«), hg. von Arthur und Angelika Hübscher, Zürich 1977, darin:

Ders., Die Welt als Wille und Vorstellung, Bd. I: Bd. 1 und 2.

Ders., Die Welt als Wille und Vorstellung, Bd. II: Bd. 3 und 4.

Ders., Über die vierfache Wurzel des Satzes vom zureichenden Grunde: Bd. 5 (»Kleinere Schriften 1).

Ders., Fragmente zur Geschichte der Philosophie: Bd. 7 (»Parerga und Paralipomena«, Erster Teilband).

Schofield, Robert E., Mechanism and Materialism. British Natural Philosophy in the Age Reason, Princeton 1970.

Schiemann, Georg (Hg.), Was ist Natur? Klassische Texte zur Naturphilosophie, mit einer »Einführung«, München 1996.
Schrader, Wolfgang H. Ethik und Anthropologie in der englischen Aufklärung. Der Wandel der moral-sense-Theorie von Shaftesbury bis Hume (Reihe: Studien zur Philosophie des achtzehnten Jahrhunderts), Hamburg 1984.
Schwaetzer, Harald, »Si nulla esset in Terra Anima.« Johannes Keplers Seelenlehre als Grundlage seines Wissenschaftsverständnisses, Hildesheim 1997.
Schwarz, Robert, Vision. Essays on Some Berkeleian Themes, Oxford 1994.
Senden, Marius von –, Raum und Gestaltauffassungen von operierten Blindgeborenen, Leipzig 1932.
Serge, Hutin, Les disciples anglais de Jakob Böhme, Paris 1960.
Sheldrake, Rupert, Das Gedächtnis der Natur, München [2]1996.
Siewerth, Gustav, Der Mensch und sein Leib, Einsiedeln 1953.
Solowjew, Wladimir, Die Rechtfertigung des Guten (Deutsche Gesamtausgabe), 5. Bd., hg, von Wladimir Szylanski, Freiburg/Br. 1953.
Ders. Der Sinn der Geschlechtsliebe, in: Deutsche Gesamtausgabe: Bd. 7.
Sombart, Werner, Der moderne Kapitalismus. Historisch-systematische Darstellung des gesamteuropäischen Wirtschaftslebens von seinen Anfängen bis zur Gegenwart, Zweiter Band (1. Halbband), München [2]1917.
Spaemann, Robert und Löw, Reinhard, Die Frage Wozu? – Geschichte und Wiederentdeckung des teleologischen Denkens, München [3]1991.
Specht, Rainer, John Locke (Reihe: Große Denker), München 1989.
Spengler, Oswald, Der Untergang des Abendlandes. Umrisse einer Morphologie der Weltgeschichte (in 2 Bdn.: »Gestalt und Wirklichkeit« und »Welthistorische Perspektiven«), München 1923.
Stack, George, J., »Berkeley's New Theory of Vision«, in: *The Personalist* 51 (1970).
Stegmüller, Wolfgang, Probleme und Resultate der Wissenschaftstheorie und Analytischen Philosophie, Bd. 1 (Studienausgabe Teil 3), Berlin 1969.
Steintrager, James, Bentham, New York 1977.
Steven, Leslie, History of the English Thought in the Eighteenth Century (in 2 Bdn.), London 1902.
Stewart, John B., The Moral and Political Philosophy of David Hume,Westport/Conn. 1963.
Stifter, Adalbert, Der Nachsommer, Nachwort von Uwe Japp, München [6]1987.
Strasser, Peter, »Das Ende der Geschichte und die Ideologie danach«, in: *Information Philosophie* 5/98.
Strauss, Leo, Die Religionskritik Spinozas (Gesammelte Schriften), Bd. 1, hg. von Heinrich Maier, Stuttgart 1996.
Strawson, Peter, The Bounds of Sense, London 1968.
Streminger, Gerhard, David Hume. Sein Leben und sein Werk, Paderborn 1994.
Stroud, Barry, Hume (Reihe: »The Arguments of the Philosophers«), London 1977.
Ders., The Significance of Philosophical Scepticism, Oxford 1984.
Suchting, W. A., »Berkeley's Criticism of Newton on Space and Motion«, in: *Isis*, 58 (1967).
Sutherland, James, English Literature in the Late Seventeenth Century, Oxford 1969.
Swinburne, Richard, Faith and Reason, Oxford 1981.
Ders., The Coherence of Theism, Oxford [2]1986.
Ders., Die Existenz Gottes, Stuttgart 1987.

Taylor, Charles, Die Quellen des Selbst. Die Entstehung der neuzeitlichen Subjektivität, üb. von Joachim Schulte, Frankfurt/Main 1996.

Teilhard de Chardin, Pierre, Frühe Schriften, Freiburg 1968.

Thode, Henry, Franz von Assisi und die Anfänge der Renaissance in Italien, Berlin [3]1926.

Thrane, Gary, »The Spaces of Berkeley's World«, in: George Berkeley. Critical Assessments,Bd. 1, hg. von Walter E. Creery, London 1991.

Ders., »Berkeley's Proper Object of Vision«, in: *Journal of the History of Ideas*, Nr. 38 (1977).

Tipton, I. C., Berkeley. The Philosophy of Immaterialism, London 1974.

Tocqueville, Alexis de –, Über die Demokratie in Amerika, hg. und ausgew. von J. P. Mayer, mit einem Vorwort von Carl J. Burckhardt, Stuttgart 1990.

Tolstoij, Leo, Auferstehung, üb. von Adolf Hess, Frankfurt/Main 1984.

Toulmin, Stephen und Goodfield, June, Materie und Leben, üb. von Renate Kobelmann, München 1970.

Dies., The Architecture of Matter, London 1968.

Turbayne, Colin, »Berkeley and Molyneux on Retinal Images«, in: *Journal of the History of Ideas,* 16 (1955).

Tweyman, Stanley, Reason and Conduct in Hume and his Predecessors, Den Haag, 1974.

Ders., (Hg.), David Hume, Dialogues Concerning Natural Religion *in focus,* London 1991.

Uehlein, Friedrich A., Kosmos und Subjektivität. Lord Shaftesburys Philosophical Regimen (Reihe: Symposion), Freiburg/Br. 1976.

Urmson, James O., Berkeley (Reihe: Past Masters), Oxford 1983.

Vaihinger, Hans, Die Philosophie des Als ob, Leipzig [8]1922.

Walzel, Oskar, »Shaftesbury und das deutsche Geistesleben des 18. Jahrhunderts«, in: *Germanisch-Romanische Monatsschrift* 1 (1909).

Warner, Wellman, The Wesleyan Movement in the Industrial Revolution, New York 1967.

Warnock, G. J., Berkeley, Oxford 1953.

Weber, Germa, Kritik des quantitativen Weltbilds. Weg zu einem 4-dimensionalen Naturverständnis, Wilhelmshaven o. J.

Weber, Max, »Die protestantische Ethik und der Geist des Kapitalismus«, in: Ders., Gesammelte Aufsätze zur Religionssoziologie 1, Tübingen 1920 (Repr. Tübingen 1963).

Ders., Die protestantische Ethik I. Eine Aufsatzsammlung, hg. von Johannes Winckelmann, Gütersloh [8]1991.

Webster, From Paracelsus to Newton. Magic and the Making of Modern Science, Cambridge 1982.

Weinkauf, Wolfgang, Die Stoa. Kommentierte Werkausgabe, Augsburg 1994.

Weiser, Chr. Ferd., Shaftesbury und das deutsche Geistesleben, Leipzig 1916 (Repr. Darmstadt 1969).

Weizsäcker, Carl Friedrich von –, Die Einheit der Natur, München [2]1981.

Welsch, Wolfgang, Aisthesis. Grundzüge und Perspektiven der Aristotelischen Sinneslehre, Stuttgart 1987.

Wesson, Robert, Die unberechenbare Ordnung. Chaos, Zufall und die Auslese in der Natur, München o. J.

Weyer, Stefan, Die Cambridge Platonists. Religion und Freiheit in England im 17. Jahrhundert, Frankfurt/Main 1993.

White, Jr., Lynn, »The Historical Roots of our Ecological Crisis«, in: *Science* 155 (1967).

Whitehead, Alfred N., Science and the Modern World, New York 1953.

Ders., Prozeß und Realität. Entwurf einer Kosmologie, üb. und mit Nachwort versehen von Hans-Günter Holl, Frankfurt/Main 1979.

Whithrow, G. J., »Berkeley's Critique of the Newtonian Analysis of Motion«, in: *Hermathena* 82 (1953).

Williams, Bernard, Probleme des Selbst. Philosophische Aufsätze 1956–1972, üb. von Joachim Schulte, Stuttgart 1978.

Ders., Kritik des Utilitarismus, üb. und hg. von Wolfgang R. Köhler, Frankfurt/Main 1979.

Wills, Gary, Inventing America. Jefferson's Declaration of Independence, New York 1978.

Windelband, Wilhelm, »Das Heilige«, in: Ders., Präludien. Aufsätze und Reden zur Philosophie und ihrer Geschichte, Tübingen [8]1921.

Wolff, Michael, Geschichte der Impetustheorie. Untersuchungen zum Ursprung der klassischen Mechanik, Frankfurt/Main 1978.

Wood, Neal, »The Baconian Character of Locke's Essay«, in: *Studies in the History and Philosophy of Science*, 6,1 (1975).

Wright, Georg Henrik von –, Causality and Determination, New York 1974.

Ders., Erklären und Verstehen, üb. von Günther Grewendorf und Georg Meggle, Frankfurt/Main [3]1991.

Wright, John P., The Sceptical Realism of David Hume, Minneapolis 1983.

Wuketits, Franz, »The Philosophy of Evolution and the Myths of Progress«, in: *Ludus vitalis* 5/3 (1997).

Yates, Francis, B., Die okkulte Philosophie im Elisabethanischen Zeitalter, üb. von Adelheid Falbe, Amsterdam 1991.

Yolten, John, Locke: An Introduction, Oxford 1985.

Yolton, Jean S. (Hg.), A Locke-Miscellany, Bristol 1990.

Zelle, Carsten, Angenehmes Grauen. Literaturhistorische Beiträge zur Ästhetik im achtzehnten Jahrhundert (Reihe: Studien zur Philosophie des achtzehnten Jahrhunderts), Hamburg 1987.

Personenregister

Sachregister